The Maritime Safety Administration of the People's Republic of China

中国海区助航标志表（南海海区）2023~2024

LIST OF LIGHTS（SOUTH CHINA SEA）

中华人民共和国海事局

CNP83
第 1 版
2023~2024

人民交通出版社股份有限公司
北京

图书在版编目（CIP）数据

中国海区助航标志表. 南海海区. 2023 ~ 2024 / 中华人民共和国海事局编著. -- 北京 : 人民交通出版社股份有限公司, 2023.9

ISBN 978-7-114-18945-6

Ⅰ. ①中… Ⅱ. ①中… Ⅲ. ①南海 – 航标 – 标志 Ⅳ. ①U644.43

中国国家版本馆CIP数据核字(2023)第155436号

ZhongguoHaiqu Zhuhang Biaozhi Biao（Nanhai Haiqu）2023 ~ 2024

书　　名：中国海区助航标志表（南海海区）2023~2024

著 作 者：中华人民共和国海事局

责任编辑：杨　川

责任校对：刘　璇　卢　弦

责任印制：张　凯

出版发行：人民交通出版社股份有限公司

地　　址：（100011）北京市朝阳区安定门外外馆斜街 3 号

网　　址：http://www.chinasybook.com

销售电话：（010）64981400，59757915

总 经 销：北京交实文化发展有限公司

印　　刷：北京市密东印刷有限公司

开　　本：880 × 1230　1/16

印　　张：43.5

字　　数：1033 千

版　　次：2023 年 9 月　第 1 版

印　　次：2023 年 9 月　第 1 次印刷

书　　号：ISBN 978-7-114-18945-6

定　　价：80.00 元

前　　言

《中国海区助航标志表（南海海区）2023～2024》是中华人民共和国海事局航海图书序列出版物之一。

本册助航标志表刊载了中国沿海**南海海区**范围的航标。

本册航标信息截止日期为**2023年7月31日**（改正通告2023年第31期）。

为了保证航行安全，使用助航标志表的用户应根据每期改正通告中的航标改正信息对本表进行改正。

中华人民共和国海事局

2023年7月

Preface

The List of Lights is one of the MSA nautical sequence publication.

This List of Lights contains aids to navigation in **South China Sea.**

The aids to navigation information in this List of Lights is up to **July. 31, 2023.**

In order to guarantee the safety of navigation, all users should correct the List of Lights in time in accordance with the weekly Correcting Notices.

Maritime Safety Administration of the
People's Republic of China
July, 2023

说　　明

一、概述

中华人民共和国海事局助航标志表主要用以引导船舶航行、定位和标示碍航物与表示警告的人工标志，保证航海用户的安全。

助航标志表所刊载内容包括：中华人民共和国海事局自设自管的所有海事航标（含虚拟航标）、部分重要渔政航标和企业航标。

助航标志表所涵盖的海区范围为中华人民共和国沿海港口航道（包含香港与澳门地区，台湾地区暂不收录）。

助航标志表按海区范围分为三册：北方海区、东海海区以及南海海区。

北方海区辖区范围：北起鸭绿江口沿海岸线向东、南至灌河口。

东海海区辖区范围：北起灌河口沿海岸线向南至东山岛。

南海海区辖区范围：北起东山岛沿海岸线向东至东兴港，向南至西沙群岛。

二、编排顺序

助航标志表主体内容编排顺序：法规条例及标准规范、索引图、助航标志表、罗经校正标及测速标表、无线电指向标及差分全球定位系统、船舶自动识别系统基站。

助航标志排序规则：按照海事局编号由小到大排列；海事局编号一般按照由北向南、由东向西顺序排列，按照进港顺序排列，在较复杂区域根据航道走向排列。

三、标准规范

本表以中华人民共和国航标条例等法规条例要求进行编制，助航标志表达内容按照GB4696-1999《中国海区水上助航标志》规定执行。

四、数学基础

本表所涉助航标志均采用CGCS 2000国家大地坐标系。

助航标志坐标位置精确到0.1′，采用米（m）作为距离单位。

方位采用真方位。

五、助航标志说明

编号（No.），即助航标志编号（航标编号），为了方便用户查找使用，本表包含两种编号，分别为中华人民共和国海事局助航标志编号和中国海军航标表航标编号，中国海军编号放置在中华人民共和国海事局助航标志编号下，并用括号括出。

灯质（Characteristic），即灯光性质，包括助航标志灯光的颜色、结构、周期以及灯光在空间的分布，详见“航标灯质图解”。

灯高（Height），指平均大潮高潮面至灯光中心的高度，单位为米（m）。

射程（Range），一般表示在晴天黑夜条件下，人眼在海平面5m所能看到的灯光距离（灯塔、灯桩特有），单位为海里。

构造(Structure),用以说明助航标志的外观特质以及灯塔(桩)的实际高度,便于航海人员识别。

附记（Remarks），一般用来表示助航标志的类型、AIS信息、雷达信号、光弧等附加信息。

INTRODUCTION

1. Overview

The intent of the List of Lights produced by MSA is to piloting, locating and noticing, in order to guarantee the mariners' safety.

The List of Lights includes: maritime navigational aids(including visual navigational aids), some important parts of the fishery navigational aids and enterprise navigational aids.

The coverage of the List of Lights is Chinese coast port and fairway(including Hongkong and Macao, but Taiwan is not contained for now).

According to the extent of the sea area, the List of Lights is divided into three volumes, North China Sea, East China Sea and South China Sea.

Jurisdiction of Bohai Sea and Yellow Sea: North from Yalvjiangkou, along the coastline, east to and south to Guanhekou.

Jurisdiction of East China Sea Area: North from Guanhekou, along the coastline, south to Dongshan Islands.

Jurisdiction of South China Sea Area: North from Dongshan Islands, along the coastline, east to Dongxing Port and south to Xisha Islands .

2. Arrangement

The arrangement of the main part of the List of Lights as follows: standard and specification, index diagram, list of lights, beacons for compass adjustment and beacons marking measured distance, radiobeacons and differential global positioning system, AIS base.

The rule of the order of the navigational aids in the list of lights is as follows: Order by the MSA NO. from small to large; Generally, the order of the MSA NO. is set from north to south, from east to west and seaward.

3. Standard and Specification

a. GB4696 - 1999 Aids to navigation on the bridge over maritime navigable waters, China.

b. GB24418-2009 Maritime buoyage system, China.

4. Mathematical Basis

Coordinate system: CGCS 2000.

The coordinates in the list of lights is at the accuracy of 0.1', adopting meter as the distance unit.

All bearings refer to the true compass.

5. Introduce of Navigational Aids

a. Number(No.), in order to facilitate user to use, there are two kinds of number, the Chinese Navy number is placed under the China MSA number and in parentheses.

b. Characteristic, including color, structure, period and the spatial distribution of the lights.

c. Height, in meters, is that of the focal plane of a light above the level of mean high water springs.

d. Range, is the distance at which it may be seen at dark night in clear weather from a height(the observer's eye) of 5 meters above the sea level.

e. Structure, is used to indicate the shape, color of the navigational aids and the real height of the light beacon, etc.

f. Remarks, in used to describe the type of the lights, AIS, radar signal, sector of light and other additional information.

改正记录表
RECORDS OF CORRECTIONS

改正通告
CORRECTING NOTICES

2023 年
YEAR 2023

1 ··················	27 ··················
2 ··················	28 ··················
3 ··················	29 ··················
4 ··················	30 ··················
5 ··················	31 ··················
6 ··················	32 ··················
7 ··················	33 ··················
8 ··················	34 ··················
9 ··················	35 ··················
10 ··················	36 ··················
11 ··················	37 ··················
12 ··················	38 ··················
13 ··················	39 ··················
14 ··················	40 ··················
15 ··················	41 ··················
16 ··················	42 ··················
17 ··················	43 ··················
18 ··················	44 ··················
19 ··················	45 ··················
20 ··················	46 ··················
21 ··················	47 ··················
22 ··················	48 ··················
23 ··················	49 ··················
24 ··················	50 ··················
25 ··················	51 ··················
26 ··················	52 ··················

2024 年
YEAR 2024

1 ··················	27 ··················
2 ··················	28 ··················
3 ··················	29 ··················
4 ··················	30 ··················
5 ··················	31 ··················
6 ··················	32 ··················
7 ··················	33 ··················
8 ··················	34 ··················
9 ··················	35 ··················
10 ··················	36 ··················
11 ··················	37 ··················
12 ··················	38 ··················
13 ··················	39 ··················
14 ··················	40 ··················
15 ··················	41 ··················
16 ··················	42 ··················
17 ··················	43 ··················
18 ··················	44 ··················
19 ··················	45 ··················
20 ··················	46 ··················
21 ··················	47 ··················
22 ··················	48 ··················
23 ··················	49 ··················
24 ··················	50 ··················
25 ··················	51 ··················
26 ··················	52 ··················

中英对照
GLOSSARIES

中文 CHINESE	英文 ENGLISH	缩写 ABBREVIATIONS
纬度	Latitude	Lat
经度	Longitude	Long
北	North	N
东	East	E
南	South	S
西	West	W
东北	Northeast	NE
东南	Southeast	SE
西南	Southwest	SW
西北	Northwest	NW
灯	Light	Lt
立标	Beacon	Bn
灯塔	Light-house	Lt ho
灯桩	Light-Beacon	Lt Bn
灯船	Light-vessel	Lt ves
浮标	Buoy	
灯浮	Light-Buoy	
海里	Mile(s)	M
米	Metre(s)	m
秒	Second(s)	s
编号	Number	No
导灯	Leading Lights	Ldg Lts
导标	Leading Beacons	Ldg Bns
定光	Fixed	F
闪光	Flashing	Fl
快闪	Quick	Q
甚快闪	Very Quick	VQ
明暗	Occulting	Oc
等明暗	Isophase	Iso
莫尔斯	Morse Code	Mo
互光	Alternating	Al
白	White	W
红	Red	R
绿	Green	G
橙	Orange	Or
黄	Yellow	Y
黑	Black	B

目　录

助航标志索引图

助航标志表

罗经校正标及测速标表

无线电指向标及差分全球定位系统

CONTENTS

水上助航标志的灯质及用途

序号	灯光节奏与周期	适用标志及光色
1	单闪，周期 4s 明 0.5s（0.3s*），暗 3.5s（3.7 s*）	左侧标，红光 右侧标，绿光 *用于次要航道
2	联闪 2 次，周期 6s 明 0.5s，暗 1s，明 0.5s，暗 4s	
3	联闪 3 次，周期 10s 明 0.5s，暗 1s，明 0.5s，暗 4s	
4	联闪 2 次，周期 5s 明 0.5s，暗 1s，明 0.5s，暗 3s	孤立危险物标，白光
5	等明暗，周期 4s 明 2s，暗 2s	安全水域标，白光
6	长闪，周期 10s 明 2s，暗 8s	
7	混合联闪 2 次加 1 次，周期 6s 明 0.5s，暗 0.5s，明 0.5s，暗 1s，明 0.5s，暗 3s	推荐航道左侧标，红光 推荐航道右侧标，绿光
8	混合联闪 2 次加 1 次，周期 9s 明 0.5s，暗 0.5s，明 0.4s，暗 1.5s，明 05s，暗 5.5. s	
9	混合联闪 2 次加 1 次，周期 12s 明 1s，暗 1s，明 0.5s，暗 2s，明 1s，暗 6s	
10	连续快闪	左侧标，红光 右侧标，绿光 北方位标，白光
11	连续甚快闪	北方位标
12	联快闪 3 次，周期 10s 快闪明 3 次后暗 7.5s	东方位标，白光
13	联甚快闪 3 次，周期 5s 甚快闪明 3 次后暗 3.75s	
14	联快闪 6 次后暗 0.5s，明 2s，暗 5s	南方位标，白光
15	联甚快闪 6 次加 1 长闪，周期 10s 甚快闪明 6 次后暗 0.25s，明 2s，暗 5s	
16	联快闪 9 次，周期 15s 快闪明 9 次后暗 5.75s	西方位标，白光
17	联甚快闪 9 次，周期 10s 甚快闪明 9 次后暗 5.75s	
18	莫尔斯信号 短明（点）0.5s，2 次明之间暗的持续时间与点相等，长明（划）的持续时间为点的 3 倍	安全水域标，白光 专用标，黄光

《中国海区水上助航标志》国家标准简图

一、侧面标志

侧面标志是依航道走向配布的，用以标示航道两侧界限；或标示推荐航道；也可以标示特定航道。侧面标包括航道左侧标、右侧标和推荐航道左侧标、右侧标。

（一）航道左侧标、右侧标

航道左侧标和右侧标分别设在航道的左侧和右侧，标示航道左侧和右侧界线。顺航道走向行驶的船舶应将航道左侧标和右侧标置于该船的左舷和右舷通过。如图 1 所示。

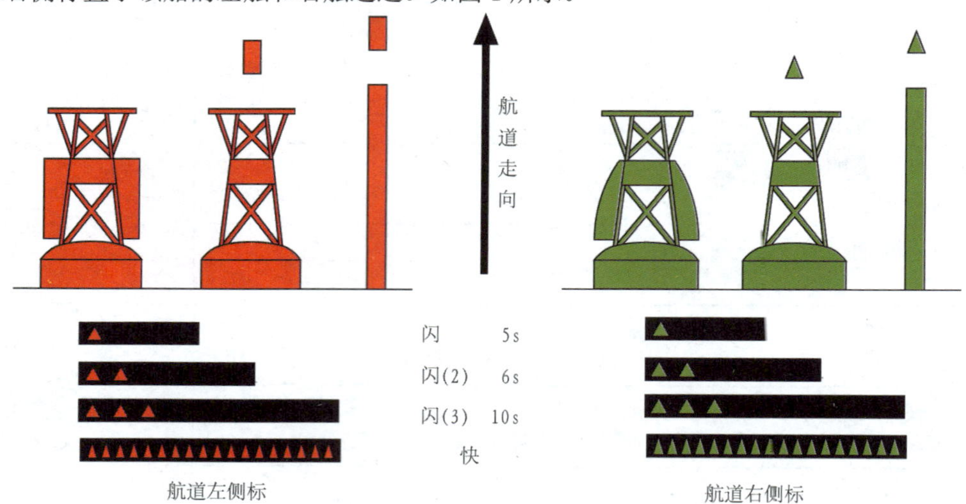

图 1 航道左侧标、航道右侧标

（二）推荐航道左侧标、右侧标

推荐航道左侧标和右侧标设立在航道分岔处，也可设置在特定航道，船舶沿航道航行时，推荐航道左侧标标示推荐航道或特定航道在其右侧；推荐航道右侧标标示推荐航道或特定航道在其左侧，如图 2 所示。

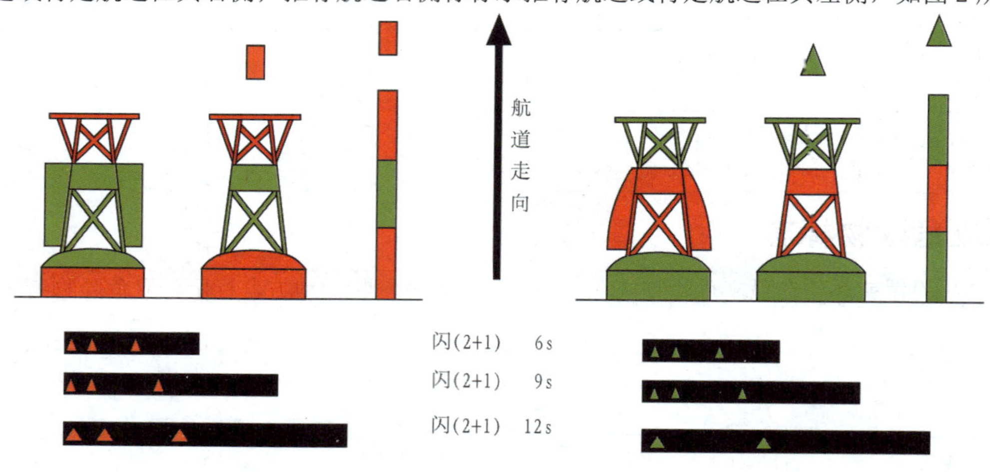

图 2 推荐航道左侧标、推荐航道右侧标

二、方位标志

方位标志设在以危险物或危险区为中心的北、东、南、西四个象限内，即真方位西北 ~ 东北，东北 ~ 东南，东南 ~ 西南，西南 ~ 西北，并对应所在象限命名为北方位标、东方位标、南方位标、西方位标，分别标示在该标的同名一侧为可航行水域。方位标也可设在航道的转弯、分支汇合处或浅滩的终端，如图 3 所示。

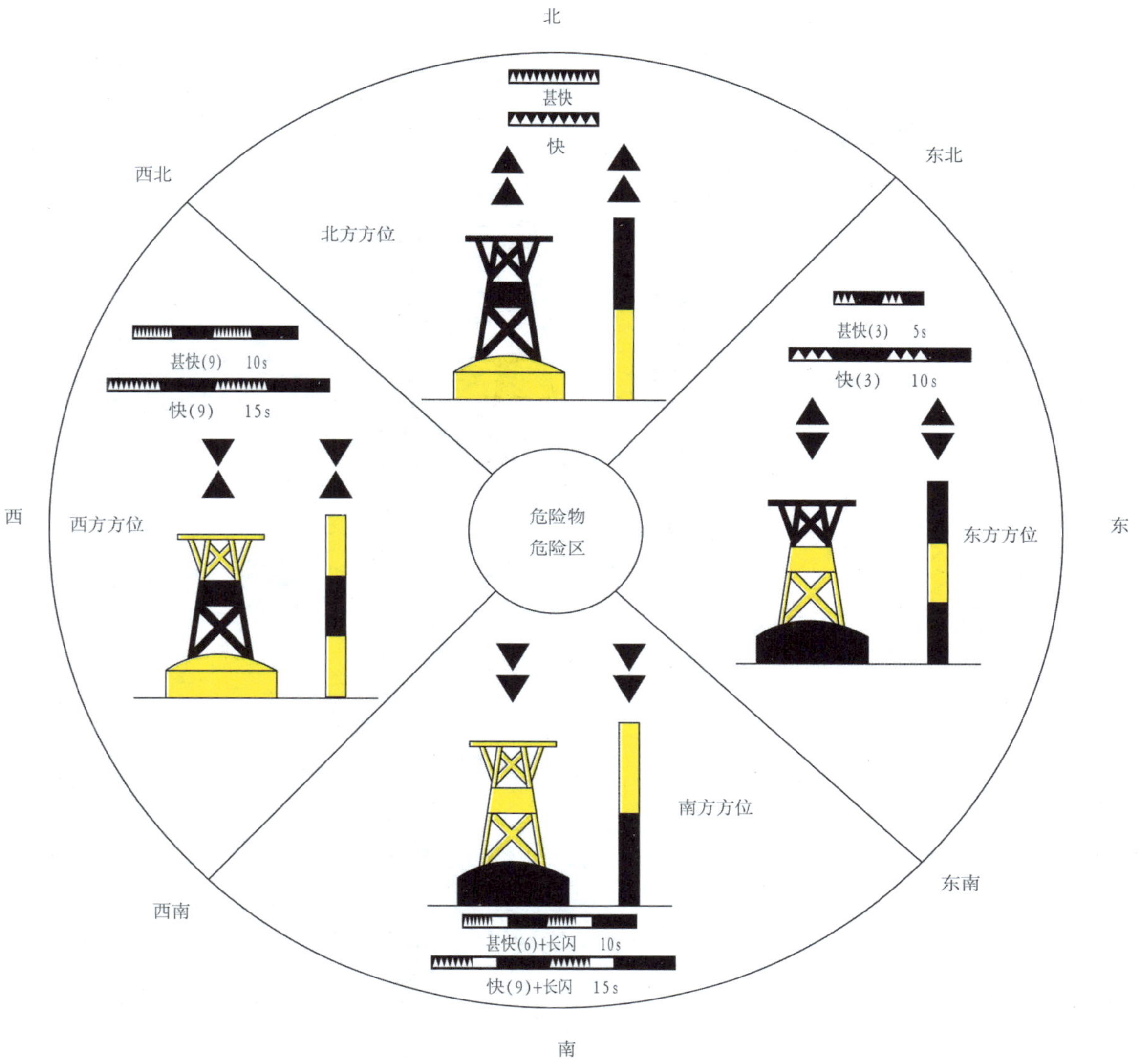

北

甚快

快

西北

东北

北方方位

甚快(3)　5s

快(3)　10s

甚快(9)　10s

快(9)　15s

西　西方方位

危险物
危险区

东方方位　东

南方方位

西南

东南

甚快(6)+长闪　10s

快(9)+长闪　15s

南

图 3　方位标志

注：北方位标设在危险物或危险区的北方，船舶应在本标的北方通过；
东方位标设在危险物或危险区的东方，船舶应在本标的东方通过；
南方位标设在危险物或危险区的南方，船舶应在本标的南方通过；
西方位标设在危险物或危险区的西方，船舶应在本标的西方通过。

三、孤立危险物标志

孤立危险物标设置或系泊在孤立危险物之上，或尽量靠近危险物的地方，标示孤立危险物所在。船舶应参照航海资料，避开本标航行，如图 4 所示。

图 4　孤立危险物标志

四、安全水域标志

安全水域标设在航道中央或航道的中线上，标示其周围均为可航行水域；也可代替方位标或侧面标指示接近陆地，安全水域标如图 5 所示。

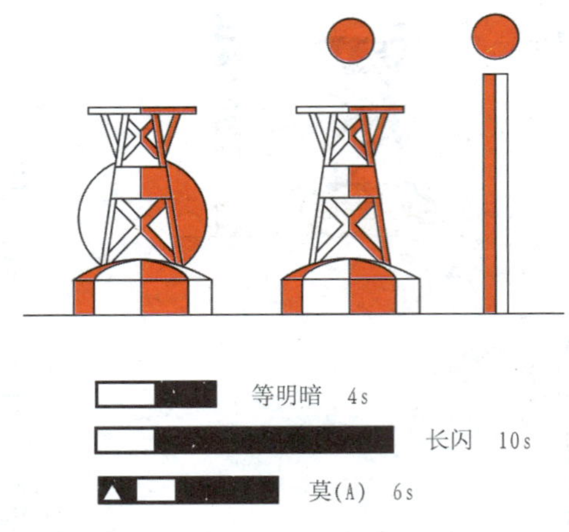

图 5 安全水域标志

五、专用标志

专用标是用于标示特定水域或水域特征的标志，如图 6 所示。

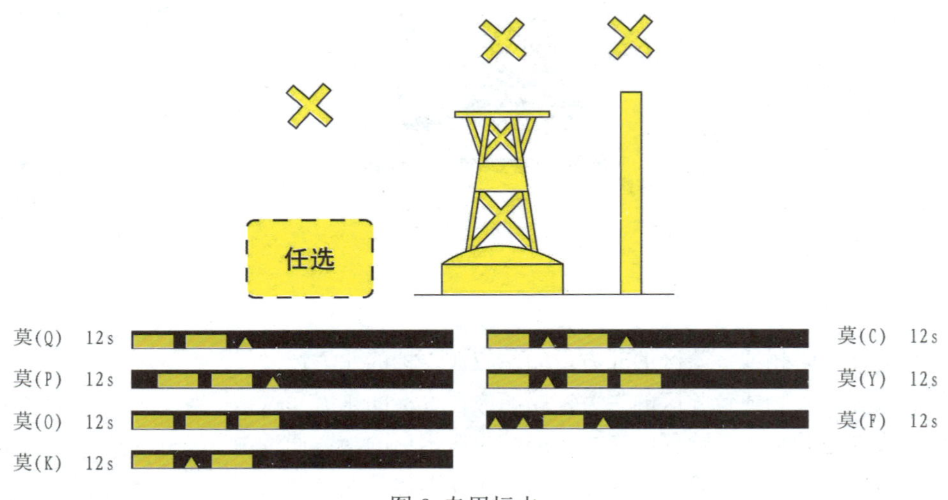

图 6 专用标志

（一）专用标按专用标用途划分，主要包括以下七类：

a） 锚地：船舶停泊及检疫锚地等；

b） 禁航区：军事演习区等；

c） 海上作业区：海洋资料探测、航道测量、水文测验、潜水、打捞、海洋开发、抛泥区、测速场、罗盘校正场等；

d） 分道通航：分道通航区、分隔带等，当使用常规助航标志标示分道通航可能造成混淆时可使用；

e） 水中构筑物：电缆、管道、进水口、出水口等；

f） 娱乐区：体育训练区、海上娱乐场等；

g） 水产作业区：水产定置网作业区和养殖场等。

（二）专用标应在标体明显处设置标示其用途的标记，并应在水上从任何水平方向观测时都能看到。具体规定见表 1。

专用标标记与灯质 表 1

用途种类	标记		灯质		
	颜色	图形标志	光色	闪光节奏	周期（s）*
锚地	黑			莫尔斯信号“Q” — — • —	
禁航区	黑			莫尔斯信号“P” •— — •	
海上作业区	红 / 白			莫尔斯信号“O” — — —	
分道通航	黑	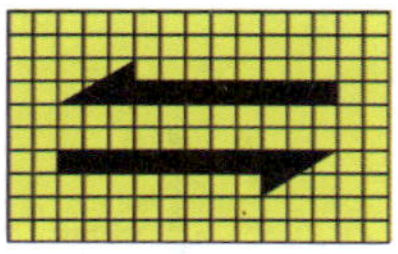		莫尔斯信号“K” — • —	
水中构筑物	黑	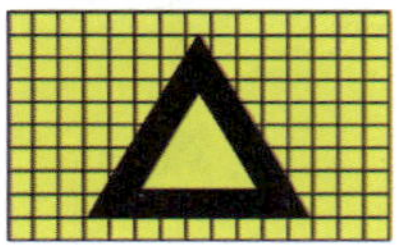		莫尔斯信号“C” — • —•	
娱乐区	红、白			莫尔斯信号“Y” — •— —	
水产作业区	黑	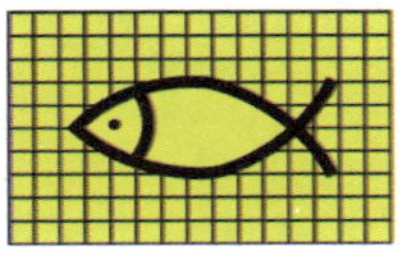		莫尔斯信号“F” •• — •	
注：* 可以 15s 为备用周期					

（三）在特殊情况下，超出本标准所列专用标志的七种用途时，经航标管理机关批准，可另行确定灯质和标记。

《中国海区可航行水域桥梁助航标志》设置示意图

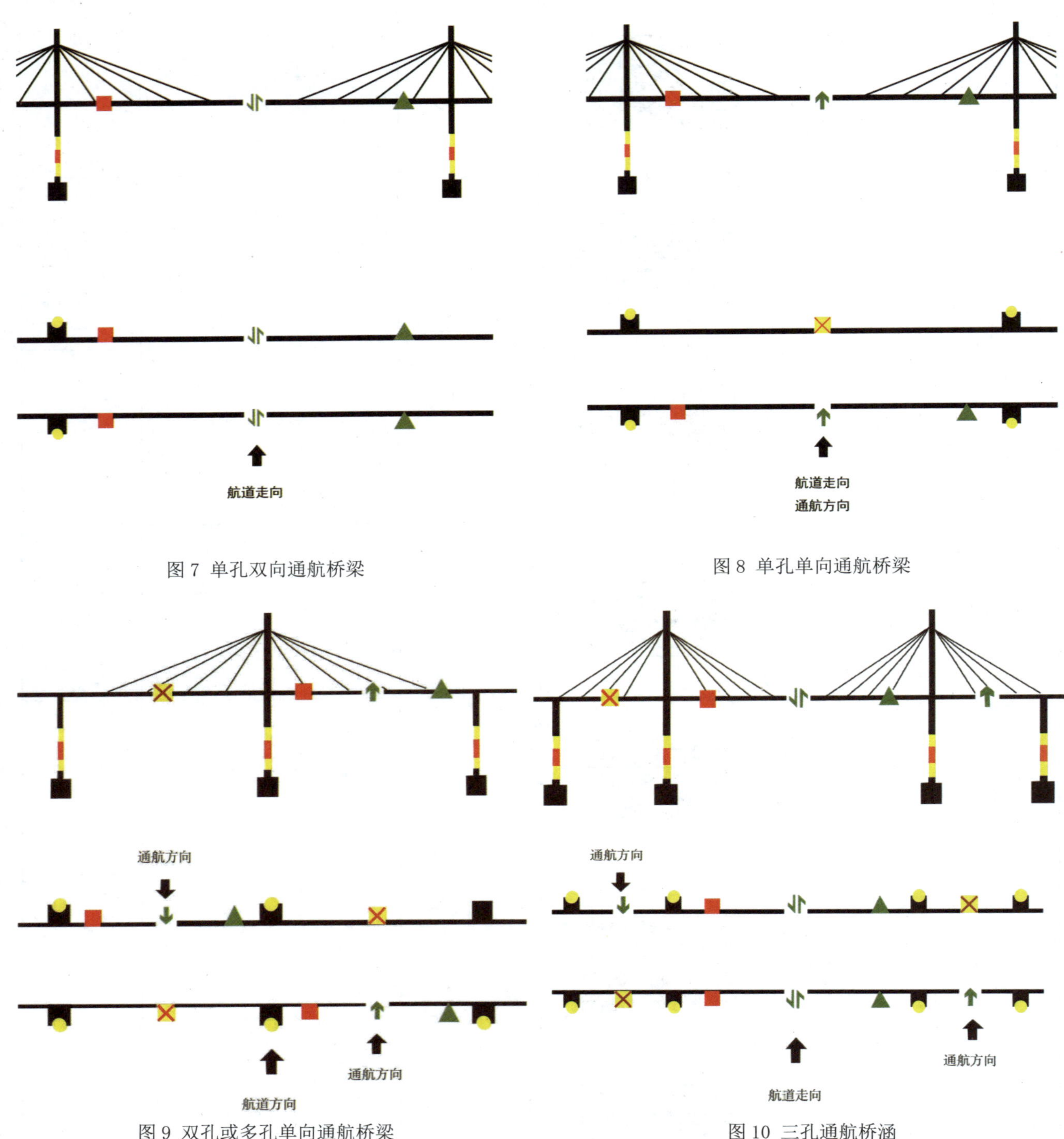

图 7 单孔双向通航桥梁

图 8 单孔单向通航桥梁

图 9 双孔或多孔单向通航桥梁

图 10 三孔通航桥涵

助航标志索引图

LIST OF LIGHTS INDEX DIAGRAM

诏安湾至大鹏湾

ZHAOAN BAY TO DAPENG BAY

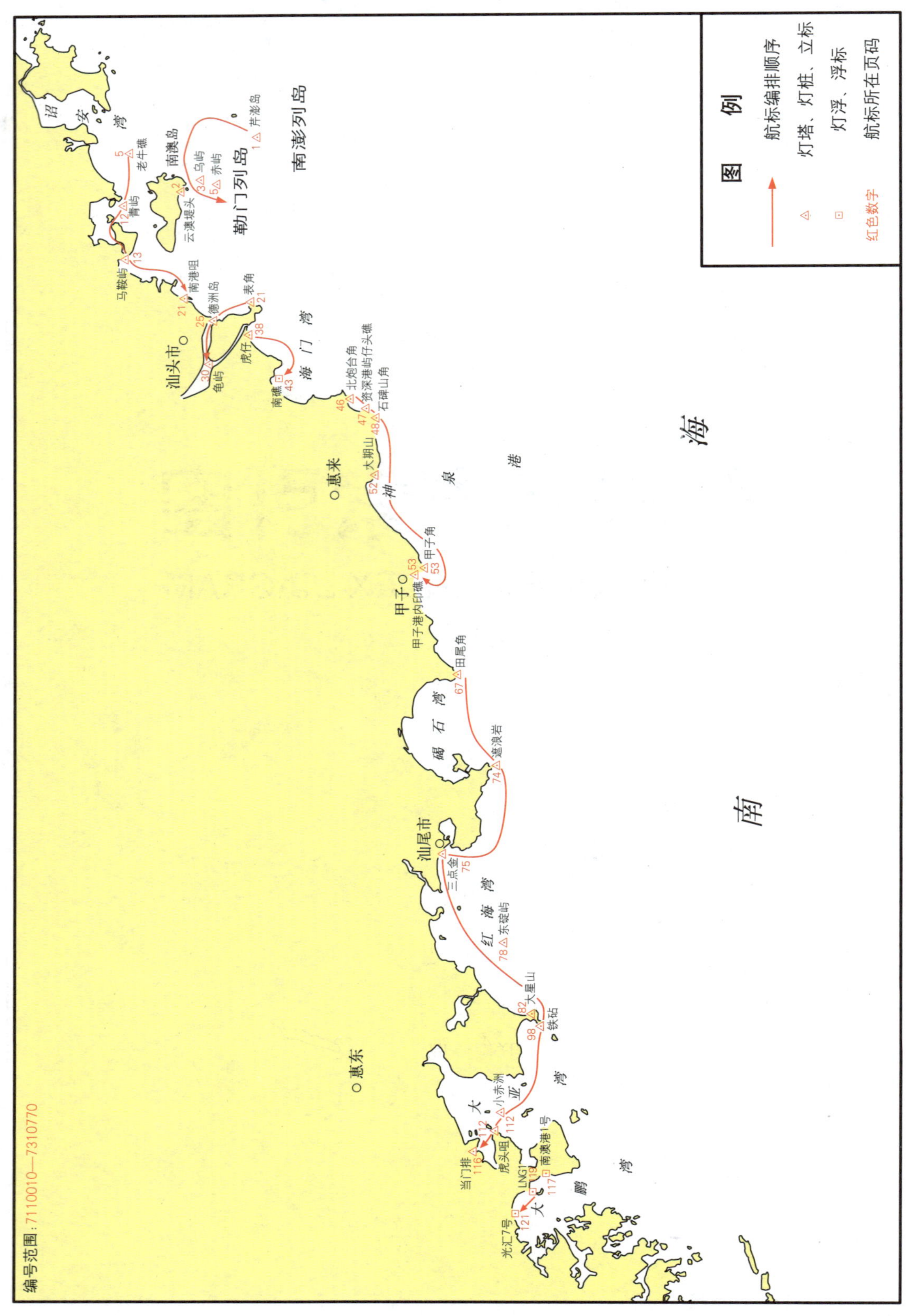

珠江口及附近

ZHU JIANG KOU AND APPROACHES

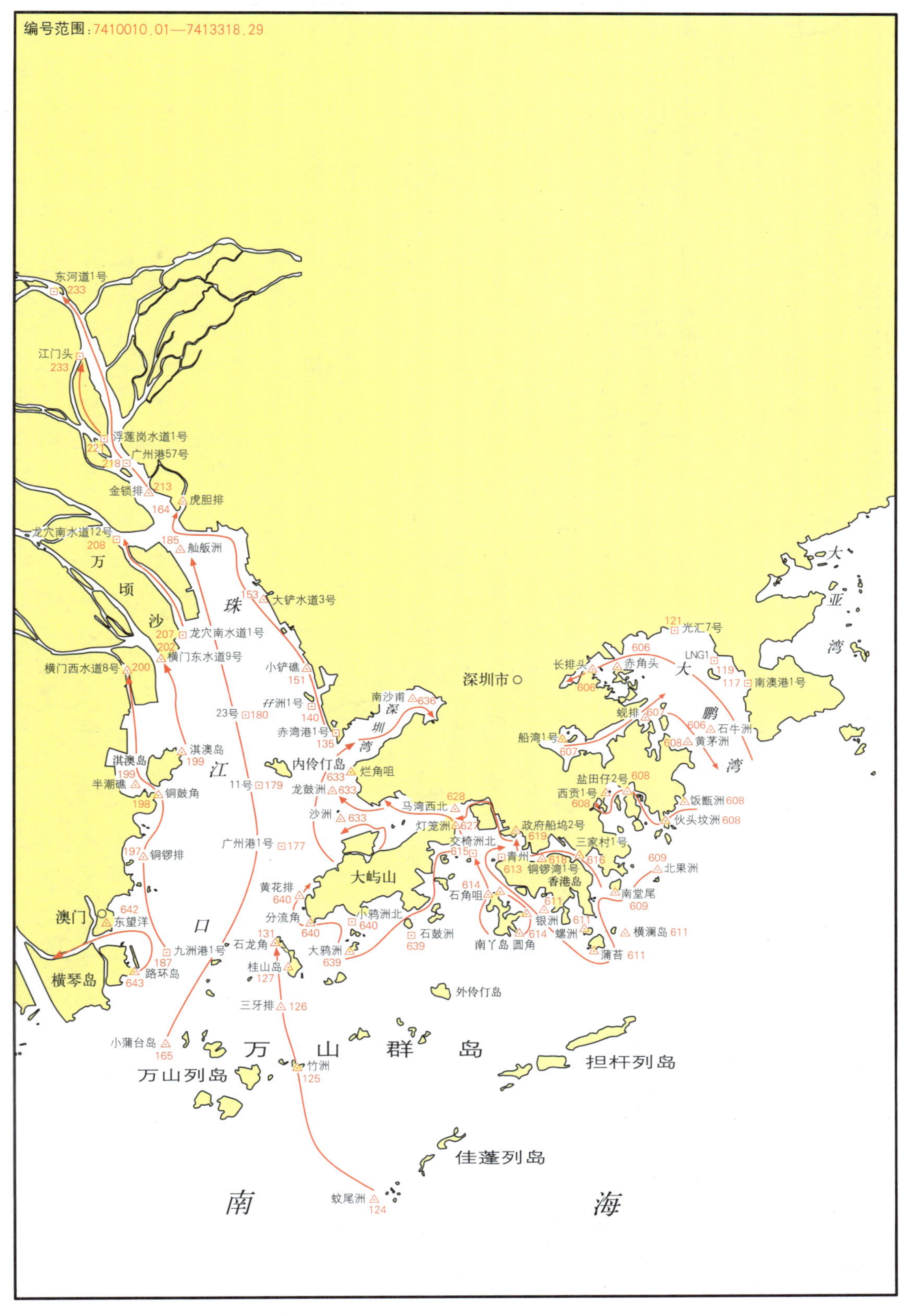

横琴岛至东兴港

HENG QIN ISLAND TO DONG XING GANG

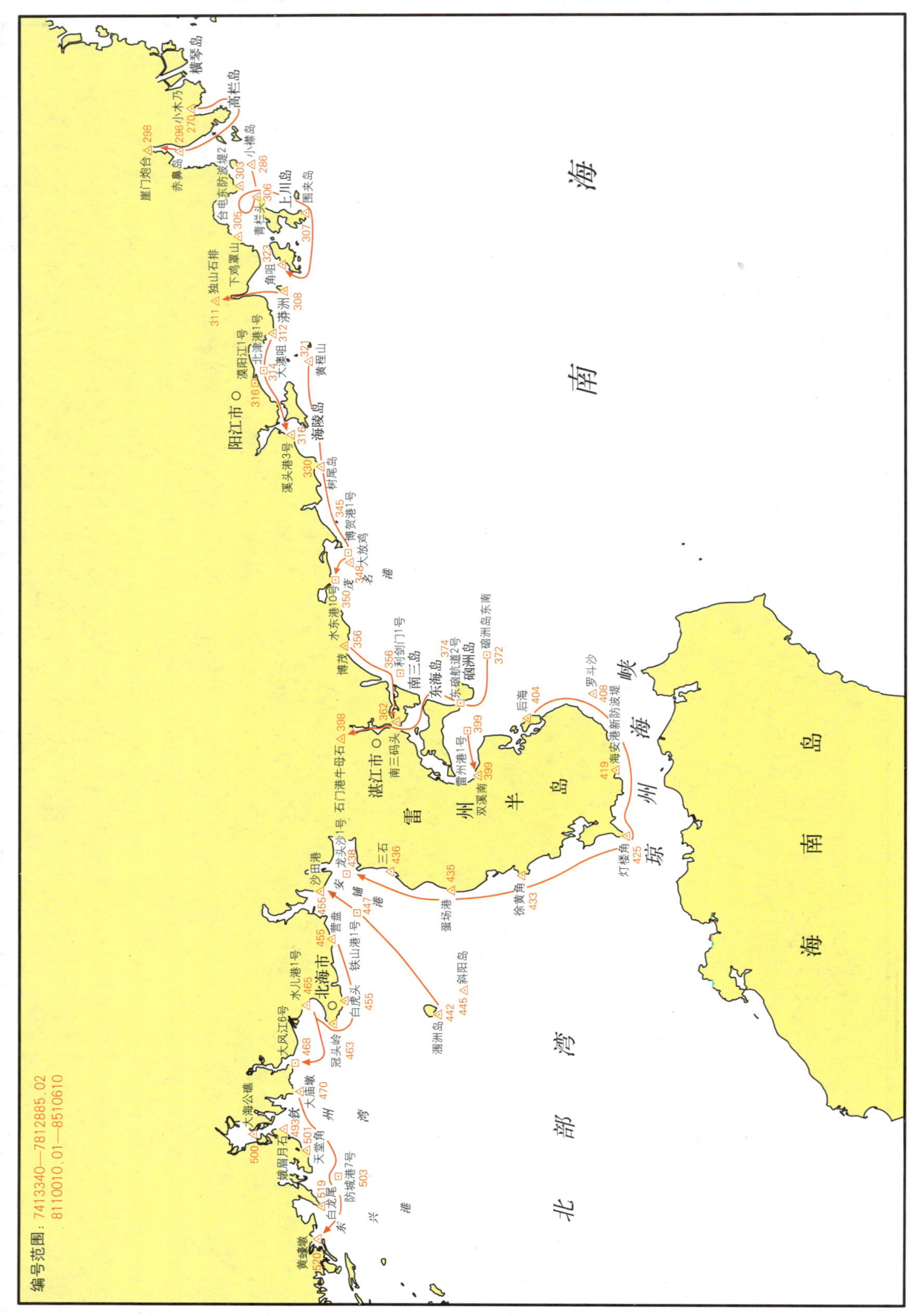

海南岛及南海诸岛

HAI NAN ISLAND AND ISLANDS IN SOUTH CHINA SEA

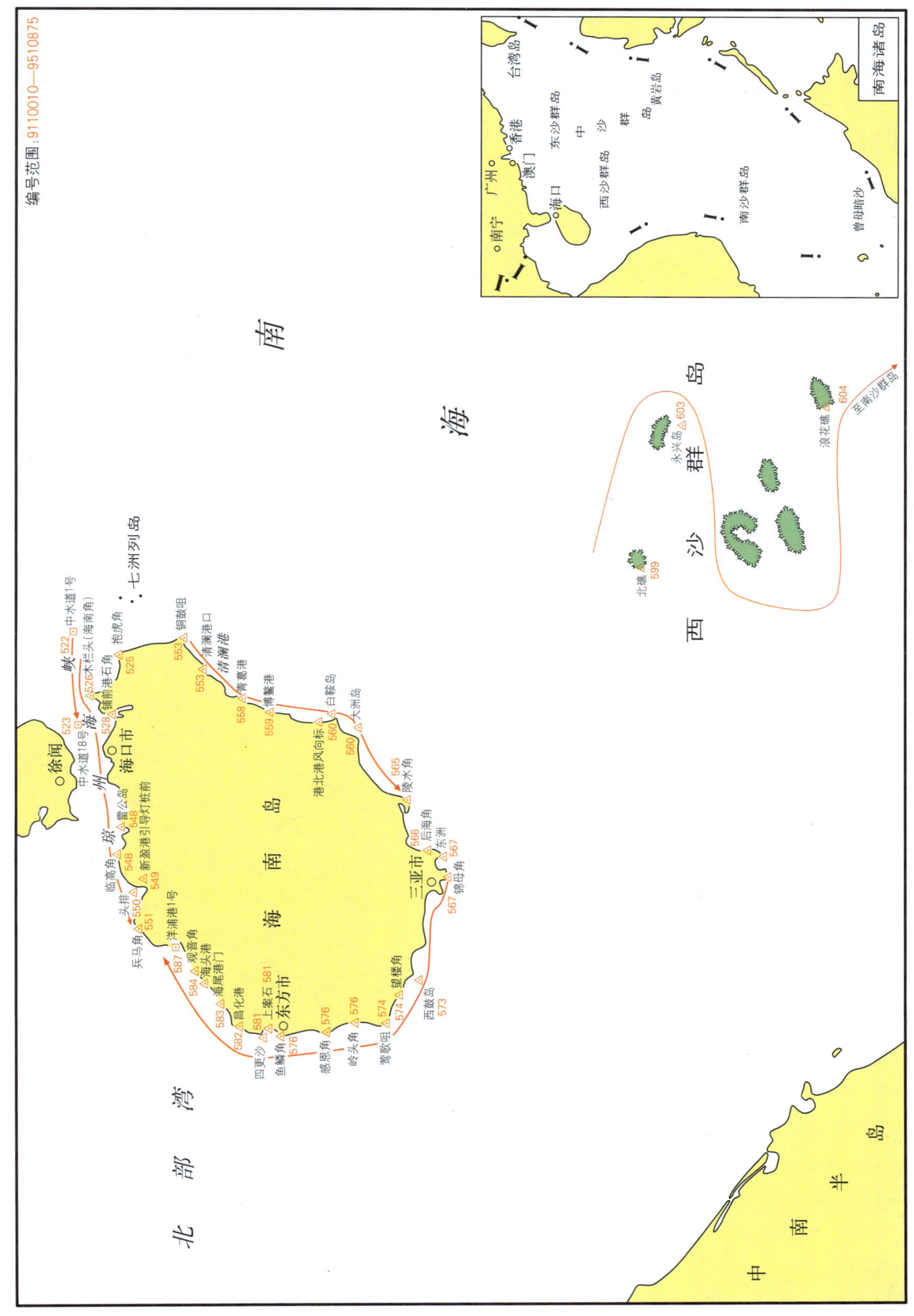

助航标志表

LIST OF LIGHTS

汕头港、潮州港
SHAN TOU GANG & CHAO ZHOU GANG

编号 No	名称 Name	位置 Position	灯质 Characteristic	灯高 Height	射程 Range	构造 Structure	附记 Remarks
7110010 (4001)	芹澎岛（北大礁）灯桩 Qinpeng Dao (N Jiao)	23-13.37N 117-14.58E	闪白10秒	23.9	10	红白相间横条纹混凝土结构柱形立标;11.9	
7110011.01	华能勒门测风塔1灯桩 Huaneng Lemen Wind Gauge Tower No 1	23-13.17N 117-02.70E	莫（U）白15秒	11.5	4	黄色;1.5	同步闪
7110011.03	华能勒门测风塔3灯桩 Huaneng Lemen Wind Gauge Tower No 3	23-13.17N 117-02.70E	莫（U）白15秒	11.5	10	黄色;1.5	同步闪AIS应答器
7110012	潮州海事码头灯桩 Chaozhou MSA Pier	23-33.47N 117-04.62E	闪白4秒	7.5	3	绿白相间横条纹金属结构柱形立标;5.0	
7110015	经纬188 虚拟航标 JING WEI 188 WRECK	22-53.38N 117-31.05E					MMSI:994136814 发射模式: 自主连续 播发时间：3分钟
7110020 (4002)	南澎岛灯塔 Nanpeng Dao	23-15.53N 117-17.04E	闪白12秒	92.2	22	白色混凝土结构;22.8	雷达应答器：信号K（－．－）
7110021	DONG-AH 101 虚拟航标 DONG-AH 101	23-03.99N 117-05.34E					MMSI:994136725 发射模式:自主连续
7110025	观测灯浮 Observation	23-04.18N 119-57.75E	闪黄4秒			橙黄色罐形	雷达反射器
7110026	观测灯浮 Observation	22-58.87N 120-01.27E	互闪红黄互闪红黄8秒			黄色罐形	移动半径约130m 雷达反射器
7110028	气象灯浮 Weather	23-03.52N 119-57.53E	8秒			黄色球形	雷达反射器
7110030 (4003)	东澎岛（顶澎岛）灯桩 Dongpeng Dao (Dingpeng Dao)	23-17.16N 117-18.54E	闪白8秒	49.4	10	红白相间横条纹混凝土结构柱形立标;11.9	

编号 No	名称 Name	位置 Position	灯质 Characteristic	灯高 Height	射程 Range	构造 Structure	附记 Remarks
7110035	气象灯浮 Weather	23-11.23N 119-39.37E	闪红4秒			橙黄色罐形	
7110040 (4003.9)	南澳岛北角灯桩 Nan'ao Dao N Jiao	23-29.28N 117-07.29E	闪白4秒	10	6	柱形立标	
7110045	（渔）灯桩 Fishing	23-27.84N 117-05.70E				柱形立标	
7110050 (4004)	云澳堤头（渔）灯桩 Yun'ao Breakwater Head	23-24.22N 117-05.95E	闪绿4秒	10.7	2.4	白色混凝土结构柱形立标;7.5	
7110051	（渔）灯桩 Fishing	23-24.26N 117-05.59E	闪（2）绿6秒	8	6	柱形立标	
7110052.01 (4004.1)	云澳1灯桩 Yun'ao No 1	23-24.36N 117-05.19E	闪（2）绿6秒	11	6	绿色柱形立标，顶标为绿色尖向上锥形	右侧标
7110052.02 (4004.2)	云澳2灯桩 Yun'ao No 2	23-24.45N 117-05.28E	闪（2）红6秒	11	6	红色柱形立标，顶标为红色圆柱形	左侧标
7110060 (4004.4)	南澳岛三囱崖灯塔 Nan'ao Dao Sancongya	23-24.24N 117-08.20E	闪白8秒	77.6	18	混凝土结构; 29.9	雷达应答器：信号X（－．．．－）
7110061.01	南澳洋东测风塔1灯桩 Nan'aoyang E Wind Gauge Tower No 1	23-23.38N 117-17.50E	莫（U）白15秒	12.2	4	黄色;1.5	AIS应答器
7110061.02	南澳洋东测风塔2灯桩 Nan'aoyang E Wind Gauge Tower No 2	23-23.39N 117-17.53E	莫（U）白15秒	12.2	4	黄色;1.5	
7110061.03	南澳洋东测风塔3灯桩 Nan'aoyang E Wind Gauge Tower No 3	23-23.41N 117-17.51E	莫（U）白15秒	12.2	4	黄色;1.5	
7110070 (4004.5)	官屿灯桩 Guanyu	23-23.30N 117-06.47E	闪白3秒	43.7	6	红白相间横条纹混凝土结构柱形立标;8.7	

编号 No	名称 Name	位置 Position	灯质 Characteristic	灯高 Height	射程 Range	构造 Structure	附记 Remarks
7110080 (4005)	南澳岛南方2（渔）灯桩 Nan'ao Dao S No 2	23-23.41N 117-05.34E	莫（F）黄12秒			柱形立标	水产作业区专用标
7110090 (4006)	南澳岛南方1（渔）灯桩 Nan'ao Dao S No 1	23-21.19N 117-05.41E	莫（F）黄12秒			柱形立标	水产作业区专用标
7110100 (4006.018)	半潮礁灯桩 Banchao Jiao	23-22.36N 117-08.22E	闪白2秒	11	10	柱形立标	雷达应答器：信号Z（－－..）
7110101	威龙7 虚拟航标 WEI LONG 7 WRECK	23-22.28N 117-11.67E					MMSI:994136809 发射模式： 自主连续 播发时间：3分钟
7110110 (4006.2)	插半礁灯浮 Chaban Jiao	23-22.45N 117-03.80E	快（6）+长闪白15秒			黄黑相间横条纹标柱形，顶标为黑色顶点朝下双锥体	南方位标
7110120 (4007)	勒门列岛乌屿（渔）灯桩 Lemen Liedao Wuyu	23-21.41N 117-07.80E	闪白4秒	43.7	8	白色砖石结构柱形立标;5.5	
7110130 (4007.5)	平屿灯桩 Pingyu	23-20.09N 117-04.75E	闪白5秒	20.7	10	红白相间横条纹混凝土结构柱形立标;8.7	
7110130.01	华能汕头勒门(二)风电施工期LM1灯浮 Huaneng Shantou Lemen 2 Wind Power Construction No LM1	23-14.49N 117-05.92E	莫(0)黄12秒			黄色标柱形，顶标为黄色“X”形	海上作业区专用标AIS应答器：名称：HUA NENG LM1MMSI：994121970
7110130.02	华能汕头勒门(二)风电施工期LM2灯浮 Huaneng Shantou Lemen 2 Wind Power Construction No LM2	23-13.35N 117-04.89E	莫(0)黄12秒			黄色标柱形，顶标为黄色“X”形	海上作业区专用标
7110130.03	华能汕头勒门(二)风电施工期LM3灯浮 Huaneng Shantou Lemen 2 Wind Power Construction No LM3	23-12.22N 117-03.85E	莫(0)黄12秒			黄色标柱形，顶标为黄色“X”形	海上作业区专用标

编 号 No	名 称 Name	位置 Position	灯 质 Characteristic	灯高 Height	射程 Range	构 造 Structure	附 记 Remarks
7110130.04	华能汕头勒门(二)风电施工期LM4灯浮 Huaneng Shantou Lemen 2 Wind Power Construction No LM4	23-11.09N 117-02.82E	莫(0)黄12秒			黄色标柱形,顶标为黄色“X”形	海上作业区专用标AIS应答器：名称：HUA NENG LM1MMSI：994121971
7110130.05	华能汕头勒门(二)风电施工期LM5灯浮 Huaneng Shantou Lemen 2 Wind Power Construction No LM5	23-11.09N 117-00.68E	莫(0)黄12秒			黄色标柱形,顶标为黄色“X”形	海上作业区专用标
7110130.06	华能汕头勒门(二)风电施工期LM6灯浮 Huaneng Shantou Lemen 2 Wind Power Construction No LM6	23-11.08N 116-58.55E	莫(0)黄12秒			黄色标柱形,顶标为黄色“X”形	海上作业区专用标
7110130.07	华能汕头勒门(二)风电施工期LM7灯浮 Huaneng Shantou Lemen 2 Wind Power Construction No LM7	23-11.08N 116-56.41E	莫(0)黄12秒			黄色标柱形,顶标为黄色“X”形	海上作业区专用标
7110130.08	华能汕头勒门(二)风电施工期LM8灯浮 Huaneng Shantou Lemen 2 Wind Power Construction No LM8	23-11.08N 116-54.27E	莫(0)黄12秒			黄色标柱形,顶标为黄色“X”形	海上作业区专用标AIS应答器：名称：HUA NENG LM1MMSI：994121972
7110130.09	华能汕头勒门(二)风电施工期LM9灯浮 Huaneng Shantou Lemen 2 Wind Power Construction No LM9	23-12.79N 116-55.81E	莫(0)黄12秒			黄色标柱形,顶标为黄色“X”形	海上作业区专用标
7110130.10	华能汕头勒门(二)风电施工期LM10灯浮 Huaneng Shantou Lemen 2 Wind Power Construction No LM10	23-14.49N 116-57.34E	莫(0)黄12秒			黄色标柱形,顶标为黄色“X”形	海上作业区专用标AIS应答器：名称：HUA NENG LM1MMSI：994121973
7110130.11	华能汕头勒门(二)风电施工期LM11灯浮 Huaneng Shantou Lemen 2 Wind Power Construction No LM11	23-14.49N 117-00.20E	莫(0)黄12秒			黄色标柱形,顶标为黄色“X”形	海上作业区专用标

编号 No	名称 Name	位置 Position	灯质 Characteristic	灯高 Height	射程 Range	构造 Structure	附记 Remarks
7110130.12	华能汕头勒门(二)风电施工期LM12灯浮 Huaneng Shantou Lemen 2 Wind Power Construction No LM12	23-14.49N 117-03.06E	莫(0)黄12秒			黄色标柱形，顶标为黄色“X”形	海上作业区专用标
7110140 (4008)	勒门列岛赤屿灯桩 Lemen Liedao Chiyu	23-19.10N 117-07.10E	闪（2）白10秒	34.8	10	红白相间横条纹混凝土结构柱形立标;8.7	
7110150 (4008.5)	气象灯浮 Weather	22-20.00N 117-20.40E	莫（0）黄12秒			黄色标柱形，顶标为黄色“X”形	海上作业区专用标
7110151	海峡2号气象监测灯浮 Strait No 2 Weather Observation	22-36.00N 119-00.00E	莫（0）黄12秒			黄色标柱形，顶标为黄色“X”形	海上作业区专用标AIS应答器
7110152	汕头中澎二海上风电场项目测风装置灯浮 Shantou Zhongpeng'er Wind Measuring device for offshore Wind Farm Project	22-39.59N 117-29.17E	莫（0）黄12秒			黄色标柱形，顶标为黄色“X”形	海上作业区专用标AIS应答器：名称：STZP2CF MMSI：994121827发射模式：自主连续播发间隔：3分钟
7110154	货轮沉船AIS虚拟航标 WRECK	23-07.33N 118-23.84E					MMSI：994136895发射模式：自主连续
7110155	闽东渔61226沉船AIS虚拟航标 MINDONGYU 61226 WRECK	23-10.70N 118-47.90E					MMSI：994136880
7110159.01	老牛礁鱼礁1号AIS虚拟航标 Laoniu Jiao Fish Haven No 1	23-31.26N 117-12.83E					MMSI：994136930
7110159.02	老牛礁鱼礁2号AIS虚拟航标 Laoniu Jiao Fish Haven No 2	23-30.64N 117-12.20E					MMSI：994136931

编 号 No	名 称 Name	位置 Position	灯 质 Characteristic	灯高 Height	射程 Range	构 造 Structure	附 记 Remarks
7110159.03	老牛礁鱼礁3号AIS虚拟航标 Laoniu Jiao Fish Haven No 3	23-31.02N 117-12.06E					MMSI： 994136932
7110159.04	老牛礁鱼礁4号AIS虚拟航标 Laoniu Jiao Fish Haven No 4	23-31.87N 117-12.46E					MMSI： 994136933
7110200 (4009)	老牛礁（溜牛礁）灯桩 Laoniu Jiao (Liuniu Jiao)	23-31.57N 117-12.09E	闪白6秒	9.2	10	白色混凝土结构柱形立标;7.9	AIS应答器
7110210.01 (4009.02)	南铲鱼礁1灯浮 Nanchan Yujiao No 1	23-34.99N 117-12.54E	莫（P）黄12秒			黄色标柱形，顶标为黄色“X”形	禁航区专用标
7110210.02 (4009.04)	南铲鱼礁2灯浮 Nanchan Yujiao No 2	23-33.99N 117-11.21E	莫（P）黄12秒			黄色标柱形，顶标为黄色“X”形	禁航区专用标
7110210.03 (4009.06)	南铲鱼礁3灯浮 Nanchan Yujiao No 3	23-35.08N 117-10.88E	莫（P）黄12秒			黄色标柱形，顶标为黄色“X”形	禁航区专用标
7110210.04 (4009.08)	南铲鱼礁4灯浮 Nanchan Yujiao No 4	23-35.49N 117-12.04E	莫（P）黄12秒			黄色标柱形，顶标为黄色“X”形	禁航区专用标
7110220.01 (4009.1)	华丰1灯桩 Huafeng No 1	23-33.73N 117-07.97E	定红	11	4	红色金属结构柱形立标;5.5	
7110220.02 (4009.2)	华丰2灯桩 Huafeng No 2	23-33.80N 117-07.92E	长闪白6秒	20	10	红色金属结构柱形立标;13.2	
7110220.03 (4009.3)	华丰3灯桩 Huafeng No 3	23-33.87N 117-07.88E	闪红2秒	13	4	红色金属结构柱形立标;1.2	
7110230.01 (4009.4)	华丰1灯浮 Huafeng No 1	23-33.88N 117-07.78E	快（6）+长闪白15秒			黄黑相间横条纹标柱形，顶标为黑色顶点朝下双锥体	南方位标

编 号 No	名 称 Name	位置 Position	灯 质 Characteristic	灯高 Height	射程 Range	构 造 Structure	附 记 Remarks
7110240.02 (4009.5)	华丰2灯浮 Huafeng No 2	23-33.66N 117-07.66E	快闪（3）白 10秒			黑黄黑横条纹标柱形，顶标为黑色顶点相背双锥体	东方位标
7110250 (4009.6)	大唐电厂防波堤灯桩 Datang Power Plant Breakwater	23-33.61N 117-06.64E	闪白4秒	18.2	6	红白相间条纹金属结构柱形立标;8.0	
7110260 (4009.7)	大唐电厂防波堤堤头灯桩 Datang Power Plant Breakwater Head	23-33.24N 117-06.45E	闪绿4秒	18.2	6	绿色金属结构柱形立标，顶标为绿色尖向上锥形;8.0	右侧标
7110270.01 (4009.81)	亚太1灯桩 Yatai No 1	23-33.18N 117-06.08E	闪绿6秒	24	5	柱形立标	
7110270.02 (4009.82)	亚太2灯桩 Yatai No 2	23-33.38N 117-06.14E	闪白4秒	12	5	柱形立标	
7110280.01 (4009.851)	大唐电厂1灯浮 Datang Power Plant No 1	23-28.33N 117-11.45E	快闪绿			绿色锥形	右侧标
7110280.02 (4009.852)	大唐电厂2灯浮 Datang Power Plant No 2	23-28.23N 117-11.34E	快闪红			红色罐形	左侧标
7110280.03 (4009.853)	大唐电厂3灯浮 Datang Power Plant No 3	23-28.83N 117-10.92E	闪（2）绿6秒			绿色锥形	右侧标同步闪
7110280.04 (4009.854)	大唐电厂4灯浮 Datang Power Plant No 4	23-28.72N 117-10.81E	闪（2）红6秒			红色罐形	左侧标同步闪
7110280.05 (4009.855)	大唐电厂5灯浮 Datang Power Plant No 5	23-29.34N 117-10.36E	闪（2）绿6秒			绿色锥形	右侧标同步闪
7110280.06 (4009.856)	大唐电厂6灯浮 Datang Power Plant No 6	23-29.24N 117-10.25E	闪（2）红6秒			红色罐形	左侧标同步闪

编号 No	名称 Name	位置 Position	灯质 Characteristic	灯高 Height	射程 Range	构造 Structure	附记 Remarks
7110289.01	潮州港公用航道1灯浮 Chaozhou Gang Communal Fairway No 1	23-31.83N 117-05.58E	快绿			绿色锥形	右侧标 AIS应答器
7110289.02	潮州港公用航道2灯浮 Chaozhou Gang Communal Fairway No 2	23-31.75N 117-05.53E	快红			红色罐形	左侧标
7110289.03 (4011.1)	潮州港公用航道3灯浮 Chaozhou Gang Communal Fairway No 3	23-32.38N 117-04.51E	闪绿4秒			绿色锥形	右侧标 同步闪
7110289.04 (4011.2)	潮州港公用航道4灯浮 Chaozhou Gang Communal Fairway No 4	23-32.29N 117-04.46E	闪红4秒			红色罐形	左侧标 同步闪
7110289.05 (4011.3)	潮州港公用航道5灯浮 Chaozhou Gang Communal Fairway No 5	23-32.94N 117-03.50E	闪绿4秒			绿色锥形	右侧标 同步闪
7110289.06 (4011.4)	潮州港公用航道6灯浮 Chaozhou Gang Communal Fairway No 6	23-32.85N 117-03.38E	闪红4秒			红色罐形	左侧标 同步闪 AIS应答器
7110289.07 (4011.5)	潮州港公用航道7灯浮 Chaozhou Gang Communal Fairway No 7	23-33.64N 117-03.16E	闪绿4秒			绿色锥形	右侧标 同步闪
7110289.08 (4011.6)	潮州港公用航道8灯浮 Chaozhou Gang Communal Fairway No 8	23-33.61N 117-03.06E	闪红4秒			红色罐形	左侧标 同步闪
7110289.09 (4011.7)	潮州港公用航道9灯浮 Chaozhou Gang Communal Fairway No 9	23-34.30N 117-02.89E	闪绿4秒			绿色锥形	右侧标 同步闪
7110289.010 (4011.8)	潮州港公用航道10灯浮 Chaozhou Gang Communal Fairway No 10	23-34.27N 117-02.79E	闪红4秒			红色罐形	左侧标 同步闪

编号 No	名称 Name	位置 Position	灯质 Characteristic	灯高 Height	射程 Range	构造 Structure	附记 Remarks
7110289.011	潮州港公用航道11灯浮 Chaozhou Gang Communal Fairway No 11	23-34.86N 117-02.55E	闪红4秒			红色罐形	左侧标 同步闪
7110289.012	潮州港公用航道12灯浮 Chaozhou Gang Communal Fairway No 12	23-35.19N 117-02.29E	闪红4秒			红色罐形	左侧标 同步闪
7110289.013	潮州港公用航道13灯浮 Chaozhou Gang Communal Fairway No 13	23-35.37N 117-02.46E	闪绿4秒			绿色锥形	右侧标 同步闪 AIS应答器
7110289.014	潮州港公用航道14灯浮 Chaozhou Gang Communal Fairway No 14	23-35.36N 117-01.89E	闪红4秒			红色罐形	左侧标 同步闪
7110289.015	潮州港公用航道15灯浮 Chaozhou Gang Communal Fairway No 15	23-35.44N 117-01.90E	闪绿4秒			绿色锥形	右侧标 同步闪
7110289.016	潮州港公用航道16灯浮 Chaozhou Gang Communal Fairway No 16	23-35.48N 117-01.03E	闪红4秒			红色罐形	左侧标 同步闪
7110289.017	潮州港公用航道17灯浮 Chaozhou Gang Communal Fairway No 17	23-35.55N 117-01.04E	闪绿4秒			绿色锥形	右侧标 同步闪
7110289.018	潮州港公用航道18灯浮 Chaozhou Gang Communal Fairway No 18	23-35.59N 117-00.16E	闪红4秒			红色罐形	左侧标 同步闪
7110289.019	潮州港公用航道19灯浮 Chaozhou Gang Communal Fairway No 19	23-35.67N 117-00.18E	闪绿4秒			绿色锥形	右侧标 同步闪
7110289.020	潮州港公用航道20灯浮 Chaozhou Gang Communal Fairway No 20	23-36.07N 116-58.85E	闪红4秒			红色罐形	左侧标 同步闪 AIS应答器

编号 No	名称 Name	位置 Position	灯质 Characteristic	灯高 Height	射程 Range	构造 Structure	附记 Remarks
7110289.021	潮州港公用航道21灯浮 Chaozhou Gang Communal Fairway No 21	23-36.11N 116-58.95E	闪绿4秒			绿色锥形	右侧标 同步闪
7110290.07 (4009.857)	大唐电厂7灯浮 Datang Power Plant No 7	23-30.05N 117-09.60E	闪（2）绿6秒			绿色锥形	右侧标同步闪
7110290.08 (4009.858)	大唐电厂8灯浮 Datang Power Plant No 8	23-29.95N 117-09.48E	闪（2）红6秒			红色罐形	左侧标同步闪
7110290.09 (4009.859)	大唐电厂9灯浮 Datang Power Plant No 9	23-30.76N 117-08.83E	闪（2）绿6秒			绿色锥形	右侧标同步闪
7110290.10 (4009.86)	大唐电厂10灯浮 Datang Power Plant No 10	23-30.66N 117-08.71E	闪（2）红6秒			红色罐形	左侧标同步闪
7110290.11 (4009.861)	大唐电厂11灯浮 Datang Power Plant No 11	23-31.47N 117-08.06E	闪（2）绿6秒			绿色锥形	右侧标同步闪
7110290.12 (4009.862)	大唐电厂12灯浮 Datang Power Plant No 12	23-31.37N 117-07.95E	闪（2）红6秒			红色罐形	左侧标同步闪
7110290.13 (4009.863)	大唐电厂13灯浮 Datang Power Plant No 13	23-32.18N 117-07.29E	闪（2）绿6秒			绿色锥形	右侧标同步闪
7110290.14 (4009.864)	大唐电厂14灯浮 Datang Power Plant No 14	23-32.07N 117-07.18E	闪（2）红6秒			红色罐形	左侧标同步闪
7110290.15 (4009.865)	大唐电厂15灯浮 Datang Power Plant No 15	23-32.83N 117-06.58E	快闪绿			绿色锥形	右侧标
7110290.16 (4009.866)	大唐电厂16灯浮 Datang Power Plant No 16	23-33.02N 117-06.22E	闪（2+1）红6秒			红绿红横条纹罐形	推荐航道左侧标

编 号 No	名 称 Name	位置 Position	灯 质 Characteristic	灯高 Height	射程 Range	构 造 Structure	附 记 Remarks
7110290.17 (4009.867)	大唐电厂17灯浮 Datang Power Plant No 17	23-33.13N 117-06.43E	闪（2）绿6秒			绿色锥形	右侧标同步闪
7110290.18 (4009.868)	大唐电厂18灯浮 Datang Power Plant No 18	23-33.40N 117-06.23E	闪（3）红10秒			红色罐形	左侧标同步闪
7110290.19 (4009.869)	大唐电厂19灯浮 Datang Power Plant No 19	23-33.38N 117-06.44E	闪（3）绿10秒			绿色锥形	右侧标同步闪
7110290.20 (4009.87)	大唐电厂20灯浮 Datang Power Plant No 20	23-33.71N 117-06.15E	闪（3）红10秒			红色罐形	左侧标同步闪
7110290.21 (4009.871)	大唐电厂21灯浮 Datang Power Plant No 21	23-33.61N 117-06.51E	闪（3）绿10秒			绿色锥形	右侧标同步闪
7110300 (4009.96)	大唐电厂引导灯桩前 Datang Power Plant Ldg Lts, Front	23-33.61N 117-05.63E	明暗白5秒	32.6	10	白色金属结构柱形立标，顶标为尖向上三角形;27.6	导标雷达应答器：信号Y（-．--）两灯一线：315°01′58″
7110310 (4009.97)	大唐电厂引导灯桩后 Datang Power Plant Ldg Lts, Rear	23-34.23N 117-04.95E	明暗白5秒	53.6	10	白色金属结构柱形立标，顶标为尖向下三角形;48.6	导标
7110320.01 (4009.981)	亚太Y1灯浮 Yatai No Y1	23-32.62N 117-06.60E	快闪红			红色罐形	左侧标
7110320.02 (4009.982)	亚太Y2灯浮 Yatai No Y2	23-33.01N 117-05.99E	闪（3）红10秒			红色罐形	左侧标
7110320.03 (4009.983)	亚太Y3灯浮 Yatai No Y3	23-33.11N 117-06.08E	闪（3）绿10秒			绿色锥形	右侧标
7110320.04 (4009.984)	亚太Y4灯浮 Yatai No Y4	23-33.11N 117-05.73E	闪红4秒			红色罐形	左侧标
7110320.05 (4009.985)	亚太Y5灯浮 Yatai No Y5	23-33.36N 117-05.69E	闪（2）红6秒			红色罐形	左侧标

编号 No	名称 Name	位置 Position	灯质 Characteristic	灯高 Height	射程 Range	构造 Structure	附记 Remarks
7110330 (4010)	驎屿（鸡簟屿）灯桩 Linyu (Jidian Yu)	23-34.04N 117-07.77E	定白	39.4	7	白色混凝土结构柱形立标;3.0	停止发光
7110340 (4010.1)	柘林湾石屿（渔）灯桩 Zhelin Wan Shiyu	23-33.63N 117-04.64E	闪白3秒	2.5	0.7	白色金属结构柱形立标;8.3	
7110350 (4011)	青屿灯桩 Qingyu	23-32.45N 117-03.75E	闪（2）白6秒	54.3	15	白色混凝土结构柱形立标;10.6	
7110361.01	潮州港货运码头H1灯浮 Chaozhou Gang Freight Pier No H1	23-36.20N 116-58.82E	闪绿			绿色锥形	右侧标
7110361.02	潮州港货运码头H2灯浮 Chaozhou Gang Freight Pier No H2	23-36.43N 116-58.59E	闪绿4秒			绿色锥形	右侧标
7110361.03	潮州港货运码头H3灯浮 Chaozhou Gang Freight Pier No H3	23-36.38N 116-58.53E	闪红4秒			红色罐形	左侧标
7110361.04	潮州港货运码头H4灯浮 Chaozhou Gang Freight Pier No H4	23-36.63N 116-58.49E	闪（2）绿6秒			绿色锥形	右侧标
7110361.05	潮州港货运码头H5灯浮 Chaozhou Gang Freight Pier No H5	23-36.51N 116-58.20E	闪（2）红6秒			红色罐形	左侧标
7110361.06	潮州港货运码头H6灯浮 Chaozhou Gang Freight Pier No H6	23-36.62N 116-58.18E	闪（3）红10秒			红色罐形	左侧标
7110362	潮州港货运码头灯桩 Chaozhou Gang Freight Pier	23-36.65N 116-58.24E	闪黄	5.8	3	黄色金属结构柱形立标	
7110370 (4012)	乌礁仔灯桩 Wujiao Zai	23-33.14N 117-01.54E	闪（2）白5秒	5	5	黑红黑横条纹柱形立标，顶标为黑色双球体	孤立危险物立标
7110380 (4013)	乌礁灯桩 Wujiao	23-35.03N 117-02.24E	闪白4秒	9.7	8	白色混凝土结构柱形立标;8.6	

编号 No	名称 Name	位置 Position	灯质 Characteristic	灯高 Height	射程 Range	构造 Structure	附记 Remarks
7110390 (4014)	小金门马婆灯桩 Xiaojinmen Mapo	23-34.27N 117-00.77E	闪红4秒	4.9	3	红色混凝土结构柱形立标;6.6	
7110400 (4016)	内乌礁灯桩 Neiwu Jiao	23-36.38N 116-58.01E	闪（2）白5秒	4.4	2	黑红黑横条纹柱形立标，顶标为黑色双球体	孤立危险物立标
7110410 (4017)	三百门避风塘堤头（渔）灯桩 Sanbaimen Shelter Breakwater Head	23-36.46N 116-57.75E	闪（2）绿6秒		0.7	白色砖石结构柱形立标;5.0	
7110420 (4017.1)	笠港大屿灯桩 Ligang Dayu	23-32.05N 116-55.54E	闪白4秒	5.6	5	白色混凝土结构柱形立标;4.6	
7110430 (4017.2)	笠港西堤灯桩 Ligang W Breakwater	23-32.32N 116-56.20E	闪白4秒	7	3	白色混凝土结构柱形立标;7.9	
7110440 (4017.3)	笠港蔡厝渡灯桩 Ligang Caicuodu	23-32.61N 116-56.91E	闪白4秒	5.3	3	白色混凝土结构柱形立标;6.6	
7110450 (4017.4)	笠港上港灯桩 Ligang Shanggang	23-32.54N 116-57.71E	闪（2）白6秒	5.3	3	白色混凝土结构柱形立标;4.6	
7110460 (4017.5)	笠港东堤头灯桩 Ligang E Breakwater Head	23-33.50N 116-58.10E	闪（2）白6秒	5.5	5	白色混凝土结构柱形立标;4.6	
7110470 (4018)	笠港马鞍屿灯桩 Ligang Ma'an Yu	23-32.24N 116-55.23E	闪红4秒	5.9	3	红色混凝土结构柱形立标;7.9	
7110480 (4018.1)	戏浪灯桩 Xilang	23-32.09N 116-55.37E	闪绿4秒	6.5	3	白色混凝土结构柱形立标;4.6	
7110490 (4019.01)	浮屿灯桩 Fuyu	23-29.66N 116-59.19E	闪白5秒	29	7	白色混凝土结构柱形立标;6.1	
7110491	西组前灯桩 Group W, Front	23-30.61N 116-59.58E				白色砖石结构;5.5	
7110492.01	西组后右灯桩 Group W, Rear R	23-30.63N 116-59.41E				白色砖石结构;5.5	

编号 No	名称 Name	位置 Position	灯质 Characteristic	灯高 Height	射程 Range	构造 Structure	附记 Remarks
7110492.02	西组后中灯桩 Group W, Rear M	23-30.61N 116-59.33E				白色砖石结构; 6.0	
7110492.03	西组后左灯桩 Group W, Rear L	23-30.57N 116-59.23E				白色砖石结构; 8.0	
7110500 (4019.05)	案仔屿灯桩 Anzai Yu	23-28.25N 117-00.60E	闪（2）白6秒	27	10	红白相间横条纹混凝土结构柱形立标;9.4	
7110501	西组前（白塔岩）灯桩 Group W, Front (Baita Yan)	23-27.95N 117-00.59E				白色砖石结构; 4.5	测距标志
7110505	南组前灯桩 Group S, Front	23-27.20N 117-02.28E				白色砖石结构; 7.0	
7110506.01	南组后右灯桩 Group S, Rear R	23-27.05N 117-02.30E				白色砖石结构; 11.0	
7110506.02	南组后中灯桩 Group S, Rear M	23-27.03N 117-02.28E				白色砖石结构; 9.0	
7110506.03	南组后左灯桩 Group S, Rear L	23-27.01N 117-02.26E				白色砖石结构; 7.0	
7110510 (4019.1)	后江港左堤头（渔）灯桩 Houjiang Gang L Breakwater Head	23-26.38N 117-01.29E	闪（2）红6秒	8	6	白色砖石结构柱形立标;5.5	
7110520 (4019.2)	后江港右堤头（渔）灯桩 Houjiang Gang R Breakwater Head	23-26.40N 117-01.32E	闪（2）绿6秒		0.7	白色砖石结构柱形立标;5.0	
7110530 (4020)	五屿灯桩 Wuyu	23-30.52N 116-54.85E	闪白4秒	25	5	白色砖石结构柱形立标;4.2	
7110540 (4021)	大粗礁灯浮 Dacu Jiao	23-28.19N 116-57.14E	快（6）+长闪白15秒			黄黑相间横条纹标柱形，顶标为黑色顶点朝下双锥体	南方位标

编号 No	名称 Name	位置 Position	灯质 Characteristic	灯高 Height	射程 Range	构造 Structure	附记 Remarks
7110550.01 (4021.01)	莱长渡运1灯浮 Laichang Ferry No 1	23-24.98N 116-53.13E	闪（3）绿10秒			绿色锥形	右侧标
7110550.02 (4021.02)	莱长渡运2灯浮 Laichang Ferry No 2	23-24.70N 116-53.15E	闪（3）红10秒			红色罐形	左侧标
7110550.03 (4021.03)	莱长渡运3灯浮 Laichang Ferry No 3	23-24.77N 116-52.44E	闪（2）绿6秒			绿色锥形	右侧标
7110550.04 (4021.04)	莱长渡运4灯浮 Laichang Ferry No 4	23-24.48N 116-52.45E	闪（2）红6秒			红色罐形	左侧标
7110550.05 (4021.05)	莱长渡运5灯浮 Laichang Ferry No 5	23-24.63N 116-51.80E	闪绿4秒			绿色锥形	右侧标
7110550.06 (4021.06)	莱长渡运6灯浮 Laichang Ferry No 6	23-24.28N 116-51.78E	闪红4秒			红色罐形	左侧标
7110555	莱金线过海电缆莱芜登陆点标志牌灯桩 Laijin Line Cross-sea Cable Laiwu Landing Point Mark	23-25.98N 116-51.35E	定红	27	5	柱形立标	
7110560.01 (4021.11)	后江水道1灯浮 Houjiang Channel No 1	23-28.53N 116-58.12E	闪（2）绿6秒			绿色锥形	右侧标同步闪
7110560.02 (4021.12)	后江水道2灯浮 Houjiang Channel No 2	23-28.31N 116-58.26E	闪（2）红6秒			红色罐形	左侧标同步闪
7110560.03 (4021.13)	后江水道3灯浮 Houjiang Channel No 3	23-28.22N 116-57.53E	闪（2）绿6秒			绿色锥形	右侧标同步闪
7110560.04 (4021.14)	后江水道4灯浮 Houjiang Channel No 4	23-28.04N 116-57.64E	闪（2）红6秒			红色罐形	左侧标同步闪
7110560.05 (4021.15)	后江水道5灯浮 Houjiang Channel No 5	23-27.89N 116-56.91E	闪（2）绿6秒			绿色锥形	右侧标同步闪
7110560.06 (4021.16)	后江水道6灯浮 Houjiang Channel No 6	23-27.74N 116-57.00E	闪（2）红6秒			红色罐形	左侧标同步闪

编号 No	名称 Name	位置 Position	灯质 Characteristic	灯高 Height	射程 Range	构造 Structure	附记 Remarks
7110560.07 (4021.17)	后江水道7灯浮 Houjiang Channel No 7	23-27.53N 116-56.20E	闪绿4秒			绿色锥形	右侧标同步闪
7110560.08 (4021.18)	后江水道8灯浮 Houjiang Channel No 8	23-27.40N 116-56.37E	闪红4秒			红色罐形	左侧标同步闪
7110560.09 (4021.181)	后江水道9灯浮 Houjiang Channel No 9	23-27.04N 116-55.74E	闪绿4秒			绿色锥形	右侧标同步闪
7110560.10 (4021.182)	后江水道10灯浮 Houjiang Channel No 10	23-26.94N 116-55.86E	闪红4秒			红色罐形	左侧标同步闪
7110560.11 (4021.183)	后江水道11灯浮 Houjiang Channel No 11	23-26.54N 116-55.29E	闪绿4秒			绿色锥形	右侧标同步闪
7110560.12 (4021.184)	后江水道12灯浮 Houjiang Channel No 12	23-26.46N 116-55.40E	闪红4秒			红色罐形	左侧标同步闪
7110560.13 (4021.185)	后江水道13灯浮 Houjiang Channel No 13	23-26.09N 116-54.81E	闪绿4秒			绿色锥形	右侧标同步闪
7110560.14 (4021.186)	后江水道14灯浮 Houjiang Channel No 14	23-25.94N 116-54.96E	闪红4秒			红色罐形	左侧标同步闪
7110560.15 (4021.187)	后江水道15灯浮 Houjiang Channel No 15	23-25.60N 116-54.30E	闪绿4秒			绿色锥形	右侧标同步闪
7110560.16 (4021.188)	后江水道16灯浮 Houjiang Channel No 16	23-25.40N 116-54.50E	闪红4秒			红色罐形	左侧标同步闪
7110561.01	汕头海事监管基地码头1灯桩 Shantou MSA Supervise Base Pier No 1	23-27.65N 116-58.27E	闪白4秒	11.6	5	红白相间横条纹金属结构柱形立标;8.1	同步闪
7110561.02	汕头海事监管基地码头2灯桩 Shantou MSA Supervise Base Pier No 2	23-27.61N 116-58.20E	闪白4秒	11.6	5	红白相间横条纹柱形立标;8.1	同步闪

编号 No	名称 Name	位置 Position	灯质 Characteristic	灯高 Height	射程 Range	构造 Structure	附记 Remarks
7110570.01 (4021.21)	南澳大桥禁航1灯浮 Nan'ao Bridge Passage Prohibited No 1	23-27.41N 116-55.61E	莫（P）黄12秒			黄色标柱形，顶标为黄色“X”形	禁航区专用标
7110570.02 (4021.22)	南澳大桥禁航2灯浮 Nan'ao Bridge Passage Prohibited No 2	23-26.93N 116-56.28E	莫（P）黄12秒			黄色标柱形，顶标为黄色“X”形	禁航区专用标
7110570.03 (4021.23)	南澳大桥禁航3灯浮 Nan'ao Bridge Passage Prohibited No 3	23-26.03N 116-55.63E	莫（P）黄12秒			黄色标柱形，顶标为黄色“X”形	禁航区专用标
7110570.04 (4021.24)	南澳大桥禁航4灯浮 Nan'ao Bridge Passage Prohibited No 4	23-26.37N 116-54.36E	莫（P）黄12秒			黄色标柱形，顶标为黄色“X”形	禁航区专用标
7110580.01 (4021.25)	南澳大桥1桥涵标灯桩 Nan'ao Bridge No 1	23-26.79N 116-55.58E	快闪黄			柱形立标	桥墩警示标
7110580.02 (4021.26)	南澳大桥2桥涵标灯桩 Nan'ao Bridge No 2	23-26.72N 116-55.68E	快闪黄			柱形立标	桥墩警示标
7110580.03 (4021.27)	南澳大桥3桥涵标灯桩 Nan'ao Bridge No 3	23-26.70N 116-55.66E	快闪黄			柱形立标	桥墩警示标
7110580.04 (4021.28)	南澳大桥4桥涵标灯桩 Nan'ao Bridge No 4	23-26.77N 116-55.56E	快闪黄			柱形立标	桥墩警示标
7110581.01	南澳过海水管1号灯浮 Nan'ao Over the Sea Waterpipe No 1	23-26.87N 116-56.65E	莫（C）黄12秒			黄色金属结构标柱形，顶标为黄色“X”形	水中构筑物专用标同步闪
7110581.02	南澳过海水管2号灯浮 Nan'ao Over the Sea Waterpipe No 2	23-27.02N 116-56.08E	莫（C）黄12秒			黄色金属结构标柱形，顶标为黄色“X”形	水中构筑物专用标同步闪
7110581.03	南澳过海水管3号灯浮 Nan'ao Over the Sea Waterpipe No 3	23-27.16N 116-55.41E	莫（C）黄12秒			黄色金属结构标柱形，顶标为黄色“X”形	水中构筑物专用标同步闪
7110581.04	南澳过海水管4号灯浮 Nan'ao Over the Sea Waterpipe No 4	23-27.30N 116-54.71E	莫（C）黄12秒			黄色金属结构标柱形，顶标为黄色“X”形	水中构筑物专用标同步闪

编 号 No	名 称 Name	位置 Position	灯 质 Characteristic	灯高 Height	射程 Range	构 造 Structure	附 记 Remarks
7110581.05	南澳过海水管5号灯浮 Nan'ao Over the Sea Waterpipe No 5	23-27.45N 116-53.75E	莫（C）黄12秒			黄色金属结构标柱形，顶标为黄色“X”形	水中构筑物专用标同步闪
7110582.01	南澳大桥1灯桩 Nan'ao Bridge No 1	23-26.62N 116-55.76E	定红		3	柱形立标	桥孔禁航标
7110582.01	南澳基地填海施工1灯浮 Nan'ao Base Reclamation Construction No 1	23-27.03N 116-56.91E	莫（0）黄12秒			黄色金属结构标柱形，顶标为黄色“X”形	海上作业区专用标
7110582.02	南澳大桥2灯桩 Nan'ao Bridge No 2	23-26.62N 116-55.76E	定红		3	柱形立标	桥孔禁航标
7110582.02	南澳基地填海施工2灯浮 Nan'ao Base Reclamation Construction No 2	23-27.31N 116-57.44E	莫（0）黄12秒			黄色金属结构标柱形，顶标为黄色“X”形	海上作业区专用标
7110582.03	南澳大桥3灯桩 Nan'ao Bridge No 3	23-26.64N 116-55.74E	定红		3	柱形立标	桥孔禁航标
7110582.03	南澳基地填海施工3灯浮 Nan'ao Base Reclamation Construction No 3	23-27.50N 116-57.86E	莫（0）黄12秒			黄色金属结构标柱形，顶标为黄色“X”形	海上作业区专用标
7110582.04	南澳大桥4灯桩 Nan'ao Bridge No 4	23-26.63N 116-55.74E	定红		3	柱形立标	桥孔禁航标
7110582.05	南澳大桥5灯桩 Nan'ao Bridge No 5	23-26.65N 116-55.72E	定红		3	柱形立标	桥孔禁航标
7110582.06	南澳大桥6灯桩 Nan'ao Bridge No 6	23-26.65N 116-55.72E	定红		3	柱形立标	桥孔禁航标
7110582.07	南澳大桥7灯桩 Nan'ao Bridge No 7	23-26.67N 116-55.70E	定红		3	柱形立标	桥孔禁航标
7110582.08	南澳大桥8灯桩 Nan'ao Bridge No 8	23-26.66N 116-55.70E	定红		3	柱形立标	桥孔禁航标

编 号 No	名 称 Name	位置 Position	灯 质 Characteristic	灯高 Height	射程 Range	构 造 Structure	附 记 Remarks
7110582.09	南澳大桥9灯桩 Nan'ao Bridge No 9	23-26.69N 116-55.66E	定红		3	柱形立标	桥孔禁航标
7110582.010	南澳大桥10灯桩 Nan'ao Bridge No 10	23-26.69N 116-55.66E	定红		3	柱形立标	桥孔禁航标
7110582.011	南澳大桥11灯桩 Nan'ao Bridge No 11	23-26.72N 116-55.63E	快闪黄		3	柱形立标	桥墩警示标
7110582.012	南澳大桥12灯桩 Nan'ao Bridge No 12	23-26.71N 116-55.63E	快闪黄		3	柱形立标	桥墩警示标
7110582.013	南澳大桥13灯桩 Nan'ao Bridge No 13	23-26.73N 116-55.62E	闪（2）红6秒		3	红色柱形立标	通航桥孔左侧标 左侧标
7110582.014	南澳大桥14灯桩 Nan'ao Bridge No 14	23-26.72N 116-55.61E	闪（2）红6秒		3	红色柱形立标	通航桥孔左侧标 左侧标
7110582.015	南澳大桥15灯桩 Nan'ao Bridge No 15	23-26.75N 116-55.58E	定绿		3	柱形立标	双向通航桥孔标 雷达应答器：信号C（－．－．）
7110582.016	南澳大桥16灯桩 Nan'ao Bridge No 16	23-26.75N 116-55.57E	定绿		3	柱形立标	双向通航桥孔标
7110582.017	南澳大桥17灯桩 Nan'ao Bridge No 17	23-26.78N 116-55.54E	闪（2）绿6秒		3	绿色柱形立标	通航桥孔右侧标 右侧标
7110582.018	南澳大桥18灯桩 Nan'ao Bridge No 18	23-26.77N 116-55.53E	闪（2）绿6秒		3	绿色柱形立标	通航桥孔右侧标 右侧标
7110582.019	南澳大桥19灯桩 Nan'ao Bridge No 19	23-26.79N 116-55.52E	快闪黄		3	柱形立标	桥墩警示标
7110582.020	南澳大桥20灯桩 Nan'ao Bridge No 20	23-26.79N 116-55.52E	快闪黄		3	柱形立标	桥墩警示标
7110582.021	南澳大桥21灯桩 Nan'ao Bridge No 21	23-26.81N 116-55.49E	定红		3	柱形立标	桥孔禁航标
7110582.022	南澳大桥22灯桩 Nan'ao Bridge No 22	23-26.81N 116-55.49E	定红		3	柱形立标	桥孔禁航标

编号 No	名称 Name	位置 Position	灯质 Characteristic	灯高 Height	射程 Range	构造 Structure	附记 Remarks
7110582.023	南澳大桥23灯桩 Nan'ao Bridge No 23	23-26.84N 116-55.45E	定红		3	柱形立标	桥孔禁航标
7110582.024	南澳大桥24灯桩 Nan'ao Bridge No 24	23-26.84N 116-55.45E	定红		3	柱形立标	桥孔禁航标
7110582.025	南澳大桥25灯桩 Nan'ao Bridge No 25	23-26.86N 116-55.43E	定红		3	柱形立标	桥孔禁航标
7110582.026	南澳大桥26灯桩 Nan'ao Bridge No 26	23-26.85N 116-55.43E	定红		3	柱形立标	桥孔禁航标
7110582.027	南澳大桥27灯桩 Nan'ao Bridge No 27	23-26.87N 116-55.41E	定红		3	柱形立标	桥孔禁航标
7110582.028	南澳大桥28灯桩 Nan'ao Bridge No 28	23-26.87N 116-55.41E	定红		3	柱形立标	桥孔禁航标
7110582.029	南澳大桥29灯桩 Nan'ao Bridge No 29	23-26.88N 116-55.39E	定红		3	柱形立标	桥孔禁航标
7110582.030	南澳大桥30灯桩 Nan'ao Bridge No 30	23-26.88N 116-55.38E	定红		3	柱形立标	桥孔禁航标
7110590 (4022)	凤屿灯桩 Fengyu	23-27.40N 116-54.98E	闪白8秒	29.9	15	白色混凝土结构柱形立标;7.8	
7110600 (4022.1)	长山尾码头灯桩 Changshanwei Pier	23-26.06N 116-56.49E	快闪白	12	5	红白相间横条纹金属结构柱形立标;6.0	
7110605	莱金线过海电缆南澳登陆点标志牌灯桩 Laijin Line Cross-sea Cable Nan'ao Landing Point Mark	23-25.90N 116-56.46E	定红	27	5	柱形立标	
7110610 (4022.15)	南澳岛长山角灯桩 Nan'ao Dao Changshan Jiao	23-25.51N 116-56.51E	闪白5秒	22	10	白色混凝土结构柱形立标;8.7	

编号 No	名称 Name	位置 Position	灯质 Characteristic	灯高 Height	射程 Range	构造 Structure	附记 Remarks
7110620 (4022.2)	莱长渡口堤头灯桩 Laichang Ferry Breakwater Head	23-24.86N 116-51.45E	快闪白	13	5	红白相间横条纹金属结构柱形立标;7.2	
7110630 (4023)	南港咀（渔）灯桩 Nangang Zui	23-23.79N 116-48.99E	闪白6秒	10.1	5	砖石结构柱形立标;10.5	
7110635.01	外砂河大桥1灯浮 Waishahe Bridge No 1	23-22.98N 116-49.49E	快闪绿			绿色锥形	右侧标
7110635.02	外砂河大桥2灯浮 Waishahe Bridge No 2	23-22.94N 116-49.46E	快闪红			红色罐形	左侧标
7110635.03	外砂河大桥3灯浮 Waishahe Bridge No 3	23-23.15N 116-49.26E	闪（2）绿6秒			绿色锥形	右侧标
7110635.04	外砂河大桥4灯浮 Waishahe Bridge No 4	23-23.11N 116-49.23E	闪（2）红6秒			红色罐形	左侧标
7110635.05	外砂河大桥5灯浮 Waishahe Bridge No 5	23-23.02N 116-49.55E	莫（O）黄12秒			黄色标柱形，顶标为黄色“X”形	海上作业区专用标
7110635.06	外砂河大桥6灯浮 Waishahe Bridge No 6	23-23.21N 116-49.30E	莫（O）黄12秒			黄色标柱形，顶标为黄色“X”形	海上作业区专用标
7110640.01 (4023.1)	沙埕顶鱼礁1灯浮 Shachengding Yujiao No 1	23-21.24N 116-54.44E	莫（P）黄12秒			黄色标柱形，顶标为黄色“X”形	禁航区专用标
7110640.02 (4023.2)	沙埕顶鱼礁2灯浮 Shachengding Yujiao No 2	23-19.79N 116-52.54E	莫（P）黄12秒			黄色标柱形，顶标为黄色“X”形	禁航区专用标
7110640.03 (4023.3)	沙埕顶鱼礁3灯浮 Shachengding Yujiao No 3	23-21.40N 116-52.54E	莫（P）黄12秒			黄色标柱形，顶标为黄色“X”形	禁航区专用标
7110640.04 (4023.4)	沙埕顶鱼礁4灯浮 Shachengding Yujiao No 4	23-22.50N 116-54.44E	莫（P）黄12秒			黄色标柱形，顶标为黄色“X”形	禁航区专用标
7110650 (4024)	**表角灯塔** Biao Jiao	23-14.28N 116-48.41E	闪白8秒	61.8	20	白色混凝土结构;15.6	号角雷达应答器: 信号K（－．－）

编 号 No	名 称 Name	位置 Position	灯 质 Characteristic	灯高 Height	射程 Range	构 造 Structure	附 记 Remarks
7110660.01 (4024.05)	濠江鱼礁1灯浮 Haojiang Yujiao No 1	23-14.78N 116-48.03E	莫（P）黄12秒			黄色标柱形，顶标为黄色“X”形	禁航区专用标
7110660.02 (4024.06)	濠江鱼礁2灯浮 Haojiang Yujiao No 2	23-15.23N 116-47.37E	莫（P）黄12秒			黄色标柱形，顶标为黄色“X”形	禁航区专用标
7110669.01	瀚海养殖1灯浮 Hanhai Yangzhi No 1	23-18.51N 116-50.69E	莫(F)黄12秒			黄色标柱形，顶标为黄色“X”形	水产作业区专用标
7110669.02	瀚海养殖2灯浮 Hanhai Yangzhi No 2	23-18.81N 116-50.30E	莫(F)黄12秒			黄色标柱形，顶标为黄色“X”形	水产作业区专用标
7110669.03	瀚海养殖3灯浮 Hanhai Yangzhi No 3	23-18.18N 116-49.74E	莫(F)黄12秒			黄色标柱形，顶标为黄色“X”形	水产作业区专用标
7110669.04	瀚海养殖4灯浮 Hanhai Yangzhi No 4	23-17.89N 116-50.13E	莫(F)黄12秒			黄色标柱形，顶标为黄色“X”形	水产作业区专用标
7110670.01 (4024.1)	汕头港1灯浮 Shantou Gang No 1	23-15.39N 116-49.16E	快闪绿			绿色锥形	右侧标同步闪雷达反射器
7110670.02 (4024.11)	汕头港2灯浮 Shantou Gang No 2	23-15.31N 116-49.05E	快闪红			红色罐形	左侧标同步闪雷达反射器
7110670.03 (4024.12)	汕头港3灯浮 Shantou Gang No 3	23-16.39N 116-48.31E	闪（2）绿6秒			绿色锥形	右侧标同步闪雷达反射器
7110670.04 (4024.13)	汕头港4灯浮 Shantou Gang No 4	23-16.16N 116-48.33E	闪（2）红6秒			红色罐形	左侧标同步闪雷达反射器
7110670.05 (4024.14)	汕头港5灯浮 Shantou Gang No 5	23-17.31N 116-47.54E	闪（2）绿6秒			绿色锥形	右侧标同步闪雷达反射器AIS应答器
7110670.06 (4024.15)	汕头港6灯浮 Shantou Gang No 6	23-17.02N 116-47.60E	闪（2）红6秒			红色罐形	左侧标同步闪雷达反射器

编号 No	名称 Name	位置 Position	灯质 Characteristic	灯高 Height	射程 Range	构造 Structure	附记 Remarks
7110670.07 (4024.16)	汕头港7灯浮 Shantou Gang No 7	23-18.02N 116-46.94E	闪（2）绿6秒			绿色锥形	右侧标同步闪雷达反射器
7110670.08 (4024.17)	汕头港8灯浮 Shantou Gang No 8	23-17.78N 116-46.95E	闪（2）红6秒			红色罐形	左侧标同步闪雷达反射器
7110670.09 (4024.18)	汕头港9灯浮 Shantou Gang No 9	23-18.70N 116-46.36E	闪（2）绿6秒			绿色锥形	右侧标同步闪雷达反射器
7110670.10 (4024.19)	汕头港10灯浮 Shantou Gang No 10	23-18.61N 116-46.24E	闪（2）红6秒			红色罐形	左侧标同步闪雷达反射器
7110670.101 (4024.3)	汕头港10-1灯浮 Shantou Gang No 10-1	23-19.82N 116-44.74E	闪红4秒			红色罐形	左侧标
7110671	灯浮	23-17.73N 116-47.00E	互明暗蓝黄3秒			蓝黄相间竖条纹标柱形，顶标为黄色竖直十字形	
7110672	汕头救助基地码头1灯浮 Shantou Salvation Base Pier No 1	23-19.02N 116-45.68E	闪红10秒			红色标柱形，顶标为红色圆柱形	左侧标
7110672.01	汕头救助基地码头1灯桩 Shantou Salvation Base Pier No 1	23-19.01N 116-45.59E	闪白4秒	5.7	3	黄黑相间横条纹金属结构柱形立标	同步闪
7110672.02	汕头救助基地码头2灯桩 Shantou Salvation Base Pier No 2	23-19.06N 116-45.49E	闪白4秒	5.7	3	黄黑相间横条纹金属结构柱形立标	同步闪
7110674	后江渔港0灯浮 Houjiang yugang No 0	23-15.83N 116-47.97E	快(6)+长闪白15秒			黄黑相间横条纹标柱形，顶标为黑色顶点朝下双锥体	南方位标
7110674.01	后江渔港1灯浮 Houjiang Yugang No 1	23-15.41N 116-47.43E	闪红4秒			红色标柱形，顶标为红色圆柱形	左侧标
7110674.02	后江渔港2灯浮 Houjiang Yugang No 2	23-15.22N 116-47.15E	闪绿4秒			绿色标柱形，顶标为绿色尖向上锥形	右侧标
7110674.03	后江渔港3灯浮 Houjiang Yugang No 3	23-14.91N 116-47.14E	闪红4秒			红色标柱形，顶标为红色圆柱形	左侧标

编 号 No	名 称 Name	位置 Position	灯 质 Characteristic	灯高 Height	射程 Range	构 造 Structure	附 记 Remarks
7110674.04	后江渔港4灯浮 Houjiang Yugang No 4	23-14.56N 116-47.06E	闪绿4秒			绿色标柱形，顶标为绿色尖向上锥形	右侧标
7110680 (4025)	赤礁屿灯桩 Chijiao Yu	23-16.92N 116-47.34E	闪（2）白6秒	23	10	白色混凝土结构柱形立标;2.9	
7110690 (4026)	防沙堤堤头灯桩 Groyne Head	23-17.17N 116-47.87E	甚快（6）+长闪白10秒	10.7	4	黄黑相间横条纹柱形立标，顶标为黑色顶点朝下双锥体;10.0	南方位标
7110700.01 (4026.01)	外导流防沙堤1灯浮 Out Training Dam No 1	23-17.48N 116-47.52E	莫（P）黄12秒			黄色标柱形，顶标为黄色“X”形	禁航区专用标
7110700.02 (4026.02)	外导流防沙堤2灯浮 Out Training Dam No 2	23-17.90N 116-47.17E	莫（P）黄12秒			黄色标柱形，顶标为黄色“X”形	禁航区专用标
7110701.01	外导流防沙堤1号虚拟AIS航标 Outer Training Dam Groyne1	23-17.56N 116-47.54E					MMSI：994136935
7110701.02	外导流防沙堤2号虚拟AIS航标 Outer Training Dam Groyne2	23-17.96N 116-47.20E					MMSI：994136936
7110710 (4026.1)	防沙堤灯桩 Groyne	23-18.36N 116-46.86E	莫（P）黄12秒	7.2	5	黄色混凝土结构柱形立标，顶标为黄色“X”形	禁航区专用标
7110720 (4027)	娘礁灯浮 Niang Jiao	23-18.76N 116-50.26E	快（6）+长闪白15秒			黄黑相间横条纹标柱形，顶标为黑色顶点朝下双锥体	南方位标
7110720	娘礁灯浮 Niang Jiao	23-19.14N 116-50.26E	闪(2)白5秒			蓝黄相间竖条纹标柱形，顶标为黄色竖直十字形	
7110730 (4029)	尖石灯桩 Jianshi	23-18.91N 116-45.71E	闪白4秒	12.6	4	白色混凝土结构柱形立标;4.8	

编号 No	名称 Name	位置 Position	灯质 Characteristic	灯高 Height	射程 Range	构造 Structure	附记 Remarks
7110740 (4030)	德洲岛灯塔 Dezhou Dao	23-19.58N 116-45.42E	闪白5秒	74.7	18	白色混凝土结构;22.8	
7110750 (4031)	德洲岛灯桩 Dezhou Dao	23-19.61N 116-45.25E	闪白2秒	10.9	5	红白相间条纹金属结构柱形立标;8.0	
7110760 (4032)	汕头港1引导灯桩前 Shantou Gang No 1 Ldg Lts, Front	23-19.59N 116-45.51E	定红	33.6	7	白色混凝土结构柱形立标;16.5	导标雷达应答器：信号B（-...）两灯一线:322 °
7110770 (4033)	汕头港1引导灯桩后 Shantou Gang No 2 Lddg Lts, Rear	23-20.28N 116-44.93E	定红	48.4	7	白色混凝土结构柱形立标;40.7	导标
7110780.01 (4033.04)	华能汕头电厂取水口1灯桩 Huaneng Shantou Power Plant Intake No 1	23-19.86N 116-44.61E	莫（C）黄12秒	6.5	3	黄色金属结构柱形立标，顶标为黄色“X”形;4.4	水源标志水中构筑物专用标
7110780.02 (4033.05)	华能汕头电厂取水口2灯桩 Huaneng Shantou Power Plant Intake No 2	23-19.88N 116-44.58E	莫（C）黄12秒	6.5	3	黄色金属结构柱形立标，顶标为黄色“X”形;4.4	水源标志水中构筑物专用标
7110783	汕头海湾大桥3桥涵灯桩 Shantou Haiwan Bridge Opening No 3	23-19.94N 116-44.71E	定绿			绿色柱形立标	双向通航桥孔标雷达应答器
7110784	汕头海湾大桥4桥涵灯桩 Shantou Haiwan Bridge Opening No 4	23-19.95N 116-44.70E	定绿			绿色柱形立标	双向通航桥孔标
7110785.001	HAI WAN DA QIAO 虚拟航标 HAI WAN DA QIAO	23-19.95N 116-44.79E					MMSI:994136620 发射模式:自主连续播发时间:3分钟
7110790 (4033.1)	妈屿管线标灯桩 Mayu Pipeline	23-20.08N 116-44.86E	定红	5.8	1	红白相间斜条纹柱形立标，顶标为白色尖向上三角形	

编　号 No	名　称 Name	位置 Position	灯　质 Characteristic	灯高 Height	射程 Range	构　造 Structure	附　记 Remarks
7110800 (4033.2)	德洲管线标灯桩 Dezhou Pipeline	23-19.70N 116-45.19E	定红	6.8	1	红白相间斜条纹柱形立标，顶标为白色尖向上三角形	
7110810 (4034)	德洲岛指示危险灯桩前 Dezhou Dao Danger Marking Lts, Front	23-19.69N 116-45.23E	定白	35.9	5	白色混凝土结构柱形立标，顶标为尖向下三角形;8.0	导标两灯一线: 126°46′36″
7110820 (4035)	德洲岛指示危险灯桩后 Dezhou Dao Danger Marking Lts, Rear	23-19.61N 116-45.34E	定白	52.9	5	白色混凝土结构柱形立标，顶标为尖向下三角形;10.0	
7110830 (4035.1)	海洋码头灯浮 Ocean Pier	23-20.39N 116-44.48E	闪（2+1）绿6秒			绿红绿横条纹标柱形，顶标为绿色尖向上锥形	推荐航道右侧标
7110835	汕头港H1灯浮 Shantou Gang No H1	23-20.30N 116-44.12E	闪（2）红6秒			红色罐形	左侧标
7110840.01 (4035.11)	汉汕码头1灯浮 Hanshan Pier No 1	23-20.48N 116-44.36E	闪（2）白5秒			黑红黑横条纹标柱形，顶标为黑色双球体	孤立危险物浮标
7110840.02 (4035.12)	汉汕码头2灯浮 Hanshan Pier No 2	23-20.60N 116-44.31E	闪（2+1）红6秒			红绿红横条纹标柱形，顶标为红色圆柱形	推荐航道左侧标
7110850.11 (4036)	汕头港11灯浮 Shantou Gang No 11	23-20.59N 116-44.08E	快闪绿			绿色锥形	右侧标同步闪AIS应答器
7110860 (4036.388)	东联航道D2灯浮 Donglian Fairway No D2	22-39.88N 114-40.58E	快闪红			红色罐形	左侧标同步闪
7110870.12 (4037)	汕头港12灯浮 Shantou Gang No 12	23-20.52N 116-43.85E	快闪红			红色罐形	左侧标同步闪
7110870.13 (4040)	汕头港13灯浮 Shantou Gang No 13	23-21.01N 116-42.27E	闪（3）绿10秒			绿色锥形	右侧标同步闪
7110870.14 (4041)	汕头港14灯浮 Shantou Gang No 14	23-20.72N 116-43.09E	闪（3）红10秒			红色罐形	左侧标同步闪

编号 No	名称 Name	位置 Position	灯质 Characteristic	灯高 Height	射程 Range	构造 Structure	附记 Remarks
7110880 (4042)	汕头港3引导灯桩前 Shantou Gang Ldg Lts, Front No 3	23-21.22N 116-40.90E	定白绿红	29	白3.5 绿3.5 红3.5	白色金属结构柱形立标;27.3	导标白光弧: 282.65° - 283.35° 遮蔽弧: 285° -281° 绿光弧: 281° -282.65° 红光弧: 283.35° -285°
7110890.15 (4044)	汕头港15灯浮 Shantou Gang No 15	23-20.85N 116-41.89E	闪（3）红10秒			红色罐形	左侧标同步闪
7110890.16 (4045)	汕头港16灯浮 Shantou Gang No 16	23-20.88N 116-41.38E	闪（3）红10秒			红色罐形	左侧标同步闪
7110890.17 (4045.1)	汕头港17灯浮 Shantou Gang No 17	23-20.95N 116-40.23E	闪（3）绿10秒			绿色锥形	右侧标同步闪
7110890.18 (4045.2)	汕头港18灯浮 Shantou Gang No 18	23-20.71N 116-40.43E	闪（3）红10秒			红色罐形	左侧标同步闪
7110890.19 (4045.3)	汕头港19灯浮 Shantou Gang No 19	23-20.62N 116-40.01E	闪（3）红10秒			红色罐形	左侧标同步闪
7110890.20 (4045.4)	汕头港20灯浮 Shantou Gang No 20	23-20.30N 116-38.61E	闪（3）红10秒			红色罐形	左侧标同步闪
7110890.21	汕头苏埃海湾隧道南岸岸标灯桩 Shantou Suaihaiwan Shuidaonan'anan	23-19.87N 116-41.71E	定红		5		
7110890.22	汕头苏埃海湾隧道北岸岸标灯桩 Shantou Suaihaiwan Shuidaobeian	23-21.22N 116-43.04E	定红		5		
7110900.01 (4045.51)	汕头礐石大桥1桥涵灯桩 Shantou Hushi Bridge Opening No 1	23-20.46N 116-39.63E	定红		3	柱形立标	桥孔禁航标
7110900.02 (4045.52)	汕头礐石大桥2桥涵灯桩 Shantou Hushi Bridge Opening No 2	23-20.46N 116-39.61E	定红		3	柱形立标	桥孔禁航标

编 号 No	名 称 Name	位置 Position	灯 质 Characteristic	灯高 Height	射程 Range	构 造 Structure	附 记 Remarks
7110900.03 (4045.53)	汕头礐石大桥3桥涵灯桩 Shantou Hushi Bridge Opening No 3	23-20.49N 116-39.63E	快闪黄		3	柱形立标	桥墩警示标
7110900.04 (4045.54)	汕头礐石大桥4桥涵灯桩 Shantou Hushi Bridge Opening No 4	23-20.49N 116-39.61E	快闪黄		3	柱形立标	桥墩警示标
7110900.05 (4045.55)	汕头礐石大桥5桥涵灯桩 Shantou Hushi Bridge Opening No 5	23-20.54N 116-39.62E	闪（2）红6秒		3	红色柱形立标	通航桥孔左侧标 左侧标
7110900.06 (4045.56)	汕头礐石大桥6桥涵灯桩 Shantou Hushi Bridge Opening No 6	23-20.54N 116-39.60E	闪（2）红6秒		3	红色柱形立标	通航桥孔左侧标 左侧标
7110900.07 (4045.57)	汕头礐石大桥7桥涵灯桩 Shantou Hushi Bridge Opening No 7	23-20.64N 116-39.61E	定绿		3	柱形立标	双向通航桥孔标 雷达应答器：信号Q（－ － . －）
7110900.08 (4045.58)	汕头礐石大桥8桥涵灯桩 Shantou Hushi Bridge Opening No 8	23-20.63N 116-39.59E	定绿		3	柱形立标	双向通航桥孔标
7110900.09 (4045.59)	汕头礐石大桥9桥涵灯桩 Shantou Hushi Bridge Opening No 9	23-20.73N 116-39.60E	闪（2）绿6秒		3	绿色柱形立标	通航桥孔右侧标 右侧标
7110900.10 (4045.6)	汕头礐石大桥10桥涵灯桩 Shantou Hushi Bridge Opening No 10	23-20.73N 116-39.58E	闪（2）绿6秒		3	绿色柱形立标	通航桥孔右侧标 右侧标
7110900.11 (4045.61)	汕头礐石大桥11桥涵灯桩 Shantou Hushi Bridge Opening No 11	23-20.77N 116-39.60E	快闪黄		3	柱形立标	桥墩警示标
7110900.12 (4045.62)	汕头礐石大桥12桥涵灯桩 Shantou Hushi Bridge Opening No 12	23-20.77N 116-39.58E	快闪黄		3	柱形立标	桥墩警示标
7110900.13 (4045.63)	汕头礐石大桥13桥涵灯桩 Shantou Hushi Bridge Opening No 13	23-20.82N 116-39.59E	快闪黄		3	柱形立标	桥墩警示标

编 号 No	名 称 Name	位置 Position	灯 质 Characteristic	灯高 Height	射程 Range	构 造 Structure	附 记 Remarks
7110900.14 (4045.64)	汕头礐石大桥14桥涵灯桩 Shantou Hushi Bridge Opening No 14	23-20.82N 116-39.57E	快闪黄		3	柱形立标	桥墩警示标
7110900.15 (4045.65)	汕头礐石大桥15桥涵灯桩 Shantou Hushi Bridge Opening No 15	23-20.84N 116-39.59E	定红		3	柱形立标	桥孔禁航标
7110900.16 (4045.66)	汕头礐石大桥16桥涵灯桩 Shantou Hushi Bridge Opening No 16	23-20.83N 116-39.57E	定红		3	柱形立标	桥孔禁航标
7110900.17 (4045.67)	汕头礐石大桥17桥涵灯桩 Shantou Hushi Bridge Opening No 17	23-20.86N 116-39.59E	定红		3	柱形立标	桥孔禁航标
7110900.18 (4045.68)	汕头礐石大桥18桥涵灯桩 Shantou Hushi Bridge Opening No 18	23-20.86N 116-39.57E	定红		3	柱形立标	桥孔禁航标
7110900.19 (4045.69)	汕头礐石大桥19桥涵灯桩 Shantou Hushi Bridge Opening No 19	23-20.88N 116-39.58E	定红		3	柱形立标	桥孔禁航标
7110900.20 (4045.7)	汕头礐石大桥20桥涵灯桩 Shantou Hushi Bridge Opening No 20	23-20.88N 116-39.57E	定红		3	柱形立标	桥孔禁航标
7110900.21 (4045.71)	汕头礐石大桥21桥涵灯桩 Shantou Hushi Bridge Opening No 21	23-20.91N 116-39.58E	定红		3	柱形立标	桥孔禁航标
7110900.22 (4045.72)	汕头礐石大桥22桥涵灯桩 Shantou Hushi Bridge Opening No 22	23-20.91N 116-39.56E	定红		3	柱形立标	桥孔禁航标
7110900.23 (4045.73)	汕头礐石大桥23桥涵灯桩 Shantou Hushi Bridge Opening No 23	23-20.93N 116-39.58E	定红		3	柱形立标	桥孔禁航标

编 号 No	名 称 Name	位置 Position	灯 质 Characteristic	灯高 Height	射程 Range	构 造 Structure	附 记 Remarks
7110900.24 (4045.74)	汕头礐石大桥24桥涵灯桩 Shantou Hushi Bridge Opening No 24	23-20.93N 116-39.56E	定红		3	柱形立标	桥孔禁航标
7110900.25 (4045.75)	汕头礐石大桥25桥涵灯桩 Shantou Hushi Bridge Opening No 25	23-20.95N 116-39.58E	定红		3	柱形立标	桥孔禁航标
7110900.26 (4045.76)	汕头礐石大桥26桥涵灯桩 Shantou Hushi Bridge Opening No 26	23-20.95N 116-39.56E	定红		3	柱形立标	桥孔禁航标
7110910 (4046)	榕江1灯浮 Rong Jiang No 1	23-20.85N 116-39.43E	闪（3）白6秒			红白相间竖条纹标柱形，顶标为红色圆柱形	航道分离标志
7110920 (4047)	韩江口2灯浮 Hanjiang Kou No 2	23-21.33N 116-39.48E	闪红4秒			红色罐形	左侧标
7110930 (4048)	韩江口沉船灯浮 Hanjiang Kou Wreck	23-20.84N 116-39.56E	闪（2）白5秒			黑红黑横条纹标柱形，顶标为黑色双球体	孤立危险物浮标
7110940 (4049)	龟屿灯桩 Guiyu	23-20.23N 116-38.45E	闪（2）白6秒	27.5	6	红白相间横条纹混凝土结构柱形立标;14.0	
7110949.081	8-1灯浮 No 18-1	23-22.83N 116-33.64E	闪绿4秒			黑色罐形	左侧标
7110949.082	8-2灯浮 No 18-2	23-22.73N 116-33.45E	闪红4秒			红色锥型	右侧标
7110949.09	9灯浮 No 19	23-23.14N 116-33.48E	闪绿4秒			黑色罐形	左侧标
7110949.091	9-1灯浮 No 19-1	23-23.04N 116-33.30E	闪红4秒			红色锥型	右侧标
7110950.01	水1灯浮 Shui No 1	23-20.59N 116-39.00E	闪绿4秒			黑色标柱形，顶标为黑色尖向上锥形	

编 号 No	名 称 Name	位置 Position	灯 质 Characteristic	灯高 Height	射程 Range	构 造 Structure	附 记 Remarks
7110950.02 (4050)	水2灯桩 Shui No 2	23-20.33N 116-38.21E	闪（2）红6秒	6.7		红色柱形立标	
7110951.03	3灯浮 No 3	23-20.68N 116-36.95E	闪绿4秒			黑色标柱形，顶标为黑色尖向上锥形	左侧标
7110951.04	4灯浮 No 4	23-20.85N 116-35.52E	闪红4秒			红色标柱形，顶标为红色圆柱形	右侧标
7110951.09	9灯浮 No 9	23-24.96N 116-32.90E	闪绿4秒			黑色标柱形，顶标为黑色尖向上锥形	左侧标
7110951.11	11灯浮 No 11	23-26.44N 116-31.22E	闪绿4秒			绿色标柱形，顶标为绿色尖向上锥形	左侧标
7110951.14	14灯浮 No 14	23-27.76N 116-28.19E	闪红4秒			红色标柱形，顶标为红色圆柱形	右侧标
7110951.16	16灯浮 No 16	23-29.96N 116-27.40E	闪（3）白6秒			红白相间标柱形	
7110952.01	1灯桩 No 1	23-26.82N 116-27.48E	闪（2）红6秒			红色柱形立标，顶标为其他形状	
7110952.02	2灯桩 No 2	23-20.34N 116-35.60E				黑色柱形立标	
7110952.03	3灯桩 No 3	23-19.91N 116-35.62E				黑色柱形立标	
7110952.04	4灯桩 No 4	23-19.50N 116-35.71E				黑色柱形立标	
7110952.05	5灯桩 No 5	23-21.59N 116-34.77E	闪（2）绿6秒			黑色柱形立标，顶标为尖向上三角形	左侧标
7110952.06	6灯桩 No 6	23-21.93N 116-34.11E	闪（2）红6秒			红色柱形立标，顶标为圆柱形	右侧标

编号 No	名称 Name	位置 Position	灯质 Characteristic	灯高 Height	射程 Range	构造 Structure	附记 Remarks
7110952.07	7灯桩 No 7	23-22.98N 116-33.32E	闪（2）红6秒			红色柱形立标，顶标为圆柱形	右侧标
7110952.08	8灯桩 No 8	23-23.84N 116-33.20E	闪（2）绿6秒			红色柱形立标，顶标为尖向上三角形	左侧标
7110952.1	10灯桩 No 10	23-25.68N 116-32.40E	闪（2）绿6秒			黑色柱形立标，顶标为尖向上三角形	左侧标
7110952.12	12灯桩 No 12	23-26.32N 116-29.64E	闪（2）红6秒			红色柱形立标，顶标为圆柱形	右侧标
7110952.13	13灯桩 No 13	23-26.26N 116-27.98E	闪（2）红6秒			红色柱形立标，顶标为圆柱形	右侧标
7110952.14	3灯桩 No 3	23-29.87N 116-29.26E	闪绿4秒			绿色柱形立标，顶标为其他形状	
7110952.15	15灯桩 No 15	23-30.24N 116-28.59E	闪（2）绿6秒			绿色柱形立标，顶标为尖向上锥形	左侧标
7110952.17	17灯桩 No 17	23-31.44N 116-21.93E	闪红6秒			红色柱形立标，顶标为圆柱形	右侧标
7110953.01	榕北1灯桩 Rongbei No 1	23-31.07N 116-27.57E	闪（2）绿6秒			柱形立标顶标为其他形状	
7110953.02	榕北2灯桩 Rongbei No 2	23-32.15N 116-26.30E	闪（2）红6秒			柱形立标顶标为其他形状	
7110953.03	榕北3灯桩 Rongbei No 3	23-33.10N 116-26.15E	闪（2）绿6秒			黑白相间柱形立标，顶标为其他形状	
7110953.04	榕北4灯桩 Rongbei No 4	23-33.54N 116-25.57E	闪（2）绿6秒			黑白相间条纹柱形立标，顶标为其他形状	
7110953.05	榕北5灯桩 Rongbei No 5	23-34.05N 116-24.49E	闪（2）绿6秒			柱形立标顶标为其他形状	

编 号 No	名 称 Name	位置 Position	灯 质 Characteristic	灯高 Height	射程 Range	构 造 Structure	附 记 Remarks
7110953.06	榕北6灯桩 Rongbei No 6	23-34.16N 116-23.78E	闪（2）绿6秒			柱形立标顶标为其他形状	
7110953.07	榕北7灯桩 Rongbei No 7	23-33.93N 116-23.31E	闪（2）绿6秒			柱形立标顶标为其他形状	
7110953.08	榕北8灯桩 Rongbei No 8	23-33.69N 116-23.23E	闪（2）绿6秒			柱形立标顶标为其他形状	
7110953.09	榕北9灯桩 Rongbei No 9	23-33.08N 116-23.29E	闪（2）红6秒			柱形立标顶标为其他形状	
7110953.1	榕北10灯桩 Rongbei No 10	23-32.82N 116-22.72E	闪（2）红6秒			柱形立标顶标为其他形状	
7110953.11	榕北11灯桩 Rongbei No 11	23-33.09N 116-22.15E	闪（2）绿6秒			柱形立标顶标为其他形状	
7110954.04	榕南4灯桩 Rongnan No 4	23-29.55N 116-26.58E	闪（2）绿6秒			黑白相间柱形立标，顶标为其他形状	
7110954.05	榕南5灯桩 Rongnan No 5	23-28.83N 116-26.19E	闪（2）红6秒			红白相间柱形立标，顶标为其他形状	
7110954.06	榕南6灯桩 Rongnan No 6	23-28.23N 116-25.57E	闪（2）红6秒			红白相间柱形立标，顶标为其他形状	
7110954.07	榕南7灯桩 Rongnan No 7	23-28.28N 116-24.92E	闪（2）红6秒			红白相间柱形立标，顶标为其他形状	
7110954.08	榕南8灯桩 Rongnan No 8	23-29.32N 116-24.43E	闪（2）红6秒			柱形立标顶标为其他形状	
7110954.09	榕南9灯桩 Rongnan No 9	23-30.11N 116-24.69E	闪（2）绿6秒			柱形立标顶标为其他形状	
7110954.1	榕南10灯桩 Rongnan No 10	23-30.82N 116-24.66E	闪（2）绿6秒			柱形立标顶标为其他形状	

编 号 No	名 称 Name	位置 Position	灯 质 Characteristic	灯高 Height	射程 Range	构 造 Structure	附 记 Remarks
7110954.11	榕南11灯桩 Rongnan No 11	23-30.99N 116-24.18E	闪（2）白6秒			柱形立标顶标为其他形状	
7110954.12	榕南12灯桩 Rongnan No 12	23-30.26N 116-23.98E	闪（2）红6秒			柱形立标顶标为其他形状	
7110954.13	榕南13灯桩 Rongnan No 13	23-30.11N 116-23.18E	闪（2）红6秒			柱形立标顶标为其他形状	
7110954.14	榕南14灯桩 Rongnan No 14	23-30.42N 116-22.96E	闪（2）红6秒			柱形立标顶标为其他形状	
7110954.15	榕南15灯桩 Rongnan No 15	23-30.67N 116-23.22E	闪（2）绿6秒			柱形立标顶标为其他形状	
7110954.16	榕南16灯桩 Rongnan No 16	23-31.06N 116-23.32E	闪（2）白6秒			柱形立标顶标为其他形状	
7110954.17	榕南17灯桩 Rongnan No 17	23-31.57N 116-22.91E	闪（2）白6秒			柱形立标顶标为其他形状	
7110955	2灯塔 No 2	23-28.44N 116-29.04E	闪（2）绿6秒				
7110960.02 (4050.02)	广澳港区LB2灯桩 Guang'ao Harbour No LB2	23-12.32N 116-47.19E	定绿	11.6	4	白色金属结构柱形立标;1.5	
7110960.03 (4050.03)	广澳港区LB3灯桩 Guang'ao Harbour No LB3	23-12.36N 116-47.10E	长闪白6秒	25.6	10	白色金属结构柱形立标;15.6	
7110960.04 (4050.04)	广澳港区LB4灯桩 Guang'ao Harbour No LB4	23-12.41N 116-47.01E	定红	11.6	4	白色金属结构柱形立标;1.5	
7110960.05 (4050.05)	广澳港区LB5灯桩 Guang'ao Harbour No LB5	23-12.49N 116-47.10E	定红	19	4	白色金属结构柱形立标;1.5	
7110960.06 (4050.06)	广澳港区LB6灯桩 Guang'ao Harbour No LB6	23-12.62N 116-47.10E	定红	19	4	白色金属结构柱形立标;1.5	

编号 No	名称 Name	位置 Position	灯质 Characteristic	灯高 Height	射程 Range	构造 Structure	附记 Remarks
7110961.01 (4050.091)	广澳防波堤1灯浮 Guang'ao Breakwater No 1	23-12.62N 116-46.83E	莫（0）黄12秒			黄色标柱形，顶标为黄色“X”形	海上作业区专用标
7110961.02 (4050.092)	广澳防波堤2灯浮 Guang'ao Breakwater No 2	23-12.77N 116-46.66E	莫（0）黄12秒			黄色标柱形，顶标为黄色“X”形	海上作业区专用标
7110961.03 (4050.8063)	广澳防波堤3灯浮 Guang'ao Breakwater No 3	23-13.99N 116-44.59E	莫（0）黄12秒			黄色标柱形，顶标为黄色“X”形	海上作业区专用标
7110961.04 (4050.8064)	广澳防波堤4灯浮 Guang'ao Breakwater No 4	23-13.96N 116-44.77E	莫（0）黄12秒			黄色标柱形，顶标为黄色“X”形	海上作业区专用标
7110962	外乌礁灯桩 Waiwu Jiao	23-14.36N 116-44.55E	闪（2）白5秒	8.7	8.8	黑红黑横条纹柱形立标，顶标为黑色双球体	孤立危险物立标
7110970.01 (4050.07)	广澳港区LPG1灯浮 Guang'ao Harbour No LPG1	23-12.16N 116-46.83E	快闪（3）白10秒			黑黄黑横条纹标柱形，顶标为黑色顶点相背双锥体	东方位标
7110970.02 (4050.08)	广澳港区LPG2灯浮 Guang'ao Harbour No LPG2	23-12.39N 116-46.93E	快（6）+长闪白15秒			黄黑相间横条纹标柱形，顶标为黑色顶点朝下双锥体	南方位标
7110980.01 (4050.1)	广澳港区F1灯浮 Guang'ao Harbour No F1	23-13.04N 116-46.33E	闪绿4秒			绿色锥形	右侧标
7110980.02 (4050.2)	广澳港区F2灯浮 Guang'ao Harbour No F2	23-13.21N 116-46.47E	快闪（9）白15秒			黄黑黄横条纹标柱形，顶标为黑色顶点相对双锥体	西方位标
7110980.03 (4050.3)	广澳港区F3灯浮 Guang'ao Harbour No F3	23-13.17N 116-46.55E	快（6）+长闪白15秒			黄黑相间横条纹标柱形，顶标为黑色顶点朝下双锥体	南方位标

编 号 No	名 称 Name	位置 Position	灯 质 Characteristic	灯高 Height	射程 Range	构 造 Structure	附 记 Remarks
7110990 (4050.351)	汕头港广澳港区引导灯桩前 Shantou Gang Guangao Harbour Ldg Lts, Front	23-13.87N 116-46.06E	定红	54	10	柱形立标	导标应急灯: 明暗红5秒; 两灯一线: 359 ° 58′ 02″
7111000 (4050.352)	汕头港广澳港区引导灯桩后 Shantou Gang Guangao Harbour Ldg Lts, Rear	23-14.24N 116-46.06E	定红	67	10	柱形立标	导标应急灯: 明暗红5秒;
7111009	汕头港广澳港区东防波堤堤头灯桩 Shantou Gang Guang'ao Gangqu Breakwater Head E	23-12.18N 116-46.23E	闪绿2秒	18.8	5	绿白相间横条纹玻璃钢结构柱形立标	
7111009.01	汕头港广澳港区西防波堤1灯桩 Shantou Gang Guang'ao Gangqu Breakwater Head W No 1	23-12.31N 116-45.90E	闪红2秒	18.8	5	红白相间横条纹玻璃钢结构柱形立标	
7111009.02	汕头港广澳港区西防波堤2灯桩 Shantou Gang Guang'ao Gangqu Breakwater Head W No 2	23-12.23N 116-45.21E	闪白2秒	18.8	5	红白相间横条纹玻璃钢结构柱形立标	
7111009.03	汕头港广澳港区西防波堤3灯桩 Shantou Gang Guang'ao Gangqu Breakwater Head W No 3	23-12.59N 116-44.54E	闪白2秒	18.8	5	红白相间横条纹玻璃钢结构柱形立标	
7111009.04	汕头港广澳港区西防波堤4灯桩 Shantou Gang Guang'ao Gangqu Breakwater Head W No 4	23-13.71N 116-44.62E	闪白2秒	18.8	5	红白相间横条纹玻璃钢结构柱形立标	
7111010.01	汕头港广澳港区1灯浮 Shantou Gang Guang'ao Harbour No 1	23-09.88N 116-46.15E	快闪绿			绿色锥形	右侧标同步闪
7111010.011	GUANG AO L1 虚拟航标 GUANG AO L1	23-10.75N 116-46.14E					MMSI:994136717 发射模式:自主连续

编号 No	名称 Name	位置 Position	灯质 Characteristic	灯高 Height	射程 Range	构造 Structure	附记 Remarks
7111010.02	汕头港广澳港区2灯浮 Shantou Gang Guang'ao Harbour No 2	23-09.88N 116-45.98E	快闪红			红色罐形	左侧标同步闪
7111010.03 (4050.4)	汕头港广澳港区3灯浮 Shantou Gang Guang'ao Harbour No 3	23-10.75N 116-46.15E	闪（2）绿6秒			绿色锥形	右侧标同步闪
7111010.031	GUANG AO L3 虚拟航标 GUANG AO L3	23-11.40N 116-46.14E					MMSI:994136719 发射模式:自主连续
7111010.04 (4050.41)	汕头港广澳港区4灯浮 Shantou Gang Guang'ao Harbour No 4	23-10.75N 116-45.98E	闪（2）红6秒			红色罐形	左侧标同步闪
7111010.05 (4050.42)	汕头港广澳港区5灯浮 Shantou Gang Guang'ao Harbour No 5	23-11.40N 116-46.15E	闪（2）绿6秒			绿色锥形	右侧标同步闪
7111010.051	GUANG AO L5 虚拟航标 GUANG AO L5	23-12.10N 116-46.13E					MMSI:994136721 发射模式:自主连续
7111010.06 (4050.43)	汕头港广澳港区6灯浮 Shantou Gang Guang'ao Harbour No 6	23-11.40N 116-45.98E	闪（2）红6秒			红色罐形	左侧标同步闪
7111010.07 (4050.44)	汕头港广澳港区7灯浮 Shantou Gang Guang'ao Harbour No 7	23-11.99N 116-46.15E	闪（2）绿6秒			绿色锥形	右侧标同步闪
7111010.071	GUANG AO L7 虚拟航标 GUANG AO L7	23-12.80N 116-46.13E					MMSI:994136723 发射模式:自主连续
7111010.08 (4050.45)	汕头港广澳港区8灯浮 Shantou Gang Guang'ao Harbour No 8	23-11.99N 116-45.97E	闪（2）红6秒			红色罐形	左侧标同步闪
7111010.09 (4050.46)	汕头港广澳港区9灯浮 Shantou Gang Guang'ao Harbour No 9	23-12.80N 116-46.15E	闪（2）绿6秒			绿色锥形	右侧标同步闪
7111010.10 (4050.47)	汕头港广澳港区10灯浮 Shantou Gang Guang'ao Harbour No 10	23-12.80N 116-45.97E	闪（2）红6秒			红色罐形	左侧标同步闪

编 号 No	名 称 Name	位置 Position	灯 质 Characteristic	灯高 Height	射程 Range	构 造 Structure	附 记 Remarks
7111010.11	汕头港广澳港区11灯浮 Shantou Gang Guang'ao Harbour No 11	23-13.01N 116-46.19E	闪（3）绿10秒			绿色锥形	右侧标
7111010.12 (4050.48)	汕头港广澳港区12灯浮 Shantou Gang Guang'ao Harbour No 12	23-13.21N 116-46.40E	闪绿4秒			绿色锥形	右侧标同步闪
7111010.13 (4050.49)	汕头港广澳港区13灯浮 Shantou Gang Guang'ao Harbour No 13	23-13.46N 116-45.92E	闪红4秒			红色罐形	左侧标同步闪
7111011	广澳港区鸟礁东 虚拟航标 GUANGAO GANGQU NIAOJIAO E	23-13.56N 116-45.70E					MMSI:994136838 发射模式:自主连续
7111012	广澳港区鸟礁西 虚拟航标 GUANGAO GANGQU NIAOJIAO W	23-13.57N 116-45.59E					MMSI:994136839 发射模式:自主连续
7111013	广澳港区鸟礁南 虚拟航标 GUANGAO GANGQU NIAOJIAO S	23-13.53N 116-45.65E					MMSI:994136840 发射模式:自主连续
7111020 (4050.8)	广澳港区防波堤灯桩 Guang'ao Harbour Breakwater	23-12.95N 116-46.23E	闪绿6秒	16	5	柱形立标	
7111021	广澳二期码头西灯桩 Guang'ao Erqi Pier West light Beacon	23-13.65N 116-45.95E	闪白3秒	13.5	5	红白相间条纹玻璃钢结构柱形立标	
7111022	广澳二期码头东灯桩 Guang'ao Erqi Pier E	23-13.61N 116-46.54E	闪白5秒	10	5	绿白相间条纹玻璃钢结构柱形立标	
7111030 (4051)	虎仔（渔）灯桩 Huzai	23-14.56N 116-43.13E	定红白	26		白色混凝土结构;7.0	红光弧:223.5°-257.3° 白光弧:257.3°-223.5°

编 号 No	名 称 Name	位置 Position	灯 质 Characteristic	灯高 Height	射程 Range	构 造 Structure	附 记 Remarks
7111040 (4051.01)	华能海门电厂引导前灯桩 Huaneng Haimen Power Plant Ldg Lts, Front	23-12.62N 116-40.06E	定红	52	10	柱形立标	导标雷达应答器： 信号G（- - .） 两灯一线： 359°52′
7111050 (4051.02)	华能海门电厂引导后灯桩 Huaneng Haimen Power Plant Ldg Lts, Rear	23-13.38N 116-40.06E	定红	72	10	柱形立标	导标
7111060.01 (4051.041)	华能海门电厂1灯桩 Huaneng Haimen Power Plant No 1	23-10.63N 116-40.17E	等明暗绿8秒	11.8	5	绿白相间横条纹金属结构柱形立标;10.0	同步闪
7111060.02 (4051.042)	华能海门电厂2灯桩 Huaneng Haimen Power Plant No 2	23-10.76N 116-39.93E	等明暗红8秒	10	5	柱形立标	同步闪
7111060.03 (4051.043)	华能海门电厂3灯桩 Huaneng Haimen Power Plant No 3	23-11.06N 116-40.16E	等明暗绿8秒	11	5	柱形立标	同步闪
7111060.04 (4051.044)	华能海门电厂4灯桩 Huaneng Haimen Power Plant No 4	23-11.30N 116-39.76E	等明暗绿8秒	11	5	柱形立标	同步闪
7111061.01	海门污水排海管道1灯浮 Haimen Sewage Pipeline No 1	23-11.89N 116-40.36E	莫(C)黄12秒			黄色标柱形，顶标为黄色“X”形	水中构筑物专用标AIS应答器：名称：HM PHG1MMSI：994121943
7111061.02	海门污水排海管道2灯浮 Haimen Sewage Pipeline No 2	23-11.75N 116-40.27E	莫(C)黄12秒			黄色标柱形，顶标为黄色“X”形	水中构筑物专用标AIS应答器：名称：HM PHG2MMSI：994121944
7111062	登陆点提示标志灯桩 landing Point Denoter	23-12.13N 116-39.81E	定红		5	红白相间斜条纹柱形立标	
7111070.01 (4051.051)	华能海门电厂1灯浮 Huaneng Haimen Power Plant No 1	23-07.29N 116-40.16E	闪（2）绿6秒			绿色锥形	右侧标同步闪

编 号 No	名 称 Name	位置 Position	灯 质 Characteristic	灯高 Height	射程 Range	构 造 Structure	附 记 Remarks
7111070.02 (4051.052)	华能海门电厂2灯浮 Huaneng Haimen Power Plant No 2	23-07.29N 116-39.99E	闪（2）红6秒			红色罐形	左侧标同步闪
7111070.03 (4051.053)	华能海门电厂3灯浮 Huaneng Haimen Power Plant No 3	23-08.10N 116-40.17E	闪（2）绿6秒			绿色锥形	右侧标同步闪
7111070.04 (4051.054)	华能海门电厂4灯浮 Huaneng Haimen Power Plant No 4	23-08.10N 116-39.98E	闪（2）红6秒			红色罐形	左侧标同步闪
7111070.05 (4051.055)	华能海门电厂5灯浮 Huaneng Haimen Power Plant No 5	23-08.91N 116-40.17E	闪（2）绿6秒			绿色锥形	右侧标同步闪
7111070.06 (4051.056)	华能海门电厂6灯浮 Huaneng Haimen Power Plant No 6	23-08.91N 116-39.97E	闪（2）红6秒			红色罐形	左侧标同步闪
7111070.07 (4051.057)	华能海门电厂7灯浮 Huaneng Haimen Power Plant No 7	23-09.72N 116-40.17E	闪（2）绿6秒			绿色锥形	右侧标同步闪
7111070.08 (4051.058)	华能海门电厂8灯浮 Huaneng Haimen Power Plant No 8	23-09.72N 116-39.97E	闪（2）红6秒			红色罐形	左侧标同步闪
7111070.09 (4051.059)	华能海门电厂9灯浮 Huaneng Haimen Power Plant No 9	23-10.41N 116-40.17E	闪（2）绿6秒			绿色锥形	右侧标同步闪
7111070.095	深仔礁 虚拟航标 SHENZAI JIAO	23-10.46N 116-40.00E					MMSI:994126621 发射模式:自主连续播发时间:3分钟
7111070.10 (4051.06)	华能海门电厂10灯浮 Huaneng Haimen Power Plant No 10	23-10.22N 116-39.98E	闪（2）红6秒			红色罐形	左侧标同步闪
7111070.11 (4051.061)	华能海门电厂11灯浮 Huaneng Haimen Power Plant No 11	23-10.53N 116-39.96E	闪（2）红6秒			红色罐形	左侧标同步闪

编 号 No	名 称 Name	位置 Position	灯 质 Characteristic	灯高 Height	射程 Range	构 造 Structure	附 记 Remarks
7111070.12 (4051.062)	华能海门电厂12灯浮 Huaneng Haimen Power Plant No 12	23-11.02N 116-40.12E	闪（2）绿6秒			绿色锥形	右侧标同步闪
7111070.13 (4051.063)	华能海门电厂13灯浮 Huaneng Haimen Power Plant No 13	23-11.13N 116-39.93E	闪（2）绿6秒			绿色锥形	右侧标同步闪
7111071.01	华电电厂1灯浮 Huadian Power Plant No 1	23-05.81N 116-37.49E	闪绿4秒			绿色锥型	右侧标AIS应答器：名称：HDST 1MMSI：994131735
7111071.02	华电电厂2灯浮 Huadian Power Plant No 2	23-05.83N 116-37.35E	闪红4秒			红色罐形	左侧标AIS应答器：名称：HDST 2MMSI：994131736
7111071.03	华电电厂3灯浮 Huadian Power Plant No 3	23-06.96N 116-37.71E	闪(2)绿6秒			绿色锥型	右侧标AIS应答器：名称：HDST 3MMSI：994131737
7111071.04	华电电厂4灯浮 Huadian Power Plant No 4	23-06.99N 116-37.56E	闪(2)红6秒			红色罐形	左侧标AIS应答器：名称：HDST 4MMSI：994131738
7111071.05	华电电厂5灯浮 Huadian Power Plant No 5	23-08.21N 116-37.94E	闪(3)绿10秒			绿色锥型	右侧标AIS应答器：名称：HDST 5MMSI：994131739
7111071.06	华电电厂6灯浮 Huadian Power Plant No 6	23-08.23N 116-37.80E	闪(3)红10秒			红色罐形	左侧标AIS应答器：名称：HDST 6MMSI：994131740
7111071.07	华电电厂7灯浮 Huadian Power Plant No 7	23-09.27N 116-38.14E	闪(3)绿10秒			绿色锥型	右侧标AIS应答器：名称：HDST 7MMSI：994131741
7111071.08	华电电厂8灯浮 Huadian Power Plant No 8	23-09.29N 116-38.00E	闪(3)红10秒			红色罐形	左侧标AIS应答器：名称：HDST 8MMSI：994131742

编 号 No	名 称 Name	位置 Position	灯 质 Characteristic	灯高 Height	射程 Range	构 造 Structure	附 记 Remarks
7111071.09	华电电厂9灯浮 Huadian Power Plant No 9	23-09.58N 116-37.94E	快(3)白10秒			黑黄黑横条纹标柱形,顶标为黑色顶点相背双锥体	东方位标
7111072.01	华电电厂D1灯桩 Huadian Power Plant No D1	23-09.69N 116-38.20E	闪白2秒	22.7	5	红白相间横条纹金属结构柱形立标	
7111072.02	华电电厂D2灯桩 Huadian Power Plant No D2	23-09.65N 116-38.39E	闪黄6秒	20.5	5	红白相间横条纹金属结构柱形立标	
7111072.03	华电电厂D3灯桩 Huadian Power Plant No D3	23-09.47N 116-38.29E	闪黄6秒	16.1	5	红白相间横条纹金属结构柱形立标	
7111072.04	华电电厂D4灯桩 Huadian Power Plant No D4	23-09.40N 116-38.33E	闪黄6秒	15	5	红白相间横条纹金属结构柱形立标	
7111072.05	华电电厂D5灯桩 Huadian Power Plant No D5	23-09.35N 116-38.20E	闪黄6秒	19.7	5	红白相间横条纹金属结构柱形立标	
7111073	华电电厂引导灯桩 Huadian Power Plant Ldg Lts	23-09.91N 116-38.19E	定绿白红	33	绿10 白10 红10	金属结构柱形立标	导标绿光弧:9.44°-9.92°白光弧:9.92°-10.08° 红光弧:10.08°-10.56°
7111080.01 (4051.1)	海门鱼礁1灯浮 Haimen Yujiao No 1	23-09.14N 116-38.44E	莫（P）黄12秒			黄色标柱形,顶标为黄色“X”形	禁航区专用标
7111080.02 (4051.2)	海门鱼礁2灯浮 Haimen Yujiao No 2	23-09.19N 116-39.04E	莫（P）黄12秒			黄色标柱形,顶标为黄色“X”形	禁航区专用标
7111080.03 (4051.3)	海门鱼礁3灯浮 Haimen Yujiao No 3	23-09.99N 116-39.34E	莫（P）黄12秒			黄色标柱形,顶标为黄色“X”形	禁航区专用标
7111089	海门油码头虚拟AIS航标 HaimenOil Pier	23-10.19N 116-37.66E					MMSI: 994136934
7111090.01 (4051.501)	海门油码头1灯浮 HaimenOil Pier No 1	23-09.99N 116-37.43E	闪红4秒			红色罐形	左侧标

编号 No	名称 Name	位置 Position	灯质 Characteristic	灯高 Height	射程 Range	构造 Structure	附记 Remarks
7111100 (4052)	南礁灯浮 Nanjiao	23-10.32N 116-36.11E	快闪（3）白10秒			黑黄黑横条纹标柱形，顶标为黑色顶点相背双锥体	东方位标
7111105	神山测速标前标灯桩 Shenshan Cesu Front	23-10.40N 116-33.96E				白色	导标
7111106	后标灯桩 Rear	23-10.51N 116-33.76E				白色	导标
7111107	田心测速标前标灯桩 Tianxin Cesu Front	23-08.72N 116-32.59E				白色	导标
7111108	后标灯桩 Rear	23-08.83N 116-32.39E				白色	导标
7111110.01 (4052.1)	海门港澳内1灯浮 Haimen Gang Aonei No 1	23-10.35N 116-36.84E	闪绿4秒			绿色锥形	右侧标
7111110.02 (4052.2)	海门港澳内2灯浮 Haimen Gang Aonei No 2	23-10.60N 116-37.48E	闪（2）绿6秒			绿色锥形	右侧标
7111120.01 (4052.5)	大明油气库防波堤1灯桩 Daming Oil&Gas Depot Breakwater No 1	23-10.61N 116-37.22E	闪红6秒	14	4	红白相间横条纹玻璃钢结构柱形立标;10.0	
7111120.02 (4052.6)	大明油气库防波堤2灯桩 Daming Oil&Gas Depot Breakwater No 2	23-10.66N 116-37.32E	闪红6秒	14	4	红白相间横条纹玻璃钢结构柱形立标;10.0	
7111129.01 (4052.8)	大明油气库1灯浮 Daming Oil&Gas Depot No 1	23-10.70N 116-37.10E	甚快（3）白5秒			黑黄黑横条纹标柱形，顶标为黑色顶点相背双锥体	东方位标
7111129.02 (4052.9)	大明油气库2灯浮 Daming Oil&Gas Depot No 2	23-10.75N 116-37.21E	快（6）+长闪白15秒			黄黑相间横条纹标柱形，顶标为黑色顶点朝下双锥体	南方位标
7111140 (4053)	莲花峰灯桩 Lianhua Feng	23-11.01N 116-36.47E	闪（3）白9秒	32.8	12	白色砖石结构柱形立标;4.2	

编 号 No	名 称 Name	位置 Position	灯 质 Characteristic	灯高 Height	射程 Range	构 造 Structure	附 记 Remarks
7111141	海门测速标前标灯桩 Haimen Cesubiao Front	23-10.97N 116-36.64E				白色	导标
7111142.01 (4056.101)	海门港堤头1灯桩 Haimen Gang Breakwater Head No 1	23-11.06N 116-36.26E	闪绿3秒	9.8	6	绿白相间横条纹柱形立标;8.8	滚塑材料
7111142.02 (4056.102)	海门港堤头2灯桩 Haimen Gang Breakwater Head No 2	23-10.98N 116-36.12E	闪红3秒	9.8	6	红白相间条纹柱形立标;8.8	滚塑材料
7111150.01 (4053.1)	海门港1灯浮 Haimen Gang No 1	23-11.21N 116-36.24E	快闪绿			绿色锥形	右侧标
7111150.02 (4053.15)	海门港2灯浮 Haimen Gang No 2	23-11.31N 116-36.17E	快闪红			红色罐形	左侧标
7111150.03 (4053.2)	海门港3灯浮 Haimen Gang No 3	23-11.55N 116-36.28E	闪（2）红6秒			红色罐形	左侧标
7111155	后标灯桩 Rear	23-11.50N 116-36.97E				白色	导标
7111160 (4055)	海门港进港引导灯桩前 Haimen Gang Approach Ldg Lts, Front	23-11.72N 116-35.96E	明暗白3秒	15.6	4.5	白色混凝土结构柱形立标，顶标为红色尖向上三角形;9.5	导标两灯一线: 341° 08′ 08″
7111170 (4056)	海门港进港引导灯桩后 Haimen Gang Approach Ldg Lts, Rear	23-11.87N 116-35.91E	明暗白3秒	18	4.5	白色混凝土结构柱形立标，顶标为红色尖向下三角形;12.5	导标
7111190.04 (4057)	海门港4灯浮 Haimen Gang No 4	23-11.69N 116-36.35E	闪（2）绿6秒			绿色锥形	右侧标
7111190.05 (4057.1)	海门港5灯浮 Haimen Gang No 5	23-12.00N 116-36.37E	闪（3）红10秒			红色罐形	左侧标
7111190.06 (4058)	海门港6灯浮 Haimen Gang No 6	23-11.99N 116-36.49E	闪（3）绿10秒			绿色锥形	右侧标

编号 No	名称 Name	位置 Position	灯质 Characteristic	灯高 Height	射程 Range	构造 Structure	附记 Remarks
7111200 (4061)	双礁灯桩 Shuangjiao	23-12.04N 116-36.68E	闪绿4秒	5.7	3.5	绿色混凝土结构柱形立标，顶标为绿色尖向上锥形；5.4	右侧标
7111210 (4062)	姐妹礁灯桩 Jiemei Jiao	23-12.12N 116-36.73E	闪红4秒	4.7	3	红色混凝土结构柱形立标，顶标为红色圆柱形；4.4	左侧标
7111220 (4063)	竿盘礁灯桩 Ganpan Jiao	23-12.16N 116-36.99E	闪（2）白5秒	4.8	4	黑红黑横条纹混凝土结构柱形立标，顶标为黑色双球体；5.7	孤立危险物立标
7111230 (4063.05)	海门港7灯浮 Haimen Gang No 7	23-12.25N 116-36.91E	快闪红			红色罐形	左侧标
7111240 (4063.091)	虎头礁灯浮 Hutou Jiao	23-01.52N 116-36.12E	快闪（3）白10秒			黑黄黑横条纹标柱形，顶标为黑色顶点相背双锥体	东方位标AIS应答器
7111250 (4063.1)	靖海湾东北方沉船灯浮 Jinghai Wan NE Wreck	23-00.26N 116-35.52E	闪（2）白5秒			黑红黑横条纹标柱形，顶标为黑色双球体	孤立危险物浮标
7111250.01	揭阳靖海采砂1灯浮 Jieyang Jinghai Caisha No 1	22-58.73N 116-37.14E	莫(0)黄12秒			黄色标柱形，顶标为黄色“X”形	海上作业区专用标AIS应答器：名称：JINGHAI CAISHA No.1MMSI：994121986
7111250.02	揭阳靖海采砂2灯浮 Jieyang Jinghai Caisha No 2	22-59.41N 116-38.53E	莫(0)黄12秒			黄色标柱形，顶标为黄色“X”形	海上作业区专用标
7111250.03	揭阳靖海采砂3灯浮 Jieyang Jinghai Caisha No 3	22-59.75N 116-38.96E	莫(0)黄12秒			黄色标柱形，顶标为黄色“X”形	海上作业区专用标AIS应答器：名称：JINGHAI CAISHA No.3MMSI：994121987

编 号 No	名 称 Name	位置 Position	灯 质 Characteristic	灯高 Height	射程 Range	构 造 Structure	附 记 Remarks
7111250.04	揭阳靖海采砂4灯浮 Jieyang Jinghai Caisha No 4	22-58.98N 116-38.98E	莫(0)黄12秒			黄色标柱形，顶标为黄色“X”形	海上作业区专用标AIS应答器：名称：JINGHAI CAISHA No.4MMSI：994121990
7111250.05	揭阳靖海采砂5灯浮 Jieyang Jinghai Caisha No 5	22-58.67N 116-38.68E	莫(0)黄12秒			黄色标柱形，顶标为黄色“X”形	海上作业区专用标
7111250.06	揭阳靖海采砂6灯浮 Jieyang Jinghai Caisha No 6	22-57.34N 116-37.19E	莫(0)黄12秒			黄色标柱形，顶标为黄色“X”形	海上作业区专用标AIS应答器：名称：JINGHAI CAISHA No.6MMSI：994121992
7111260 (4064)	北炮台角（渔）灯桩 Beipaotai Jiao	23-00.05N 116-32.81E	闪（2）白6秒	20	6	白色混凝土结构柱形立标;11.0	
7111270 (4065)	靖海港港右堤头（渔）灯桩 Jinghai Gang R Breakwater Head	23-00.30N 116-32.44E	闪（2）绿6秒	13	1.8	白色砖石结构柱形立标;7.0	
7111280.01	LB1灯桩 No LB1	22-59.41N 116-32.46E	快闪绿	18	5	柱形立标	
7111280.02 (4065.01)	惠来电厂LB2灯桩 Huilai Power Plant No LB2	22-59.46N 116-32.59E	闪黄2秒	16	5	黄色金属结构柱形立标，顶标为黄色“X”形;7.5	
7111280.03 (4065.02)	惠来电厂LB3灯桩 Huilai Power Plant No LB3	22-59.66N 116-32.67E	闪黄2秒	16	5	黄色金属结构柱形立标，顶标为黄色“X”形;7.5	
7111290.01 (4065.04)	惠来电厂1灯浮 Huilai Power Plant No 1	22-58.78N 116-32.50E	闪绿4秒			绿色锥形	右侧标
7111290.02	惠来电厂2灯浮 Huilai Power Plant No 2	22-58.75N 116-32.35E	闪红4秒			红色罐形	左侧标

编号 No	名称 Name	位置 Position	灯质 Characteristic	灯高 Height	射程 Range	构造 Structure	附记 Remarks
7111290.03 (4065.053)	惠来电厂3灯浮 Huilai Power Plant No 3	22-59.14N 116-32.41E	闪（2）绿6秒			绿色锥形	右侧标
7111290.04 (4065.054)	惠来电厂4灯浮 Huilai Power Plant No 4	22-59.11N 116-32.26E	闪（2）红6秒			红色罐形	左侧标
7111290.05 (4065.06)	惠来电厂5灯浮 Huilai Power Plant No 5	22-59.61N 116-32.16E	闪（3）红10秒			红色罐形	左侧标
7111290.06 (4065.08)	惠来电厂6灯浮 Huilai Power Plant No 6	22-59.82N 116-32.48E	闪红4秒			红色罐形	左侧标
7111290.07 (4065.1)	惠来电厂7灯浮 Huilai Power Plant No 7	22-59.96N 116-32.61E	快（6）+长闪白15秒			黄黑相间横条纹标柱形，顶标为黑色顶点朝下双锥体	南方位标
7111300 (4066)	资深港屿仔头礁（渔）灯桩 Zishen Gang Yuzaitou Jiao	22-57.79N 116-31.26E	闪白4秒	14.3	5	白色砖石结构柱形立标;5.0	
7111310 (4067)	资深港南炮台（渔）灯桩 Zishen Gang Nanpaotai	22-57.96N 116-30.98E	闪白6秒	21	8	白色砖石结构柱形立标;7.0	
7111320 (4068)	资深港右堤头（渔）灯桩 Zishen Gang R Breakwater Head	22-57.91N 116-30.74E	闪（2）绿6秒		0.7	白色砖石结构柱形立标;5.0	
7111330 (4069)	资深港1引导立标前 Zishen Gang No 1 Ldg Bns, Front	22-57.95N 116-30.90E				顶标为尖向上三角形	导标
7111340 (4070)	资深港1引导立标后 Zishen Gang No 1 Ldg Bns, Rear	22-57.97N 116-30.88E				顶标为尖向下三角形	导标
7111350 (4071)	资深港2引导立标前 Zishen Gang No 2 Ldg Bns, Front	22-57.92N 116-30.58E				顶标为尖向上三角形	导标

编号 No	名称 Name	位置 Position	灯质 Characteristic	灯高 Height	射程 Range	构造 Structure	附记 Remarks
7111360 (4072)	资深港2引导立标后 Zishen Gang No 2 Ldg Bns, Rear	22-57.93N 116-30.57E				顶标为尖向下三角形	导标
7111370 (4073)	石碑山角灯塔（有） Shibei Shan Jiao (Watched)	22-56.36N 116-29.74E	闪白15秒	68.2	22	混凝土结构;59.1	雷达应答器：信号C（-．-．）
7111371	中委原油码头防波堤堤头灯桩 Zhongwei Yuanyou Pier Breakwater Head	22-55.55N 116-30.60E	等明暗白6秒	17.3	8	白色金属结构柱形立标	
7111371.01	中委原油码头引桥1灯桩 Zhongwei Yuanyou Pier Yinqiao No 1	22-56.09N 116-30.92E	莫(U)白12秒	15.2	3	金属结构柱形立标	
7111371.02	中委原油码头引桥2灯桩 Zhongwei Yuanyou Pier Yinqiao No 2	22-56.18N 116-30.82E	莫(U)白12秒	15.2	3	金属结构柱形立标	
7111371.03	中委原油码头引桥3灯桩 Zhongwei Yuanyou Pier Yinqiao No 3	22-56.28N 116-30.72E	莫(U)白12秒	15.2	3	金属结构柱形立标	
7111371.04	中委原油码头引桥4灯桩 Zhongwei Yuanyou Pier Yinqiao No 4	22-56.37N 116-30.61E	莫(U)白12秒	15.2	3	金属结构柱形立标	
7111371.05	中委原油码头引桥5灯桩 Zhongwei Yuanyou Pier Yinqiao No 5	22-56.46N 116-30.51E	莫(U)白12秒	15.2	3	金属结构柱形立标	
7111371.06	中委原油码头引桥6灯桩 Zhongwei Yuanyou Pier Yinqiao No 6	22-56.55N 116-30.40E	莫(U)白12秒	15.2	3	金属结构柱形立标	
7111372.01	中委原油码头1灯浮 Zhongwei Yuanyou Pier No 1	22-53.80N 116-29.63E	闪绿4秒			绿色锥形	右侧标AIS应答器：名称：ZHONGWEIYUANYOU 1 MMSI：994121879

编 号 No	名 称 Name	位置 Position	灯 质 Characteristic	灯高 Height	射程 Range	构 造 Structure	附 记 Remarks
7111372.02	中委原油码头2灯浮 Zhongwei Yuanyou Pier No 2	22-53.89N 116-29.40E	闪红4秒			红色罐形	左侧标AIS应答器：名称：ZHONGWEIYUANYOU 2 MMSI：994121880
7111372.03	中委原油码头3灯浮 Zhongwei Yuanyou Pier No 3	22-54.58N 116-30.02E	闪(2)绿6秒			绿色锥形	右侧标
7111372.04	中委原油码头4灯浮 Zhongwei Yuanyou Pier No 4	22-54.67N 116-29.79E	闪(2)红6秒			红色罐形	左侧标
7111372.05	中委原油码头5灯浮 Zhongwei Yuanyou Pier No 5	22-55.36N 116-30.41E	闪(3)绿10秒			绿色锥形	右侧标
7111372.06	中委原油码头6灯浮 Zhongwei Yuanyou Pier No 6	22-55.21N 116-30.06E	快闪红			红色罐形	左侧标
7111372.07	中委原油码头7灯浮 Zhongwei Yuanyou Pier No 7	22-55.45N 116-30.18E	闪(3)红10秒			红色罐形	左侧标
7111372.08	中委原油码头8灯浮 Zhongwei Yuanyou Pier No 8	22-56.04N 116-30.30E	甚快(3)白5秒			黑黄黑横条纹标柱形，顶标为黑色顶点相背双锥体	东方位标
7111372.09	中委原油码头9灯浮 Zhongwei Yuanyou Pier No 9	22-56.17N 116-30.63E	甚快(6)+长闪白10秒			黑黄黑横条纹标柱形，顶标为黑色顶点相背双锥体	南方位标
7111373.01	中委原油码头1灯桩 Zhongwei Yuanyou Pier No 1	22-55.66N 116-30.66E	等明暗白3秒	15.8	5	红白相间条纹金属结构柱形立标	
7111373.02	中委原油码头2灯桩 Zhongwei Yuanyou Pier No 2	22-55.79N 116-30.86E	等明暗白3秒	15.8	5	红白相间条纹金属结构柱形立标	

编 号 No	名 称 Name	位置 Position	灯 质 Characteristic	灯高 Height	射程 Range	构 造 Structure	附 记 Remarks
7111374.01	揭阳港前詹码头临1灯浮 Jieyang Port Qianzhan Pier temporary No 1	22-55.69N 116-23.66E	莫（0）黄12秒			黄色标柱形，顶标为黄色“X”形	海上作业区专用标
7111374.011	神泉二风电场营运期海缆登陆点灯桩 Shenquaner Wind Farm Operation Period Landing Point of Sea Cable	22-56.07N 116-23.82E	定红		3	白色	两根红白相间斜纹立柱，标牌为白底 黑边正置等边三角形，标牌下部写有 “禁止抛锚”字样
7111374.02	揭阳港前詹码头临2灯浮 Jieyang Port Qianzhan Pier temporary No 2	22-55.20N 116-23.77E	莫（0）黄12秒			黄色标柱形，顶标为黄色“X”形	海上作业区专用标
7111374.03	揭阳港前詹码头临3灯浮 Jieyang Port Qianzhan Pier temporary No 3	22-55.01N 116-22.96E	莫（0）黄12秒			黄色标柱形，顶标为黄色“X”形	海上作业区专用标
7111374.04	揭阳港前詹码头临4灯浮 Jieyang Port Qianzhan Pier temporary No 4	22-55.49N 116-23.08E	莫（0）黄12秒			黄色标柱形，顶标为黄色“X”形	海上作业区专用标
7111375.01	中委石化原油L1灯浮 Zhongwei Petrifaction Crude Oil No L1	22-53.80N 116-30.13E	莫（0）黄12秒			黄色标柱形，顶标为黄色“X”形	海上作业区专用标
7111375.02	中委石化原油L2灯浮 Zhongwei Petrifaction Crude Oil No L2	22-53.43N 116-29.07E	莫（0）黄12秒			黄色标柱形，顶标为黄色“X”形	海上作业区专用标
7111376.01	1灯浮 No 1	22-51.29N 116-26.47E	闪（2）白5秒			黑红黑横条纹标柱形，顶标为黑色双球体	孤立危险物浮标
7111376.02	2灯浮 No 2	22-51.29N 116-27.09E	闪（2）白5秒			黑红黑横条纹标柱形，顶标为黑色双球体	孤立危险物浮标
7111376.025	倒塌的测风塔 虚拟航标 COLLAPSED WIND GAUGE TOWER	22-50.80N 116-34.50E					MMSI:994126622 发射模式:自主连续

编号 No	名称 Name	位置 Position	灯质 Characteristic	灯高 Height	射程 Range	构造 Structure	附记 Remarks
7111377.01 (4073.3)	粤东LNG L1灯浮 Yuedong LNG No L1	22-54.00N 116-22.00E	莫（0）黄12秒			黄色标柱形，顶标为黄色“X”形	海上作业区专用标
7111377.02	粤东LNG L2灯浮 Yuedong LNG No L2	22-53.60N 116-21.20E	莫（0）黄12秒			黄色标柱形，顶标为黄色“X”形	海上作业区专用标
7111378.01	中委石化产品油L1灯浮 Zhongwei Petrifaction Production Oil No L1	22-53.00N 116-14.33E	莫（0）黄12秒			黄色标柱形，顶标为黄色“X”形	海上作业区专用标
7111378.02	中委石化产品油L2灯浮 Zhongwei Petrifaction Production Oil No L2	22-55.17N 116-15.50E	莫（0）黄12秒			黄色标柱形，顶标为黄色“X”形	海上作业区专用标
7111379.001	粤东LNG防波堤码头灯桩 Yuedong LNG Breakwater Pier	22-55.23N 116-21.91E	等明暗绿4秒	18	5	黄白相间金属结构柱形立标;10.0	
7111379.002	粤东LNG码头1灯桩 Yuedong LNG Pier No 1	22-55.31N 116-22.07E	定红	19	5	红白相间横条纹玻璃钢结构柱形立标;10.0	
7111379.003	粤东LNG码头2灯桩 Yuedong LNG Pier No 2	22-55.49N 116-22.20E	定红	19	5	红白相间横条纹玻璃钢结构柱形立标;10.0	
7111379.01	粤东LNG1灯浮 Yuedong LNG No 1	22-53.84N 116-21.72E	快闪绿			绿色锥形	右侧标AIS应答器
7111379.02	粤东LNG2灯浮 Yuedong LNG No 2	22-53.83N 116-21.47E	快闪红			红色罐形	左侧标AIS应答器
7111379.03	粤东LNG3灯浮 Yuedong LNG No 3	22-54.86N 116-21.71E	闪绿4秒			绿色锥形	右侧标
7111379.04	粤东LNG4灯浮 Yuedong LNG No 4	22-54.86N 116-21.46E	闪红4秒			红色罐形	左侧标
7111379.05	粤东LNG5灯浮 Yuedong LNG No 5	22-55.49N 116-21.28E	闪（2）红6秒			红色罐形	左侧标

编 号 No	名 称 Name	位置 Position	灯 质 Characteristic	灯高 Height	射程 Range	构 造 Structure	附 记 Remarks
7111379.06	粤东LNG6灯浮 Yuedong LNG No 6	22-55.66N 116-21.48E	闪（3）红10秒			红色罐形	左侧标
7111379.07	粤东LNG7灯浮 Yuedong LNG No 7	22-55.64N 116-21.90E	闪红4秒			红色罐形	左侧标
7111379.08	粤东LNG8灯浮 Yuedong LNG No 8	22-55.66N 116-22.03E	快闪（3）白10秒			黑黄黑横条纹标柱形，顶标为黑色顶点相背双锥体	东方位标
7111379.09	粤东LNG9灯浮 Yuedong LNG No 9	22-55.75N 116-22.29E	快（6）+长闪白15秒			黄黑相间横条纹标柱形，顶标为黑色顶点朝下双锥体	南方位标
7111380 (4074)	大期山（渔）灯桩 Daqi Shan	22-56.49N 116-20.59E				白色混凝土结构柱形立标;6.0	停止发光
7111381	粤东LNG引导灯桩前 Yuedong LNG Ldg Lts, Front	22-56.13N 116-21.58E	闪红3秒	42.9	5	白色金属结构柱形立标;31.5	导标
7111382	粤东LNG引导灯桩后 Yuedong LNG Ldg Lts, Rear	22-56.37N 116-21.58E	定红	57.4	5	白色金属结构柱形立标;43.5	导标
7111383.01	靖海测风塔1灯桩 Jinghai Wind Gauge Tower No 1	22-49.71N 116-41.41E	莫（U）白15秒	12.2	10	黄色;1.5	
7111383.02	靖海测风塔2灯桩 Jinghai Wind Gauge Tower No 2	22-49.70N 116-41.40E	莫（U）白15秒	12.2	10	黄色;1.5	AIS应答器
7111390 (4074.1)	神泉澳角（渔）灯桩 Shenquan'ao Jiao	22-56.92N 116-19.77E	闪白6秒		7	橙黄白相间横条纹砖石结构柱形立标;4.6	
7111400 (4074.3)	神泉港口灯桩 Shenquan Gangkou	22-57.80N 116-18.30E				灰色混凝土结构柱形立标;11.0	停止发光

编号 No.	名称 Name	位置 Position	灯质 Characteristic	灯高 Height	射程 Range	构造 Structure	附记 Remarks

汕尾港
SHAN WEI GANG

编号 No.	名称 Name	位置 Position	灯质 Characteristic	灯高 Height	射程 Range	构造 Structure	附记 Remarks
7210010 (4075)	甲子角灯塔 Jiazi Jiao	22-49.40N 116-05.80E	闪白10秒	78.5	18	白色混凝土结构;17.4	
7210011	东白礁灯桩 Dongbai Jiao	22-47.91N 116-05.70E				柱形立标	停止发光
7210020 (4076)	甲子港口左堤头（渔）灯桩 Jiazi Gang L Breakwater Head	22-50.54N 116-04.54E	闪(2)红6秒	7.4	2.4	白色砖石结构柱形立标;7.0	
7210030 (4077)	甲子港内印礁（渔）灯桩 Jiazi Gang Neiyin Jiao	22-50.80N 116-04.70E	闪(2)白5秒	3.2	2.5	黑红黑横条纹混凝土结构柱形立标，顶标为黑色双球体;2.0	孤立危险物立标
7210033.01	揭阳港大南海公共码头防波堤和放流管施工临1灯浮 Jieyang Port Dananhai Public Wharf Breakwater And Release Flow Pipe Construction No 1	22-56.48N 116-15.89E	莫（0）黄15秒			黄色标柱形，顶标为黄色“X”形	海上作业区专用标
7210033.02	揭阳港大南海公共码头防波堤和放流管施工临2灯浮 Jieyang Port Dananhai Public Wharf Breakwater And Release Flow Pipe Construction No 2	22-55.70N 116-16.51E	莫（0）黄15秒			黄色标柱形，顶标为黄色“X”形	海上作业区专用标
7210033.03	DONG-AH 101 虚拟航标 DONG-AH 101	22-54.71N 116-16.27E	莫（0）黄15秒			黄色标柱形，顶标为黄色“X”形	海上作业区专用标

编号 No.	名称 Name	位置 Position	灯质 Characteristic	灯高 Height	射程 Range	构造 Structure	附记 Remarks
7210033.04	揭阳港大南海公共码头防波堤和放流管施工临4灯浮 Jieyang Port Dananhai Public Wharf Breakwater And Release Flow Pipe Construction No 4	22-54.10N 116-16.12E	莫（0）黄15秒			黄色标柱形，顶标为黄色“X”形	海上作业区专用标
7210033.05	揭阳港大南海公共码头防波堤和放流管施工临5灯浮 Jieyang Port Dananhai Public Wharf Breakwater And Release Flow Pipe Construction No 5	22-55.03N 116-15.06E	莫（0）黄15秒			黄色标柱形，顶标为黄色“X”形	海上作业区专用标
7210035	粤海渔11259沉船AIS虚拟航标 YUE HAI YU 11259 WRECK	22-31.86N 114-58.76E					MMSI:994136887 发射模式:自主连续 播发时间:3分钟
7210036	珠桂6496轮沉船AIS虚拟航标 ZHU GUI 6496 WRECK	22-28.47N 115-25.07E					MMSI:994136830 发射模式:自主连续 播发时间:3分钟
7210036.01	神泉二风电场营运期1警示灯桩 Shenquaner Wind Farm Operation Period No 1 Warning	22-44.62N 116-30.81E	莫(C)黄15秒	18	5	黄色金属结构柱形立标;1.5	水中构筑物专用标AIS应答器：名称：SQ2 Wind Farm 1MMSI：994121964
7210036.02	神泉二风电场营运期2警示灯桩 Shenquaner Wind Farm Operation Period No 2 Warning	22-44.11N 116-30.98E	莫(C)黄12秒	18	5	黄色金属结构柱形立标;1.5	水中构筑物专用标
7210036.03	神泉二风电场营运期3警示灯桩 Shenquaner Wind Farm Operation Period No 3 Warning	22-43.62N 116-31.14E	莫(C)黄15秒	18	5	黄色金属结构柱形立标;1.5	水中构筑物专用标AIS应答器：名称：SQ2 Wind Farm 3MMSI：994121965
7210036.04	神泉二风电场营运期4警示灯桩 Shenquaner Wind Farm Operation Period No 4 Warning	22-43.04N 116-29.87E	莫(C)黄12秒	18	5	黄色金属结构柱形立标;1.5	水中构筑物专用标

编　号 No.	名　称 Name	位置 Position	灯　质 Characteristic	灯高 Height	射程 Range	构　造 Structure	附　记 Remarks
7210036.05	神泉二风电场营运期5警示灯桩 Shenquaner Wind Farm Operation Period No 5 Warning	22-42.43N 116-28.52E	莫(C)黄12秒	18	5	黄色金属结构柱形立标;1.5	水中构筑物专用标
7210036.06	神泉二风电场营运期6警示灯桩 Shenquaner Wind Farm Operation Period No 6 Warning	22-41.79N 116-27.12E	莫(C)黄12秒	18	5	黄色金属结构柱形立标;1.5	水中构筑物专用标
7210036.07	神泉二风电场营运期7警示灯桩 Shenquaner Wind Farm Operation Period No 7 Warning	22-41.13N 116-25.66E	莫(C)黄12秒	18	5	混凝土结构;29.9	水中构筑物专用标AIS应答器：名称：SQ2 Wind Farm 7MMSI：994121966
7210036.08	神泉二风电场营运期8警示灯桩 Shenquaner Wind Farm Operation Period No 8 Warning	22-40.45N 116-24.15E	莫(C)黄12秒	18	5	黄色金属结构柱形立标;1.5	水中构筑物专用标
7210036.09	神泉二风电场营运期9警示灯桩 Shenquaner Wind Farm Operation Period No 9 Warning	22-39.74N 116-22.59E	莫(C)黄12秒	18	5	黄色金属结构柱形立标;1.5	水中构筑物专用标
7210036.10	神泉二风电场营运期10警示灯桩 Shenquaner Wind Farm Operation Period No 10 Warning	22-38.97N 116-20.31E	莫(C)黄15秒	18	5	黄色金属结构柱形立标;1.5	水中构筑物专用标AIS应答器：名称：SQ2 Wind Farm 10MMSI：994121967
7210036.11	神泉二风电场营运期11警示灯桩 Shenquaner Wind Farm Operation Period No 11 Warning	22-40.50N 116-20.31E	莫(C)黄12秒	18	5	黄色金属结构柱形立标;1.5	水中构筑物专用标
7210036.12	神泉二风电场营运期12警示灯桩 Shenquaner Wind Farm Operation Period No 12 Warning	22-42.12N 116-20.31E	莫(C)黄15秒	18	5	黄色金属结构柱形立标;1.5	水产作业区专用标

编 号 No.	名 称 Name	位置 Position	灯 质 Characteristic	灯高 Height	射程 Range	构 造 Structure	附 记 Remarks
7210036.13	神泉二风电场营运期13警示灯桩 Shenquaner Wind Farm Operation Period No 13 Warning	22-41.29N 116-21.99E	莫(C)黄12秒	18	5	黄色金属结构柱形立标;1.5	水中构筑物专用标
7210036.14	神泉二风电场营运期14警示灯桩 Shenquaner Wind Farm Operation Period No 14 Warning	22-41.90N 116-23.59E	莫(C)黄12秒	18	5	黄色金属结构柱形立标;1.5	水中构筑物专用标
7210036.15	神泉二风电场营运期15警示灯桩 Shenquaner Wind Farm Operation Period No 15 Warning	22-42.48N 116-25.14E	莫(C)黄12秒	18	5	黄色金属结构柱形立标;1.5	水中构筑物专用标AIS应答器：名称：SQ2 Wind Farm 15MMSI：994121969
7210036.16	神泉二风电场营运期16警示灯桩 Shenquaner Wind Farm Operation Period No 16 Warning	22-43.05N 116-26.64E	莫(C)黄12秒	18	5	黄色金属结构柱形立标;1.5	水中构筑物专用标
7210036.17	神泉二风电场营运期17警示灯桩 Shenquaner Wind Farm Operation Period No 17 Warning	22-43.59N 116-28.08E	莫(C)黄12秒	18	5	黄色金属结构柱形立标;1.5	水中构筑物专用标
7210036.18	神泉二风电场营运期18警示灯桩 Shenquaner Wind Farm Operation Period No 18 Warning	22-44.11N 116-29.46E	莫(C)黄12秒	18	5	黄色金属结构柱形立标;1.5	水中构筑物专用标
7210036.19	神泉二风电场营运期19警示灯桩 Shenquaner Wind Farm Operation Period No 19 Warning	22-42.07N 116-25.69E	莫(C)黄12秒	19	5	黄色金属结构柱形立标;1.5	
7210038.01	国家电投神泉一海上风电场施工期SQ1灯浮 Guojiadiantou Shenquan-Haishang Fengdian Changshigongqi No SQ1	22-40.27N 116-12.46E	莫（0）黄12秒			黄色标柱形，顶标为黄色“X”形	海上作业区专用标 AIS应答器： 名称：SQ1 MMSI： 994121735 发射模式：自主连续

编 号 No.	名 称 Name	位置 Position	灯 质 Characteristic	灯高 Height	射程 Range	构 造 Structure	附 记 Remarks
7210038.02	国家电投神泉一海上风电场施工期SQ2灯浮 Guojiadiantou Shenquan-Haishang Fengdian Changshigongqi No. SQ2	22-41.39N 116-16.03E	莫（0）黄12秒			黄色标柱形，顶标为黄色“X”形	海上作业区专用标 AIS应答器： 名称：SQ2 MMSI： 994121736 发射模式：自主连续
7210038.03	国家电投神泉一海上风电场施工期SQ3灯浮 Guojiadiantou Shenquan-Haishang Fengdian Changshigongqi No SQ3	22-42.52N 116-19.77E	莫（0）黄12秒			黄色标柱形，顶标为黄色“X”形	海上作业区专用标 AIS应答器： 名称：SQ3 MMSI： 994121737 发射模式：自主连续
7210038.04	国家电投神泉一海上风电场施工期SQ4灯浮 Guojiadiantou Shenquan-Haishang Fengdian Changshigongqi No SQ4	22-38.22N 116-19.80E	莫（0）黄12秒			黄色标柱形，顶标为黄色“X”形	海上作业区专用标 AIS应答器： 名称：SQ4 MMSI： 994121738 发射模式：自主连续
7210038.05	国家电投神泉一海上风电场施工期SQ5灯浮 Guojiadiantou Shenquan-Haishang Fengdian Changshigongqi No SQ5	22-37.01N 116-16.19E	莫（0）黄12秒			黄色标柱形，顶标为黄色“X”形	海上作业区专用标 AIS应答器： 名称：SQ5 MMSI： 994121739 发射模式：自主连续
7210038.06	国家电投神泉一海上风电场施工期SQ6灯浮 Guojiadiantou Shenquan-Haishang Fengdian Changshigongqi No SQ6	22-35.77N 116-12.46E	莫（0）黄12秒			黄色标柱形，顶标为黄色“X”形	海上作业区专用标 AIS应答器： 名称：SQ6 MMSI： 994121740 发射模式：自主连续
7210039.01	甲子测风塔1灯桩 Jiazi Wind Gauge Tower No 1	22-35.66N 116-07.83E	莫(U)白15秒	13.1	4	黄色金属结构柱形立标	同步闪

编 号 No.	名 称 Name	位置 Position	灯 质 Characteristic	灯高 Height	射程 Range	构 造 Structure	附 记 Remarks
7210039.02	甲子测风塔2灯桩 Jiazi Wind Gauge Tower No 2	22-35.65N 116-07.83E	莫(U)白15秒	13.1	10	黄色金属结构柱形立标	同步闪 雷达应答器： 信号C(- . - .)
7210039.03	甲子测风塔3灯桩 Jiazi Wind Gauge Tower No 3	22-35.65N 116-07.83E	莫(U)白15秒	13.1	4	黄色金属结构柱形立标	同步闪
7210040 (4077.3)	湖东烽火台（渔）灯桩 Hudongfenghuotai	22-48.40N 115-56.80E	闪白4秒		6	白色金属结构柱形立标;9.0	
7210040.01	后湖风电场1号灯桩 Houhu Wind Farm No 1	22-46.33N 116-12.14E	莫(C)黄12秒	13	5	黄色柱形立标;1.5	水中构筑物专用标AIS应答器： 名称：HouHu Wind Farm 1MMSI：994121802
7210040.02	后湖风电场2号灯桩 Houhu Wind Farm No 2	22-45.96N 116-12.52E	莫(C)黄12秒	13	5	黄色柱形立标;1.5	水中构筑物专用标
7210040.03	后湖风电场3号灯桩 Houhu Wind Farm No 3	22-45.59N 116-12.91E	莫(C)黄12秒	13	5	黄色柱形立标;1.5	水中构筑物专用标AIS应答器： 名称：HouHu Wind Farm 3MMSI：994121803
7210040.04	后湖风电场4号灯桩 Houhu Wind Farm No 4	22-44.69N 116-12.19E	莫(C)黄12秒	13	5	黄色柱形立标;1.5	水中构筑物专用标AIS应答器： 名称：HouHu Wind Farm 4MMSI：994121804
7210040.05	后湖风电场5号灯桩 Houhu Wind Farm No 5	22-44.29N 116-10.91E	莫(C)黄12秒	13	5	黄色柱形立标;1.5	水中构筑物专用标
7210040.06	后湖风电场6号灯桩 Houhu Wind Farm No 6	22-43.90N 116-09.68E	莫(C)黄12秒	13	5	黄色柱形立标;1.5	水中构筑物专用标AIS应答器： 名称：HouHu Wind Farm 6MMSI：994121805
7210040.07	后湖风电场7号灯桩 Houhu Wind Farm No 7	22-43.57N 116-08.62E	莫(C)黄12秒	13	5	黄色柱形立标;1.5	水中构筑物专用标

编号 No.	名称 Name	位置 Position	灯质 Characteristic	灯高 Height	射程 Range	构造 Structure	附记 Remarks
7210040.08	后湖风电场8号灯桩 Houhu Wind Farm No 8	22-43.25N 116-07.59E	莫(C)黄12秒	13	5	黄色柱形立标;1.5	水中构筑物专用标AIS应答器:名称:HouHu Wind Farm 8MMSI:994121806
7210040.09	后湖风电场9号灯桩 Houhu Wind Farm No 9	22-42.90N 116-06.51E	莫(C)黄12秒	13	5	黄色柱形立标;1.5	水中构筑物专用标
7210040.10	后湖风电场10号灯桩 Houhu Wind Farm No 10	22-42.53N 116-05.29E	莫(C)黄12秒	13	5	黄色柱形立标;1.5	水中构筑物专用标AIS应答器:名称:HouHu Wind Farm 10MMSI:994121807
7210040.11	后湖风电场11号灯桩 Houhu Wind Farm No 11	22-42.10N 116-03.97E	莫(C)黄12秒	13	5	黄色柱形立标;1.5	水中构筑物专用标
7210040.12	后湖风电场12号灯桩 Houhu Wind Farm No 12	22-41.79N 116-02.96E	莫(C)黄12秒	13	5	黄色柱形立标;1.5	水中构筑物专用标AIS应答器:名称:HouHu Wind Farm 12MMSI:994121808
7210040.13	后湖风电场13号灯桩 Houhu Wind Farm No 13	22-42.34N 116-02.73E	莫(C)黄12秒	13	5	黄色柱形立标;1.5	水中构筑物专用标
7210040.14	后湖风电场14号灯桩 Houhu Wind Farm No 14	22-42.89N 116-02.51E	莫(C)黄12秒	13	5	黄色柱形立标;1.5	水中构筑物专用标
7210040.15	后湖风电场15号灯桩 Houhu Wind Farm No 15	22-43.47N 116-02.28E	莫(C)黄12秒	13	5	黄色柱形立标;1.5	水中构筑物专用标AIS应答器:名称:HouHu Wind Farm 15MMSI:994121809
7210040.16	后湖风电场16号灯桩 Houhu Wind Farm No 16	22-43.83N 116-03.33E	莫(C)黄12秒	13	5	黄色柱形立标;1.5	水中构筑物专用标·

编号 No.	名称 Name	位置 Position	灯质 Characteristic	灯高 Height	射程 Range	构造 Structure	附记 Remarks
7210040.17	后湖风电场17号灯桩 Houhu Wind Farm No 17	22-44.24N 116-04.00E	莫(C)黄12秒	13	5	黄色柱形立标;1.5	水中构筑物专用标AIS应答器：名称：HouHu Wind Farm 17MMSI：994121812
7210040.18	后湖风电场18号灯桩 Houhu Wind Farm No 18	22-44.08N 116-04.60E	莫(C)黄12秒	13	5	黄色柱形立标;1.5	水中构筑物专用标
7210040.19	后湖风电场19号灯桩 Houhu Wind Farm No 19	22-43.75N 116-05.85E	莫(C)黄12秒	13	5	黄色柱形立标;1.5	水中构筑物专用标AIS应答器：名称：HouHu Wind Farm 19MMSI：994121813
7210040.20	后湖风电场20号灯桩 Houhu Wind Farm No 20	22-43.92N 116-07.19E	莫(C)黄12秒	13	5	黄色柱形立标;1.5	水中构筑物专用标
7210040.21	后湖风电场21号灯桩 Houhu Wind Farm No 21	22-44.37N 116-08.13E	莫(C)黄12秒	13	5	黄色柱形立标;1.5	水中构筑物专用标AIS应答器：名称：HouHu Wind Farm 21MMSI：994121814
7210040.22	后湖风电场22号灯桩 Houhu Wind Farm No 22	22-44.85N 116-09.09E	莫(C)黄12秒	13	5	黄色柱形立标;1.5	水中构筑物专用标
7210040.23	后湖风电场23号灯桩 Houhu Wind Farm No 23	22-45.36N 116-10.15E	莫(C)黄12秒	13	5	黄色柱形立标;1.5	水中构筑物专用标AIS应答器：名称：HouHu Wind Farm 23MMSI：994121815
7210040.24	后湖风电场24号灯桩 Houhu Wind Farm No 24	22-45.91N 116-11.29E	莫(C)黄12秒	13	5	黄色柱形立标;1.5	水中构筑物专用标
7210040.25	后湖风电场25号灯桩 Houhu Wind Farm No 25	22-40.58N 115-59.16E	莫(C)黄15秒	13	5	黄色柱形立标;1.5	水中构筑物专用标AIS应答器：名称：HouHu Wind Farm 25MMSI：994121816

编号 No.	名称 Name	位置 Position	灯质 Characteristic	灯高 Height	射程 Range	构造 Structure	附记 Remarks
7210040.26	后湖风电场26号灯桩 Houhu Wind Farm No 26	22-40.96N 115-58.75E	莫(C)黄15秒	13	5	黄色柱形立标;1.5	水中构筑物专用标
7210040.27	后湖风电场27号灯桩 Houhu Wind Farm No 27	22-41.34N 115-58.34E	莫(C)黄15秒	13	5	黄色柱形立标;1.5	水中构筑物专用标
7210040.28	后湖风电场28号灯桩 Houhu Wind Farm No 28	22-41.73N 115-57.91E	莫(C)黄15秒	13	5	黄色柱形立标;1.5	水中构筑物专用标
7210040.29	后湖风电场29号灯桩 Houhu Wind Farm No 29	22-42.14N 115-57.46E	莫(C)黄15秒	13	5	黄色柱形立标;1.5	水中构筑物专用标AIS应答器：名称：HouHu Wind Farm 29MMSI：994121817
7210040.30	后湖风电场30号灯桩 Houhu Wind Farm No 30	22-41.71N 115-56.18E	莫(C)黄15秒	13	5	黄色柱形立标;1.5	水中构筑物专用标
7210040.31	后湖风电场31号灯桩 Houhu Wind Farm No 31	22-41.18N 115-54.63E	莫(C)黄15秒	13	5	黄色柱形立标;1.5	水中构筑物专用标
7210040.32	后湖风电场32号灯桩 Houhu Wind Farm No 32	22-40.66N 115-53.12E	莫(C)黄15秒	13	5	黄色柱形立标;1.5	水中构筑物专用标AIS应答器：名称：HouHu Wind Farm 32MMSI：994121818
7210040.33	后湖风电场33号灯桩 Houhu Wind Farm No 33	22-40.29N 115-53.54E	莫(C)黄15秒	13	5	黄色柱形立标;1.5	水中构筑物专用标
7210040.34	后湖风电场34号灯桩 Houhu Wind Farm No 34	22-39.93N 115-53.94E	莫(C)黄15秒	13	5	黄色柱形立标;1.5	水中构筑物专用标
7210040.35	后湖风电场35号灯桩 Houhu Wind Farm No 35	22-39.56N 115-54.35E	莫(C)黄15秒	13	5	黄色柱形立标;1.5	水中构筑物专用标

编 号 No.	名 称 Name	位置 Position	灯 质 Characteristic	灯高 Height	射程 Range	构 造 Structure	附 记 Remarks
7210040.36	后湖风电场36号灯桩 Houhu Wind Farm No 36	22-39.20N 115-54.75E	莫(C)黄15秒	13	5	黄色柱形立标;1.5	水中构筑物专用标AIS应答器：名称：HouHu Wind Farm 36MMSI：994121819
7210040.37	后湖风电场37号灯桩 Houhu Wind Farm No 37	22-39.65N 115-56.20E	莫(C)黄15秒	13	5	黄色柱形立标;1.5	水中构筑物专用标
7210040.38	后湖风电场38号灯桩 Houhu Wind Farm No 38	22-40.16N 115-57.82E	莫(C)黄15秒	13	5	黄色柱形立标;1.5	水中构筑物专用标
7210040.39	登陆点提示标志1灯桩 Dengludian Tishi Biaozhi No 1	22-46.87N 115-51.20E	定红			红白相间斜条纹柱形立标	
7210040.40	登陆点提示标志2灯桩 Dengludian Tishi Biaozhi No 2	22-46.88N 115-51.22E	定红			红白相间斜条纹柱形立标	
7210041.01	宝丽华甲湖湾电厂1灯浮 Baoli Huajia Huwan Power Plant No 1	22-47.02N 115-58.95E	闪(2)绿6秒			绿色锥形	右侧标同步闪AIS应答器
7210041.02	宝丽华甲湖湾电厂2灯浮 Baoli Huajia Huwan Power Plant No 2	22-47.04N 115-58.81E	闪(2)红6秒			红色罐形	左侧标同步闪AIS应答器
7210041.03	宝丽华甲湖湾电厂3灯浮 Baoli Huajia Huwan Power Plant No 3	22-47.88N 115-59.07E	闪(2)绿6秒			绿色锥形	右侧标同步闪AIS应答器
7210041.04	宝丽华甲湖湾电厂4灯浮 Baoli Huajia Huwan Power Plant No 4	22-47.90N 115-58.93E	闪(2)红6秒			红色罐形	左侧标同步闪AIS应答器
7210041.05	宝丽华甲湖湾电厂5灯浮 Baoli Huajia Huwan Power Plant No 5	22-48.77N 115-59.20E	闪(2)绿6秒			绿色锥形	右侧标同步闪AIS应答器
7210041.06	宝丽华甲湖湾电厂6灯浮 Baoli Huajia Huwan Power Plant No 6	22-49.04N 115-59.10E	闪(2)红6秒			红色罐形	左侧标同步闪AIS应答器

编 号 No.	名 称 Name	位置 Position	灯 质 Characteristic	灯高 Height	射程 Range	构 造 Structure	附 记 Remarks
7210041.07	宝丽华甲湖湾电厂7灯浮 Baoli Huajia Huwan Power Plant No 7	22-49.15N 115-59.36E	闪绿4秒			绿色锥形	右侧标
7210041.08	宝丽华甲湖湾电厂8灯浮 Baoli Huajia Huwan Power Plant No 8	22-49.56N 115-59.31E	闪红4秒			红色罐形	左侧标
7210041.09	宝丽华甲湖湾电厂9灯浮 Baoli Huajia Huwan Power Plant No 9	22-49.40N 115-59.61E	闪(2)绿6秒			绿色锥形	右侧标
7210041.10	宝丽华甲湖湾电厂10灯浮 Baoli Huajia Huwan Power Plant No 10	22-49.59N 115-59.65E	闪(3)绿10秒			绿色锥形	右侧标
7210041.11	宝丽华甲湖湾电厂11灯浮 Baoli Huajia Huwan Power Plant No 11	22-49.76N 115-59.61E	快(6)+长闪白15秒			黄黑相间横条纹标柱形，顶标为黑色顶点朝下双锥体	南方位标
7210042	宝丽华甲湖湾电厂引导灯桩 Baoli Huajia Huwan Power Plant Leading Mark	22-49.71N 115-59.27E	等明暗白4秒	19	5	金属结构柱形立标;12.0	白光弧:7.6°-9.6°
7210043	陆丰后湖测风塔虚拟航标 LUFENG HOUHU WIND GAUGE TOWER	22-42.01N 115-59.49E					MMSI:994121643 发射模式:自主连续
7210043.01	陆丰后湖测风塔1灯桩 Lufenghou Hu Wind Gauge Tower No 1	22-42.01N 115-59.50E	莫(U)白15秒	12.2	4	黄色;1.5	
7210043.02	陆丰后湖测风塔2灯桩 Lufenghou Hu Wind Gauge Tower No 2	22-41.99N 115-59.49E	莫(U)白15秒	12.2	4	黄色;1.5	
7210043.03	陆丰后湖测风塔3灯桩 Lufenghou Hu Wind Gauge Tower No 3	22-42.00N 115-59.51E	莫(U)白15秒	12.2	4	黄色;1.5	
7210044.01	揭阳神泉测风1塔1灯桩 Jieyang Shenquan Wind Tower 1 No 1	22-39.14N 116-16.80E	莫(U)白15秒	13.1	10	黄色;1.5	AIS应答器

编 号 No.	名 称 Name	位置 Position	灯 质 Characteristic	灯高 Height	射程 Range	构 造 Structure	附 记 Remarks
7210044.02	揭阳神泉测风1塔2灯桩 Jieyang Shenquan Wind Tower 1 No 2	22-39.14N 116-16.80E	莫(U)白15秒	13.1	10	黄色;1.5	
7210045.01	揭阳神泉测风2塔1灯桩 Jieyang Shenquan Wind Tower 2 No 1	22-42.16N 116-26.41E	莫(U)白15秒	13.1	10	黄色;1.5	AIS应答器
7210045.02	揭阳神泉测风2塔2灯桩 Jieyang Shenquan Wind Tower 2 No 2	22-42.16N 116-26.40E	莫(U)白15秒	13.1	10	黄色;1.5	
7210046.01	甲子一风电场施工期1灯浮 Jiaziyi Fengdian Chang Shigongqi No 1	22-36.98N 116-02.33E	莫(O)黄15秒			黄色标柱形，顶标为黄色“X”形	海上作业区专用标AIS应答器：名称：JZ1 Wind Farm T-1 MMSI：994121841
7210046.02	甲子一风电场施工期2灯浮 Jiaziyi Fengdian Chang Shigongqi No 2	22-37.33N 116-03.55E	莫(O)黄15秒			黄色标柱形，顶标为黄色“X”形	海上作业区专用标
7210046.03	甲子一风电场施工期3灯浮 Jiaziyi Fengdian Chang Shigongqi No 3	22-37.69N 116-04.81E	莫(O)黄15秒			黄色标柱形，顶标为黄色“X”形	海上作业区专用标
7210046.04	甲子一风电场施工期4灯浮 Jiaziyi Fengdian Chang Shigongqi No 4	22-38.04N 116-06.04E	莫(O)黄15秒			黄色标柱形，顶标为黄色“X”形	海上作业区专用标
7210046.05	甲子一风电场施工期5灯浮 Jiaziyi Fengdian Chang Shigongqi No 5	22-38.39N 116-07.28E	莫(O)黄15秒			黄色标柱形，顶标为黄色“X”形	海上作业区专用标
7210046.06	甲子一风电场施工期6灯浮 Jiaziyi Fengdian Chang Shigongqi No 6	22-38.75N 116-08.55E	莫(O)黄15秒			黄色标柱形，顶标为黄色“X”形	海上作业区专用标AIS应答器：名称：JZ1 Wind Farm T-6 MMSI：994121842

编 号 No.	名 称 Name	位置 Position	灯 质 Characteristic	灯高 Height	射程 Range	构 造 Structure	附 记 Remarks
7210046.07	甲子一风电场施工期7灯浮 Jiaziyi Fengdian Chang Shigongqi No 7	22-39.43N 116-10.61E	莫(0)黄15秒			黄色标柱形，顶标为黄色“X”形	海上作业区专用标
7210046.08	甲子一风电场施工期8灯浮 Jiaziyi Fengdian Chang Shigongqi No 8	22-40.08N 116-12.66E	莫(0)黄15秒			黄色标柱形，顶标为黄色“X”形	海上作业区专用标
7210046.081	甲子一风电场施工期8A灯浮 Jiaziyi Fengdian Chang Shigongqii No 8A	22-35.15N 116-13.08E	莫(0)黄15秒			黄色标柱形,顶标为黄色“X”形	海上作业区专用标AIS应答器：名称：JZ1 Wind Farm 8A MMSI：994121946
7210046.09	甲子一风电场施工期9灯浮 Jiaziyi Fengdian Chang Shigongqi No 9	22-34.42N 116-10.83E	莫(0)黄15秒			黄色标柱形，顶标为黄色“X”形	海上作业区专用标
7210046.10	甲子一风电场施工期10灯浮 Jiaziyi Fengdian Chang Shigongqi No 10	22-33.70N 116-08.55E	莫(0)黄15秒			黄色标柱形，顶标为黄色“X”形	海上作业区专用标AIS应答器：名称：JZ1 Wind Farm T-10 MMSI：994121843
7210046.11	甲子一风电场施工期11灯浮 Jiaziyi Fengdian Chang Shigongqi No 11	22-33.31N 116-07.25E	莫(0)黄15秒			黄色标柱形，顶标为黄色“X”形	海上作业区专用标
7210046.12	甲子一风电场施工期12灯浮 Jiaziyi Fengdian Chang Shigongqi No 12	22-32.84N 116-05.88E	莫(0)黄15秒			黄色标柱形，顶标为黄色“X”形	海上作业区专用标
7210046.13	甲子一风电场施工期13灯浮 Jiaziyi Fengdian Chang Shigongqi No 13	22-32.39N 116-04.57E	莫(0)黄15秒			黄色标柱形，顶标为黄色“X”形	海上作业区专用标

编 号 No.	名 称 Name	位置 Position	灯 质 Characteristic	灯高 Height	射程 Range	构 造 Structure	附 记 Remarks
7210046.14	甲子一风电场施工期14灯浮 Jiaziyi Fengdian Chang Shigongqi No 14	22-32.05N 116-03.44E	莫(0)黄15秒			黄色标柱形，顶标为黄色“X”形	海上作业区专用标
7210046.15	甲子一风电场施工期15灯浮 Jiaziyi Fengdian Chang Shigongqi No 15	22-31.70N 116-02.33E	莫(0)黄15秒			黄色标柱形，顶标为黄色“X”形	海上作业区专用标AIS应答器：名称：JZ1 Wind Farm T-15 MMSI：994121844
7210046.16	甲子一风电场施工期16灯浮 Jiaziyi Fengdian Chang Shigongqi No 16	22-32.76N 116-02.33E	莫(0)黄15秒			黄色标柱形，顶标为黄色“X”形	海上作业区专用标
7210046.17	甲子一风电场施工期17灯浮 Jiaziyi Fengdian Chang Shigongqi No 17	22-34.22N 116-02.33E	莫(0)黄15秒			黄色标柱形，顶标为黄色“X”形	海上作业区专用标
7210046.18	甲子一风电场施工期18灯浮 Jiaziyi Fengdian Chang Shigongqi No 18	22-35.66N 116-02.33E	莫(0)黄15秒			黄色标柱形，顶标为黄色“X”形	海上作业区专用标
7210046.19	甲子一风电场施工桩20A灯桩 Jiaziyi Fengdian Chang Shigongqi No 20A	22-37.23N 116-05.71E	莫(U)白15秒	14.8	5	柱形立标	AIS应答器：名称：JZ1 Wind Farm T-0A MMSI：994121845
7210046.20	甲子一风电场施工桩20B灯桩 Jiaziyi Fengdian Chang Shigongqi No 20B	22-37.23N 116-05.71E	莫(U)白15秒	14.8	5	柱形立标	
7210046.21	甲子一风电场施工桩22A灯桩 Jiaziyi Fengdian Chang Shigongqi No 22A	22-37.75N 116-05.94E	莫(U)白15秒	14.8	5	柱形立标	AIS应答器：名称：JZ1 Wind Farm T-2A MMSI：994121846

编号 No.	名称 Name	位置 Position	灯质 Characteristic	灯高 Height	射程 Range	构造 Structure	附记 Remarks
7210046.22	甲子一风电场施工桩22B灯桩 Jiaziyi Fengdian Chang Shigongqi No 22B	22-37.75N 116-05.94E	莫(U)白15秒	14.8	5	柱形立标	
7210047.01	宝丽华甲湖湾电厂1灯桩 Baoli Huajia Huwan Power Plant No 1	22-48.84N 115-59.30E	闪绿2秒	16	5	绿白相间条纹玻璃钢结构柱形立标;10.0	
7210047.02	宝丽华甲湖湾电厂2灯桩 Baoli Huajia Huwan Power Plant No 2	22-49.32N 115-59.80E	闪白3秒	16	5	黄白相间条纹玻璃钢结构柱形立标;10.0	
7210048.01	陆丰核电重件码头1灯浮 Lufeng Nuclear Power Zhongjian Pier No 1	22-44.70N 115-48.25E	闪绿4秒			绿色锥形	右侧标
7210048.02	陆丰核电重件码头2灯浮 Lufeng Nuclear Power Zhongjian Pier No 2	22-44.73N 115-48.20E				红色罐形	左侧标
7210048.03	陆丰核电重件码头3灯浮 Lufeng Nuclear Power Zhongjian Pier No 3	22-44.91N 115-48.33E	闪(2)红6秒			红色罐形	左侧标
7210048.04	陆丰核电重件码头4灯浮 Lufeng Nuclear Power Zhongjian Pier No 4	22-44.89N 115-48.47E	甚快(9)白10秒			黄黑黄横条纹标柱形，顶标为黑色顶点相对双锥体	西方位标
7210049	陆丰核电重件码头防波堤灯桩 Lufeng Nuclear Power Zhongjian Pier Breakwater	22-44.75N 115-48.37E	等明暗绿4秒	18	3	绿白相间条纹玻璃钢结构柱形立标;7.0	
7210050 (4078)	田尾角灯塔（有） Tianwei Jiao (Watched)	22-44.55N 115-48.88E	闪白5秒	67.8	18	红白相间条纹混凝土结构;37.7	雷达应答器：信号B(- . . .)
7210051	登陆点警示标志灯桩 Dengludian Jingshi Biaozhi	22-46.96N 115-51.32E	定红		5	红白相间斜条纹金属结构柱形立标	

编号 No.	名称 Name	位置 Position	灯质 Characteristic	灯高 Height	射程 Range	构造 Structure	附记 Remarks
7210052.01	后湖风电场海缆1灯浮 Houhu Fengdian Chang Hailan No 1	22-41.49N 116-01.93E	莫(C)黄12秒			黄色标柱形，顶标为黄色“X”形	水中构筑物专用标AIS应答器：名称：HaiLan AIS 01 MMSI：994121820
7210052.02	后湖风电场海缆2灯浮 Houhu Fengdian Chang Hailan No 2	22-40.76N 116-00.35E	莫(C)黄12秒			黄色标柱形，顶标为黄色“X”形	水中构筑物专用标AIS应答器：名称：HaiLan AIS 02 MMSI：994121821
7210052.03	后湖风电场海缆3灯浮 Houhu Fengdian Chang Hailan No 3	22-42.23N 115-55.29E	莫(C)黄12秒			黄色标柱形，顶标为黄色“X”形	水中构筑物专用标AIS应答器：名称：HaiLan AIS 03 MMSI：994121822
7210052.04	后湖风电场海缆4灯浮 Houhu Fengdian Chang Hailan No 4	22-43.71N 115-53.87E	莫(C)黄12秒			黄色标柱形，顶标为黄色“X”形	水中构筑物专用标AIS应答器：名称：HaiLan AIS 04 MMSI：994121823
7210052.05	后湖风电场海缆5灯浮 Houhu Fengdian Chang Hailan No 5	22-45.25N 115-52.84E	莫(C)黄12秒			黄色标柱形，顶标为黄色“X”形	水中构筑物专用标AIS应答器：名称：HaiLan AIS 05 MMSI：994121824
7210052.06	后湖风电场海缆6灯浮 Houhu Fengdian Chang Hailan No 6	22-46.16N 115-51.52E	莫(C)黄12秒			黄色标柱形，顶标为黄色“X”形	水中构筑物专用标AIS应答器：名称：HaiLan AIS 06 MMSI：994121825
7210053.01	中广核甲子风电场1灯桩 Zhongguanghe Jiazi Wind Farm No 1	22-39.48N 116-11.88E	莫(C)黄12秒	16.6	5	黄色金属结构；1.5	水中构筑物专用标AIS应答器：名称：JIAZI WIND FARM 1MMSI：994121995
7210053.02	中广核甲子风电场2灯桩 Zhongguanghe Jiazi Wind Farm No 2	22-36.11N 116-13.01E	莫(C)黄12秒	16.6	5	黄色金属结构；1.5	水中构筑物专用标

编 号 No.	名 称 Name	位置 Position	灯 质 Characteristic	灯高 Height	射程 Range	构 造 Structure	附 记 Remarks
7210053.03	中广核甲子风电场3灯桩 Zhongguanghe Jiazi Wind Farm No 3	22-35.52N 116-13.01E	莫(C)黄12秒	16.6	5	黄色金属结构； 1.5	水中构筑物专用标AIS应答器：名称：JIAZI WIND FARM 3MMSI：994121996
7210053.04	中广核甲子风电场4灯桩 Zhongguanghe Jiazi Wind Farm No 4	22-35.10N 116-11.72E	莫(C)黄12秒	18.8	5	黄色金属结构； 1.5	水中构筑物专用标
7210053.05	中广核甲子风电场5灯桩 Zhongguanghe Jiazi Wind Farm No 5	22-34.71N 116-10.56E	莫(C)黄12秒	18.8	5	黄色金属结构； 1.5	水中构筑物专用标
7210053.06	中广核甲子风电场6灯桩 Zhongguanghe Jiazi Wind Farm No 6	22-34.35N 116-09.45E	莫(C)黄12秒	18.8	5	黄色金属结构； 1.5	水中构筑物专用标
7210053.07	中广核甲子风电场7灯桩 Zhongguanghe Jiazi Wind Farm No 7	22-34.02N 116-08.46E	莫(C)黄12秒	18.8	5	黄色金属结构； 1.5	水中构筑物专用标AIS应答器：名称：JIAZI WIND FARM 7MMSI：994121997
7210053.08	中广核甲子风电场8灯桩 Zhongguanghe Jiazi Wind Farm No 8	22-33.56N 116-07.07E	莫(C)黄12秒	18.8	5	黄色金属结构； 1.5	水中构筑物专用标
7210053.09	中广核甲子风电场9灯桩 Zhongguanghe Jiazi Wind Farm No 9	22-33.17N 116-05.89E	莫(C)黄12秒	18.8	5	黄色金属结构； 1.5	水中构筑物专用标
7210053.10	中广核甲子风电场10灯桩 Zhongguanghe Jiazi Wind Farm No 10	22-32.82N 116-04.81E	莫(C)黄12秒	18.8	5	黄色金属结构； 1.5	水中构筑物专用标
7210053.11	中广核甲子风电场11灯桩 Zhongguanghe Jiazi Wind Farm No 11	22-32.46N 116-03.72E	莫(C)黄12秒	18.8	5	黄色金属结构； 1.5	水中构筑物专用标
7210053.12	中广核甲子风电场12灯桩 Zhongguanghe Jiazi Wind Farm No 12	22-32.11N 116-02.67E	莫(C)黄15秒	18.8	5	黄色金属结构； 1.5	水中构筑物专用标AIS应答器：名称：JIAZI WIND FARM 12MMSI：994121998

编号 No.	名称 Name	位置 Position	灯质 Characteristic	灯高 Height	射程 Range	构造 Structure	附记 Remarks
7210053.13	中广核甲子风电场13灯桩 Zhongguanghe Jiazi Wind Farm No 13	22-32.70N 116-02.67E	莫(C)黄12秒	16.6	5	黄色金属结构；1.5	水中构筑物专用标
7210053.14	中广核甲子风电场14灯桩 Zhongguanghe Jiazi Wind Farm No 14	22-33.51N 116-03.13E	莫(C)黄12秒	16.6	5	黄色金属结构；1.5	水中构筑物专用标
7210053.15	中广核甲子风电场15灯桩 Zhongguanghe Jiazi Wind Farm No 15	22-34.30N 116-02.67E	莫(C)黄12秒	16.6	5	黄色金属结构；1.5	水中构筑物专用标
7210053.16	中广核甲子风电场16灯桩 Zhongguanghe Jiazi Wind Farm No 16	22-34.89N 116-02.67E	莫(C)黄15秒	16.6	5	黄色金属结构；1.5	水中构筑物专用标AIS应答器：名称：JIAZI WIND FARM 16MMSI：994121999
7210053.17	中广核甲子风电场17灯桩 Zhongguanghe Jiazi Wind Farm No 17	22-35.67N 116-03.22E	莫(C)黄12秒	16.6	5	黄色金属结构；1.5	水中构筑物专用标
7210053.18	中广核甲子风电场18灯桩 Zhongguanghe Jiazi Wind Farm No 18	22-36.61N 116-02.67E	莫(C)黄15秒	16.6	5	黄色金属结构；1.5	水中构筑物专用标AIS应答器：名称：JIAZI WIND FARM 18MMSI：994121693
7210053.19	中广核甲子风电场19灯桩 Zhongguanghe Jiazi Wind Farm No 19	22-36.98N 116-03.86E	莫(C)黄12秒	16.6	5	黄色金属结构；1.5	水中构筑物专用标
7210053.20	中广核甲子风电场20灯桩 Zhongguanghe Jiazi Wind Farm No 20	22-37.35N 116-05.05E	莫(C)黄12秒	16.6	5	黄色金属结构；1.5	水中构筑物专用标
7210053.21	中广核甲子风电场21灯桩 Zhongguanghe Jiazi Wind Farm No 21	22-37.72N 116-06.24E	莫(C)黄12秒	16.6	5	黄色金属结构；1.5	水中构筑物专用标

编号 No.	名称 Name	位置 Position	灯质 Characteristic	灯高 Height	射程 Range	构造 Structure	附记 Remarks
7210053.22	中广核甲子风电场22灯桩 Zhongguanghe Jiazi Wind Farm No 22	22-38.07N 116-07.33E	莫(C)黄12秒	16.6	5	黄色金属结构；1.5	水中构筑物专用标AIS应答器：名称：JIAZI WIND FARM 22MMSI：994121694
7210053.23	中广核甲子风电场23灯桩 Zhongguanghe Jiazi Wind Farm No 23	22-38.42N 116-08.46E	莫(C)黄12秒	16.6	5	黄色金属结构；1.5	水中构筑物专用标
7210053.24	中广核甲子风电场24灯桩 Zhongguanghe Jiazi Wind Farm No 24	22-38.79N 116-09.64E	莫(C)黄12秒	16.6	5	黄色金属结构；1.5	水中构筑物专用标
7210053.25	中广核甲子风电场25灯桩 Zhongguanghe Jiazi Wind Farm No 25	22-39.14N 116-10.76E	莫(C)黄12秒	16.6	5	黄色金属结构；1.5	水中构筑物专用标
7210054.01	中广核甲子海缆1号灯浮 Zhongguanghejiazihailan No 1	22-44.56N 115-54.99E	莫(C)黄12秒			黄色标柱形，顶标为黄色“X”形	水中构筑物专用标AIS应答器：名称：JIAZI WIND FARM HL1MMSI：994121695
7210054.02	中广核甲子海缆2号灯浮 Zhongguanghejiazihailan No 2	22-45.64N 115-53.25E	莫(C)黄12秒			黄色标柱形，顶标为黄色“X”形	水中构筑物专用标AIS应答器：名称：JIAZI WIND FARM HL2MMSI：994121696
7210060.01 (4078.1)	1灯浮 No 1	22-47.56N 115-46.81E	闪绿4秒			绿色标柱形，顶标为绿色尖向上锥形	右侧标
7210060.02 (4078.2)	2灯浮 No 2	22-47.64N 115-47.37E	闪红4秒			红色标柱形，顶标为红色圆柱形	左侧标
7210070 (4078.3)	深礁灯浮 Shenjiao	22-46.91N 115-46.07E	甚快(9)白10秒			黄黑黄横条纹标柱形，顶标为黑色顶点相对双锥体	西方位标
7210080.03 (4078.35)	陆03灯浮 Lu No 03	22-52.80N 115-39.70E	闪绿4秒			绿色锥形	右侧标

编 号 No.	名 称 Name	位置 Position	灯 质 Characteristic	灯高 Height	射程 Range	构 造 Structure	附 记 Remarks
7210080.04 (4078.351)	陆04灯浮 Lu No 04	22-52.90N 115-39.70E	甚快(3)白5秒			黑黄黑横条纹标柱形，顶标为黑色顶点相背双锥体	东方位标
7210080.05 (4078.352)	陆05灯浮 Lu No 05	22-53.00N 115-40.00E	闪红4秒			红色罐形	左侧标
7210080.06 (4078.353)	陆06灯浮 Lu No 06	22-53.10N 115-40.20E	闪(2)绿6秒			绿色锥形	右侧标
7210090 (4078.4)	乌坎港灯浮 Wukan Gang	22-52.80N 115-39.80E	快(6)+长闪白15秒			黄黑相间横条纹标柱形，顶标为黑色顶点朝下双锥体	南方位标
7210100 (4078.41)	乌坎港左堤头灯桩 Wukan Gang L Breakwater Head	22-52.43N 115-39.64E	闪红4秒			白色混凝土结构柱形立标;3.0	
7210110 (4078.42)	乌坎港右堤头灯桩 Wukan Gang R Breakwater Head	22-52.42N 115-39.78E	闪绿4秒			白色混凝土结构柱形立标;3.0	
7210120.01 (4078.43)	乌坎港航道1灯浮 Wukan Gang Fairway No 1	22-52.40N 115-39.70E	快闪红			红色标柱形，顶标为红色圆柱形	左侧标
7210120.02 (4078.44)	乌坎港航道2灯浮 Wukan Gang Fairway No 2	22-52.30N 115-40.00E	闪(2)绿6秒			绿色标柱形，顶标为绿色尖向上锥形	右侧标
7210130.01 (4079)	汕尾电厂LB1灯桩 Shanwei Power Plant No LB1	22-42.83N 115-34.44E	快闪绿	16	6	绿色金属结构柱形立标;10.0	
7210130.02 (4079.1)	汕尾电厂LB2灯桩 Shanwei Power Plant No LB2	22-42.64N 115-34.08E	快闪红	15.5	6	红色金属结构柱形立标;10.0	
7210131	电厂码头灯桩 Power Plant Pier	22-42.69N 115-33.70E				柱形立标	
7210132 (4078.6)	万聪船厂堤头灯桩 Wancong Shipyard Breakwater Head	22-45.40N 115-33.48E	快闪白	6	4	柱形立标	

编号 No.	名称 Name	位置 Position	灯质 Characteristic	灯高 Height	射程 Range	构造 Structure	附记 Remarks
7210133.01 (4078.61)	万聪船厂1灯浮 Wancong Shipyard No 1	22-45.74N 115-33.67E	快闪红			红色罐形	左侧标
7210133.02 (4078.62)	万聪船厂2灯浮 Wancong Shipyard No 2	22-45.60N 115-33.41E	闪绿			绿色锥形	右侧标
7210133.03 (4078.63)	万聪船厂3灯浮 Wancong Shipyard No 3	22-45.34N 115-33.41E	闪(3)绿10秒			绿色锥形	右侧标
7210140 (4079.2)	金屿浅滩灯浮 Jinyu Shoal	22-41.83N 115-36.58E	快(6)+长闪白15秒			黄黑相间横条纹标柱形，顶标为黑色顶点朝下双锥体	南方位标
7210140.01	汕尾采砂1灯浮 Shanwei Caisha No 1	22-42.70N 115-37.38E	莫(0)黄12秒			黄色标柱形，顶标为黄色“X”形	海上作业区专用标AIS应答器：名称：SWCS1MMSI：994121981
7210140.02	汕尾采砂2灯浮 Shanwei Caisha No 2	22-44.50N 115-37.38E	莫(0)黄12秒			黄色标柱形，顶标为黄色“X”形	海上作业区专用标AIS应答器：名称：SWCS2MMSI：994121982
7210140.03	汕尾采砂3灯浮 Shanwei Caisha No 3	22-44.50N 115-38.65E	莫(0)黄12秒			黄色标柱形，顶标为黄色“X”形	海上作业区专用标AIS应答器：名称：SWCS3MMSI：994121984
7210140.04	汕尾采砂4灯浮 Shanwei Caisha No 4	22-42.70N 115-38.65E	莫(0)黄12秒			黄色标柱形，顶标为黄色“X”形	海上作业区专用标AIS应答器：名称：SWCS4MMSI：994121985
7210140.05	采砂区1号虚拟AIS航标虚拟航标 CAICHAQU1	22-42.77N 115-37.88E					MMSI:994136704
7210140.06	采砂区2号虚拟AIS航标虚拟航标 CAICHAQU2	22-43.84N 115-37.88E					MMSI:994136708

编号 No.	名称 Name	位置 Position	灯质 Characteristic	灯高 Height	射程 Range	构造 Structure	附记 Remarks
7210140.07	采砂区3号虚拟AIS航标虚拟航标 CAICHAQU3	22-43.84N 115-38.56E					MMSI:994136713
7210140.08	采砂区4号虚拟AIS航标虚拟航标 CAICHAQU4	22-42.77N 115-38.56E					MMSI:994136749
7210150 (4079.205)	汕尾电厂金南礁灯浮 Shanwei Power Plant Jinnan Jiao	22-41.29N 115-36.88E	闪(2)白5秒			黑红黑横条纹标柱形，顶标为黑色双球体	孤立危险物浮标
7210160.01 (4079.21)	汕尾电厂1灯浮 Shanwei Power Plant No 1	22-41.89N 115-36.03E	闪绿4秒			绿色锥形	右侧标
7210160.02 (4079.22)	汕尾电厂2灯浮 Shanwei Power Plant No 2	22-41.76N 115-35.96E	闪红4秒			红色罐形	左侧标
7210160.03 (4079.23)	汕尾电厂3灯浮 Shanwei Power Plant No 3	22-42.42N 115-35.01E	闪(2)绿6秒			绿色锥形	右侧标
7210160.04 (4079.24)	汕尾电厂4灯浮 Shanwei Power Plant No 4	22-42.30N 115-34.94E	闪(2)红6秒			红色罐形	左侧标
7210160.05 (4079.25)	汕尾电厂5灯浮 Shanwei Power Plant No 5	22-43.09N 115-33.74E	闪绿4秒			绿色锥形	右侧标
7210160.06 (4079.26)	汕尾电厂6灯浮 Shanwei Power Plant No 6	22-42.77N 115-34.03E	闪(3)红10秒			红色罐形	左侧标
7210160.07 (4079.27)	汕尾电厂7灯浮 Shanwei Power Plant No 7	22-43.08N 115-33.46E	闪(2)绿6秒			绿色锥形	右侧标
7210170 (4080)	遮浪岩灯塔 Zhelang Yan	22-39.07N 115-34.18E	闪白8秒	40.8	18	白色砖石结构;5.5	
7210171	莱屿灯桩 Laiyu	22-37.80N 115-28.80E	闪(2)白6秒	31.2	10	白色混凝土结构柱形立标;10.6	

编号 No.	名称 Name	位置 Position	灯质 Characteristic	灯高 Height	射程 Range	构造 Structure	附记 Remarks
7210175	遮浪炮台（C）灯桩 Zheliangpaotai No C	22-39.73N 115-33.56E				柱形立标	
7210180 (4080.5)	红海湾亚运气象灯浮 Honghai Wan Yayun Weather	22-36.40N 115-33.90E	莫(0)黄12秒			黄色标柱形，顶标为黄色“X”形	海上作业区专用标
7210190 (4080.6)	东洲港防波堤灯桩 Dongzhou Gang Breakwater	22-40.90N 115-30.84E	闪白5秒	4	3	柱形立标	
7210200.01 (4080.61)	东洲港1灯浮 Dongzhou Gang No 1	22-40.69N 115-30.94E	闪绿4秒		3	绿色锥形	右侧标
7210200.02 (4080.62)	东洲港2灯浮 Dongzhou Gang No 2	22-40.66N 115-30.89E	闪红4秒		5	红色罐形	左侧标
7210200.03 (4080.63)	东洲港3灯浮 Dongzhou Gang No 3	22-40.90N 115-30.77E	闪(2)红6秒		3	红色罐形	左侧标
7210200.04 (4080.64)	东洲港4灯浮 Dongzhou Gang No 4	22-41.00N 115-30.82E	快(6)+长闪白15秒		3	黄黑相间横条纹标柱形，顶标为黑色顶点朝下双锥体	南方位标
7210210 (4081)	汕尾港三点金灯桩 Shanwei Gang Sandianjin	22-46.82N 115-19.81E	闪白6秒	9.3	9	白色混凝土结构柱形立标；10.0	
7210220 (4081.1)	汕尾港进口引导灯桩前 Shanwei Gang Entrance Ldg Lts, Front	22-46.87N 115-20.60E	明暗白3秒	14.4	7	白色金属结构柱形立标，顶标为尖向上三角形；12.8	两灯一线：073°03′
7210230 (4083)	汕尾港进口引导灯桩后 Shanwei Gang Entrance Ldg Lts, Rear	22-46.90N 115-20.71E	明暗白3秒	20	7	白色金属结构柱形立标，顶标为尖向下三角形；17.8	导标
7210240.01 (4083.1)	汕尾港1灯浮 Shanwei Gang No 1	22-45.52N 115-18.21E	闪绿4秒			绿色锥形	右侧标雷达反射器
7210240.02 (4083.2)	汕尾港2灯浮 Shanwei Gang No 2	22-46.27N 115-18.75E	闪(2)绿6秒			绿色锥形	右侧标雷达反射器

编号 No.	名称 Name	位置 Position	灯质 Characteristic	灯高 Height	射程 Range	构造 Structure	附记 Remarks
7210240.03 (4083.3)	汕尾港3灯浮 Shanwei Gang No 3	22-46.55N 115-19.42E	闪红4秒			红色罐形	左侧标
7210240.04 (4083.4)	汕尾港4灯浮 Shanwei Gang No 4	22-46.62N 115-19.81E	闪(3)绿10秒			绿色锥形	右侧标
7210240.05 (4083.5)	汕尾港5灯浮 Shanwei Gang No 5	22-46.78N 115-20.35E	闪绿4秒			绿色锥形	右侧标
7210250 (4084.1)	汕尾港内引导灯桩前 Shanwei Gang Inner Ldg Lts, Front	22-45.23N 115-21.95E	闪红3秒	16	3	白色砖石结构柱形立标;7.0	导标两灯一线:134° 24′ 59″.6
7210255	防波堤红白实测灯桩 Breakwater Red White Observation	22-46.20N 115-22.69E				柱形立标;7.5	
7210256	鹭鸶兜红黑实测灯桩 Lusidou Red Black Observation	22-46.36N 115-22.57E				柱形立标;5.5	
7210260 (4084.2)	汕尾港内引导灯桩后 Shanwei Gang Inner Ldg Lts, Rear	22-45.16N 115-22.01E	明暗白4秒	21.3	4	白色砖石结构柱形立标;5.0	导标
7210270 (4084.3)	西洋村灯桩 Xiyang Cun	22-47.92N 115-18.37E	等明暗白2秒	72	5	白色砖石结构柱形立标;4.0	停止发光
7210280 (4084.4)	牛鼻头（马宫）灯桩 Niubi Tou (Magong)	22-47.11N 115-13.91E	定白	117	5	白色混凝土结构柱形立标;5.0	停止发光
7210290 (4084.41)	妈印礁灯桩 Mayin Jiao	22-47.48N 115-14.00E	闪(2)白5秒	6.2	2.4	黑红黑横条纹混凝土结构柱形立标，顶标为黑色双球体;9.3	孤立危险物立标
7210300.01 (4084.421)	深汕石油1灯浮 Shenshan Petroleum No 1	22-47.63N 115-13.60E	快闪红			红色罐形	左侧标
7210300.02 (4084.422)	深汕石油2灯浮 Shenshan Petroleum No 2	22-47.73N 115-13.79E	闪绿4秒			绿色锥形	右侧标

编号 No.	名称 Name	位置 Position	灯质 Characteristic	灯高 Height	射程 Range	构造 Structure	附记 Remarks
7210300.03 (4084.423)	深汕石油3灯浮 Shenshan Petroleum No 3	22-47.76N 115-13.97E	闪(2)绿6秒			绿色锥形	右侧标
7210300.04 (4084.424)	深汕石油4灯浮 Shenshan Petroleum No 4	22-47.87N 115-13.93E	闪(2)红6秒			红色罐形	左侧标
7210301.01 (4084.405)	万聪供油站1灯浮 Wancong Oil Supply Station No 1	22-47.35N 115-13.74E	闪(3)绿10秒			绿色锥形	右侧标
7210301.02 (4084.406)	万聪供油站2灯浮 Wancong Oil Supply Station No 2	22-47.39N 115-13.80E	闪(3)红10秒			红色罐形	导标雷达应答器：信号Y（-.--）两灯一线：315°01′58″
7210310 (4084.5)	江牡岛（红海岛）灯桩 Jiangmu Dao (Honghai Dao)	22-44.61N 115-11.38E	闪白2秒	59	5	白色砖石结构柱形立标;3.0	停止发光
7210320 (4084.6)	华城石化码头堤头灯桩 Huacheng Petro chemical Pier Head	22-43.61N 115-01.61E	定红	13	5	红白相间横条纹金属结构柱形立标;7.5	
7210330 (4084.61)	华城石化1灯浮 Huacheng Petro chemical No 1	22-43.66N 115-01.71E	甚快(9)白10秒			黄黑黄横条纹标柱形，顶标为黑色顶点相对双锥体	西方位标
7210340 (4084.62)	华城石化2灯浮 Huacheng Petro chemical No 2	22-43.74N 115-01.53E	甚快(6)+长闪白10秒			黄黑相间横条纹标柱形，顶标为黑色顶点朝下双锥体	南方位标
7210350 (4084.63)	华城石化3灯浮 Huacheng Petro chemical No 3	22-43.64N 115-01.44E	快闪(3)白10秒			黑黄黑横条纹标柱形，顶标为黑色顶点相背双锥体	东方位标
7210360 (4084.8)	鲘门油库灯桩 Houmen Oil Depot	22-47.95N 115-09.17E	闪白4秒	8	5	白色金属结构柱形立标;1.5	
7210370 (4084.81)	鲘门油库1灯浮 Houmen Oil Depot No 1	22-46.91N 115-08.88E	闪绿4秒			绿色锥形	右侧标

编号 No.	名称 Name	位置 Position	灯质 Characteristic	灯高 Height	射程 Range	构造 Structure	附记 Remarks
7210380 (4084.82)	鲘门油库2灯浮 Houmen Oil Depot No 2	22-46.94N 115-08.77E	闪红4秒			红色罐形	左侧标
7210390 (4084.83)	鲘门油库3灯浮 Houmen Oil Depot No 3	22-47.97N 115-08.99E	快闪(3)白10秒			黑黄黑横条纹标柱形，顶标为黑色顶点相背双锥体	东方位标
7210400 (4084.84)	鲘门油库4灯浮 Houmen Oil Depot No 4	22-48.03N 115-09.10E	快(6)+长闪白15秒			黄黑相间横条纹标柱形，顶标为黑色顶点朝下双锥体	南方位标
7210420 (4085)	东碇屿灯桩 Dongding Yu	22-38.01N 115-05.57E	闪白4秒	15.7	10	白色混凝土结构柱形立标;5.3	
7210424.01	中广核惠州港口—海电缆1灯浮 Zhongguanghe Huizhou Gangkou-Cable No 1	22-34.08N 115-03.58E	莫(C)黄12秒			黄色标柱形，顶标为黄色“X”形	水中构筑物专用标AIS应答器：名称：ZGHHZGK1 DLAIS 01 MMSI：994121886
7210424.02	中广核惠州港口—海电缆2灯浮 Zhongguanghe Huizhou Gangkou-Cable No 2	22-35.84N 115-02.98E	莫(C)黄12秒			黄色标柱形，顶标为黄色“X”形	水中构筑物专用标AIS应答器：名称：ZGHHZGK1 DLAIS 02 MMSI：994121887
7210424.03	中广核惠州港口—海电缆3灯浮 Zhongguanghe Huizhou Gangkou-Cable No 3	22-37.30N 115-01.96E	莫(C)黄12秒			黄色标柱形，顶标为黄色“X”形	水中构筑物专用标AIS应答器：名称：ZGHHZGK1 DLAIS 03 MMSI：994121888
7210424.04	中广核惠州港口—海电缆4灯浮 Zhongguanghe Huizhou Gangkou-Cable No 4	22-38.75N 115-01.51E	莫(C)黄12秒			黄色标柱形，顶标为黄色“X”形	水中构筑物专用标AIS应答器：名称：ZGHHZGK1 DLAIS 04 MMSI：994121889
7210424.05	中广核惠州港口—海电缆5灯浮 Zhongguanghe Huizhou Gangkou-Cable No 5	22-40.77N 115-01.68E	莫(C)黄12秒			黄色标柱形，顶标为黄色“X”形	水中构筑物专用标AIS应答器：名称：ZGHHZGK1 DLAIS 05 MMSI：994121890

编 号 No.	名 称 Name	位置 Position	灯 质 Characteristic	灯高 Height	射程 Range	构 造 Structure	附 记 Remarks
7210424.06	中广核惠州港口—海电缆6灯浮 Zhongguanghe Huizhou Gangkou-Cable No 6	22-41.72N 115-00.87E	莫(C)黄12秒			黄色标柱形，顶标为黄色“X”形	水中构筑物专用标AIS应答器： 名称：ZGHHZGK1 DLAIS 06 MMSI：994121891
7210425.01	汕尾华润电厂1灯浮 Shanwei Huarun Power Plant No 1	22-39.14N 115-05.71E	快闪绿			绿色锥形	右侧标AIS应答器
7210425.02	汕尾华润电厂2灯浮 Shanwei Huarun Power Plant No 2	22-39.06N 115-05.56E	快闪红			红色罐形	左侧标AIS应答器
7210425.03	汕尾华润电厂3灯浮 Shanwei Huarun Power Plant No 3	22-39.94N 115-05.22E	闪(2)绿6秒			绿色锥形	右侧标同步闪AIS应答器
7210425.04	汕尾华润电厂4灯浮 Shanwei Huarun Power Plant No 4	22-39.86N 115-05.07E	闪(2)红6秒			红色罐形	左侧标同步闪AIS应答器
7210425.05	汕尾华润电厂5灯浮 Shanwei Huarun Power Plant No 5	22-40.75N 115-04.72E	闪(2)绿6秒			绿色锥形	右侧标同步闪AIS应答器
7210425.06	汕尾华润电厂6灯浮 Shanwei Huarun Power Plant No 6	22-40.68N 115-04.58E	闪(2)红6秒			红色罐形	左侧标同步闪AIS应答器
7210425.07	汕尾华润电厂7灯浮 Shanwei Huarun Power Plant No 7	22-41.46N 115-04.29E	闪(2)绿6秒			绿色锥形	右侧标同步闪AIS应答器
7210425.08	汕尾华润电厂8灯浮 Shanwei Huarun Power Plant No 8	22-41.38N 115-04.14E	闪(2)红6秒			红色罐形	左侧标同步闪AIS应答器
7210425.09	汕尾华润电厂9灯浮 Shanwei Huarun Power Plant No 9	22-42.16N 115-03.85E	闪(2)绿6秒			绿色锥形	右侧标同步闪AIS应答器
7210425.10	汕尾华润电厂10灯浮 Shanwei Huarun Power Plant No 10	22-42.09N 115-03.71E	闪(2)红6秒			红色罐形	左侧标同步闪AIS应答器

编号 No.	名称 Name	位置 Position	灯质 Characteristic	灯高 Height	射程 Range	构造 Structure	附记 Remarks
7210425.11	汕尾华润电厂11灯浮 Shanwei Huarun Power Plant No 11	22-42.87N 115-03.42E	闪(2)绿6秒			绿色锥形	右侧标同步闪AIS应答器
7210425.12	汕尾华润电厂12灯浮 Shanwei Huarun Power Plant No 12	22-42.80N 115-03.28E	闪(2)红6秒			红色罐形	左侧标同步闪AIS应答器
7210425.13	汕尾华润电厂13灯浮 Shanwei Huarun Power Plant No 13	22-43.58N 115-02.99E	闪(2)绿6秒			绿色锥形	右侧标同步闪AIS应答器
7210425.14	汕尾华润电厂14灯浮 Shanwei Huarun Power Plant No 14	22-43.50N 115-02.85E	闪(2)红6秒			红色罐形	左侧标同步闪AIS应答器
7210425.15	汕尾华润电厂15灯浮 Shanwei Huarun Power Plant No 15	22-44.11N 115-02.67E	闪(2)绿6秒			绿色锥形	右侧标同步闪AIS应答器
7210425.16	汕尾华润电厂16灯浮 Shanwei Huarun Power Plant No 16	22-44.22N 115-02.41E	闪(2)红6秒			红色罐形	左侧标同步闪AIS应答器
7210425.17	汕尾华润电厂17灯浮 Shanwei Huarun Power Plant No 17	22-44.41N 115-02.58E	闪(2)绿6秒			绿色锥形	右侧标同步闪AIS应答器
7210425.18	汕尾华润电厂18灯浮 Shanwei Huarun Power Plant No 18	22-44.82N 115-02.42E	闪(2+1)红6秒			红绿红横条纹罐形	推荐航道左侧标
7210426	汕尾华润电厂防波堤灯桩 Shanwei Huarun Power Plant Breakwater	22-44.47N 115-02.64E	快闪(3)绿5秒	18	5	柱形立标	
7210427.01	小漠国际物流港2号码头南灯桩 Xiaomo Guoji Wuliu Gang No 2 matou S	22-44.60N 115-02.25E	闪白 3秒	13.1	5	红白相间条纹玻璃钢结构柱形立标;10.0	
7210427.02	小漠国际物流港X1号灯浮 Xiaomo Guoji Wuliu Gang No X1	22-44.48N 115-02.41E	闪(3)白10秒			红色罐形	左侧标AIS应答器：名称：XIAOMOGANG X1 MMSI：994121882

编号 No.	名称 Name	位置 Position	灯质 Characteristic	灯高 Height	射程 Range	构造 Structure	附记 Remarks
7210427.03	小漠国际物流港X2号灯浮 Xiaomo Guoji Wuliu Gang No X2	22-44.92N 115-02.21E	甚快(9)白10秒			黄黑黄横条纹标柱形，顶标为黑色顶点相对双锥体	西方位标
7210427.04	小漠国际物流港X3号灯浮 Xiaomo Guoji Wuliu Gang No X3	22-44.94N 115-02.09E	快(6)+长闪白15秒			黄黑相间横条纹标柱形，顶标为黑色顶点朝下双锥体	南方位标
7210430 (4085.1)	西虎屿（渔）灯桩 Xihu Yu	22-40.71N 114-58.50E	闪白4秒		6	白色混凝土结构柱形立标;5.5	
7210431.01	太平岭核电1灯浮 Taipingling Hedian No 1	22-41.44N 114-59.59E	闪(2)红6秒			红色罐形	左侧标 同步闪
7210431.02	太平岭核电2灯浮 Taipingling Hedian No 2	22-41.49N 114-59.48E	快闪(3)白10秒			黑黄黑横条纹标柱形，顶标为黑色顶点相背双锥体	东方位标
7210431.03	太平岭核电3灯浮 Taipingling Hedian No 3	22-41.57N 114-59.51E	快(6)+长闪白15秒			黄黑相间横条纹标柱形，顶标为黑色顶点朝下双锥体	南方位标
7210431.1	太平岭核电重件码头灯桩 Taipingling Hedian zhongjian Pier	22-41.50N 114-59.66E	闪白3秒	16	3	玻璃钢结构柱形立标;10.0	
7210431.2	太平岭核电东防波堤灯桩 Taipingling Hedian Breakwater E	22-41.17N 114-59.82E	闪绿2秒	18	3	玻璃钢结构柱形立标;10.0	
7210431.3	太平岭核电西防波堤灯桩 Taipingling Hedian Breakwater W	22-41.28N 114-59.69E	闪红2秒	17.5	3	玻璃钢结构柱形立标;10.0	
7210432.01	太平岭核电临1灯浮 Taipingling Hedian Temporary No 1	22-41.08N 114-59.80E	闪(2)绿6秒			绿色锥型	右侧标 同步闪

编 号 No.	名 称 Name	位置 Position	灯 质 Characteristic	灯高 Height	射程 Range	构 造 Structure	附 记 Remarks
7210432.02	太平岭核电临2灯浮 Taipingling Hedian Temporary No 2	22-41.07N 114-59.75E	闪(2)红6秒			红色罐形	左侧标 同步闪
7210432.03	太平岭核电临3灯浮 Taipingling Hedian Temporary No 3	22-41.24N 114-59.72E	闪(2)红6秒			红色罐形	左侧标 同步闪
7210432.04	太平岭核电临4灯浮 Taipingling Hedian Temporary No 4	22-41.41N 114-59.64E	闪(2)红6秒			红色罐形	左侧标 同步闪
7210435 (4085.2)	大星山灯塔 Daxing Shan	22-34.03N 114-54.21E	闪白12秒	218.7	24	白色混凝土结构;24.6	

编号 No.	名称 Name	位置 Position	灯质 Characteristic	灯高 Height	射程 Range	构造 Structure	附记 Remarks

惠州港
HUI ZHOU GANG

编号 No.	名称 Name	位置 Position	灯质 Characteristic	灯高 Height	射程 Range	构造 Structure	附记 Remarks
7310020 (4085.3)	港口港坝头灯桩 Gangkougang Dam Head	22-34.53N 114-53.16E	闪红4秒	4		混凝土结构柱形立标	
7310030 (4085.31)	桑洲（黄毛山）灯塔 Sang Zhou (Huangmao Shan)	22-35.00N 114-42.99E	长闪白8秒	65.5	10	混凝土结构;23.2	雷达应答器:信号G(- - .)
7310040 (4085.313)	牛仔洲灯浮 Niuzai Zhou	22-35.93N 114-43.28E	快(6)+长闪白15秒			黄黑相间横条纹标柱形，顶标为黑色顶点朝下双锥体	南方位标
7310050 (4085.314)	牛仔西礁灯浮 Niuzai Jiao W	22-36.28N 114-42.72E	闪(2)白5秒			黑红黑横条纹标柱形，顶标为黑色双球体	孤立危险物浮标
7310061.01	马鞭洲海底管线下海点1号灯桩 Mabian Zhou Submarine Pipeline Enter the Sea No 1 Point	22-40.29N 114-38.69E	定红		5	白色金属结构;8.0	
7310061.02	马鞭洲海底管线下海点2号灯桩 Mabian Zhou Submarine Pipeline Enter the Sea No 2 Point	22-40.20N 114-38.63E	定红		5	白色金属结构;8.0	
7310070 (4085.35)	大产排灯浮 Dachan Pai	22-31.49N 114-42.04E	闪(2)白5秒			黑红黑横条纹标柱形，顶标为黑色双球体	孤立危险物浮标
7310077.01	华瀛原油码头1号码头灯桩 Huaying Crude Oil Pier No 1	22-39.18N 114-39.23E	等明暗红4秒	18	5	红白相间横条纹柱形立标;10.0	
7310077.02	华瀛原油码头2号码头灯桩 Huaying Crude Oil Pier No 2	22-39.40N 114-39.13E	等明暗红4秒	18	5	红白相间横条纹柱形立标;10.0	

编 号 No.	名 称 Name	位置 Position	灯 质 Characteristic	灯高 Height	射程 Range	构 造 Structure	附 记 Remarks
7310078.01	华瀛原油码头1灯浮 Huaying Crude Oil Pier No 1	22-39.05N 114-39.61E	闪(3)红10秒			红色罐形	左侧标
7310078.02	华瀛原油码头2灯浮 Huaying Crude Oil Pier No 2	22-39.53N 114-39.35E	甚快(6)+长闪白10秒			黄黑相间横条纹标柱形，顶标为黑色顶点朝下双锥体	南方位标
7310079.01	华瀛燃料油码头1灯浮 Huaying Fuel Oil Pier No 1	22-39.39N 114-38.77E	闪绿4秒			绿色锥形	右侧标AIS应答器
7310079.02	华瀛燃料油码头2灯浮 Huaying Fuel Oil Pier No 2	22-39.35N 114-38.69E	闪红4秒			红色罐形	左侧标
7310079.03	华瀛燃料油码头3灯浮 Huaying Fuel Oil Pier No 3	22-39.60N 114-38.66E	闪(2)绿6秒			绿色锥形	右侧标
7310079.04	华瀛燃料油码头4灯浮 Huaying Fuel Oil Pier No 4	22-39.60N 114-38.55E	闪(2)红6秒			红色罐形	左侧标
7310079.05	华瀛燃料油码头5灯浮 Huaying Fuel Oil Pier No 5	22-39.94N 114-38.39E	闪(3)红10秒			红色罐形	左侧标
7310079.06	HY6灯浮 No HY6	22-40.04N 114-38.45E	快闪红			红色金属结构罐形	左侧标
7310080.01 (4085.354)	马鞭洲水道1灯浮 Mabian Zhou Channel No 1	22-29.54N 114-44.09E	快闪绿			绿色锥形	右侧标
7310080.011	马鞭洲水道口门浅点1虚拟航标 Mabian Zhou Channel Qiandian No 1	22-28.47N 114-46.00E				混凝土结构；29.9	
7310080.012	马鞭洲水道口门浅点2虚拟航标 Mabian Zhou Channel Qiandian No 2	22-29.20N 114-46.43E					

编 号 No.	名 称 Name	位置 Position	灯 质 Characteristic	灯高 Height	射程 Range	构 造 Structure	附 记 Remarks
7310080.02 (4085.355)	马鞭洲水道2灯浮 Mabian Zhou Channel No 2	22-29.47N 114-43.90E	快闪红			红色罐形	左侧标
7310080.03 (4085.356)	马鞭洲水道3灯浮 Mabian Zhou Channel No 3	22-30.45N 114-43.70E	闪绿4秒			绿色锥形	右侧标
7310080.04 (4085.357)	马鞭洲水道4灯浮 Mabian Zhou Channel No 4	22-30.38N 114-43.51E	闪红4秒			红色罐形	左侧标
7310080.05 (4085.358)	马鞭洲水道5灯浮 Mabian Zhou Channel No 5	22-31.35N 114-43.32E	闪(2)绿6秒			绿色锥形	水产作业区专用标
7310080.06 (4085.359)	马鞭洲水道6灯浮 Mabian Zhou Channel No 6	22-31.28N 114-43.12E	闪(2)红6秒			红色罐形	左侧标
7310080.07 (4085.36)	马鞭洲水道7灯浮 Mabian Zhou Channel No 7	22-32.36N 114-42.88E	闪绿4秒			绿色锥形	右侧标
7310080.08 (4085.37)	马鞭洲水道8灯浮 Mabian Zhou Channel No 8	22-32.29N 114-42.69E	闪红4秒			红色罐形	左侧标
7310080.09 (4085.38)	马鞭洲水道9灯浮 Mabian Zhou Channel No 9	22-33.37N 114-42.45E	闪(2)绿6秒			绿色锥形	右侧标
7310080.10 (4085.39)	马鞭洲水道10灯浮 Mabian Zhou Channel No 10	22-33.29N 114-42.26E	闪(2)红6秒			红色罐形	左侧标
7310080.11 (4085.4)	马鞭洲水道11灯浮 Mabian Zhou Channel No 11	22-34.37N 114-42.01E	闪绿4秒			绿色锥形	右侧标
7310080.12 (4085.41)	马鞭洲水道12灯浮 Mabian Zhou Channel No 12	22-34.31N 114-41.84E	闪红4秒			红色罐形	左侧标

编 号 No.	名 称 Name	位置 Position	灯 质 Characteristic	灯高 Height	射程 Range	构 造 Structure	附 记 Remarks
7310080.121 (4085.411)	马鞭洲12-1灯浮 Mabian Zhou No 12-1	22-34.96N 114-41.52E	闪(2+1)红6秒			红绿红横条纹罐形	推荐航道左侧标 AIS应答器
7310080.13 (4085.42)	马鞭洲水道13灯浮 Mabian Zhou Channel No 13	22-35.70N 114-41.43E	闪(2)绿6秒			绿色锥形	右侧标
7310080.14 (4085.43)	马鞭洲水道14灯浮 Mabian Zhou Channel No 14	22-35.64N 114-41.27E	闪(2)红6秒			红色罐形	左侧标
7310080.15 (4085.44)	马鞭洲水道15灯浮 Mabian Zhou Channel No 15	22-37.04N 114-40.86E	闪绿4秒			绿色锥形	右侧标
7310080.16 (4085.45)	马鞭洲水道16灯浮 Mabian Zhou Channel No 16	22-36.97N 114-40.69E	闪红4秒			红色罐形	左侧标
7310080.17 (4085.46)	马鞭洲水道17灯浮 Mabian Zhou Channel No 17	22-38.37N 114-40.29E	闪(2)绿6秒			绿色锥形	右侧标
7310080.18 (4085.47)	马鞭洲水道18灯浮 Mabian Zhou Channel No 18	22-38.46N 114-40.05E	闪(2)红6秒			红色罐形	左侧标
7310080.19 (4085.48)	马鞭洲水道19灯浮 Mabian Zhou Channel No 19	22-39.70N 114-39.72E	闪绿4秒			绿色锥形	右侧标
7310080.20 (4085.49)	马鞭洲水道20灯浮 Mabian Zhou Channel No 20	22-39.64N 114-39.55E	闪红4秒			红色罐形	左侧标
7310080.21 (4085.491)	马鞭洲水道21灯浮 Mabian Zhou Channel No 21	22-39.97N 114-39.76E	闪(3)绿10秒			绿色锥形	右侧标
7310080.22 (4085.5)	马鞭洲水道22灯浮 Mabian Zhou Channel No 22	22-40.18N 114-39.67E	闪(2)绿6秒			绿色锥形	右侧标

编 号 No.	名 称 Name	位置 Position	灯 质 Characteristic	灯高 Height	射程 Range	构 造 Structure	附 记 Remarks
7310080.23 (4085.51)	马鞭洲水道23灯浮 Mabian Zhou Channel No 23	22-40.34N 114-39.59E	闪(3)绿10秒			绿色锥形	右侧标
7310080.24 (4085.52)	马鞭洲水道24灯浮 Mabian Zhou Channel No 24	22-40.41N 114-39.48E	闪绿4秒			绿色锥形	右侧标
7310080.25 (4085.53)	马鞭洲水道25灯浮 Mabian Zhou Channel No 25	22-40.59N 114-39.41E	闪(2)绿6秒			绿色锥形	右侧标
7310080.26 (4085.535)	马鞭洲水道26灯浮 Mabian Zhou Channel No 26	22-40.81N 114-39.41E	甚快(9)白10秒			黄黑黄横条纹标柱形，顶标为黑色顶点相对双锥体	西方位标
7310080.27 (4085.54)	马鞭洲水道27灯浮 Mabian Zhou Channel No 27	22-40.96N 114-39.21E	甚快(6)+长闪白10秒			黄黑相间横条纹标柱形，顶标为黑色顶点朝下双锥体	南方位标
7310081.01	大亚湾石化排海管道WL1灯浮 Daya Wan Petrol chemical Drain Pipeline No WL1	22-26.68N 114-45.66E	莫(C)黄15秒			黄色标柱形，顶标为黄色“X”形	水中构筑物专用标同步闪AIS应答器
7310081.02	大亚湾石化排海管道WL2灯浮 Daya Wan Petrol chemical Drain Pipeline No WL2	22-27.03N 114-45.62E	莫(C)黄15秒			黄色标柱形，顶标为黄色“X”形	水中构筑物专用标同步闪
7310081.03	大亚湾石化排海管道WL3灯浮 Daya Wan Petrol chemical Drain Pipeline No WL3	22-28.85N 114-44.87E	莫(C)黄15秒			黄色标柱形，顶标为黄色“X”形	水中构筑物专用标同步闪
7310081.04	大亚湾石化排海管道WL4灯浮 Daya Wan Petrol chemical Drain Pipeline No WL4	22-30.67N 114-44.12E	莫(C)黄15秒			黄色标柱形，顶标为黄色“X”形	水中构筑物专用标同步闪

编号 No.	名称 Name	位置 Position	灯质 Characteristic	灯高 Height	射程 Range	构造 Structure	附记 Remarks
7310081.05	大亚湾石化排海管道WL5灯浮 Daya Wan Petrol chemical Drain Pipeline No WL5	22-32.49N 114-43.37E	莫(C)黄15秒			黄色标柱形，顶标为黄色"X"形	水中构筑物专用标同步闪
7310081.06	大亚湾石化排海管道WL6灯浮 Daya Wan Petrol chemical Drain Pipeline No WL6	22-34.67N 114-42.52E	莫(C)黄15秒			黄色标柱形，顶标为黄色"X"形	水中构筑物专用标同步闪
7310081.07	大亚湾石化排海管道WL7灯浮 Daya Wan Petrol chemical Drain Pipeline No WL7	22-36.03N 114-42.73E	莫(C)黄15秒			黄色标柱形，顶标为黄色"X"形	水中构筑物专用标同步闪
7310081.08	大亚湾石化排海管道WL8灯浮 Daya Wan Petrol chemical Drain Pipeline No WL8	22-37.33N 114-42.95E	莫(C)黄15秒			黄色标柱形，顶标为黄色"X"形	水中构筑物专用标同步闪
7310081.09	大亚湾石化排海管道WL9灯浮 Daya Wan Petrol chemical Drain Pipeline No WL9	22-38.27N 114-42.68E	莫(C)黄15秒			黄色标柱形，顶标为黄色"X"形	水中构筑物专用标同步闪
7310081.10	大亚湾石化排海管道WL10灯浮 Daya Wan Petrol chemical Drain Pipeline No WL10	22-39.57N 114-42.25E	莫(C)黄15秒			黄色标柱形，顶标为黄色"X"形	水中构筑物专用标同步闪
7310081.11	大亚湾石化排海管道WL11灯浮 Daya Wan Petrol chemical Drain Pipeline No WL11	22-41.30N 114-41.67E	莫(C)黄15秒			黄色标柱形，顶标为黄色"X"形	水中构筑物专用标同步闪
7310081.12	大亚湾石化排海管道WL12灯浮 Daya Wan Petrol chemical Drain Pipeline No WL12	22-42.69N 114-41.23E	莫(C)黄15秒			黄色标柱形，顶标为黄色"X"形	水中构筑物专用标同步闪

编号 No.	名称 Name	位置 Position	灯质 Characteristic	灯高 Height	射程 Range	构造 Structure	附记 Remarks
7310081.13	大亚湾石化排海管道WL13灯浮 Daya Wan Petrol chemical Drain Pipeline No WL13	22-44.26N 114-39.79E	莫(C)黄15秒			黄色标柱形，顶标为黄色“X”形	水中构筑物专用标同步闪
7310081.14	大亚湾石化排海管道WL14灯浮 Daya Wan Petrol chemical Drain Pipeline No WL14	22-45.06N 114-38.95E	莫(C)黄15秒			黄色标柱形，顶标为黄色“X”形	水中构筑物专用标同步闪
7310082	大亚湾石化排海管道环境监测灯浮 Daya Wan Petrol chemical Drain Pipeline Environmental Monitoring	22-26.49N 114-45.87E	莫(0)黄12秒			黄色标柱形，顶标为黄色“X”形	海上作业区专用标
7310083.01	惠州港口测风塔1灯浮 Huizhou Gangkou Wind Gauge Tower No 1	22-19.26N 114-57.25E	莫(0)黄12秒			黄色标柱形，顶标为黄色“X”形	海上作业区专用标同步闪AIS应答器
7310083.02	惠州港口测风塔2灯浮 Huizhou Gangkou Wind Gauge Tower No 2	22-19.69N 114-57.26E	莫(0)黄12秒			黄色标柱形，顶标为黄色“X”形	海上作业区专用标同步闪
7310083.03	惠州港口测风塔3灯浮 Huizhou Gangkou Wind Gauge Tower No 3	22-19.69N 114-56.79E	莫(0)黄12秒			黄色标柱形，顶标为黄色“X”形	海上作业区专用标同步闪
7310083.04	惠州港口测风塔4灯浮 Huizhou Gangkou Wind Gauge Tower No 4	22-19.26N 114-56.79E	莫(0)黄12秒			黄色标柱形，顶标为黄色“X”形	海上作业区专用标同步闪
7310084	HD1灯浮 No HD1	22-40.11N 114-38.40E	闪红4秒			红色金属结构罐形	左侧标
7310084.01	惠州港口测风塔1灯桩 Huizhou Gangkou Wind Gauge Tower No 1	22-19.47N 114-57.02E	莫(U)白15秒	12.5	10	黄色金属结构柱形立标；1.5	雷达应答器：信号O(- - -)
7310084.02	惠州港口测风塔2灯桩 Huizhou Gangkou Wind Gauge Tower No 2	22-19.47N 114-57.02E	莫(U)白15秒	12.5	5	黄色金属结构柱形立标；1.5	AIS应答器

编号 No.	名称 Name	位置 Position	灯质 Characteristic	灯高 Height	射程 Range	构造 Structure	附记 Remarks
7310084.03	惠州港口测风塔3灯桩 Huizhou Gangkou Wind Gauge Tower No 3	22-19.47N 114-57.02E	莫(U)白15秒	12.5	5	黄色金属结构柱形立标;1.5	
7310085	HD2灯浮 No HD2	22-40.27N 114-38.50E	甚快(6) +长闪白10秒			黄黑相间横条纹金属结构标柱形，顶标为黑色顶点朝下双锥体	南方位标
7310086	华德3灯桩 Huade No 3	22-40.26N 114-38.59E	等明暗红4秒	5	5	金属结构柱形立标	
7310087	华德4灯桩 Huade No 4	22-40.07N 114-38.59E	等明暗红4秒	5	5	金属结构柱形立标	
7310088.01	中广核惠州港口—海上风电施工1灯浮 Zhongguanghe Huizhou Gangkou-Offshore Wind Power Construction No 1	22-21.54N 115-02.08E	莫(0)黄12秒			黄色标柱形，顶标为黄色“X”形	海上作业区专用标AIS应答器： 名称：ZGHFDS1 MMSI： 994121780 发射模式：指定工作模式
7310088.02	中广核惠州港口—海上风电施工2灯浮 Zhongguanghe Huizhou Gangkou-Offshore Wind Power Construction No 2	22-19.14N 115-02.08E	莫(0)黄12秒			黄色标柱形，顶标为黄色“X”形	海上作业区专用标
7310088.03	中广核惠州港口—海上风电施工3灯浮 Zhongguanghe Huizhou Gangkou-Offshore Wind Power Construction No 3	22-16.84N 115-02.08E	莫(0)黄12秒			黄色标柱形，顶标为黄色“X”形	海上作业区专用标
7310088.04	中广核惠州港口—海上风电施工4灯浮 Zhongguanghe Huizhou Gangkou-Offshore Wind Power Construction No 4	22-14.43N 115-02.08E	莫(0)黄12秒			黄色标柱形，顶标为黄色“X”形	海上作业区专用标AIS应答器： 名称：ZGHFDS4 MMSI： 994121781 发射模式：指定工作模式

编号 No.	名称 Name	位置 Position	灯质 Characteristic	灯高 Height	射程 Range	构造 Structure	附记 Remarks
7310088.05	中广核惠州港口—海上风电施工5灯浮 Zhongguanghe Huizhou Gangkou-Offshore Wind Power Construction No 5	22-14.43N 114-59.54E	莫(0)黄12秒			黄色标柱形，顶标为黄色“X”形	海上作业区专用标
7310088.06	中广核惠州港口—海上风电施工6灯浮 Zhongguanghe Huizhou Gangkou-Offshore Wind Power Construction No 6	22-14.43N 114-57.00E	莫(0)黄12秒			黄色标柱形，顶标为黄色“X”形	海上作业区专用标AIS应答器： 名称：ZGHFDS6 MMSI： 994121782 发射模式：指定工作模式
7310088.07	中广核惠州港口—海上风电施工7灯浮 Zhongguanghe Huizhou Gangkou-Offshore Wind Power Construction No 7	22-16.01N 114-57.00E	莫(0)黄12秒			黄色标柱形，顶标为黄色“X”形	海上作业区专用标
7310088.08	中广核惠州港口—海上风电施工8灯浮 Zhongguanghe Huizhou Gangkou-Offshore Wind Power Construction No 8	22-17.61N 114-57.00E	莫(0)黄12秒			黄色标柱形，顶标为黄色“X”形	海上作业区专用标
7310088.09	中广核惠州港口—海上风电施工9灯浮 Zhongguanghe Huizhou Gangkou-Offshore Wind Power Construction No 9	22-20.63N 114-57.68E	莫(0)黄12秒			黄色标柱形，顶标为黄色“X”形	海上作业区专用标
7310088.10	中广核惠州港口—海上风电施工10灯浮 Zhongguanghe Huizhou Gangkou-Offshore Wind Power Construction No 10	22-21.07N 114-59.89E	莫(0)黄12秒			黄色标柱形，顶标为黄色“X”形	海上作业区专用标
7310089	升平001沉船AIS虚拟航标 ShengPing 001 Wreck	22-18.60N 115-01.42E					MMSI： 994136802发射模式：自主连续播发时间：3分钟

编 号 No.	名 称 Name	位置 Position	灯 质 Characteristic	灯高 Height	射程 Range	构 造 Structure	附 记 Remarks
7310090 (4085.55)	马鞭洲引导灯桩前 Mabian Zhou Ldg Lts, Front	22-41.49N 114-38.85E	长闪白6秒	32.8	15	混凝土结构柱形立标;30.0	导标两灯一线: 338° 14′ 51″.3
7310091.01	中广核惠州港口二海上风电施工1灯浮 Zhongguanghe Huizhou Gangkou Two Offshore Wind Power Construction No 1	22-14.89N 114-56.92E	莫(0)黄12秒			黄色标柱形，顶标为黄色“X”形	海上作业区专用标AIS应答器: 名称: GANGKOU2SG1 MMSI: 994131703
7310091.02	中广核惠州港口二海上风电施工2灯浮 Zhongguanghe Huizhou Gangkou Two Offshore Wind Power Construction No 2	22-15.00N 114-53.65E	莫(0)黄12秒			黄色标柱形，顶标为黄色“X”形	海上作业区专用标AIS应答器: 名称: GANGKOU2SG2 MMSI: 994131704
7310091.03	中广核惠州港口二海上风电施工3灯浮 Zhongguanghe Huizhou Gangkou Two Offshore Wind Power Construction No 3	22-15.22N 114-50.40E	莫(0)黄12秒			黄色标柱形，顶标为黄色“X”形	海上作业区专用标AIS应答器: 名称: GANGKOU2SG3 MMSI: 994131705
7310091.04	中广核惠州港口二海上风电施工4灯浮 Zhongguanghe Huizhou Gangkou Two Offshore Wind Power Construction No 4	22-16.98N 114-50.40E	莫(0)黄12秒			黄色标柱形，顶标为黄色“X”形	海上作业区专用标
7310091.05	中广核惠州港口二海上风电施工5灯浮 Zhongguanghe Huizhou Gangkou Two Offshore Wind Power Construction No 5	22-19.02N 114-50.40E	莫(0)黄12秒			黄色标柱形，顶标为黄色“X”形	海上作业区专用标AIS应答器: 名称: GANGKOU2SG5 MMSI: 994131706
7310091.06	中广核惠州港口二海上风电施工6灯浮 Zhongguanghe Huizhou Gangkou Two Offshore Wind Power Construction No 6	22-20.60N 114-53.86E	莫(0)黄12秒			黄色标柱形，顶标为黄色“X”形	海上作业区专用标AIS应答器: 名称: GANGKOU2SG6 MMSI: 994131707
7310091.07	中广核惠州港口二海上风电施工7灯浮 Zhongguanghe Huizhou Gangkou Two Offshore Wind Power Construction No 7	22-21.48N 114-57.84E	莫(0)黄12秒			黄色标柱形，顶标为黄色“X”形	海上作业区专用标AIS应答器: 名称: GANGKOU2SG7 MMSI: 994131708

编 号 No.	名 称 Name	位置 Position	灯 质 Characteristic	灯高 Height	射程 Range	构 造 Structure	附 记 Remarks
7310091.08	中广核惠州港口二海上风电施工8灯浮 Zhongguanghe Huizhou Gangkou Two Offshore Wind Power Construction No 8	22-22.16N 115-01.40E	莫(0)黄12秒			黄色标柱形，顶标为黄色“X”形	海上作业区专用标AIS应答器： 名称： GANGKOU2SG8 MMSI： 994131709
7310100 (4085.56)	马鞭洲引导灯桩后 Mabian Zhou Ldg Lts, Rear	22-43.00N 114-38.20E	等明暗白6秒	59.8	15	混凝土结构柱形立标;57.0	导标雷达应答器： 信号K(- . -)
7310101.01	升平001轮沉船1灯浮 Shenping 001 Wreck No 1	22-18.71N 115-01.42E	互明暗蓝黄3秒			蓝黄相间竖条纹标柱形，顶标为黄色竖直十字形	
7310101.02	升平001轮沉船2灯浮 Shenping 001 Wreck No 2	22-18.49N 115-01.42E	互明暗蓝黄3秒			蓝黄相间竖条纹标柱形，顶标为黄色竖直十字形	
7310102.01	中广核惠州港口一风电场1灯桩 Zhongguanghe Huizhou Gangkou-Wind Power Plant No 1	22-20.76N 115-01.38E	莫(C)黄12秒	17.5	5	黄色;1.5	水中构筑物专用标AIS应答器： 名称： ZGHHZGK1FDCAIS01MMSI： 994121911发射模式：自主连续
7310102.02	中广核惠州港口一风电场2灯桩 Zhongguanghe Huizhou Gangkou-Wind Power Plant No 2	22-19.85N 115-01.39E	莫(C)黄12秒	18.3	3	黄色;1.5	水中构筑物专用标
7310102.03	中广核惠州港口一风电场3灯桩 Zhongguanghe Huizhou Gangkou-Wind Power Plant No 3	22-19.22N 115-01.39E	莫(C)黄12秒	18.3	3	黄色;1.5	水中构筑物专用标
7310102.04	中广核惠州港口一风电场4灯桩 Zhongguanghe Huizhou Gangkou-Wind Power Plant No 4	22-18.62N 115-01.39E	莫(C)黄12秒	17.5	3	黄色;1.5	水中构筑物专用标

编号 No.	名称 Name	位置 Position	灯质 Characteristic	灯高 Height	射程 Range	构造 Structure	附记 Remarks
7310102.05	中广核惠州港口—风电场5灯桩 Zhongguanghe Huizhou Gangkou-Wind Power Plant No 5	22-18.00N 115-01.39E	莫(C)黄12秒	18.3	3	黄色;1.5	水中构筑物专用标
7310102.06	中广核惠州港口—风电场6灯桩 Zhongguanghe Huizhou Gangkou-Wind Power Plant No 6	22-17.40N 115-01.39E	莫(C)黄12秒	18.3	5	黄色;1.5	水中构筑物专用标AIS应答器：名称：ZGHHZGK1FDCAIS02MMSI：994121912发射模式：自主连续
7310102.07	中广核惠州港口—风电场7灯桩 Zhongguanghe Huizhou Gangkou-Wind Power Plant No 7	22-16.68N 115-00.31E	莫(C)黄12秒	18.3	3	黄色;1.5	水中构筑物专用标
7310102.08	中广核惠州港口—风电场8灯桩 Zhongguanghe Huizhou Gangkou-Wind Power Plant No 8	22-15.99N 115-00.31E	莫(C)黄12秒	18.3	5	黄色;1.5	水中构筑物专用标AIS应答器：名称：ZGHHZGK1FDCAIS03MMSI：994121913发射模式：自主连续
7310102.09	中广核惠州港口—风电场9灯桩 Zhongguanghe Huizhou Gangkou-Wind Power Plant No 9	22-16.98N 114-59.09E	莫(C)黄12秒	18.3	3	黄色;1.5	水中构筑物专用标
7310102.10	中广核惠州港口—风电场10灯桩 Zhongguanghe Huizhou Gangkou-Wind Power Plant No 10	22-16.70N 114-57.72E	莫(C)黄12秒	18.3	5	黄色;1.5	水中构筑物专用标AIS应答器：名称：ZGHHZGK1FDCAIS04MMSI：994121914发射模式：自主连续
7310102.11	中广核惠州港口—风电场11灯桩 Zhongguanghe Huizhou Gangkou-Wind Power Plant No 11	22-17.47N 114-57.72E	莫(C)黄12秒	18.3	3	黄色;1.5	水中构筑物专用标

编号 No.	名称 Name	位置 Position	灯质 Characteristic	灯高 Height	射程 Range	构造 Structure	附记 Remarks
7310102.12	中广核惠州港口—风电场12灯桩 Zhongguanghe Huizhou Gangkou-Wind Power Plant No 12	22-18.32N 114-57.72E	莫(C)黄12秒	17.5	3	黄色;1.5	水中构筑物专用标
7310102.13	中广核惠州港口—风电场13灯桩 Zhongguanghe Huizhou Gangkou-Wind Power Plant No 13	22-19.23N 114-57.72E	莫(C)黄12秒	17.5	3	黄色;1.5	水中构筑物专用标
7310102.14	中广核惠州港口—风电场14灯桩 Zhongguanghe Huizhou Gangkou-Wind Power Plant No 14	22-20.02N 114-57.72E	莫(C)黄12秒	17.5	5	黄色;1.5	水中构筑物专用标AIS应答器：名称：ZGHHZGK1FDCAIS05MMSI：994121915发射模式：自主连续
7310102.15	中广核惠州港口—风电场15灯桩 Zhongguanghe Huizhou Gangkou-Wind Power Plant No 15	22-20.29N 114-59.08E	莫(C)黄12秒	17.5	3	黄色;1.5	水中构筑物专用标
7310102.16	中广核惠州港口—风电场16灯桩 Zhongguanghe Huizhou Gangkou-Wind Power Plant No 16	22-20.54N 115-00.31E	莫(C)黄12秒	17.5	3	黄色;1.5	水中构筑物专用标
7310110 (4085.58)	百两银排灯浮 Bailiangyin Pai	22-42.75N 114-36.97E	闪(2)白5秒			黑红黑横条纹标柱形，顶标为黑色双球体	孤立危险物浮标
7310120.01 (4085.6)	马鞭洲油码头LB1灯桩 Mabian Zhou Oil Pier No LB1	22-40.32N 114-39.14E	闪黄2秒	10	4	黄色金属结构柱形立标;1.5	
7310120.02 (4085.61)	马鞭洲油码头LB2灯桩 Mabian Zhou Oil Pier No LB2	22-40.39N 114-39.08E	闪黄2秒	13	4	黄色金属结构柱形立标;1.5	
7310120.03 (4085.62)	马鞭洲油码头LB3灯桩 Mabian Zhou Oil Pier No LB3	22-40.42N 114-39.11E	闪黄2秒	13	4	黄色金属结构柱形立标;1.5	

编号 No.	名称 Name	位置 Position	灯质 Characteristic	灯高 Height	射程 Range	构造 Structure	附记 Remarks
7310120.04 (4085.63)	马鞭洲油码头LB4灯桩 Mabian Zhou Oil Pier No LB4	22-40.52N 114-39.05E	闪黄2秒	10	4	黄色金属结构柱形立标;1.5	
7310130.01 (4085.631)	华德原油码头1灯桩 Huade Crude Oil Pier No 1	22-39.75N 114-39.38E	定红	20	5	红白相间横条纹玻璃钢结构柱形立标;10.0	
7310130.02 (4085.632)	华德原油码头2灯桩 Huade Crude Oil Pier No 2	22-39.99N 114-39.28E	定红	20	5	红白相间横条纹玻璃钢结构柱形立标;10.0	
7310140.01 (4085.637)	东马港区水下管缆1灯浮 Dongma Harbour Submarine Pipelines No 1	22-40.78N 114-38.89E	莫(C)黄15秒			黄色标柱形，顶标为黄色“X”形	水中构筑物专用标同步闪
7310140.03 (4085.639)	东马港区水下管缆3灯浮 Dongma Harbour Submarine Pipelines No 3	22-41.45N 114-38.51E	莫(C)黄15秒			黄色标柱形，顶标为黄色“X”形	导标雷达应答器：信号Y（-.--）两灯一线：315°01′58″
7310140.04 (4085.64)	东马港区水下管缆5灯浮 Dongma Harbour Submarine Pipelines No 5	22-41.89N 114-38.37E	莫(C)黄15秒			黄色标柱形，顶标为黄色“X”形	水中构筑物专用标同步闪
7310140.05 (4085.645)	东马港区水下管缆6灯浮 Dongma Harbour Submarine Pipelines No 6	22-42.16N 114-37.93E	莫(C)黄15秒			黄色标柱形，顶标为黄色“X”形	水中构筑物专用标同步闪
7310140.06 (4085.65)	东马港区水下管缆7灯浮 Dongma Harbour Submarine Pipelines No 7	22-42.78N 114-37.56E	莫(C)黄15秒			黄色标柱形，顶标为黄色“X”形	水中构筑物专用标同步闪
7310140.07 (4085.655)	东马港区水下管缆8灯浮 Dongma Harbour Submarine Pipelines No 8	22-42.90N 114-37.25E	莫(C)黄15秒			黄色标柱形，顶标为黄色“X”形	水中构筑物专用标同步闪
7310140.08 (4085.66)	东马港区水下管缆11灯浮 Dongma Harbour Submarine Pipelines No 11	22-43.78N 114-36.58E	莫(C)黄15秒			黄色标柱形，顶标为黄色“X”形	水中构筑物专用标同步闪

编 号 No.	名 称 Name	位置 Position	灯 质 Characteristic	灯高 Height	射程 Range	构 造 Structure	附 记 Remarks
7310140.09 (4085.665)	东马港区水下管缆10灯浮 Dongma Harbour Submarine Pipelines No 10	22-43.74N 114-36.50E	莫(C)黄15秒			黄色标柱形，顶标为黄色"X"形	水中构筑物专用标同步闪
7310140.12 (4085.68)	东马港区水下管缆13灯浮 Dongma Harbour Submarine Pipelines No 13	22-44.52N 114-36.71E	莫(C)黄15秒			黄色标柱形，顶标为黄色"X"形	水中构筑物专用标同步闪
7310141.02	东马港区水下管缆2灯浮 Dongma Harbour Submarine Pipelines No 2	22-40.97N 114-38.36E	莫（C）黄15秒			黄色标柱形，顶标为黄色"X"形	水中构筑物专用标同步闪
7310141.04	东马港区水下管缆4灯浮 Dongma Harbour Submarine Pipelines No 4	22-41.82N 114-38.21E	莫（C）黄15秒			黄色标柱形，顶标为黄色"X"形	水中构筑物专用标同步闪
7310141.09	东马港区水下管缆9灯浮 Dongma Harbour Submarine Pipelines No 9	22-43.08N 114-37.09E	莫（C）黄15秒			黄色标柱形，顶标为黄色"X"形	水中构筑物专用标同步闪
7310142	东马港区水下管缆12A灯浮 Dongma Harbour Submarine Pipelines No 12A	22-44.44N 114-36.53E	莫(C)黄15秒			黄色标柱形，顶标为黄色"X"形	水中构筑物专用标
7310150 (4085.69)	港1灯浮 Gang No 1	22-33.94N 114-52.72E	闪绿4秒			绿色锥形	右侧标
7310160 (4085.71)	大澳塘1灯浮 Da'ao Tang No 1	22-33.91N 114-53.11E	闪红4秒			红色罐形	左侧标
7310170.02 (4085.72)	大澳塘2灯浮 Da'ao Tang No 2	22-33.77N 114-53.15E	快闪(3)白10秒			黑黄黑横条纹标柱形，顶标为黑色顶点相背双锥体	东方位标
7310170.03 (4085.73)	大澳塘3灯浮 Da'ao Tang No 3	22-33.87N 114-53.27E	闪(2)红6秒			红色罐形	左侧标

编号 No.	名称 Name	位置 Position	灯质 Characteristic	灯高 Height	射程 Range	构造 Structure	附记 Remarks
7310180 (4085.8)	圆洲岛（渔）灯桩 Yuanzhou Dao	22-33.67N 114-52.52E	闪白4秒	22.2	6	白色砖石结构柱形立标;5.5	
7310190 (4086)	铁砧（渔）灯桩 Tiezhen	22-32.74N 114-52.27E	闪(2)白5秒	14.9	6	白色混凝土结构柱形立标;6.8	
7310200 (4086.1)	平海港港口山咀灯桩（渔） Pinghaigang Gangkou Shanzui	22-34.36N 114-53.39E	闪(2)绿6秒	5.9	0.7	绿色混凝土结构柱形立标;6.8	右侧标
7310210 (4086.2)	城仔脚（渔）灯桩 Chengzai Jiao	22-48.74N 114-48.49E	闪白3秒		6	白色混凝土结构柱形立标;7.0	
7310220.01 (4086.21)	范和港1灯浮 Fanhe Gang No 1	22-46.51N 114-43.07E	闪绿4秒			绿色标柱形，顶标为绿色尖向上锥形	右侧标
7310220.02 (4086.22)	范和港2灯浮 Fanhe Gang No 2	22-46.60N 114-43.00E	闪红4秒			红色标柱形，顶标为红色圆柱形	左侧标
7310220.03 (4086.23)	范和港3灯浮 Fanhe Gang No 3	22-46.93N 114-43.23E	闪(2)红6秒			红色标柱形，顶标为红色圆柱形	左侧标
7310221.01	惠州海湾大桥1灯浮 Huizhou Haiwan Bridge No 1	22-45.81N 114-44.85E	闪绿4秒			绿色锥形	右侧标
7310221.02	惠州海湾大桥2灯浮 Huizhou Haiwan Bridge No 2	22-45.89N 114-44.80E	闪红4秒			红色罐形	左侧标
7310221.03	惠州海湾大桥3灯浮 Huizhou Haiwan Bridge No 3	22-46.09N 114-45.36E	闪(3)绿10秒			绿色锥形	右侧标
7310221.04	惠州海湾大桥4灯浮 Huizhou Haiwan Bridge No 4	22-46.17N 114-45.30E	闪(3)红10秒			红色罐形	左侧标
7310222.01	惠州海湾大桥1桥涵灯桩 Huizhou Haiwan Bridge Opening No 1	22-46.06N 114-45.03E	快闪黄		3	黄红相间横条纹玻璃钢结构柱形立标;10.0	桥墩警示标

编号 No.	名称 Name	位置 Position	灯质 Characteristic	灯高 Height	射程 Range	构造 Structure	附记 Remarks
7310222.02	惠州海湾大桥2桥涵灯桩 Huizhou Haiwan Bridge Opening No 2	22-46.07N 114-45.04E	快闪黄		3	黄红相间横条纹玻璃钢结构柱形立标;10.0	桥墩警示标
7310222.03	惠州海湾大桥3桥涵灯桩 Huizhou Haiwan Bridge Opening No 3	22-46.02N 114-45.05E	闪(2)红6秒		3	红色柱形立标	左侧标
7310222.04	惠州海湾大桥4桥涵灯桩 Huizhou Haiwan Bridge Opening No 4	22-46.03N 114-45.06E	闪(2)红6秒		3	红色柱形立标	左侧标
7310222.05	惠州海湾大桥5桥涵灯桩 Huizhou Haiwan Bridge Opening No 5	22-45.99N 114-45.07E	定绿		3	白色柱形立标	双向通航桥孔标 雷达应答器：信号D(- . .)
7310222.06	惠州海湾大桥6桥涵灯桩 Huizhou Haiwan Bridge Opening No 6	22-46.00N 114-45.09E	定绿		3	白色柱形立标	双向通航桥孔标
7310222.07	惠州海湾大桥7桥涵灯桩 Huizhou Haiwan Bridge Opening No 7	22-45.96N 114-45.09E	闪(2)绿6秒		3	绿色柱形立标	右侧标
7310222.08	惠州海湾大桥8桥涵灯桩 Huizhou Haiwan Bridge Opening No 8	22-45.96N 114-45.11E	闪(2)绿6秒		3	绿色柱形立标	右侧标
7310222.09	惠州海湾大桥9桥涵灯桩 Huizhou Haiwan Bridge Opening No 9	22-45.92N 114-45.12E	快闪黄		3	黄红相间横条纹玻璃钢结构柱形立标;10.0	桥墩警示标
7310222.10	惠州海湾大桥10桥涵灯桩 Huizhou Haiwan Bridge Opening No 10	22-45.93N 114-45.13E	快闪黄		3	黄红相间横条纹玻璃钢结构柱形立标;10.0	桥墩警示标
7310223.01	东部湾游艇码头1灯浮 Dongbuwan Yacht Pier No 1	22-46.64N 114-45.22E	闪绿4秒			绿色锥形	右侧标
7310223.02	东部湾游艇码头2灯浮 Dongbuwan Yacht Pier No 2	22-46.77N 114-45.12E	闪绿4秒			绿色锥形	右侧标

编号 No.	名称 Name	位置 Position	灯质 Characteristic	灯高 Height	射程 Range	构造 Structure	附记 Remarks
7310223.03	东部湾游艇码头3灯浮 Dongbuwan Yacht Pier No 3	22-46.75N 114-45.08E	闪红4秒			红色罐形	左侧标
7310224.01	东部湾游艇码头南堤灯桩 Dongbuwan Yacht Pier Bank S	22-46.78N 114-45.02E	等明暗（4）红4秒	7.7	3	红白相间条纹金属结构柱形立标	
7310224.02	东部湾游艇码头北堤灯桩 Dongbuwan Yacht Pier Bank N	22-46.83N 114-45.04E	等明暗（4）绿4秒	4.7	3	柱形立标	
7310230.01 (4086.24)	碧甲沙湾码头1灯浮 Bijiasha Wan Pier No 1	22-35.66N 114-44.80E	闪(2)绿6秒			绿色锥形	右侧标
7310230.02 (4086.25)	碧甲沙湾码头2灯浮 Bijiasha Wan Pier No 2	22-35.82N 114-44.81E	闪(2)红6秒			红色罐形	左侧标
7310230.03 (4086.26)	碧甲沙湾码头3灯浮 Bijiasha Wan Pier No 3	22-35.78N 114-44.93E	快闪(9)白15秒			黄黑黄横条纹标柱形，顶标为黑色顶点相对双锥体	西方位标
7310250.01 (4086.2621)	亚1灯浮 Ya No 1	22-37.34N 114-42.77E	闪(2)绿6秒			绿色锥形	右侧标
7310250.04 (4086.2624)	亚4灯浮 Ya No 4	22-38.96N 114-42.79E	闪红4秒			红色罐形	左侧标
7310250.05 (4086.2625)	亚5灯浮 Ya No 5	22-40.58N 114-42.95E	闪(2)绿6秒			绿色锥形	右侧标
7310250.08 (4086.2628)	亚8灯浮 Ya No 8	22-42.21N 114-42.97E	闪红4秒			红色罐形	左侧标
7310260.01 (4086.262)	平海电厂1灯浮 Pinghai Power Plant No 1	22-33.72N 114-43.90E	闪绿4秒			绿色锥形	右侧标
7310260.02 (4086.263)	平海电厂2灯浮 Pinghai Power Plant No 2	22-33.72N 114-43.76E	闪红4秒			红色罐形	左侧标

编号 No.	名称 Name	位置 Position	灯质 Characteristic	灯高 Height	射程 Range	构造 Structure	附记 Remarks
7310260.03 (4086.264)	平海电厂3灯浮 Pinghai Power Plant No 3	22-34.70N 114-43.90E	闪(2)绿6秒			绿色锥形	右侧标
7310260.04 (4086.265)	平海电厂4灯浮 Pinghai Power Plant No 4	22-34.70N 114-43.77E	闪(2)红6秒			红色罐形	左侧标
7310260.05 (4086.266)	平海电厂5灯浮 Pinghai Power Plant No 5	22-35.69N 114-43.91E	闪(3)绿10秒			绿色锥形	右侧标
7310260.06 (4086.267)	平海电厂6灯浮 Pinghai Power Plant No 6	22-35.86N 114-43.96E	闪绿4秒			绿色锥形	右侧标
7310260.07 (4086.268)	平海电厂7灯浮 Pinghai Power Plant No 7	22-36.11N 114-44.21E	闪(3)绿10秒			绿色锥形	右侧标
7310260.08 (4086.27)	平海电厂8灯浮 Pinghai Power Plant No 8	22-35.90N 114-43.77E	闪(3)红10秒			红色罐形	左侧标
7310260.09 (4086.271)	平海电厂9灯浮 Pinghai Power Plant No 9	22-36.38N 114-44.05E	快(6)+长闪白15秒			黄黑相间横条纹标柱形,顶标为黑色顶点朝下双锥体	南方位标
7310260.10 (4086.28)	平海电厂10灯浮 Pinghai Power Plant No 10	22-36.37N 114-43.93E	闪红4秒			红色罐形	左侧标
7310260.11 (4086.29)	平海电厂11灯浮 Pinghai Power Plant No 11	22-36.64N 114-44.02E	闪(2)红6秒			红色罐形	左侧标
7310260.12 (4086.291)	平海电厂12灯浮 Pinghai Power Plant No 12	22-36.69N 114-44.12E	甚快(6)+长闪白10秒			黄黑相间横条纹标柱形,顶标为黑色顶点朝下双锥体	南方位标
7310265.01 (4086.2391)	碧1灯浮 Bi No 1	22-34.44N 114-43.90E	闪(2+1)绿6秒			绿红绿横条纹锥形	推荐航道右侧标

编 号 No.	名 称 Name	位置 Position	灯 质 Characteristic	灯高 Height	射程 Range	构 造 Structure	附 记 Remarks
7310265.02 (4086.2392)	碧2灯浮 Bi No 2	22-35.13N 114-44.25E	闪绿4秒			绿色锥形	右侧标
7310270 (4086.295)	平海电厂防波堤灯桩 Pinghai Power Plant Breakwater	22-35.83N 114-44.02E	闪白2秒	17	5	柱形立标	
7310280 (4086.297)	喜来登码头灯桩 Xilaideng Pier	22-39.12N 114-43.85E	闪白5秒	10	5	柱形立标	
7310283.01	金海湾南区游艇码头LB1灯桩 Jinhai Wan Yacht Pier No LB1	22-38.42N 114-44.61E	闪白4秒	15	10	柱形立标	
7310283.02	金海湾南区游艇码头LB2灯桩 Jinhai Wan Yacht Pier No LB2	22-38.46N 114-44.70E	等明暗红2秒	6.8	5	柱形立标	
7310283.03	金海湾南区游艇码头LB3灯桩 Jinhai Wan Yacht Pier No LB3	22-38.53N 114-44.92E	定绿	3.5	1	柱形立标	
7310283.04	金海湾南区游艇码头LB4灯桩 Jinhai Wan Yacht Pier No LB4	22-38.48N 114-44.79E	定红	6.5	1	柱形立标	
7310283.05	金海湾南区游艇码头LB5灯桩 Jinhai Wan Yacht Pier No LB5	22-38.58N 114-44.92E	定绿	3.5	1	柱形立标	
7310283.06	金海湾南区游艇码头LB6灯桩 Jinhai Wan Yacht Pier No LB6	22-38.53N 114-44.83E	定红	2	1	柱形立标	
7310283.07	金海湾南区游艇码头LB7灯桩 Jinhai Wan Yacht Pier No LB7	22-38.63N 114-44.96E	定绿	3.5	1	柱形立标	

编号 No.	名称 Name	位置 Position	灯质 Characteristic	灯高 Height	射程 Range	构造 Structure	附记 Remarks
7310283.08	金海湾南区游艇码头LB8灯桩 Jinhai Wan Yacht Pier No LB8	22-38.57N 114-44.86E	定红	2	1	柱形立标	
7310283.09	金海湾南区游艇码头LB9灯桩 Jinhai Wan Yacht Pier No LB9	22-38.67N 114-44.92E	定绿	3.5	1	柱形立标	
	金海湾南区游艇码头LB10灯桩 Jinhai Wan Yacht Pier No LB10	22-38.61N 114-44.89E	定红	2	1	柱形立标	
7310283.11	金海湾南区游艇码头LB11灯桩 Jinhai Wan Yacht Pier No LB11	22-38.70N 114-44.89E	定绿	3.5	1	柱形立标	
7310283.12	金海湾南区游艇码头LB12灯桩 Jinhai Wan Yacht Pier No LB12	22-38.65N 114-44.89E	定红	2	1	柱形立标	
7310284.01	金海湾南区游艇码头1灯浮 Jinhai Wan Yacht Pier No 1	22-38.47N 114-44.40E	闪绿4秒			绿色锥形	右侧标
7310284.02	金海湾南区游艇码头2灯浮 Jinhai Wan Yacht Pier No 2	22-38.51N 114-44.41E	闪红4秒			红色罐形	左侧标
7310284.03	金海湾南区游艇码头3灯浮 Jinhai Wan Yacht Pier No 3	22-38.46N 114-44.64E	闪(2)红6秒			红色罐形	左侧标同步闪
7310290.01 (4086.3)	东联排污管道W1灯浮 Donglian Sewage Pipeline No W1	22-36.44N 114-43.39E	莫(C)黄12秒			黄色标柱形，顶标为黄色“X”形	水中构筑物专用标
7310290.02 (4086.31)	东联排污管道W2灯浮 Donglian Sewage Pipeline No W2	22-38.09N 114-42.96E	莫(C)黄12秒			黄色标柱形，顶标为黄色“X”形	水中构筑物专用标

编 号 No.	名 称 Name	位置 Position	灯 质 Characteristic	灯高 Height	射程 Range	构 造 Structure	附 记 Remarks
7310290.03 (4086.32)	东联排污管道W3灯浮 Donglian Sewage Pipeline No W3	22-39.74N 114-42.51E	莫(C)黄12秒			黄色标柱形，顶标为黄色“X”形	水中构筑物专用标
7310290.04 (4086.33)	东联排污管道W4灯浮 Donglian Sewage Pipeline No W4	22-40.92N 114-42.15E	莫(C)黄12秒			黄色标柱形，顶标为黄色“X”形	水中构筑物专用标
7310290.05 (4086.34)	东联排污管道W5灯浮 Donglian Sewage Pipeline No W5	22-41.78N 114-41.22E	莫(C)黄12秒			黄色标柱形，顶标为黄色“X”形	水中构筑物专用标
7310290.06 (4086.35)	东联排污管道W6灯浮 Donglian Sewage Pipeline No W6	22-43.02N 114-39.81E	莫(C)黄12秒			黄色标柱形，顶标为黄色“X”形	水中构筑物专用标
7310300.01 (4086.351)	海油物流基地H1灯浮 Haiyou Logistics Base No H1	22-43.44N 114-39.98E	快闪绿			绿色锥形	右侧标
7310300.02 (4086.352)	海油物流基地H2灯浮 Haiyou Logistics Base No H2	22-43.40N 114-39.94E	快闪红			红色罐形	左侧标
7310300.03 (4086.353)	海油物流基地H3灯浮 Haiyou Logistics Base NO H3	22-44.03N 114-39.30E	闪绿4秒			绿色锥形	右侧标
7310300.04 (4086.354)	海油物流基地H4灯浮 Haiyou Logistics Base NO H4	22-43.99N 114-39.26E	闪红4秒			红色罐形	左侧标
7310300.05 (4086.355)	海油物流基地H5灯浮 Haiyou Logistics Base NO H5	22-44.50N 114-38.77E	闪(2)绿6秒			绿色锥形	右侧标
7310300.06 (4086.356)	海油物流基地H6灯浮 Haiyou Logistics Base NO H6	22-44.46N 114-38.73E	闪(2)红6秒			红色罐形	左侧标
7310300.07 (4086.357)	海油物流基地H7灯浮 Haiyou Logistics Base No H7	22-44.99N 114-38.22E	闪(3)绿10秒			绿色锥形	右侧标

编号 No.	名称 Name	位置 Position	灯质 Characteristic	灯高 Height	射程 Range	构造 Structure	附记 Remarks
7310300.08 (4086.358)	海油物流基地H8灯浮 Haiyou Logistics Base No H8	22-44.95N 114-38.16E	闪(3)红10秒			红色罐形	左侧标
7310300.09 (4086.359)	海油物流基地H9灯浮 Haiyou Logistics Base No H9	22-45.13N 114-38.37E	闪绿4秒			绿色锥形	右侧标
7310300.10 (4086.3591)	海油物流基地H10灯浮 Haiyou Logistics Base No H10	22-44.95N 114-37.85E	闪红4秒			红色罐形	左侧标
7310310.07 (4086.36)	东联排污管道W7灯浮 Donglian Sewage Pipeline No W7	22-44.25N 114-38.37E	莫(C)黄12秒			黄色标柱形，顶标为黄色“X”形	水中构筑物专用标
7310310.08 (4086.37)	东联排污管道W8灯浮 Donglian Sewage Pipeline No W8	22-44.47N 114-37.58E	莫(C)黄12秒			黄色标柱形，顶标为黄色“X”形	水中构筑物专用标
7310320.02 (4086.372)	欧德油储02灯浮 Oude Oil Storing No 02	22-44.28N 114-37.25E	闪红4秒			红色罐形	左侧标同步闪
7310320.03 (4086.373)	欧德油储03灯浮 Oude Oil Storing No 03	22-44.40N 114-37.54E	闪绿4秒			绿色锥形	右侧标同步闪
7310320.04 (4086.374)	欧德油储04灯浮 Oude Oil Storing No 04	22-44.43N 114-37.26E	闪红4秒			红色罐形	左侧标同步闪
7310320.05 (4086.375)	欧德油储05灯浮 Oude Oil Storing No 05	22-44.48N 114-37.42E	闪绿4秒			绿色锥形	右侧标同步闪
7310330.01 (4086.376)	国华电厂G1灯浮 Guohua Power Plant No G1	22-43.44N 114-38.07E	快闪绿			绿色锥形	右侧标
7310330.02 (4086.377)	国华电厂G2灯浮 Guohua Power Plant No G2	22-43.67N 114-37.85E	闪(2+1)绿6秒			绿红绿横条纹锥形	推荐航道右侧标

编 号 No.	名 称 Name	位置 Position	灯 质 Characteristic	灯高 Height	射程 Range	构 造 Structure	附 记 Remarks
7310330.03 (4086.378)	国华电厂G3灯浮 Guohua Power Plant No G3	22-43.77N 114-37.93E	闪(3)绿10秒			绿色锥形	右侧标同步闪
7310330.04 (4086.379)	国华电厂G4灯浮 Guohua Power Plant No G4	22-44.00N 114-37.69E	闪(3)红10秒			红色罐形	左侧标同步闪
7310330.05 (4086.38)	国华电厂G5灯浮 Guohua Power Plant No G5	22-44.04N 114-37.98E	闪(3)绿10秒			绿色锥形	右侧标同步闪
7310340 (4086.385)	国华电厂码头堤头灯桩 Guohua Power Plant Pier Head	22-44.20N 114-37.92E	闪(3)红5秒	15	5	红白相间横条纹玻璃钢结构柱形立标;10.0	
7310341	恒力石化码头灯桩 Hengli Petrol chemical Pier	22-44.14N 114-37.71E	闪红2秒	13	5	红白相间横条纹玻璃钢结构柱形立标	
7310341.01	恒力石化H1灯浮 Hengli Petrol chemical No H1	22-44.42N 114-37.63E	闪(2)绿6秒			绿色锥型	右侧标
7310341.02	恒力石化H2灯浮 Hengli Petrol chemical No H2	22-44.33N 114-37.81E	闪(2)绿6秒			绿色锥型	右侧标
7310342	恒力石化取水口灯浮 Hengli Petrol chemical Intake	22-44.79N 114-37.30E	莫(C)黄12秒			黄色标柱形,顶标为黄色“X”形	水中构筑物专用标
7310343	恒力石化排水口灯浮 Hengli Petrol chemical Outake	22-44.48N 114-37.68E	莫(C)黄12秒			黄色标柱形,顶标为黄色“X”形	水中构筑物专用标
7310344	恒力石化取水口 Hengli Petrol chemical Intake	22-44.84N 114-37.22E	莫(C)黄12秒	8	2	黄色金属结构柱形立标,顶标为黄色“X”形	
7310350 (4086.386)	欧德油储石化码头灯桩 Oude Oil Repertory Petrifaction Pier	22-44.34N 114-37.40E	闪(4)红8秒	14	5	柱形立标	

编 号 No.	名 称 Name	位置 Position	灯 质 Characteristic	灯高 Height	射程 Range	构 造 Structure	附 记 Remarks
7310360 (4086.387)	东联航道D1灯浮 Donglian Fairway No D1	22-39.90N 114-40.68E	快闪绿			绿色锥形	右侧标同步闪
7310370.01 (4086.389)	东联航道1灯浮 Donglian Fairwy No 1	22-41.00N 114-40.36E	闪绿4秒			绿色锥形	右侧标同步闪
7310370.02 (4086.39)	东联航道2灯浮 Donglian Fairway No 2	22-40.94N 114-40.24E	闪红4秒			红色罐形	左侧标同步闪
7310370.03 (4086.4)	东联3灯浮 Donglian No 3	22-41.42N 114-39.97E	闪绿4秒			绿色锥形	右侧标同步闪
7310370.04 (4086.41)	东联4灯浮 Donglian No 4	22-41.36N 114-39.89E	闪红4秒			红色罐形	左侧标同步闪
7310370.05 (4086.42)	东联5灯浮 Donglian No 5	22-42.18N 114-39.26E	闪绿4秒			绿色锥形	右侧标同步闪
7310370.06 (4086.43)	东联6灯浮 Donglian No 6	22-42.11N 114-39.18E	闪红4秒			红色罐形	左侧标同步闪
7310370.07 (4086.44)	东联7灯浮 Donglian No 7	22-42.93N 114-38.55E	闪绿4秒			绿色锥形	右侧标同步闪
7310370.08 (4086.45)	东联8灯浮 Donglian No 8	22-42.87N 114-38.47E	闪红4秒			红色罐形	左侧标同步闪
7310370.09 (4086.46)	东联9灯浮 Donglian No 9	22-44.18N 114-37.37E	闪(2+1)绿9秒			绿红绿横条纹锥形	推荐航道右侧标
7310370.10 (4086.47)	东联10灯浮 Donglian No 10	22-43.73N 114-37.65E	闪(2)红6秒			红色罐形	左侧标同步闪
7310370.11 (4086.48)	东联11灯浮 Donglian No 11	22-44.38N 114-37.07E	闪(3)绿10秒			绿色锥形	右侧标同步闪
7310370.12 (4086.49)	东联12灯浮 Donglian No 12	22-43.90N 114-37.25E	闪(2)红6秒			红色罐形	左侧标同步闪
7310370.13 (4086.5)	东联13灯浮 Donglian No 13	22-44.51N 114-36.96E	闪(3)绿10秒			绿色锥形	右侧标同步闪

编号 No.	名称 Name	位置 Position	灯质 Characteristic	灯高 Height	射程 Range	构造 Structure	附记 Remarks
7310370.14 (4086.51)	东联14灯浮 Donglian No 14	22-43.76N 114-36.73E	闪(2)红6秒			红色罐形	左侧标同步闪
7310370.15 (4086.515)	东联15灯浮 Donglian No 15	22-44.04N 114-36.53E	闪(2)红6秒			红色罐形	左侧标
7310370.16 (4086.52)	东联16灯浮 Donglian No 16	22-44.18N 114-36.47E	闪(2)红6秒			红色罐形	左侧标
7310370.17 (4086.525)	东联17灯浮 Donglian No 17	22-44.25N 114-36.62E	莫(K)黄12秒			黄色标柱形，顶标为黄色“X”形	分道通航专用标
7310370.18 (4086.53)	东联18灯浮 Donglian No 18	22-44.39N 114-36.55E	莫(K)黄12秒			黄色标柱形，顶标为黄色“X”形	分道通航专用标
7310370.19	东联19虚拟航标 Donglian No 19	22-44.13N 114-36.96E					MMSI:994136893
7310371	美孚重件码头灯桩 Meifu Zhongjian Matou	22-44.27N 114-36.50E	等明暗红4秒	7.7	5	红白相间条纹金属结构柱形立标;5.0	
7310771.01	西涌滨海度假区1灯浮 Xichong Binhai Dujiaqu No 1	22-28.20N 114-31.78E	闪绿4秒			绿色锥形	右侧标
7310771.02	西涌滨海度假区2灯浮 Xichong Binhai Dujiaqu No 2	22-28.15N 114-31.78E	闪红4秒			红色罐形	左侧标
7310771.03	西涌滨海度假区3灯浮 Xichong Binhai Dujiaqu No 3	22-28.20N 114-31.63E	闪绿4秒			绿色锥形	右侧标
7310771.04	西涌滨海度假区4灯浮 Xichong Binhai Dujiaqu No 4	22-28.15N 114-31.63E	闪红4秒			红色罐形	左侧标
7310771.05	西涌滨海度假区5灯浮 Xichong Binhai Dujiaqu No 5	22-28.37N 114-31.78E	莫(Y)黄12秒			黄色标柱形，顶标为黄色“X”形	娱乐区专用标

编号 No.	名称 Name	位置 Position	灯质 Characteristic	灯高 Height	射程 Range	构造 Structure	附记 Remarks
7310771.06	西涌滨海度假区6灯浮 Xichong Binhai Dujiaqu No 6	22-28.08N 114-31.78E	莫(Y)黄12秒			黄色标柱形，顶标为黄色“X”形	娱乐区专用标
7310380 (4086.54)	东联锚地标灯浮 Donglian Anchorage Buoy	22-38.75N 114-41.92E	莫(Q)黄12秒			黄色标柱形，顶标为黄色“X”形	锚地专用标
7310390 (4086.542)	惠州LNG电厂排水口灯桩 Huizhou LNG Power Plant Outtake	22-44.70N 114-37.88E	莫(C)黄15秒	12	5	黄色玻璃钢结构柱形立标，顶标为黄色“X”形;7.0	水中构筑物专用标
7310400 (4086.543)	惠州LNG电厂排水堤灯桩 Huizhou LNG Power Plant Outake	22-44.83N 114-37.60E	莫(C)黄15秒	10	5	黄色柱形立标，顶标为黄色“X”形	水中构筑物专用标
7310410 (4086.544)	惠州LNG电厂排水口灯桩 Huizhou LNG Power Plant Outtake	22-44.74N 114-37.01E	莫(C)黄15秒	10	5	黄色柱形立标，顶标为黄色“X”形	水中构筑物专用标
7310419	大亚湾石化排海管道下海标志牌灯桩 Daya Wan Petrol Chemical Drain Pipeline Enter the Sea Mark	22-45.56N 114-38.43E	定红	5	3	红白相间条纹柱形立标;2.2	
7310420 (4086.545)	惠州LNG电厂管线登陆点灯桩 Huizhou LNG Power Plant Pipeline Landing Point	22-44.93N 114-37.45E	定红	10	5	红白相间条纹金属结构柱形立标，顶标为尖向上锥形 ;5.0	
7310421.01	海油物流基地1灯桩 Haiyou Logistics Base No 1	22-45.24N 114-38.28E	闪(3)白10秒	10	2.5	柱形立标	
7310421.02	海油物流基地2灯桩 Haiyou Logistics Base No 2	22-45.07N 114-37.85E	闪白4秒	10	2.5	柱形立标	
7310422	海油物流基地警示灯桩 Haiyou Logistics Base Warning	22-45.19N 114-38.12E	定红绿	14	3	柱形立标	

编号 No.	名称 Name	位置 Position	灯质 Characteristic	灯高 Height	射程 Range	构造 Structure	附记 Remarks
7310423 (4086.3505)	海油物流基地引导灯桩前 Haiyou Logistics Base Ldg Lts, Front	22-45.18N 114-37.95E	定红	24	7	柱形立标顶标为竖放长方形	导标银色
7310424 (4086.3506)	海油物流基地引导灯桩后 Haiyou Logistics Base Ldg Lts, Rear	22-45.44N 114-37.65E	定红	32	7	柱形立标顶标为竖放长方形	导标银色
7310430 (4086.55)	东联引导灯桩前 Donglian Ldg Lts, Front	22-44.64N 114-36.87E	明暗白5秒	27.2	8	白色柱形立标，顶标为红色尖向上三角形	导标雷达应答器：信号B(-...)两灯一线：318°54′07″
7310440 (4086.56)	东联引导灯桩后 Donglian Ldg Lts, Rear	22-45.20N 114-36.34E	明暗白5秒	50.2	8	白色柱形立标，顶标为红色尖向下三角形	导标
7310450 (4086.57)	中海油东联码头灯桩 Zhonghaiyou Donglian Pier	22-43.97N 114-36.82E	定红	15	5	红白相间横条纹玻璃钢结构柱形立标;10.0	
7310460 (4086.6)	东联堤头灯桩 Donglian Breakwater Head	22-44.34N 114-36.91E	闪白4秒	12	4	红白相间横条纹玻璃钢结构柱形立标;10.0	
7310470 (4086.61)	马鞭洲灯桩 Mabian Zhou	22-40.66N 114-38.74E	快闪白		5	黑黄相间横条纹金属结构柱形立标	北方位标
7310480.01 (4086.613)	中海油马鞭洲码头1灯桩 Zhonghaiyou Mabian Zhou Pier No 1	22-40.77N 114-38.96E	定红	15	5	红白相间横条纹金属结构柱形立标;8.0	
7310480.02 (4086.616)	中海油马鞭洲码头2灯桩 Zhonghaiyou Mabian Zhou Pier No 2	22-40.55N 114-39.06E	定红	15	5	红白相间横条纹金属结构柱形立标;8.0	
7310490 (4086.62)	锅盖洲灯桩 Guogai Zhou	22-40.85N 114-38.69E	甚快(6)+长闪白10秒	9.8	6	黄黑相间横条纹金属结构柱形立标;7.0	南方位标
7310500 (4086.63)	北树屿（碇仔）灯桩 Beishu Yu (Dingzai)	22-40.65N 114-36.57E	快闪白	9.2	6	黑黄相间横条纹金属结构柱形立标;7.0	北方位标

编 号 No.	名 称 Name	位置 Position	灯 质 Characteristic	灯高 Height	射程 Range	构 造 Structure	附 记 Remarks
7310510 (4086.64)	北岩（阿婆排)灯桩 Beiyan (Apo Pai)	22-40.97N 114-36.60E	闪白10秒	11.7	12	黄色砖石结构柱形立标;13.3	
7310520 (4086.65)	草沙洲（横沙排）灯桩 Caosha Zhou (Hengsha Pai)	22-40.73N 114-35.84E	快闪白	8.6	6	黑黄相间横条纹金属结构柱形立标;7.0	北方位标
7310521.01	纯洲航道C1灯浮 Chunzhou Fairway No C1	22-40.38N 114-35.06E	闪绿4秒			绿色锥形	右侧标
7310521.02	纯洲航道C2灯浮 Chunzhou Fairway No C2	22-40.69N 114-35.00E	闪绿4秒			绿色锥形	右侧标
7310521.03 (4087.353)	纯洲航道C3灯浮 Chunzhou Fairway No C3	22-41.00N 114-35.00E	闪绿4秒			绿色锥形	右侧标
7310521.04 (4087.354)	纯洲航道C4灯浮 Chunzhou Fairway No C4	22-41.00N 114-34.86E	闪红4秒			红色罐形	左侧标
7310521.05	纯洲航道C5灯浮 Chunzhou Fairway No C5	22-41.76N 114-35.00E	闪绿4秒			绿色锥形	右侧标
7310521.06	纯洲航道C6灯浮 Chunzhou Fairway No C6	22-42.01N 114-34.86E	闪红4秒			红色罐形	左侧标
7310522	荃美施工期灯浮 Quanmei Construction	22-41.63N 114-34.86E	莫(0)黄12秒			黄色标柱形，顶标为黄色“X”形	海上作业区专用标
7310530.01 (4086.7)	惠州LNG电厂1灯浮 Huizhou LNG Power Plant No 1	22-44.43N 114-37.16E	快闪绿			绿色锥形	右侧标
7310530.02 (4086.72)	惠州LNG电厂2灯浮 Huizhou LNG Power Plant No 2	22-44.34N 114-37.13E	闪(2+1)绿9秒			绿红绿锥型	推荐航道右侧标
7310530.03 (4086.74)	惠州LNG电厂3灯浮 Huizhou LNG Power Plant No 3	22-44.66N 114-37.12E	闪绿4秒			绿色锥形	右侧标

编 号 No.	名 称 Name	位置 Position	灯 质 Characteristic	灯高 Height	射程 Range	构 造 Structure	附 记 Remarks
7310530.04 (4086.76)	惠州LNG电厂4灯浮 Huizhou LNG Power Plant No 4	22-44.65N 114-37.07E	闪红4秒			红色罐形	左侧标
7310530.05 (4086.78)	惠州LNG电厂5灯浮 Huizhou LNG Power Plant No 5	22-44.72N 114-37.15E	闪(2)绿6秒			绿色锥形	右侧标
7310530.06 (4086.8)	惠州LNG电厂6灯浮 Huizhou LNG Power Plant No 6	22-44.72N 114-37.00E	闪(2)红6秒			红色罐形	左侧标
7310530.07 (4086.82)	惠州LNG电厂7灯浮 Huizhou LNG Power Plant No 7	22-44.76N 114-37.12E	闪(3)绿10秒			绿色锥形	右侧标
7310540 (4087)	小赤洲（树屿）灯桩 Xiaochi Zhou (Shuyu)	22-38.39N 114-38.61E	闪白8秒	44.7	10	白色混凝土结构柱形立标;8.0	
7310550 (4087.1)	虎头咀灯桩 Hutou Zui	22-39.25N 114-35.71E	闪白5秒	18	10	白色混凝土结构柱形立标;12.1	
7310560 (4087.2)	肃排灯桩 Supai	22-39.38N 114-35.98E	闪(2)白5秒	9	8	黑红黑横条纹混凝土结构柱形立标，顶标为黑色双球体;10.2	孤立危险物立标雷达应答器：信号D(- . .)
7310570.01 (4087.22)	惠州港1灯浮 Huizhou Gang No 1	22-35.52N 114-40.67E	闪绿4秒			绿色锥形	右侧标同步闪
7310570.02 (4087.23)	惠州港2灯浮 Huizhou Gang No 2	22-35.42N 114-40.59E	闪红4秒			红色罐形	左侧标同步闪
7310570.03 (4087.24)	惠州港3灯浮 Huizhou Gang No 3	22-36.11N 114-39.80E	闪绿4秒			绿色锥形	右侧标同步闪
7310570.04 (4087.25)	惠州港4灯浮 Huizhou Gang No 4	22-36.02N 114-39.71E	闪红4秒			红色罐形	左侧标同步闪
7310570.05 (4087.26)	惠州港5灯浮 Huizhou Gang No 5	22-36.87N 114-38.68E	闪绿4秒			绿色锥形	右侧标同步闪
7310570.06 (4087.27)	惠州港6灯浮 Huizhou Gang No 6	22-36.78N 114-38.59E	闪红4秒			红色罐形	导标两灯一线: 126 ° 46′ 36″

编号 No.	名称 Name	位置 Position	灯质 Characteristic	灯高 Height	射程 Range	构造 Structure	附记 Remarks
7310570.07	惠州港7灯浮 Huizhou Gang No 7	22-37.45N 114-37.83E	闪绿4秒			绿色锥形	右侧标同步闪
7310570.08	惠州港8灯浮 Huizhou Gang No 8	22-37.36N 114-37.74E	闪红4秒			红色罐形	左侧标同步闪
7310570.09 (4087.28)	惠州港9灯浮 Huizhou Gang No 9	22-37.88N 114-37.24E	快闪绿			绿色锥形	右侧标同步闪
7310570.10 (4087.29)	惠州港10灯浮 Huizhou Gang No 10	22-37.77N 114-37.14E	快闪红			红色罐形	左侧标同步闪
7310570.11 (4087.3)	惠州港11灯浮 Huizhou Gang No 11	22-38.67N 114-36.49E	闪(2)绿6秒			绿色锥形	右侧标同步闪
7310570.12 (4087.31)	惠州港12灯浮 Huizhou Gang No 12	22-38.60N 114-36.39E	闪(2)红6秒			红色罐形	左侧标同步闪
7310570.13 (4087.32)	惠州港13灯浮 Huizhou Gang No 13	22-39.71N 114-35.57E	闪(2)绿6秒			绿色锥形	右侧标同步闪
7310570.14 (4087.33)	惠州港14灯浮 Huizhou Gang No 14	22-39.63N 114-35.47E	闪(2)红6秒			红色罐形	左侧标同步闪
7310570.15 (4087.34)	惠州港15灯浮 Huizhou Gang No 15	22-40.10N 114-35.22E	闪(2)绿6秒			绿色锥形	右侧标同步闪
7310570.151	惠州港15-1灯浮 Huizhou Gang No 15-1	22-40.50N 114-34.86E	闪(2+1)绿6秒			绿红绿横条纹锥形	推荐航道右侧标
7310570.16 (4087.35)	惠州港16灯浮 Huizhou Gang No 16	22-40.02N 114-35.12E	闪(2)红6秒			红色罐形	左侧标同步闪
7310570.17 (4087.36)	惠州港17灯浮 Huizhou Gang No 17	22-40.81N 114-34.59E	闪(2)绿6秒			绿色锥形	右侧标同步闪

编 号 No.	名 称 Name	位置 Position	灯 质 Characteristic	灯高 Height	射程 Range	构 造 Structure	附 记 Remarks
7310570.18 (4087.37)	惠州港18灯浮 Huizhou Gang No 18	22-41.08N 114-34.17E	闪(2)红6秒			红色罐形	导标白光弧: 282.65° - 283.35° 遮蔽弧: 285° -281° 绿光弧: 281° -282.65° 红光弧: 283.35° -285°
7310570.19 (4087.38)	惠州港19灯浮 Huizhou Gang No 19	22-41.39N 114-33.74E	闪(2)红6秒			红色罐形	左侧标同步闪
7310570.20 (4087.39)	惠州港20灯浮 Huizhou Gang No 20	22-41.39N 114-33.44E	闪(2)红6秒			红色罐形	左侧标同步闪
7310570.21 (4087.391)	惠州港21灯浮 Huizhou Gang No 21	22-41.58N 114-33.02E	快闪(3)白10秒			黑黄黑横条纹标柱形,顶标为黑色顶点相背双锥体	东方位标
7310580 (4087.393)	惠州港国际集装箱码头灯桩 Huizhou Gang International Container Pier	22-41.76N 114-33.06E	闪白4秒	13	5	红白相间横条纹玻璃钢结构柱形立标;10.0	
7310590.01 (4087.4)	大港石化1灯浮 Dagang Petrochemical No 1	22-41.42N 114-34.25E	快(6)+长闪白15秒			黄黑相间横条纹标柱形,顶标为黑色顶点朝下双锥体	南方位标
7310590.02 (4087.41)	大港石化2灯浮 Dagang Petrochemical No 2	22-41.45N 114-34.15E	甚快(6)+长闪白10秒			黄黑相间横条纹标柱形,顶标为黑色顶点朝下双锥体	南方位标
7310591	惠州港18-1 虚拟航标 HUI ZHOU GANG 18-1	22-41.37N 114-34.00E					MMSI:994136890
7310592	惠州港19-1 虚拟航标 HUI ZHOU GANG 19-1	22-41.50N 114-33.81E					MMSI:994136891
7310593	惠州港20-1 虚拟航标 HUI ZHOU GANG 20-1	22-41.67N 114-33.63E					MMSI:994136892

编 号 No.	名 称 Name	位置 Position	灯 质 Characteristic	灯高 Height	射程 Range	构 造 Structure	附 记 Remarks
7310594	石化1号灯浮虚拟AIS航标 SHIHUAYIHAODENGFU	22-41.10N 114-34.59E					MMSI:994136752
7310600 (4087.5)	大碗排灯浮 Dawan Pai	22-38.96N 114-37.68E	快(6)+长闪白 15秒			黄黑相间横条纹标柱形，顶标为黑色顶点朝下双锥体	南方位标
7310610 (4087.6)	圆洲北排灯浮 Yuanzhou Beipai	22-38.42N 114-37.72E	快闪白			黑黄相间横条纹标柱形，顶标为黑色顶点朝上双锥体	北方位标
7310620 (4087.92)	圆洲灯桩 Yuan Zhou	22-38.01N 114-37.61E	闪白2秒	12.7	8	白绿白横条纹混凝土结构柱形立标;9.6	
7310630 (4087.93)	无名岩灯浮 Nameless Yan	22-37.46N 114-37.40E	闪(2)白5秒			黑红黑横条纹标柱形，顶标为黑色双球体	孤立危险物浮标
7310640 (4087.94)	白头洲灯桩 Baitou Zhou	22-37.30N 114-38.27E	闪(3)白8秒	15	8	白色金属结构柱形立标;12.0	
7310650 (4087.95)	小辣甲灯桩 Xiaolajia	22-36.90N 114-38.02E	闪(2)白8秒	15	8	白色金属结构柱形立标;12.0	
7310660 (4087.955)	大双洲灯桩 Dashuang Zhou	22-34.09N 114-37.94E	闪白8秒	36	10	柱形立标	
7310670 (4087.96)	合利岩灯浮 Heli Yan	22-36.61N 114-38.73E	闪(2)白5秒			黑红黑横条纹标柱形，顶标为黑色双球体	孤立危险物浮标
7310690 (4088.01)	大港石化码头灯桩 Dagang Petrolchemical Pier	22-41.28N 114-34.18E	快闪白	13	4	红白相间横条纹玻璃钢结构柱形立标;10.0	
7310700 (4088.1)	惠州港引导灯桩前 Huizhou Gang Ldg Lts, Front	22-41.90N 114-33.53E	定红	43	10	柱形立标	两灯一线:320°19′38″.1

编号 No.	名称 Name	位置 Position	灯质 Characteristic	灯高 Height	射程 Range	构造 Structure	附记 Remarks
7310710 (4088.2)	惠州港引导灯桩后 Huizhou Gang Ldg Lts, Rear	22-42.52N 114-32.97E	定红	60.4	10	白色混凝土结构柱形立标;31.6	导标备用灯:等明暗红6秒;
7310720 (4088.3)	当门排灯桩 Dangmen Pai	22-42.36N 114-32.40E	闪红4秒	5.2	6	红色混凝土结构柱形立标，顶标为红色圆柱形;6.8	左侧标
7310730 (4088.8)	大亚湾核电站引导灯桩前 Daya Wan Nuclear Power Station Ldg Lts, Front	22-35.61N 114-32.60E	等明暗红4秒	11.2	7	白色柱形立标;5.4	导标两灯一线:000°13′
7310740 (4088.801)	大亚湾核电站引导灯桩后 Daya Wan Nuclear Power Station Ldg Lts, Rear	22-35.69N 114-32.60E	等明暗红4秒	18.3	7	白色金属结构柱形立标;13.5	导标
7310750.01 (4088.802)	大亚湾核电站禁航1灯桩 Daya Wan Nuclear Power Station Navigation Prohibited No 1	22-35.55N 114-32.53E	莫(P)黄12秒	8.6	5	黄色柱形立标，顶标为黄色“X”形;3.5	禁航区专用标
7310750.02 (4088.803)	大亚湾核电站禁航2灯桩 Daya Wan Nuclear Power Station Navigation Prohibited No 2	22-35.61N 114-32.58E	莫(P)黄12秒	9.9	5	黄色柱形立标，顶标为黄色“X”形;3.5	禁航区专用标
7310750.03 (4088.804)	大亚湾核电站堤头灯桩 Daya Wan Nuclear Power Station Breakwater Head	22-35.36N 114-32.73E	闪白6秒	19.2	7	绿色金属结构柱形立标;8.9	
7310760.01 (4089)	大亚湾电站航道1灯浮 Daya Wan Power Station Fairway No 1	22-34.69N 114-34.00E	长闪白10秒			红白相间竖条纹球形	安全水域浮标
7310760.02 (4089.1)	大亚湾电站航道2灯浮 Daya Wan Power Station Fairway No 2	22-35.06N 114-32.63E	闪绿4秒			绿色锥形	右侧标
7310760.03 (4089.2)	大亚湾电站航道3灯浮 Daya Wan Power Station Fairway No 3	22-35.03N 114-32.55E	闪(2+1)红6秒			红绿红横条纹罐形	推荐航道左侧标

编 号 No.	名 称 Name	位置 Position	灯 质 Characteristic	灯高 Height	射程 Range	构 造 Structure	附 记 Remarks
7310760.04 (4089.3)	大亚湾电站航道4灯浮 Daya Wan Power Station Fairway No 4	22-35.27N 114-32.63E	闪(3)绿10秒			绿色锥形	右侧标
7310760.05 (4089.31)	大亚湾电站航道5灯浮 Daya Wan Power Station Fairway No 5	22-35.27N 114-32.53E	闪(3)红10秒			红色罐形	左侧标
7310761	中广核研究院海洋科研灯浮 Zhongguanghe Yanjiuyuan Haiyang Keyan	22-35.34N 114-32.48E	莫（0）黄12秒			黄色标柱形，顶标为黄色“X”形	海上作业区专用标
7310765 (4089.82)	深圳南澳双拥码头灯桩东 Shenzhen Nan'ao Shuangyong Pier E	22-32.06N 114-29.11E	闪白4秒	4	3	柱形立标	
7310766 (4089.81)	深圳南澳双拥码头灯桩西 Shenzhen Nan'ao Shuangyong Pier W	22-32.06N 114-29.09E	闪白4秒	4	3	柱形立标	
7310767.01	深圳南澳港1灯浮 Shenzhen Nan'ao Gang No 1	22-31.89N 114-28.81E	闪绿4秒			绿色锥形	右侧标
7310767.02	深圳南澳港2灯浮 Shenzhen Nan'ao Gang No 2	22-31.97N 114-28.77E	闪红4秒			红色罐形	左侧标
7310768 (4089.85)	火烧牌灯桩 Huoshaopai	22-32.11N 114-28.68E	闪白6秒	5	4	红白相间横条纹柱形立标;3.0	
7310769.01	大鹏湾管制水域1虚拟航标 DA PENG G1	22-29.20N 114-27.45E					MMSI：994136646发射模式：自主连续
7310769.02	大鹏湾管制水域2虚拟航标 DA PENG G2	22-29.20N 114-27.29E					MMSI：994136733发射模式：自主连续

编 号 No.	名 称 Name	位置 Position	灯 质 Characteristic	灯高 Height	射程 Range	构 造 Structure	附 记 Remarks
7310769.03	大鹏湾管制水域3灯浮 Dapeng Wan Controlled Waters No 3	22-32.80N 114-27.45E	快闪绿			绿色锥型	右侧标AIS应答器：名称：DA PENG G3MMSI：994121867发射模式：自主连续
7310769.04	大鹏湾管制水域4虚拟航标 DA PENG G4	22-32.70N 114-27.31E					MMSI：994136734发射模式：自主连续
7310769.05	大鹏湾管制水域5虚拟航标 DA PENG G5	22-33.72N 114-26.04E					MMSI：994136751发射模式：自主连续
7310769.06	大鹏湾管制水域6虚拟航标 DA PENG G6	22-34.18N 114-20.98E					MMSI：994136780发射模式：自主连续
7310770 (4089.4)	**青洲灯塔** **Qingzhou**	22-24.29N 114-39.97E	闪白6秒	107.4	18	白色混凝土结构;19.6	雷达应答器：信号K(- . -)

编 号 No.	名 称 Name	位置 Position	灯 质 Characteristic	灯高 Height	射程 Range	构 造 Structure	附 记 Remarks

珠江口
ZHU JIANG KOU

编 号 No.	名 称 Name	位置 Position	灯 质 Characteristic	灯高 Height	射程 Range	构 造 Structure	附 记 Remarks
7410010.01 (4090)	大鹏湾沙鱼涌港1灯浮 Dapeng Wan Shayuyong Gang No 1	22-36.42N 114-23.79E	闪(2)绿6秒			绿色标柱形,顶标为绿色尖向上锥形	右侧标
7410010.02 (4090.1)	大鹏湾沙鱼涌港2灯浮 Dapeng Wan Shayuyong Gang No 2	22-36.73N 114-23.74E	快(6)+ 长闪白15秒			黄黑相间横条纹标柱形,顶标为黑色顶点朝下双锥体	南方位标
7410040 (4090.24)	沙鱼涌港防浪堤外端灯桩 Shayuyong Gang Breakwater Outside	22-36.64N 114-23.92E	闪白3秒	11.8	6	白色混凝土结构柱形立标;3.0	
7410050.01 (4090.26)	大鹏湾LNG1灯浮 Dapeng Wan LNG No 1	22-33.91N 114-26.04E	闪(2)绿6秒			绿色锥形	右侧标
7410050.02 (4090.27)	大鹏湾LNG2灯浮 Dapeng Wan LNG No 2	22-34.34N 114-25.63E	闪(2)红6秒			红色罐形	左侧标
7410050.03 (4090.28)	大鹏湾LNG3灯浮 Dapeng Wan LNG No 3	22-34.12N 114-26.10E	快闪(9)白15秒			黄黑黄横条纹标柱形,顶标为黑色顶点相对双锥体	西方位标
7410051.01	DONG-AH 101 虚拟航标 DONG-AH 101	22-34.17N 114-25.18E	闪绿4秒			绿色锥形	右侧标
7410051.011	深圳LNG1号堤头灯桩 Shenzhen LNG Breakwater Header No 1	22-35.23N 114-25.90E	定红	14.5	3	红白相间横条纹玻璃钢结构柱形立标;8.0	
7410051.02	深圳LNG2灯浮 Shenzhen LNG No 2	22-34.27N 114-24.97E	闪红4秒			红色罐形	左侧标
7410051.021	深圳LNG2号堤头灯桩 Shenzhen LNG Breakwater Header No 2	22-35.43N 114-25.82E	定红	14.5	3	红白相间横条纹玻璃钢结构柱形立标;8.0	

编号 No.	名称 Name	位置 Position	灯质 Characteristic	灯高 Height	射程 Range	构造 Structure	附记 Remarks
7410051.03	深圳LNG3灯浮 Shenzhen LNG No 3	22-34.66N 114-25.43E	闪绿4秒			绿色锥形	右侧标
7410051.04	深圳LNG4灯浮 Shenzhen LNG No 4	22-34.80N 114-25.25E	闪红4秒			红色罐形	左侧标
7410051.05	深圳LNG5灯浮 Shenzhen LNG No 5	22-35.06N 114-25.88E	闪(2)绿6秒			绿色锥形	右侧标
7410051.06	深圳LNG6灯浮 Shenzhen LNG No 6	22-35.29N 114-25.25E	闪(2)红6秒			红色罐形	左侧标
7410051.07	深圳LNG7灯浮 Shenzhen LNG No 7	22-35.05N 114-25.98E	莫(C)黄12秒			黄色标柱形，顶标为黄色“X”形	水中构筑物专用标
7410051.08	深圳LNG8灯浮 Shenzhen LNG No 8	22-35.45N 114-25.59E	闪(3)红10秒			红色罐形	左侧标
7410060.01 (4090.31)	大鹏湾LNG1灯桩 Dapeng Wan LNG No 1	22-34.36N 114-26.02E	定红	16	5	红白相间横条纹柱形立标;10.0	
7410060.02 (4090.32)	大鹏湾LNG2灯桩 Dapeng Wan LNG No 2	22-34.56N 114-25.93E	定红	16	5	红白相间横条纹柱形立标;10.0	
7410070.01 (4090.41)	华安1灯浮 Hua'an No 1	22-35.95N 114-23.51E	闪绿4秒			混凝土结构; 29.9	右侧标
7410070.02 (4090.42)	华安2灯浮 Hua'an No 2	22-36.17N 114-23.41E	闪(2)绿6秒			绿色标柱形，顶标为绿色尖向上锥形	右侧标
7410071.01	深圳华安H1灯浮 Shenzhen Hua'an No H1	22-35.64N 114-23.83E	闪(3)绿10秒			绿色锥形	右侧标
7410071.02	深圳华安H2灯浮 Shenzhen Hua'an No H2	22-35.64N 114-23.70E	闪(2+1)红6秒			红绿红横条纹罐形	推荐航道左侧标
7410071.03	深圳华安H3灯浮 Shenzhen Hua'an No H3	22-36.03N 114-23.80E	闪(3)绿10秒			绿色锥形	右侧标

编 号 No.	名 称 Name	位置 Position	灯 质 Characteristic	灯高 Height	射程 Range	构 造 Structure	附 记 Remarks
7410071.04	深圳华安H4灯浮 Shenzhen Hua'an No H4	22-36.03N 114-23.65E	闪(3)红10秒			红色罐形	水产作业区专用标
7410071.05	深圳华安H5灯浮 Shenzhen Hua'an No H5	22-36.63N 114-23.82E	闪(3)绿10秒			绿色锥形	右侧标
7410071.06	深圳华安H6灯浮 Shenzhen Hua'an No H6	22-36.75N 114-23.54E	快(6)+长闪白 15秒			黄黑相间横条纹标柱形,顶标为黑色顶点朝下双锥体	南方位标
7410080.01 (4090.424)	光汇1灯浮 Guanghui No 1	22-34.04N 114-23.78E	闪绿4秒			绿色锥形	右侧标雷达应答器: 信号O(- - -)
7410080.02 (4090.425)	光汇2灯浮 Guanghui No 2	22-34.72N 114-23.55E	快闪红			红色罐形	左侧标
7410080.03 (4090.426)	光汇3灯浮 Guanghui No 3	22-34.76N 114-23.70E	快闪绿			绿色锥形	右侧标
7410080.04 (4090.427)	光汇4灯浮 Guanghui No 4	22-35.71N 114-23.11E	快闪红			红色罐形	左侧标
7410080.05 (4090.428)	光汇5灯浮 Guanghui No 5	22-35.75N 114-23.25E	闪(2+1)绿9秒			绿红绿横条纹锥形	推荐航道右侧标
7410080.06 (4090.429)	光汇6灯浮 Guanghui No 6	22-36.13N 114-22.64E	甚快(3)白5秒			黑黄黑横条纹标柱形,顶标为黑色顶点相背双锥体	东方位标
7410080.07 (4090.43)	光汇7灯浮 Guanghui No 7	22-36.36N 114-22.51E	甚快(3)白5秒			黑黄黑横条纹标柱形,顶标为黑色顶点相背双锥体	东方位标
7410080.08 (4090.44)	光汇8灯浮 Guanghui No 8	22-36.63N 114-22.60E	甚快(6)+长闪白 10秒			黄黑相间横条纹标柱形,顶标为黑色顶点朝下双锥体	南方位标

编 号 No.	名 称 Name	位置 Position	灯 质 Characteristic	灯高 Height	射程 Range	构 造 Structure	附 记 Remarks
7410080.09 (4090.45)	光汇9灯浮 Guanghui No 9	22-36.70N 114-22.80E	甚快(6)+长闪白10秒			黄黑相间横条纹标柱形，顶标为黑色顶点朝下双锥体	南方位标
7410089.01	盐田港1灯浮 Yantian Gang No 1	22-34.09N 114-19.73E	闪(2)绿6秒			绿色锥型	右侧标雷达应答器： 信号B(- . . .) AIS应答器： 名称： YANTIANGANG 1 MMSI： 999413096发射模式：自主连续
7410089.011	盐田港1A灯浮 Yantian Gang No 1A	22-34.01N 114-18.41E	快闪绿			绿色锥型	右侧标AIS应答器：名称：YAN TIAN 1A MMSI： 994121881发射模式：自主连续
7410090.01 (4090.5)	盐田港1灯浮 Yantian Gang No 1	22-33.91N 114-18.70E	闪(2)绿6秒			绿色锥形	右侧标雷达应答器： 信号B(- . . .)
7410090.03 (4090.52)	盐田港3灯浮 Yantian Gang No 3	22-34.22N 114-17.84E	闪(3)绿10秒			绿色锥形	右侧标
7410090.05 (4090.54)	盐田港5灯浮 Yantian Gang No 5	22-34.88N 114-17.08E	闪绿4秒			绿色锥形	右侧标雷达反射器
7410090.07 (4090.56)	盐田港7灯浮 Yantian Gang No 7	22-35.00N 114-16.77E	闪(2)绿6秒			绿色锥形	右侧标雷达反射器
7410090.08 (4090.57)	盐田港8灯浮 Yantian Gang No 8	22-33.66N 114-15.79E	闪(2)红6秒			红色罐形	左侧标同步闪雷达反射器
7410090.09 (4090.58)	9灯浮 No 9	22-35.04N 114-16.57E	闪(3)绿10秒			绿色锥形	右侧标
7410090.10 (4090.59)	盐田港10灯浮 Yantian Gang No 10	22-33.42N 114-15.12E	闪(2)红6秒			红色罐形	左侧标同步闪
7410091.01	1灯桩 No 1	22-33.41N 114-14.74E	等明暗红4秒	6	5	红白相间条纹金属结构柱形立标;3.0	同步闪

编号 No.	名称 Name	位置 Position	灯质 Characteristic	灯高 Height	射程 Range	构造 Structure	附记 Remarks
7410100.01 (4092)	调头1灯浮 Turnning Area No 1	22-36.60N 114-22.90E	莫(X)黄12秒			黄色标柱形，顶标为黄色“X”形	
7410100.02 (4093)	调头2灯浮 Turnning Area No 2	22-36.70N 114-23.00E	莫(P)黄12秒			黄色标柱形，顶标为黄色“X”形	禁航区专用标
7410101	深圳华安LB1灯桩 Shenzhen Hua'an No LB1	22-36.50N 114-23.40E	等明暗白4秒	9.7	5	红白相间条纹金属结构柱形立标;5.0	
7410110 (4281.1)	**榕树头岛灯塔** Rongshutou Dao	22-10.77N 113-47.73E	闪白8秒	68	18	黄色砖石结构;15.0	
7410110.01 (4281.12)	榕树头航道1灯浮 Rongshutou Fairway No 1	22-11.14N 113-47.50E	闪绿4秒			绿色锥形	右侧标AIS应答器
7410110.02 (4281.14)	榕树头航道2灯浮 Rongshutou Fairway No 2	22-12.37N 113-47.57E	闪红4秒			红色罐形	左侧标
7410110.03 (4281.16)	榕树头航道3灯浮 Rongshutou Fairway No 3	22-13.99N 113-47.87E	闪红4秒			红色罐形	左侧标
7410119 (4281.68)	气象(1)灯浮 Weather No 1	22-05.35N 114-22.60E	莫(0)黄12秒			黄色标柱形	海上作业区专用标AIS应答器
7410120 (4281.69)	气象(2)灯浮 Weather No 2	22-06.11N 114-30.74E	莫(0)黄12秒			黄色标柱形	海上作业区专用标AIS应答器
7410125	气象灯浮 Weather	21-53.00N 114-52.00E	莫(0)黄12秒			黄色超大型浮标，顶标为黄色“X”形	海上作业区专用标
7410130 (4281.701)	海洋光学灯浮 Oceanic Optics	22-03.95N 114-17.50E	莫(0)黄12秒			黄色标柱形，顶标为黄色“X”形	海上作业区专用标
7410140 (4281.8)	白排岛灯桩 Bailpai Dao	21-52.09N 113-59.03E	闪白5秒	30	5	红白相间条纹柱形立标;7.0	

编号 No.	名称 Name	位置 Position	灯质 Characteristic	灯高 Height	射程 Range	构造 Structure	附记 Remarks
7410141.01	DAN GAN OCEAN OBSERVE 灯浮 No DAN GAN OCEAN OBSERVE	21-47.00N 114-12.10E	莫(O)黄12秒			黄色标柱形，顶标为黄色“X”形	海上作业区专用标 MMSI:994121639 发射模式:自主连续播发时间:3分钟
7410145.01	珠海佳蓬测风塔1灯桩 Zhuhai Jiapeng Wind Gauge Tower No 1	21-51.80N 113-54.79E	莫(U)白15秒	11	3	黄色柱形立标，顶标为黄色“X”形	
7410145.02	珠海佳蓬测风塔2灯桩 Zhuhai Jiapeng Wind Gauge Tower No 2	21-51.80N 113-54.79E	莫(U)白15秒	11	3	黄色柱形立标，顶标为黄色“X”形	
7410145.03	珠海佳蓬测风塔3灯桩 Zhuhai Jiapeng Wind Gauge Tower No 3	21-51.80N 113-54.79E	莫(U)白15秒	11	3	黄色柱形立标，顶标为黄色“X”形	
7410145.04	珠海佳蓬测风塔4灯桩 Zhuhai Jiapeng Wind Gauge Tower No 4	21-51.80N 113-54.80E	莫(U)白15秒	11	3	黄色柱形立标，顶标为黄色“X”形	
7410150 (4282)	蚊尾洲灯塔 Wenwei Zhou	21-48.82N 113-56.26E	闪白6秒	43	19	白色砖石结构;18.0	备用灯:8海里;雷达应答器：信号O(- - -)AIS应答器
7410151 (4281.701)	珠江口水文环境观测灯浮 Zhujiangkou Hydrologic Environment Observation	21-39.00N 113-45.00E	莫(O)黄12秒			黄色标柱形，顶标为黄色“X”形	海上作业区专用标AIS应答器： 名称：ZJK GUANCE MMSI：994121617
7410160 (4282.05)	外伶仃岛石涌湾灯桩 Wailingding Dao Shiyong Wan	22-06.39N 114-01.82E	闪白8秒	17	5	玻璃钢结构柱形立标;6.0	
7410170 (4282.06)	外伶仃港灯桩 Wailingding Gang	22-06.18N 114-01.46E	闪白4秒	10	5	红白相间条纹金属结构柱形立标;6.0	
7410170.01	外伶仃岛1灯浮 Wailingding Dao No 1	22-06.15N 114-01.13E	闪绿4秒			绿色锥形	右侧标雷达应答器： 信号B(- . . .)

编号 No.	名称 Name	位置 Position	灯质 Characteristic	灯高 Height	射程 Range	构造 Structure	附记 Remarks
7410170.02 (4282.063)	外伶仃岛2灯浮 Wailingding Dao No 2	22-06.21N 114-01.13E	闪红4秒			红色罐形	左侧标
7410170.03	外伶仃岛3灯浮 Wailingding Dao No 3	22-06.15N 114-01.28E	闪(2)绿6秒			绿色锥形	右侧标
7410170.04 (4282.064)	外伶仃岛4灯浮 Wailingding Dao No 4	22-06.21N 114-01.28E	闪(2)红6秒			红色罐形	左侧标
7410171	外伶仃岛石尾咀虚拟AIS虚拟航标 Wailingding Dao Shiwei Zui AIS	22-06.26N 114-01.19E					MMSI:994136943 发射模式:自主连续
7410175 (4282.065)	外伶仃细排礁灯桩 Wailingding Xipai Jiao	22-06.65N 114-03.26E	闪(2)白5秒	9	4	黑红黑横条纹柱形立标,顶标为黑色双球体;6.0	孤立危险物立标
7410176 (4282.0605)	外伶仃大角灯桩 Wailingding Dajiao	22-05.38N 114-02.82E	闪白6秒	8	4	红白相间条纹柱形立标;6.0	
7410180 (4282.07)	头鲈洲灯桩 Toulu Zhou	22-04.24N 113-56.44E	闪白6秒	23	5	红白相间条纹柱形立标;7.0	
7410190 (4282.08)	隘洲仔石角咀灯桩 Aizhou Zai Shijiao Zui	22-02.04N 113-54.34E	闪白8秒	33	5	红白相间条纹柱形立标;7.0	
7410200 (4282.1)	竹洲灯塔 Zhuzhou	21-59.78N 113-49.59E	闪白4秒	185	18	白色砖石结构;5.0	雷达应答器：信号N(- .)
7410210 (4282.14)	横洲灯桩 Hengzhou	22-00.26N 113-48.02E	闪白6秒	27	5	红白相间条纹柱形立标;7.0	
7410211	SHIP WRECK 虚拟航标 SHIP WRECK	22-00.65N 113-47.17E					
7410211.01	粤东莞吹0079临沉(1)灯浮 Yuedongguanchui 0079 Temporary Wreck No 1	22-00.71N 113-47.25E	互明暗蓝黄3秒			蓝黄相间竖条纹标柱形,顶标为黄色竖直十字形	

编号 No.	名称 Name	位置 Position	灯质 Characteristic	灯高 Height	射程 Range	构造 Structure	附记 Remarks
7410211.02	粤东莞吹0079临沉(2)灯浮 Yuedongguanchui 0079 Temporary Wreck No 2	22-00.49N 113-47.17E	互明暗蓝黄3秒			蓝黄相间竖条纹标柱形，顶标为黄色竖直十字形	
7410220 (4282.2)	贵洲灯桩 Guizhou	21-59.22N 113-47.50E	闪白6秒	34	5	红白相间条纹柱形立标;7.0	
7410230 (4282.49)	广州港外航道 W1灯浮 Guangzhou Gang Outer Fairway No W1	22-03.12N 113-51.68E	闪(2)绿6秒			绿色锥形	右侧标AIS应答器
7410230.02	广州港外航道 W2 虚拟航标 GUANGZHOU GANG OUTER FAIRWAY No W2	22-03.07N 113-51.40E					MMSI:994136660 发射模式:自主连续
7410230.03	广州港外航道 W3 虚拟航标 GUANGZHOU GANG OUTER FAIRWAY No W3	22-04.10N 113-51.48E					MMSI:994136661 发射模式:自主连续
7410230.04	广州港外航道 W4 虚拟航标 GUANGZHOU GANG OUTER FAIRWAY No W4	22-04.05N 113-51.20E					MMSI:994136662 发射模式:自主连续
7410230.05	广州港外航道 W5 虚拟航标 GUANGZHOU GANG OUTER FAIRWAY No W5	22-05.06N 113-51.29E					MMSI:994136663 发射模式:自主连续
7410230.06	广州港外航道 W6 虚拟航标 GUANGZHOU GANG OUTER FAIRWAY No W6	22-05.03N 113-51.00E					MMSI:994136664 发射模式:自主连续
7410240 (4282.5)	动头礁灯浮 Dongtou Jiao	22-03.52N 113-49.30E	快闪(3)白10秒			黑黄黑横条纹标柱形，顶标为黑色顶点相背双锥体	东方位标
7410250 (4283)	三牙排灯桩 Sanya Pai	22-04.79N 113-48.19E	闪白红6秒	24	白13红8	白色柱形立标;6.0	白光弧: 165° -320° 红光弧: 320° -165° 雷达应答器: 信号B(- . . .)

编号 No.	名称 Name	位置 Position	灯质 Characteristic	灯高 Height	射程 Range	构造 Structure	附记 Remarks
7410251.01	长鸿1号临沉(1)灯浮 Changhong 1 Temporary Wreck No 1	22-04.95N 113-48.08E	互明暗蓝黄3秒			蓝黄相间竖条纹标柱形，顶标为黄色竖直十字形	
7410251.02	长鸿1号临沉(2)灯浮 Changhong 1 Temporary Wreck No 2	22-04.95N 113-48.07E	互明暗蓝黄3秒			蓝黄相间竖条纹标柱形，顶标为黄色竖直十字形	
7410252	DEHAI 1 虚拟航标 DEHAI No 1	22-06.88N 113-48.43E					MMSI:994136762 发射模式:自主连续
7410260 (4283.08)	十三湾北堤头灯桩 Shisanwan N Breakwater Head	22-09.28N 113-49.57E	闪白3秒	12	4	红白相间条纹玻璃钢结构柱形立标;6.0	
7410265	中组前灯桩 Group M, Front	22-08.69N 113-49.63E				白色混凝土结构	测距标志
7410266	中组后灯桩 Group M, Rear	22-08.66N 113-49.58E				白色混凝土结构	测距标志
7410270 (4283.2)	四尺岩礁灯桩 Sichiyan Jiao	22-08.65N 113-46.57E	闪(2)白5秒	20.8	10	黑红黑横条纹柱形立标，顶标为黑色双球体	孤立危险物立标
7410280 (4284)	桂山岛灯塔 Guishan Dao	22-08.10N 113-48.83E	闪白5秒	57.2	18	白色混凝土结构;14.9	备用灯:闪白5秒11海里;
7410290 (4284.1)	大蜘洲银角咀灯桩 Dazhizhou Yinjiao Zui	22-07.67N 113-53.37E	闪白6秒	16	5	红白相间条纹柱形立标;7.0	
7410295	南组前灯桩 Group S, Front	22-06.95N 113-52.15E				白色混凝土结构;8.0	导标
7410296	南组后右灯桩 Group S, Rear R	22-06.88N 113-52.20E				白色混凝土结构;5.4	导标
7410297	南组后中灯桩 Group S, Rear M	22-06.88N 113-52.22E				白色混凝土结构;8.0	导标
7410298	南组后左灯桩 Group S, Rear L	22-06.90N 113-52.23E					导标

编号 No.	名称 Name	位置 Position	灯质 Characteristic	灯高 Height	射程 Range	构造 Structure	附记 Remarks
7410300 (4284.15)	小蜘洲灯塔 Xiaozhi Zhou	22-06.83N 113-52.07E	闪白3秒	66.8	18	红白相间斜条纹混凝土结构;14.8	
7410310 (4284.2)	枕箱岛灯桩 Zhenxiang Dao	22-07.23N 113-50.14E	闪白8秒	23	5	红白相间条纹柱形立标;7.0	
7410311	西组前灯桩 Group W, Front	22-07.75N 113-50.08E					测距标志
7410312	西组后右灯桩 Group W, Rear R	22-07.60N 113-49.58E				白色混凝土结构;9.7	测距标志
7410313	西组后中灯桩 Group W, Rear M	22-07.51N 113-49.52E				白色混凝土结构;14.0	测距标志
7410314	西组后左灯桩 Group W, Rear L	22-07.41N 113-49.48E				白色混凝土结构;11.0	测距标志
7410320 (4284.3)	桂山岛地龙角灯桩 Guishan Dao Dilong Jiao	22-07.26N 113-49.41E	闪白4秒	21.5	5	红白相间条纹金属结构柱形立标;7.0	
7410330 (4284.31)	珠海桂山中燃油库码头灯桩南 Zhuhai Guishan Zhong Fuel Oil Depot Pier S	22-07.42N 113-48.86E	定红	7.8	5	红白相间条纹金属结构柱形立标;3.0	
7410331	小蛛洲东灯桩 Xiaozhuzhou E	22-06.68N 113-52.56E	闪白3秒	15	4	红白相间条纹混凝土结构柱形立标;5.5	导标雷达应答器：信号Y（-．--）两灯一线：315°01′58″
7410332	隘洲东灯桩 Aizhou E	22-02.50N 113-56.00E	闪白4秒	15	4	红白相间条纹混凝土结构柱形立标;5.0	
7410333	圆岗岛灯桩 Yuangang Dao E	22-04.13N 113-58.28E	闪白5秒	15	4	黑白相间条纹混凝土结构柱形立标;5.5	
7410334	横岗岛南灯桩 Henggang Dao S	22-01.74N 114-00.19E	闪白6秒	15	4	黑白相间条纹混凝土结构柱形立标;5.0	

编号 No.	名称 Name	位置 Position	灯质 Characteristic	灯高 Height	射程 Range	构造 Structure	附记 Remarks
7410335	竹湾头灯桩 Zhuwantou	22-02.76N 114-01.17E	闪白3秒	15	4	红白相间条纹混凝土结构柱形立标;6.0	
7410336	担杆头村灯桩 Dangantou Cun	22-03.71N 114-18.02E	闪白4秒	15	4	黑白相间条纹混凝土结构柱形立标;6.0	
7410337	直湾岛灯桩 Zhiwan Dao	21-59.17N 114-07.16E	闪白5秒	15	4	红白相间条纹混凝土结构柱形立标;6.0	
7410338	庙湾岛灯桩 Miaowan Dao	21-52.47N 114-00.89E	闪白6秒	10	4	黑白相间条纹混凝土结构柱形立标;6.0	
7410339.01	广业海砂1 虚拟航标 HAI SHA 1	22-04.18N 114-06.30E					MMSI:994136980
7410339.02	广业海砂2 虚拟航标 HAI SHA 2	22-04.18N 114-05.25E					MMSI:994136981
7410339.03	广业海砂3 虚拟航标 HAI SHA 3	22-03.35N 114-05.23E					MMSI:994136982
7410339.04	广业海砂4 虚拟航标 HAI SHA 4	22-03.34N 114-06.30E					MMSI:994136983
7410340 (4284.32)	珠海桂山中燃油库码头灯桩北 Zhuhai Guishan Zhong Fuel Oil Depot Pier N	22-07.59N 113-48.73E	定红	7.8	5	红白相间条纹金属结构柱形立标;3.0	
7410350 (4284.33)	珠海桂山中燃油库码头灯浮 Zhuhai Guishan Zhong Fuel Oil Depot Pier	22-07.43N 113-48.40E	快闪(3)白10秒			黑黄黑横条纹标柱形，顶标为黑色顶点相背双锥体	东方位标
7410360 (4284.34)	珠海桂山油库疏港码头灯桩 Zhuhai Guishan Oil Depot Shu Harbour Pier	22-07.81N 113-48.83E	快闪红	8.5	4	红色金属结构柱形立标;5.0	

编号 No.	名称 Name	位置 Position	灯质 Characteristic	灯高 Height	射程 Range	构造 Structure	附记 Remarks
7410369.01	桂山海上风电场1灯浮 Guishan Haishang Wind Power Plant No.1	22-06.70N 113-45.45E	莫（0）黄12秒			黄色标柱形，顶标为黄色“X”形	海上作业区专用标AIS应答器： 名称：GSFD-1 MMSI：994121744 发射模式：自主连续
7410369.02	桂山海上风电场2灯浮 Guishan Haishang Wind Power Plant No.2	22-05.28N 113-45.64E	莫（0）黄12秒			黄色标柱形，顶标为黄色“X”形	海上作业区专用标AIS应答器： 名称：GSFD-2 MMSI：994121745 发射模式：自主连续
7410369.03	桂山海上风电场3灯浮 Guishan Haishang Wind Power Plant No.3	22-05.22N 113-43.66E	莫（0）黄12秒			黄色标柱形，顶标为黄色“X”形	海上作业区专用标AIS应答器： 名称：GSFD-3 MMSI：994121746 发射模式：自主连续
7410369.04	桂山海上风电场4灯浮 Guishan Haishang Wind Power Plant No.4	22-06.53N 113-42.73E	莫（0）黄12秒			黄色标柱形，顶标为黄色“X”形	海上作业区专用标AIS应答器： 名称：GSFD-4 MMSI：994121747 发射模式：自主连续
7410370 (4284.4)	赤滩岛赤滩头灯桩 Chitan Dao Chitan Tou	22-07.31N 113-45.69E	闪白3秒	23	5	红白相间条纹柱形立标;7.0	
7410375	洪奇沥断面水质监测站灯浮 Hongqili Section Water Quality testing Station	22-36.99N 113-35.00E	闪黄4秒			黄色标柱形	
7410376	蕉门断面水质监测站灯浮 Jiaomen Section Water Quality testing Station	22-37.55N 113-38.88E	莫（C）黄12秒			黄色标柱形，顶标为黄色“X”形	水中构筑物专用标

编号 No.	名称 Name	位置 Position	灯质 Characteristic	灯高 Height	射程 Range	构造 Structure	附记 Remarks
7410380.01 (4284.451)	桂山西测风塔1灯桩 Guishan W Anemography Tower No 1	22-07.92N 113-43.91E	莫(U)白15秒	10	5	黄色柱形立标，顶标为黄色"X"形;1.5	
7410380.02 (4284.452)	桂山西测风塔2灯桩 Guishan W Anemography Tower No 2	22-07.92N 113-43.91E	莫(U)白15秒	10	5	黄色柱形立标，顶标为黄色"X"形;1.5	
7410380.03 (4284.453)	桂山西测风塔3灯桩 Guishan W Anemography Tower No 3	22-07.92N 113-43.91E	莫(U)白15秒	10	5	黄色柱形立标，顶标为黄色"X"形;1.5	
7410390 (4284.5)	大头洲南角灯桩 Datouzhou S Jiao	22-05.69N 113-42.28E	闪白5秒	25	5	红白相间条纹柱形立标;7.0	
7410391.01	东防波堤1灯桩 Breakwater E No 1	22-08.86N 113-42.66E	闪红4秒	3	3	红白相间条纹玻璃钢结构柱形立标	
7410391.02	西防波堤2灯桩 Breakwater W No 2	22-08.82N 113-42.66E	闪绿4秒	3	3	绿白相间条纹玻璃钢结构柱形立标	
7410400 (4285)	监管锚地灯浮 Supervise Anchorage	22-09.12N 113-48.53E	莫(O)黄15秒			黄色标柱形，顶标为黄色"X"形	海上作业区专用标
7410405	北组前灯桩 Group N, Front	22-09.77N 113-48.68E				白色混凝土结构	测距标志
7410406	北组后灯桩 Group N, Rear	22-09.72N 113-48.58E				白色混凝土结构	测距标志
7410410 (4285.1)	石龙角灯桩 Shilong Jiao	22-10.14N 113-47.70E	闪白10秒	37	13	白色砖石结构柱形立标;10.0	
7410420 (4286)	桂山北灯船 Guishan N	22-10.87N 113-49.77E	莫(A)白6秒			红色	雷达应答器：信号Q(－ － . －) AIS应答器
7410430 (4287)	定线制航路1灯浮 Traffic Separation Rout No 1	22-13.95N 113-49.05E	等明暗白4秒			红白相间竖条纹球形	安全水域浮标雷达反射器AIS应答器

编号 No.	名称 Name	位置 Position	灯质 Characteristic	灯高 Height	射程 Range	构造 Structure	附记 Remarks
7410440 (4295)	沙洲西沉船灯浮 Sha Chau W Wreck	22-20.72N 113-51.63E	闪(2)白5秒			黑红黑横条纹标柱形，顶标为黑色双球体	孤立危险物浮标
7410450 (4296)	白排礁灯浮 Baipai Jiao	22-21.63N 113-51.98E	甚快(9)白10秒			黄黑黄横条纹标柱形，顶标为黑色顶点相对双锥体	西方位标
7410460 (4303)	矾石浅滩灯浮 Fanshi Shoal	22-26.55N 113-51.60E	闪(2)白5秒			黑红黑横条纹标柱形，顶标为黑色双球体	孤立危险物浮标
7410470 (4303.12)	内伶仃岛东南无名暗礁灯浮 Neilingding Dao SE Nameless Anjiao	22-23.49N 113-51.22E	闪(2)白5秒			黑红黑横条纹标柱形，顶标为黑色双球体	孤立危险物浮标
7410480 (4303.2)	内伶仃岛东角咀沉船灯浮 Neilingding Dao E Jiaozui Wreck	22-24.00N 113-49.83E	闪(2)白5秒			黑红黑横条纹标柱形，顶标为黑色双球体	孤立危险物浮标
7410480.03	港珠澳大桥泥沙监测3灯浮 Gangzhu'ao Bridge Nisha Monitoring No 3	22-24.21N 113-49.61E	莫(0)黄12秒			黄色标柱形，顶标为黄色“X”形	海上作业区专用标
7410485 (4303.31)	香港支线深圳段水文气象在线监测灯浮 HongKong Branch Shenzhen Section Hydrometeoelogy Online Monitoring	22-28.26N 113-48.29E	莫(0)黄12秒			黄色标柱形，顶标为黄色“X”形	海上作业区专用标
7410486.01	防护工程SY1灯浮 Fanghu Gongcheng No SY1	22-28.63N 113-48.46E	莫(C)黄15秒			黄色标柱形，顶标为黄色“X”形	水中构筑物专用标AIS应答器：名称：FANG HU SY1 MMSI：994121868发射模式：自主连续
7410486.02	防护工程SY2灯浮 Fanghu Gongcheng No SY2	22-28.68N 113-48.87E	莫(C)黄15秒			黄色标柱形，顶标为黄色“X”形	水中构筑物专用标

编 号 No.	名 称 Name	位置 Position	灯 质 Characteristic	灯高 Height	射程 Range	构 造 Structure	附 记 Remarks
7410486.03	防护工程SY3灯浮 Fanghu Gongcheng No SY3	22-27.90N 113-48.94E	莫(C)黄15秒			黄色标柱形,顶标为黄色“X”形	水中构筑物专用标
7410486.04	防护工程SY4灯浮 Fanghu Gongcheng No SY4	22-27.79N 113-48.54E	莫(C)黄15秒			黄色标柱形,顶标为黄色“X”形	水中构筑物专用标AIS应答器:名称:FANG HU SY4 MMSI:994121869发射模式:自主连续
7410490.01 (4303.301)	香港支线海底管道H1灯浮 Xianggang lateral Submarine Pipeline No H1	22-29.95N 113-49.00E	莫(C)黄12秒			黄色标柱形,顶标为黄色“X”形	水中构筑物专用标
7410490.02 (4303.302)	香港支线海底管道H2灯浮 Xianggang lateral Submarine Pipeline No H2	22-28.29N 113-48.94E	莫(C)黄12秒			黄色标柱形,顶标为黄色“X”形	水中构筑物专用标
7410490.03 (4303.303)	香港支线海底管道H3灯浮 Xianggang lateral Submarine Pipeline No H3	22-27.28N 113-49.56E	莫(C)黄12秒			黄色标柱形,顶标为黄色“X”形	水中构筑物专用标
7410490.04 (4303.304)	香港支线海底管道H4灯浮 Xianggang lateral Submarine Pipeline No H4	22-26.21N 113-50.40E	莫(C)黄12秒			黄色标柱形,顶标为黄色“X”形	水中构筑物专用标
7410490.05 (4303.305)	香港支线海底管道H5灯浮 Xianggang lateral Submarine Pipeline No H5	22-25.26N 113-51.13E	莫(C)黄12秒			黄色标柱形,顶标为黄色“X”形	水中构筑物专用标
7410490.06 (4303.306)	香港支线海底管道H6灯浮 Xianggang lateral Submarine Pipeline No H6	22-25.00N 113-51.52E	莫(C)黄12秒			黄色标柱形,顶标为黄色“X”形	水中构筑物专用标

编 号 No.	名 称 Name	位置 Position	灯 质 Characteristic	灯高 Height	射程 Range	构 造 Structure	附 记 Remarks
7410491	小矾石灯桩 Xiaofan Shi	22-29.53N 113-48.20E	闪白3秒	11	5	白色金属结构柱形立标;3.0	
7410492	大矾石灯桩 Dafan Shi	22-29.43N 113-48.48E	闪白5秒	25	5	红白相间横条纹金属结构柱形立标;3.0	
7410500.01 (4303.41)	公共航道1灯浮 Thoroughfare No 1	22-26.56N 113-52.09E	闪(2)红6秒			红色罐形	左侧标同步闪AIS应答器
7410500.02 (4303.42)	公共航道2灯浮 Thoroughfare No 2	22-26.16N 113-52.64E	莫(K)黄12秒			黄色标柱形，顶标为黄色“X”形	分道通航专用标AIS应答器
7410500.03 (4303.43)	公共航道3灯浮 Thoroughfare No 3	22-27.16N 113-52.13E	闪(2)红6秒			红色罐形	左侧标同步闪
7410500.04 (4303.44)	公共航道4灯浮 Thoroughfare No 4	22-27.67N 113-52.00E	闪(2)红6秒			红色罐形	左侧标同步闪
7410500.05 (4303.45)	公共航道5灯浮 Thoroughfare No 5	22-28.34N 113-51.72E	闪(2)红6秒			红色罐形	左侧标同步闪
7410500.06 (4303.46)	公共航道6灯浮 Thoroughfare No 6	22-28.85N 113-51.51E	闪(2)红6秒			红色罐形	左侧标同步闪
7410500.07 (4303.47)	公共航道7灯浮 Thoroughfare No 7	22-29.36N 113-51.30E	闪(2)红6秒			红色罐形	左侧标同步闪
7410500.08 (4303.48)	公共航道8灯浮 Thoroughfare No 8	22-29.98N 113-51.25E	闪(2)红6秒			红色罐形	左侧标
7410500.09 (4303.49)	公共航道9灯浮 Thoroughfare No 9	22-30.44N 113-51.22E	闪(2)红6秒			红色罐形	左侧标同步闪
7410500.10 (4303.5)	公共航道10灯浮 Thoroughfare No 10	22-30.94N 113-51.18E	闪(2+1)红12秒			红绿红罐形	推荐航道左侧标
7410515.03	A3灯浮 No A3	22-26.07N 113-52.77E	快闪(3)白10秒			黑黄黑横条纹标柱形，顶标为黑色顶点相背双锥体	东方位标

编号 No.	名称 Name	位置 Position	灯质 Characteristic	灯高 Height	射程 Range	构造 Structure	附记 Remarks
7410520 (4305)	赤湾港1灯浮 Chiwan Gang No 1	22-27.69N 113-52.99E	闪绿4秒			绿色锥形	右侧标
7410520.005	凯丰码头 虚拟航标 KAIFENG PIER	22-27.26N 113-52.75E					MMSI:994136615 发射模式:自主连续播发时间:3分钟
7410530.01 (4305.1)	蛇口港Y1灯浮 Shekou Gang No Y1	22-27.88N 113-53.12E	闪(3)绿10秒			绿色锥形	右侧标
7410530.02 (4305.2)	蛇口港Y2灯浮 Shekou Gang No Y2	22-27.97N 113-53.10E	闪(2)红6秒			红色罐形	左侧标
7410530.03 (4307)	赤湾港2灯浮 Chiwan Gang No 2	22-27.90N 113-52.97E	闪绿4秒			绿色锥形	右侧标同步闪
7410530.04 (4308)	赤湾港3灯浮 Chiwan Gang No 3	22-28.34N 113-52.93E	闪绿4秒			绿色锥形	右侧标同步闪
7410540 (4310)	赤湾港引导灯桩前 Chiwan Gang Ldg Lts, Front	22-28.72N 113-52.85E	等明暗红4秒	39.8	5	白色柱形立标，顶标为尖向上锥形	导标两灯一线：355°25′15″
7410550 (4311)	赤湾港引导灯桩后（有） Chiwan Gang Ldg Lts, Rear (Watched)	22-28.97N 113-52.83E	明暗红5秒	48.8	5	白色柱形立标，顶标为尖向下锥形	导标
7410560.01 (4313)	蛇口港1灯浮 Shekou Gang No 1	22-26.36N 113-53.31E	闪(2)绿6秒			绿色锥形	右侧标
7410560.02 (4314)	蛇口港2灯浮 Shekou Gang No 2	22-26.72N 113-53.16E	闪(2)红6秒			红色罐形	左侧标AIS应答器
7410560.03 (4315)	蛇口港3灯浮 Shekou Gang No 3	22-26.61N 113-53.54E	闪(3)绿10秒			绿色锥形	右侧标
7410560.04 (4316)	蛇口港4灯浮 Shekou Gang No 4	22-26.74N 113-53.86E	闪绿4秒			绿色锥形	右侧标
7410560.05 (4317)	蛇口港5灯浮 Shekou Gang No 5	22-27.09N 113-53.97E	闪(2)绿6秒			绿色锥形	右侧标

编 号 No.	名 称 Name	位置 Position	灯 质 Characteristic	灯高 Height	射程 Range	构 造 Structure	附 记 Remarks
7410560.06 (4317.1)	蛇口港6灯浮 Shekou Gang No 6	22-27.60N 113-54.20E	闪(3)绿10秒			绿色锥形	右侧标
7410570.09	CP9灯浮 No CP9	22-25.21N 113-53.48E	闪绿4秒			绿色锥形	右侧标
7410570.11	CP11灯浮 No CP11	22-26.16N 113-53.23E	闪(2)绿6秒			绿色锥形	右侧标
7410571	虚拟航标	22-25.74N 113-53.33E					
7410590.01 (4326)	高速客船航道G1灯浮 High Speed Passenger Ship Fairway No G1	22-27.05N 113-54.60E	闪(2)绿6秒			绿色锥形	右侧标同步闪
7410590.02 (4326.3)	高速客船航道G2灯浮 High Speed Passenger Ship Fairway No G2	22-27.05N 113-54.51E	闪(2)红6秒			红色罐形	左侧标同步闪
7410590.03 (4326.7)	高速客船专用航道G3灯浮 High Speed Passenger Ship Special Fairway No G3	22-27.37N 113-54.57E	闪(2)绿6秒			绿色锥形	右侧标同步闪
7410590.04 (4327)	高速客船专用航道G4灯浮 High Speed Passenger Ship Special Fairway No G4	22-27.36N 113-54.50E	闪(2)红6秒			红色罐形	左侧标同步闪
7410590.05	高速客船专用航道G5灯浮 High Speed Passenger Ship Special Fairway No G5	22-27.60N 113-54.56E	闪(2)绿6秒			绿色锥形	右侧标同步闪雷达反射器
7410590.06	高速客船专用航道G6灯浮 High Speed Passenger Ship Special Fairway No G6	22-27.60N 113-54.49E	闪(2)红6秒			红色罐形	左侧标同步闪雷达反射器

编 号 No.	名 称 Name	位置 Position	灯 质 Characteristic	灯高 Height	射程 Range	构 造 Structure	附 记 Remarks
7410590.07	高速客船专用航道G7灯浮 High Speed Passenger Ship Special Fairway No G7	22-27.89N 113-54.64E	闪(3)绿10秒			绿色锥形	右侧标雷达反射器
7410590.08	高速客船专用航道G8灯浮 High Speed Passenger Ship Special Fairway No G8	22-27.88N 113-54.56E	快闪白			黑黄相间横条纹标柱形，顶标为黑色顶点朝上双锥体	北方位标雷达反射器
7410590.09	高速客船专用航道G9灯浮 High Speed Passenger Ship Special Fairway No G9	22-28.09N 113-54.69E	闪(3)绿10秒			绿色锥形	右侧标雷达反射器
7410590.10	高速客船专用航道G10灯浮 High Speed Passenger Ship Special Fairway No G10	22-28.36N 113-54.76E	闪(3)绿10秒			绿色锥形	右侧标雷达反射器
7410600 (4328.01)	深圳东角头1灯浮 Shenzhen E Jiaotou No 1	22-27.99N 113-56.08E	闪绿4秒			绿色锥形	右侧标
7410610.01 (4328.015)	中电海缆3线Z1灯浮 Zhongdian Submarine Cable No 3 Z1	22-28.45N 113-56.16E	莫(C)黄15秒			黄色标柱形，顶标为黄色“X”形	水中构筑物专用标
7410610.02 (4328.016)	中电海缆3线Z2灯浮 Zhongdian Submarine Cable No 3 Z2	22-27.99N 113-56.16E	莫(C)黄15秒			黄色标柱形，顶标为黄色“X”形	水中构筑物专用标
7410620.02 (4328.02)	深圳东角头2灯浮 Shenzhen E Jiaotou No 2	22-28.66N 113-56.12E	闪(2)绿6秒			绿色锥形	右侧标
7410620.03 (4328.03)	深圳东角头3灯浮 Shenzhen E Jiaotou No 3	22-28.79N 113-56.03E	闪(3)红10秒			红色罐形	左侧标
7410630.01 (4328.1)	深圳湾海缆1灯浮 Shenzhen Wan Submarine Cable No 1	22-28.82N 113-55.50E	莫(C)黄12秒			黄色标柱形，顶标为黄色“X”形	水中构筑物专用标

编号 No.	名称 Name	位置 Position	灯质 Characteristic	灯高 Height	射程 Range	构造 Structure	附记 Remarks
7410630.02 (4328.2)	深圳湾海缆2灯浮 Shenzhen Wan Submarine Cable No 2	22-28.60N 113-56.45E	莫(C)黄12秒			黄色标柱形，顶标为黄色“X”形	水中构筑物专用标
7410630.03 (4328.3)	深圳湾海缆3灯浮 Shenzhen Wan Submarine Cable No 3	22-28.85N 113-57.04E	莫(C)黄12秒			黄色标柱形，顶标为黄色“X”形	水中构筑物专用标
7410630.04 (4328.4)	深圳湾海缆4灯浮 Shenzhen Wan Submarine Cable No 4	22-28.85N 113-57.33E	莫(C)黄12秒			黄色标柱形，顶标为黄色“X”形	水中构筑物专用标
7410635.01 (4328.41)	SZWG1灯浮 No SZWG1	22-29.04N 113-56.67E	闪绿4秒			绿色标柱形，顶标为绿色尖向上锥形	右侧标
7410635.02 (4328.42)	SZWG2灯浮 No SZWG2	22-29.05N 113-56.54E	闪红4秒			红色标柱形，顶标为红色圆柱形	左侧标
7410635.03 (4328.43)	SZWG3灯浮 No SZWG3	22-29.09N 113-56.78E	闪绿4秒			绿色标柱形，顶标为绿色尖向上锥形	右侧标
7410635.04 (4328.44)	SZWG4灯浮 No SZWG4	22-29.15N 113-56.74E	闪红4秒			红色标柱形，顶标为红色圆柱形	左侧标
7410635.05 (4328.45)	SZWG5灯浮 No SZWG5	22-29.19N 113-56.98E	闪绿4秒			绿色标柱形，顶标为绿色尖向上锥形	右侧标
7410635.06 (4328.46)	SZWG6灯浮 No SZWG6	22-29.25N 113-56.95E	闪红4秒			红色标柱形，顶标为红色圆柱形	左侧标
7410635.07 (4328.47)	SZWG7灯浮 No SZWG7	22-29.25N 113-57.11E	闪绿4秒			绿色标柱形，顶标为绿色尖向上锥形	右侧标
7410635.08 (4328.48)	SZWG8灯浮 No SZWG8	22-29.31N 113-57.08E	闪红4秒			红色标柱形，顶标为红色圆柱形	左侧标
7410635.081	SZWF1灯浮 No SZWF1	22-29.35N 113-57.52E	快(9)15秒			黄黑黄横条纹标柱形，顶标为黑色顶点相对双锥体	西方位标

编号 No.	名称 Name	位置 Position	灯质 Characteristic	灯高 Height	射程 Range	构造 Structure	附记 Remarks
7410640 (4328.5)	F1灯浮 No F1	22-29.95N 113-57.10E	莫(C)黄12秒			黄色标柱形，顶标为黄色“X”形	水中构筑物专用标
7410650 (4329)	后海沉排（渔）灯桩 Houhai Chenpai	22-30.00N 113-56.80E	闪(2)白5秒	6	6	黑红黑横条纹混凝土结构柱形立标，顶标为黑色双球体;7.3	孤立危险物立标
7410660 (4330)	蛇口避风塘堤头灯桩 Shekou Shelter Breakwater Head	22-29.21N 113-55.50E	闪(2)红6秒		2.4	白色柱形立标	
7410670 (4330.1)	蛇口水上引导灯桩前 Shekou Ldg Lts, on Platform, Front	22-28.55N 113-54.64E	等明暗绿2秒	14	2	白色柱形立标，顶标为红色尖向上三角形	导标两灯一线: 036° 43′ 24″.6
7410680 (4330.11)	蛇口水上引导灯桩后 Shekou Ldg Lts, on Platform, Rear	22-28.76N 113-54.82E	明暗红5秒	18.5	3	白色柱形立标，顶标为红色尖向下三角形	导标
7410690 (4334)	深圳河口1灯桩 Shenzhenhe Kou No 1	22-30.73N 113-59.69E	闪(2)红6秒	6.2	10	红色金属结构，顶标为红色圆柱形	左侧标
7410700 (4335)	深圳河口灯桩 Shenzhenhe Kou	22-31.10N 113-59.60E				红色柱形立标;10.5	
7410700.02 (4336)	深圳河口2灯桩 Shenzhenhe Kou No 2	22-30.10N 114-00.70E	闪(2)红6秒	4.9	2.4	红色，顶标为红色圆柱形;6.9	左侧标
7410700.03 (4337)	深圳河口3灯桩 Shenzhenhe Kou No 3	22-30.40N 114-01.50E	闪(2)红6秒	5.3	2.4	红色金属结构，顶标为红色圆柱形;8.6	左侧标
7410700.04 (4338)	深圳河口4灯桩 Shenzhenhe Kou No 4	22-30.39N 114-02.19E	闪(2)红6秒	6.1	2.4	红色金属结构，顶标为红色圆柱形;7.6	左侧标
7410701	QSZ1灯浮 No QSZ1	22-30.37N 114-02.24E	莫（C）黄12秒			黄色金属结构标柱形，顶标为黄色“X”形	水中构筑物专用标
7410702	SZH1灯浮 No SZH1	22-30.35N 114-02.37E	闪红4秒			红色金属结构标柱形，顶标为红色圆柱形	左侧标

编 号 No.	名 称 Name	位置 Position	灯 质 Characteristic	灯高 Height	射程 Range	构 造 Structure	附 记 Remarks
7410710 (4338.11)	妈湾港禁锚灯浮 Mawan Gang Anchor Prohibited Area	22-29.69N 113-51.51E	莫(C)黄12秒			黄色标柱形，顶标为黄色“X”形	水中构筑物专用标
7410711	妈湾排污口 虚拟航标 MAWAN OUTFALLS	22-29.70N 113-51.47E					MMSI:994136712 发射模式:自主连续
7410712	深圳海星码头港池AIS虚拟航标 虚拟航标 HAIXING	22-29.93N 113-51.45E					MMSI：994136821 发射模式：自主连续
7410720 (4339.2)	大铲水道D2灯浮 Dachan Channel No D2	22-29.76N 113-51.06E	闪(2)红6秒			红色罐形	左侧标
7410730.01 (4339.23)	孖洲1灯浮 Mazhou No 1	22-29.96N 113-50.89E	闪红4秒			红色标柱形，顶标为红色圆柱形	左侧标
7410730.02 (4339.24)	孖洲2灯浮 Mazhou No 2	22-30.82N 113-50.06E	闪红4秒			红色标柱形，顶标为红色圆柱形	左侧标
7410730.03 (4339.25)	孖洲3灯浮 Mazhou No 3	22-30.29N 113-49.77E	快闪(9)白15秒			黄黑黄横条纹标柱形，顶标为黑色顶点相对双锥体	西方位标
7410740 (4339.3)	大铲水道D3灯浮 Dachan Channel No D3	22-30.71N 113-50.39E	闪绿4秒			绿色锥形	右侧标
7410750.01 (4339.41)	大铲湾港区1灯浮标 Dachan Wan Harbour No 1	22-31.21N 113-51.15E	闪(2)红6秒			红色罐形	左侧标同步闪雷达应答器：信号M(- -)
7410750.02 (4339.42)	大铲湾港区2灯浮标 Dachan Wan Harbour No 2	22-31.23N 113-51.34E	闪(2)绿6秒			绿色锥形	右侧标同步闪
7410750.03 (4339.43)	大铲湾港区3灯浮标 Dachan Wan Harbour No 3	22-31.58N 113-51.02E	闪红4秒			红色罐形	左侧标
7410750.04 (4339.44)	大铲湾港区4灯浮标 Dachan Wan Harbour No 4	22-31.98N 113-50.87E	快闪红			红色罐形	左侧标

编 号 No.	名 称 Name	位置 Position	灯 质 Characteristic	灯高 Height	射程 Range	构 造 Structure	附 记 Remarks
7410750.05 (4339.45)	大铲湾港区5灯浮标 Dachan Wan Harbour No 5	22-32.41N 113-50.74E	闪红4秒			红色罐形	左侧标
7410750.06 (4339.46)	大铲湾6灯浮 Dachan Wan No 6	22-31.38N 113-51.42E	快闪绿			绿色锥形	右侧标
7410750.07 (4339.47)	大铲湾7灯浮 Dachan Wan No 7	22-31.48N 113-51.67E	闪(2)绿6秒			绿色锥形	右侧标
7410750.08 (4339.48)	大铲湾8灯浮 Dachan Wan No 8	22-31.57N 113-51.82E	闪绿4秒			绿色锥形	右侧标
7410753.01 (4339.481)	QHW1灯浮 No QHW1	22-31.37N 113-52.04E	快闪绿			绿色标柱形	右侧标
7410753.02 (4339.482)	QHW2灯浮 No QHW2	22-31.42N 113-51.96E	快闪红			红色标柱形	左侧标
7410753.03 (4339.483)	QHW3灯浮 No QHW3	22-31.71N 113-52.39E	快闪绿			绿色标柱形	右侧标
7410753.04 (4339.484)	QHW4灯浮 No QHW4	22-31.73N 113-52.32E	快闪红			红色标柱形	左侧标
7410753.05	QHW5灯浮 No QHW5	22-32.31N 113-52.51E	快闪（9）白 15秒			黄黑黄横条纹标柱形，顶标为黑色顶点相对双锥体	西方位标
7410758.02 (4342.11)	矾石2灯浮 Fanshi No 2	22-34.46N 113-47.67E	闪(2+1)绿6秒			绿红绿横条纹标柱形，顶标为绿色尖向上锥形	推荐航道右侧标
7410759.01 (4339.5)	矾石1灯浮 Fanshi No 1	22-31.11N 113-51.08E	快(6)+长闪白15秒			黄黑相间横条纹标柱形，顶标为黑色顶点朝下双锥体	南方位标
7410759.011 (4339.504)	矾石航道1-1灯浮 Fanshi Fairway No 1-1	22-31.23N 113-50.83E	闪绿4秒			绿色标柱形，顶标为绿色尖向上锥形	右侧标

编号 No.	名称 Name	位置 Position	灯质 Characteristic	灯高 Height	射程 Range	构造 Structure	附记 Remarks
7410759.03	矾石3灯桩 Fanshi No 3	22-35.96N 113-46.65E	快闪(9)白15秒	5.5	10	黄黑黄横条纹柱形立标，顶标为黑色顶点相对双锥体	西方位标
7410759.04	矾石4灯桩 Fanshi No 4	22-40.83N 113-44.17E	闪(2+1)绿6秒	5.3	9	绿红绿横条纹，顶标为绿色尖向上锥形	推荐航道右侧标
7410759.051	矾石5灯浮 Fanshi No 5	22-41.24N 113-43.14E	快闪(9)白15秒			黄黑黄横条纹金属结构标柱形，顶标为黑色顶点相对双锥体	西方位标
7410765.01 (4303.494)	深圳西部政府码头1灯浮 Shenzhen Xibu Zhengfu Pier No 1	22-30.58N 113-51.46E	闪(2)绿6秒			绿色锥形	右侧标
7410765.02 (4303.495)	深圳西部政府码头2灯浮 Shenzhen Xibu Zhengfu Pier No 2	22-30.68N 113-51.54E	闪(3)绿10秒			绿色锥形	右侧标
7410765.03 (4303.496)	深圳西部政府码头3灯浮 Shenzhen Xibu Zhengfu Pier No 3	22-30.90N 113-51.58E	甚快(6)+长闪白15秒			黄黑相间横条纹标柱形，顶标为黑色顶点朝下双锥体	南方位标
7410770.02 (4339.52)	航2灯浮 Hang No 2	22-31.30N 113-50.63E	闪红4秒			红色罐形	左侧标
7410770.03 (4339.51)	航1灯浮 Hang No 1	22-31.56N 113-50.52E	闪绿4秒			绿色金属结构标柱形	右侧标
7410770.04 (4339.54)	航4灯浮 Hang No 4	22-31.53N 113-50.23E	闪红4秒			红色罐形	左侧标
7410770.05 (4339.53)	航3灯浮 Hang No 3	22-31.66N 113-50.18E	闪绿4秒			绿色锥形	右侧标
7410770.06 (4339.56)	航6灯浮 Hang No 6	22-31.66N 113-50.01E	闪红4秒			红色罐形	左侧标
7410770.061	航6-1灯浮 Hang No 6-1	22-31.75N 113-49.73E	闪红4秒			红色罐形	左侧标

编号 No.	名称 Name	位置 Position	灯质 Characteristic	灯高 Height	射程 Range	构造 Structure	附记 Remarks
7410770.07 (4339.55)	航5灯浮 Hang No 5	22-31.78N 113-49.95E	闪绿4秒			绿色锥形	右侧标
7410770.071	航5-1灯浮 Hang No 5-1	22-31.89N 113-49.69E	闪绿4秒			绿色锥形	右侧标
7410770.08 (4339.58)	航8灯浮 Hang No 8	22-32.04N 113-49.04E	闪(2+1)绿6秒			绿红绿横条纹锥形	推荐航道右侧标
7410770.09 (4339.57)	航7灯浮 Hang No 7	22-32.31N 113-48.92E	闪绿4秒			绿色锥形	右侧标
7410771.01	F1-1灯浮 No F1-1	22-31.52N 113-49.62E	快(6)+ 长闪白15秒			黄黑相间横条纹标柱形，顶标为黑色顶点朝下双锥体	南方位标
7410771.02	F1-2灯浮 No F1-2	22-31.82N 113-49.33E	快闪(9)白15秒			黄黑黄横条纹标柱形，顶标为黑色顶点相对双锥体	西方位标
7410780.03 (4339.6)	航10灯浮 Hang No 10	22-34.18N 113-49.71E	闪红4秒			红色罐形	左侧标
7410780.04 (4339.59)	航9灯浮 Hang No 9	22-34.29N 113-49.90E	闪绿4秒			绿色锥形	右侧标
7410780.05 (4339.62)	航12灯浮 Hang No 12	22-34.52N 113-49.43E	闪红4秒			红色罐形	左侧标
7410780.06 (4339.61)	航11灯浮 Hang No 11	22-34.63N 113-49.62E	闪绿4秒			绿色锥形	右侧标
7410780.07 (4339.64)	航14灯浮 Hang No 14	22-34.62N 113-49.34E	闪红4秒			红色罐形	左侧标
7410780.08 (4339.63)	航13灯浮 Hang No 13	22-34.73N 113-49.53E	闪绿4秒			绿色锥形	右侧标
7410780.09 (4339.66)	航16灯浮 Hang No 16	22-35.00N 113-48.71E	闪红4秒			红色罐形	左侧标

编号 No.	名称 Name	位置 Position	灯质 Characteristic	灯高 Height	射程 Range	构造 Structure	附记 Remarks
7410780.10 (4339.65)	航15灯浮 Hang No 15	22-35.13N 113-48.92E	闪绿4秒			绿色锥形	右侧标
7410781.01	大铲1灯浮 Dachan No 1	22-33.19N 113-50.86E	闪绿4秒			绿色锥形	右侧标
7410781.02	大铲2灯浮 Dachan No 2	22-33.63N 113-50.17E	闪红4秒			红色罐形	左侧标
7410781.03	大铲3灯浮 Dachan No 3	22-33.75N 113-50.37E	闪绿4秒			绿色锥形	右侧标
7410781.04	大铲4灯浮 Dachan No 4	22-35.48N 113-48.27E	闪红4秒			红色罐形	左侧标
7410781.05	大铲5灯浮 Dachan No 5	22-35.55N 113-48.39E	闪绿4秒			绿色锥形	右侧标
7410781.06	大铲6灯浮 Dachan No 6	22-35.80N 113-48.06E	闪红4秒			红色罐形	左侧标
7410781.07	大铲7灯浮 Dachan No 7	22-35.89N 113-48.15E	闪绿4秒			绿色锥形	右侧标
7410781.08	大铲8灯浮 Dachan No 8	22-36.39N 113-47.58E	闪红4秒			红色罐形	导标两灯一线: 126 ° 46′ 36″
7410781.09	大铲9灯浮 Dachan No 9	22-36.50N 113-47.84E	闪绿4秒			绿色锥形	右侧标
7410781.10	大铲10灯浮 Dachan No 10	22-36.78N 113-47.38E	闪红4秒			红色罐形	左侧标
7410781.11	大铲11灯浮 Dachan No 11	22-36.90N 113-47.65E	闪绿4秒			绿色锥形	右侧标
7410781.12	大铲12灯浮 Dachan No 12	22-37.24N 113-47.16E	闪红4秒			红色罐形	左侧标
7410781.13	大铲13灯浮 Dachan No 13	22-37.37N 113-47.41E	闪绿4秒			绿色锥形	右侧标

编号 No.	名称 Name	位置 Position	灯质 Characteristic	灯高 Height	射程 Range	构造 Structure	附记 Remarks
7410781.14	大铲14灯浮 Dachan No 14	22-37.68N 113-46.85E	闪红4秒			红色罐形	左侧标
7410781.15	大铲15灯浮 Dachan No 15	22-37.82N 113-47.07E	闪绿4秒			绿色锥形	右侧标
7410781.16	大铲16灯浮 Dachan No 16	22-38.14N 113-46.53E	闪红4秒			红色罐形	左侧标
7410781.17	大铲17灯浮 Dachan No 17	22-38.35N 113-46.70E	闪绿4秒			绿色锥形	右侧标
7410781.18	大铲18灯浮 Dachan No 18	22-38.64N 113-46.20E	闪红4秒			红色罐形	左侧标
7410781.19	大铲19灯浮 Dachan No 19	22-38.78N 113-46.40E	闪绿4秒			绿色锥形	右侧标
7410781.191 (4342.01901)	大铲19-1灯浮 Dachan No 19-1	22-39.21N 113-46.15E	闪绿4秒			绿色锥型	右侧标
7410781.192	大铲19-2灯浮 Dachan No 19-2	22-39.99N 113-45.46E	闪绿4秒			绿色金属结构锥形	右侧标
7410781.20 (4342.02)	大铲航道20灯浮 Dachan Fairway No 20	22-40.68N 113-45.15E	闪绿4秒	5.5	9	绿色标柱形，顶标为绿色尖向上锥形	右侧标
7410781.201 (4342.0205)	大铲航道20-0灯浮 Dachan Fairway No 20-0	22-40.53N 113-44.85E	闪红4秒			红色标柱形，顶标为红色圆柱形	导标白光弧: 282.65°-283.35° 遮蔽弧: 285°-281° 绿光弧: 281°-282.65° 红光弧: 283.35°-285°
7410781.22	大铲22灯桩 Dachan No 22	22-41.75N 113-43.85E	闪(2)红6秒	5.5	7	红色，顶标为红色圆柱形	左侧标
7410781.23	大铲23灯桩 Dachan No 23	22-43.17N 113-42.93E	闪(2)绿6秒	5.5	7	绿色，顶标为绿色尖向上锥形	右侧标

编 号 No.	名 称 Name	位置 Position	灯 质 Characteristic	灯高 Height	射程 Range	构 造 Structure	附 记 Remarks
7410781.241	大铲24灯浮 Dachan No 24	22-42.87N 113-42.98E	闪红4秒			红色金属结构标柱形，顶标为红色圆柱形	左侧标
7410781.251	大铲25灯浮 Dachan No 25	22-43.56N 113-41.66E	闪绿4秒			绿色标柱形，顶标为绿色尖向上锥形	右侧标
7410781.26	大铲26灯桩 Dachan No 26	22-43.45N 113-41.62E	闪(2)红6秒	5.5	7	红色，顶标为红色圆柱形	左侧标
7410781.27	大铲27灯桩 Dachan No 27	22-43.83N 113-40.83E	闪(2)绿6秒	5.5	9	绿色，顶标为绿色尖向上锥形	右侧标
7410782	20-1灯浮 No 20-1	22-41.83N 113-44.38E	闪绿4秒			绿色标柱形	右侧标
7410783.01 (4342.031)	深圳市海洋新兴产业基地项目施工XX1灯浮 Shenzhen Ocean Emerging Industrial Base Project Construction No XX1	22-41.11N 113-44.97E	莫(0)黄12秒			黄色标柱形，顶标为黄色“X”形	海上作业区专用标
7410783.03 (4342.033)	深圳市海洋新兴产业基地项目施工XX3灯浮 Shenzhen Ocean Emerging Industrial Base Project Construction No XX3	22-42.03N 113-44.71E	莫(0)黄12秒			黄色标柱形，顶标为黄色“X”形	海上作业区专用标
7410783.04 (4342.034)	深圳市海洋新兴产业基地项目施工XX4灯浮 Shenzhen Ocean Emerging Industrial Base Project Construction No XX4	22-42.11N 113-44.97E	莫（0）黄12秒			黄色标柱形，顶标为黄色“X”形	海上作业区专用标
7410783.05 (4342.035)	深圳市海洋新兴产业基地项目施工XX5灯浮 Shenzhen Ocean Emerging Industrial Base Project Construction No XX5	22-41.58N 113-44.83E	莫（0）黄12秒			黄色标柱形，顶标为黄色“X”形	海上作业区专用标

编号 No.	名称 Name	位置 Position	灯质 Characteristic	灯高 Height	射程 Range	构造 Structure	附记 Remarks
7410791.01	1灯浮 No 1	22-35.46N 113-48.14E				红白相间竖条纹球形	安全水域浮标
7410800.01 (4339.741)	广深沿江高速S1灯浮 Guangshen Yanjiang Freeway No S1	22-36.01N 113-48.72E	闪绿4秒			绿色锥形	右侧标
7410800.02 (4339.742)	广深沿江高速S2灯浮 Guangshen Yanjiang Freeway No S2	22-36.05N 113-48.70E	闪红4秒			红色罐形	左侧标
7410800.03 (4339.743)	广深沿江高速S3灯浮 Guangshen Yanjiang Freeway No S3	22-36.09N 113-48.89E	闪绿4秒			绿色锥形	右侧标
7410801.01	T1灯桩 No T1	22-36.07N 113-48.50E				绿色柱形立标	
7410801.02	T2灯桩 No T2	22-36.13N 113-48.46E				红色柱形立标	
7410805.03	3灯浮 No 3	22-36.76N 113-48.25E				红白相间竖条纹球形	安全水域浮标
7410810 (4339.7921)	虾山涌桥X0灯浮 Xiashan Chung Bridge No X0	22-39.73N 113-45.81E	闪(2+1)绿6秒			绿红绿横条纹标柱形，顶标为绿色尖向上锥形	推荐航道右侧标
7410810.01 (4339.7922)	虾山涌桥X1灯浮 Xiashan Chung Bridge No X1	22-39.86N 113-45.89E	快闪绿			绿色标柱形，顶标为绿色尖向上锥形	右侧标
7410810.02 (4339.7923)	虾山涌桥X2灯浮 Xiashan Chung Bridge No X2	22-39.90N 113-45.85E	快闪红			红色标柱形，顶标为红色圆柱形	左侧标
7410810.03 (4339.7924)	虾山涌桥X3灯浮 Xiashan Chung Bridge No X3	22-39.94N 113-46.01E	快闪绿			绿色标柱形，顶标为绿色尖向上锥形	右侧标
7410810.04 (4339.7925)	虾山涌桥X4灯浮 Xiashan Chung Bridge No X4	22-39.96N 113-45.93E	快闪红			红色标柱形，顶标为红色圆柱形	左侧标

编号 No.	名称 Name	位置 Position	灯质 Characteristic	灯高 Height	射程 Range	构造 Structure	附记 Remarks
7410810.05 (4339.7926)	虾山涌桥X5灯浮 Xiashan Chung Bridge No X5	22-39.97N 113-46.23E	快闪绿			绿色标柱形，顶标为绿色尖向上锥形	右侧标
7410810.06 (4339.7927)	虾山涌桥X6灯浮 Xiashan Chung Bridge No X6	22-40.00N 113-46.12E	快闪红			红色标柱形，顶标为红色圆柱形	左侧标
7410810.07 (4339.7928)	虾山涌桥X7灯浮 Xiashan Chung Bridge No X7	22-40.17N 113-46.38E	快闪绿			绿色标柱形，顶标为绿色尖向上锥形	右侧标
7410810.08 (4339.7929)	虾山涌桥X8灯浮 Xiashan Chung Bridge No X8	22-40.25N 113-46.39E	快闪红			红色标柱形，顶标为红色圆柱形	左侧标
7410825.07	BA07灯浮 No BA07	22-40.80N 113-45.68E	快闪绿			绿色金属结构标柱形，顶标为绿色尖向上锥形	右侧标
7410825.08	BA08灯浮 No BA08	22-40.98N 113-45.11E	闪绿4秒			绿色金属结构标柱形，顶标为绿色尖向上锥形	右侧标
7410826.01 (4340.9981)	宝安综合港区航段1号专用灯桩 Bao'an Integrated Harbour Segment No 1 Special	22-41.01N 113-45.26E	定红		3	红白相间横条纹金属结构柱形立标;3.0	
7410826.02 (4340.9982)	宝安综合港区航段2号专用灯桩 Bao'an Integrated Harbour Segment No 2 Special	22-40.76N 113-45.43E	定红		3	红白相间横条纹金属结构柱形立标;3.0	
7410830.01 (4339.7931)	虾山北涌桥XB1灯浮 Xiashan N Chung Bridge No XB1	22-40.34N 113-45.94E	快闪绿			绿色标柱形，顶标为绿色尖向上锥形	右侧标
7410830.02 (4339.7932)	虾山北涌桥XB2灯浮 Xiashan N Chung Bridge No XB2	22-40.36N 113-45.96E	快闪红			红色标柱形，顶标为红色圆柱形	左侧标
7410830.03 (4339.7933)	虾山北涌桥XB3灯浮 Xiashan N Chung Bridge No XB3	22-40.27N 113-46.04E	快闪绿			绿色标柱形，顶标为绿色尖向上锥形	右侧标

编号 No.	名称 Name	位置 Position	灯质 Characteristic	灯高 Height	射程 Range	构造 Structure	附记 Remarks
7410830.04 (4339.7934)	虾山北涌桥XB4灯浮 Xiashan N Chung Bridge No XB4	22-40.30N 113-46.02E	快闪红			红色标柱形，顶标为红色圆柱形	左侧标
7410830.05 (4339.7935)	虾山北涌桥XB5灯浮 Xiashan N Chung Bridge No XB5	22-40.26N 113-46.10E	快闪绿			绿色标柱形，顶标为绿色尖向上锥形	右侧标
7410830.06 (4339.7936)	虾山北涌桥XB6灯浮 Xiashan N Chung Bridge No XB6	22-40.28N 113-46.13E	快闪红			红色标柱形，顶标为红色圆柱形	左侧标
7410830.07 (4339.7937)	虾山北涌桥XB7灯浮 Xiashan N Chung Bridge No XB7	22-40.30N 113-46.26E	快闪绿			绿色标柱形，顶标为绿色尖向上锥形	右侧标
7410830.08 (4339.7938)	虾山北涌桥XB8灯浮 Xiashan N Chung Bridge No XB8	22-40.35N 113-46.26E	快闪红			红色标柱形，顶标为红色圆柱形	左侧标
7410831	WX1灯浮 No WX1	22-40.28N 113-45.68E	闪(2)白5秒			黑红黑横条纹标柱形，顶标为黑色双球体	孤立危险物浮标
7410832.01	BA06-1灯浮 No BA06-1	22-40.27N 113-45.37E	快闪绿			绿色标柱形，顶标为绿色尖向上锥形	右侧标
7410832.02	BA06-2灯浮 No BA06-2	22-40.28N 113-45.29E	闪(2+1)绿6秒			绿红绿横条纹标柱形，顶标为绿色尖向上锥形	推荐航道右侧标
7410840.01 (4340.8)	塔(1)灯浮 Ta No 1	22-32.36N 113-49.92E	莫(C)黄12秒			黄色标柱形，顶标为黄色“X”形	水中构筑物专用标
7410840.02 (4340.81)	塔(2)灯浮 Ta No 2	22-32.30N 113-49.75E	莫(C)黄12秒			黄色标柱形，顶标为黄色“X”形	水中构筑物专用标
7410840.03 (4340.82)	塔(3)灯浮 Ta No 3	22-32.80N 113-49.75E	莫(C)黄12秒			黄色标柱形，顶标为黄色“X”形	水中构筑物专用标
7410840.04 (4340.83)	塔(4)灯浮 Ta No 4	22-32.74N 113-49.59E	莫(C)黄12秒			黄色标柱形，顶标为黄色“X”形	水中构筑物专用标

编号 No.	名称 Name	位置 Position	灯质 Characteristic	灯高 Height	射程 Range	构造 Structure	附记 Remarks
7410840.05 (4340.84)	塔(5)灯浮 Ta No 5	22-33.18N 113-49.61E	莫(C)黄12秒			黄色标柱形，顶标为黄色“X”形	水中构筑物专用标
7410840.06 (4340.85)	塔(6)灯浮 Ta No 6	22-33.13N 113-49.44E	莫(C)黄12秒			黄色标柱形，顶标为黄色“X”形	水中构筑物专用标
7410840.07 (4340.86)	塔(7)灯浮 Ta No 7	22-33.60N 113-49.44E	莫(C)黄12秒			黄色标柱形，顶标为黄色“X”形	水中构筑物专用标
7410840.08 (4340.87)	塔(8)灯浮 Ta No 8	22-33.55N 113-49.29E	莫(C)黄12秒			黄色标柱形，顶标为黄色“X”形	水中构筑物专用标
7410840.09 (4340.88)	塔(9)灯浮 Ta No 9	22-34.03N 113-49.28E	莫(C)黄12秒			黄色标柱形，顶标为黄色“X”形	水中构筑物专用标
7410840.10 (4340.89)	塔(10)灯浮 Ta No 10	22-33.98N 113-49.13E	莫(C)黄12秒			黄色标柱形，顶标为黄色“X”形	水中构筑物专用标
7410840.11 (4340.9)	塔(11)灯浮 Ta No 11	22-34.35N 113-49.15E	莫(C)黄12秒			黄色标柱形，顶标为黄色“X”形	水中构筑物专用标
7410840.12 (4340.91)	塔(12)灯浮 Ta No 12	22-34.39N 113-48.98E	莫(C)黄12秒			黄色标柱形，顶标为黄色“X”形	水中构筑物专用标
7410850.01 (4340.951)	求大线海底管道Q1灯浮 Qiudaxian Submarine Pipeline No Q1	22-34.56N 113-49.16E	莫(C)黄15秒			黄色标柱形，顶标为黄色“X”形	水中构筑物专用标
7410850.02 (4340.952)	求大线海底管道Q2灯浮 Qiudaxian Submarine Pipeline No Q2	22-34.39N 113-48.85E	莫(C)黄15秒			黄色标柱形，顶标为黄色“X”形	水中构筑物专用标
7410850.03 (4340.953)	求大线海底管道Q3灯浮 Qiudaxian Submarine Pipeline No Q3	22-33.03N 113-49.39E	莫(C)黄15秒			黄色标柱形，顶标为黄色“X”形	水中构筑物专用标
7410850.04 (4340.954)	求大线海底管道Q4灯浮 Qiudaxian Submarine Pipeline No Q4	22-32.19N 113-49.55E	莫(C)黄15秒			黄色标柱形，顶标为黄色“X”形	水中构筑物专用标
7410850.05 (4340.955)	求大线海底管道Q5灯浮 Qiudaxian Submarine Pipeline No Q5	22-31.47N 113-49.82E	莫(C)黄15秒			黄色标柱形，顶标为黄色“X”形	水中构筑物专用标

编号 No.	名称 Name	位置 Position	灯质 Characteristic	灯高 Height	射程 Range	构造 Structure	附记 Remarks
7410851.01	F1灯浮 No F1	22-31.24N 113-49.48E	闪红4秒			红色罐形	左侧标
7410851.19 (4347.05)	F19灯浮 No F19	22-42.44N 113-41.95E	快闪(9)白15秒			黄黑黄横条纹标柱形，顶标为黑色顶点相对双锥体	西方位标
7410860	细丫岛标灯塔 Xiya Dao Mark	22-32.84N 113-49.13E	闪(2)白6秒	8	10		
7410870 (4342)	小铲礁灯桩（小沉排） Xiaochan Jiao (Xiaochen Pai)	22-33.14N 113-50.47E	闪红4秒	5.2	2.4	红色柱形立标，顶标为红色圆柱形	左侧标
7410881.01	深圳机场油料码头1灯浮 Shenzhen Airport Oil Pier No 1	22-32.97N 113-48.16E	等明暗白4秒			红白相间竖条纹标柱形，顶标为红色球体形	安全水域浮标
7410881.02	深圳机场油料码头2灯浮 Shenzhen Airport Oil Pier No 2	22-34.09N 113-48.10E	快闪红			红色标柱形，顶标为红色圆柱形	左侧标
7410881.03	深圳机场油料码头3灯浮 Shenzhen Airport Oil Pier No 3	22-34.09N 113-48.18E	快闪绿			绿色标柱形，顶标为绿色尖向上锥形	右侧标
7410881.04	深圳机场油料码头4灯浮 Shenzhen Airport Oil Pier No 4	22-34.78N 113-48.10E	闪红4秒			红色标柱形，顶标为红色圆柱形	左侧标
7410881.05	深圳机场油料码头5灯浮 Shenzhen Airport Oil Pier No 5	22-34.77N 113-48.17E	闪绿4秒			绿色标柱形，顶标为绿色尖向上锥形	右侧标
7410881.06	深圳机场油料码头6灯浮 Shenzhen Airport Oil Pier No 6	22-36.25N 113-48.06E	莫(C)黄12秒			黄色标柱形，顶标为黄色“X”形	水中构筑物专用标
7410881.07	深圳机场油料码头7灯浮 Shenzhen Airport Oil Pier No 7	22-36.54N 113-47.97E	莫(C)黄12秒			黄色标柱形，顶标为黄色“X”形	水中构筑物专用标
7410890 (4343)	矾石水道1灯浮 Fanshi Channel No 1	22-37.56N 113-43.40E	闪(2)白5秒			黑红黑横条纹标柱形，顶标为黑色双球体	孤立危险物浮标

编 号 No.	名 称 Name	位置 Position	灯 质 Characteristic	灯高 Height	射程 Range	构 造 Structure	附 记 Remarks
7410894.01 (4373.81)	围堰工程1灯浮 Weiyan Construction No 1	22-35.86N 113-42.00E	莫(0)黄12秒			黄色标柱形，顶标为黄色“X”形	海上作业区专用标
7410894.02 (4373.82)	围堰工程2灯浮 Weiyan Construction No 2	22-35.38N 113-42.03E	莫(0)黄12秒			黄色标柱形，顶标为黄色“X”形	海上作业区专用标
7410894.03 (4373.83)	围堰工程3灯浮 Weiyan Construction No 3	22-34.90N 113-42.08E	莫(0)黄12秒			黄色标柱形，顶标为黄色“X”形	海上作业区专用标
7410894.04 (4373.84)	围堰工程4灯浮 Weiyan Construction No 4	22-34.42N 113-42.11E	莫(0)黄12秒			黄色标柱形，顶标为黄色“X”形	海上作业区专用标
7410895.01 (4374.7)	南沙港三期1灯浮 Nansha Gang Phase Ⅲ No 1	22-35.94N 113-42.17E	快闪(3)白10秒			黑黄黑横条纹标柱形，顶标为黑色顶点相背双锥体	东方位标
7410895.02	南沙港三期2灯浮 Nansha Gang Phase Ⅲ No 2	22-36.20N 113-41.85E	甚快(3)白5秒			黑黄黑横条纹标柱形，顶标为黑色顶点相背双锥体	东方位标
7410895.03	南沙港三期3灯浮 Nansha Gang Phase Ⅲ No 3	22-36.32N 113-41.95E	甚快(9)白10秒			黄黑黄横条纹标柱形，顶标为黑色顶点相对双锥体	西方位标
7410896.02 (4374.32)	南沙港区三期驳船码头2号灯桩 Nansha Harbour Phase Ⅲ Barge Pier No 2	22-37.64N 113-41.16E	闪白5秒	13	5	柱形立标	
7410900 (4343.1)	矾石水道2灯浮 Fanshi Channel No 2	22-37.66N 113-43.40E	闪(2)白5秒			黑红黑横条纹标柱形，顶标为黑色双球体	孤立危险物浮标
7410911.01	W1灯浮 No W1	22-34.75N 113-45.96E	莫(0)黄12秒			黄色标柱形，顶标为黄色“X”形	海上作业区专用标同步闪
7410911.02	W2灯浮 No W2	22-34.44N 113-45.45E	莫(0)黄12秒			黄色标柱形，顶标为黄色“X”形	海上作业区专用标同步闪

编 号 No.	名 称 Name	位置 Position	灯 质 Characteristic	灯高 Height	射程 Range	构 造 Structure	附 记 Remarks
7410911.03	W3灯浮 No W3	22-33.99N 113-45.78E	莫(0)黄12秒			黄色标柱形，顶标为黄色“X”形	海上作业区专用标同步闪
7410911.04	W4灯浮 No W4	22-34.30N 113-46.29E	莫(0)黄12秒			黄色标柱形，顶标为黄色“X”形	海上作业区专用标同步闪
7410915.06	临6灯浮 Temporary No 6	22-37.93N 113-47.08E				红色罐形	左侧标
7410915.07	临7灯浮 Temporary No 7	22-38.06N 113-47.23E				绿色锥形	左侧标
7410920 (4345.01)	大铲水道3水中灯桩 Dachan Channel No 3 in Water	22-38.86N 113-46.73E	闪(2)绿6秒	5.3		绿色柱形立标，顶标为绿色尖向上锥形	右侧标
7410930	(2-1)灯浮 No 2-1	22-38.50N 113-47.05E				绿色锥形	右侧标
7410940.01 (4345.1)	深圳机场1灯浮 Shenzhen Airport No 1	22-38.50N 113-47.00E	快闪红			红色标柱形，顶标为红色圆柱形	左侧标
7410940.02 (4345.11)	深圳机场2灯浮 Shenzhen Airport No 2	22-38.50N 113-47.10E	快闪绿			绿色标柱形，顶标为绿色尖向上锥形	右侧标
7410940.03 (4345.12)	深圳机场3灯浮 Shenzhen Airport No 3	22-39.00N 113-47.30E	快闪红绿			红色标柱形，顶标为红色圆柱形	左侧标
7410940.05 (4345.14)	深圳机场5灯浮 Shenzhen Airport No 5	22-39.40N 113-47.50E	快闪红			红色标柱形，顶标为红色圆柱形	左侧标
7410940.06 (4345.15)	深圳机场6灯浮 Shenzhen Airport No 6	22-39.40N 113-47.60E	快闪绿			绿色标柱形，顶标为绿色尖向上锥形	右侧标
7410940.07 (4345.16)	深圳机场7灯浮 Shenzhen Airport NO 7	22-39.60N 113-47.60E	快闪(3)白10秒			黑黄黑横条纹标柱形，顶标为黑色顶点相背双锥体	东方位标

编号 No.	名称 Name	位置 Position	灯质 Characteristic	灯高 Height	射程 Range	构造 Structure	附记 Remarks
7410940.08 (4345.17)	深圳机场8灯浮 Shenzhen Airport No 8	22-39.50N 113-47.60E	快闪绿			绿色标柱形，顶标为绿色尖向上锥形	右侧标
7410940.09 (4345.18)	深圳机场9灯浮 Shenzhen Airport No 9	22-39.70N 113-47.60E	甚快(6)+长闪白 10秒			黄黑相间横条纹标柱形，顶标为黑色顶点朝下双锥体	南方位标
7410945.01	(1)灯浮 No 1	22-39.02N 113-46.70E				绿色锥形	右侧标
7410945.021	(2-1)灯浮 No 2-1	22-39.17N 113-46.73E				红色罐形	左侧标
7410970.21	大铲21灯桩 Dachan No 21	22-41.98N 113-44.26E	闪绿4秒			绿红绿标柱形，顶标为绿色尖向上锥形	推荐航道右侧标
7410971.01	MK1灯浮 MK No 1	22-42.34N 113-44.55E	闪绿4秒			绿色标柱形，顶标为绿色尖向上锥形	右侧标
7410971.02	MK2灯浮 MK No 2	22-42.36N 113-44.51E	闪红4秒			红色标柱形，顶标为红色圆柱形	左侧标
7410971.03	MK3灯浮 MK No 3	22-42.98N 113-44.77E	闪绿4秒			绿色标柱形，顶标为绿色尖向上锥形	右侧标
7410971.04	MK4灯浮 MK No 4	22-43.00N 113-44.71E	闪红4秒			红色标柱形，顶标为红色圆柱形	左侧标
7410971.05	MK5灯浮 MK No 5	22-43.71N 113-45.06E	闪绿4秒			绿色标柱形，顶标为绿色尖向上锥形	右侧标
7410971.06	MK6灯浮 MK No 6	22-43.72N 113-45.02E	闪红4秒			红色标柱形，顶标为红色圆柱形	左侧标
7410990.01 (4350.11)	东宝河特大桥D1灯浮 Dongbaohe Grand Bridge No D1	22-44.16N 113-45.30E	闪绿4秒			绿色标柱形	右侧标

编 号 No.	名 称 Name	位置 Position	灯 质 Characteristic	灯高 Height	射程 Range	构 造 Structure	附 记 Remarks
7410990.02 (4350.12)	东宝河特大桥D2灯浮 Dongbaohe Grand Bridge No D2	22-44.20N 113-45.27E	闪红4秒			红色标柱形	左侧标
7410990.03 (4350.13)	东宝河特大桥D3灯浮 Dongbaohe Grand Bridge No D3	22-44.30N 113-45.38E	闪绿4秒			绿色标柱形	右侧标
7410990.04 (4350.14)	东宝河特大桥D4灯浮 Dongbaohe Grand Bridge No D4	22-44.34N 113-45.36E	闪红4秒			红色标柱形	左侧标
7410990.05 (4350.15)	东宝河特大桥D5灯浮 Dongbaohe Grand Bridge No D5	22-44.40N 113-45.50E	闪绿4秒			绿色标柱形	右侧标
7410990.06 (4350.16)	东宝河特大桥D6灯浮 Dongbaohe Grand Bridge No D6	22-44.44N 113-45.48E	闪红4秒			红色标柱形，顶标为红色圆柱形	左侧标
7410991.01	XA1灯浮 No XA1	22-45.98N 113-47.34E	闪绿4秒			白色标柱形，顶标为尖向上锥形	左侧标
7410991.02	XA2灯浮 No XA2	22-45.98N 113-47.32E	闪红4秒			红色标柱形，顶标为红色圆柱形	左侧标
7410991.03	XA3灯浮 No XA3	22-46.07N 113-47.32E	闪绿4秒			白色标柱形，顶标为尖向上锥形	左侧标
7410991.04	XA4灯浮 No XA4	22-46.09N 113-47.29E	闪红4秒			红色标柱形，顶标为红色圆柱形	左侧标
7410992.01	SM1灯浮 No SM1	22-46.33N 113-47.82E	闪绿4秒			白色标柱形，顶标为黑色尖向上锥形	左侧标
7410992.02	SM2灯浮 No SM2	22-46.34N 113-47.75E	闪红4秒			红色标柱形，顶标为红色圆柱形	左侧标
7410992.03	SM3灯浮 No SM3	22-46.31N 113-47.83E	闪绿4秒			白色标柱形，顶标为黑色尖向上锥形	左侧标

编 号 No.	名 称 Name	位置 Position	灯 质 Characteristic	灯高 Height	射程 Range	构 造 Structure	附 记 Remarks
7410992.04	SM4灯浮 No SM4	22-46.32N 113-47.76E	闪红4秒			红色标柱形，顶标为红色圆柱形	左侧标
7410993.01	SD1灯浮 No SD1	22-46.60N 113-47.47E	闪绿4秒			白色标柱形，顶标为黑色尖向上锥形	左侧标
7410993.02	SD2灯浮 No SD2	22-46.61N 113-47.45E	闪红4秒			红色标柱形，顶标为红色圆柱形	左侧标
7410993.03	SD3灯浮 No SD3	22-46.63N 113-47.54E	闪绿4秒			白色标柱形，顶标为黑色尖向上锥形	左侧标
7410993.04	SD4灯浮 No SD4	22-46.64N 113-47.52E	闪红4秒			红色标柱形，顶标为红色圆柱形	左侧标
7410994.01	钻采码头1灯浮 Zuancai Pier No 1	22-43.76N 113-38.77E	闪(2+1)红12秒			红绿红横条纹罐形	推荐航道左侧标
7410994.02	钻采码头2灯浮 Zuancai Pier No 2	22-43.58N 113-38.77E	快闪白			黑黄相间横条纹标柱形，顶标为黑色顶点朝上双锥体	北方位标
7410994.03	钻采码头3灯浮 Zuancai Pier No 3	22-43.70N 113-38.21E	闪(2)绿6秒			绿色锥型	右侧标
7411009.01	岩心库1灯浮 Yanxinku No 1	22-43.77N 113-38.09E	莫（0）黄12秒			黄色标柱形，顶标为黄色“X”形	海上作业区专用标
7411009.02	岩心库2灯浮 Yanxinku No 2	22-43.65N 113-38.59E	莫（0）黄12秒			黄色标柱形，顶标为黄色“X”形	海上作业区专用标
7411009.04	岩心库4灯浮 Yanxinku No 4	22-43.56N 113-38.06E	莫（0）黄12秒			黄色标柱形，顶标为黄色“X”形	海上作业区专用标
7411010 (4352)	川鼻角灯浮 Chuanbi Jiao	22-44.72N 113-39.57E	快(6)+长闪白 15秒			黄黑相间横条纹标柱形，顶标为黑色顶点朝下双锥体	南方位标雷达反射器

编号 No.	名称 Name	位置 Position	灯质 Characteristic	灯高 Height	射程 Range	构造 Structure	附记 Remarks
7411011.01 (4378.151)	枕箱水道出口1灯浮 Zhenxiang Channel Export No 1	22-44.93N 113-38.25E	闪(2)白5秒			黑红黑横条纹标柱形，顶标为黑色双球体	孤立危险物浮标
7411011.02 (4378.152)	枕箱水道出口2灯浮 Zhenxiang Channel Export No 2	22-43.57N 113-39.54E	甚快白			黑黄相间横条纹标柱形，顶标为黑色顶点朝上双锥体	北方位标
7411011.03 (4378.153)	枕箱水道出口3灯浮 Zhenxiang Channel Export No 3	22-44.02N 113-39.19E	闪(2)白5秒			黑红黑横条纹金属结构标柱形，顶标为黑色双球体	孤立危险物浮标
7411011.04 (4378.154)	枕箱水道出口4灯浮 Zhenxiang Channel Export No 4	22-43.88N 113-38.49E	闪红4秒			红色标柱形，顶标为红色圆柱形	左侧标
7411011.05 (4378.155)	枕箱水道出口5灯浮 Zhenxiang Channel Export No 5	22-44.22N 113-38.23E	闪(2+1)绿6秒			绿红绿横条纹金属结构标柱形，顶标为绿色尖向上锥形	推荐航道右侧标
7411012.06 (4378.156)	枕箱水道6灯浮 Zhenxiang Channel No 6	22-44.16N 113-37.80E	闪红4秒			红色金属结构标柱形，顶标为红色圆柱形	左侧标
7411012.07 (4378.157)	枕箱水道7灯浮 Zhenxiang Channel No 7	22-44.25N 113-37.38E	闪绿4秒			绿色标柱形，顶标为绿色尖向上锥形	右侧标
7411012.08 (4378.158)	枕箱水道8灯浮 Zhenxiang Channel No 8	22-44.08N 113-36.87E	闪红4秒			红色金属结构标柱形，顶标为红色圆柱形	导标雷达应答器：信号G（－－.）两灯一线：359°52′
7411012.081	枕箱水道8-1灯浮 Zhenxiang Channel No 8-1	22-44.03N 113-36.47E	闪红4秒			红色标柱形，顶标为红色圆柱形	左侧标
7411012.09 (4378.159)	枕箱水道9灯浮 Zhenxiang Channel No 9	22-44.10N 113-36.22E	闪绿4秒			绿色金属结构标柱形，顶标为绿色尖向上锥形	右侧标
7411012.10	枕箱水道10灯浮 Zhenxiang Channel No 10	22-43.99N 113-35.73E	闪红4秒			红色金属结构标柱形，顶标为红色圆柱形	左侧标

编 号 No.	名 称 Name	位置 Position	灯 质 Characteristic	灯高 Height	射程 Range	构 造 Structure	附 记 Remarks
7411012.101	枕箱水道10-1灯浮 Zhenxiang Channel No 10-1	22-44.01N 113-35.61E	闪红4秒			红色金属结构标柱形，顶标为红色圆柱形	左侧标
7411013.01 (4378.161)	凫洲大桥1灯浮 Fuzhou Bridge No 1	22-43.98N 113-35.18E	闪红4秒			红色金属结构标柱形，顶标为红色圆柱形	左侧标
7411013.02 (4378.162)	凫洲大桥2灯浮 Fuzhou Bridge No 2	22-44.12N 113-35.18E	闪绿4秒			绿色金属结构标柱形，顶标为绿色尖向上锥形	右侧标
7411013.03 (4378.163)	凫洲大桥3灯浮 Fuzhou Bridge No 3	22-43.98N 113-34.85E	闪红4秒			红色金属结构标柱形，顶标为红色圆柱形	左侧标
7411013.04 (4378.164)	凫洲大桥4灯浮 Fuzhou Bridge No 4	22-44.12N 113-34.85E	闪绿4秒			绿色金属结构标柱形，顶标为绿色尖向上锥形	右侧标
7411014.01 (4378.1571)	枕箱北汊航道1灯浮 Zhenxiang Beicha Fairway No 1	22-45.21N 113-37.37E	闪绿4秒			绿色标柱形，顶标为绿色尖向上锥形	右侧标
7411014.02 (4378.1572)	枕箱北汊航道2灯浮 Zhenxiang Beicha Fairway No 2	22-44.73N 113-36.76E	闪绿4秒			绿色标柱形，顶标为绿色尖向上锥形	右侧标
7411015	西组前灯桩 Group W, Front	22-45.61N 113-37.08E				白色混凝土结构;13.0	
7411016	西组后右灯桩 Group W, Rear R	22-45.56N 113-36.93E				白色混凝土结构;7.0	
7411017	西组后左灯桩 Group W, Rear L	22-45.53N 113-36.95E				白色混凝土结构;7.0	
7411018	西组后中灯桩 Group W, Rear M	22-45.55N 113-36.94E				白色混凝土结构;7.0	
7411019.01	东组灯桩 Group E	22-45.62N 113-39.57E					测距标志

编号 No.	名称 Name	位置 Position	灯质 Characteristic	灯高 Height	射程 Range	构造 Structure	附记 Remarks
7411019.02	虎门测速标东组灯桩 Group E	22-45.56N 113-39.45E				白色砖石结构;2.6	测距标志
7411020.01 (4353)	沙角1灯浮 Shajiao No 1	22-45.84N 113-39.27E	闪(2+1)绿6秒			绿红绿横条纹标柱形,顶标为绿色尖向上锥形	推荐航道右侧标
7411020.02 (4354)	沙角2灯浮 Shajiao No 2	22-46.41N 113-39.66E	闪绿4秒			绿色标柱形,顶标为绿色尖向上锥形	右侧标
7411020.03 (4355)	沙角3灯浮 Shajiao No 3	22-46.46N 113-39.59E	闪(2)红6秒			红色标柱形,顶标为红色圆柱形	左侧标
7411021.01	凫洲大桥1灯桩 Fuzhou Bridge No 1	22-44.02N 113-36.47E	闪(2)红6秒			红色柱形立标,顶标为红色圆柱形	左侧标
7411022	48号锚南边界 NO 48 ANCHORAGE SOUTH	22-45.55N 113-39.11E					MMSI:994136796 发射模式:自主连续 播发时间:3分钟
7411023.01	M1灯浮 No M1	22-44.41N 113-33.57E	闪红4秒			红色金属结构标柱形,顶标为红色圆柱形	左侧标
7411023.02	M2灯浮 No M2	22-44.58N 113-33.71E	闪绿4秒			绿色金属结构标柱形,顶标为绿色尖向上锥形	右侧标
7411023.03	M3灯浮 No M3	22-44.60N 113-33.32E	闪红4秒			红色金属结构标柱形,顶标为红色圆柱形	左侧标
7411023.04	M4灯浮 No M4	22-44.77N 113-33.47E	闪绿4秒			绿色金属结构标柱形,顶标为绿色尖向上锥形	右侧标
7411024.01	上横沥上游右岸灯桩 Shanghengli Upstream R	22-45.39N 113-28.27E	定红			红白相间斜条纹	
7411024.02	上横沥上游左岸灯桩 Shanghengli Upstream L	22-45.50N 113-28.13E	定红			红白相间斜条纹	

编号 No.	名称 Name	位置 Position	灯质 Characteristic	灯高 Height	射程 Range	构造 Structure	附记 Remarks
7411024.03	上横沥下游右岸灯桩 Shanghengli Downstream R	22-45.52N 113-28.42E	定红			红白相间斜条纹	
7411024.04	上横沥下游左岸灯桩 Shanghengli Downstream L	22-45.63N 113-28.21E	定红			红白相间斜条纹	
7411024.05	鱼窝头涌上游右岸灯桩 Yuwotouyong Upstream R	22-50.61N 113-27.97E	定红			红白相间斜条纹	
7411024.06	鱼窝头涌上游左岸灯桩 Yuwotouyong Upstream L	22-50.61N 113-27.99E	定红			红白相间斜条纹	
7411024.07	鱼窝头涌下游右岸灯桩 Yuwotouyong Downstream R	22-50.43N 113-28.00E	定红			红白相间斜条纹	
7411024.08	鱼窝头涌下游左岸灯桩 Yuwotouyong Downstream L	22-50.45N 113-28.02E	定红			红白相间斜条纹	
7411024.09	大岗沥（一）上游右岸灯桩 Dagangli (1) Upstream R	22-46.30N 113-28.26E	定红			红白相间斜条纹	
7411024.10	大岗沥（一）上游左岸灯桩 Dagangli (1) Upstream L	22-46.34N 113-28.28E	定红			红白相间斜条纹	
7411024.11	大岗沥（一）下游右岸灯桩 Dagangli (1) Downstream R	22-46.19N 113-28.46E	定红			红白相间斜条纹	
7411024.12	大岗沥（一）下游左岸灯桩 Dagangli (1) Downstream L	22-46.22N 113-28.50E	定红			红白相间斜条纹	
7411024.13	大岗沥（二）上游右岸灯桩 Dagangli (2) Upstream R	22-49.19N 113-22.65E	定红			红白相间斜条纹	

编 号 No.	名 称 Name	位置 Position	灯 质 Characteristic	灯高 Height	射程 Range	构 造 Structure	附 记 Remarks
7411024.14	大岗沥（二）上游左岸灯桩 Dagangli (2) Upstream L	22-49.21N 113-22.66E	定红			红白相间斜条纹	
7411024.15	大岗沥（二）下游右岸灯桩 Dagangli (2) Downstream R	22-49.13N 113-22.72E	定红			红白相间斜条纹	
7411024.16	大岗沥（二）下游左岸灯桩 Dagangli (2) Downstream L	22-49.14N 113-22.76E	定红			红白相间斜条纹	
7411024.17	大岗沥（三）上游右岸灯桩 Dagangli (3) Upstream R	22-49.65N 113-19.49E	定红			红白相间斜条纹	
7411024.18	大岗沥（三）上游左岸灯桩 Dagangli (3) Upstream L	22-49.67N 113-19.48E	定红			红白相间斜条纹	
7411024.19	大岗沥（三）下游右岸灯桩 Dagangli (3) Downstream R	22-49.69N 113-19.56E	定红			红白相间斜条纹	
7411024.20	大岗沥（三）下游左岸灯桩 Dagangli (3) Downstream L	22-49.71N 113-19.54E	定红			红白相间斜条纹	
7411024.21	洪奇沥上游右岸灯桩 Hongqili Upstream R	22-43.00N 113-27.70E	定红			红白相间斜条纹	
7411024.22	洪奇沥上游左岸灯桩 Hongqili Upstream L	22-43.32N 113-27.92E	定红			红白相间斜条纹	
7411024.23	洪奇沥下游右岸灯桩 Hongqili Downstream R	22-42.66N 113-27.96E	定红			红白相间斜条纹	导标两灯一线: 341° 08′ 08″
7411024.24	洪奇沥下游左岸灯桩 Hongqili Downstream L	22-43.20N 113-28.12E	定红			红白相间斜条纹	

编号 No.	名称 Name	位置 Position	灯质 Characteristic	灯高 Height	射程 Range	构造 Structure	附记 Remarks
7411024.25	潭洲沥上游右岸灯桩 Tanzhouli Upstream R	22-46.03N 113-28.16E	定红			红白相间斜条纹	
7411024.26	潭洲沥上游左岸灯桩 Tanzhouli Upstream L	22-46.11N 113-28.17E	定红			红白相间斜条纹	
7411024.27	潭洲沥下游右岸灯桩 Tanzhouli Downstream R	22-46.03N 113-28.37E	定红			红白相间斜条纹	
7411024.28	潭洲沥下游左岸灯桩 Tanzhouli Downstream L	22-46.11N 113-28.38E	定红			红白相间斜条纹	
7411024.29	蕉门水道（一）上游右岸灯桩 Jiaomen Channel (1) Upstream R	22-47.40N 113-28.97E	定红			红白相间斜条纹	
7411024.30	蕉门水道（一）上游左岸灯桩 Jiaomen Channel (1) Upstream L	22-47.70N 113-29.17E	定红			红白相间斜条纹	
7411024.31	蕉门水道（一）下游右岸灯桩 Jiaomen Channel (1) Downstream R	22-47.29N 113-29.17E	定红			红白相间斜条纹	
7411024.32	蕉门水道（一）下游左岸灯桩 Jiaomen Channel (1) Downstream L	22-47.57N 113-29.34E	定红			红白相间斜条纹	
7411024.33	蕉门水道（二）上游右岸灯桩 Jiaomen Channel (2) Upstream R	22-49.94N 113-24.40E	定红			红白相间斜条纹	
7411024.34	蕉门水道（二）上游左岸灯桩 Jiaomen Channel (2) Upstream L	22-49.99N 113-24.55E	定红			红白相间斜条纹	
7411024.35	蕉门水道（二）下游右岸灯桩 Jiaomen Channel (2) Downstream R	22-49.77N 113-24.50E	定红			红白相间斜条纹	

编 号 No.	名 称 Name	位置 Position	灯 质 Characteristic	灯高 Height	射程 Range	构 造 Structure	附 记 Remarks
7411024.36	蕉门水道（二）下游左岸灯桩 Jiaomen Channel (2) Downstream L	22-49.80N 113-24.60E	定红			红白相间斜条纹	
7411024.37	骝岗水道上游右岸灯桩 Liugang Channel Upstream R	22-51.00N 113-28.80E	定红			红白相间斜条纹	
7411024.38	骝岗水道上游左岸灯桩 Liugang Channel Upstream L	22-51.01N 113-28.88E	定红			红白相间斜条纹	
7411024.39	骝岗水道下游右岸灯桩 Liugang Channel Downstream R	22-50.79N 113-28.79E	定红			红白相间斜条纹	
7411024.40	骝岗水道下游左岸灯桩 Liugang Channel Downstream L	22-50.79N 113-28.89E	定红			红白相间斜条纹	
7411024.41	高沙河上游右岸灯桩 Gaoshahe Upstream R	22-50.33N 113-25.34E	定红			红白相间斜条纹	
7411024.42	高沙河上游左岸灯桩 Gaoshahe Upstream L	22-50.38N 113-25.40E	定红			红白相间斜条纹	
7411024.43	高沙河下游右岸灯桩 Gaoshahe Downstream R	22-50.19N 113-25.49E	定红			红白相间斜条纹	
7411024.44	高沙河下游左岸灯桩 Gaoshahe Downstream L	22-50.19N 113-25.64E	定红			红白相间斜条纹	
7411024.45	下横沥上游右岸灯桩 Xiahengli Upstream R	22-43.69N 113-28.05E	定红			红白相间斜条纹	
7411024.46	下横沥上游左岸灯桩 Xiahengli Upstream L	22-43.86N 113-28.07E	定红			红白相间斜条纹	
7411024.47	下横沥下游右岸灯桩 Xiahengli Downstream R	22-43.68N 113-28.23E	定红			红白相间斜条纹	

编 号 No.	名 称 Name	位置 Position	灯 质 Characteristic	灯高 Height	射程 Range	构 造 Structure	附 记 Remarks
7411024.48	下横沥下游左岸灯桩 Xiahengli Downstream L	22-43.84N 113-28.23E	定红			红白相间斜条纹	
7411025.01	下横沥1灯浮 Xiaheng Li No 1	22-44.83N 113-33.14E	闪(3)绿6秒			红白相间罐形	
7411025.011 (4378.181)	明珠湾右岸下游Z1灯桩 Mingzhuwan Bridge Right Band Downstream No Z1	22-44.51N 113-33.43E	莫(0)黄12秒		2	黄色金属结构柱形立标，顶标为黄色“X”形;4.5	海上作业区专用标
7411025.012 (4378.182)	明珠湾右岸下游Z2灯桩 Mingzhuwan Bridge Right Band Downstream No Z2	22-44.68N 113-33.59E	莫(0)黄12秒		2	黄色金属结构柱形立标，顶标为黄色“X”形;4.5	海上作业区专用标
7411026.01	上横沥1灯浮 Shanghengli No 1	22-45.81N 113-30.96E	闪红4秒			红色标柱形，顶标为红色圆柱形	右侧标
7411027.01	蕉门水道1灯浮 Jiaomen Channel No 1	22-45.65N 113-32.64E	闪绿4秒			黑色标柱形，顶标为绿色尖向上锥形	左侧标
7411027.02	蕉门水道2灯浮 Jiaomen Channel No 2	22-45.83N 113-32.02E	闪(3)绿6秒			红白相间罐形	
7411027.03	蕉门水道3灯浮 Jiaomen Channel No 3	22-46.55N 113-31.20E	闪绿4秒			黑色标柱形，顶标为绿色尖向上锥形	左侧标
7411028.01	蕉门Z1灯浮 Jiaomen No Z1	22-45.86N 113-32.44E	闪(2)黄6秒			黄色金属结构标柱形	
7411028.02	蕉门Z2灯浮 Jiaomen No Z2	22-45.99N 113-32.31E	闪(2)黄6秒			黄色金属结构标柱形	
7411030 (4356)	虎胆排灯桩 Hudan Pai	22-47.04N 113-39.66E	闪红1.5秒	4.4	3.2	红色立标塔	
7411040 (4357)	沙角4灯浮 Shajiao No 4	22-47.23N 113-39.77E	闪(2)绿6秒			绿色标柱形，顶标为绿色尖向上锥形	右侧标

编号 No.	名称 Name	位置 Position	灯质 Characteristic	灯高 Height	射程 Range	构造 Structure	附记 Remarks
7411050.01 (4357.1)	小船推荐航路1灯浮 Boat Recommended Channel for Craft No 1	22-46.36N 113-38.80E	闪蓝2秒			白蓝白条纹	AIS应答器
7411050.02 (4357.2)	小船推荐航路2灯浮 Boat Recommended Channel for Craft No 2	22-46.86N 113-38.43E	闪(2)蓝5秒			白蓝白条纹	
7411050.03 (4357.3)	小船推荐航路3灯浮 Boat Recommended Channel for Craft No 3	22-47.33N 113-37.82E	闪(3)蓝8秒			白蓝白条纹	
7411060 (4357.6)	东澳岛南沙湾礁石灯浮 Dong'ao Dao Nanshawan Jiao	22-00.91N 113-41.75E	闪(2)白5秒			黑红黑横条纹标柱形，顶标为黑色双球体	孤立危险物浮标
7411070 (4357.8)	黄茅岛后湾咀灯桩 Huangmao Dao Houwan Zui	22-01.98N 113-40.22E	闪白5秒	14	5	红白相间条纹柱形立标;7.0	
7411080 (4358)	小蒲台岛灯塔 Xiaoputai Dao	22-01.79N 113-38.13E	闪白9秒	63	18	白色砖石结构;10.3	雷达应答器：信号G(- - .)
7411090 (4358.01)	东澳岛东澳尾灯桩 Dong'ao Dao Dong'ao Wei	22-01.42N 113-41.44E	闪白3秒	11	5	红白相间条纹金属结构柱形立标;7.0	
7411100 (4358.011)	东澳湾灯桩 Dong'ao Wan	22-01.38N 113-42.65E	闪白4秒	10	5	红白相间横条纹柱形立标	
7411110 (4358.013)	东澳岛北岩礁灯浮 Dong'ao Dao Beiyan Jiao	22-01.99N 113-43.25E	闪(2)白5秒			黑红黑横条纹标柱形，顶标为黑色双球体	孤立危险物浮标 雷达应答器：信号Y(- . - -)
7411120 (4358.015)	东澳岛小叶礁灯浮 Dong'ao Dao Xiaoye Jiao	22-01.71N 113-43.98E	闪(2)白5秒			黑红黑横条纹标柱形，顶标为黑色双球体	孤立危险物浮标
7411121	东澳岛小叶礁虚拟AIS虚拟航标 Dong'ao Dao Xiaoye Jiao AIS	22-01.81N 113-43.92E					MMSI:994136929 发射模式:自主连续

编号 No.	名称 Name	位置 Position	灯质 Characteristic	灯高 Height	射程 Range	构造 Structure	附记 Remarks
7411121.01	1号临时灯浮 Temporary No 1	22-01.62N 113-43.31E	莫（0）黄12秒			黄色标柱形，顶标为黄色“X”形	海上作业区专用标
7411121.02	2号临时灯浮 Temporary No 2	22-01.65N 113-43.15E	莫（0）黄12秒			黄色标柱形，顶标为黄色“X”形	海上作业区专用标
7411121.03	3号临时灯浮 Temporary No 3	22-01.80N 113-43.15E	莫（0）黄12秒			黄色标柱形，顶标为黄色“X”形	海上作业区专用标
7411130 (4358.016)	沙沟排灯浮 Shagou Pai	22-02.10N 113-46.38E	闪(2)白5秒			黑红黑横条纹标柱形，顶标为黑色双球体	孤立危险物浮标
7411131	沙钩排虚拟AIS 虚拟航标 Shagoupai AIS	22-02.06N 113-46.47E					MMSI:994136922 发射模式:自主连续
7411140 (4358.017)	叶顶礁灯浮 Yeding Jiao	22-03.70N 113-41.93E	闪(2)白5秒			黑红黑横条纹标柱形，顶标为黑色双球体	孤立危险物浮标 AIS应答器
7411150 (4358.02)	白沥岛拉角灯桩 Baili Dao Lajiao	21-59.37N 113-44.31E	闪白4秒	13	5	红白相间条纹柱形立标;7.0	
7411160 (4358.021)	白沥岛石排礁灯浮 Baili Dao Shipai Jiao	21-59.06N 113-44.15E	闪(2)白5秒			黑红黑横条纹标柱形，顶标为黑色双球体	孤立危险物浮标
7411170 (4358.03)	白沥岛南灯桩 Baili Dao S	21-57.96N 113-45.47E	闪(2)白6秒	30	5	柱形立标	
7411180 (4358.04)	大万山岛万山头灯桩 Dawanshan Dao Wanshan Tou	21-56.81N 113-44.74E	闪白4秒	18	5	红白相间条纹柱形立标;7.0	
7411190.01 (4358.041)	万山港1灯浮 Wanshan Gang No 1	21-56.07N 113-42.58E	闪绿4秒			绿色锥形	右侧标同步闪
7411190.02 (4358.042)	万山港2灯浮 Wanshan Gang No 2	21-56.15N 113-42.65E	闪红4秒			红色罐形	左侧标同步闪

编 号 No.	名 称 Name	位置 Position	灯 质 Characteristic	灯高 Height	射程 Range	构 造 Structure	附 记 Remarks
7411190.04 (4358.044)	万山港4灯浮 Wanshan Gang No 4	21-56.13N 113-42.80E	闪红4秒			红色罐形	左侧标同步闪
7411200.01 (4358.045)	大万山岛波浪能实验1灯浮 Dawanshan Dao Bolangneng Shiyan No 1	21-55.48N 113-43.48E	莫(0)黄12秒			黄色标柱形，顶标为黄色“X”形	海上作业区专用标
7411200.02 (4358.046)	大万山岛波浪能实验2灯浮 Dawanshan Dao Bolangneng Shiyan No 2	21-55.19N 113-43.54E	莫(0)黄12秒			黄色标柱形，顶标为黄色“X”形	海上作业区专用标
7411210 (4358.05)	大万山岛马咀角灯桩 Dawanshan Dao Mazui Jiao	21-55.62N 113-42.92E	闪白5秒	11	12	红白相间条纹柱形立标;7.0	
7411220 (4358.051)	小万山岛母鸭排灯浮 Xiaowanshan Dao Muya Pai	21-58.09N 113-42.30E	闪(2)白5秒			黑红黑横条纹标柱形，顶标为黑色双球体	孤立危险物浮标
7411230 (4358.06)	小万山岛山尾角灯桩 Xiaowanshan Dao Shanwei Jiao	21-56.64N 113-40.57E	闪白5秒	12	5	红白相间条纹柱形立标;7.0	
7411240 (4358.2)	大西水道灯浮 Daxi Channel	22-00.39N 113-32.63E	闪(2)白5秒			黑红黑横条纹标柱形，顶标为黑色双球体	孤立危险物浮标
7411241	珠湾3786沉船 虚拟航标 ZHU WAN 3786 WRECK	21-54.60N 113-29.80E					MMSI:994136798
7411250 (4358.043)	万山港3灯浮 Wanshan Gang No 3	21-56.05N 113-42.73E	闪绿4秒			绿色锥形	右侧标同步闪
7411260 (4358.5)	青洲灯桩 Qingzhou	22-10.01N 113-43.43E	闪(2)白6秒	84.8	11	柱形立标;10.0	雷达应答器：信号M(- -)
7411270 (4359)	青洲水道2灯浮 Qingzhou Channel No 2	22-10.95N 113-40.50E	等明暗白4秒			红白相间竖条纹标柱形，顶标为红色球体形	安全水域浮标雷达反射器AIS应答器

编 号 No.	名 称 Name	位置 Position	灯 质 Characteristic	灯高 Height	射程 Range	构 造 Structure	附 记 Remarks
7411280 (4360)	青洲水道1灯浮 Qingzhou Channel No 1	22-11.55N 113-44.20E	莫(A)白6秒			红白相间竖条纹标柱形，顶标为红色球体形	安全水域浮标雷达反射器AIS应答器
7411281	崖城香港管线3 虚拟航标 YCXGPIPELINE 3	22-13.07N 113-41.95E					MMSI:994136807
7411282	崖城香港管线4 虚拟航标 YCXGPIPELINE 4	22-19.91N 113-50.01E					MMSI:994136808
7411290 (4361.1)	马友石灯浮 Mayou Shi	22-16.61N 113-48.27E	闪红白4秒		白11	红色罐形	左侧标 同步闪 雷达应答器： 信号K（- . -）
7411300.01 (4361.21)	深圳港铜鼓航道T1灯浮 Shenzhen Gang Tonggu Fairway No T1	22-18.72N 113-48.42E	闪绿4秒			绿色锥形	右侧标
7411300.02 (4361.22)	深圳港铜鼓航道T2灯浮 Shenzhen Gang Tonggu Fairway No T2	22-19.03N 113-48.08E	闪(2+1)绿9秒			绿红绿横条纹锥形	推荐航道右侧标 雷达应答器： 信号O（- - -）
7411300.03 (4361.23)	深圳港铜鼓航道T3灯浮 Shenzhen Gang Tonggu Fairway No T3	22-19.23N 113-48.53E	闪绿4秒			绿色锥形	右侧标
7411300.04 (4361.24)	深圳港铜鼓航道T4灯浮 Shenzhen Gang Tonggu Fairway No T4	22-19.23N 113-48.26E	闪红4秒			红色罐形	左侧标
7411300.05 (4361.25)	深圳港铜鼓航道T5灯浮 Shenzhen Gang Tonggu Fairway No T5	22-20.07N 113-48.93E	闪绿4秒			绿色锥形	右侧标
7411300.06 (4361.26)	深圳港铜鼓航道T6灯浮 Shenzhen Gang Tonggu Fairway No T6	22-20.18N 113-48.68E	闪红4秒			红色罐形	左侧标
7411300.07 (4361.27)	深圳港铜鼓航道T7灯浮 Shenzhen Gang Tonggu Fairway No T7	22-20.91N 113-49.32E	闪绿4秒			绿色锥形	右侧标

编号 No.	名称 Name	位置 Position	灯质 Characteristic	灯高 Height	射程 Range	构造 Structure	附记 Remarks
7411300.08 (4361.28)	深圳港铜鼓航道T8灯浮 Shenzhen Gang Tonggu Fairway No T8	22-21.02N 113-49.08E	闪红4秒			红色罐形	左侧标
7411300.09 (4361.29)	深圳港铜鼓航道T9灯浮 Shenzhen Gang Tonggu Fairway No T9	22-21.75N 113-49.72E	闪绿4秒			绿色锥形	右侧标
7411300.10 (4361.3)	深圳港铜鼓航道T10灯浮 Shenzhen Gang Tonggu Fairway No T10	22-21.86N 113-49.47E	闪红4秒			红色罐形	左侧标
7411300.11 (4361.31)	深圳港铜鼓航道T11灯浮 Shenzhen Gang Tonggu Fairway No T11	22-22.59N 113-50.11E	闪绿4秒			绿色锥形	右侧标
7411300.12 (4361.32)	深圳港铜鼓航道T12灯浮 Shenzhen Gang Tonggu Fairway No T12	22-22.69N 113-49.87E	闪红4秒			红色罐形	左侧标
7411300.13 (4361.33)	深圳港铜鼓航道T13灯浮 Shenzhen Gang Tonggu Fairway No T13	22-23.33N 113-50.47E	闪绿4秒			绿色锥形	右侧标
7411300.14 (4361.34)	深圳港铜鼓航道T14灯浮 Shenzhen Gang Tonggu Fairway No T14	22-23.43N 113-50.22E	闪红4秒			红色罐形	左侧标
7411300.15 (4361.35)	深圳港铜鼓航道T15灯浮 Shenzhen Gang Tonggu Fairway No T15	22-24.08N 113-50.82E	闪绿4秒			绿色锥形	右侧标
7411300.16 (4361.36)	深圳港铜鼓航道T16灯浮 Shenzhen Gang Tonggu Fairway No T16	22-24.18N 113-50.56E	闪红4秒			红色罐形	左侧标
7411300.17 (4361.37)	深圳港铜鼓航道T17灯浮 Shenzhen Gang Tonggu Fairway No T17	22-24.63N 113-51.08E	闪绿4秒			绿色锥形	右侧标雷达应答器：信号B (- . . .)
7411300.18 (4361.38)	深圳港铜鼓航道T18灯浮 Shenzhen Gang Tonggu Fairway No T18	22-24.83N 113-50.87E	闪红4秒			红色罐形	左侧标

编号 No.	名称 Name	位置 Position	灯质 Characteristic	灯高 Height	射程 Range	构造 Structure	附记 Remarks
7411300.19 (4361.39)	深圳港铜鼓航道T19灯浮 Shenzhen Gang Tonggu Fairway No T19	22-24.86N 113-51.24E	闪绿4秒			绿色锥形	右侧标
7411300.20 (4361.4)	深圳港铜鼓航道T20灯浮 Shenzhen Gang Tonggu Fairway No T20	22-25.48N 113-51.42E	闪红4秒			红色罐形	左侧标
7411300.21 (4361.41)	深圳港铜鼓航道T21灯浮 Shenzhen Gang Tonggu Fairway No T21	22-25.30N 113-51.66E	闪绿4秒			绿色锥形	右侧标
7411300.22 (4361.42)	深圳港铜鼓航道T22灯浮 Shenzhen Gang Tonggu Fairway No T22	22-26.18N 113-51.90E	闪红4秒			红色罐形	左侧标
7411300.23 (4361.43)	深圳港铜鼓航道T23灯浮 Shenzhen Gang Tonggu Fairway No T23	22-25.92N 113-52.23E	闪绿4秒			绿色锥形	右侧标
7411301	大屿山西北礁灯浮 Dayu Shan NW Jiao	22-17.92N 113-50.73E	闪(2)白5秒			黑红黑横条纹标柱形，顶标为黑色双球体	孤立危险物浮标
7411301	波浪1灯浮 Wave No 1	22-19.08N 113-49.12E	莫(0)黄12秒			黄色标柱形	海上作业区专用标
7411308.01	灯桩	22-16.60N 113-51.73E	定红			柱形立标	
7411308.02	灯桩	22-16.59N 113-51.74E	快闪红			柱形立标	
7411308.03	灯桩	22-16.57N 113-51.77E	等明暗白4秒			柱形立标	雷达应答器：信号Q（－－．－）
7411308.04	灯桩	22-16.56N 113-51.79E	快闪绿			柱形立标	
7411308.05	灯桩	22-16.57N 113-51.81E	定红			柱形立标	

编号 No.	名称 Name	位置 Position	灯质 Characteristic	灯高 Height	射程 Range	构造 Structure	附记 Remarks
7411308.06	灯桩	22-16.51N 113-51.88E	定红			柱形立标	
7411308.07	灯桩	22-16.51N 113-51.90E	快闪红			柱形立标	
7411308.08	灯桩	22-16.51N 113-51.93E	等明暗白4秒			柱形立标	雷达应答器: 信号R（. －．）
7411308.09	灯桩	22-16.50N 113-51.96E	快闪绿			柱形立标	
7411308.10	灯桩	22-16.49N 113-51.97E	定红			柱形立标	
7411308.11	灯桩	22-17.65N 113-54.59E	快闪红			柱形立标	
7411308.12	灯桩	22-17.66N 113-54.62E	等明暗白4秒			柱形立标	
7411308.13	灯桩	22-17.67N 113-54.65E	快闪绿			柱形立标	
7411308.14	灯桩	22-17.65N 113-54.65E	快闪红			柱形立标	
7411308.15	灯桩	22-17.66N 113-54.67E	等明暗白4秒			柱形立标	
7411308.16	灯桩	22-17.67N 113-54.70E	快闪绿			柱形立标	
7411309.01	港珠澳大桥警1灯浮 Gangzhu'ao Bridge Warning No 1	22-16.45N 113-50.77E	莫(C)黄12秒			黄色标柱形，顶标为黄色“X”形	水中构筑物专用标同步闪
7411309.02	港珠澳大桥警2灯浮 Gangzhu'ao Bridge Warning No 2	22-17.28N 113-51.07E	莫(C)黄12秒			黄色标柱形，顶标为黄色“X”形	水中构筑物专用标同步闪

编号 No.	名称 Name	位置 Position	灯质 Characteristic	灯高 Height	射程 Range	构造 Structure	附记 Remarks
7411309.03	港珠澳大桥警3灯浮 Gangzhu'ao Bridge Warning No 3	22-16.56N 113-50.05E	莫(C)黄12秒			黄色标柱形，顶标为黄色“X”形	水中构筑物专用标同步闪
7411309.04	港珠澳大桥警4灯浮 Gangzhu'ao Bridge Warning No 4	22-17.44N 113-50.05E	莫(C)黄12秒			黄色标柱形，顶标为黄色“X”形	水中构筑物专用标同步闪
7411309.05	港珠澳大桥警5灯浮 Gangzhu'ao Bridge Warning No 5	22-16.96N 113-50.05E	莫(C)黄12秒			黄色标柱形，顶标为黄色“X”形	水中构筑物专用标同步闪
7411309.06	港珠澳大桥警6灯浮 Gangzhu'ao Bridge Warning No 6	22-16.96N 113-47.66E	莫(C)黄12秒			黄色标柱形，顶标为黄色“X”形	水中构筑物专用标同步闪
7411309.07	港珠澳大桥警7灯浮 Gangzhu'ao Bridge Warning No 7	22-16.45N 113-47.66E	莫(C)黄12秒			黄色标柱形，顶标为黄色“X”形	水中构筑物专用标同步闪
7411309.08	港珠澳大桥警8灯浮 Gangzhu'ao Bridge Warning No 8	22-17.53N 113-47.66E	莫(C)黄12秒			黄色标柱形，顶标为黄色“X”形	水中构筑物专用标同步闪
7411309.09	港珠澳大桥警9灯浮 Gangzhu'ao Bridge Warning No 9	22-16.44N 113-46.54E	莫(C)黄12秒			黄色标柱形，顶标为黄色“X”形	水中构筑物专用标同步闪
7411309.10	港珠澳大桥警10灯浮 Gangzhu'ao Bridge Warning No 10	22-17.53N 113-46.54E	莫(C)黄12秒			黄色标柱形，顶标为黄色“X”形	水中构筑物专用标同步闪
7411309.11	港珠澳大桥警11灯浮 Gangzhu'ao Bridge Warning No 11	22-16.46N 113-46.12E	莫(P)黄12秒			黄色标柱形，顶标为黄色“X”形	禁航区专用标同步闪
7411309.12	港珠澳大桥警12灯浮 Gangzhu'ao Bridge Warning No 12	22-17.52N 113-46.12E	莫(P)黄12秒			黄色标柱形，顶标为黄色“X”形	禁航区专用标同步闪
7411309.13	港珠澳大桥警13灯浮 Gangzhu'ao Bridge Warning No 13	22-16.48N 113-45.21E	莫(P)黄12秒			黄色标柱形，顶标为黄色“X”形	禁航区专用标同步闪

编号 No.	名称 Name	位置 Position	灯质 Characteristic	灯高 Height	射程 Range	构造 Structure	附记 Remarks
7411309.14	港珠澳大桥警14灯浮 Gangzhu'ao Bridge Warning No 14	22-17.49N 113-45.21E	莫(P)黄12秒			黄色标柱形，顶标为黄色“X”形	禁航区专用标同步闪
7411309.15	港珠澳大桥警15灯浮 Gangzhu'ao Bridge Warning No 15	22-16.48N 113-44.70E	莫(P)黄12秒			黄色标柱形，顶标为黄色“X”形	禁航区专用标同步闪
7411309.16	港珠澳大桥警16灯浮 Gangzhu'ao Bridge Warning No 16	22-17.49N 113-44.69E	莫(P)黄12秒			黄色标柱形，顶标为黄色“X”形	禁航区专用标同步闪
7411309.17	港珠澳大桥警17灯浮 Gangzhu'ao Bridge Warning No 17	22-16.47N 113-43.45E	莫(P)黄12秒			黄色标柱形，顶标为黄色“X”形	禁航区专用标同步闪
7411309.18	港珠澳大桥警18灯浮 Gangzhu'ao Bridge Warning No 18	22-17.46N 113-43.26E	莫(P)黄12秒			黄色标柱形，顶标为黄色“X”形	禁航区专用标同步闪
7411309.19	港珠澳大桥警19灯浮 Gangzhu'ao Bridge Warning No 19	22-16.44N 113-43.14E	莫(P)黄12秒			黄色标柱形，顶标为黄色“X”形	禁航区专用标同步闪
7411309.20	港珠澳大桥警20灯浮 Gangzhu'ao Bridge Warning No 20	22-17.41N 113-42.89E	莫(P)黄12秒			黄色标柱形，顶标为黄色“X”形	禁航区专用标同步闪
7411309.21	港珠澳大桥警21灯浮 Gangzhu'ao Bridge Warning No 21	22-16.37N 113-42.84E	莫(P)黄12秒			黄色标柱形，顶标为黄色“X”形	禁航区专用标同步闪
7411309.22	港珠澳大桥警22灯浮 Gangzhu'ao Bridge Warning No 22	22-17.33N 113-42.53E	莫(P)黄12秒			黄色标柱形，顶标为黄色“X”形	禁航区专用标同步闪
7411309.23	港珠澳大桥警23灯浮 Gangzhu'ao Bridge Warning No 23	22-16.26N 113-42.53E	莫(P)黄12秒			黄色标柱形，顶标为黄色“X”形	禁航区专用标同步闪
7411309.24	港珠澳大桥警24灯浮 Gangzhu'ao Bridge Warning No 24	22-17.21N 113-42.18E	莫(P)黄12秒			黄色标柱形，顶标为黄色“X”形	禁航区专用标同步闪

编号 No.	名称 Name	位置 Position	灯质 Characteristic	灯高 Height	射程 Range	构造 Structure	附记 Remarks
7411309.25	港珠澳大桥警25灯浮 Gangzhu'ao Bridge Warning No 25	22-16.12N 113-42.24E	莫(P)黄12秒			黄色标柱形，顶标为黄色"X"形	禁航区专用标同步闪
7411309.26	港珠澳大桥警26灯浮 Gangzhu'ao Bridge Warning No 26	22-17.06N 113-41.84E	莫(P)黄12秒			黄色标柱形，顶标为黄色"X"形	禁航区专用标同步闪
7411309.27	港珠澳大桥警27灯浮 Gangzhu'ao Bridge Warning No 27	22-15.95N 113-41.97E	莫(P)黄12秒			黄色标柱形，顶标为黄色"X"形	禁航区专用标同步闪
7411309.28	港珠澳大桥警28灯浮 Gangzhu'ao Bridge Warning No 28	22-16.88N 113-41.52E	莫(P)黄12秒			黄色标柱形，顶标为黄色"X"形	禁航区专用标同步闪
7411309.29	港珠澳大桥警29灯浮 Gangzhu'ao Bridge Warning No 29	22-15.74N 113-41.73E	莫(P)黄12秒			黄色标柱形，顶标为黄色"X"形	禁航区专用标同步闪
7411309.30	港珠澳大桥警30灯浮 Gangzhu'ao Bridge Warning No 30	22-16.71N 113-41.28E	莫(P)黄12秒			黄色标柱形，顶标为黄色"X"形	禁航区专用标同步闪
7411309.31	港珠澳大桥警31灯浮 Gangzhu'ao Bridge Warning No 31	22-15.52N 113-41.49E	莫(P)黄12秒			黄色标柱形，顶标为黄色"X"形	禁航区专用标同步闪
7411309.32	港珠澳大桥警32灯浮 Gangzhu'ao Bridge Warning No 32	22-16.53N 113-41.05E	莫(P)黄12秒			黄色标柱形，顶标为黄色"X"形	禁航区专用标同步闪
7411309.33	港珠澳大桥警33灯浮 Gangzhu'ao Bridge Warning No 33	22-15.33N 113-41.26E	莫(P)黄12秒			黄色标柱形，顶标为黄色"X"形	禁航区专用标同步闪
7411309.34	港珠澳大桥警34灯浮 Gangzhu'ao Bridge Warning No 34	22-16.35N 113-40.86E	莫(P)黄12秒			黄色标柱形，顶标为黄色"X"形	禁航区专用标同步闪
7411309.35	港珠澳大桥警35灯浮 Gangzhu'ao Bridge Warning No 35	22-15.16N 113-41.01E	莫(P)黄12秒			黄色标柱形，顶标为黄色"X"形	禁航区专用标同步闪

编号 No.	名称 Name	位置 Position	灯质 Characteristic	灯高 Height	射程 Range	构造 Structure	附记 Remarks
7411309.36	港珠澳大桥警36灯浮 Gangzhu'ao Bridge Warning No 36	22-16.14N 113-40.62E	莫(P)黄12秒			黄色标柱形，顶标为黄色“X”形	禁航区专用标同步闪
7411309.37	港珠澳大桥警37灯浮 Gangzhu'ao Bridge Warning No 37	22-15.00N 113-40.75E	莫(P)黄12秒			黄色标柱形，顶标为黄色“X”形	禁航区专用标同步闪
7411309.38	港珠澳大桥警38灯浮 Gangzhu'ao Bridge Warning No 38	22-15.98N 113-40.39E	莫(P)黄12秒			黄色标柱形，顶标为黄色“X”形	禁航区专用标同步闪
7411309.39	港珠澳大桥警39灯浮 Gangzhu'ao Bridge Warning No 39	22-14.86N 113-40.47E	莫(P)黄12秒			黄色标柱形，顶标为黄色“X”形	禁航区专用标同步闪
7411309.40	港珠澳大桥警40灯浮 Gangzhu'ao Bridge Warning No 40	22-15.83N 113-40.13E	莫(P)黄12秒			黄色标柱形，顶标为黄色“X”形	禁航区专用标同步闪
7411309.41	港珠澳大桥警41灯浮 Gangzhu'ao Bridge Warning No 41	22-14.73N 113-40.18E	莫(P)黄12秒			黄色标柱形，顶标为黄色“X”形	禁航区专用标同步闪
7411309.42	港珠澳大桥警42灯浮 Gangzhu'ao Bridge Warning No 42	22-15.70N 113-39.86E	莫(P)黄12秒			黄色标柱形，顶标为黄色“X”形	禁航区专用标同步闪
7411309.43	港珠澳大桥警43灯浮 Gangzhu'ao Bridge Warning No 43	22-14.63N 113-39.88E	莫(P)黄12秒			黄色标柱形，顶标为黄色“X”形	禁航区专用标同步闪
7411309.44	港珠澳大桥警44灯浮 Gangzhu'ao Bridge Warning No 44	22-15.60N 113-39.59E	莫(P)黄12秒			黄色标柱形，顶标为黄色“X”形	禁航区专用标同步闪
7411309.45	港珠澳大桥警45灯浮 Gangzhu'ao Bridge Warning No 45	22-14.55N 113-39.57E	莫(P)黄12秒			黄色标柱形，顶标为黄色“X”形	禁航区专用标同步闪
7411309.46	港珠澳大桥警46灯浮 Gangzhu'ao Bridge Warning No 46	22-15.52N 113-39.29E	莫(P)黄12秒			黄色标柱形，顶标为黄色“X”形	禁航区专用标同步闪

编 号 No.	名 称 Name	位置 Position	灯 质 Characteristic	灯高 Height	射程 Range	构 造 Structure	附 记 Remarks
7411309.47	港珠澳大桥警47灯浮 Gangzhu'ao Bridge Warning No 47	22-14.31N 113-38.62E	莫(P)黄12秒			黄色标柱形，顶标为黄色“X”形	禁航区专用标同步闪
7411309.48	港珠澳大桥警48灯浮 Gangzhu'ao Bridge Warning No 48	22-15.27N 113-38.34E	莫(P)黄12秒			黄色标柱形，顶标为黄色“X”形	禁航区专用标同步闪
7411309.49	港珠澳大桥警49灯浮 Gangzhu'ao Bridge Warning No 49	22-14.08N 113-38.10E	莫(P)黄12秒			黄色标柱形，顶标为黄色“X”形	禁航区专用标同步闪
7411309.50	港珠澳大桥警50灯浮 Gangzhu'ao Bridge Warning No 50	22-15.08N 113-37.81E	莫(P)黄12秒			黄色标柱形，顶标为黄色“X”形	禁航区专用标同步闪
7411309.51	港珠澳大桥警51灯浮 Gangzhu'ao Bridge Warning No 51	22-13.71N 113-37.50E	莫(P)黄12秒			黄色标柱形，顶标为黄色“X”形	禁航区专用标同步闪
7411309.52	港珠澳大桥警52灯浮 Gangzhu'ao Bridge Warning No 52	22-14.83N 113-37.36E	莫(P)黄12秒			黄色标柱形，顶标为黄色“X”形	禁航区专用标同步闪
7411309.53	港珠澳大桥警53灯浮 Gangzhu'ao Bridge Warning No 53	22-13.12N 113-36.57E	莫(P)黄12秒			黄色标柱形，顶标为黄色“X”形	禁航区专用标同步闪
7411309.54	港珠澳大桥警54灯浮 Gangzhu'ao Bridge Warning No 54	22-13.98N 113-36.01E	莫(P)黄12秒			黄色标柱形，顶标为黄色“X”形	禁航区专用标同步闪
7411309.55	港珠澳大桥警55灯浮 Gangzhu'ao Bridge Warning No 55	22-12.63N 113-35.80E	莫(P)黄12秒			黄色标柱形，顶标为黄色“X”形	禁航区专用标同步闪
7411309.56	港珠澳大桥警56灯浮 Gangzhu'ao Bridge Warning No 56	22-13.49N 113-35.25E	莫(P)黄12秒			黄色标柱形，顶标为黄色“X”形	禁航区专用标同步闪
7411309.57	港珠澳大桥警57灯浮 Gangzhu'ao Bridge Warning No 57	22-12.48N 113-35.56E	莫(P)黄12秒			黄色标柱形，顶标为黄色“X”形	禁航区专用标同步闪

编号 No.	名称 Name	位置 Position	灯质 Characteristic	灯高 Height	射程 Range	构造 Structure	附记 Remarks
7411309.58	港珠澳大桥警58灯浮 Gangzhu'ao Bridge Warning No 58	22-13.34N 113-35.00E	莫(P)黄12秒			黄色标柱形，顶标为黄色“X”形	禁航区专用标同步闪
7411310 (4361.5)	广州港1灯浮 Guangzhou Gang No 1	22-18.21N 113-48.27E	闪(2)绿6秒			绿色锥形	右侧标同步闪AIS应答器
7411310.01 (4361.51)	广州港A1灯浮 Guangzhou Gang No A1	22-14.84N 113-48.94E	闪(2)绿6秒			绿色锥形	右侧标同步闪
7411310.02 (4361.52)	广州港A2灯浮 Guangzhou Gang No A2	22-15.31N 113-48.56E	闪(2)红6秒			红色罐形	左侧标同步闪
7411310.03 (4361.53)	广州港A3灯浮 Guangzhou Gang No A3	22-16.03N 113-48.68E	闪(2)绿6秒			绿色锥形	右侧标同步闪
7411310.04 (4361.55)	广州港A4灯浮 Guangzhou Gang No A4	22-16.72N 113-48.24E	闪(2)红6秒			红色罐形	左侧标同步闪
7411310.05 (4361.56)	广州港A5灯浮 Guangzhou Gang No A5	22-16.64N 113-48.55E	闪(2)绿6秒			绿色锥形	右侧标同步闪
7411310.06 (4361.57)	广州港A6灯浮 Guangzhou Gang No A6	22-17.17N 113-48.15E	闪(2)红6秒			红色罐形	左侧标同步闪
7411310.07	广州港A7灯浮 Guangzhou Gang No A7	22-17.22N 113-48.42E	闪(2)绿6秒			绿色锥形	右侧标同步闪
7411317.01	LC1灯浮 No LC1	22-16.89N 113-49.13E	闪(3)绿10秒			绿色锥形	右侧标
7411317.02	LC2灯浮 No LC2	22-17.05N 113-48.81E	闪(3)红10秒			红色罐形	左侧标
7411317.03	LC3灯浮 No LC3	22-17.56N 113-49.52E	闪(3)绿10秒			绿色锥形	右侧标
7411317.04	LC4灯浮 No LC4	22-17.72N 113-49.20E	闪(3)红10秒			红色罐形	左侧标
7411317.06	LC6灯浮 No LC6	22-18.28N 113-49.53E	闪(3)红10秒			红色罐形	左侧标

编号 No.	名称 Name	位置 Position	灯质 Characteristic	灯高 Height	射程 Range	构造 Structure	附记 Remarks
7411317.07	LC7灯浮 No LC7	22-18.26N 113-49.93E	闪(3)绿10秒			绿色锥形	右侧标
7411317.08	LC8灯浮 No LC8	22-18.76N 113-49.80E	闪(3)红10秒			红色罐形	左侧标
7411317.09	LC9灯浮 No LC9	22-19.23N 113-50.08E	闪(3)红10秒			红色罐形	左侧标
7411317.10	LC10灯浮 No LC10	22-19.71N 113-50.36E	闪(3)红10秒			红色罐形	左侧标
7411320 (4362)	广州港2灯浮 Guangzhou Gang No 2	22-18.52N 113-47.85E	闪(2)红6秒			红色罐形	左侧标同步闪
7411320.03 (4363)	广州港3灯浮 Guangzhou Gang No 3	22-19.35N 113-47.96E	闪(2)绿6秒			绿色锥形	右侧标同步闪
7411320.04 (4363.1)	广州港4灯浮 Guangzhou Gang No 4	22-19.28N 113-47.68E	闪(2)红6秒			红色罐形	左侧标同步闪
7411320.05 (4363.2)	广州港5灯浮 Guangzhou Gang No 5	22-20.33N 113-47.73E	闪(2)绿6秒			绿色锥形	右侧标同步闪
7411320.06 (4364)	广州港6灯浮 Guangzhou Gang No 6	22-20.27N 113-47.47E	闪(2)红6秒			红色罐形	左侧标同步闪
7411330 (4364.1)	伶仃岛东立标 Lingding Dao E Beacon	22-24.03N 113-49.08E				白色混凝土结构	
7411340 (4364.2)	伶仃岛南湾东立标 Lingding Dao Nanwan E Beacon	22-24.39N 113-47.89E				白色	
7411350.07 (4364.3)	广州港7灯浮 Guangzhou Gang No 7	22-21.45N 113-47.50E	闪(2)绿6秒			绿色锥形	右侧标同步闪
7411350.08 (4364.4)	广州港8灯浮 Guangzhou Gang No 8	22-21.35N 113-47.20E	闪(2)红6秒			红色罐形	左侧标同步闪AIS应答器

编号 No.	名称 Name	位置 Position	灯质 Characteristic	灯高 Height	射程 Range	构造 Structure	附记 Remarks
7411350.09 (4364.5)	广州港9灯浮 Guangzhou Gang No 9	22-22.33N 113-46.97E	闪(2)绿6秒			绿色锥形	右侧标同步闪AIS应答器
7411350.10 (4364.6)	广州港10灯浮 Guangzhou Gang No 10	22-22.21N 113-46.72E	闪(2)红6秒			红色罐形	左侧标同步闪
7411350.11 (4364.7)	广州港11灯浮 Guangzhou Gang No 11	22-23.31N 113-46.38E	闪(2)绿6秒			绿色锥形	右侧标同步闪
7411350.12 (4364.8)	广州港12灯浮 Guangzhou Gang No 12	22-23.18N 113-46.14E	闪(2)红6秒			红色罐形	左侧标同步闪AIS应答器
7411350.13 (4365)	广州港13灯浮 Guangzhou Gang No 13	22-24.29N 113-45.84E	闪(2)绿6秒			绿色锥形	右侧标同步闪
7411350.14 (4365.1)	广州港14灯浮 Guangzhou Gang No 14	22-24.19N 113-45.54E	闪(2)红6秒			红色罐形	左侧标同步闪
7411360 (4365.11)	牛利角灯桩 Niuli Jiao	22-25.00N 113-46.94E	闪(2)白5秒	14.1	12	白色柱形立标	
7411370.15 (4365.5)	广州港15灯浮 Guangzhou Gang No 15	22-25.26N 113-45.68E	闪(2)绿6秒			绿色锥形	右侧标同步闪
7411370.16 (4365.6)	广州港16灯浮 Guangzhou Gang No 16	22-25.22N 113-45.40E	闪(2)红6秒			红色罐形	左侧标同步闪
7411371	内伶仃西 虚拟航标 NEILINGDING XI WRECK	22-25.12N 113-46.09E					MMSI:994136810 发射模式: 自主连续 播发时间：3分钟
7411380 (4366)	东背角灯桩 Dongbei Jiao	22-25.46N 113-47.78E				白色金属结构; 13.2	
7411390.17 (4367)	广州港17灯浮 Guangzhou Gang No 17	22-26.29N 113-45.54E	闪(2)绿6秒			绿色锥形	右侧标同步闪
7411390.18 (4367.1)	广州港18灯浮 Guangzhou Gang No 18	22-26.26N 113-45.26E	闪(2)红6秒			红色罐形	左侧标同步闪

编号 No.	名称 Name	位置 Position	灯质 Characteristic	灯高 Height	射程 Range	构造 Structure	附记 Remarks
7411390.19 (4368)	广州港19灯浮 Guangzhou Gang No 19	22-27.29N 113-45.41E	闪(2)绿6秒			绿色锥形	右侧标同步闪
7411390.20 (4368.1)	广州港20灯浮 Guangzhou Gang No 20	22-27.26N 113-45.13E	闪(2)红6秒			红色罐形	左侧标同步闪AIS应答器
7411390.21 (4368.2)	广州港21灯浮 Guangzhou Gang No 21	22-28.32N 113-45.27E	闪(2)绿6秒			绿色锥形	右侧标同步闪
7411390.22 (4368.3)	广州港22灯浮 Guangzhou Gang No 22	22-28.29N 113-44.99E	闪(2)红6秒			红色罐形	左侧标同步闪AIS应答器
7411390.23 (4369)	广州港23灯浮 Guangzhou Gang No 23	22-29.40N 113-45.13E	闪(2)绿6秒			绿色锥形	右侧标同步闪AIS应答器
7411390.24 (4370)	广州港24灯浮 Guangzhou Gang No 24	22-29.34N 113-44.84E	闪(2)红6秒			红色罐形	左侧标同步闪
7411390.26 (4370.12)	广州港26灯浮 Guangzhou Gang No 26	22-30.25N 113-44.52E	闪(2)红6秒			红色罐形	左侧标同步闪AIS应答器
7411390.28 (4371)	广州港28灯浮 Guangzhou Gang No 28	22-31.19N 113-44.18E	闪(2)红6秒			红色罐形	左侧标同步闪
7411390.30 (4372.1)	广州港30灯浮 Guangzhou Gang No 30	22-32.12N 113-43.83E	闪(2)红6秒			红色罐形	左侧标同步闪
7411390.32 (4372.12)	广州港32灯浮 Guangzhou Gang No 32	22-33.06N 113-43.49E	闪(2)红6秒			红色罐形	左侧标同步闪
7411400 (4370.1)	伶仃1灯桩 Lingding No 1	22-30.10N 113-46.20E				黑色金属结构柱形立标，顶标为黄色“X”形；7.0	
7411410.25 (4370.11)	广州港25灯浮 Guangzhou Gang No 25	22-30.33N 113-44.78E	闪(2)绿6秒			绿色锥形	右侧标同步闪
7411410.27 (4370.2)	广州港27灯浮 Guangzhou Gang No 27	22-31.26N 113-44.43E	闪(2)绿6秒			绿色锥形	右侧标同步闪

编号 No.	名称 Name	位置 Position	灯质 Characteristic	灯高 Height	射程 Range	构造 Structure	附记 Remarks
7411410.74 (4446)	广州港74灯浮 Guangzhou Gang No 74	23-01.55N 113-30.87E	闪(2)红6秒			红色罐形	左侧标AIS应答器
7411420 (4371.1)	伶仃2灯桩 Lingding No 2	22-33.20N 113-44.40E				黑色金属结构柱形立标，顶标为黄色“X”形；7.0	
7411430.29 (4372)	广州港29灯浮 Guagnzhou Gang No 29	22-32.21N 113-44.09E	闪(2)绿6秒			绿色锥形	右侧标同步闪
7411430.31 (4372.11)	广州港31灯浮 Guangzhou Gang No 31	22-33.14N 113-43.74E	闪(2)绿6秒			绿色锥形	右侧标同步闪
7411430.33 (4372.2)	广州港33灯浮 Guangzhou Gang No 33	22-34.08N 113-43.40E	闪(2)绿6秒			绿色锥形	右侧标同步闪
7411430.34 (4372.3)	广州港34灯浮 Guangzhou Gang No 34	22-33.99N 113-43.14E	闪（2）红6秒			红色罐形	左侧标 同步闪
7411430.35 (4372.6)	广州港35灯浮 Guangzhou Gang No 35	22-35.01N 113-43.05E	闪(2)绿6秒			绿色锥形	右侧标同步闪
7411430.36 (4372.7)	广州港36灯浮 Guangzhou Gang No 36	22-34.93N 113-42.80E	闪（2）红6秒			红色罐形	左侧标 同步闪
7411430.361 （4372.71A）	广州港36A灯浮 Guangzhou Gang No 36A	22-35.38N 113-42.63E	闪（2）红6秒			红色罐形	左侧标 同步闪 AIS应答器： 名称： GZ GANG 36A MMSI： 994131692 发射模式：自主连续
7411430.37 (4373)	广州港37灯浮 Guangzhou Gang No.37	22-35.95N 113-42.71E	闪（2）绿6秒			绿色锥形	右侧标 同步闪
7411430.38 (4373.1)	广州港38灯浮 Guangzhou Gang No 38	22-35.95N 113-42.42E	闪(2+1)红6秒			红绿红 横条纹罐形	推荐航道左侧标同步闪南方海区
7411430.39 （4373.2）	广州港39灯浮 Guangzhou Gang No 39	22-36.88N 113-42.36E	闪（2）绿6秒			绿色锥形	右侧标 同步闪

编 号 No.	名 称 Name	位置 Position	灯 质 Characteristic	灯高 Height	射程 Range	构 造 Structure	附 记 Remarks
7411430.40 (4373.3)	广州港40灯浮 Guangzhou Gang No 40	22-36.95N 113-42.05E	快闪红			红色罐形	左侧标同步闪
7411430.41 (4374)	广州港41灯浮 Guangzhou Gang No 41	22-38.05N 113-41.92E	闪(2)绿6秒			绿色锥形	右侧标同步闪
7411430.42 (4374.1)	广州港42灯浮 Guangzhou Gang No 42	22-38.69N 113-41.55E	闪(2+1)红6秒			红绿红横条纹罐形	推荐航道左侧标 AIS应答器： 名称：GUANG ZHOU GANG 42MMSI：999413042发射模式：自主连续
7411430.43 (4374.2)	广州港43灯浮 Guangzhou Gang No 43	22-38.72N 113-41.74E	闪(2)绿6秒			绿色锥形	右侧标同步闪
7411440 (4374.31)	南沙港区三期驳船码头灯桩 Nansha Harbour Phase III Barge Pier	22-37.75N 113-41.13E	闪白3秒	10	5	柱形立标	
7411460 (4374.71)	珠江口南沙港4灯浮标 Zhujiangkou Nansha Gang No 4	22-37.31N 113-41.72E	快闪白			黑黄相间横条纹标柱形，顶标为黑色顶点朝上双锥体	北方位标
7411470.02 (4374.712)	南沙港驳船试验段2灯浮 Nansha Gang Barge Test Section No 2	22-37.60N 113-40.70E	甚快白			黑黄相间横条纹标柱形，顶标为黑色顶点朝上双锥体	北方位标
7411490.02 (4374.722)	2灯浮 No 2	22-40.00N 113-40.17E	闪(2)红6秒			红色罐形	左侧标
7411490.03 (4374.723)	南沙港粮食码头3灯浮 Nansha Gang Grain Pier No 3	22-40.08N 113-40.15E	闪(3)红10秒			红色罐形	左侧标
7411490.04 (4374.724)	南沙港粮食码头4灯浮 Nansha Gang Grain Pier No 4	22-40.09N 113-40.06E	闪红4秒			红色罐形	左侧标

编 号 No.	名 称 Name	位置 Position	灯 质 Characteristic	灯高 Height	射程 Range	构 造 Structure	附 记 Remarks
7411500 (4374.726)	南沙港区粮食码头南堤头灯桩 Nansha Harbour Grain Pier S Breakwater Head	22-40.03N 113-40.35E	闪绿4秒	10	5	柱形立标;10.0	
7411510.05 (4374.42)	南沙港区5灯浮 Nansha Harbour No 5	22-40.02N 113-40.85E	闪(3)绿10秒			绿色锥形	右侧标
7411510.06 (4374.73)	南沙港6灯浮 Nansha Gang No 6	22-40.25N 113-40.67E	闪(2)绿6秒			绿色锥形	右侧标
7411510.07 (4374.74)	南沙港7灯浮 Nansha Gang No 7	22-40.27N 113-40.45E	莫(K)黄12秒			黄色标柱形,顶标为黄色“X”形	分道通航专用标
7411510.08 (4374.75)	南沙港8灯浮 Nansha Gang No 8	22-40.77N 113-40.30E				绿色锥形	右侧标
7411510.09 (4374.76)	南沙港9灯浮 Nansha Gang No 9	22-40.50N 113-40.29E	莫(K)黄12秒			黄色标柱形,顶标为黄色“X”形	分道通航专用标
7411510.10 (4374.77)	南沙港10灯浮 Nansha Gang No 10	22-40.87N 113-40.02E	闪(3)红10秒			红色罐形	左侧标
7411520.01 (4374.791)	中船Z1灯浮 Zhongchuan Z1	22-40.99N 113-40.22E	闪绿4秒			绿色锥形	右侧标同步闪
7411520.02 (4374.792)	中船Z2灯浮 Zhongchuan Z2	22-41.17N 113-40.24E	闪绿4秒			绿色锥形	右侧标同步闪
7411520.03 (4374.793)	中船Z3灯浮 Zhongchuan Z3	22-41.27N 113-40.18E	闪绿4秒			绿色锥形	右侧标同步闪
7411520.04 (4374.794)	中船Z4灯浮 Zhongchuan Z4	22-41.35N 113-39.87E	闪绿4秒			绿色锥形	右侧标同步闪
7411520.05 (4374.795)	中船Z5灯浮 Zhongchuan Z5	22-41.85N 113-39.55E	闪绿4秒			绿色锥形	右侧标同步闪
7411520.06 (4374.796)	中船Z6灯浮 Zhongchuan Z6	22-42.27N 113-39.31E	闪绿4秒			绿色锥形	右侧标同步闪

编 号 No.	名 称 Name	位置 Position	灯 质 Characteristic	灯高 Height	射程 Range	构 造 Structure	附 记 Remarks
7411520.07 (4374.797)	中船Z7灯浮 Zhongchuan Z7	22-42.84N 113-38.92E	闪绿4秒			绿色锥形	右侧标同步闪
7411520.08 (4374.798)	Z8灯浮 No Z8	22-42.78N 113-38.81E	快(6)+长闪白 15秒			黄黑相间横条纹标柱形，顶标为黑色顶点朝下双锥体	南方位标
7411530 (4374.81)	南沙港驳船2灯浮 Nansha Gang Barge No 2	22-39.70N 113-40.22E	闪(2)绿6秒			绿色锥形	右侧标
7411541 (4374.89)	南沙港区工作船码头灯柱灯桩 Nansha Harbour Sevice Boat Pier	22-39.65N 113-40.58E	快闪红	11.5	5	红色玻璃钢结构柱形立标;10.0	
7411542	南沙港四期码头东灯桩 Nansha Gang 4th Phase Pier E	22-39.70N 113-39.99E	闪白4秒	13.3	5	红白相间条纹玻璃钢结构柱形立标;10.0	
7411543	南沙四期工程临时灯桩 Nansha 4th Phase Project Temporary	22-39.82N 113-39.45E	长闪白6秒	6.3	2	红白相间条纹金属结构柱形立标;3.0	
7411543.01	南沙港区四期工程临时AIS 虚拟航标 虚拟航标 NAN SHA IV No 1	22-40.16N 113-39.61E					MMSI:994136754 发射模式:自主连续
7411544	南沙港1号AIS 虚拟航标 NAN SHA GANG No 1	22-39.69N 113-41.19E					MMSI: 994136669发射模式：自主连续
7411550.45 (4375)	广州港45灯浮 Guangzhou Gang No 45	22-39.73N 113-41.48E	闪(2)绿6秒			绿色锥形	右侧标同步闪
7411550.46 (4375.1)	广州港46灯浮 Guangzhou Gang No 46	22-39.82N 113-41.27E	闪(2+1)红6秒			红绿红罐形	推荐航道左侧标
7411550.47 (4376)	广州港47灯浮 Guagnzhou Gang No 47	22-40.61N 113-41.25E	闪(2)绿6秒			绿色锥形	右侧标同步闪
7411550.48 (4376.1)	广州港48灯浮 Guangzhou Gang No 48	22-40.57N 113-41.05E	闪(2)红6秒			红色罐形	左侧标同步闪

编 号 No.	名 称 Name	位置 Position	灯 质 Characteristic	灯高 Height	射程 Range	构 造 Structure	附 记 Remarks
7411550.49 (4376.2)	广州港49灯浮 Guangzhou Gang No 49	22-41.54N 113-41.00E	闪(2)绿6秒			绿色锥形	右侧标同步闪
7411550.50 (4376.3)	广州港50灯浮 Guangzhou Gang No 50	22-41.50N 113-40.81E	闪(2)红6秒			红色罐形	左侧标同步闪
7411550.51 (4377)	广州港51灯浮 Guangzhou Gang No 51	22-42.42N 113-40.77E	闪(2)绿6秒			绿色锥形	右侧标同步闪
7411550.511	GZ GANG 51A AIS 虚拟航标 虚拟航标 GZ GANG 51A	22-45.15N 113-39.04E					MMSI:994136758
7411550.52 (4377.1)	广州港52灯浮 Guangzhou Gang No 52	22-42.47N 113-40.56E	闪(2)红6秒			红色罐形	左侧标AIS应答器
7411550.521	GZ GANG 52A AIS 虚拟航标 虚拟航标 GZ GANG 52A	22-45.05N 113-38.83E					MMSI:994136778
7411550.53 (4377.2)	广州港53灯浮 Guangzhou Gang No 53	22-46.11N 113-38.02E	闪（2）红6秒			红色罐形	左侧标 AIS应答器： 名称：GUANG ZHOU GANG 53 MMSI：994131803 发射模式：自主连续
7411550.531	GZ GANG 53A AIS 虚拟航标 虚拟航标 GZ GANG 53A	22-46.94N 113-37.66E					MMSI:994136763
7411550.54 (4377.3)	广州港54灯浮 Guangzhou Gang No 54	22-46.84N 113-37.45E	闪（3）红10秒			红色罐形	左侧标 AIS应答器： 名称：GZ GANG 54 MMSI：994131635 发射模式：自主连续
7411580 (4378)	舢舨洲灯塔（有） Shanban Zhou (Watched)	22-43.03N 113-39.46E	闪白5秒	31.5	18	白色	电雾笛雷达应答器：信号C(- . - .)

编 号 No.	名 称 Name	位置 Position	灯 质 Characteristic	灯高 Height	射程 Range	构 造 Structure	附 记 Remarks
7411581.01	南沙邮轮Y1灯浮 Nansha Passenger Liner No Y1	22-46.59N 113-37.50E	闪(2+1)绿6秒			绿红绿横条纹锥型	推荐航道右侧标
7411581.02	南沙邮轮Y2灯浮 Nansha Passenger Liner No Y2	22-46.68N 113-37.12E	闪(2+1)绿6秒			绿红绿横条纹锥型	推荐航道右侧标
7411581.03	南沙邮轮Y3灯浮 Nansha Passenger Liner No Y3	22-46.53N 113-37.08E	甚快白			黑黄相间横条纹标柱形，顶标为黑色顶点朝上双锥体	北方位标
7411585.02	绿道临2灯浮 Lvdao Temporary No 2	22-45.93N 113-37.37E	闪绿4秒			绿色锥形	右侧标
7411585.03	绿道临3灯浮 Lvdao Temporary No 3	22-45.85N 113-37.29E	闪红4秒			红色罐形	左侧标
7411590.01 (4378.1)	一号横越区1灯浮 Crossing Area A No 1	22-43.20N 113-40.14E	莫(Z)黄12秒			黄色标柱形，顶标为黄色“X”形	
7411590.011	绿道引导1 虚拟航标 LV DAO YIN DAO No 1	22-43.93N 113-39.56E					MMSI:994136621
7411590.04 (4378.4)	一号横越区4灯浮 Crossing Area A No 4	22-45.66N 113-38.25E	莫(Z)黄12秒			黄色标柱形，顶标为黄色“X”形	
7411600.02 (4378.501)	港珠澳大桥岛隧工程2水文监测灯浮 Gangzhu'ao Bridge Daosui Engineering Hydrologic Superintend Survey No 2	22-10.62N 113-47.36E	莫(0)黄12秒			黄色标柱形，顶标为黄色“X”形	海上作业区专用标
7411600.04 (4631.11)	港珠澳大桥岛隧工程4水文监测灯浮 Gangzhu'ao Bridge Daosui Engineering Hydrologic Superintend Survey No 4	22-13.72N 113-48.30E	莫(0)黄12秒			黄色标柱形，顶标为黄色“X”形	海上作业区专用标

编 号 No.	名 称 Name	位置 Position	灯 质 Characteristic	灯高 Height	射程 Range	构 造 Structure	附 记 Remarks
7411610.01 (4378.52)	九洲港1灯浮 Jiuzhou Gang No 1	22-09.37N 113-38.23E	闪(2)红6秒			红色罐形	左侧标雷达反射器
7411610.02 (4378.53)	九洲港2灯浮 Jiuzhou Gang No 2	22-10.40N 113-37.53E	闪红4秒			红色罐形	左侧标
7411610.03 (4378.54)	九洲港3灯浮 Jiuzhou Gang No 3	22-10.45N 113-37.62E	闪绿4秒			绿色锥形	右侧标
7411610.04 (4378.55)	九洲港4灯浮 Jiuzhou Gang No 4	22-11.42N 113-36.88E	闪红4秒			红色罐形	左侧标
7411610.05 (4378.56)	九洲港5灯浮 Jiuzhou Gang No 5	22-11.47N 113-36.97E	闪绿4秒			绿色锥形	右侧标
7411610.06 (4378.601)	九洲港6灯浮 Jiuzhou Gang No 6	22-12.34N 113-36.31E	闪红4秒			红色罐形	左侧标同步闪
7411610.07 (4378.602)	九洲港7灯浮 Jiuzhou Gang No 7	22-12.39N 113-36.39E	闪绿4秒			绿色锥形	右侧标同步闪
7411610.08 (4378.603)	九洲港8灯浮 Jiuzhou Gang No 8	22-12.96N 113-35.91E	闪红4秒			红色罐形	左侧标同步闪
7411610.09 (4378.604)	九洲港9灯浮 Jiuzhou Gang No 9	22-13.01N 113-35.99E	闪绿4秒			绿色锥形	右侧标同步闪
7411610.10 (4378.6041)	九洲港10灯浮 Jiuzhou Gang No 10	22-13.44N 113-35.59E	闪红4秒			红色罐形	左侧标同步闪
7411610.11 (4378.604)	九洲港11灯浮 Jiuzhou Gang No 11	22-13.50N 113-35.67E	闪绿4秒			绿色锥形	右侧标同步闪
7411610.12 (4378.605)	九洲港12灯浮 Jiuzhou Gang No 12	22-14.11N 113-35.16E	闪红4秒			红色罐形	左侧标同步闪
7411610.13 (4378.606)	九洲港13灯浮 Jiuzhou Gang No 13	22-14.17N 113-35.24E	闪绿4秒			绿色锥形	右侧标同步闪

编号 No.	名称 Name	位置 Position	灯质 Characteristic	灯高 Height	射程 Range	构造 Structure	附记 Remarks
7411620 (4378.591)	港珠澳大桥主体工程1试桩平台灯桩 Gangzhu'ao Bridge Main Body Project No 1 Test Platform	22-13.53N 113-36.11E	闪(2)白5秒			黑红黑横条纹柱形立标，顶标为黑色双球体	孤立危险物立标
7411640 (4378.65)	九洲港引导灯桩前 Jiuzhou Gang Ldg Lts, Front	22-14.58N 113-34.91E	闪白3秒			柱形立标	导标两灯一线：329° 05′
7411650 (4378.66)	九洲港引导灯桩后 Jiuzhou Gang Ldg Lts, Rear	22-14.77N 113-34.78E	闪白3秒			柱形立标	导标
7411660 (4378.661)	九洲港防波堤灯桩 Jiuzhou Gang Breakwater	22-14.24N 113-35.23E	闪(3)白10秒	10.8	5	绿白相间条纹金属结构柱形立标;6.0	
7411670.01 (4378.68)	九洲岛西侧1灯浮 Jiuzhou Dao W No 1	22-14.50N 113-36.51E	闪绿4秒			绿色标柱形，顶标为绿色尖向上锥形	右侧标雷达应答器：信号0(- - -)
7411670.02 (4378.69)	九洲岛西侧2灯浮 Jiuzhou Dao W No 2	22-14.69N 113-36.37E	闪红4秒			红色标柱形，顶标为红色圆柱形	左侧标
7411670.03 (4378.691)	九洲岛西侧3灯浮 Jiuzhou Dao W No 3	22-14.83N 113-36.58E	闪(2)绿6秒			绿色锥形	右侧标AIS应答器
7411670.04	九洲岛西侧4灯浮 Jiuzhou Dao W No 4	22-14.83N 113-36.39E	闪(2)红6秒			红色罐形	左侧标
7411671	珠海横山岛灯浮 Zhuhai Hengshan Dao	22-14.86N 113-36.12E	甚快(3)白5秒			黑黄黑横条纹标柱形，顶标为黑色顶点相背双锥体	东方位标
7411672	珠海海獭洲东灯浮 Zhuhai Haita Zhou E	22-14.68N 113-36.15E	快闪(3)白10秒			黑黄黑横条纹标柱形，顶标为黑色顶点相背双锥体	东方位标
7411673 (4378.6945)	珠海海獭洲南灯浮 Zhuhai Haita Zhou S	22-14.57N 113-35.98E	甚快(6)+长闪白10秒			黄黑相间横条纹标柱形，顶标为黑色顶点朝下双锥体	南方位标AIS应答器

编号 No.	名称 Name	位置 Position	灯质 Characteristic	灯高 Height	射程 Range	构造 Structure	附记 Remarks
7411675	横档岛灯浮 Hengdang Dao	22-14.49N 113-37.56E	闪(2)白5秒			黑红黑横条纹标柱形,顶标为黑色双球体	孤立危险物浮标
7411680 (4378.695)	正门礁灯浮 Zhengmen Jiao	22-14.83N 113-36.26E	甚快(9)白10秒			黄黑黄横条纹标柱形,顶标为黑色顶点相对双锥体	西方位标AIS应答器
7411690 (4378.7)	九州头岛北侧灯浮 Jiuzhoutou Dao N	22-15.10N 113-36.83E	快闪白			黑黄相间横条纹标柱形,顶标为黑色顶点朝上双锥体	北方位标
7411691 (4378.7102)	珠海鸡笼岛北灯桩 Zhuhai Jilong Dao N	22-15.42N 113-36.99E	闪(2)白6秒	5.5	4	柱形立标	
7411692 (4378.7101)	珠海鸡笼岛南灯桩 Zhuhai Jilong Dao S	22-15.36N 113-37.01E	闪白6秒	5.5	4	柱形立标	
7411700 (4378.75)	七星礁灯浮 Qixing Jiao	22-16.52N 113-35.72E	闪(2)白5秒			黑红黑横条纹标柱形,顶标为黑色双球体	孤立危险物浮标
7411710 (4378.8)	沉船灯浮 Wreck	22-15.20N 113-39.60E	闪(2)白5秒			黑红黑横条纹标柱形,顶标为黑色双球体	孤立危险物浮标
7411720 (4378.81)	港珠澳大桥主体工程2试桩平台灯桩 Gangzhu'ao Bridge Main Body Project Test Platform No 2	22-15.11N 113-39.35E	闪(2)白5秒			黑红黑横条纹柱形立标,顶标为黑色双球体	孤立危险物立标
7411733 (4378.67)	九洲燕石礁灯桩 Jiuzhouyanshi Jiao	22-14.03N 113-36.89E	闪(2)白5秒	7.5	4	黑红黑横条纹柱形立标,顶标为黑色双球体;6.0	孤立危险物立标
7411736.01	港珠澳大桥青州航道1灯浮 Gangzhu'ao Bridge Qingzhou Fairway No 1	22-15.98N 113-44.13E	快闪绿			绿色锥形	右侧标同步闪AIS应答器

编 号 No.	名 称 Name	位置 Position	灯 质 Characteristic	灯高 Height	射程 Range	构 造 Structure	附 记 Remarks
7411736.011	港珠澳大桥青州航道V1虚拟航标 QINGZHOU FAIRWAY V1	22-15.98N 113-44.00E					MMSI:994136741 发射模式:自主连续
7411736.02	港珠澳大桥青州航道2灯浮 Gangzhu'ao Bridge Qingzhou Fairway No 2	22-15.98N 113-43.68E	快闪红			红色罐形	左侧标同步闪AIS应答器
7411736.021	港珠澳大桥青州航道V2虚拟航标 QINGZHOU FAIRWAY V2	22-15.98N 113-43.81E					MMSI:994136742 发射模式:自主连续
7411736.03	港珠澳大桥青州航道3灯浮 Gangzhu'ao Bridge Qingzhou Fairway No 3	22-16.70N 113-44.13E	快闪绿			绿色锥形	右侧标同步闪
7411736.031	港珠澳大桥青州航道V3虚拟航标 QINGZHOU FAIRWAY V3	22-16.70N 113-43.99E					MMSI:994136743 发射模式:自主连续
7411736.04	港珠澳大桥青州航道4灯浮 Gangzhu'ao Bridge Qingzhou Fairway No 4	22-16.70N 113-43.68E	快闪红			红色罐形	左侧标同步闪
7411736.041	港珠澳大桥青州航道V4虚拟航标 QINGZHOU FAIRWAY V4	22-16.70N 113-43.81E					MMSI:994136744 发射模式:自主连续
7411736.05	港珠澳大桥青州航道5灯浮 Gangzhu'ao Bridge Qingzhou Fairway No 5	22-17.27N 113-44.13E	快闪绿			绿色锥形	右侧标同步闪
7411736.051	港珠澳大桥青州航道V5虚拟航标 QINGZHOU FAIRWAY V5	22-17.27N 113-43.99E					MMSI:994136745 发射模式:自主连续
7411736.06	港珠澳大桥青州航道6灯浮 Gangzhu'ao Bridge Qingzhou Fairway No 6	22-17.27N 113-43.67E	快闪红			红色罐形	左侧标同步闪

编号 No.	名称 Name	位置 Position	灯质 Characteristic	灯高 Height	射程 Range	构造 Structure	附记 Remarks
7411736.061	港珠澳大桥青州航道V6虚拟航标 QINGZHOU FAIRWAY V6	22-17.27N 113-43.81E					MMSI:994136746 发射模式:自主连续
7411736.07	港珠澳大桥青州航道7灯浮 Gangzhu'ao Bridge Qingzhou Fairway No 7	22-17.99N 113-44.13E	快闪绿			绿色锥形	右侧标同步闪AIS应答器
7411736.071	港珠澳大桥青州航道V7虚拟航标 QINGZHOU FAIRWAY V7	22-17.99N 113-43.99E					MMSI:994136747 发射模式:自主连续
7411736.08	港珠澳大桥青州航道8灯浮 Gangzhu'ao Bridge Qingzhou Fairway No 8	22-17.99N 113-43.67E	快闪红			红色罐形	左侧标同步闪AIS应答器
7411736.081	港珠澳大桥青州航道V8虚拟航标 QINGZHOU FAIRWAY V8	22-17.99N 113-43.81E					MMSI:994136748 发射模式:自主连续
7411737.01	港珠澳大桥江海航道1灯浮 Gangzhu'ao Bridge Jianghai Fairway No 1	22-14.45N 113-39.32E	快闪绿			绿色锥形	右侧标同步闪AIS应答器
7411737.011	港珠澳大桥江海航道V1虚拟航标 JIANGHAI FAIRWAY V1	22-14.43N 113-39.24E					MMSI:994136730 发射模式:自主连续
7411737.02	港珠澳大桥江海航道2灯浮 Gangzhu'ao Bridge Jianghai Fairway No 2	22-14.34N 113-38.91E	快闪红			红色罐形	左侧标同步闪AIS应答器
7411737.021	港珠澳大桥江海航道V2虚拟航标 JIANGHAI FAIRWAY V2	22-14.37N 113-39.00E					MMSI:994136717 发射模式:自主连续
7411737.03	港珠澳大桥江海航道3灯浮 Gangzhu'ao Bridge Jianghai Fairway No 3	22-14.71N 113-39.25E	快闪绿			绿色锥形	右侧标同步闪

编 号 No.	名 称 Name	位置 Position	灯 质 Characteristic	灯高 Height	射程 Range	构 造 Structure	附 记 Remarks
7411737.031	港珠澳大桥江海航道V3虚拟航标 JIANGHAI FAIRWAY V3	22-14.69N 113-39.16E					MMSI:994136718 发射模式:自主连续
7411737.04	港珠澳大桥江海航道4灯浮 Gangzhu'ao Bridge Jianghai Fairway No 4	22-14.61N 113-38.84E	快闪红			红色罐形	左侧标同步闪
7411737.041	港珠澳大桥江海航道V4虚拟航标 JIANGHAI FAIRWAY V4	22-14.63N 113-38.92E					MMSI:994136723 发射模式:自主连续
7411737.05	港珠澳大桥江海航道5灯浮 Gangzhu'ao Bridge Jianghai Fairway No 5	22-15.23N 113-39.09E	快闪绿			绿色锥形	右侧标同步闪
7411737.051	港珠澳大桥江海航道V5虚拟航标 JIANGHAI FAIRWAY V5	22-15.21N 113-39.01E					MMSI:994136724 发射模式:自主连续
7411737.06	港珠澳大桥江海航道6灯浮 Gangzhu'ao Bridge Jianghai Fairway No 6	22-15.13N 113-38.69E	快闪红			红色罐形	左侧标同步闪
7411737.061	港珠澳大桥江海航道V6虚拟航标 JIANGHAI FAIRWAY V6	22-15.15N 113-38.77E					MMSI:994136729 发射模式:自主连续
7411737.07	港珠澳大桥江海航道7灯浮 Gangzhu'ao Bridge Jianghai Fairway No 7	22-15.49N 113-39.02E	快闪绿			绿色锥形	右侧标同步闪AIS应答器
7411737.071	港珠澳大桥江海航道V7虚拟航标 JIANGHAI FAIRWAY V7	22-15.47N 113-38.94E					MMSI:994136609 发射模式:自主连续
7411737.08	港珠澳大桥江海航道8灯浮 Gangzhu'ao Bridge Jianghai Fairway No 8	22-15.39N 113-38.61E	快闪红			红色罐形	左侧标同步闪AIS应答器

编号 No.	名称 Name	位置 Position	灯质 Characteristic	灯高 Height	射程 Range	构造 Structure	附记 Remarks
7411737.081	港珠澳大桥江海航道V8虚拟航标 JIANGHAI FAIRWAY V8	22-15.41N 113-38.69E					MMSI:994136628 发射模式:自主连续
7411740 (4378.87)	港珠澳大桥主体工程3试桩平台灯桩 Gangzhu'ao Bridge Main Body Project Test Platform No 3	22-17.06N 113-43.43E	闪(2)白5秒			黑红黑横条纹柱形立标，顶标为黑色双球体	孤立危险物立标
7411741.01	青州桥墩1灯桩 Qingzhou Bridge Pier No 1	22-16.98N 113-44.17E	快闪黄		4	红黄相间条纹柱形立标	桥墩警示标同步闪
7411741.02	青州桥墩2灯桩 Qingzhou Bridge Pier No 2	22-16.99N 113-44.17E	快闪黄		4	红黄相间条纹柱形立标	桥墩警示标同步闪
7411741.03	青州桥墩3灯桩 Qingzhou Bridge Pier No 3	22-16.98N 113-44.04E	快闪黄		4	红黄相间条纹柱形立标	桥墩警示标同步闪
7411741.04	青州桥墩4灯桩 Qingzhou Bridge Pier No 4	22-16.99N 113-44.04E	快闪黄		4	红黄相间条纹柱形立标	桥墩警示标同步闪
7411741.05	青州桥墩5灯桩 Qingzhou Bridge Pier No 5	22-16.98N 113-43.77E	快闪黄		4	红黄相间条纹柱形立标	桥墩警示标同步闪
7411741.06	青州桥墩6灯桩 Qingzhou Bridge Pier No 6	22-17.00N 113-43.77E	快闪黄		4	红黄相间条纹柱形立标	桥墩警示标同步闪
7411741.07	青州桥墩7灯桩 Qingzhou Bridge Pier No 7	22-16.98N 113-43.63E	快闪黄		4	红黄相间条纹柱形立标	桥墩警示标同步闪
7411741.08	青州桥墩8灯桩 Qingzhou Bridge Pier No 8	22-16.99N 113-43.63E	快闪黄		4	红黄相间条纹柱形立标	桥墩警示标同步闪
7411742.01 (4359.1611)	青州桥梁1灯桩 Qingzhou Bridge No 1	22-16.98N 113-44.10E	莫(A)白6秒		4	红白相间竖条纹柱形立标	通航桥孔最佳通过点

编 号 No.	名 称 Name	位置 Position	灯 质 Characteristic	灯高 Height	射程 Range	构 造 Structure	附 记 Remarks
7411742.02 (4359.1612)	青州桥梁2灯桩 Qingzhou Bridge No 2	22-17.00N 113-44.10E	莫(P)黄12秒		4	黄色柱形立标	桥孔禁航标禁航区专用标
7411742.03 (4359.1613)	青州桥梁3灯桩 Qingzhou Bridge No 3	22-16.98N 113-43.99E	闪绿4秒		4	绿色柱形立标	...
7411742.04 (4359.1614)	青州桥梁4灯桩 Qingzhou Bridge No 4	22-17.00N 113-43.99E	闪绿4秒		4	绿色柱形立标	...
7411742.05 (4359.1615)	青州桥梁5灯桩 Qingzhou Bridge No 5	22-16.98N 113-43.90E	莫(A)白6秒		4	红白相间竖条纹柱形立标	通航桥孔最佳通过点雷达应答器：信号N(-.)
7411742.06 (4359.1616)	青州桥梁6灯桩 Qingzhou Bridge No 6	22-17.00N 113-43.90E	莫(A)白6秒		4	红白相间竖条纹柱形立标	通航桥孔最佳通过点
7411742.07 (4359.1617)	青州桥梁7灯桩 Qingzhou Bridge No 7	22-16.97N 113-43.81E	闪红4秒		4	红色柱形立标	...
7411742.08 (4359.1618)	青州桥梁8灯桩 Qingzhou Bridge No 8	22-17.00N 113-43.81E	闪红4秒		4	红色柱形立标	....
7411742.09 (4359.1619)	青州桥梁9灯桩 Qingzhou Bridge No 9	22-16.97N 113-43.70E	莫(P)黄12秒		4	黄色柱形立标	桥孔禁航标禁航区专用标
7411742.10 (4359.162)	青州桥梁10灯桩 Qingzhou Bridge No 10	22-17.00N 113-43.70E	莫(A)白6秒		4	红白相间竖条纹柱形立标	通航桥孔最佳通过点
7411743.01	江海桥墩1灯桩 Jianghai Bridge Pier No 1	22-14.96N 113-39.19E	快闪黄		4	红黄相间条纹柱形立标	桥墩警示标同步闪
7411743.02	江海桥墩2灯桩 Jianghai Bridge Pier No 2	22-14.98N 113-39.18E	快闪黄		4	红黄相间条纹柱形立标	桥墩警示标同步闪
7411743.03	江海桥墩3灯桩 Jianghai Bridge Pier No 3	22-14.94N 113-39.12E	快闪黄		4	红黄相间条纹柱形立标	桥墩警示标同步闪
7411743.04	江海桥墩4灯桩 Jianghai Bridge Pier No 4	22-14.97N 113-39.11E	快闪黄		4	红黄相间条纹柱形立标	桥墩警示标同步闪

编号 No.	名称 Name	位置 Position	灯质 Characteristic	灯高 Height	射程 Range	构造 Structure	附记 Remarks
7411743.05	江海桥墩5灯桩 Jianghai Bridge Pier No 5	22-14.91N 113-38.97E	快闪黄		4	红黄相间条纹柱形立标	桥墩警示标同步闪
7411743.06	江海桥墩6灯桩 Jianghai Bridge Pier No 6	22-14.93N 113-38.96E	快闪黄		4	红黄相间条纹柱形立标	桥墩警示标同步闪
7411743.07	江海桥墩7灯桩 Jianghai Bridge Pier No 7	22-14.87N 113-38.82E	快闪黄		4	红黄相间条纹柱形立标	桥墩警示标同步闪
7411743.08	江海桥墩8灯桩 Jianghai Bridge Pier No 8	22-14.89N 113-38.82E	快闪黄		4	红黄相间条纹柱形立标	桥墩警示标同步闪
7411743.09	江海桥墩9灯桩 Jianghai Bridge Pier No 9	22-14.85N 113-38.75E	快闪黄		4	红黄相间条纹柱形立标	桥墩警示标同步闪
7411743.10	江海桥墩10灯桩 Jianghai Bridge Pier No 10	22-14.87N 113-38.75E	快闪黄		4	红黄相间条纹柱形立标	桥墩警示标同步闪
7411744.01 (4359.4611)	江海桥梁1灯桩 Jianghai Bridge No 1	22-14.95N 113-39.15E	莫(A)白6秒		4	红白相间竖条纹柱形立标	通航桥孔最佳通过点
7411744.02 (4359.4612)	江海桥梁2灯桩 Jianghai Bridge No 2	22-14.97N 113-39.15E	莫(P)黄12秒		4	黄色柱形立标	桥孔禁航标禁航区专用标
7411744.03 (4359.4613)	江海桥梁3灯桩 Jianghai Bridge No 3	22-14.93N 113-39.04E	莫(A)白6秒		4	红白相间竖条纹柱形立标	通航桥孔最佳通过点
7411744.04 (4359.4614)	江海桥梁4灯桩 Jianghai Bridge No 4	22-14.95N 113-39.04E	莫(P)黄12秒		4	黄色柱形立标	桥孔禁航标禁航区专用标
7411744.05 (4359.4615)	江海桥梁5灯桩 Jianghai Bridge No 5	22-14.89N 113-38.90E	莫(P)黄12秒		4	黄色柱形立标	桥孔禁航标禁航区专用标
7411744.06 (4359.4616)	江海桥梁6灯桩 Jianghai Bridge No 6	22-14.91N 113-38.89E	莫(A)白6秒		4	红白相间竖条纹柱形立标	通航桥孔最佳通过点
7411744.07 (4359.4617)	江海桥梁7灯桩 Jianghai Bridge No 7	22-14.86N 113-38.79E	莫(P)黄12秒		4	黄色柱形立标	桥孔禁航标禁航区专用标

编 号 No.	名 称 Name	位置 Position	灯 质 Characteristic	灯高 Height	射程 Range	构 造 Structure	附 记 Remarks
7411744.08 (4359.4618)	江海桥梁8灯桩 Jianghai Bridge No 8	22-14.88N 113-38.78E	莫(A)白6秒		4	红白相间竖条纹柱形立标	通航桥孔最佳通过点
7411745.01	九洲桥墩1灯桩 Jiuzhou Bridge Pier No 1	22-13.30N 113-35.92E	快闪黄		4	红黄相间条纹柱形立标	桥墩警示标同步闪
7411745.02	九洲桥墩2灯桩 Jiuzhou Bridge Pier No 2	22-13.31N 113-35.91E	快闪黄		4	红黄相间条纹柱形立标	桥墩警示标同步闪
7411745.03	九洲桥墩3灯桩 Jiuzhou Bridge Pier No 3	22-13.26N 113-35.86E	快闪黄		4	红黄相间条纹柱形立标	桥墩警示标同步闪
7411745.04	九洲桥墩4灯桩 Jiuzhou Bridge Pier No 4	22-13.28N 113-35.85E	快闪黄		4	红黄相间条纹柱形立标	桥墩警示标同步闪
7411745.05	九洲桥墩5灯桩 Jiuzhou Bridge Pier No 5	22-13.18N 113-35.73E	快闪黄		4	红黄相间条纹柱形立标	桥墩警示标同步闪
7411745.06	九洲桥墩6灯桩 Jiuzhou Bridge Pier No 6	22-13.19N 113-35.72E	快闪黄		4	红黄相间条纹柱形立标	桥墩警示标同步闪
7411745.07	九洲桥墩7灯桩 Jiuzhou Bridge Pier No 7	22-13.14N 113-35.67E	快闪黄		4	红黄相间条纹柱形立标	桥墩警示标同步闪
7411745.08	九洲桥墩8灯桩 Jiuzhou Bridge Pier No 8	22-13.15N 113-35.66E	快闪黄		4	红黄相间条纹柱形立标	桥墩警示标同步闪
7411746.01 (4359.5411)	九洲桥梁1灯桩 Jiuzhou Bridge No 1	22-13.28N 113-35.89E	莫(A)白6秒		4	红白相间竖条纹柱形立标	通航桥孔最佳通过点
7411746.02 (4359.5412)	九洲桥梁2灯桩 Jiuzhou Bridge No 2	22-13.30N 113-35.88E	莫(P)黄12秒		4	黄色柱形立标	桥孔禁航标禁航区专用标
7411746.03 (4359.5413)	九洲桥梁3灯桩 Jiuzhou Bridge No 3	22-13.22N 113-35.79E	莫(A)白6秒		4	白色柱形立标	通航桥孔最佳通过点

编 号 No.	名 称 Name	位置 Position	灯 质 Characteristic	灯高 Height	射程 Range	构 造 Structure	附 记 Remarks
7411746.04 (4359.5414)	九洲桥梁4灯桩 Jiuzhou Bridge No 4	22-13.23N 113-35.78E	莫(A)白6秒		4	白色柱形立标	通航桥孔最佳通过点
7411746.05 (4359.5415)	九洲桥梁5灯桩 Jiuzhou Bridge No 5	22-13.16N 113-35.70E	莫(P)黄12秒		4	黄色柱形立标	桥孔禁航标禁航区专用标
7411746.06 (4359.5416)	九洲桥梁6灯桩 Jiuzhou Bridge No 6	22-13.17N 113-35.69E	莫(A)白6秒		4	白色柱形立标	通航桥孔最佳通过点
7411750 (4378.88)	港珠澳大桥主体工程试验平台警示灯桩 Gangzhu'ao Bridge Main Project Test Platform Warning	22-16.23N 113-41.36E	闪(2)白5秒	14	5	黑红黑横条纹柱形立标，顶标为黑色双球体	孤立危险物立标
7411760 (4378.9)	小白排岛灯桩 Xiaobaipai Dao	22-17.23N 113-37.09E	闪(2)白5秒	18	5	玻璃钢结构柱形立标;6.0	雷达应答器：信号X(- . . -)
7411770 (4379)	铜锣排（小白排）（渔）灯桩 Tongluo Pai (Xiaobai Pai)	22-17.32N 113-36.23E	闪(2)白5秒	6.6	6	黑红黑横条纹砖石结构柱形立标，顶标为黑色双球体;6.8	孤立危险物立标
7411780 (4379.2)	香洲港北堤头灯桩 Xiangzhou Gang N Breakwater Head	22-17.42N 113-35.26E	闪白3秒	8	5	柱形立标	
7411790 (4380)	野狸岛堤头（渔）灯桩 Yeli Dao Breakwater Head	22-17.38N 113-35.06E	闪(2)红6秒	8	2.4	白色砖石结构柱形立标;6.8	
7411791.01	1灯浮 No 1	22-17.37N 113-34.95E	闪(2+1)绿6秒			绿色标柱形，顶标为绿色尖向上锥形	右侧标
7411791.02	2灯浮 No 2	22-17.03N 113-34.72E	闪(2)绿6秒			绿色标柱形，顶标为绿色尖向上锥形	右侧标
7411791.031	3灯浮 No 3	22-17.42N 113-34.62E	闪(2)红6秒			红色标柱形，顶标为红色圆柱形	左侧标
7411791.032	3灯浮 No 3	22-17.42N 113-34.55E	闪(2)绿6秒			绿色标柱形，顶标为绿色尖向上锥形	右侧标

编 号 No.	名 称 Name	位置 Position	灯 质 Characteristic	灯高 Height	射程 Range	构 造 Structure	附 记 Remarks
7411791.041	4灯浮 No 4	22-17.26N 113-34.60E	闪(2)红6秒			红色标柱形，顶标为红色圆柱形	左侧标
7411791.042	4灯浮 No 4	22-17.27N 113-34.52E	闪(2)绿6秒			绿色标柱形，顶标为绿色尖向上锥形	右侧标
7411800 (4381)	铜鼓角灯塔（唐家湾） Tonggu Jiao (Tangjia Wan)	22-22.50N 113-37.54E	闪(2)白6秒	55	18	白色	
7411801	大坞湾油气码头灯桩北 Dawu Wan Oil&Gas Pier N	22-22.48N 113-37.63E	闪红3秒	6	4	柱形立标	同步闪
7411802	大坞湾油气码头灯桩南 Dawu Wan Oil&Gas Pier S	22-22.42N 113-37.68E	闪红3秒	6	4	柱形立标	同步闪
7411803.01	淇澳岛游艇码头1灯浮 Qi'ao Dao Yatch Pier No 1	22-22.82N 113-37.91E	闪绿4秒			绿色锥型	右侧标
7411803.02	淇澳岛游艇码头2灯浮 Qi'ao Dao Yatch Pier No 2	22-22.81N 113-37.86E	闪(2+1)绿6秒			绿红绿横条纹锥型	推荐航道右侧标
7411803.03	淇澳岛游艇码头3灯浮 Qi'ao Dao Yatch Pier No 3	22-23.21N 113-38.05E	闪(2)绿6秒			绿色锥型	右侧标
7411803.04	淇澳岛游艇码头4灯浮 Qi'ao Dao Yatch Pier No 4	22-23.22N 113-38.03E	闪(2)红6秒			红色罐形	左侧标
7411803.05	淇澳岛游艇码头5灯浮 Qi'ao Dao Yatch Pier No 5	22-23.59N 113-38.20E	闪(3)绿10秒			绿色锥型	右侧标
7411803.06	淇澳岛游艇码头6灯浮 Qi'ao Dao Yatch Pier No 6	22-23.64N 113-38.19E	闪(3)红10秒			红色罐形	左侧标
7411804.01	淇澳岛游艇码头1号灯桩 Qi'ao Dao Youtingmatou No 1	22-23.63N 113-38.23E	等明暗绿4秒	10.8	5	绿白相间条纹金属结构柱形立标	

编 号 No.	名 称 Name	位置 Position	灯 质 Characteristic	灯高 Height	射程 Range	构 造 Structure	附 记 Remarks
7411804.02	淇澳岛游艇码头2号灯桩 Qi'ao Dao Youtingmatou No 2	22-23.69N 113-38.25E	等明暗红4秒	7.7	5	红白相间条纹金属结构柱形立标	
7411810.01 (4381.1)	大坞湾油气码头航道1灯浮 Dawu Wan Oil&Gas Pier Fairway No 1	22-20.51N 113-38.60E	闪(2)红6秒			红色罐形	左侧标
7411810.02 (4381.2)	大坞湾油气码头航道2灯浮 Dawu Wan Oil&Gas Pier Fairway No 2	22-22.21N 113-37.82E	闪红4秒			红色罐形	左侧标
7411820 (4382)	金星岛灯桩 Jinxing Dao	22-23.22N 113-37.04E	闪白4秒	19.7	6	白色砖石结构柱形立标;3.0	
7411821	双石礁灯桩 Shuangshi Jiao	22-23.40N 113-34.20E				柱形立标	灯高(3.4)
7411830.01 (4383)	半潮礁（横门西水道1）灯桩 Banchao Jiao (Hengmen W Channel No 1)	22-23.36N 113-35.56E	闪(2)红6秒	7.2	1	红色柱形立标，顶标为红色圆柱形	左侧标
7411830.02 (4384)	横门西水道2灯桩 Hengmen W Channel No 2	22-25.12N 113-34.96E	闪(2)红6秒	1.7	1	红色柱形立标，顶标为红色圆柱形	左侧标
7411830.03 (4385)	横门西水道3灯桩 Hengmen W Channel No 3	22-26.21N 113-35.18E	闪(2)绿6秒			绿色柱形立标，顶标为绿色尖向上锥形	右侧标
7411830.04 (4386)	横门西水道4灯桩 Hengmen W Channel No 4	22-27.39N 113-35.04E	闪(2)红6秒	3.4	1	红色柱形立标，顶标为红色圆柱形	左侧标
7411830.05 (4387)	横门西水道5灯桩 Hengmen W Channel No 5	22-28.92N 113-34.98E	闪(2)红6秒	3.4	1	红色柱形立标，顶标为红色圆柱形	左侧标
7411830.06 (4388)	横门西水道6灯桩 Hengmen W Channel No 6	22-29.84N 113-35.43E	闪(2)绿6秒			绿色金属结构，顶标为绿色尖向上锥形	右侧标

编 号 No.	名 称 Name	位置 Position	灯 质 Characteristic	灯高 Height	射程 Range	构 造 Structure	附 记 Remarks
7411830.07 (4389)	横门西水道7灯桩 Hengmen W Channel No 7	22-31.34N 113-34.88E	闪(2)红6秒	3.4	1	红色柱形立标，顶标为红色圆柱形	左侧标
7411830.08 (4390)	横门西水道8灯桩 Hengmen W Channel No 8	22-32.99N 113-34.85E	闪(2)绿6秒			绿色，顶标为绿色尖向上锥形	右侧标
7411831.01	灯桩	22-23.25N 113-36.63E	定绿			白色柱形立标	上游双向通航桥孔标
7411831.02	灯桩	22-23.27N 113-36.62E	定绿			白色柱形立标	下游双向通航桥孔标
7411832.01	灯桩	22-23.23N 113-36.61E	快闪红			红色柱形立标	上游通航桥孔左侧标志左侧标
7411832.02	灯桩	22-23.24N 113-36.59E	快闪红			红色柱形立标	下游通航桥孔左侧标志左侧标
7411833.01	灯桩	22-23.30N 113-36.66E	快闪绿			绿色柱形立标	上游通航桥孔右侧标志右侧标
7411833.02	灯桩	22-23.31N 113-36.65E	快闪绿			绿色柱形立标	下游通航桥孔右侧标志右侧标
7411834.021	主桥2号墩灯桩 Main Pier No 2	22-23.22N 113-36.61E	快闪黄			红黄相间横条纹;5.0	上游桥墩警示标
7411834.022	主桥2号墩灯桩 Main Pier No 2	22-23.23N 113-36.59E	快闪黄			红黄相间横条纹;5.0	下游桥墩警示标
7411834.031	主桥3号墩灯桩 Main Pier No 3	22-23.32N 113-36.67E	快闪黄			红黄相间横条纹;5.0	上游桥墩警示标
7411834.032	主桥3号墩灯桩 Main Pier No 3	22-23.32N 113-36.66E	快闪黄			红黄相间横条纹;5.0	下游桥墩警示标
7411840 (4390.1)	淇澳岛立标 Qi'ao Dao (Dawang Jiao)	22-25.24N 113-39.11E				白色立标塔	

编号 No.	名称 Name	位置 Position	灯质 Characteristic	灯高 Height	射程 Range	构造 Structure	附记 Remarks
7411850 (4391)	淇澳岛灯桩 Qi'ao Dao (Dawang Jiao)	22-26.09N 113-39.57E	闪(2)白6秒	29	8	白色	
7411859.01 (4392.11)	长大路桥公司码头一期工程1号灯桩 Changda Luqiao Company Pier First-stage Project No 1	22-34.37N 113-33.41E	莫（C）黄12秒	3	3	黄色金属结构柱形立标，顶标为黄色“X”形	水中构筑物专用标
7411859.01	1灯桩 No 1	22-34.92N 113-31.40E	闪(2)黄6秒			黄色金属结构柱形立标	
7411859.02	2灯桩 No 2	22-34.91N 113-31.33E	闪(2)黄6秒			黄色金属结构柱形立标	
7411860.01 (4391.11)	横门东水道1灯浮 Hengmen E Channel No 1	22-24.43N 113-42.38E	闪绿4秒			绿色标柱形，顶标为绿色尖向上锥形	右侧标
7411860.011	横门东水道1-1灯浮 Hengmen E Channel No 1-1	22-24.96N 113-41.39E	闪绿4秒			绿色标柱形，顶标为绿色尖向上锥形	右侧标
7411860.012	横门东水道1-2灯浮 Hengmen E Channel No 1-2	22-25.23N 113-40.73E	快闪(3)白10秒			黑黄黑横条纹标柱形，顶标为黑色顶点相背双锥体	东方位标
7411860.02 (4391.12)	横门东水道2引导灯桩(前灯) Hengmen E Channel No 2 Ldg Lts, Front	22-25.23N 113-40.76E	定红	26	9	柱形立标	导标
7411860.021 (4391.13)	横门东水道2-1引导灯桩前左侧 Hengmen E Channel Lts, Front L No 2-1	22-25.20N 113-40.80E	闪(2)红6秒	6	5	红色，顶标为红色圆柱形	左侧标
7411860.03 (4391.14)	横门东水道3引导灯桩(后灯) Hengmen E Channel No 3 Ldg Lts, Rear	22-25.86N 113-39.57E	定红	46	9	柱形立标	导标雷达应答器：信号Z(- - . .)
7411860.04 (4391.15)	4灯浮 No 4	22-26.62N 113-40.03E	闪绿4秒			绿色标柱形，顶标为绿色尖向上锥形	右侧标

编号 No.	名称 Name	位置 Position	灯质 Characteristic	灯高 Height	射程 Range	构造 Structure	附记 Remarks
7411860.05 (4391.16)	5灯桩 No 5	22-27.70N 113-38.84E	闪(2)红6秒	4.8	2.7	红色柱形立标，顶标为红色圆柱形	左侧标
7411860.06 (4391.17)	6灯浮 No 6	22-29.53N 113-38.24E	闪绿4秒			绿色标柱形，顶标为绿色尖向上锥形	右侧标
7411860.07 (4391.18)	7灯浮 No 7	22-30.77N 113-37.90E	闪红4秒			红色标柱形，顶标为红色圆柱形	左侧标
7411860.08 (4391.19)	横门东水道8灯桩 Hengmen E Channel No 8	22-32.21N 113-38.21E	闪(2)绿6秒	4.8	2.7	绿色，顶标为绿色尖向上锥形	右侧标
7411860.081 (4391.195)	横门东水道8-1灯浮 Hengmen E Channel No 8-1	22-32.64N 113-38.18E	闪绿4秒			绿色标柱形，顶标为绿色尖向上锥形	右侧标
7411860.09 (4391.2)	横门东水道9灯桩 Hengmen E Channel No 9	22-33.95N 113-37.79E	闪(2)绿6秒	4.8	2.7	绿色，顶标为绿色尖向上锥形	右侧标
7411860.10 (4391.21)	10灯桩 No 10	22-35.27N 113-36.98E	闪(2)绿6秒	4.8	2.7	绿色柱形立标，顶标为绿色尖向上锥形	右侧标
7411860.11 (4391.22)	11灯浮 No 11	22-35.61N 113-35.88E	闪(2+1)绿6秒			绿红绿横条纹标柱形，顶标为绿色尖向上锥形	推荐航道右侧标
7411860.12 (4391.23)	12灯桩 No 12	22-35.27N 113-34.49E	闪(2)绿6秒	4.8	2.7	绿色柱形立标，顶标为绿色尖向上锥形	右侧标
7411860.13 (4391.24)	13灯浮 No 13	22-34.80N 113-33.13E	闪(2+1)红6秒			红绿红横条纹标柱形，顶标为红色圆柱形	推荐航道左侧标
7411860.14	1-1灯桩 No 1-1	22-34.54N 113-31.31E	闪(2)红6秒			白色柱形立标	
7411861.01	下游左侧（桥1）灯浮 On The L Side Of The Downstream (Bridge No 1)	22-28.79N 113-10.77E	闪绿4秒			黑色标柱形，顶标为绿色尖向上锥形	右侧标

编号 No.	名称 Name	位置 Position	灯质 Characteristic	灯高 Height	射程 Range	构造 Structure	附记 Remarks
7411861.02	下游左侧（桥2）灯浮 On The L Side Of The Downstream (Bridge No 2)	22-28.69N 113-10.66E	闪红4秒			红色标柱形，顶标为红色圆柱形	左侧标
7411861.03	上游左侧（桥3）灯浮 On The L Side Of The Upstream (Bridge No 3)	22-28.96N 113-10.61E	闪绿4秒			黑色标柱形，顶标为绿色尖向上锥形	右侧标
7411861.04	上游左侧（桥4）灯浮 On The L Side Of The Upstream (Bridge No 4)	22-28.86N 113-10.50E	闪红4秒			红色标柱形，顶标为红色圆柱形	左侧标
7411861.05	上游左侧（桥5）灯浮 On The L Side Of The Upstream (Bridge No 5)	22-29.12N 113-10.37E	闪红4秒			红色标柱形，顶标为红色圆柱形	左侧标
7411862.01	E1灯浮 No E1	22-30.21N 113-37.56E	闪绿4秒			绿色标柱形，顶标为绿色尖向上锥形	右侧标
7411862.02	E2灯浮 No E2	22-30.16N 113-36.80E	闪红4秒			红色标柱形，顶标为红色圆柱形	左侧标
7411862.03	E3灯浮 No E3	22-30.05N 113-36.37E	闪(2)红6秒			红色标柱形，顶标为红色圆柱形	左侧标
7411862.04	E4灯浮 No E4	22-30.06N 113-36.17E	闪绿4秒			绿色标柱形，顶标为绿色尖向上锥形	右侧标
7411862.05	E5灯浮 No E5	22-30.09N 113-35.96E	闪绿4秒			绿色标柱形，顶标为绿色尖向上锥形	右侧标
7411869.05	5灯浮 No 5	22-47.81N 113-21.13E	闪红4秒			红色标柱形，顶标为红色圆柱形	左侧标
7411870 (4400.01)	新垦十四冲西口左（渔）灯桩 Xinken Shisichong W Entrance L	22-37.80N 113-35.20E	闪(2)红6秒	UNKNOWN	1.2	红色混凝土结构柱形立标;5.5	左侧标

编号 No.	名称 Name	位置 Position	灯质 Characteristic	灯高 Height	射程 Range	构造 Structure	附记 Remarks
7411871	1白（洪奇沥)灯桩 No 1#white (Hongqili)	22-37.28N 113-35.07E				白色柱形立标;8.3	
7411872.13	Z13灯浮 No Z13	22-44.68N 113-25.32E	闪(2)黄6秒			黄色标柱形,顶标为黄色“X”形	
7411872.14	Z14灯桩 No Z14	22-44.75N 113-25.29E	闪(2)黄6秒			黄色柱形立标,顶标为黄色“X”形	
7411872.15	Z15灯桩 No Z15	22-44.77N 113-25.22E	闪(2)黄6秒			黄色柱形立标,顶标为黄色“X”形	
7411872.16	Z16灯浮 No Z16	22-44.74N 113-25.14E	闪(2)黄6秒			黄色标柱形,顶标为黄色“X”形	
7411873	L2灯浮 No L2	22-43.93N 113-27.56E	闪红4秒			红色标柱形,顶标为红色圆柱形	左侧标
7411876.01 (4391.61)	洪奇门特大桥施工L1灯浮 Hongqimen Ultra Large Bridge Construction No L1	22-36.92N 113-35.30E	闪绿4秒			黑色标柱形	左侧内河标同步闪
7411876.02 (4391.62)	洪奇门特大桥施工L2灯浮 Hongqimen Ultra Large Bridge Construction No L2	22-36.87N 113-35.22E	闪红4秒			红色标柱形	右侧内河标同步闪
7411876.03 (4391.63)	洪奇门特大桥施工L3灯浮 Hongqimen Ultra Large Bridge Construction No L3	22-37.15N 113-35.14E	闪绿4秒			黑色标柱形	左侧内河标同步闪
7411876.04 (4391.64)	洪奇门特大桥施工L4灯浮 Hongqimen Ultra Large Bridge Construction No L4	22-37.12N 113-35.10E	闪红4秒			红色标柱形	右侧内河标同步闪

编号 No.	名称 Name	位置 Position	灯质 Characteristic	灯高 Height	射程 Range	构造 Structure	附记 Remarks
7411876.05 (4391.65)	洪奇门特大桥施工L5灯浮 Hongqimen Ultra Large Bridge Construction No L5	22-37.35N 113-34.98E	闪绿4秒			黑色标柱形	左侧内河标 同步闪
7411876.06 (4391.66)	洪奇门特大桥施工L6灯浮 Hongqimen Ultra Large Bridge Construction No L6	22-37.32N 113-34.93E	闪红4秒			红色标柱形	右侧内河标 同步闪
7411876.07 (4391.67)	洪奇门特大桥施工L7灯浮 Hongqimen Ultra Large Bridge Construction No L7	22-37.57N 113-34.81E	闪绿4秒			黑色标柱形	左侧内河标 同步闪
7411876.08 (4391.68)	洪奇门特大桥施工L8灯浮 Hongqimen Ultra Large Bridge Construction No L8	22-37.52N 113-34.74E	闪红4秒			红色标柱形	右侧内河标 同步闪
7411880.03 (4400.1)	伶仃3灯桩 Lingding No 3	22-30.80N 113-41.90E				黑色金属结构柱形立标，顶标为黄色“X”形；7.0	
7411880.04 (4402.1)	伶仃4灯桩 Lingding No 4	22-33.70N 113-41.40E				黑色金属结构柱形立标，顶标为黄色“X”形；7.0	
7411880.05 (4403)	伶仃5灯桩 Lingding No 5	22-36.20N 113-40.70E				黑色金属结构柱形立标，顶标为黄色“X”形；7.0	
7411880.06 (4403.1)	伶仃6灯桩 Lingding No 6	22-36.60N 113-40.10E				黄色金属结构，顶标为黄色“X”形；5.0	
7411880.07 (4403.2)	伶仃7灯桩 Lingding No 7	22-39.20N 113-40.90E				黑色金属结构柱形立标，顶标为黄色“X”形；7.0	

编号 No.	名称 Name	位置 Position	灯质 Characteristic	灯高 Height	射程 Range	构造 Structure	附记 Remarks
7411881.01	龙横1灯桩 Longheng No 1	22-33.21N 113-41.70E	闪(2)红6秒			红色金属结构柱形立标，顶标为红色圆柱形;7.5	左侧标
7411881.02	龙横2灯桩 Longheng No 2	22-33.03N 113-40.18E	闪(2)绿6秒			绿色金属结构柱形立标，顶标为绿色尖向上锥形;7.5	右侧标
7411882.01 (4403.71)	LH01灯浮 No LH01	22-31.54N 113-43.30E	闪红4秒			红色标柱形，顶标为红色圆柱形	左侧标
7411882.02 (4403.72)	LH02灯浮 No LH02	22-31.64N 113-43.15E	闪绿4秒			绿色标柱形，顶标为绿色尖向上锥形	右侧标
7411882.03 (4403.73)	LH03灯浮 No LH03	22-31.73N 113-42.24E	闪红4秒			红色标柱形，顶标为红色圆柱形	左侧标
7411882.04 (4403.74)	LH04灯浮 No LH04	22-31.83N 113-42.09E	闪绿4秒			绿色标柱形，顶标为绿色尖向上锥形	右侧标
7411882.05 (4403.75)	LH05灯浮 No LH05	22-31.92N 113-41.18E	闪红4秒			红色标柱形，顶标为红色圆柱形	左侧标
7411882.06 (4403.76)	LH06灯浮 No LH06	22-32.02N 113-41.03E	闪绿4秒			绿色标柱形，顶标为绿色尖向上锥形	右侧标
7411882.07 (4403.77)	LH07灯浮 No LH07	22-32.12N 113-40.15E	闪红4秒			红色标柱形，顶标为红色圆柱形	左侧标
7411882.08 (4403.78)	LH08灯浮 No LH08	22-32.21N 113-39.97E	闪绿4秒			绿色标柱形，顶标为绿色尖向上锥形	右侧标
7411882.09 (4403.79)	LH09灯浮 No LH09	22-32.31N 113-39.09E	闪红4秒			红色标柱形，顶标为红色圆柱形	左侧标
7411882.10 (4403.8)	LH10灯浮 No LH10	22-32.41N 113-38.91E	闪绿4秒			绿色标柱形，顶标为绿色尖向上锥形	右侧标

编号 No.	名称 Name	位置 Position	灯质 Characteristic	灯高 Height	射程 Range	构造 Structure	附记 Remarks
7411899.01 (4403.91)	龙穴南辅助支航道LZ1灯浮 Longxue South Auxiliary Branch Channel No LZ1	22-33.89N 113-42.71E	闪红4秒			红色标柱形，顶标为红色圆柱形	左侧标
7411899.02 (4403.92)	龙穴南辅助支航道LZ2灯浮 Longxue South Auxiliary Branch Channel No LZ2	22-34.11N 113-42.29E	闪绿4秒			绿色标柱形，顶标为绿色尖向上锥形	右侧标
7411899.03 (4403.93)	龙穴南辅助支航道LZ3灯浮 Longxue South Auxiliary Branch Channel No LZ3	22-34.15N 113-41.78E	闪(2+1)绿6秒			绿红绿横条纹	推荐航道右侧
7411900.101	龙穴南水道(10)灯桩 longxue S Channel (10)	22-43.91N 113-34.63E				黄黑黄横条纹柱形立标,顶标为黑色顶点相对双锥体	西方位标
7411901.01 (4404.01)	龙穴南水道1灯浮 Longxue S Channel No 1	22-33.00N 113-43.17E	闪绿4秒			绿色标柱形,顶标为绿色尖向上锥形	右侧标
7411901.010 (4403.6)	H10灯浮 No H10	22-33.40N 113-42.60E	闪红4秒			红色标柱形,顶标为红色圆柱形	左侧标
7411901.02 (4404.02)	龙穴南水道2灯浮 Longxue S Channel No 2	22-32.97N 113-42.97E	闪红4秒			红色标柱形,顶标为红色圆柱形	左侧标
7411901.02 (4403.52)	H2灯浮 No H2	22-32.70N 113-43.30E	闪红4秒			红色标柱形,顶标为红色圆柱形	左侧标
7411901.03 (4404.03)	龙穴南水道3灯浮 Longxue S Channel No 3	22-33.28N 113-42.87E	闪绿4秒			绿色标柱形,顶标为绿色尖向上锥形	右侧标
7411901.04 (4404.04)	龙穴南水道4灯浮 Longxue S Channel No 4	22-33.13N 113-42.84E	闪红4秒			红色标柱形,顶标为红色圆柱形	左侧标

编号 No.	名称 Name	位置 Position	灯质 Characteristic	灯高 Height	射程 Range	构造 Structure	附记 Remarks
7411901.05 (4404.05)	龙穴南水道5灯浮 Longxue S Channel No 5	22-33.65N 113-42.37E	闪绿4秒			绿色标柱形，顶标为绿色尖向上锥形	右侧标
7411901.06 (4404.06)	龙穴南水道6灯浮 Longxue S Channel No 6	22-33.59N 113-42.30E	闪红4秒			红色标柱形，顶标为红色圆柱形	左侧标
7411901.07 (4404.07)	龙穴南水道7灯浮 Longxue S Channel No 7	22-34.04N 113-41.93E	闪绿4秒			绿色标柱形，顶标为绿色尖向上锥形	右侧标
7411901.08 (4404.08)	龙穴南水道8灯浮 Longxue S Channel No 8	22-33.96N 113-41.83E	闪红4秒			红色标柱形，顶标为红色圆柱形	左侧标
7411901.09 (4404.09)	龙穴南水道9灯浮 Longxue S Channel No 9	22-34.41N 113-41.50E	闪绿4秒			绿色标柱形，顶标为绿色尖向上锥形	右侧标
7411901.10 (4404.1)	龙穴南水道10灯浮 Longxue S Channel No 10	22-34.70N 113-41.01E	闪红4秒			红色标柱形，顶标为红色圆柱形	左侧标
7411901.11 (4404.11)	龙穴南水道11灯浮 Longxue S Channel No 11	22-35.10N 113-40.77E	闪绿4秒			绿色标柱形，顶标为绿色尖向上锥形	右侧标
7411901.12 (4404.12)	龙穴南水道12灯浮 Longxue S Channel No 12	22-35.40N 113-40.28E	闪红4秒			红色标柱形，顶标为红色圆柱形	左侧标
7411901.13 (4404.13)	龙穴南水道13灯浮 Longxue S Channel No 13	22-35.81N 113-40.03E	闪绿4秒			绿色标柱形，顶标为绿色尖向上锥形	右侧标
7411901.14 (4404.14)	龙穴南水道14灯浮 Longxue S Channel No 14	22-36.10N 113-39.61E	闪红4秒			红色标柱形，顶标为红色圆柱形	左侧标
7411901.15 (4404.15)	龙穴南水道15灯浮 Longxue S Channel No 15	22-36.62N 113-39.49E	闪绿4秒			绿色标柱形，顶标为绿色尖向上锥形	右侧标

编 号 No.	名 称 Name	位置 Position	灯 质 Characteristic	灯高 Height	射程 Range	构 造 Structure	附 记 Remarks
7411901.16 (4404.16)	龙穴南水道16灯浮 Longxue S Channel No 16	22-37.05N 113-39.15E	闪红4秒			红色标柱形，顶标为红色圆柱形	左侧标
7411901.17 (4404.17)	龙穴南水道17灯浮 Longxue S Channel No 17	22-37.52N 113-39.14E	闪绿4秒			绿色标柱形，顶标为绿色尖向上锥形	右侧标
7411901.18 (4404.18)	龙穴南水道18灯浮 Longxue S Channel No 18	22-38.03N 113-39.01E	闪绿4秒			绿色标柱形，顶标为绿色尖向上锥形	右侧标
7411901.19 (4404.19)	龙穴南水道19灯浮 Longxue S Channel No 19	22-38.01N 113-38.88E	闪红4秒			红色标柱形，顶标为红色圆柱形	左侧标
7411901.20 (4404.2)	龙穴南水道20灯浮 Longxue S Channel No 20	22-38.27N 113-38.95E	闪绿4秒			绿色标柱形，顶标为绿色尖向上锥形	右侧标
7411901.21 (4404.21)	龙穴南水道21灯浮 Longxue S Channel No 21	22-38.24N 113-38.83E	闪红4秒			红色标柱形，顶标为红色圆柱形	左侧标
7411901.22 (4404.2)	龙穴南水道22灯浮 Longxue S Channel No 22	22-39.03N 113-38.69E	闪绿4秒			绿色标柱形，顶标为绿色尖向上锥形	右侧标
7411901.23 (4404.23)	龙穴南水道23灯浮 Longxue S Channel No 23	22-39.36N 113-38.31E	闪红4秒			红色标柱形，顶标为红色圆柱形	左侧标
7411901.24 (4404.24)	龙穴南水道24灯浮 Longxue S Channel No 24	22-39.76N 113-38.15E	闪绿4秒			绿色标柱形，顶标为绿色尖向上锥形	右侧标
7411901.25 (4404.25)	龙穴南水道25灯浮 Longxue S Channel No 25	22-40.11N 113-37.70E	闪红4秒			红色标柱形，顶标为红色圆柱形	左侧标
7411901.26 (4404.26)	龙穴南水道26灯浮 Longxue S Channel No 26	22-40.64N 113-37.38E	闪绿4秒			绿色标柱形，顶标为绿色尖向上锥形	右侧标

编号 No.	名称 Name	位置 Position	灯质 Characteristic	灯高 Height	射程 Range	构造 Structure	附记 Remarks
7411901.27 (4404.27)	龙穴南水道27灯浮 Longxue S Channel No 27	22-40.97N 113-36.75E	闪红4秒			红色标柱形，顶标为红色圆柱形	左侧标
7411901.28 (4404.28)	龙穴南水道28灯浮 Longxue S Channel No 28	22-41.47N 113-36.18E	闪绿4秒			绿色标柱形，顶标为绿色尖向上锥形	右侧标
7411901.29 (4404.29)	龙穴南水道29灯浮 Longxue S Channel No 29	22-41.57N 113-35.80E	闪红4秒			红色标柱形，顶标为红色圆柱形	左侧标
7411901.30 (4404.3)	龙穴南水道30灯浮 Longxue S Channel No 30	22-42.03N 113-35.27E	闪绿4秒			绿色标柱形，顶标为绿色尖向上锥形	右侧标
7411901.31 (4404.31)	龙穴南水道31灯浮 Longxue S Channel No 31	22-42.21N 113-34.97E	闪红4秒			红色标柱形，顶标为红色圆柱形	左侧标
7411901.32 (4404.32)	龙穴南水道32灯浮 Longxue S Channel No 32	22-42.63N 113-34.91E	闪绿4秒			绿色标柱形，顶标为绿色尖向上锥形	右侧标
7411901.33 (4404.33)	龙穴南水道33灯浮 Longxue S Channel No 33	22-43.28N 113-34.55E	闪红4秒			红色标柱形，顶标为红色圆柱形	左侧标
7411901.34 (4404.34)	龙穴南水道34灯浮 Longxue S Channel No 34	22-43.71N 113-34.51E	闪绿4秒			绿色标柱形，顶标为绿色尖向上锥形	右侧标
7411902.01 (4400.13)	龙横1灯浮 Longheng No 1	22-33.36N 113-41.91E	闪绿4秒			绿色标柱形，顶标为绿色尖向上锥形	右侧标
7411902.02 (4400.14)	龙横2灯浮 Longheng No 2	22-33.22N 113-41.70E	闪(2)白5秒			黑红黑横条纹标柱形，顶标为黑色双球体	孤立危险物浮标
7411902.03 (4400.15)	龙横3灯浮 Longheng No 3	22-33.26N 113-41.63E	闪红4秒			红色标柱形，顶标为红色圆柱形	左侧标
7411902.04 (4400.16)	龙横4灯浮 Longheng No 4	22-33.11N 113-40.87E	闪红4秒			红色标柱形，顶标为红色圆柱形	左侧标

编 号 No.	名 称 Name	位置 Position	灯 质 Characteristic	灯高 Height	射程 Range	构 造 Structure	附 记 Remarks
7411902.05 (4400.17)	龙横5灯浮 Longheng No 5	22-33.03N 113-40.21E	快闪绿			绿色标柱形，顶标为绿色尖向上锥形	右侧标
7411902.06 (4400.18)	龙横6灯浮 Longheng No 6	22-33.02N 113-40.17E	快闪绿			绿色标柱形，顶标为绿色尖向上锥形	右侧标
7411902.07 (4400.19)	龙横7灯浮 Longheng No 7	22-32.90N 113-39.59E	闪绿4秒			绿色标柱形，顶标为绿色尖向上锥形	右侧标
7411902.08 (4400.2)	龙横8灯浮 Longheng No 8	22-32.78N 113-39.18E	闪红4秒			红色标柱形，顶标为红色圆柱形	左侧标
7411903.01 (4403.51)	H1灯浮 No H1	22-32.80N 113-43.42E	闪绿4秒			绿色标柱形，顶标为绿色尖向上锥形	右侧标
7411903.011 (4403.61)	H11灯浮 No H11	22-33.18N 113-42.02E	莫(O)黄12秒			黄色标柱形，顶标为黄色“X”形	海上作业区专用标
7411903.012 (4403.62)	H12灯浮 No H12	22-33.08N 113-41.47E	莫(O)黄12秒			黄色标柱形，顶标为黄色“X”形	海上作业区专用标
7411903.03 (4403.53)	H3灯浮 No H3	22-32.55N 113-42.89E	莫(O)黄12秒			黄色标柱形，顶标为黄色“X”形	海上作业区专用标
7411903.04 (4403.54)	H4灯浮 No H4	22-32.40N 113-42.43E	莫(O)黄12秒			黄色标柱形，顶标为黄色“X”形	海上作业区专用标
7411903.05 (4403.55)	H5灯浮 No H5	22-32.29N 113-41.96E	莫(O)黄12秒			黄色标柱形，顶标为黄色“X”形	海上作业区专用标
7411903.06 (4403.56)	H6灯浮 No H6	22-32.23N 113-41.47E	莫(O)黄12秒			黄色标柱形，顶标为黄色“X”形	海上作业区专用标
7411903.07 (4403.57)	H7灯浮 No H7	22-33.57N 113-43.14E	莫(O)黄12秒			黄色标柱形，顶标为黄色“X”形	海上作业区专用标
7411903.08 (4403.58)	H8灯浮 No H8	22-33.50N 113-42.90E	莫(O)黄12秒			黄色标柱形，顶标为黄色“X”形	海上作业区专用标

编 号 No.	名 称 Name	位置 Position	灯 质 Characteristic	灯高 Height	射程 Range	构 造 Structure	附 记 Remarks
7411903.09 (4403.59)	H9灯浮 No H9	22-33.40N 113-42.68E	闪绿4秒			绿色标柱形，顶标为绿色尖向上锥形	右侧标
7411904.01	L1灯浮 No L1	22-41.64N 113-35.86E	闪绿4秒			绿色标柱形，顶标为绿色尖向上锥形	右侧标
7411904.02	L2灯浮 No L2	22-41.76N 113-35.66E	闪绿4秒			绿色标柱形，顶标为绿色尖向上锥形	右侧标
7411904.03	L3灯浮 No L3	22-41.70N 113-35.61E	闪红4秒			红色标柱形，顶标为红色圆柱形	左侧标
7411904.04	L4灯浮 No L4	22-41.88N 113-35.45E	闪绿4秒			绿色标柱形，顶标为绿色尖向上锥形	右侧标
7411904.05	L5灯浮 No L5	22-41.83N 113-35.39E	闪红4秒			红色标柱形，顶标为红色圆柱形	左侧标
7411904.06	L6灯浮 No L6	22-41.97N 113-35.22E	闪红4秒			红色标柱形，顶标为红色圆柱形	左侧标
7411905.01	J1灯浮 No J1	22-33.40N 113-42.22E	莫(P)黄12秒			黄色标柱形，顶标为黄色“X”形	禁航区专用标
7411905.02	J2灯浮 No J2	22-32.76N 113-38.96E	莫(P)黄12秒			黄色标柱形，顶标为黄色“X”形	禁航区专用标
7411908 (4415.001)	万顷沙南航道L1灯浮 Wanqingsha S Channel No L1	22-35.08N 113-40.49E	莫(P)黄12秒			黄色标柱形，顶标为黄色“X”形	禁航区专用标
7411909 (4415.002)	万顷沙南航道L2灯浮 Wanqingsha S Channel No L2	22-35.07N 113-40.35E	闪(2)白5秒			黑红黑横条纹标柱形，顶标为黑色双球体	孤立危险物浮标
7411910.03 (4415.03)	万顷沙南航道3灯桩 Wanqingsha S Fairway No 3	22-34.87N 113-39.39E	闪(2)绿6秒			绿色金属结构柱形立标，顶标为绿色尖向上锥形;5.5	右侧标

编号 No.	名称 Name	位置 Position	灯质 Characteristic	灯高 Height	射程 Range	构造 Structure	附记 Remarks
7411910.04 (4415.04)	万顷沙南航道4灯桩 Wanqingsha S Fairway No 4	22-34.45N 113-38.98E	闪(2)红6秒			红色金属结构柱形立标，顶标为红色圆柱形;5.5	左侧标
7411910.06 (4415.06)	万顷沙南航道6灯桩 Wanqingsha S Fairway No 6	22-33.77N 113-38.08E	闪(2)绿6秒			绿色金属结构柱形立标，顶标为绿色尖向上锥形;5.5	右侧标
7411915.01	监测1灯浮 Observation No 1	22-34.97N 113-37.08E	莫(0)黄12秒			黄色标柱形，顶标为黄色“X”形	海上作业区专用标
7411920 (4415.9)	南北台2灯桩 Nanbeitai No 2	22-47.24N 113-36.45E	闪(2)绿6秒			绿色柱形立标，顶标为绿色尖向上锥形	右侧标
7411920.001	绿道引导2 虚拟航标 LV DAO YIN DAO No 2	22-47.10N 113-36.19E					MMSI:994136622
7411930 (4416)	**金锁排灯塔** Jinsuo Pai	22-47.72N 113-36.71E				白色玻璃钢结构;26.9	
7411940 (4416.01)	虎门大桥南灯浮 Humen Bridge S	22-47.62N 113-36.87E	闪(2)白5秒			黑红黑横条纹标柱形，顶标为黑色双球体	孤立危险物浮标
7411945	北组前灯桩 Group N, Front	22-47.95N 113-37.13E				白色砖石结构;5.5	导标
7411946	北组后右灯桩 Group N, Rear R	22-48.14N 113-37.05E				白色砖石结构;8.5	导标
7411947	北组后中灯桩 Group N, Rear M	22-48.17N 113-37.00E				白色砖石结构;6.4	导标
7411948	北组后左灯桩 Group N, Rear L	22-48.19N 113-36.94E				白色砖石结构;6.4	导标
7411950.01 (4416.1)	珠江电厂航道1灯浮 Zhujiang Power Plant Channel No 1	22-48.09N 113-36.39E	闪(2)红6秒			红色罐形	左侧标同步闪

编号 No.	名称 Name	位置 Position	灯质 Characteristic	灯高 Height	射程 Range	构造 Structure	附记 Remarks
7411950.02 (4416.2)	珠江电厂航道2灯浮 Zhujiang Power Plant Channel No 2	22-48.49N 113-35.90E	闪(2)绿6秒			绿色锥形	右侧标同步闪
7411950.03 (4416.3)	珠江电厂航道3灯浮 Zhujiang Power Plant Channel No 3	22-48.52N 113-35.51E	闪(2)红6秒			红色罐形	左侧标同步闪
7411955.001	NAN SHA HOU YUN 3 虚拟航标 No NAN SHA HOU YUN 3	22-48.21N 113-35.37E					MMSI:994136601 发射模式:自主连续
7411955.02 (4416.8)	南沙货运2号灯浮 Nansha Freight Area No 2	22-47.96N 113-35.47E	闪(2)红6秒			红色罐形	左侧标
7411956	5灯浮 No 5	22-47.84N 113-36.00E	闪绿4秒			绿色标柱形，顶标为绿色尖向上锥形	右侧标
7411957.01	1灯浮 No 1	22-45.98N 113-37.03E	闪红4秒			红色金属结构标柱形，顶标为红色圆柱形	左侧标
7411957.02	2灯浮 No 2	22-46.25N 113-37.23E	闪绿4秒			绿色金属结构标柱形，顶标为绿色尖向上锥形	右侧标
7411957.03	3灯浮 No 3	22-46.93N 113-36.70E	闪绿4秒			绿色金属结构标柱形，顶标为绿色尖向上锥形	右侧标
7411957.04	4灯浮 No 4	22-47.77N 113-35.87E	闪红4秒			红色金属结构标柱形，顶标为红色圆柱形	左侧标
7411957.06	6灯浮 No 6	22-48.23N 113-35.56E	闪红4秒			红色金属结构标柱形，顶标为红色圆柱形	左侧标

编 号 No.	名 称 Name	位置 Position	灯 质 Characteristic	灯高 Height	射程 Range	构 造 Structure	附 记 Remarks
7411959.01 (4416.8065)	秀祥浮坞3号泊位1灯浮 Xiuxiang Floating Dock No3 Berth No 1	22-48.63N 113-35.12E	莫(C)黄12秒			黄色标柱形,顶标为黄色“X”形	水中构筑物专用标
7411959.02 (4416.8066)	秀祥浮坞3号泊位2灯浮 Xiuxiang Floating Dock No3 Berth No 2	22-48.73N 113-35.07E	莫(C)黄12秒			黄色标柱形,顶标为黄色“X”形	水中构筑物专用标
7411960 (4416.35)	小虎西水道1灯桩 Xiaohu W Channel No 1	22-48.90N 113-34.70E	闪(2)红6秒	7	3	红色	
7411970.04 (4416.4)	珠江电厂航道4灯浮 Zhujiang Power Plant Fairway No 4	22-48.97N 113-34.62E	闪(2)红6秒			红色罐形	左侧标同步闪
7411970.05 (4416.5)	珠江电厂航道5灯浮 Zhujiang Power Plant Channel No 5	22-49.22N 113-34.68E	闪(2)绿6秒			绿色锥形	右侧标同步闪
7411980.01 (4416.507)	珠江电厂1灯桩 Zhujiang Power Plant No 1	22-49.23N 113-34.18E	定红	13.1	5	红白相间条纹玻璃钢结构柱形立标;10.0	
7411980.02 (4416.508)	珠江电厂2灯桩 Zhujiang Power Plant No 2	22-49.17N 113-34.16E	闪白3秒	5	1	红白相间条纹金属结构柱形立标;3.0	
7411980.03 (4416.509)	珠江电厂3灯桩 Zhujiang Power Plant No 3	22-49.18N 113-34.03E	闪(3)白8秒	3	1	红白相间条纹金属结构柱形立标;3.0	
7411990.01 (4416.51)	珠江电厂内港池Z1灯浮 Zhujiang Power Plant Inner Basin NO Z1	22-49.23N 113-34.09E	闪绿4秒			绿色锥形	右侧标
7411990.02 (4416.52)	珠江电厂内港池Z2灯浮 Zhujiang Power Plant Inner Basin NO Z2	22-49.12N 113-34.24E	快闪白			黑黄相间横条纹标柱形,顶标为黑色顶点朝上双锥体	北方位标
7412000.06 (4416.6)	珠江电厂航道6灯浮 Zhujiang Power Plant Channel No 6	22-49.40N 113-34.45E	闪(2)绿6秒			绿色锥形	右侧标同步闪

编号 No.	名称 Name	位置 Position	灯质 Characteristic	灯高 Height	射程 Range	构造 Structure	附记 Remarks
7412000.07 (4416.61)	珠江电厂航道7灯浮 Zhujiang Power Plant Channel No 7	22-49.58N 113-34.21E	闪(3)绿10秒			绿色锥形	右侧标
7412010.01 (4416.7)	南沙货运区1灯浮 Nansha Freight Area No 1	22-48.32N 113-35.67E	闪红4秒			红色罐形	左侧标
7412020.01 (4416.857)	虎门大桥1号灯桩 Humen Bridge No 1	22-47.37N 113-36.18E	快闪黄		3	黄红相间横条纹柱形立标	桥墩警示标;自上而下配有5盏黄色闪光灯
7412020.02 (4416.858)	虎门大桥2号灯桩 Humen Bridge No 2	22-47.38N 113-36.17E	快闪黄		3	黄红相间横条纹柱形立标	桥墩警示标
7412020.03	虎门大桥3桥涵灯桩 Humen Bridge Opening No 3	22-47.40N 113-36.24E	莫(A)白6秒		3	红白相间竖条纹柱形立标	通航桥孔最佳通过点雷达应答器：信号M(--) AIS应答器：名称：HUMEN BRIDGE3MMSI：994131804发射模式：自主连续
7412020.04	虎门大桥4桥涵灯桩 Humen Bridge Opening No 4	22-47.42N 113-36.23E	莫(A)白6秒		3	红白相间竖条纹柱形立标	通航桥孔最佳通过点雷达应答器：信号M(--) AIS应答器：名称：HUMEN BRIDGE4MMSI：994131805发射模式：自主连续
7412020.05 (4416.861)	虎门大桥5号灯桩 Humen Bridge No 5	22-47.45N 113-36.31E	快闪黄		3	黄红相间横条纹柱形立标	桥墩警示标;自上而下配有5盏黄色闪光灯
7412020.06 (4416.862)	虎门大桥6号灯桩 Humen Bridge No 6	22-47.46N 113-36.30E	快闪黄		3	黄红相间横条纹柱形立标	桥墩警示标;自上而下配有5盏黄色闪光灯
7412020.07 (4416.881)	虎门大桥7号灯桩 Humen Bridge No 7	22-47.69N 113-36.73E	快闪黄		3	黄红相间横条纹柱形立标	桥墩警示标;自上而下配有5盏黄色闪光灯
7412020.08 (4416.882)	虎门大桥8号灯桩 Humen Bridge No 8	22-47.71N 113-36.72E	快闪黄		3	黄红相间横条纹柱形立标	桥墩警示标;自上而下配有5盏黄色闪光灯

编号 No.	名称 Name	位置 Position	灯质 Characteristic	灯高 Height	射程 Range	构造 Structure	附记 Remarks
7412020.09 (4416.883)	虎门大桥9号桥涵灯桩 Humen Bridge Opening No 9	22-47.78N 113-36.88E	闪(2)红6秒		3	红色柱形立标	桥孔左侧标
7412020.10 (4416.884)	虎门大桥10号桥涵灯桩 Humen Bridge Opening No 10	22-47.79N 113-36.87E	闪(2)红6秒		3	红色柱形立标	桥孔左侧标
7412020.11	虎门大桥11桥涵灯桩 Humen Bridge Opening No 11	22-47.82N 113-36.95E	莫(A)白6秒		3	红白相间竖条纹柱形立标	通航桥孔最佳通过点雷达应答器: 信号X(-..-) AIS应答器: 名称：HUMEN BRIDGE11 MMSI：994131806发射模式：自主连续
7412020.12	虎门大桥12桥涵灯桩 Humen Bridge Opening No 12	22-47.84N 113-36.94E	莫(A)白6秒		3	红白相间竖条纹柱形立标	通航桥孔最佳通过点雷达应答器: 信号X(-..-) AIS应答器: 名称：HUMEN BRIDGE12 MMSI：994131807发射模式：自主连续
7412020.13 (4416.887)	虎门大桥13号桥涵灯桩 Humen Bridge Opening No 13	22-47.86N 113-37.02E	闪(2)绿6秒		3	绿色柱形立标	桥孔右侧标
7412020.14 (4416.888)	虎门大桥14号桥涵灯桩 Humen Bridge Opening No 14	22-47.88N 113-37.02E	闪(2)绿6秒		3	绿色柱形立标	桥孔右侧标
7412020.15 (4416.889)	虎门大桥15号灯桩 Humen Bridge No 15	22-47.94N 113-37.17E	快闪黄		3	黄红相间横条纹柱形立标	桥墩警示标;自上而下配有5盏黄色闪光灯
7412020.16 (4416.89)	虎门大桥16号灯桩 Humen Bridge No 16	22-47.96N 113-37.16E	快闪黄		3	黄红相间横条纹柱形立标	桥墩警示标;自上而下配有5盏黄色闪光灯

编号 No.	名称 Name	位置 Position	灯质 Characteristic	灯高 Height	射程 Range	构造 Structure	附记 Remarks
7412030 (4417)	广州港55灯浮 Guangzhou Gang No 55	22-48.39N 113-36.43E	快闪红			红色罐形	左侧标AIS应答器：名称：GUANGZHOU GANG 55 MMSI：994131612发射模式：自主连续
7412040.01 (4417.1)	虎门轮渡1灯浮 Humen Ferry No 1	22-48.71N 113-35.92E	莫(L)黄8秒			黄色标柱形，顶标为黄色“X”形	
7412040.02 (4417.11)	虎门轮渡2灯浮 Humen Ferry No 2	22-49.02N 113-36.31E	莫(L)黄8秒			黄色标柱形，顶标为黄色“X”形	
7412050 (4417.13)	广州港56灯浮 Guangzhou Gang No 56	22-49.21N 113-35.77E	闪(3)绿10秒			绿色锥形	右侧标
7412051	广州港56A灯浮 Guangzhou Gang No.56A	22-49.71N 113-35.06E	闪（2）红6秒			红色罐形	左侧标
7412060.04 (4417.14)	小船推荐航路4灯浮 Boat Recommended Channel for Craft No 4	22-49.41N 113-35.91E	闪蓝2秒			白蓝白条纹	航道分离标志
7412060.05 (4417.17)	小船推荐航路5灯浮 Boat Recommended Channel for Craft No 5	22-49.82N 113-35.58E	闪(2)蓝5秒			白蓝白条纹	
7412060.06 (4417.18)	小船推荐航路6灯浮 Boat Recommended Channel for Craft No 6	22-50.26N 113-35.17E	闪(3)蓝8秒			白蓝白条纹	
7412070 (4417.2)	广州港57灯浮 Guangzhou Gang No 57	22-49.21N 113-35.77E	闪(2)绿6秒			绿色锥形	右侧标
7412080 (4417.3)	虎胆礁灯浮 Hudan Jiao	22-50.04N 113-34.55E	闪(2)白5秒			黑红黑横条纹标柱形，顶标为黑色双球体	孤立危险物浮标
7412090 (4417.31)	小虎港池灯浮 Xiaohu Basin	22-50.27N 113-34.14E	莫(K)黄12秒			黄色标柱形，顶标为黄色“X”形	分道通航专用标

编 号 No.	名 称 Name	位置 Position	灯 质 Characteristic	灯高 Height	射程 Range	构 造 Structure	附 记 Remarks
7412091	广州港65DH锚地北虚拟AIS航标虚拟航标 GZ65DH ANCHORAGE NORTH	22-50.22N 113-34.32E					MMSI:994136832 发射模式:自主连续
7412092	广州LNG码头虚拟AIS航标 虚拟航标 GUANG ZHOU LNG	22-50.68N 113-34.21E					MMSI: 994136761
7412100.01 (4417.32)	小虎1灯浮 Xiaohu No 1	22-50.11N 113-34.48E	闪红4秒			红色罐形	左侧标
7412100.02 (4417.33)	小虎2灯浮 Xiaohu No 2	22-50.03N 113-34.23E	闪(2)红6秒			红色罐形	左侧标
7412100.03 (4417.34)	小虎3灯浮 Xiaohu No 3	22-49.21N 113-35.77E	甚快(9)白10秒			黄黑黄横条纹标柱形,顶标为黑色顶点相对双锥体	西方位标
7412110 (4417.4)	小虎沥1灯浮 Xiaohu Li No 1	22-49.64N 113-33.84E	闪红4秒			红色标柱形,顶标为红色圆柱形	左侧标
7412130.01 (4417.52)	小虎石化LB1灯桩 Xiaohu Petrochemical No LB1	22-49.76N 113-33.82E	快闪绿	13	5	绿色柱形立标	
7412130.02 (4417.55)	小虎石化LB2灯桩 Xiaohu Petrochemical No LB2	22-49.82N 113-33.55E	快闪红	13	5	红色柱形立标	
7412130.03 (4417.58)	小虎石化码头LB3灯桩 Xiaohu Petrochemical Pier No LB3	22-50.21N 113-33.77E	等明暗白4秒	13	5	红白相间横条纹柱形立标	
7412131.01	广州LNG码头1号灯桩 Guangzhou LNG Pier No 1	22-50.27N 113-33.74E	等明暗红4秒	13	3	红白相间条纹玻璃钢结构柱形立标	
7412131.02	广州LNG码头2号灯桩 Guangzhou LNG Pier No 2	22-50.45N 113-33.71E	等明暗红4秒	13	3	红白相间条纹玻璃钢结构柱形立标	
7412132	广州LNG码头取水口灯桩 Guangzhou LNG Pier Water catchment	22-50.47N 113-33.71E	莫(C)黄12秒	6.5	1	黄色柱形立标,顶标为黄色“X”形	水中构筑物专用标

编号 No.	名称 Name	位置 Position	灯质 Characteristic	灯高 Height	射程 Range	构造 Structure	附记 Remarks
7412160 (4417.85)	小船推荐航路7灯浮 Boat Recommended Channel for Craft No 7	22-50.81N 113-34.78E	闪蓝2秒			白蓝白条纹	
7412170 (4418)	广州港58灯浮 Guangzhou Gang No 58	22-51.58N 113-33.70E	闪红4秒			红色罐形	左侧标AIS应答器
7412178.01	沙田驳船1灯桩 Shatian Barge No 1	22-51.64N 113-34.44E	等明暗红4秒	8	5	红白相间横条纹柱形立标;4.8	
7412179.01	驳船1灯浮 Bochuan No 1	22-51.51N 113-34.46E	闪(3)绿10秒			绿色锥形	右侧标
7412180 (4418.01)	二号横越区1灯浮 Crossing Area B No 1	22-51.27N 113-34.47E	莫(Z)黄12秒			黄色标柱形，顶标为黄色“X”形	
7412190 (4418.05)	小船推荐航路9灯浮 Boat Recommended Channel for Craft No 9	22-51.66N 113-33.88E	闪(3)蓝8秒			白蓝白横条纹	
7412193.01	小虎西水道2下游左岸灯桩 Xiaohu W Channel No 2 Down Stream L	22-50.37N 113-31.55E	定红			立柱，顶标为尖向上三角形;5.0	等边三角形空心标牌，三角形标牌尖端朝上
7412193.02	小虎西水道2下游右岸灯桩 Xiaohu W Channel No 2 Down Stream R	22-50.25N 113-31.47E	定红			立柱，顶标为尖向上三角形;5.0	等边三角形空心标牌，三角形标牌尖端朝上
7412193.03	小虎西水道2上游左岸灯桩 Xiaohu W Channel No 2 Up Stream L	22-50.42N 113-31.50E	定红			立柱，顶标为尖向上三角形;5.0	等边三角形空心标牌，三角形标牌尖端朝上
7412193.04	小虎西水道2上游右岸灯桩 Xiaohu W Channel No 2 Up Stream R	22-50.34N 113-31.39E	定红			立柱，顶标为尖向上三角形;5.0	等边三角形空心标牌，三角形标牌尖端朝上
7412194.01	小虎西上游右岸灯桩 Xiaohu W Upstream R	22-50.47N 113-31.29E	定红			红白相间斜条纹	

编号 No.	名称 Name	位置 Position	灯质 Characteristic	灯高 Height	射程 Range	构造 Structure	附记 Remarks
7412194.02	小虎西上游左岸灯桩 Xiaohu W Upstream L	22-50.52N 113-31.41E	定红			红白相间斜条纹	
7412194.03	小虎西下游右岸灯桩 Xiaohu W Downstream R	22-50.26N 113-31.46E	定红			红白相间斜条纹	
7412194.04	小虎西下游左岸灯桩 Xiaohu W Downstream L	22-50.36N 113-31.56E	定红			红白相间斜条纹	
7412194.05 (4419.3)	小虎西5灯桩 Xiaohu W No 5	22-52.82N 113-31.01E	闪(3)绿6秒			混凝土结构立标塔	
7412195.01	1灯桩 No 1	22-51.75N 113-31.96E				红色柱形立标	
7412195.02	2灯桩 No 2	22-51.76N 113-31.96E				柱形立标	
7412195.021	2灯桩 No 2	22-52.02N 113-32.00E				黑色柱形立标	
7412195.03	3灯桩 No 3	22-51.99N 113-32.00E				柱形立标	
7412195.05	5灯桩 No 5	22-52.59N 113-31.01E				黑色	
7412195.06	6灯桩 No 6	22-52.75N 113-31.00E				黑色	
7412196.01	1灯桩 No 1	22-52.34N 113-32.87E				柱形立标	
7412200.01 (4418.1)	浮莲岗水道1灯浮 Fuliangang Channel No 1	22-52.29N 113-32.82E	闪绿4秒			绿色标柱形，顶标为绿色尖向上锥形	右侧标
7412200.02 (4418.2)	浮莲岗水道2灯浮 Fuliangang Channel No 2	22-52.36N 113-32.70E	闪(2)绿6秒			绿色标柱形，顶标为绿色尖向上锥形	右侧标

编号 No.	名称 Name	位置 Position	灯质 Characteristic	灯高 Height	射程 Range	构造 Structure	附记 Remarks
7412200.03 (4418.3)	浮莲岗水道3灯浮 Fuliangang Channel No 3	22-52.41N 113-32.50E	快闪(3)白10秒			黑黄黑横条纹标柱形，顶标为黑色顶点相背双锥体	东方位标
7412201	小虎西(1-1)灯桩 Xiaohuxi (1-1)	22-49.90N 113-32.10E	闪(2)红6秒			红色，顶标为牌形	左侧标
7412202	沙仔沥(2)(塔形)灯桩 Shazaili No 2 (Tower)	22-52.34N 113-31.90E	闪(3)绿6秒			顶标为牌形	右侧标
7412208.01	近洋1灯桩 Jinyang No 1	22-51.53N 113-33.17E	等明暗红4秒	10.8	5	红白相间条纹金属结构柱形立标	
7412208.02	近洋2灯桩 Jinyang No 2	22-51.74N 113-32.96E	等明暗红4秒	10.8	5	红白相间条纹金属结构柱形立标	
7412209	沙仔2A虚拟AIS航标 SHA ZAI 2A	22-51.84N 113-33.20E					MMSI：994136614发射模式：自主连续
7412210.01 (4421.01)	沙仔1灯浮 Shazai No 1	22-51.83N 113-33.49E	快闪绿			绿色锥形	右侧标
7412210.02 (4421.02)	沙仔2灯浮 Shazai No 2	22-51.69N 113-33.52E	快闪红			红色罐形	左侧标
7412210.03 (4421.03)	沙仔3灯浮 Shazai No 3	22-52.04N 113-33.01E	闪(2)绿6秒			绿色锥形	右侧标
7412210.04 (4421.04)	沙仔4灯浮 Shazai No 4	22-52.26N 113-32.80E	闪绿4秒			绿色锥形	右侧标
7412211	沙湾水道汇流口海洋监测灯浮 Shawan Channel huiliukou Ocean Monitor	22-52.04N 113-33.20E	莫(0)黄12秒			黄色标柱形，顶标为黄色“X”形	海上作业区专用标
7412212	龙穴岛外侧海洋监测灯浮 Longxue Dao Outer Ocean Monitor	22-36.50N 113-43.00E	莫(0)黄12秒			黄色标柱形，顶标为黄色“X”形	海上作业区专用标

编 号 No.	名 称 Name	位置 Position	灯 质 Characteristic	灯高 Height	射程 Range	构 造 Structure	附 记 Remarks
7412213	万顷沙尾滩海洋监测灯浮 Wanqingshaweitan Ocean Monitor	22-27.20N 113-43.80E	莫(0)黄12秒			黄色标柱形，顶标为黄色“X”形	海上作业区专用标
7412214	虎门入海口海洋监测灯浮 Humen Ruhaikou Ocean Monitor	22-46.20N 113-37.40E	莫(0)黄12秒			黄色标柱形，顶标为黄色“X”形	海上作业区专用标
7412215	东江汇流口海洋监测灯浮 Dongjiang Huiliukou Ocean Monitor	23-02.45N 113-30.93E	莫(0)黄12秒			黄色标柱形，顶标为黄色“X”形	海上作业区专用标
7412220.56	广州港56B灯浮 Guangzhou Gang No 56B	22-50.10N 113-34.70E	快闪红			红色罐形	左侧标
7412220.59 (4421.1)	广州港59灯浮 Guangzhou Gang No 59	22-53.06N 113-34.02E	闪(2)红6秒			红色罐形	左侧标
7412220.60 (4421.11)	广州港60灯浮 Guangzhou Gang No 60	22-53.87N 113-34.36E	闪绿4秒			绿色锥形	右侧标
7412223	虎门客运码头灯浮 Humen Pessenger Pier	22-52.87N 113-34.35E	甚快(6)+长闪白10秒			黄黑相间横条纹标柱形，顶标为黑色顶点朝下双锥体	南方位标
7412223.01	虎门客运1灯桩 Humen Pessenger No 1	22-52.73N 113-34.40E	快闪白	5.4	3	柱形立标	
7412223.02	虎门客运2灯桩 Humen Pessenger No 2	22-52.83N 113-34.42E	闪绿4秒	5.4	3	柱形立标	
7412223.03	虎门客运3灯桩 Humen Pessenger No 3	22-52.86N 113-34.42E	闪红4秒	5.4	3	柱形立标	
7412230 (4421.13)	东莞江水道2灯浮 Dongguanjiang Channel No 2	22-53.59N 113-34.37E	闪(2+1)绿9秒			绿红绿横条纹锥形	推荐航道右侧标

编号 No.	名称 Name	位置 Position	灯质 Characteristic	灯高 Height	射程 Range	构造 Structure	附记 Remarks
7412240.10 (4421.5)	小船推荐航路10灯浮 Boat Recommended Route for Craft No 10	22-53.62N 113-33.77E	闪蓝2秒			白蓝白条纹	
7412240.11 (4421.6)	小船推荐航路11灯浮 Boat Recommended Route for Craft No 11	22-54.09N 113-33.57E	闪(2)蓝5秒			白蓝白条纹	
7412250 (4422)	坭洲头4灯浮 Nizhou Tou No 4	22-54.06N 113-33.42E	莫(0)黄15秒			黄色标柱形，顶标为黄色“X”形	
7412260 (4423)	江鸥立标 Jiang'ou	22-53.75N 113-33.12E				白色砖石结构;6.5	
7412270 (4424)	洲仔围北灯桩 Zhouzaiwei N	22-53.45N 113-34.77E	定红			柱形立标	
7412271.03	3灯浮 No 3	22-53.66N 113-34.60E	闪绿4秒			标柱形	
7412271.04	4灯浮 No 4	22-53.66N 113-34.87E	闪绿4秒			标柱形	
7412271.05	5灯浮 No 5	22-54.02N 113-35.02E	闪(3)白6秒			红白相间竖条纹标柱形	安全水域浮标
7412271.06	6灯浮 No 6	22-53.91N 113-35.12E	闪绿4秒			标柱形	
7412272.01	1灯浮 No 1	22-56.07N 113-36.62E	闪绿4秒			绿色标柱形，顶标为绿色尖向上锥形	右侧标
7412272.02	2灯浮 No 2	22-54.83N 113-35.49E	闪红4秒			红色标柱形，顶标为红色圆柱形	左侧标
7412272.03	3灯浮 No 3	22-55.49N 113-36.07E				红色标柱形	左侧标
7412272.031	3灯浮 No 3	22-56.40N 113-36.76E	闪绿4秒			绿色标柱形，顶标为绿色尖向上锥形	右侧标

编 号 No.	名 称 Name	位置 Position	灯 质 Characteristic	灯高 Height	射程 Range	构 造 Structure	附 记 Remarks
7412272.04	4灯浮 No 4	22-56.72N 113-36.84E	闪红4秒			红色标柱形，顶标为红色圆柱形	左侧标
7412280 (4426)	坭洲头引导灯桩南前 Nizhou Tou Ldg Lts, S Front	22-54.24N 113-34.35E	定红	18.2	5	白色柱形立标，顶标为红色尖向上锥形	导标备用灯：等明暗白2秒；两灯一线：009 ° 03′
7412300 (4427.1)	坭洲头引导灯桩北前 Nizhou Tou Ldg Lts, N Front	22-54.73N 113-34.25E	定红	18.2	5	白色混凝土结构柱形立标，顶标为红色尖向上锥形 ;16.6	导标备用灯：等明暗绿6秒；
7412310 (4428)	坭洲头引导灯桩北后 Nizhou Tou Ldg Lts, N Rear	22-54.56N 113-34.41E	定红	24.6	红5	灰色混凝土结构柱形立标，顶标为红色尖向下锥形;24.6	导标备用灯：明暗白5秒；明暗白5秒；雷达应答器
7412320 (4429)	广州港61灯浮 Guangzhou Gang No 61	22-54.89N 113-33.95E	闪红4秒			红色罐形	左侧标
7412330.12 (4429.3)	小船推荐航路12灯浮 Boat Recommended Route for Craft No 12	22-54.61N 113-33.33E	闪(3)蓝8秒			白蓝白条纹	AIS应答器
7412330.13 (4429.4)	小船推荐航路13灯浮 Boat Recommended Route for Craft No 13	22-55.11N 113-33.12E	闪蓝2秒			白蓝白条纹	
7412340.01 (4429.51)	东莞立沙油品堤头1灯桩 Dongguan Lisha Oil Products Breakwater Head No 1	22-55.69N 113-33.93E	长闪红6秒	13	5	红色柱形立标	
7412340.02 (4429.52)	东莞立沙油品堤头2灯桩 Dongguan Lisha Oil Products Breakwater Head No 2	22-55.89N 113-33.80E	等明暗红4秒	13	5	红色柱形立标	
7412350.01 (4129.521)	东洲石化1灯浮 Dongzhou Petrochemical No 1	22-55.88N 113-33.37E	甚快白			黑黄相间横条纹标柱形，顶标为黑色顶点朝上双锥体	北方位标
7412360.01 (4429.53)	东莞立沙油品1灯浮 Dongguan Lisha Oil Products No 1	22-55.65N 113-34.06E	闪绿4秒			绿色锥形	右侧标

编号 No.	名称 Name	位置 Position	灯质 Characteristic	灯高 Height	射程 Range	构造 Structure	附记 Remarks
7412360.02 (4429.54)	东莞立沙油品2灯浮 Dongguan Lisha Oil Products No 2	22-55.85N 113-33.90E	闪(2)绿6秒			绿色锥形	右侧标
7412370 (4429.6)	东莞立沙油品灯浮 Dongguan lishayoupin	22-55.47N 113-33.85E	莫(K)黄12秒			黄色标柱形，顶标为黄色"X"形	分道通航专用标
7412380 (4430)	广州港62灯浮 Guangzhou Gang No 62	22-55.71N 113-33.42E	闪(2)绿6秒			绿色锥形	右侧标
7412390.14 (4430.1)	小船推荐航路14灯浮 Boat Recommended Route for Craft No 14	22-55.61N 113-32.90E	闪(2)蓝5秒			白蓝白条纹	
7412390.15 (4430.2)	小船推荐航路15灯浮 Boat Recommended Route for Craft No 15	22-56.12N 113-32.67E	快闪蓝			白蓝白条纹	
7412400 (4431)	上涌立标 Shangyong	22-54.98N 113-32.76E				白色砖石结构	
7412410 (4431.1)	沙北立标 Shabei	22-56.20N 113-32.30E				红黑相间横条纹	
7412411	崖城香港管线1虚拟航标 YCXGPIPELINE 1	21-55.62N 113-32.21E					MMSI:994136805 发射模式:自主连续
7412420 (4431.15)	莲花山灯船 Lianhua Shan	22-56.67N 113-32.69E	闪白6秒			红色	雷达应答器：信号K(- . -)AIS应答器
7412430.01 (4431.155)	东莞联兴码头1灯浮 Dongguan Lianxing Pier No 1	22-57.22N 113-32.86E	甚快(6)+长闪白10秒			黄黑相间横条纹标柱形，顶标为黑色顶点朝下双锥体	南方位标
7412430.02 (4431.156)	东莞联兴码头2灯浮 Dongguan Lianxing Pier No 2	22-57.28N 113-33.00E	快(6)+长闪白15秒			黄黑相间横条纹标柱形，顶标为黑色顶点朝下双锥体	南方位标

编号 No.	名称 Name	位置 Position	灯质 Characteristic	灯高 Height	射程 Range	构造 Structure	附记 Remarks
7412431.01	九丰1灯桩 Jiufeng No 1	22-56.97N 113-33.17E	闪白4秒	8.4	3	红白相间条纹金属结构柱形立标;5.0	
7412431.02	九丰2灯桩 Jiufeng No 2	22-57.11N 113-33.09E	快闪白	8.4	3	红白相间条纹金属结构柱形立标;5.0	
7412438.13	新沙港13号泊位灯桩 Xinsha Gang No 13 Berth	23-00.12N 113-32.02E	等明暗红4秒	7	3	红白相间条纹金属结构柱形立标	
7412439.01	新沙港驳船泊位1灯桩 Xinsha Gang Bochuan Berth No 1	23-00.53N 113-31.85E	闪绿2秒	12	5	绿白相间条纹玻璃钢结构柱形立标	
7412439.02	新沙港驳船泊位2灯桩 Xinshagangbochuan Berth No 2	23-00.64N 113-31.80E	闪红2秒	12	5	红白相间条纹玻璃钢结构柱形立标	
7412440.02 (4431.21)	莲花山东航道2灯浮 Lianhua Shan E Fairway No 2	22-57.26N 113-32.71E	闪绿4秒			绿色锥形	右侧标同步闪
7412440.03 (4431.22)	莲花山东航道3灯浮 Lianhua Shan E Fairway No 3	22-57.16N 113-32.62E	快闪红			红色罐形	左侧标AIS应答器
7412440.04 (4431.23)	莲花山东航道4灯浮 Lianhua Shan E Fairway No 4	22-57.66N 113-32.64E	闪绿4秒			绿色锥形	右侧标同步闪
7412440.05 (4431.24)	莲花山东航道5灯浮 Lianhua Shan E Fairway No 5	22-57.70N 113-32.52E	闪红4秒			红色罐形	左侧标同步闪
7412440.06 (4431.25)	莲花山东航道6灯浮 Lianhua Shan E Fairway No 6	22-58.14N 113-32.57E	闪绿4秒			绿色锥形	右侧标同步闪
7412440.061	莲花山东航道6A虚拟航标 LIAN HUA SHAN 6A	22-58.32N 113-32.51E					

编 号 No.	名 称 Name	位置 Position	灯 质 Characteristic	灯高 Height	射程 Range	构 造 Structure	附 记 Remarks
7412440.07 (4431.26)	莲花山东航道7灯浮 Lianhua Shan E Fairway No 7	22-58.11N 113-32.46E	闪红4秒			红色罐形	左侧标同步闪
7412440.08	莲花山东航道8 虚拟航标 LIANGHUA SHAN E FAIRWAY No 8	22-58.95N 113-32.29E					MMSI:994136715
7412440.09 (4431.28)	莲花山东航道9灯浮 Lianhua Shan E Fairway No 9	22-58.57N 113-32.30E	闪红4秒			红色罐形	左侧标同步闪
7412440.10 (4431.3)	莲花山东航道11灯浮 Lianhua Shan E Fairway No 11	22-59.05N 113-32.13E	闪红4秒			红色罐形	左侧标同步闪
7412440.11	莲花山东航道12 虚拟航标 LIANHUA SHAN E FAIRWAY No 12	22-59.22N 113-32.19E					MMSI:994136714
7412440.12 (4431.32)	莲花山东航道13灯浮 Lianhua Shan E Fairway No 13	22-59.51N 113-31.98E	闪红4秒			红色罐形	左侧标同步闪
7412440.13 (4431.33)	莲花山东航道14灯浮 Lianhua Shan E Fairway No 14	22-59.95N 113-31.97E	闪绿4秒			绿色锥形	右侧标同步闪
7412440.14 (4431.34)	莲花山东航道15灯浮 Lianhua Shan E Fairway No 15	22-59.95N 113-31.83E	闪红4秒			红色罐形	左侧标同步闪
7412440.15 (4431.35)	莲花山东航道16灯浮 Lianhua Shan E Fairway No 16	23-00.72N 113-31.49E	闪红4秒			红色罐形	左侧标同步闪
7412440.16 (4431.36)	莲花山东航道17灯浮 Lianhua Shan E Fairway No 17	23-01.80N 113-31.12E	闪绿4秒			绿色锥形	右侧标同步闪
7412441.02	倒运海2灯浮 Daoyunhai No 2	22-58.69N 113-33.83E	闪绿4秒			绿色锥形	右侧标

编号 No.	名称 Name	位置 Position	灯质 Characteristic	灯高 Height	射程 Range	构造 Structure	附记 Remarks
7412441.03	3灯浮 No 3	22-59.26N 113-34.30E	闪绿4秒			绿色锥形	右侧标
7412441.04	4灯浮 No 4	23-00.97N 113-35.27E	闪红4秒			红色罐形	左侧标
7412441.05	5灯浮 No 5	23-03.11N 113-35.73E	闪绿4秒			绿色锥形	右侧标
7412450.01 (4431.41)	虎门港新沙南作业区1灯桩 Humen Gang Xinshanan No 1	22-59.03N 113-32.49E	闪白5秒	9.4	3	红白相间横条纹金属结构;5.0	
7412450.02 (4431.42)	虎门港新沙南作业区2灯桩 Humen Gang Xinsha S Operation Area No 2	22-58.39N 113-32.76E	等明暗白4秒	3.1	3	红白相间横条纹柱形立标	
7412460 (4432)	广州港63灯浮 Guangzhou Gang No 63	22-56.14N 113-33.00E	闪(3)绿10秒			绿色锥形	右侧标
7412465.001	HONG YUAN 虚拟航标 No HONG YUAN	22-56.22N 113-33.25E					MMSI:994136602 发射模式:自主连续
7412471.01	鸿源码头1灯桩 Hongyuan Pier No 1	22-56.50N 113-33.43E	定红	9	5	柱形立标	
7412471.02	鸿源码头2灯桩 Hongyuan Pier No 2	22-56.36N 113-33.52E	定红	9	5	柱形立标	
7412480.64 (4433)	广州港64灯浮 Guangzhou Gang No 64	22-57.01N 113-32.53E	闪绿4秒			绿色锥形	右侧标AIS应答器
7412480.65 (4434)	广州港65灯浮 Guangzhou Gang No 65	22-56.97N 113-32.42E	闪红4秒			红色罐形	左侧标
7412480.66 (4435)	广州港66灯浮 Guangzhou Gang No 66	22-57.79N 113-32.17E	闪(2)绿6秒			绿色锥形	右侧标
7412480.67 (4436)	广州港67灯浮 Guangzhou Gang No 67	22-57.69N 113-32.08E	闪(2)红6秒			红色罐形	左侧标

编号 No.	名称 Name	位置 Position	灯质 Characteristic	灯高 Height	射程 Range	构造 Structure	附记 Remarks
7412490 (4436.01)	广州港沉船灯浮 Guangzhou Gang Wreck	22-57.84N 113-31.85E	闪(2)白5秒			黑红黑横条纹标柱形，顶标为黑色双球体	孤立危险物浮标
7412500.04 (4436.04)	二号横越区4灯浮 Crossing Area B No 4	22-58.09N 113-32.40E	莫(Z)黄12秒			黄色标柱形，顶标为黄色“X”形	AIS应答器
7412500.05 (4436.05)	二号横越区5灯浮 Crossing Area B No 5	22-57.94N 113-32.07E	莫(Z)黄12秒			黄色标柱形，顶标为黄色“X”形	
7412500.06 (4436.06)	二号横越区6灯浮 Crossing Area B No 6	22-57.87N 113-31.95E	莫(Z)黄12秒			黄色标柱形，顶标为黄色“X”形	
7412510 (4436.08)	二号横越区北界线标牌灯桩 Northern Borderline of Crossing Area B	22-57.84N 113-31.83E				红白相间横条纹柱形立标	该标志牌装弧面LED显示屏，白天显示：上部分涂红白相间条纹，下部分写“中国海事”；夜晚发光循环显示：1“中国海事”2红白相间条纹3“二号横越区北界线”．
7412520 (4436.1)	海心沙立标 Haixin Sha	22-58.48N 113-31.34E				红黑相间横条纹	
7412530.68 (4437)	广州港68灯浮 Guangzhou Gang No 68	22-58.63N 113-31.56E	闪(3)绿10秒			绿色锥形	右侧标
7412530.69 (4438)	广州港69灯浮 Guangzhou Gang No 69	22-58.59N 113-31.45E	闪(3)红10秒			红色罐形	左侧标
7412540 (4439)	莲花山航道引导灯桩前 Lianhua Shan Fairway Ldg Lts, Front	22-59.77N 113-30.65E	等明暗红2秒	17.9	5	白色混凝土结构柱形立标；14.7	导标两灯一线：325° 40′ 17″.2
7412550 (4440)	莲花山航道引导灯桩后 Lianhua Shan Fairway Ldg Lts, Rear	22-59.96N 113-30.51E	明暗红6秒	24.3	5	白色混凝土结构柱形立标；23.4	导标
7412560.70 (4441)	广州港70灯浮 Guangzhou Gang No 70	22-59.78N 113-31.24E	闪绿4秒			绿色锥形	右侧标

编号 No.	名称 Name	位置 Position	灯质 Characteristic	灯高 Height	射程 Range	构造 Structure	附记 Remarks
7412560.71 (4442)	广州港71灯浮 Guangzhou Gang No 71	22-59.76N 113-31.13E	闪红4秒			红色罐形	左侧标
7412570 (4443)	联围灯桩 Lianwei	23-00.94N 113-30.58E				红黑相间横条纹;7.5	
7412580.72 (4444)	广州港72灯浮 Guangzhou Gang No 72	23-00.91N 113-30.94E	闪(2)绿6秒			绿色锥形	右侧标AIS应答器
7412580.73 (4445)	广州港73灯浮 Guangzhou Gang No 73	23-00.90N 113-30.83E	闪(2)红6秒			红色罐形	左侧标
7412585	茭塘灯桩 Jiaotang	23-01.38N 113-30.46E					
7412590 (4446.1)	七沙灯桩 Qisha	23-01.84N 113-30.30E				红黑相间横条纹	
7412595.01	麻涌1灯浮 Machong No 1	23-02.06N 113-31.32E	闪红4秒			红色罐形	左侧标
7412596.01	1灯浮 No 1	23-02.63N 113-31.02E				红色罐形	左侧标
7412597.01	东江口1灯浮 Dongjiangkou No 1	23-02.96N 113-31.55E	闪红4秒			红色罐形	左侧标
7412597.02	东江口2灯浮 Dongjiangkou No 2	23-03.21N 113-31.86E	闪红4秒			红色罐形	左侧标
7412600.01 (4448)	赤沙水道D5引导灯桩前 Chisha Channel No D5 Ldg Lts, Front	23-02.91N 113-29.87E	闪绿3秒	12.1	1.8	红白相间横条纹柱形立标	导标两灯一线: 225° 43′ 02″.9
7412600.02 (4448.1)	赤沙水道D5引导灯桩后 Chisha Channel No D5 Ldg Lts, Rear	23-02.88N 113-29.84E	明暗绿6秒	14	1.8	红白相间横条纹柱形立标	导标
7412610.01 (4448.2)	赤沙水道D6引导灯桩前 Chisha Channel No D6 Ldg Lts, Front	23-03.19N 113-29.58E	闪红3秒	12.1	2.4	红白相间横条纹柱形立标	导标两灯一线: 223° 48′ 49″.8

编号 No.	名称 Name	位置 Position	灯质 Characteristic	灯高 Height	射程 Range	构造 Structure	附记 Remarks
7412610.02 (4448.21)	赤沙水道D6引导灯桩后 Chisha Channel No D6 Ldg Lts, Rear	23-03.15N 113-29.55E	明暗红6秒	13.8	2.4	红白相间横条纹柱形立标;14.0	导标
7412620.01 (4448.3)	赤沙水道1-2引导灯桩前 Chisha Channel No 1-2 Ldg Lts, Front	23-03.26N 113-29.47E	闪白3秒	11.4	5	红白相间横条纹金属结构柱形立标;11.0	导标两灯一线: 218° 10′ 44″.6
7412620.02 (4448.31)	赤沙水道1-2引导灯桩后 Chisha Channel No 1-2 Ldg Lts, Rear	23-03.23N 113-29.44E	明暗白6秒	14	5	红白相间横条纹金属结构柱形立标;14.0	导标
7412630.01 (4448.4)	赤沙水道3-4引导灯桩前 Chisha Channel No 3-4 Ldg Lts, Front	23-03.54N 113-29.06E	闪白3秒	12.2	5	红白相间横条纹金属结构柱形立标;11.0	导标两灯一线: 220° 10′ 41″.9
7412630.02 (4448.41)	赤沙水道3-4引导灯桩后 Chisha Channel No 3-4 Ldg Lts, Rear	23-03.51N 113-29.03E	明暗白6秒	14	5	红白相间横条纹金属结构柱形立标;14.0	导标
7412640 (4449)	浮莲岗水道灯浮 Fuliangang Channel	22-54.16N 113-30.72E	闪红4秒			红色标柱形，顶标为红色圆柱形	左侧标
7412650 (4450)	浮莲港水道灯桩 Fuliangang Channel	22-55.20N 113-30.10E	闪(2)白6秒			柱形立标	
7412651.03	3灯桩 No 3	22-56.87N 113-29.85E				黑色柱形立标	
7412651.04	4灯桩 No 4	22-55.78N 113-29.93E				黑色柱形立标	
7412651.05	5灯桩 No 5	22-54.78N 113-30.24E				黑色柱形立标	
7412651.06	6灯桩 No 6	22-54.01N 113-30.78E				黑色柱形立标	
7412660 (4451)	官尾口灯桩 Guanwei Kou	22-56.93N 113-29.83E	闪绿4秒			柱形立标	
7412670 (4452)	浮莲岗灯浮 Fuliangang	22-58.21N 113-30.31E	闪红4秒			红色罐形	左侧标

编 号 No.	名 称 Name	位置 Position	灯 质 Characteristic	灯高 Height	射程 Range	构 造 Structure	附 记 Remarks
7412680 (4453) ,	江门头灯浮 Jiangmen Tou	22-59.14N 113-30.68E	闪绿4秒			黑色标柱形，顶标为尖向上锥形	
7412690.01 (4453.1)	龙沙1灯浮 Longsha No 1	23-03.72N 113-29.20E	闪红4秒			红色罐形	左侧标
7412690.02 (4453.2)	龙沙2灯浮 Longsha No 2	23-03.70N 113-29.11E	闪(2)红6秒			红色罐形	左侧标
7412690.03 (4453.3)	龙沙3灯浮 Longsha No 3	23-03.94N 113-28.86E	甚快(6)+长闪白10秒			黄黑相间横条纹标柱形，顶标为黑色顶点朝下双锥体	南方位标
7412700.01 (4454)	广州港东河道1灯浮 Guangzhou Gang E River Course No 1	23-04.46N 113-28.49E	闪(2+1)红6秒			红绿红横条纹罐形	推荐航道左侧标 AIS应答器
7412700.011	广州港东河道1A灯浮 Guangzhou Gang E River Course No 1A	23-04.68N 113-28.32E	闪红4秒			红色罐形	左侧标AIS应答器
7412700.02 (4457)	广州港东河道2灯浮 Guangzhou Gang E River Course No 2	23-05.07N 113-28.13E	闪绿4秒			绿色锥形	右侧标
7412700.03 (4458)	广州港东河道3灯浮 Guangzhou Gang E River Course No 3	23-05.09N 113-27.96E	闪红4秒			红色罐形	左侧标
7412700.04 (4464)	广州港东河道4灯浮 Guangzhou Gang E River Course No 4	23-05.31N 113-27.47E	闪(2)绿6秒			绿色锥形	右侧标
7412700.05 (4465)	广州港东河道5灯浮 Guangzhou Gang E River Course No 5	23-05.36N 113-27.71E	闪(2)红6秒			红色罐形	左侧标
7412700.06 (4466)	广州港东河道6灯浮 Guangzhou Gang E River Course No 6	23-05.39N 113-27.61E	闪(3)红10秒			红色罐形	左侧标
7412700.07 (4467)	广州港东河道7灯浮 Guangzhou Gang E River Course No 7	23-05.48N 113-26.48E	闪红4秒			红色罐形	左侧标

编 号 No.	名 称 Name	位置 Position	灯 质 Characteristic	灯高 Height	射程 Range	构 造 Structure	附 记 Remarks
7412700.08 (4468)	广州港东河道8灯浮 Guangzhou Gang E River Course No 8	23-05.48N 113-24.78E	闪(2)绿6秒			绿色锥形	右侧标
7412700.09 (4469)	广州港东河道9灯浮 Guangzhou Gang E River Course No 9	23-05.86N 113-24.19E	闪(2)绿6秒			绿色锥形	右侧标
7412700.10 (4470)	广州港东河道10灯浮 Guangzhou Gang E River Course No 10	23-06.44N 113-23.48E	闪(2)绿6秒			绿色锥形	右侧标
7412700.11 (4470.01)	广州港东河道11灯浮 Guangzhou Gang E River Course No 11	23-06.41N 113-23.35E	闪(2)红6秒			红色罐形	左侧标
7412700.12 (4470.02)	广州港东河道12灯浮 Guangzhou Gang E River Course No 12	23-06.67N 113-23.04E	闪(2)绿6秒			绿色锥形	右侧标AIS应答器
7412700.13 (4470.03)	广州港东河道13灯浮 Guangzhou Gang E River Course No 13	23-06.60N 113-22.99E	闪(2)红6秒			红色罐形	左侧标
7412700.14 (4470.04)	广州港东河道14灯浮 Guangzhou Gang E River Course No 14	23-06.75N 113-22.40E	闪(2)绿6秒			绿色锥形	右侧标
7412700.15 (4470.05)	广州港东河道15灯浮 Guangzhou Gang E River Course No 15	23-06.69N 113-22.32E	闪(2)红6秒			红色罐形	左侧标
7412710.01 (4454.01)	黄埔大桥1警戒灯桩 Huangpu Bridge Warning No 1	23-04.02N 113-28.38E	快闪黄			黄红相间横条纹柱形立标	桥墩警示标
7412710.02 (4454.02)	黄埔大桥2警戒灯桩 Huangpu Bridge Warning No 2	23-04.03N 113-28.36E	快闪黄			黄红相间横条纹柱形立标	桥墩警示标
7412710.03 (4454.03)	黄埔大桥3桥涵标灯桩 Huangpu Bridge Opening No 3	23-04.34N 113-28.60E	闪红4秒			红色柱形立标	左侧标

编 号 No.	名 称 Name	位置 Position	灯 质 Characteristic	灯高 Height	射程 Range	构 造 Structure	附 记 Remarks
7412710.04 (4454.04)	黄埔大桥4桥涵标灯桩 Huangpu Bridge Opening No 4	23-04.36N 113-28.59E	闪红4秒			红色柱形立标	左侧标
7412710.05 (4454.05)	黄埔大桥5桥涵标灯桩 Huangpu Bridge Opening No 5	23-04.38N 113-28.62E	定绿			柱形立标	双向通航孔中央标
7412710.06 (4454.06)	黄埔大桥6桥涵标灯桩 Huangpu Bridge Opening No 6	23-04.40N 113-28.62E	定绿			柱形立标	双向通航孔中央标
7412710.07 (4454.07)	黄埔大桥7桥涵标灯桩 Huangpu Bridge Opening No 7	23-04.42N 113-28.65E	闪绿4秒			绿色柱形立标	右侧标
7412710.08 (4454.08)	黄埔大桥8桥涵标灯桩 Huangpu Bridge Opening No 8	23-04.43N 113-28.64E	闪绿4秒			绿色柱形立标	右侧标
7412710.09 (4454.09)	黄埔大桥9警戒灯桩 Huangpu Bridge Warning No 9	23-04.52N 113-28.73E	快闪黄			黄红相间横条纹柱形立标	桥墩警示标
7412710.10 (4454.10)	黄埔大桥10警戒灯桩 Huangpu Bridge Warning No 10	23-04.53N 113-28.71E	快闪黄			黄红相间横条纹柱形立标	桥墩警示标
7412710.11 (4454.11)	黄埔大桥11警戒灯桩 Huangpu Bridge Warning No 11	23-04.84N 113-28.94E	快闪黄			黄红相间横条纹柱形立标	桥墩警示标
7412710.12 (4454.12)	黄埔大桥12警戒灯桩 Huangpu Bridge Warning No 12	23-04.85N 113-28.92E	快闪黄			黄红相间横条纹柱形立标	桥墩警示标
7412710.13 (4454.13)	黄埔大桥13桥涵标灯桩 Huangpu Bridge Opening No 13	23-04.93N 113-29.00E	定绿			柱形立标	双向通航孔
7412710.14 (4454.14)	黄埔大桥14桥涵标灯桩 Huangpu Bridge Opening No 14	23-04.94N 113-28.98E	定绿			柱形立标	双向通航孔

编 号 No.	名 称 Name	位置 Position	灯 质 Characteristic	灯高 Height	射程 Range	构 造 Structure	附 记 Remarks
7412710.15 (4454.15)	黄埔大桥15警戒灯桩 Huangpu Bridge Warning No 15	23-05.02N 113-29.06E	快闪黄			黄红相间横条纹柱形立标	桥墩警示标
7412710.16 (4454.16)	黄埔大桥16警戒灯桩 Huangpu Bridge Warning No 16	23-05.02N 113-29.04E	快闪黄			黄红相间横条纹柱形立标	桥墩警示标
7412720 (4455)	大濠洲引导灯桩前 Dahao Zhou Ldg Lts, Front	23-04.90N 113-28.30E	闪白3秒	9	5	白色玻璃钢结构柱形立标;7.6	导标两灯一线: 132° 17′ 52″.4
7412730 (4456)	大濠洲引导灯桩后 Dahao Zhou Ldg Lts, Rear	23-04.82N 113-28.39E	等明暗白2秒	10.7	5	白色砖石结构柱形立标;10.5	导标
7412750 (4459)	大濠洲西北浅滩灯桩 Dahao Zhou NW Shoal	23-05.11N 113-28.30E	闪(2)白5秒	9.5	6	黑红黑横条纹玻璃钢结构柱形立标，顶标为黑色双球体;6.0	孤立危险物立标
7412760 (4460)	大濠洲东引导灯桩前 Dahao Zhou E Ldg Lts, Front	23-05.43N 113-27.81E	等明暗绿6秒	12	5	白色砖石结构柱形立标;10.3	导标两灯一线: 324° 40′ 07″.06
7412770 (4461)	大濠洲东引导灯桩后 Dahao Zhou E Ldg Lts, Rear	23-05.51N 113-27.75E	定绿	15	5	白色砖石结构柱形立标;14.6	导标
7412780 (4462)	大濠洲西引导灯桩前 Dahao Zhou W Ldg Lts, Front	23-05.48N 113-27.60E	等明暗绿6秒	10.4	5	白色砖石结构柱形立标;10.1	导标两灯一线: 312° 33′ 21″.8
7412790 (4463)	大濠洲西引导灯桩后 Dahao Zhou W Ldg Lts, Rear	23-05.53N 113-27.55E	定绿	14.8	5	白色砖石结构柱形立标;14.5	导标
7412800.01 (4467.2)	鱼珠杂货码头1灯浮 Yuzhu Bulk Pier No 1	23-05.91N 113-24.79E	闪绿4秒			绿色锥形	右侧标
7412800.02 (4467.21)	鱼珠杂货码头2灯浮 Yuzhu Bulk Pier No 2	23-05.88N 113-24.75E	闪红4秒			红色罐形	左侧标
7412800.03 (4467.22)	鱼珠杂货码头3灯浮 Yuzhu Bulk Pier No 3	23-05.97N 113-24.75E	闪(2)绿6秒			绿色锥形	右侧标

编 号 No.	名 称 Name	位置 Position	灯 质 Characteristic	灯高 Height	射程 Range	构 造 Structure	附 记 Remarks
7412800.04 (4467.23)	鱼珠杂货码头4灯浮 Yuzhu Bulk Pier No 4	23-06.04N 113-24.67E	闪(2)红6秒			红色罐形	左侧标
7412801.01 (4467.2)	鱼珠1灯浮 Yuzhu No 1	23-05.61N 113-25.38E	闪红4秒			红色罐形	左侧标
7412801.02 (4467.21)	鱼珠2灯浮 Yuzhu No 2	23-05.67N 113-25.30E	闪(2)红6秒			红色罐形	左侧标
7412810.01 (4470.051)	琶洲大桥1桥涵标灯桩 Pazhou Bridge Opening No 1	23-06.59N 113-22.12E	定红			黄色柱形立标	桥孔禁航标
7412810.02 (4470.052)	琶洲大桥2桥涵标灯桩 Pazhou Bridge Opening No 2	23-06.59N 113-22.11E	定红			黄色柱形立标	桥孔禁航标
7412810.03 (4470.053)	琶洲大桥3桥涵标灯桩 Pazhou Bridge Opening No 3	23-06.63N 113-22.13E	快闪黄			黄红相间横条纹柱形立标	桥墩警示标
7412810.04 (4470.054)	琶洲大桥4桥涵标灯桩 Pazhou Bridge Opening No 4	23-06.63N 113-22.10E	快闪黄			黄红相间横条纹柱形立标	桥墩警示标
7412810.05 (4470.055)	琶洲大桥5桥涵标灯桩 Pazhou Bridge Opening No 5	23-06.63N 113-22.12E	快闪黄			黄红相间横条纹柱形立标	桥墩警示标
7412810.06 (4470.056)	琶洲大桥6桥涵标灯桩 Pazhou Bridge Opening No 6	23-06.63N 113-22.11E	快闪黄			黄红相间横条纹柱形立标	桥墩警示标
7412810.07 (4470.057)	琶洲大桥7桥涵标灯桩 Pazhou Bridge Opening No 7	23-06.64N 113-22.13E	快闪黄			黄红相间横条纹柱形立标	桥墩警示标
7412810.08 (4470.058)	琶洲大桥8桥涵标灯桩 Pazhou Bridge Opening No 8	23-06.64N 113-22.10E	快闪黄			黄红相间横条纹柱形立标	桥墩警示标
7412810.09 (4470.059)	琶洲大桥9桥涵灯桩 Pazhou Bridge Opening No 9	23-06.64N 113-22.12E	闪红4秒			红色柱形立标	左侧标

编号 No.	名称 Name	位置 Position	灯质 Characteristic	灯高 Height	射程 Range	构造 Structure	附记 Remarks
7412810.10 (4470.06)	琶洲大桥10桥涵灯桩 Pazhou Bridge Opening No 10	23-06.64N 113-22.11E	闪红4秒			红色柱形立标	左侧标
7412810.11 (4470.061)	琶洲大桥11桥涵灯桩 Pazhou Bridge Opening No 11	23-06.67N 113-22.13E	定绿			白色柱形立标	双向通航桥孔标
7412810.12 (4470.062)	琶洲大桥12桥涵灯桩 Pazhou Bridge Opening No 12	23-06.67N 113-22.11E	定绿			白色柱形立标	双向通航桥孔标
7412810.13 (4470.063)	琶洲大桥13号桥涵灯桩 Pazhou Bridge Opening No 13	23-06.71N 113-22.13E	闪绿4秒			绿色柱形立标	右侧标
7412810.14 (4470.064)	琶洲大桥14桥涵灯桩 Pazhou Bridge Opening No 14	23-06.71N 113-22.11E	闪绿4秒			绿色柱形立标	右侧标
7412810.15 (4470.065)	琶洲大桥15桥涵标灯桩 Pazhou Bridge Opening No 15	23-06.71N 113-22.13E	快闪黄			黄红相间横条纹柱形立标	桥墩警示标
7412810.16 (4470.066)	琶洲大桥16桥涵标灯桩 Pazhou Bridge Opening No 16	23-06.71N 113-22.11E	快闪黄			黄红相间横条纹柱形立标	桥墩警示标
7412810.17 (4470.067)	琶洲大桥17桥涵标灯桩 Pazhou Bridge Opening No 17	23-06.71N 113-22.13E	快闪黄			黄红相间横条纹柱形立标	桥墩警示标
7412810.18 (4470.068)	琶洲大桥18桥涵标灯桩 Pazhou Bridge Opening No 18	23-06.71N 113-22.11E	快闪黄			黄红相间横条纹柱形立标	桥墩警示标
7412810.19 (4470.069)	琶洲大桥19桥涵标灯桩 Pazhou Bridge Opening No 19	23-06.72N 113-22.14E	快闪黄			黄红相间横条纹柱形立标	桥墩警示标
7412810.20 (4470.07)	琶洲大桥20桥涵标灯桩 Pazhou Bridge Opening No 20	23-06.72N 113-22.11E	快闪黄			黄红相间横条纹柱形立标	桥墩警示标

编号 No.	名称 Name	位置 Position	灯质 Characteristic	灯高 Height	射程 Range	构造 Structure	附记 Remarks
7412810.21 (4470.071)	琶洲大桥21桥涵标灯桩 Pazhou Bridge Opening No 21	23-06.74N 113-22.13E	定红			黄色柱形立标	桥孔禁航标
7412810.22 (4470.072)	琶洲大桥22桥涵标灯桩 Pazhou Bridge Opening No 22	23-06.74N 113-22.11E	定红			黄色柱形立标	桥孔禁航标
7412820.16 (4471)	广州港东河道16灯浮 Guangzhou Gang E River Course No 16	23-06.65N 113-21.85E	闪(2)绿6秒			绿色锥形	右侧标
7412820.17 (4471.01)	广州港东河道17灯浮 Guangzhou Gang E River Course No 17	23-06.58N 113-21.86E	闪(2)红6秒			红色罐形	左侧标
7412820.171	广州港东河道17A灯浮 Guangzhou Gang E River Course No 17A	23-06.59N 113-21.16E	闪(2)红6秒			红色罐形	左侧标
7412820.18 (4471.02)	广州港东河道18灯浮 Guangzhou Gang E River Course No 18	23-06.67N 113-20.87E	闪(2)绿6秒			绿色锥形	右侧标
7412820.19 (4471.03)	广州港东河道19灯浮 Guangzhou Gang E River Course No 19	23-06.60N 113-20.86E	闪(2)红6秒			红色罐形	左侧标
7412820.20 (4471.04)	广州港东河道20灯浮 Guangzhou Gang E River Course No 20	23-06.68N 113-20.57E	闪(2)绿6秒			绿色锥形	右侧标
7412820.21 (4471.05)	广州港东河道21灯浮 Guangzhou Gang E River Course No 21	23-06.61N 113-20.55E	闪(2)红6秒			红色罐形	左侧标
7412820.22 (4471.06)	广州港东河道22灯浮 Guangzhou Gang E River Course No 22	23-06.76N 113-20.26E	闪(2)绿6秒			绿色锥形	右侧标
7412820.23 (4471.07)	广州港东河道23灯浮 Guangzhou Gang E River Course No 23	23-06.68N 113-20.25E	闪(2)红6秒			红色罐形	左侧标

编 号 No.	名 称 Name	位置 Position	灯 质 Characteristic	灯高 Height	射程 Range	构 造 Structure	附 记 Remarks
7412820.24 (4472)	广州港东河道24灯浮 Guangzhou Gang E River Course No 24	23-06.72N 113-19.69E	闪(2)绿6秒			绿色锥形	右侧标
7412830.01 (4472.21)	猎德大桥1桥涵灯桩 Liede Bridge Opening No 1	23-06.62N 113-19.73E	快闪黄			柱形立标	桥墩警示标
7412830.02 (4472.22)	猎德大桥2号桥涵灯桩 Liede Bridge Opening No 2	23-06.62N 113-19.71E	快闪黄			柱形立标	桥墩警示标
7412830.03 (4472.23)	猎德大桥3号桥涵灯桩 Liede Bridge Opening No 3	23-06.66N 113-19.72E	闪红4秒			红色柱形立标	左侧标
7412830.04 (4472.24)	猎德大桥4号桥涵灯桩 Liede Bridge Opening No 4	23-06.66N 113-19.71E	闪红4秒			红色柱形立标	左侧标
7412830.05 (4472.25)	猎德大桥5桥涵灯桩 Liede Bridge Opening No 5	23-06.69N 113-19.72E	定绿			柱形立标	双向通航桥孔标
7412830.06 (4472.26)	猎德大桥6桥涵灯桩 Liede Bridge Opening No 6	23-06.69N 113-19.71E	定绿			柱形立标	双向通航桥孔标
7412830.07 (4472.27)	猎德大桥7桥涵灯桩 Liede Bridge Opening No 7	23-06.72N 113-19.72E	闪绿4秒			绿色柱形立标	右侧标
7412830.08 (4472.28)	猎德大桥8桥涵灯桩 Liede Bridge Opening No 8	23-06.71N 113-19.70E	闪绿4秒			绿色柱形立标	右侧标
7412830.09 (4472.29)	猎德大桥9桥涵灯桩 Liede Bridge Opening No 9	23-06.74N 113-19.72E	快闪黄			柱形立标	桥墩警示标
7412830.10 (4472.3)	猎德大桥10桥涵灯桩 Liede Bridge Opening No 10	23-06.74N 113-19.70E	快闪黄			柱形立标	桥墩警示标

编号 No.	名称 Name	位置 Position	灯质 Characteristic	灯高 Height	射程 Range	构造 Structure	附记 Remarks
7412830.11 (4472.31)	猎德大桥11桥涵灯桩 Liede Bridge Opening No 11	23-06.78N 113-19.72E	定红			柱形立标	桥孔禁航标
7412830.12 (4472.32)	猎德大桥12桥涵灯桩 Liede Bridge Opening No 12	23-06.78N 113-19.70E	定红			柱形立标	桥孔禁航标
7412831	海心沙码头灯浮 Haixinsha Pier	23-06.73N 113-19.47E	莫(Y)黄12秒			黄色标柱形，顶标为黄色“X”形	娱乐区专用标
7412840.25 (4473)	广州港东河道25灯浮 Guangzhou Gang E River Course No 25	23-06.69N 113-19.20E	闪(2)绿6秒			绿色锥形	右侧标
7412840.26 (4473.01)	广州港东河道26灯浮 Guangzhou Gang E River Course No 26	23-06.53N 113-18.08E	闪(2)绿6秒			绿色锥形	右侧标
7412840.27 (4473.02)	广州港东河道27灯浮 Guangzhou Gang E River Course No 27	23-06.44N 113-18.06E	闪(2)红6秒			红色罐形	左侧标
7412849.01	江湾大桥1号桥涵灯桩 Jiangwan Bridge Opening No 1	23-06.87N 113-16.43E	定红		3	黄色柱形立标	桥孔禁航标
7412849.02	江湾大桥2号桥涵灯桩 Jiangwan Bridge Opening No 2	23-06.87N 113-16.42E	定红		3	黄色柱形立标	桥孔禁航标
7412849.03	江湾大桥3号桥涵灯桩 Jiangwan Bridge Opening No 3	23-06.89N 113-16.44E	快闪黄		3	黄红相间横条纹	桥墩警示标
7412849.04	江湾大桥4号桥涵灯桩 Jiangwan Bridge Opening No 4	23-06.89N 113-16.42E	快闪黄		3	黄红相间横条纹	桥墩警示标
7412849.05	江湾大桥5号桥涵灯桩 Jiangwan Bridge Opening No 5	23-06.90N 113-16.44E	闪红4秒		3	红色柱形立标	桥孔左侧标左侧标
7412849.06	江湾大桥6号桥涵灯桩 Jiangwan Bridge Opening No 6	23-06.91N 113-16.42E	闪红4秒		3	红色柱形立标	桥孔左侧标左侧标

编 号 No.	名 称 Name	位置 Position	灯 质 Characteristic	灯高 Height	射程 Range	构 造 Structure	附 记 Remarks
7412849.07	江湾大桥7号桥涵灯桩 Jiangwan Bridge Opening No 7	23-06.92N 113-16.44E	定绿		3	白色柱形立标	双向通航桥孔标
7412849.08	江湾大桥8号桥涵灯桩 Jiangwan Bridge Opening No 8	23-06.92N 113-16.43E	定绿		3	白色柱形立标	双向通航桥孔标
7412849.09	江湾大桥9号桥涵灯桩 Jiangwan Bridge Opening No 9	23-06.93N 113-16.45E	闪绿4秒		3	绿色柱形立标	桥孔右侧标右侧标
7412849.10	江湾大桥10号桥涵灯桩 Jiangwan Bridge Opening No 10	23-06.94N 113-16.43E	闪绿4秒		3	绿色柱形立标	桥孔右侧标右侧标
7412849.11	江湾大桥11号桥涵灯桩 Jiangwan Bridge Opening No 11	23-06.95N 113-16.45E	快闪黄		3	黄红相间横条纹	桥墩警示标
7412849.12	江湾大桥12号桥涵灯桩 Jiangwan Bridge Opening No 12	23-06.96N 113-16.44E	快闪黄		3	黄红相间横条纹	桥墩警示标
7412849.13	江湾大桥13号桥涵灯桩 Jiangwan Bridge Opening No 13	23-06.97N 113-16.46E	定红		3	黄色柱形立标	桥孔禁航标
7412849.14	江湾大桥14号桥涵灯桩 Jiangwan Bridge Opening No 14	23-06.97N 113-16.44E	定红		3	黄色柱形立标	桥孔禁航标
7412850.01 (4473.025)	海印大桥1桥涵标灯桩 Haiyin Bridge Opening No 1	23-06.66N 113-16.89E	定红			柱形立标	桥孔禁航标
7412850.02 (4473.0251)	海印大桥2桥涵标灯桩 Haiyin Bridge Opening No 2	23-06.66N 113-16.87E	定红			柱形立标	桥孔禁航标
7412850.03 (4473.0252)	海印大桥3桥涵标灯桩 Haiyin Bridge Opening No 3	23-06.69N 113-16.90E	快闪黄			柱形立标	桥墩警示标

编 号 No.	名 称 Name	位置 Position	灯 质 Characteristic	灯高 Height	射程 Range	构 造 Structure	附 记 Remarks
7412850.04 (4473.0253)	海印大桥4桥涵标灯桩 Haiyin Bridge Opening No 4	23-06.69N 113-16.88E	快闪黄			柱形立标	桥墩警示标
7412850.05 (4473.0254)	海印大桥5桥涵标灯桩 Haiyin Bridge Opening No 5	23-06.70N 113-16.91E	闪红4秒			红色柱形立标	左侧标
7412850.06 (4473.0255)	海印大桥6桥涵标灯桩 Haiyin Bridge Opening No 6	23-06.71N 113-16.89E	闪红4秒			红色柱形立标	左侧标
7412850.07 (4473.0256)	海印大桥7桥涵标灯桩 Haiyin Bridge Opening No 7	23-06.73N 113-16.92E	定绿			柱形立标	双向通航桥孔标
7412850.08 (4473.0257)	海印大桥8桥涵标灯桩 Haiyin Bridge Opening No 8	23-06.73N 113-16.89E	定绿			柱形立标	双向通航桥孔标
7412850.09 (4473.0258)	海印大桥9桥涵标灯桩 Haiyin Bridge Opening No 9	23-06.75N 113-16.92E	闪绿4秒			绿色柱形立标	右侧标
7412850.10 (4473.0259)	海印大桥10桥涵标灯桩 Haiyin Bridge Opening No 10	23-06.76N 113-16.90E	闪绿4秒			绿色柱形立标	右侧标
7412850.11 (4473.026)	海印大桥11桥涵标灯桩 Haiyin Bridge Opening No 11	23-06.77N 113-16.93E	快闪黄			柱形立标	桥墩警示标
7412850.12 (4473.0261)	海印大桥12桥涵标灯桩 Haiyin Bridge Opening No 12	23-06.78N 113-16.91E	快闪黄			柱形立标	桥墩警示标
7412850.13 (4473.0262)	海印大桥13桥涵标灯桩 Haiyin Bridge Opening No 13	23-06.79N 113-16.94E	定红			柱形立标	桥孔禁航标
7412850.14 (4473.0263)	海印大桥14桥涵标灯桩 Haiyin Bridge Opening No 14	23-06.80N 113-16.92E	定红			柱形立标	桥孔禁航标
7412851.04	锚标（4)灯桩 Maobiao No 4	23-06.58N 113-16.96E					

编 号 No.	名 称 Name	位置 Position	灯 质 Characteristic	灯高 Height	射程 Range	构 造 Structure	附 记 Remarks
7412851.05	锚标 (5)灯桩 Maobiao No 5	23-06.62N 113-16.90E					
7412859 (4473.027)	广州海珠广场取水口灯桩 Guangzhou Haizhu Square Intake	23-06.96N 113-15.72E	闪(2)白5秒	2.8	4	黑红黑横条纹柱形立标，顶标为黑色双球体	孤立危险物立标
7412859.01	解放大桥1号桥涵灯桩 Jiefang Bridge Opening No 1	23-06.82N 113-15.55E	定红		3	黄色柱形立标	桥孔禁航标
7412859.02	解放大桥2号桥涵灯桩 Jiefang Bridge Opening No 2	23-06.81N 113-15.54E	定红		3	黄色柱形立标	桥孔禁航标
7412859.03	解放大桥3号桥涵灯桩 Jiefang Bridge Opening No 3	23-06.83N 113-15.54E	快闪黄		3	黄红相间横条纹	桥墩警示标
7412859.04	解放大桥4号桥涵灯桩 Jiefang Bridge Opening No 4	23-06.82N 113-15.53E	快闪黄		3	黄红相间横条纹	桥墩警示标
7412859.05	解放大桥5号桥涵灯桩 Jiefang Bridge Opening No 5	23-06.83N 113-15.54E	闪红4秒		3	红色柱形立标	桥孔左侧标左侧标
7412859.06	解放大桥6号桥涵灯桩 Jiefang Bridge Opening No 6	23-06.83N 113-15.53E	闪红4秒		3	红色柱形立标	桥孔左侧标左侧标
7412859.07	解放大桥7号桥涵灯桩 Jiefang Bridge Opening No 7	23-06.85N 113-15.53E	定绿		3	白色柱形立标	双向通航桥孔标
7412859.08	解放大桥8号桥涵灯桩 Jiefang Bridge Opening No 8	23-06.84N 113-15.52E	定绿		3	白色柱形立标	双向通航桥孔标
7412859.09	解放大桥9号桥涵灯桩 Jiefang Bridge Opening No 9	23-06.86N 113-15.53E	闪绿4秒		3	绿色柱形立标	桥孔右侧标右侧标

编 号 No.	名 称 Name	位置 Position	灯 质 Characteristic	灯高 Height	射程 Range	构 造 Structure	附 记 Remarks
7412859.10	解放大桥10号桥涵灯桩 Jiefang Bridge Opening No 10	23-06.85N 113-15.51E	闪绿4秒		3	绿色柱形立标	桥孔右侧标右侧标
7412859.11	解放大桥11号桥涵灯桩 Jiefang Bridge Opening No 11	23-06.86N 113-15.52E	快闪黄		3	黄红相间横条纹	桥墩警示标
7412859.12	解放大桥12号桥涵灯桩 Jiefang Bridge Opening No 12	23-06.86N 113-15.51E	快闪黄		3	黄红相间横条纹	桥墩警示标
7412859.13	解放大桥13号桥涵灯桩 Jiefang Bridge Opening No 13	23-06.87N 113-15.51E	定红		3	黄色柱形立标	桥孔禁航标
7412859.14	解放大桥14号桥涵灯桩 Jiefang Bridge Opening No 14	23-06.87N 113-15.50E	定红		3	黄色柱形立标	桥孔禁航标
7412860.01 (4473.03)	海珠桥1桥涵标灯桩 Haizhu Bridge Opening No 1	23-06.89N 113-15.72E	定红			柱形立标	桥孔禁航标
7412860.02 (4473.031)	海珠桥2桥涵标灯桩 Haizhu Bridge Opening No 2	23-06.89N 113-15.71E	定红			柱形立标	桥孔禁航标
7412860.03 (4473.032)	海珠桥3桥涵标灯桩 Haizhu Bridge Opening No 3	23-06.91N 113-15.72E	快闪黄			柱形立标	桥墩警示标
7412860.04 (4473.033)	海珠桥4桥涵标灯桩 Haizhu Bridge Opening No 4	23-06.90N 113-15.70E	快闪黄			柱形立标	桥墩警示标
7412860.05 (4473.034)	海珠桥5桥涵标灯桩 Haizhu Bridge Opening No 5	23-06.91N 113-15.71E	闪红4秒			红色柱形立标	左侧标
7412860.06 (4473.035)	海珠桥6桥涵标灯桩 Haizhu Bridge Opening No 6	23-06.91N 113-15.69E	闪红4秒			红色柱形立标	左侧标

编号 No.	名称 Name	位置 Position	灯质 Characteristic	灯高 Height	射程 Range	构造 Structure	附记 Remarks
7412860.07 (4473.036)	海珠桥7桥涵标灯桩 Haizhu Bridge Opening No 7	23-06.92N 113-15.71E	定绿			柱形立标	双向通航桥孔标
7412860.08 (4473.037)	海珠桥8桥涵标灯桩 Haizhu Bridge Opening No 8	23-06.91N 113-15.69E	定绿			柱形立标	双向通航桥孔标
7412860.09 (4473.038)	海珠桥9桥涵标灯桩 Haizhu Bridge Opening No 9	23-06.93N 113-15.71E	闪绿4秒			绿色柱形立标	右侧标
7412860.10 (4473.039)	海珠桥10桥涵标灯桩 Haizhu Bridge Opening No 10	23-06.92N 113-15.69E	闪绿4秒			绿色柱形立标	右侧标
7412860.11 (4473.04)	海珠桥11桥涵标灯桩 Haizhu Bridge Opening No 11	23-06.93N 113-15.70E	快闪黄			柱形立标	桥墩警示标
7412860.12 (4473.041)	海珠桥12桥涵标灯桩 Haizhu Bridge Opening No 12	23-06.93N 113-15.69E	快闪黄			柱形立标	桥墩警示标
7412860.13 (4473.042)	海珠桥13桥涵标灯桩 Haizhu Bridge Opening No 13	23-06.95N 113-15.70E	定红			柱形立标	桥孔禁航标
7412860.14 (4473.043)	海珠桥14桥涵标灯桩 Haizhu Bridge Opening No 14	23-06.94N 113-15.68E	定红			柱形立标	桥孔禁航标
7412870 (4473.05)	广州港东河道28灯浮 Guangzhou Gang E River Course No 28	23-06.80N 113-15.37E	闪(2)绿6秒			绿色锥形	右侧标
7412880.01 (4473.1)	广州大桥1桥涵灯桩 Guangzhou Bridge Opening No 1	23-06.55N 113-18.65E	定红			黄色柱形立标	桥孔禁航标
7412880.02 (4473.11)	广州大桥2桥涵灯桩 Guangzhou Bridge Opening No 2	23-06.55N 113-18.62E	定红			黄色柱形立标	桥孔禁航标

编号 No.	名称 Name	位置 Position	灯质 Characteristic	灯高 Height	射程 Range	构造 Structure	附记 Remarks
7412880.03 (4473.12)	广州大桥3桥涵灯桩 Guangzhou Bridge Opening No 3	23-06.57N 113-18.65E	快闪黄			黄红相间横条纹柱形立标	桥墩警示标
7412880.04 (4473.13)	广州大桥4桥涵灯桩 Guangzhou Bridge Opening No 4	23-06.57N 113-18.62E	快闪黄			黄红相间横条纹柱形立标	桥墩警示标
7412880.05 (4473.14)	广州大桥5桥涵灯桩 Guangzhou Bridge Opening No 5	23-06.58N 113-18.64E	闪红4秒			红色柱形立标	左侧标
7412880.06 (4473.15)	广州大桥6桥涵灯桩 Guangzhou Bridge Opening No 6	23-06.58N 113-18.62E	闪红4秒			红色柱形立标	左侧标
7412880.07 (4473.16)	广州大桥7桥涵灯桩 Guangzhou Bridge Opening No 7	23-06.60N 113-18.64E	定绿			白色柱形立标	双向通航桥孔标
7412880.08 (4473.17)	广州大桥8桥涵灯桩 Guangzhou Bridge Opening No 8	23-06.60N 113-18.61E	定绿			白色柱形立标	双向通航桥孔标
7412880.09 (4473.18)	广州大桥9桥涵灯桩 Guangzhou Bridge Opening No 9	23-06.63N 113-18.63E	闪绿4秒			绿色柱形立标	右侧标
7412880.10 (4473.19)	广州大桥10桥涵灯桩 Guangzhou Bridge Opening No 10	23-06.62N 113-18.60E	闪绿4秒			绿色柱形立标	右侧标
7412880.11 (4473.2)	广州大桥11桥涵灯桩 Guangzhou Bridge Opening No 11	23-06.63N 113-18.63E	快闪黄			黄红相间横条纹柱形立标	桥墩警示标
7412880.12 (4473.21)	广州大桥12桥涵灯桩 Guangzhou Bridge Opening No 12	23-06.63N 113-18.60E	快闪黄			黄红相间横条纹柱形立标	桥墩警示标
7412880.13 (4473.22)	广州大桥13桥涵灯桩 Guangzhou Bridge Opening No 13	23-06.65N 113-18.63E	定红			黄色柱形立标	桥孔禁航标

编 号 No.	名 称 Name	位置 Position	灯 质 Characteristic	灯高 Height	射程 Range	构 造 Structure	附 记 Remarks
7412880.14 (4473.23)	广州大桥14桥涵灯桩 Guangzhou Bridge Opening No 14	23-06.65N 113-18.60E	定红			黄色柱形立标	桥孔禁航标
7412890 (4474)	三郎石灯桩 Sanlang Shi	23-06.66N 113-15.21E	闪红4秒	5.6	1.6	红色金属结构，顶标为红色圆柱形;6.0	左侧标
7412900 (4475)	广州港东河道29灯浮 Guangzhou Gang E River Course No 29	23-06.62N 113-14.98E	闪(2)绿6秒			绿色锥形	右侧标
7412903.01	鹤洞大桥1号桥涵灯桩 Hedong Bridge Opening No 1	23-04.92N 113-14.88E	闪红4秒		3	红色柱形立标	桥孔左侧标左侧标
7412903.02	鹤洞大桥2号桥涵灯桩 Hedong Bridge Opening No 2	23-04.94N 113-14.87E	闪红4秒		3	红色柱形立标	桥孔左侧标左侧标
7412903.03	鹤洞大桥3号桥涵灯桩 Hedong Bridge Opening No 3	23-04.94N 113-14.91E	定绿		3	白色柱形立标	双向通航桥孔标
7412903.04	鹤洞大桥4号桥涵灯桩 Hedong Bridge Opening No 4	23-04.95N 113-14.90E	定绿		3	白色柱形立标	双向通航桥孔标
7412903.05	鹤洞大桥5号桥涵灯桩 Hedong Bridge Opening No 5	23-04.95N 113-14.94E	闪绿4秒		3	绿色柱形立标	桥孔右侧标右侧标
7412903.06	鹤洞大桥6号桥涵灯桩 Hedong Bridge Opening No 6	23-04.96N 113-14.93E	闪绿4秒		3	绿色柱形立标	桥孔右侧标右侧标
7412910.01 (4475.01)	人民桥1桥涵标灯桩 Renmin Bridge Opening No 1	23-06.48N 113-14.73E	定红			柱形立标	桥孔禁航标
7412910.02 (4475.02)	人民桥2桥涵标灯桩 Renmin Bridge Opening No 2	23-06.47N 113-14.71E	定红			柱形立标	桥孔禁航标
7412910.03 (4475.03)	人民桥3桥涵标灯桩 Renmin Bridge Opening No 3	23-06.49N 113-14.73E	快闪黄			柱形立标	桥墩警示标

编 号 No.	名 称 Name	位置 Position	灯 质 Characteristic	灯高 Height	射程 Range	构 造 Structure	附 记 Remarks
7412910.04 (4475.04)	人民桥4桥涵标灯桩 Renmin Bridge Opening No 4	23-06.48N 113-14.70E	快闪黄			柱形立标	桥墩警示标
7412910.05 (4475.05)	人民桥5桥涵标灯桩 Renmin Bridge Opening No 5	23-06.49N 113-14.73E	闪红4秒			红色柱形立标	左侧标
7412910.06 (4475.06)	人民桥6桥涵标灯桩 Renmin Bridge Opening No 6	23-06.48N 113-14.70E	闪红4秒			红色柱形立标	左侧标
7412910.07 (4475.07)	人民桥7桥涵标灯桩 Renmin Bridge Opening No 7	23-06.51N 113-14.72E	定绿			柱形立标	双向通航桥孔标
7412910.08 (4475.08)	人民桥8桥涵标灯桩 Renmin Bridge Opening No 8	23-06.50N 113-14.70E	定绿			柱形立标	双向通航桥孔标
7412910.09 (4475.09)	人民桥9桥涵标灯桩 Renmin Bridge Opening No 9	23-06.52N 113-14.71E	闪绿4秒			绿色柱形立标	右侧标
7412910.10 (4475.1)	人民桥10桥涵标灯桩 Renmin Bridge Opening No 10	23-06.51N 113-14.69E	闪绿4秒			绿色柱形立标	右侧标
7412910.11 (4475.11)	人民桥11桥涵标灯桩 Renmin Bridge Opening No 11	23-06.53N 113-14.71E	快闪黄			柱形立标	桥墩警示标
7412910.12 (4475.12)	人民桥12桥涵标灯桩 Renmin Bridge Opening No 12	23-06.51N 113-14.69E	快闪黄			柱形立标	桥墩警示标
7412910.13 (4475.13)	人民桥13桥涵标灯桩 Renmin Bridge Opening No 13	23-06.54N 113-14.70E	定红			柱形立标	桥孔禁航标
7412910.14 (4475.14)	人民桥14桥涵标灯桩 Renmin Bridge Opening No 14	23-06.53N 113-14.68E	定红			柱形立标	桥孔禁航标
7412920.92 (4476)	广州港92灯浮 Guangzhou Gang No 92	23-06.41N 113-14.05E	闪(2)红6秒			红色罐形	左侧标

编号 No.	名称 Name	位置 Position	灯质 Characteristic	灯高 Height	射程 Range	构造 Structure	附记 Remarks
7412920.93 (4477)	广州港93灯浮 Guangzhou Gang No 93	23-06.63N 113-13.64E	闪红4秒			红色罐形	左侧标
7412920.94 (4479)	广州港94灯浮 Guangzhou Gang No 94	23-06.76N 113-13.40E	闪红4秒			红色罐形	左侧标
7412921.01 (4480.1)	沙贝海S1灯浮 Shabeihai S1	23-06.84N 113-13.39E	闪绿4秒			绿色锥型	右侧标
7412921.02 (4480.2)	沙贝海S2灯浮 Shabeihai S2	23-06.86N 113-13.32E	闪(2+1)红9秒			红绿红横条纹罐形	推荐航道左侧标
7412921.03 (4480.3)	沙贝海S3灯浮 Shabeihai S3	23-07.11N 113-13.31E	闪绿4秒			绿色锥型	右侧标
7412922.01	白沙河B1灯浮 Baishahe B1	23-06.87N 113-13.22E	闪(2)红6秒			红色罐形	左侧标
7412922.03	白沙河B3灯浮 Baishahe B3	23-06.96N 113-13.04E	闪(2)红6秒			红色罐形	左侧标
7412930.01 (4480.11)	珠江大桥东桥1灯浮 Zhujiang Bridge E Bridge No 1	23-07.46N 113-13.19E	闪红4秒			红色罐形	左侧标
7412930.02 (4480.12)	珠江大桥东桥2灯浮 Zhujiang Bridge E Bridge No 2	23-07.50N 113-13.23E	闪绿4秒			绿色锥形	右侧标
7412930.03 (4480.13)	珠江大桥东桥3灯浮 Zhujiang Bridge E Bridge No 3	23-07.89N 113-13.19E	闪(2)红6秒			红色罐形	左侧标
7412930.04 (4480.14)	珠江大桥东桥4灯浮 Zhujiang Bridge E Bridge No 4	23-07.76N 113-13.22E	闪(2)绿6秒			绿色锥形	右侧标
7412940.01 (4480.21)	珠江大桥西桥1灯浮 Zhujiang Bridge W Bridge No 1	23-07.24N 113-12.69E	闪绿4秒			绿色锥形	右侧标
7412940.02 (4480.22)	珠江大桥西桥2灯浮 Zhujiang Bridge W Bridge No 2	23-07.16N 113-12.65E	闪红4秒			红色罐形	左侧标

编号 No.	名称 Name	位置 Position	灯质 Characteristic	灯高 Height	射程 Range	构造 Structure	附记 Remarks
7412940.03 (4480.23)	珠江大桥西桥3灯浮 Zhujiang Bridge W Bridge No 3	23-07.46N 113-12.41E	闪(2)绿6秒			绿色锥形	右侧标
7412940.04 (4480.24)	珠江大桥西桥4灯浮 Zhujiang Bridge W Bridge No 4	23-07.38N 113-12.31E	闪红4秒			红色罐形	左侧标
7412941.01	广州港白坭河大桥1桥涵标灯桩 Guangzhou Gang Bainihe Bridge No 1	23-09.97N 113-12.77E	定绿			柱形立标	
7412941.02	广州港白坭河大桥2桥涵标灯桩 Guangzhou Gang Bainihe Bridge No 2	23-09.98N 113-12.75E	定红			柱形立标	桥涵最佳通过点
7412941.03	广州港白坭河大桥3桥涵标灯桩 Guangzhou Gang Bainihe Bridge No 3	23-09.98N 113-12.75E	定绿			柱形立标	
7412941.04	广州港白坭河大桥4桥涵标灯桩 Guangzhou Gang Bainihe Bridge No 4	23-10.01N 113-12.74E	定绿			柱形立标	
7412941.05	广州港白坭河大桥5桥涵标灯桩 Guangzhou Gang Bainihe Bridge No 5	23-10.01N 113-12.73E	定红			柱形立标	桥涵最佳通过点
7412941.06	广州港白坭河大桥6桥涵标灯桩 Guangzhou Gang Bainihe Bridge No 6	23-10.01N 113-12.71E	定绿			柱形立标	
7412941.08	(8)灯桩 No 8	23-14.47N 113-10.39E	闪红			白红相间横条纹,顶标为红色牌形	过河标右侧标
7412942.06	(6)灯桩 No 6	23-12.90N 113-11.03E	闪红			白红相间横条纹,顶标为红色牌形	过河标右侧标

编号 No.	名称 Name	位置 Position	灯质 Characteristic	灯高 Height	射程 Range	构造 Structure	附记 Remarks
7412942.07	(7)灯桩 No 7	23-13.59N 113-10.89E	闪			白黑相间横条纹,顶标为牌形	过河标左侧标
7412943.01	(1)灯桩 No 1	23-14.34N 113-10.39E	闪红			白红相间横条纹,顶标为红色牌形	过河标右侧标
7412943.02	(2)灯桩 No 2	23-14.34N 113-10.06E	闪红			白红相间横条纹,顶标为红色牌形	过河标右侧标
7412944.01	(1)灯桩 No 1	23-14.83N 113-10.79E	闪			白黑相间横条纹,顶标为牌形	过河标左侧标
7412944.02	(2)灯桩 No 2	23-14.87N 113-11.38E	闪红			白红相间横条纹,顶标为红色牌形	过河标右侧标
7412944.03	(3)灯桩 No 3	23-14.80N 113-11.89E	闪			白黑相间横条纹,顶标为牌形	过河标左侧标
7412950 (4481)	九牛石浮标灯浮 Jiuniu Shi	23-08.77N 113-12.55E	闪红4秒			红色罐形	左侧标
7412955.19	锚标19灯桩 No 19	23-06.28N 113-14.42E					
7412956.01	前锚标 (10-11)灯桩 No (10-11)	23-05.71N 113-14.49E					
7412956.011	洲头咀隧道禁锚标志1灯桩 Zhoutouzui Tunnel Anchoring Prohibited Mark No 1	23-05.88N 113-14.41E	定红			柱形立标顶标为尖向上三角形	
7412956.012	洲头咀隧道禁锚标志2灯桩 Zhoutouzui Tunnel Anchoring Prohibited Mark No 2	23-05.92N 113-14.39E	定红			柱形立标顶标为尖向上三角形	

编 号 No.	名 称 Name	位置 Position	灯 质 Characteristic	灯高 Height	射程 Range	构 造 Structure	附 记 Remarks
7412956.013	洲头咀隧道禁锚标志3灯桩 Zhoutouzui Tunnel Anchoring Prohibited Mark No 3	23-06.01N 113-14.58E	定白			柱形立标顶标为尖向上三角形	
7412956.014	洲头咀隧道禁锚标志4灯桩 Zhoutouzui Tunnel Anchoring Prohibited Mark No 4	23-06.04N 113-14.57E	定白			柱形立标顶标为尖向上三角形	
7412956.02	后锚标（10-11)灯桩 No（10-11）	23-05.70N 113-14.48E					
7412957.01	(8-9)灯桩 No（8-9）	23-05.55N 113-14.54E					
7412957.02	(8-9)灯桩 No（8-9）	23-05.55N 113-14.53E					
7412958.01	(6-7)灯桩 No（6-7）	23-05.21N 113-14.88E					
7412958.02	(6-7)灯桩 No（6-7）	23-05.22N 113-14.89E					
7412960 (4482)	广州港91灯浮 Guangzhou Gang No 91	23-05.27N 113-14.77E	闪绿4秒			绿色锥形	右侧标
7412960.01	广州港91A灯浮 Guangzhou Gang No 91A	23-05.73N 113-14.67E	闪绿4秒			绿色锥形	右侧标
7412960.02	广州港91B灯浮 Guangzhou Gang No 91B	23-06.29N 113-14.25E	闪红4秒			红色罐形	左侧标
7412970 (4483)	广州港90灯浮 Guangzhou Gang No 90	23-04.53N 113-15.22E	闪绿4秒			绿色锥形	右侧标
7412980 (4484)	广州港89灯浮 Guangzhou Gang No 89	23-04.40N 113-15.25E	闪红4秒			红色罐形	左侧标

编号 No.	名称 Name	位置 Position	灯质 Characteristic	灯高 Height	射程 Range	构造 Structure	附记 Remarks
7412990 (4484.1)	大车尾灯浮 Dache Wei	23-04.28N 113-15.29E	快闪(3)白10秒			黑黄黑横条纹标柱形，顶标为黑色顶点相背双锥体	东方位标
7412995.01	海珠煤气管1灯桩 Haizhu Gas Pipeline No 1	23-03.93N 113-16.05E	定红			红白相间条纹柱形立标，顶标为尖向上三角形	
7412995.02	海珠煤气管2灯桩 Haizhu Gas Pipeline No 2	23-03.92N 113-16.09E	定红			红白相间条纹柱形立标，顶标为尖向上三角形	
7412996.01	芳村煤气管1灯桩 Fangcun Gas Pipeline No 1	23-03.67N 113-15.83E	定红			红白相间条纹柱形立标，顶标为尖向上三角形	
7412996.02	芳村煤气管2灯桩 Fangcun Gas Pipeline No 2	23-03.70N 113-15.79E	定红			红白相间条纹柱形立标，顶标为尖向上三角形	
7413000 (4487)	大尾角灯浮 Dawei Jiao	23-03.22N 113-15.85E	闪红2.5秒			红色标柱形，顶标为红色圆柱形	左侧标
7413010 (4488)	白鹤墩灯浮 Baihe Dun	23-03.32N 113-16.22E	闪红2.5秒			红色罐形	左侧标
7413020 (4489)	广州港88灯浮 Guangzhou Gang No 88	23-03.42N 113-16.92E	闪红4秒			红色罐形	左侧标
7413021	西掉头区前灯桩 W Swinging Area Front	23-03.26N 113-17.14E					导标
7413022	西掉头区后灯桩 W Swinging Area Rear	23-03.21N 113-17.13E					导标
7413028	东掉头区前灯桩 E Swinging Area Front	23-03.08N 113-17.89E					导标
7413029	东掉头区后灯桩 E Swinging Area Rear	23-03.05N 113-17.89E					导标

编号 No.	名称 Name	位置 Position	灯质 Characteristic	灯高 Height	射程 Range	构造 Structure	附记 Remarks
7413030 (4490)	广州港87灯浮 Guangzhou Gang No 87	23-03.10N 113-18.02E	闪红4秒			红色罐形	左侧标
7413040 (4491)	沥滘南岸灯桩 Lijiao S Coast	23-03.00N 113-18.77E	闪白4秒	16	4	红白相间横条纹柱形立标	
7413045.01 (4496.2211)	新光大桥1桥涵灯桩 Xinguang Bridge Opening No 1	23-03.01N 113-19.29E	定红			黄色柱形立标	桥孔禁航标
7413045.02	新光大桥2桥涵灯桩 Xinguang Bridge Opening No 2	23-03.01N 113-19.27E	定红			黄色柱形立标	桥孔禁航标
7413045.03	新光大桥3桥涵灯桩 Xinguang Bridge Opening No 3	23-03.06N 113-19.32E	快闪黄			柱形立标	桥墩警示标
7413045.04	新光大桥4桥涵灯桩 Xinguang Bridge Opening No 4	23-03.06N 113-19.25E	快闪黄			柱形立标	桥墩警示标
7413045.05	新光大桥5桥涵灯桩 Xinguang Bridge Opening No 5	23-03.07N 113-19.30E	快闪黄			柱形立标	桥墩警示标
7413045.06	新光大桥6桥涵灯桩 Xinguang Bridge Opening No 6	23-03.07N 113-19.28E	快闪黄			柱形立标	桥墩警示标
7413045.07 (4496.2217)	新光大桥7桥涵灯桩 Xinguang Bridge Opening No 7	23-03.10N 113-19.30E	闪红4秒			红色柱形立标	桥孔左侧标左侧标
7413045.08 (4496.2218)	新光大桥8桥涵灯桩 Xinguang Bridge Opening No 8	23-03.10N 113-19.28E	闪红4秒			红色柱形立标	桥孔左侧标左侧标
7413045.09 (4496.2219)	新光大桥9桥涵灯桩 Xinguang Bridge Opening No 9	23-03.13N 113-19.30E	定绿			白色柱形立标	双向通航桥孔标
7413045.10 (4496.222)	新光大桥10桥涵灯桩 Xinguang Bridge Opening No 10	23-03.13N 113-19.28E	定绿			白色柱形立标	双向通航桥孔标

编号 No.	名称 Name	位置 Position	灯质 Characteristic	灯高 Height	射程 Range	构造 Structure	附记 Remarks
7413045.11 (4496.2221)	新光大桥11桥涵灯桩 Xinguang Bridge Opening No 11	23-03.17N 113-19.31E	闪绿4秒			绿色柱形立标	桥孔右侧标右侧标
7413045.12 (4496.2222)	新光大桥12桥涵灯桩 Xinguang Bridge Opening No 12	23-03.17N 113-19.29E	闪绿4秒			绿色柱形立标	桥孔右侧标右侧标
7413045.13	新光大桥13桥涵灯桩 Xinguang Bridge Opening No 13	23-03.26N 113-19.32E	快闪黄			柱形立标	桥墩警示标
7413045.14	新光大桥14桥涵灯桩 Xinguang Bridge Opening No 14	23-03.26N 113-19.29E	快闪黄			柱形立标	桥墩警示标
7413045.15	新光大桥15桥涵灯桩 Xinguang Bridge Opening No 15	23-03.27N 113-19.34E	快闪黄			柱形立标	桥墩警示标
7413045.16	新光大桥16桥涵灯桩 Xinguang Bridge Opening No 16	23-03.27N 113-19.27E	快闪黄			柱形立标	桥墩警示标
7413045.17 (4496.2227)	新光大桥17桥涵灯桩 Xinguang Bridge Opening No 17	23-03.32N 113-19.32E	定红			黄色柱形立标	桥孔禁航标
7413045.18 (4496.2228)	新光大桥18桥涵灯桩 Xinguang Bridge Opening No 18	23-03.33N 113-19.30E	定红			黄色柱形立标	桥孔禁航标
7413060.01 (4495)	沥滘石坝1灯桩 Lijiao Dam No 1	23-03.00N 113-20.09E	闪绿4秒	10.4	3	绿色金属结构，顶标为绿色尖向上锥形 ;9.0	右侧标
7413060.02 (4496)	沥滘石坝2灯桩 Lijiao Dam No 2	23-03.11N 113-19.90E	闪(2)绿6秒	7	3	绿色金属结构，顶标为绿色尖向上锥形 ;6.8	右侧标
7413061	大沙围灯桩 Dashawei	23-03.22N 113-19.90E					
7413062	大沙围前灯桩 Dashawei Front	23-02.93N 113-20.41E					导标

编号 No.	名称 Name	位置 Position	灯质 Characteristic	灯高 Height	射程 Range	构造 Structure	附记 Remarks
7413063	大沙围后灯桩 Dashawei Rear	23-02.98N 113-20.37E					导标
7413070.01 (4496.21)	新光大桥1灯浮 Xinguang Bridge No 1	23-03.18N 113-19.49E	闪绿4秒			绿色锥形	右侧标
7413070.02 (4496.22)	新光大桥2灯浮 Xinguang Bridge No 2	23-03.09N 113-19.47E	闪红4秒			红色罐形	左侧标
7413070.03 (4496.23)	新光大桥3灯浮 Xinguang Bridge No 3	23-03.23N 113-19.11E	闪(2)绿6秒			绿色锥形	右侧标
7413070.04 (4496.24)	新光大桥4灯浮 Xinguang Bridge No 4	23-03.10N 113-19.14E	闪(2)红6秒			红色罐形	左侧标
7413080.01 (4497)	仑头1灯浮 Luntou No 1	23-04.83N 113-23.46E	闪绿4秒			绿色锥形	右侧标
7413080.02 (4498)	仑头2灯浮 Luntou No 2	23-04.73N 113-23.03E	闪(2)红6秒			红色罐形	左侧标
7413080.03 (4499.1)	仑头4灯浮 Luntou No 4	23-04.69N 113-22.87E	闪红4秒			红色罐形	左侧标
7413081.01	仓头煤气管1灯桩 Cangtou Gas Pipeline No 1	23-04.65N 113-22.27E	定红			红白相间条纹柱形立标，顶标为尖向上三角形	
7413081.02	仓头煤气管2灯桩 Cangtou Gas Pipeline No 2	23-04.47N 113-22.28E	定红			红白相间条纹柱形立标，顶标为尖向上三角形	
7413081.03	仓头煤气管3灯桩 Cangtou Gas Pipeline No 3	23-04.49N 113-22.33E	定红			红白相间条纹柱形立标，顶标为尖向上三角形	
7413081.04	仓头煤气管4灯桩 Cangtou Gas Pipeline No 4	23-04.19N 113-22.60E	定红			红白相间条纹柱形立标，顶标为尖向上三角形	
7413081.05	仓头煤气管5灯桩 Cangtou Gas Pipeline No 5	23-04.16N 113-22.73E	定红			红白相间条纹柱形立标，顶标为尖向上三角形	

编 号 No.	名 称 Name	位置 Position	灯 质 Characteristic	灯高 Height	射程 Range	构 造 Structure	附 记 Remarks
7413082.01	仑头官洲岛隧道禁锚标志仑头2灯桩 Luntou Guanzhou Dao Tunnel Prohib Area Mark Luntou No 2	23-04.44N 113-21.92E				柱形立标	
7413082.02	仑头官洲岛隧道禁锚标志仑头1灯桩 Luntou Guanzhou Dao Tunnel Prohib Area Mark Luntou No 1	23-04.50N 113-21.97E				柱形立标	
7413083.01	仑头官洲岛隧道禁锚标志生物岛1灯桩 Luntou Guanzhou Dao Tunnel Prohib Area Mark Shengwu Dao No 1	23-04.36N 113-22.06E				柱形立标	
7413083.02	仑头官洲岛隧道禁锚标志生物岛2灯桩 Luntou Guanzhou Dao Tunnel Prohib Area Mark Shengwu Dao No 2	23-04.32N 113-22.01E				柱形立标	
7413083.03	仑头官洲岛隧道禁锚标志生物岛3灯桩 Luntou Guanzhou Dao Tunnel Prohib Area Mark Shengwu Dao No 3	23-03.89N 113-22.35E				柱形立标	
7413083.04	仑头官洲岛隧道禁锚标志生物岛4灯桩 Luntou Guanzhou Dao Tunnel Prohib Area Mark Shengwu Dao No 4	23-03.93N 113-22.41E				柱形立标	
7413084.01	仑头官洲岛隧道禁锚标志大学城1灯桩 Luntou Guanzhou Dao Tunnel Prohib Area Mark Daxuecheng No 1	23-03.86N 113-22.49E				柱形立标	
7413084.02	仑头官洲岛隧道禁锚标志大学城2灯桩 Luntou Guanzhou Dao Tunnel Prohib Area Mark Daxuecheng No 2	23-03.82N 113-22.44E				柱形立标	

编 号 No.	名 称 Name	位置 Position	灯 质 Characteristic	灯高 Height	射程 Range	构 造 Structure	附 记 Remarks
7413090.01 (4500)	官山水道1灯浮 Guanshan Channel No 1	23-03.48N 113-21.90E	闪红4秒			红色标柱形，顶标为红色圆柱形	左侧标
7413090.02 (4501)	官山水道2灯浮 Guanshan Channel No 2	23-03.41N 113-21.87E	闪(2)红6秒			红色标柱形，顶标为红色圆柱形	左侧标
7413100.01 (4501.001)	小洲水道1灯浮 Xiaozhou No 1	23-02.97N 113-21.69E	闪红4秒			红色罐形	左侧标
7413100.02 (4501.002)	小洲水道2灯浮 Xiaozhou No 2	23-02.78N 113-21.41E	闪红4秒			红色罐形	左侧标
7413100.03 (4501.01)	小洲3灯浮 Xiaozhou No 3	23-02.85N 113-21.23E	闪(2)绿6秒			绿色锥形	右侧标
7413100.04 (4501.02)	小洲4灯浮 Xiaozhou No 4	23-02.74N 113-20.97E	闪红4秒			红色罐形	左侧标
7413110 (4501.04)	广州港84A灯浮 Guangzhou Gang No 84A	23-02.72N 113-20.64E	闪(2+1)绿6秒			绿红绿横条纹锥形	推荐航道右侧标
7413120 (4501.1)	广州港84灯浮 Guangzhou Gang No 84	23-02.64N 113-20.57E	闪(2)红6秒			红色罐形	左侧标
7413130 (4502)	广州港83灯浮 Guangzhou Gang No 83	23-02.40N 113-20.97E	闪绿4秒			绿色锥形	右侧标
7413140 (4503)	广州港82灯浮 Guangzhou Gang No 82	23-02.27N 113-20.97E	闪红4秒			红色罐形	左侧标
7413150 (4504)	汾水头灯桩 Fenshui Tou	23-02.25N 113-21.47E	闪白6秒	13.3	4	红白相间横条纹玻璃钢结构柱形立标	
7413151	员岗沙前灯桩 Yuangang Sha Front	23-02.11N 113-21.19E					导标
7413152	员岗沙后灯桩 Yuangang Sha Rear	23-02.04N 113-21.25E					导标
7413160.01 (4506)	员岗沙1灯浮 Yuangang Sha No 1	23-02.10N 113-21.73E	闪红4秒			红色罐形	左侧标

编号 No.	名称 Name	位置 Position	灯质 Characteristic	灯高 Height	射程 Range	构造 Structure	附记 Remarks
7413160.02 (4507)	员岗沙2灯浮 Yuangang Sha No 2	23-01.93N 113-21.22E	闪红4秒			红色罐形	左侧标
7413160.03 (4508)	员岗沙3灯浮 Yuangang Sha No 3	23-01.85N 113-20.81E	闪红4秒			红色罐形	左侧标
7413160.04 (4508.01)	员岗沙4灯浮 Yuangang Sha No 4	23-01.91N 113-20.31E	闪绿4秒			绿色锥形	右侧标
7413170 (4509.1)	广州港81灯浮 Guangzhou Gang No 81	23-02.12N 113-21.58E	闪(2+1)红6秒			红绿红横条纹罐形	推荐航道左侧标
7413180.01 (4509.51)	海心岗大桥1灯浮 Haixingang Bridge No 1	23-02.10N 113-22.72E	闪(3)绿10秒			绿色锥形	右侧标AIS应答器
7413180.02 (4509.52)	海心岗大桥2灯浮 Haixingang Bridge No 2	23-02.05N 113-22.60E	闪红4秒			红色罐形	左侧标
7413180.03 (4509.53)	海心岗大桥3灯浮 Haixingang Bridge No 3	23-02.15N 113-22.56E	闪绿4秒			绿色锥形	右侧标
7413180.04 (4509.54)	海心岗大桥4灯浮 Haixingang Bridge No 4	23-02.08N 113-22.28E	闪红4秒			红色罐形	左侧标
7413180.05 (4509.55)	海心岗大桥5灯浮 Haixingang Bridge No 5	23-02.20N 113-22.22E	闪绿4秒			绿色锥形	右侧标
7413190 (4510)	鲤鱼岗灯桩（海心岗） Liyugang(Haixingang)	23-01.94N 113-22.90E	闪白4秒	12.7	5	红白相间横条纹柱形立标	
7413195.031	锚标(3)前灯桩 Maobiao (3) Front	23-01.98N 113-22.33E					
7413195.032	锚标(3)后灯桩 Maobiao (3) Rear	23-01.97N 113-22.32E					
7413195.041	锚标（4）前灯桩 Maobiao (4) Front	23-02.02N 113-22.06E					

编 号 No.	名 称 Name	位置 Position	灯 质 Characteristic	灯高 Height	射程 Range	构 造 Structure	附 记 Remarks
7413195.042	锚标（4）后灯桩 Maobiao (4) Rear	23-02.01N 113-22.06E					
7413200 (4511)	南亭石碑灯桩 Nanting Shibei	23-01.95N 113-23.07E	闪绿4秒	10.9	3.6	绿色金属结构，顶标为绿色尖向上锥形；11.7	右侧标
7413210 (4511.1)	石水牛灯浮 Shishuiniu	23-02.04N 113-22.95E	闪(2)白5秒			黑红黑横条纹标柱形，顶标为黑色双球体	孤立危险物浮标
7413220 (4512)	广州港80灯浮 Guangzhou Gang No 80	23-01.74N 113-23.50E	闪红4秒			红色罐形	左侧标
7413230.01 (4513.01)	广州港79A灯浮 Guangzhou Gang No 79A	23-02.17N 113-24.20E	闪(2)绿6秒			绿色锥形	右侧标
7413230.02 (4513.02)	广州港79B灯浮 Guangzhou Gang No 79B	23-02.10N 113-24.28E	闪(2)红6秒			红色罐形	左侧标
7413230.03 (4513.03)	广州港79C灯浮 Guangzhou Gang No 79C	23-01.95N 113-23.83E	闪(2)绿6秒			绿色锥形	右侧标
7413230.04 (4513.04)	广州港79D灯浮 Guangzhou Gang No 79D	23-01.82N 113-23.82E	闪(2)红6秒			红色罐形	左侧标
7413235.01	X1灯浮 No X1	23-03.60N 113-24.87E	闪绿4秒			绿色锥形	右侧标
7413235.02	X2灯浮 No X2	23-03.42N 113-24.99E	闪红4秒			红色罐形	左侧标
7413235.022	锚标(2)后灯桩 Maobiao (2) Rear	23-03.04N 113-24.97E					
7413235.03	X3灯浮 No X3	23-03.31N 113-24.78E	闪(2)绿6秒			绿色锥形	右侧标
7413235.031	锚标(3)前灯桩 Maobiao (3) Front	23-02.76N 113-24.86E					

编 号 No.	名 称 Name	位置 Position	灯 质 Characteristic	灯高 Height	射程 Range	构 造 Structure	附 记 Remarks
7413235.032	锚标(3)后灯桩 Maobiao (3) Rear	23-02.75N 113-24.89E					
7413235.04	X4灯浮 No X4	23-03.27N 113-24.93E	闪(2)红6秒			红色罐形	左侧标
7413235.041	锚标(4)前灯桩 Maobiao (4) Front	23-02.53N 113-24.65E					
7413235.042	锚标(4)后灯桩 Maobiao (4) Rear	23-02.52N 113-24.65E					
7413235.061	锚标(6)前灯桩 Maobiao (6) Front	23-01.95N 113-24.15E					
7413235.062	锚标(6)后灯桩 Maobiao (6) Rear	23-01.93N 113-24.17E					
7413236.011	锚标(1)前灯桩 Maobiao (1) Front	23-03.37N 113-25.02E					
7413236.012	锚标(1)后灯桩 Maobiao (1) Rear	23-03.37N 113-25.04E					
7413236.021	锚标(2)前灯桩 Maobiao (2) Front	23-03.05N 113-24.93E					
7413237.10	新造珠江特大桥10号桥涵灯桩 Xinzao Zhujiang Grand Bridge Opening No 10	23-03.45N 113-24.81E	快闪黄			柱形立标	桥墩警示标
7413237.01	新造珠江特大桥1号桥涵灯桩 Xinzao Zhujiang Grand Bridge Opening No 1	23-03.36N 113-24.99E	快闪黄			柱形立标	桥墩警示标
7413237.02	新造珠江特大桥2号桥涵灯桩 Xinzao Zhujiang Grand Bridge Opening No 2	23-03.34N 113-24.98E	快闪黄			柱形立标	桥墩警示标

编号 No.	名称 Name	位置 Position	灯质 Characteristic	灯高 Height	射程 Range	构造 Structure	附记 Remarks
7413237.03	新造珠江特大桥3号桥涵灯桩 Xinzao Zhujiang Grand Bridge Opening No 3	23-03.38N 113-24.96E	闪红4秒			红色柱形立标	桥孔左侧标左侧标
7413237.04	新造珠江特大桥4号桥涵灯桩 Xinzao Zhujiang Grand Bridge Opening No 4	23-03.36N 113-24.95E	闪红4秒			红色柱形立标	桥孔左侧标左侧标
7413237.05	新造珠江特大桥5号桥涵灯桩 Xinzao Zhujiang Grand Bridge Opening No 5	23-03.39N 113-24.93E	定绿			白色柱形立标	双向通航桥孔标
7413237.06	新造珠江特大桥6号桥涵灯桩 Xinzao Zhujiang Grand Bridge Opening No 6	23-03.38N 113-24.93E	定绿			白色柱形立标	双向通航桥孔标
7413237.07	新造珠江特大桥7号桥涵灯桩 Xinzao Zhujiang Grand Bridge Opening No 7	23-03.41N 113-24.91E	闪绿4秒			绿色柱形立标	桥孔右侧标右侧标
7413237.08	新造珠江特大桥8号桥涵灯桩 Xinzao Zhujiang Grand Bridge Opening No 8	23-03.40N 113-24.90E	闪绿4秒			绿色柱形立标	桥孔右侧标右侧标
7413237.09	新造珠江特大桥9号桥涵灯桩 Xinzao Zhujiang Grand Bridge Opening No 9	23-03.46N 113-24.82E	快闪黄			柱形立标	桥墩警示标
7413237.11	新造珠江特大桥11号桥涵灯桩 Xinzao Zhujiang Grand Bridge Opening No 11	23-03.48N 113-24.78E	定红			黄色柱形立标	桥孔禁航标

编 号 No.	名 称 Name	位置 Position	灯 质 Characteristic	灯高 Height	射程 Range	构 造 Structure	附 记 Remarks
7413237.12	新造珠江特大桥12号桥涵灯桩 Xinzao Zhujiang Grand Bridge Opening No 12	23-03.47N 113-24.77E	定红			黄色柱形立标	桥孔禁航标
7413238.01	深井河南灯桩 Shenjing He S	23-04.47N 113-24.58E	定红			红白相间斜条纹;5.0	
7413238.02	深井河北灯桩 Shenjing He N	23-04.51N 113-24.61E	定红			红白相间斜条纹;5.0	
7413238.03	赤坎河南灯桩 Chikan He S	23-03.96N 113-23.92E	定红			红白相间斜条纹;5.0	
7413238.04	赤坎河北灯桩 Chikan He N	23-04.01N 113-23.95E	定红			红白相间斜条纹;5.0	
7413240 (4513.1)	广州港78灯浮 Guangzhou Gang No 78	23-03.92N 113-25.09E	闪(2)绿6秒			绿色锥形	右侧标
7413240.01 (4513.11)	广州港78-1灯浮 Guangzhou Gang No 78-1	23-02.95N 113-24.70E	闪(2)绿6秒			绿色锥形	右侧标
7413240.02	广州港78A灯浮 Guangzhou Gang No 78A	23-02.75N 113-24.68E	快闪红			红色罐形	左侧标
7413240.03	广州港78B灯浮 Guangzhou Gang No 78B	23-02.41N 113-24.39E	快闪绿			绿色锥形	右侧标
7413241	金光东1灯浮 Jinguangdong No 1	23-02.62N 113-24.48E	莫(0)黄12秒			黄色标柱形，顶标为黄色“X”形	海上作业区专用标
7413250 (4514)	广州港77灯浮 Guangzhou Gang No 77	23-04.46N 113-25.76E	闪绿4秒			绿色锥形	右侧标
7413260 (4516)	广州港76灯浮 Guangzhou Gang No 76	23-04.71N 113-26.62E	闪红4秒			红色罐形	左侧标
7413270 (4517)	广州港75灯浮 Guangzhou Gang No 75	23-04.53N 113-28.02E	闪红4秒			红色罐形	左侧标

编 号 No.	名 称 Name	位置 Position	灯 质 Characteristic	灯高 Height	射程 Range	构 造 Structure	附 记 Remarks
7413280.01 (4546)	湾仔1灯桩 Wanzai No 1	22-11.30N 113-31.60E				黄色柱形立标，顶标为黄色“X”形	
7413280.02 (4547)	湾仔2灯桩 Wanzai No 2	22-11.20N 113-31.60E				黄色柱形立标，顶标为黄色“X”形	
7413290 (4548)	鸡心礁灯桩 Jixin Jiao	22-09.55N 113-32.11E	闪白5秒	8	2	混凝土结构柱形立标	
7413295.27	M27灯浮 No M27	22-10.37N 113-31.70E	快闪白			黑黄相间横条纹金属结构标柱形，顶标为黑色顶点朝上双锥体	北方位标
7413295.28 （4548.6）	M28灯浮 No M28	22-10.43N 113-31.53E	闪绿4秒			绿色金属结构标柱形，顶标为绿色尖向上锥形	右侧标
7413295.29 （4548.61）	M29灯浮 No M29	22-10.28N 113-31.49E	闪红4秒			红色金属结构标柱形，顶标为红色圆柱形	左侧标
7413295.30 （4548.62）	M30灯桩 No M30	22-10.28N 113-31.32E	甚快（6）+长闪白10秒			黄黑相间横条纹混凝土结构柱形立标，顶标为黑色顶点朝下双锥体	南方位标
7413295.31 （4548.63）	M31灯浮 No M31	22-10.13N 113-31.32E	闪红4秒			红色金属结构标柱形，顶标为红色圆柱形	左侧标
7413295.32	M32灯浮 No M32	22-09.86N 113-30.93E	闪红4秒			红色金属结构标柱形，顶标为红色圆柱形	左侧标
7413295.33	M33灯浮 No M33	22-09.97N 113-30.86E	闪绿4秒			绿色金属结构标柱形，顶标为绿色尖向上锥形	右侧标
7413295.34	M34灯浮 No M34	22-09.69N 113-30.61E	闪红4秒			红色金属结构标柱形，顶标为红色圆柱形	左侧标

编号 No.	名称 Name	位置 Position	灯质 Characteristic	灯高 Height	射程 Range	构造 Structure	附记 Remarks
7413295.35	M35灯浮 No M35	22-09.79N 113-30.54E	闪绿4秒			绿色金属结构标柱形，顶标为绿色尖向上锥形	右侧标
7413295.36 （4548.64）	M36灯桩 No M36	22-09.42N 113-30.10E	闪（2）红6秒			红色金属结构柱形立标，顶标为红色圆柱形	左侧标
7413295.37 （4548.65）	M37灯浮 No M37	22-09.36N 113-29.43E	闪绿4秒			绿色金属结构标柱形，顶标为绿色尖向上锥形	右侧标
7413295.38 (4548.66)	M38灯桩 No M38	22-09.09N 113-28.94E	闪（2）红6秒			红色金属结构柱形立标，顶标为红色圆柱形	左侧标停止发光
7413295.381	M38灯浮 No M38	22-09.10N 113-28.92E	闪红4秒			红色金属结构标柱形，顶标为红色圆柱形	左侧标
7413295.39 （4548.67）	M39灯浮 No M39	22-09.09N 113-28.29E	闪绿4秒			绿色金属结构标柱形，顶标为绿色尖向上锥形	右侧标
7413295.40 （4548.68）	M40灯桩 No 40	22-08.96N 113-28.26E	闪（2）红6秒			红色金属结构柱形立标，顶标为红色圆柱形	左侧标
7413295.41 （4548.69）	M41灯桩 No M41	22-09.13N 113-27.73E	闪（2）红6秒			红色金属结构柱形立标，顶标为红色圆柱形	左侧标
7413295.42 (4548.7)	M42灯桩 No M42	22-09.56N 113-27.08E	闪（2）红6秒			红色金属结构柱形立标，顶标为红色圆柱形	左侧标停止发光
7413295.421	M42灯浮 No M42	22-09.57N 113-27.08E	闪红4秒			红色金属结构标柱形，顶标为红色圆柱形	左侧标
7413295.43 （4548.71）	M43灯浮 No M43	22-09.98N 113-26.73E	闪绿4秒			绿色金属结构标柱形，顶标为绿色尖向上锥形	右侧标

编 号 No.	名 称 Name	位置 Position	灯 质 Characteristic	灯高 Height	射程 Range	构 造 Structure	附 记 Remarks
7413295.44 (4548.72)	M44灯桩 No M44	22-10.34N 113-26.03E	闪(2)红6秒			红色金属结构柱形立标，顶标为红色圆柱形	左侧标
7413295.45 (4548.73)	M45灯浮 No M45	22-10.84N 113-25.53E	闪绿4秒			绿色金属结构标柱形，顶标为绿色尖向上锥形	右侧标
7413295.46	M46灯浮 No M46	22-11.17N 113-25.14E	闪红4秒			红色金属结构标柱形，顶标为红色圆柱形	左侧标
7413295.47	M47灯浮 No M47	22-11.27N 113-25.26E	闪绿4秒			绿色金属结构标柱形，顶标为绿色尖向上锥形	右侧标
7413295.48	M48灯浮 No M48	22-11.59N 113-24.91E	闪红4秒			红色金属结构标柱形，顶标为红色圆柱形	左侧标
7413295.49	M49灯浮 No M49	22-11.66N 113-25.04E	闪绿4秒			绿色金属结构标柱形，顶标为绿色尖向上锥形	右侧标
7413296	HG灯浮 No HG	22-09.56N 113-30.39E	闪(2)白5秒			黑红黑横条纹金属结构标柱形，顶标为黑色双球体	孤立危险物浮标
7413315	东石樵灯桩 Dongshiqiao	22-06.92N 113-27.24E				柱形立标	
7413316.01	Z1灯浮 No Z1	22-07.05N 113-27.30E	莫(C)黄12秒			黄色标柱形，顶标为黄色“X”形	水中构筑物专用标
7413316.02	Z2灯浮 No Z2	22-07.13N 113-27.25E	莫(C)黄12秒			黄色标柱形，顶标为黄色“X”形	水中构筑物专用标
7413316.03	Z3灯桩 No Z3	22-07.12N 113-27.40E	定红			柱形立标	
7413316.04	Z4灯桩 No Z4	22-07.17N 113-27.38E	定红			柱形立标	

编 号 No.	名 称 Name	位置 Position	灯 质 Characteristic	灯高 Height	射程 Range	构 造 Structure	附 记 Remarks
7413317	虚拟航标	22-01.66N 113-26.81E					
7413318.01	B1灯浮 No B1	22-05.99N 113-34.26E	闪绿4秒			绿色金属结构标柱形，顶标为绿色尖向上锥形	右侧标
7413318.02	B2灯浮 No B2	22-05.90N 113-34.24E	闪红4秒			红色金属结构标柱形，顶标为红色圆柱形	左侧标
7413318.03	B3灯浮 No B3	22-06.15N 113-33.73E	闪红4秒			红色金属结构标柱形，顶标为红色圆柱形	左侧标
7413318.04	B4灯浮 No B4	22-06.37N 113-33.24E	闪红4秒			红色金属结构标柱形，顶标为红色圆柱形	左侧标
7413318.05	B5灯桩 No B5	22-06.50N 113-32.94E	闪(2)红6秒			红色金属结构柱形立标，顶标为红色圆柱形	左侧标
7413318.06	B6灯桩 No B6	22-06.56N 113-32.81E	闪(4)白8秒			黄色混凝土结构柱形立标	
7413318.07	B7灯桩 No B7	22-06.70N 113-32.88E	闪(2)红6秒			红色金属结构柱形立标，顶标为红色圆柱形	左侧标
7413318.08	B8灯浮 No B8	22-06.93N 113-32.85E	闪红4秒			红色金属结构标柱形，顶标为红色圆柱形	左侧标
7413318.09	B9灯桩 No B9	22-07.30N 113-32.88E	闪(2)红6秒			红色金属结构柱形立标，顶标为红色圆柱形	左侧标
7413318.10	B10灯浮 No B10	22-07.70N 113-32.94E	闪绿4秒			绿色标柱形，顶标为绿色尖向上锥形	右侧标
7413318.11	B11灯浮 No B11	22-08.72N 113-32.98E	闪绿4秒			绿色金属结构标柱形，顶标为绿色尖向上锥形	右侧标

编号 No.	名称 Name	位置 Position	灯质 Characteristic	灯高 Height	射程 Range	构造 Structure	附记 Remarks
7413318.12	B12灯桩 No B12	22-08.71N 113-32.90E	闪(2)红6秒			红色金属结构柱形立标，顶标为红色圆柱形	左侧标
7413318.13	B13灯桩 No B13	22-09.02N 113-32.69E	闪(2)红6秒			红色金属结构柱形立标，顶标为红色圆柱形	左侧标
7413318.14	B14灯浮 No B14	22-09.43N 113-32.36E	闪绿4秒			绿色金属结构标柱形，顶标为绿色尖向上锥形	右侧标
7413318.15	B15灯桩 No B15	22-09.47N 113-32.30E	闪(2)红6秒			红色金属结构柱形立标，顶标为红色圆柱形	左侧标
7413318.16	B16灯浮 No B16	22-09.82N 113-32.17E	闪绿4秒			绿色金属结构标柱形，顶标为绿色尖向上锥形	右侧标
7413318.17	B17灯桩 No B17	22-10.01N 113-32.03E	闪(2)红6秒			红色金属结构柱形立标，顶标为红色圆柱形	左侧标
7413318.18	B18灯浮 No B18	22-10.24N 113-31.96E	闪绿4秒			绿色金属结构标柱形，顶标为绿色尖向上锥形	右侧标
7413318.19 (0293.27)	B19灯浮 No B19	22-10.65N 113-31.76E	快闪（9）白15秒			黄黑黄横条纹金属结构标柱形，顶标为黑色顶点相对双锥体	西方位标
7413318.20 (0293.28)	B20灯浮 No B20	22-10.60N 113-31.70E	闪红4秒			红色金属结构标柱形，顶标为红色圆柱形	左侧标
7413318.21 (0293.29)	B21灯浮 No B21	22-10.89N 113-31.70E	闪绿4秒			绿色金属结构标柱形，顶标为绿色尖向上锥形	右侧标
7413319	崖城香港管线2 虚拟航标 YCXGPIPELINE 2	22-02.54N 113-35.41E					MMSI:994136806 发射模式:自主连续

编 号 No.	名 称 Name	位置 Position	灯 质 Characteristic	灯高 Height	射程 Range	构 造 Structure	附 记 Remarks
7413322	QG灯浮 No QG	22-11.60N 113-31.95E	闪（2）白5秒			黑红黑横条纹金属结构标柱形，顶标为黑色双球体	孤立危险物浮标
7413340 (4558)	小木乃灯桩 Xiaomunai	22-02.86N 113-16.65E				柱形立标	停止发光
7413341	三灶岛海缆登陆点标志牌灯桩 Sanzaodao Submarine Cable Landing Point Sign	22-00.20N 113-18.38E				红白相间斜条纹	
7413348.01	金湾海上风电场1灯桩 Jinwan Offshore Wind Farm No 1	21-56.09N 113-27.90E	莫(C)黄12秒	17.5	6	黄色金属结构柱形立标,顶标为黄色“X”形	水中构筑物专用标AIS应答器： 名称：JW WINDFARM 1 MMSI： 994121770
7413348.02	金湾海上风电场2灯桩 Jinwan Offshore Wind Farm No 2	21-55.71N 113-29.24E	莫(C)黄12秒	17.5	6	黄色金属结构柱形立标，顶标为黄色“X”形	水中构筑物专用标AIS应答器： 名称：JW WINDFARM 2 MMSI： 994121771
7413348.03	金湾海上风电场3灯桩 Jinwan Offshore Wind Farm No 3	21-54.70N 113-29.06E	莫(U)白15秒	17.5	3	黄色金属结构柱形立标	
7413348.04	金湾海上风电场4灯桩 Jinwan Offshore Wind Farm No 4	21-53.58N 113-28.51E	莫(U)白15秒	17.5	3	黄色金属结构柱形立标	AIS应答器： 名称：JW WINDFARM 4 MMSI： 994121772
7413348.05	金湾海上风电场5灯桩 Jinwan Offshore Wind Farm No 5	21-52.61N 113-27.82E	莫(C)黄12秒	17.5	6	黄色金属结构柱形立标，顶标为黄色“X”形	水中构筑物专用标AIS应答器： 名称：JW WINDFARM 5 MMSI： 994121773
7413348.06	金湾海上风电场6灯桩 Jinwan Offshore Wind Farm No 6	21-53.07N 113-26.22E	莫(U)白15秒	17.5	3	黄色金属结构柱形立标	

编号 No.	名称 Name	位置 Position	灯质 Characteristic	灯高 Height	射程 Range	构造 Structure	附记 Remarks
7413348.07	金湾海上风电场7灯桩 Jinwan Offshore Wind Farm No 7	21-52.48N 113-24.36E	莫(C)黄12秒	17.5	6	黄色金属结构柱形立标，顶标为黄色“X”形	水中构筑物专用标AIS应答器：名称：JW WINDFARM 7 MMSI：994121774
7413348.08	金湾海上风电场8灯桩 Jinwan Offshore Wind Farm No 8	21-52.85N 113-23.03E	莫(C)黄12秒	17.5	6	黄色金属结构柱形立标，顶标为黄色“X”形	水中构筑物专用标AIS应答器：名称：JW WINDFARM 8 MMSI：994121775
7413348.09	金湾海上风电场9灯桩 Jinwan Offshore Wind Farm No 9	21-53.89N 113-23.27E	莫(C)黄12秒	17.5	6	黄色金属结构柱形立标，顶标为黄色“X”形	水中构筑物专用标AIS应答器：名称：JW WINDFARM 9 MMSI：994121776
7413348.010	金湾海上风电场10灯桩 Jinwan Offshore Wind Farm No 10	21-54.55N 113-25.03E	莫(U)白15秒	17.5	3	黄色金属结构柱形立标	
7413348.011	金湾海上风电场11灯桩 Jinwan Offshore Wind Farm No 11	21-54.74N 113-25.86E	莫(U)白15秒	17.5	3	黄色金属结构柱形立标	AIS应答器：名称：JW WINDFARM 11 MMSI：994121777
7413348.012	金湾海上风电场12灯桩 Jinwan Offshore Wind Farm No 12	21-55.45N 113-26.38E	莫(U)白15秒	17.5	3	黄色金属结构柱形立标	
7413349.01	粤电金湾风电场海底电缆1号AIS虚拟航标 JW CABLE 1	21-55.41N 113-24.83E					MMSI:994136774 发射模式:自主连续
7413349.02	粤电金湾风电场海底电缆2号AIS虚拟航标 JW CABLE 2	21-56.34N 113-23.41E					MMSI:994136775 发射模式:自主连续
7413349.03	粤电金湾风电场海底电缆3号AIS虚拟航标 JW CABLE 3	21-57.27N 113-21.99E					MMSI:994136776 发射模式:自主连续
7413349.04	粤电金湾风电场海底电缆4号AIS虚拟航标 JW CABLE 4	21-58.21N 113-20.57E					MMSI:994136777 发射模式:自主连续

编 号 No.	名 称 Name	位置 Position	灯 质 Characteristic	灯高 Height	射程 Range	构 造 Structure	附 记 Remarks
7413350.01 (4559.201)	高栏海管1灯浮 Gaolan Submarine Pipeline No 1	21-46.47N 113-22.70E	莫(C)黄12秒			黄色标柱形，顶标为黄色“X”形	水中构筑物专用标
7413350.02 (4559.202)	高栏海管2灯浮 Gaolan Submarine Pipeline No 2	21-46.50N 113-22.83E	莫(C)黄12秒			黄色标柱形，顶标为黄色“X”形	水中构筑物专用标AIS应答器
7413350.03 (4559.203)	高栏海管3灯浮 Gaolan Submarine Pipeline No 3	21-47.41N 113-22.46E	莫(C)黄12秒			黄色标柱形，顶标为黄色“X”形	水中构筑物专用标
7413350.04 (4559.204)	高栏海管4灯浮 Gaolan Submarine Pipeline No 4	21-47.44N 113-22.59E	莫(C)黄12秒			黄色标柱形，顶标为黄色“X”形	水中构筑物专用标AIS应答器
7413350.05 (4559.205)	高栏海管5灯浮 Gaolan Submarine Pipeline No 5	21-48.36N 113-22.22E	莫(C)黄12秒			黄色标柱形，顶标为黄色“X”形	水中构筑物专用标
7413350.06 (4559.206)	高栏海管6灯浮 Gaolan Submarine Pipeline No 6	21-48.39N 113-22.35E	莫(C)黄12秒			黄色标柱形，顶标为黄色“X”形	水中构筑物专用标AIS应答器
7413350.07 (4559.207)	高栏海管7灯浮 Gaolan Submarine Pipeline No 7	21-49.31N 113-21.98E	莫(C)黄12秒			黄色标柱形，顶标为黄色“X”形	水中构筑物专用标
7413350.08 (4559.208)	高栏海管8灯浮 Gaolan Submarine Pipeline No 8	21-49.34N 113-22.11E	莫(C)黄12秒			黄色标柱形，顶标为黄色“X”形	水中构筑物专用标AIS应答器
7413350.09 (4559.209)	高栏海管9灯浮 Gaolan Submarine Pipeline No 9	21-50.25N 113-21.73E	莫(C)黄12秒			黄色标柱形，顶标为黄色“X”形	水中构筑物专用标
7413350.10 (4559.21)	高栏海管10灯浮 Gaolan Submarine Pipeline No 10	21-50.28N 113-21.87E	莫(C)黄12秒			黄色标柱形，顶标为黄色“X”形	水中构筑物专用标AIS应答器
7413350.11 (4559.211)	高栏海管11灯浮 Gaolan Submarine Pipeline No 11	21-51.21N 113-21.48E	莫(C)黄12秒			黄色标柱形，顶标为黄色“X”形	水中构筑物专用标

编号 No.	名称 Name	位置 Position	灯质 Characteristic	灯高 Height	射程 Range	构造 Structure	附记 Remarks
7413350.12 (4559.212)	高栏海管12灯浮 Gaolan Submarine Pipeline No 12	21-51.24N 113-21.62E	莫(C)黄12秒			黄色标柱形，顶标为黄色“X”形	水中构筑物专用标AIS应答器
7413350.121	高栏海管13 虚拟航标 GAOLAN SUBMARINE PIPELINE NO 13	21-51.99N 113-21.06E					MMSI:994136633
7413350.122	高栏海管14 虚拟航标 GAOLAN SUBMARINE PIPELINE NO 14	21-52.07N 113-21.17E					MMSI:994136634
7413350.123	高栏海管15 虚拟航标 GAOLAN SUBMARINE PIPELINE NO 15	21-52.60N 113-20.38E					MMSI:994136635
7413350.124	高栏海管16 虚拟航标 GAOLAN SUBMARINE PIPELINE NO 16	21-52.71N 113-20.46E					MMSI:994136636
7413350.17 (4559.217)	高栏海管17灯浮 Gaolan Submarine Pipeline No 17	21-52.97N 113-19.54E	莫(C)黄12秒			黄色标柱形，顶标为黄色“X”形	水中构筑物专用标
7413350.18 (4559.218)	高栏海管18灯浮 Gaolan Submarine Pipeline No 18	21-53.10N 113-19.57E	莫(C)黄12秒			黄色标柱形，顶标为黄色“X”形	水中构筑物专用标AIS应答器
7413350.19 (4559.219)	高栏海管19灯浮 Gaolan Submarine Pipeline No 19	21-53.07N 113-18.76E	莫(C)黄12秒			黄色标柱形，顶标为黄色“X”形	水中构筑物专用标
7413350.20 (4559.22)	高栏海管20灯浮 Gaolan Submarine Pipeline No 20	21-53.37N 113-18.72E	莫(C)黄12秒			黄色标柱形，顶标为黄色“X”形	水中构筑物专用标AIS应答器
7413350.21 (4559.221)	高栏海管21灯浮 Gaolan Submarine Pipeline No 21	21-53.05N 113-17.95E	莫(C)黄12秒			黄色标柱形，顶标为黄色“X”形	水中构筑物专用标
7413350.22 (4559.222)	高栏海管22灯浮 Gaolan Submarine Pipeline No 22	21-53.30N 113-17.90E	莫(C)黄12秒			黄色标柱形，顶标为黄色“X”形	水中构筑物专用标AIS应答器

编 号 No.	名 称 Name	位置 Position	灯 质 Characteristic	灯高 Height	射程 Range	构 造 Structure	附 记 Remarks
7413350.23 (4559.223)	高栏海管23灯浮 Gaolan Submarine Pipeline No 23	21-53.03N 113-17.14E	莫(C)黄12秒			黄色标柱形，顶标为黄色“X”形	水中构筑物专用标
7413350.24 (4559.224)	高栏海管24灯浮 Gaolan Submarine Pipeline No 24	21-53.23N 113-17.10E	莫(C)黄12秒			黄色标柱形，顶标为黄色“X”形	水中构筑物专用标AIS应答器
7413351.01	东方海管1 虚拟航标 DONGFANG SUBMARINE PIPELINE NO 1	21-49.71N 113-29.74E					MMSI:994136792
7413351.02	东方海管2 虚拟航标 DONGFANG SUBMARINE PIPELINE NO 2	21-50.91N 113-26.70E					MMSI:994136793
7413351.03	东方海管3 虚拟航标 DONGFANG SUBMARINE PIPELINE NO 3	21-52.10N 113-23.65E					MMSI:994136794
7413351.04	东方海管4 虚拟航标 DONGFANG SUBMARINE PIPELINE NO 4	21-53.42N 113-19.73E					MMSI:994136795
7413353	长咀灯桩 Chang Zui	21-54.01N 113-17.19E	闪白5秒	24	4	混凝土结构柱形立标	
7413354	蚊洲岛西北灯浮 Wenzhou Dao Northwest	21-55.53N 113-18.25E	快闪(9)白15秒			黄黑黄横条纹标柱形，顶标为黑色顶点相对双锥体	西方位标
7413360 (4560)	崖门口灯浮 Yamen Kou	21-57.99N 113-04.03E	莫(A)白6秒			红白相间竖条纹标柱形，顶标为红色球体形	安全水域浮标停止发光
7413361	崖门口灯浮 Yamen Kou	21-57.99N 113-04.03E	莫(A)白6秒			红白相间竖条纹标柱形，顶标为红色球体形	安全水域浮标
7413369.01	中海福陆1号AIS虚拟航标虚拟航标 ZHFL1	21-58.71N 113-09.56E					MMSI:994136689 发射模式:自主连续

编 号 No.	名 称 Name	位置 Position	灯 质 Characteristic	灯高 Height	射程 Range	构 造 Structure	附 记 Remarks
7413369.02	中海福陆2号AIS虚拟航标虚拟航标 ZHFL2	21-58.83N 113-09.46E					MMSI:994136690 发射模式:自主连续
7413370.01 (4560.111)	珠海高栏港1灯浮 Zhuhai Gaolan Gang No 1	21-48.75N 113-13.71E	闪(2)绿6秒			绿色锥形	右侧标同步闪雷达应答器: 信号Y(- . - -)
7413370.02 (4560.112)	珠海高栏港2灯浮 Zhuhai Gaolan Gang No 2	21-48.72N 113-13.50E	闪(2)红6秒			红色罐形	左侧标同步闪
7413370.03 (4560.113)	珠海高栏港3灯浮 Zhuhai Gaolan Gang No 3	21-49.34N 113-13.60E	闪(2)绿6秒			绿色锥形	右侧标同步闪
7413370.04 (4560.114)	珠海高栏港4灯浮 Zhuhai Gaolan Gang No 4	21-49.30N 113-13.39E	闪(2)红6秒			红色罐形	左侧标同步闪
7413370.05 (4560.115)	珠海高栏港5灯浮 Zhuhai Gaolan Gang No 5	21-49.93N 113-13.48E	闪(2)绿6秒			绿色锥形	右侧标同步闪
7413370.06 (4560.116)	珠海高栏港6灯浮 Zhuhai Gaolan Gang No 6	21-49.89N 113-13.27E	闪(2)红6秒			红色罐形	左侧标同步闪
7413370.07 (4560.117)	珠海高栏港7灯浮 Zhuhai Gaolan Gang No 7	21-50.52N 113-13.37E	闪(2)绿6秒			绿色锥形	右侧标同步闪
7413370.08 (4560.118)	珠海高栏港8灯浮 Zhuhai Gaolan Gang No 8	21-50.48N 113-13.16E	闪(2)红6秒			红色罐形	左侧标同步闪
7413370.09 (4560.119)	珠海高栏港9灯浮 Zhuhai Gaolan Gang No 9	21-50.98N 113-13.29E	闪(2+1)绿6秒			绿红绿横条纹锥形	推荐航道右侧标
7413370.10 (4560.12)	珠海高栏港10灯浮 Zhuhai Gaolan Gang No 10	21-51.06N 113-13.05E	闪(2)红6秒			红色罐形	左侧标同步闪

编 号 No.	名 称 Name	位置 Position	灯 质 Characteristic	灯高 Height	射程 Range	构 造 Structure	附 记 Remarks
7413370.11 (4560.1201)	珠海高栏港11灯浮 Zhuhai Gaolan Gang No 11	21-51.69N 113-13.14E	闪(2)绿6秒			绿色锥形	右侧标
7413370.12 (4560.122)	珠海高栏港12灯浮 Zhuhai Gaolan Gang No 12	21-51.65N 113-12.92E	闪(2)红6秒			红色罐形	左侧标同步闪
7413370.121	高栏港区12A灯浮 Gaolan Harbour No 12A	21-51.95N 113-12.77E	快闪(3)白10秒			黑黄黑横条纹标柱形，顶标为黑色顶点相背双锥体	
7413370.13 (4560.121)	高栏港区13灯浮 Gaolan Harbour No 13	21-52.05N 113-13.07E	闪(2)绿6秒			绿色锥形	右侧标同步闪AIS应答器
7413370.14 (4560.124)	珠海高栏港14灯浮 Zhuhai Gaolan Gang No 14	21-52.25N 113-12.82E	闪(2)红6秒			红色罐形	左侧标同步闪
7413370.15 (4560.123)	珠海高栏港15灯浮 Zhuhai Gaolan Gang No 15	21-52.62N 113-12.96E	闪(2+1)绿9秒			绿红绿横条纹锥形	推荐航道右侧标
7413370.16 (4560.126)	珠海高栏港16灯浮 Zhuhai Gaolan Gang No 16	21-53.16N 113-12.63E	闪(2)红6秒			红色罐形	左侧标同步闪
7413370.17 (4560.125)	珠海高栏港17灯浮 Zhuhai Gaolan Gang No 17	21-53.19N 113-12.85E	闪(2)绿6秒			绿色锥形	右侧标同步闪
7413370.18 (4560.128)	珠海高栏港18灯浮 Zhuhai Gaolan Gang No 18	21-54.21N 113-12.43E	闪(2)红6秒			红色罐形	左侧标同步闪
7413370.181 (4560.127)	珠海高栏港18A灯浮 Zhuhai Gaolan Gang No 18A	21-53.69N 113-12.53E	闪(2)红6秒			红色罐形	左侧标同步闪
7413370.19 (4560.129)	珠海高栏港19灯浮 Zhuhai Gaolan Gang No 19	21-54.50N 113-12.59E	闪(2+1)绿6秒			绿红绿横条纹锥形	推荐航道右侧标AIS应答器
7413370.20 (4560.13)	高栏港区20灯浮 Gaolan Harbour No 20	21-54.54N 113-12.37E	闪(2)红6秒			红色罐形	左侧标同步闪

编 号 No.	名 称 Name	位置 Position	灯 质 Characteristic	灯高 Height	射程 Range	构 造 Structure	附 记 Remarks
7413370.21 (4560.131)	高栏港区21灯浮 Gaolan Harbour No 21	21-54.77N 113-12.53E	闪(2)绿6秒			绿色锥形	右侧标同步闪 AIS应答器： 名称：GAO LAN 21 MMSI：994131605 发射模式：自主连续
7413370.22 (4560.132)	高栏港区22灯浮 Gaolan Harbour No 22	21-55.07N 113-12.18E	闪(2)红6秒			红色罐形	左侧标同步闪
7413370.23 (4560.133)	高栏港区23灯浮 Gaolan Harbour No 23	21-55.19N 113-12.33E	闪(2+1)绿12秒			绿红绿横条纹锥形	推荐航道右侧标
7413370.24 (4560.134)	高栏港区24灯浮 Gaolan Harbour No 24	21-55.65N 113-11.96E	闪(2)红6秒			红色罐形	左侧标同步闪
7413370.25 (4560.135)	高栏港区25灯浮 Gaolan Harbour No 25	21-55.68N 113-12.14E	闪(2)绿6秒			绿色锥形	右侧标同步闪
7413370.26 (4560.136)	高栏港区26灯浮 Gaolan Harbour No 26	21-56.02N 113-11.69E	闪(2)红6秒			红色罐形	左侧标同步闪
7413370.27 (4560.137)	高栏港区27灯浮 Gaolan Harbour No 27	21-56.19N 113-11.95E	闪(2)绿6秒			绿色锥形	右侧标同步闪
7413370.28 (4560.138)	高栏港区28灯浮 Gaolan Harbour No 28	21-56.25N 113-11.51E	闪(2)红6秒			红色罐形	左侧标同步闪
7413370.29 (4560.139)	高栏港区29灯浮 Gaolan Harbour No 29	21-56.39N 113-11.64E	闪(2+1)绿6秒			绿红绿横条纹锥形	推荐航道右侧标
7413370.30 (4560.14)	高栏港区30灯浮 Gaolan Harbour No 30	21-56.83N 113-10.85E	闪(2)红6秒			红色罐形	左侧标同步闪
7413370.31 (4560.141)	高栏港区31灯浮 Gaolan Harbour No 31	21-56.82N 113-11.12E	闪(2)绿6秒			绿色锥形	右侧标同步闪
7413370.32 (4560.142)	高栏港区32灯浮 Gaolan Harbour No 32	21-56.95N 113-10.95E	闪(2)绿6秒			绿色锥形	右侧标同步闪
7413370.33 (4560.143)	高栏港区33灯浮 Gaolan Harbour No 33	21-57.38N 113-10.70E	闪(2)绿6秒			绿色锥形	右侧标同步闪

编号 No.	名称 Name	位置 Position	灯质 Characteristic	灯高 Height	射程 Range	构造 Structure	附记 Remarks
7413370.34 (4560.144)	高栏港区34灯浮 Gaolan Harbour No 34	21-57.30N 113-10.55E	闪(2)红6秒			红色罐形	左侧标同步闪
7413370.35 (4560.145)	高栏港区35灯浮 Gaolan Harbour No 35	21-57.82N 113-10.41E	闪(2)绿6秒			绿色锥形	右侧标同步闪
7413370.36 (4560.146)	高栏港区36灯浮 Gaolan Harbour No 36	21-57.73N 113-10.27E	闪(2)红6秒			红色罐形	左侧标同步闪
7413370.37 (4560.1461)	高栏港区37灯浮 Gaolan Harbour No 37	21-57.98N 113-10.28E	闪(3)绿10秒			绿色锥形	右侧标
7413370.38 (4560.1462)	高栏港区38灯浮 Gaolan Harbour No 38	21-58.10N 113-10.17E	闪绿4秒			绿色锥形	右侧标
7413370.39 (4560.148)	高栏港区39灯浮 Gaolan Harbour No 39	21-58.26N 113-10.04E	闪(2)绿6秒		3	绿色锥形	右侧标同步闪
7413370.40 (4560.147)	高栏港区40灯浮 Gaolan Harbour No 40	21-58.16N 113-09.90E	闪(2)红6秒		3	红色罐形	左侧标同步闪
7413370.41 (4560.22)	高栏港区41灯浮 Gaolan Harbour No 41	21-58.42N 113-09.90E	闪(2)绿6秒			绿色锥形	右侧标
7413370.42 (4560.149)	高栏港区42灯浮 Gaolan Harbour No 42	21-58.53N 113-09.59E	闪(2)红6秒			红色罐形	左侧标同步闪
7413370.43 (4560.15)	高栏港区43灯浮 Gaolan Harbour No 43	21-58.61N 113-09.74E	闪(2)绿6秒			绿色锥形	右侧标同步闪
7413370.44	高栏港区44灯浮 Gaolan Harbour No 44	21-58.99N 113-09.23E	闪(2)红6秒			红色罐形	左侧标
7413370.45 (4560.1505)	高栏港区45灯浮 Gaolan Harbour No 45	21-59.06N 113-09.32E	闪绿4秒			绿色锥形	右侧标
7413370.46 (4560.151)	高栏港区46灯浮 Gaolan Harbour No 46	21-59.34N 113-08.92E	闪(2)红6秒			红色罐形	左侧标同步闪
7413370.47 (4560.152)	高栏港区47灯浮 Gaolan Harbour No 47	21-59.35N 113-09.06E	闪(2+1)绿6秒			绿红绿横条纹锥形	推荐航道右侧标

编号 No.	名称 Name	位置 Position	灯质 Characteristic	灯高 Height	射程 Range	构造 Structure	附记 Remarks
7413370.48 (4560.153)	高栏港区48灯浮 Gaolan Harbour No 48	21-59.71N 113-08.60E	闪(2)红6秒			红色罐形	左侧标
7413370.49	高栏港区49灯浮 Gaolan Harbour No 49	21-59.87N 113-08.62E	闪(2)绿6秒			绿色锥形	右侧标
7413370.50 (4560.15)	高栏港区50灯浮 Gaolan Harbour No 50	21-59.95N 113-08.46E	甚快(6)+长闪白10秒			黄黑相间横条纹标柱形，顶标为黑色顶点朝下双锥体	南方位标
7413371.01 (4560.1521)	高栏港区P1灯浮 Gaolan Harbour No P1	21-59.37N 113-09.17E	闪(2)绿6秒			绿色锥形	右侧标
7413371.02 (4560.1522)	高栏港区P2灯浮 Gaolan Harbour No P2	21-59.60N 113-09.02E	快闪(3)白10秒			黑黄黑横条纹标柱形，顶标为黑色顶点相背双锥体	东方位标
7413372.01	三一港机1灯桩 Sanyi Gangji No 1	22-00.65N 113-08.59E	定红	7	5	红白相间条纹金属结构柱形立标;5.0	
7413372.02	三一港机2灯桩 Sanyi Gangji No 2	22-00.49N 113-08.72E	定红	7	5	红白相间条纹金属结构柱形立标;5.0	
7413373.01	三一港机1灯浮 Sanyi Gangji No 1	22-00.16N 113-08.51E	快闪(3)白10秒			黑黄黑横条纹标柱形，顶标为黑色顶点相背双锥体	东方位标
7413373.02	三一港机2灯浮 Sanyi Gangji No 2	22-00.58N 113-08.37E	快闪(3)白10秒			黑黄黑横条纹标柱形，顶标为黑色顶点相背双锥体	东方位标
7413373.03	三一 虚拟航标 SAN YI	22-00.15N 113-08.64E					MMSI:994136648 发射模式:自主连续播发时间:3分钟
7413374	YA MEN KOU EAST 虚拟航标 YA MEN KOU EAST	21-52.97N 113-12.47E					MMSI:994136670 发射模式:自主连续播发时间:3分钟

编 号 No.	名 称 Name	位置 Position	灯 质 Characteristic	灯高 Height	射程 Range	构 造 Structure	附 记 Remarks
7413375.01 (4560.1189)	高栏中海油S1灯浮 Gaolan Zhonghaiyou No S1	21-50.83N 113-13.35E	闪(3)绿10秒			绿色锥形	右侧标
7413375.02 (4560.11902)	高栏中海油S2灯浮 Gaolan Zhonghaiyou No S2	21-51.84N 113-13.73E	闪绿4秒			绿色锥形	右侧标
7413375.03 (4560.11903)	高栏中海油S3灯浮 Gaolan Zhonghaiyou No S3	21-52.00N 113-13.68E	闪红4秒			红色罐形	左侧标
7413375.04 (4560.11904)	高栏中海油S4灯浮 Gaolan Zhonghaiyou No S4	21-52.01N 113-13.86E	闪(2)绿6秒			绿色锥形	右侧标
7413375.05 (4560.11905)	高栏中海油S5灯浮 Gaolan Zhonghaiyou No S5	21-52.36N 113-14.26E	闪(3)绿10秒			绿色锥形	右侧标
7413375.06 (4560.11906)	高栏中海油S6灯浮 Gaolan Zhonghaiyou No S6	21-52.44N 113-14.19E	闪(3)红10秒			红色罐形	左侧标
7413375.07 (4560.11907)	高栏中海油S7灯浮 Gaolan Zhonghaiyou No S7	21-52.80N 113-14.77E	闪(2)绿6秒			绿色锥形	右侧标
7413375.08 (4560.11908)	高栏中海油S8灯浮 Gaolan Zhonghaiyou No S8	21-52.91N 113-14.73E	闪(2)红6秒			红色罐形	左侧标
7413375.09 (4560.11909)	高栏中海油S9灯浮 Gaolan Zhonghaiyou No S9	21-52.82N 113-14.88E	闪绿4秒			绿色锥形	右侧标
7413376.01	高栏港区A1号灯浮 Gaolan Harbour No A1	21-47.13N 113-14.16E	闪(2)绿6秒			绿色锥形	右侧标AIS应答器
7413376.02	高栏港区A2号灯浮 Gaolan Harbour No A2	21-47.05N 113-13.70E	闪(2)红6秒			红色罐形	左侧标
7413376.04	高栏港区A4号灯浮 Gaolan Harbour No A4	21-47.60N 113-13.72E	闪(2)红6秒			红色罐形	左侧标

编号 No.	名称 Name	位置 Position	灯质 Characteristic	灯高 Height	射程 Range	构造 Structure	附记 Remarks
7413376.05	高栏港区A5号灯浮 Gaolan Harbour No A5	21-47.85N 113-13.88E	闪(2)绿6秒			绿色锥形	右侧标
7413376.06	高栏港区A6号灯浮 Gaolan Harbour No A6	21-48.13N 113-13.62E	闪(2)红6秒			红色罐形	左侧标
7413377.01	烽火1灯桩 Fenghuo No 1	22-00.41N 113-08.77E	等明暗红4秒	10	3	红白相间条纹金属结构	
7413377.02	烽火2灯桩 Fenghuo No 2	22-00.34N 113-08.83E	等明暗红4秒	10	3	红白相间条纹金属结构	
7413379 (4560.1525)	高栏珠江钢管驳船码头灯桩 Gaolan Zhujiang Gangguan Barge Pier	21-59.61N 113-09.25E	闪白5秒	10	4	柱形立标	
7413380 (4560.1526)	高栏珠江钢管件杂货码头灯桩南 Gaolan Zhujiang Gangguanjian Bulk Pier S	21-59.62N 113-09.22E	闪白3秒	10	4	柱形立标	
7413389.01	烽火1灯浮 Fenghuo No 1	21-59.64N 113-08.81E	闪绿4秒			绿色锥形	右侧标
7413389.02	烽火2灯浮 Fenghuo No 2	21-59.80N 113-08.67E	闪(2+1)绿6秒			绿红绿横条纹锥形	推荐航道右侧标
7413389.03	烽火3灯浮 Fenghuo No 3	21-59.82N 113-08.76E	闪(2)绿6秒			绿色锥形	右侧标
7413389.04	烽火4灯浮 Fenghuo No 4	22-00.07N 113-08.71E	快闪(3)白10秒			黑黄黑横条纹标柱形，顶标为黑色顶点相背双锥体	东方位标
7413389.05	烽火5灯浮 Fenghuo No 5	22-00.24N 113-08.66E	莫(K)黄12秒			黄色标柱形，顶标为黄色“X”形	分道通航专用标

编号 No.	名称 Name	位置 Position	灯质 Characteristic	灯高 Height	射程 Range	构造 Structure	附记 Remarks
7413390 (4560.1527)	高栏珠江钢管件杂货码头灯桩北 Gaolan Zhujiang Gangguanjian Bulk Pier N	21-59.69N 113-09.17E	闪白3秒	10	4	柱形立标	
7413410 (4560.19)	高栏海重码头南灯桩 Gaolan Haizhong Pier S	21-58.16N 113-10.26E	定红	5.5	5	柱形立标	
7413420 (4560.191)	高栏海重码头北灯桩 Gaolan Haizhong Pier N	21-58.22N 113-10.22E	定红	5.5	5	柱形立标	
7413430 (4560.194)	高栏中铁码头灯桩南 Gaolan Zhongtie Pier S	21-58.23N 113-10.21E	快闪红	7	5	柱形立标;5.0	
7413440 (4560.195)	高栏中铁码头灯桩北 Gaolan Zhongtie Pier N	21-58.29N 113-10.16E	快闪红	7	5	柱形立标;5.0	
7413450 (4560.21)	高栏巨涛J1灯浮 Gaolan Jutao No J1	21-58.31N 113-10.06E	闪绿4秒		3	绿色锥形	右侧标
7413460 (4560.211)	高栏巨涛堤头灯桩南 Gaolan Jutao Breakwater Head S	21-58.38N 113-10.07E	定红		3	柱形立标	
7413470 (4560.212)	高栏巨涛堤头灯桩北 Gaolan Jutao Breakwater Head N	21-58.44N 113-10.02E	定红		3	柱形立标	
7413471.01	高栏海油DZ1灯桩 Gaolan Haiyou No DZ1	21-58.73N 113-09.77E	等明暗红4秒		5	红白相间条纹金属结构柱形立标;6.0	
7413471.02	高栏海油DZ2灯桩 Gaolan Haiyou No DZ2	21-59.30N 113-09.29E	等明暗红4秒		5	红白相间条纹金属结构柱形立标;6.0	
7413472.01	高栏海油1灯浮 Gaolan Haiyou No 1	21-59.02N 113-09.48E	快(6)+长闪白15秒			黄黑相间横条纹标柱形，顶标为黑色顶点朝下双锥体	南方位标

编号 No.	名称 Name	位置 Position	灯质 Characteristic	灯高 Height	射程 Range	构造 Structure	附记 Remarks
7413472.02	高栏海油2灯浮 Gaolan Haiyou No 2	21-59.18N 113-09.36E	快闪白			黑黄相间横条纹标柱形，顶标为黑色顶点朝上双锥体	北方位标
7413490.01 (4560.301)	珠海裕丰1灯浮 Zhuhai Yufeng No 1	21-56.95N 113-11.44E	闪(2+1)绿6秒			绿红绿横条纹锥形	推荐航道右侧标
7413490.02 (4560.302)	珠海裕丰2灯浮 Zhuhai Yufeng No 2	21-57.10N 113-11.55E	闪(2)绿6秒			绿色锥形	右侧标
7413490.03 (4560.303)	珠海裕丰3灯浮 Zhuhai Yufeng No 3	21-57.12N 113-11.50E	闪(2)红6秒			红色罐形	左侧标
7413490.04 (4560.304)	珠海裕丰4灯浮 Zhuhai Yufeng No 4	21-57.26N 113-11.46E	闪红4秒			红色罐形	左侧标
7413490.05 (4560.305)	珠海裕丰5灯浮 Zhuhai Yufeng No 5	21-57.39N 113-11.48E	闪(2)红6秒			红色罐形	左侧标
7413500.01 (4560.311)	珠海高栏港Z1灯浮 Zhuhai Gaolan Gang No Z1	21-56.81N 113-11.53E	闪(2)绿6秒			绿色锥形	右侧标同步闪
7413500.02 (4560.312)	珠海高栏港Z2灯浮 Zhuhai Gaolan Gang No Z2	21-56.73N 113-11.42E	闪(2)红6秒			红色罐形	左侧标同步闪
7413500.03 (4560.313)	珠海高栏港Z3灯浮 Zhuhai Gaolan Gang No Z3	21-57.16N 113-11.30E	闪(2)绿6秒			绿色锥形	右侧标同步闪
7413500.04 (4560.314)	珠海高栏港Z4灯浮 Zhuhai Gaolan Gang No Z4	21-57.09N 113-11.19E	闪(2)红6秒			红色罐形	左侧标同步闪
7413500.05 (4560.315)	珠海高栏港Z5灯浮 Zhuhai Gaolan Gang No Z5	21-57.42N 113-11.16E	闪(2)绿6秒			绿色锥形	右侧标同步闪
7413500.06 (4560.316)	珠海高栏港Z6灯浮 Zhuhai Gaolan Gang No Z6	21-57.42N 113-10.88E	闪红4秒			红色罐形	左侧标

编 号 No.	名 称 Name	位置 Position	灯 质 Characteristic	灯高 Height	射程 Range	构 造 Structure	附 记 Remarks
7413500.07 (4560.317)	珠海高栏港Z7灯浮 Zhuhai Gaolan Gang No Z7	21-57.68N 113-10.81E	闪红4秒			红色罐形	左侧标
7413500.08 (4560.318)	珠海高栏港Z8灯浮 Zhuhai Gaolan Gang No Z8	21-57.54N 113-10.81E	闪红4秒			红色罐形	左侧标
7413500.09 (4560.319)	珠海高栏港Z9灯浮 Zhuhai Gaolan Gang No Z9	21-57.72N 113-10.65E	闪绿4秒			绿色锥形	右侧标
7413501.01 (4560.8122)	高栏港区X1灯浮 Gaolan Harbour No X1	21-56.79N 113-11.79E	快闪(3)白10秒			黑黄黑横条纹标柱形，顶标为黑色顶点相背双锥体	东方位标
7413501.02 (4560.8123)	高栏港区X2灯浮 Gaolan Harbour No X2	21-56.93N 113-11.64E	闪(3)红10秒			红色罐形	左侧标
7413501.03 (4560.8124)	高栏港区X3灯浮 Gaolan Harbour No X3	21-57.08N 113-11.61E	快闪(3)白10秒			黑黄黑横条纹标柱形，顶标为黑色顶点相背双锥体	东方位标
7413502 (4560.8126)	高栏鑫和件杂货码头南灯桩 Gaolan Xinhe General Cargo Pier S	21-57.00N 113-11.79E	闪白5秒	6.9	4	红白相间条纹金属结构柱形立标;3.0	
7413503 (4560.8125)	高栏鑫和件杂货码头北灯桩 Gaolan Xinhe General Cargo Pier N	21-57.18N 113-11.67E	闪白5秒	6.9	4	柱形立标	
7413504 (4560.8)	珠海港主航道引导灯桩前 Zhuhai Gang Main Fairway Ldg Lts, Front	21-56.13N 113-12.17E	闪白2秒	37	10	柱形立标顶标为尖向上三角形	导标
7413505 (4560.81)	珠海港主航道引导灯桩后 Zhuhai Gang Main Fairway Ldg Lts, Rear	21-57.16N 113-11.97E	闪白2秒	67	10	柱形立标顶标为尖向下三角形	导标
7413510 (4560.39)	中化格力码头堤头灯桩 Zhonghua Geli Pier Head	21-53.68N 113-13.57E	闪(3)白10秒	9	5	红白相间横条纹金属结构柱形立标;3.0	

编 号 No.	名 称 Name	位置 Position	灯 质 Characteristic	灯高 Height	射程 Range	构 造 Structure	附 记 Remarks
7413511.07 (4560.555)	高栏港区H7灯浮 Gaolan Harbour No H7	21-53.55N 113-13.25E	闪红4秒			红色罐形	左侧标
7413520 (4560.391)	中化珠海码头堤中灯桩 Zhonghua Zhuhai Pier Breakwater M	21-53.75N 113-13.74E	闪白6秒	11	4	柱形立标	
7413530 (4560.4)	南泾湾防波堤堤头灯桩 Nanjing Wan Breakwater Head	21-53.12N 113-13.51E	闪白4秒	16.8	5	红白相间横条纹玻璃钢结构柱形立标;7.0	
7413535 (4560.1192)	高栏中海油码头灯桩南 Gaolan Zhonghai Oil Pier S	21-52.83N 113-15.09E	定红	3.5	5	柱形立标	
7413536 (4560.11921)	高栏中海油码头灯桩北 Gaolan Zhonghai Oil Pier N	21-53.04N 113-15.01E	定红	3.5	5	柱形立标	
7413537	铁炉湾防波堤灯桩 Tielu Wan Breakwater	21-52.11N 113-14.82E	闪白8秒	16	7	红白相间条纹玻璃钢结构柱形立标;10.0	
7413538	珠香2838 AIS 虚拟航标 Zhuxiang 2838 AIS	21-48.90N 113-17.50E					
7413540 (4560.45)	南泾湾防波堤堤中灯桩 Nanjing Wan Breakwater M	21-53.21N 113-13.79E	闪(2)白6秒	16.8	5	红白相间横条纹玻璃钢结构柱形立标;7.0	
7413541	下水排灯桩 Xiashuipai	21-51.05N 113-10.53E	闪（2）白6秒	11.1	4	混凝土结构柱形立标	
7413542	凤尾咀灯桩 Fengwei Zui	21-50.13N 113-08.25E	闪白4秒	12.1	4	混凝土结构柱形立标	
7413550 (4560.48)	荷包岛2灯桩 Hebao Dao No 2	21-52.66N 113-09.56E	闪白3秒	10	5	玻璃钢结构柱形立标;6.0	
7413557	大襟岛北湾村灯桩 Dajindaobeiwancun	21-53.07N 113-02.03E	闪白3秒	10.6	4	混凝土结构柱形立标	
7413558	大襟岛南湾村灯桩 Dajindaonanwancun	21-51.36N 113-01.89E	闪白6秒	11.6	4	混凝土结构柱形立标	

编号 No.	名称 Name	位置 Position	灯质 Characteristic	灯高 Height	射程 Range	构造 Structure	附记 Remarks
7413559	大襟岛北灯浮 Dajin Dao N	21-53.94N 113-02.13E	甚快白			黑黄相间横条纹标柱形，顶标为黑色顶点朝上双锥体	北方位标
7413560 (4560.49)	荷包岛1灯桩 Hebao Dao No 1	21-52.48N 113-08.14E	闪白5秒	11	5	红白相间条纹柱形立标;7.0	
7413561	荷包岛灯塔 Hebadao	21-52.20N 113-11.71E	闪白6秒	136	22	混凝土结构	
7413565	临沉1灯浮 Temporary Wreck No 1	21-49.15N 113-07.67E	互明暗蓝黄3秒			蓝黄相间竖条纹标柱形，顶标为黄色竖直十字形	
7413566 (4575)	小襟岛灯塔 Xiaojin Dao	21-47.79N 113-01.27E	闪白6秒	84	15	白色混凝土结构;6.3	雷达应答器：信号O(- - -)
7413566.01	“金马369”沉船1灯浮 "Jinma No 369" Wreck No 1	21-44.59N 113-03.85E	互明暗蓝黄3秒			蓝黄相间竖条纹标柱形，顶标为黄色竖直十字形	
7413566.02	“金马369”沉船2灯浮 "Jinma No 369" Wreck No 2	21-44.74N 113-03.92E	互明暗蓝黄3秒			蓝黄相间竖条纹标柱形，顶标为黄色竖直十字形	
7413566.015	SHIP WRECK 虚拟航标 SHIP WRECK	21-44.67N 113-03.88E					MMSI:994136617 发射模式:自主连续播发时间:3分钟
7413566.016	盛隆168沉船 虚拟航标 SHENGLONG168	21-42.75N 113-04.52E					MMSI:994136820 发射模式:自主连续
7413570 (4560.501)	高栏南径湾支航道引导灯桩前 Gaolan Nanjing Wan Embranchment Fairway Ldg Lts, Front	21-54.48N 113-13.78E	闪红5秒		8	白色柱形立标，顶标为白色尖向上三角形	导标两灯一线：020°00′16″
7413580 (4560.502)	高栏南径湾支航道引导灯桩后 Gaolan Nanjing Wan Embranchment Fairway Ldg Lts, Rear	21-54.67N 113-13.86E	闪红5秒		8	白色柱形立标，顶标为白色尖向下三角形	导标

编 号 No.	名 称 Name	位置 Position	灯 质 Characteristic	灯高 Height	射程 Range	构 造 Structure	附 记 Remarks
7413590.01 (4560.51)	高栏港区H1灯浮 Gaolan Gang No H1	21-52.53N 113-13.12E	闪绿4秒			绿色锥形	右侧标
7413590.03 (4560.53)	高栏港区H3灯浮 Gaolan Gang No H3	21-53.09N 113-13.34E	闪绿4秒			绿色锥形	右侧标
7413590.04 (4560.532)	高栏港区H4灯浮 Gaolan Gang No H4	21-53.10N 113-13.16E	闪红4秒			红色罐形	左侧标
7413590.06 (4560.54)	高栏港区H6灯浮 Gaolan Gang No H6	21-53.37N 113-13.26E	闪红4秒			红色罐形	左侧标
7413600.05 (4560.55)	高栏港H5灯浮 Gaolan Gang No H5	21-53.30N 113-13.68E	闪(2)绿6秒			绿色标柱形，顶标为绿色尖向上锥形	右侧标
7413600.051	高栏H10 虚拟航标 GAOLAN NO H10	21-53.44N 113-13.65E					MMSI:994136638 发射模式:自主连续播发时间:3分钟
7413600.08 (4560.552)	高栏港区H8灯浮 Gaolan Gang No H8	21-53.80N 113-13.24E	闪红4秒			红色罐形	左侧标
7413600.09	高栏港区H9灯浮 Gaolan Gang No H9	21-53.93N 113-13.86E	快闪白			黑黄相间横条纹标柱形，顶标为黑色顶点朝上双锥体	北方位标
7413600.10 (4560.553)	高栏港区H10灯浮 Gaolan Gang No H10	21-53.87N 113-13.80E	快闪(9)白15秒			黄黑黄横条纹标柱形，顶标为黑色顶点相对双锥体	西方位标
7413600.11	高栏港区H11灯浮 Gaolan Gang No H11	21-53.85N 113-13.87E	快(6)+长闪白15秒			黄黑相间横条纹标柱形，顶标为黑色顶点朝下双锥体	南方位标
7413601.01	宝塔石化1灯桩 Baota Petro chemical No 1	21-53.93N 113-13.63E	闪白2秒	13	3	红白相间条纹金属结构柱形立标;5.0	
7413601.02	宝塔石化2灯桩 Baota Petro chemical No 2	21-53.88N 113-13.45E	闪红2秒	12.5	3	红色金属结构柱形立标;5.0	

编号 No.	名称 Name	位置 Position	灯质 Characteristic	灯高 Height	射程 Range	构造 Structure	附记 Remarks
7413605	LNG灯浮 LNG No	21-54.04N 113-13.11E	快闪(9)白15秒			黄黑黄横条纹标柱形，顶标为黑色顶点相对双锥体	西方位标
7413606.01	高栏港区LNG码头1灯桩 Gaolan Gang LNG Pier No 1	21-54.11N 113-13.10E	定红	14	3	柱形立标	
7413606.02	高栏港区LNG码头2灯桩 Gaolan Gang LNG Pier No 2	21-54.30N 113-13.02E	定红	14	3	柱形立标	
7413610.01 (4560.6)	高栏港G1灯浮 Gaolan Gang No G1	21-55.36N 113-12.75E	闪绿4秒			绿色锥形	右侧标
7413610.02 (4560.61)	高栏港G2灯浮 Gaolan Gang No G2	21-55.71N 113-12.80E	闪红4秒			红色罐形	左侧标
7413610.04 (4560.63)	高栏港G4灯浮 Gaolan Gang No G4	21-56.14N 113-13.16E	闪红4秒			红色罐形	左侧标
7413610.05	高栏港区G5灯浮 Gaolan Gangqu No G5	21-56.64N 113-13.24E	闪红4秒			红色罐形	左侧标
7413620.01 (4560.67)	高栏港D1灯浮 Gaolan Gang No D1	21-56.70N 113-13.52E	闪红4秒			红色罐形	左侧标
7413620.02 (4560.68)	高栏港D2灯浮 Gaolan Gang No D2	21-56.92N 113-13.46E	闪(3)红10秒			红色罐形	左侧标
7413620.03 (4560.7)	珠海港发电厂防波堤灯桩 Zhuhai Gang Power Plant Breakwater	21-56.96N 113-11.12E	等明暗红4秒	10.6	2	白色混凝土结构柱形立标;7.0	
7413650.01 (4560.811)	南水二港池F1灯浮 Nanshui No 2 Basin 2 No F1	21-56.47N 113-11.74E	快(6)+长闪白15秒			黄黑相间横条纹标柱形，顶标为黑色顶点朝下双锥体	南方位标
7413650.02 (4560.812)	南水二港池F2灯浮 Nanshui No 2 Basin 2 No F2	21-56.40N 113-11.95E	快闪绿			绿色锥形	右侧标

编号 No.	名称 Name	位置 Position	灯质 Characteristic	灯高 Height	射程 Range	构造 Structure	附记 Remarks
7413650.04 (4560.814)	南水二港池F4灯浮 Nanshui No 2 Basin 2 No F4	21-56.77N 113-12.12E	闪绿4秒			绿色锥形	右侧标
7413655.01 (4560.8121)	南水二港池F2A灯浮 No.F2A	21-56.60N 113-12.00E	闪(3)绿10秒			绿色锥形	右侧标
7413660 (4560.8141)	高栏港区鑫和码头灯桩 Gaolan Harbour Xinhe Pier	21-57.21N 113-12.17E	闪白5秒	6.9	5	柱形立标	
7413670.05 (4560.815)	南水二港池F5灯浮 Nanshui No 2 Basin 2 No F5	21-57.36N 113-12.56E	快闪(9)白15秒			黄黑黄横条纹标柱形，顶标为黑色顶点相对双锥体	西方位标
7413670.07 (4560.817)	南水二港池F7灯浮 Nanshui No 2 Basin 2 No F7	21-57.48N 113-12.79E	甚快(6)+长闪白10秒			黄黑相间横条纹标柱形，顶标为黑色顶点朝下双锥体	南方位标
7413680 (4560.82)	高栏神华堤头灯桩 Gaolan Shenhua Breakwater Head	21-56.88N 113-12.38E	闪白5秒			柱形立标	
7413690.01 (4560.821)	高栏神华1灯桩 Gaolan Shenhua No 1	21-57.13N 113-12.59E	闪白5秒			柱形立标	
7413690.02 (4560.822)	高栏神华2灯桩 Gaolan Shenhua No 2	21-57.24N 113-12.68E	闪白5秒			柱形立标	
7413700 (4560.9)	高栏港国际码头引导灯桩前 Gaolan Gang International Pier Ldg Lts, Front	21-56.99N 113-14.00E	闪红5秒	28.6	5	灰色金属结构柱形立标;24.4	导标两灯一线:038°35′
7413708	三角山南灯桩 SanjiaoshanS	21-56.65N 113-10.00E	闪白4秒	12.6	4	混凝土结构柱形立标	
7413709	赤鱼排灯桩 Chiyu Pai	21-57.19N 113-15.98E	闪白5秒	8	4	红白相间条纹柱形立标;6.0	

编 号 No.	名 称 Name	位置 Position	灯 质 Characteristic	灯高 Height	射程 Range	构 造 Structure	附 记 Remarks
7413710 (4560.91)	高栏港国际码头引导灯桩后 Gaolan Gang International Pier Ldg Lts, Rear	21-57.14N 113-14.13E	闪红3秒	34.4	5	灰色金属结构柱形立标;30.2	导标
7413719.01	珠江口1号海洋监测灯浮 Zhujiagnkou Ocean Monitor No 1	22-34.20N 113-44.09E	莫(0)黄12秒			黄色标柱形，顶标为黄色“X”形	海上作业区专用标AIS应答器： 名称： PRE MONITOR 1 MMSI：94121650 发射模式： 自主连续
7413719.02	珠江口2号海洋监测灯浮 Zhujiagnkou Ocean Monitor No 2	22-26.98N 113-40.19E	莫(0)黄12秒			黄色标柱形，顶标为黄色“X”形	海上作业区专用标AIS应答器： 名称： PRE MONITOR 2 MMSI： 994121651 发射模式： 自主连续
7413719.03	珠江口3号海洋监测灯浮 Zhujiagnkou Ocean Monitor No 3	22-26.99N 113-43.04E	莫(0)黄12秒			黄色标柱形，顶标为黄色“X”形	海上作业区专用标AIS应答器： 名称： PRE MONITOR 3 MMSI： 994121652 发射模式： 自主连续
7413719.04	珠江口4号海洋监测灯浮 Zhujiagnkou Ocean Monitor No 4	22-26.98N 113-44.63E	莫(0)黄12秒			黄色标柱形，顶标为黄色“X”形	海上作业区专用标AIS应答器： 名称： PRE MONITOR 4 MMSI： 994121653 发射模式： 自主连续

编 号 No.	名 称 Name	位置 Position	灯 质 Characteristic	灯高 Height	射程 Range	构 造 Structure	附 记 Remarks
7413719.08	珠江口8号海洋监测灯浮 Zhujiagnkou Ocean Monitor No 8	22-05.07N 113-28.28E	莫(0)黄12秒			黄色标柱形，顶标为黄色“X”形	海上作业区专用标AIS应答器： 名称： PRE MONITOR 8 MMSI： 994121657 发射模式： 自主连续
7413719.09	珠江口9号海洋监测灯浮 Zhujiagnkou Ocean Monitor No 9	22-02.61N 113-30.24E	莫(0)黄12秒			黄色标柱形，顶标为黄色“X”形	海上作业区专用标AIS应答器： 名称： PRE MONITOR 9 MMSI： 994121658 发射模式： 自主连续
7413719.10	珠江口10号海洋监测灯浮 Zhujiagnkou Ocean Monitor No 10	22-01.92N 113-29.09E	莫(0)黄12秒			黄色标柱形，顶标为黄色“X”形	海上作业区专用标AIS应答器： 名称： PRE MONITOR 10 MMSI： 994121659 发射模式： 自主连续
7413719.11	珠江口11号海洋监测灯浮 Zhujiagnkou Ocean Monitor No 11	21-57.88N 113-07.33E	莫(0)黄12秒			黄色标柱形，顶标为黄色“X”形	海上作业区专用标AIS应答器： 名称： PRE MONITOR 11 MMSI： 994121660 发射模式： 自主连续
7413719.12	珠江口12号海洋监测灯浮 Zhujiagnkou Ocean Monitor No 12	21-50.70N 113-12.27E	莫(0)黄12秒			黄色标柱形，顶标为黄色“X”形	海上作业区专用标AIS应答器： 名称： PRE MONITOR 12 MMSI： 994121661 发射模式： 自主连续

编号 No.	名称 Name	位置 Position	灯质 Characteristic	灯高 Height	射程 Range	构造 Structure	附记 Remarks
7413720 (4562.4)	崖门出海航道灯浮 Yamen Outgoing Fairway	22-00.47N 113-05.65E	闪(2)白5秒			黑红黑横条纹标柱形，顶标为黑色双球体	孤立危险物浮标
7413720.01 (4561)	崖门出海航道Y1灯浮 Yamen Outgoing Channel No Y1	21-52.55N 113-12.40E	闪红4秒			红色金属结构标柱形，顶标为红色圆柱形	概位左侧标
7413720.02 (4562)	崖门出海航道Y2灯浮 Yamen Outgoing Fairway No Y2	21-52.93N 113-12.13E	闪（2）绿6秒			绿色金属结构标柱形，顶标为绿色尖向上锥形	右侧标
7413720.03 (4562.1)	崖门出海航道Y3灯浮 Yamen Outgoing Fairway No Y3	21-53.15N 113-11.87E	闪（2）红6秒			红色金属结构标柱形，顶标为红色圆柱形	左侧标
7413720.04 (4562.2)	崖门出海航道Y4灯浮 Yamen Outgoing Fairway No Y4	21-54.27N 113-11.00E	闪（3）绿10秒			绿色金属结构标柱形，顶标为绿色尖向上锥形	右侧标
7413720.05 (4562.3)	崖门出海航道Y5灯浮 Yamen Outgoing Fairway No Y5	21-54.42N 113-10.78E	闪（3）红10秒			红色金属结构标柱形，顶标为红色圆柱形	左侧标
7413720.06 (4562.5)	崖门出海航道Y6灯浮 Yamen Outgoing Fairway No Y6	21-55.38N 113-10.07E	闪绿4秒			绿色金属结构标柱形，顶标为绿色尖向上锥形	右侧标
7413720.07 (4562.6)	崖门出海航道Y7灯浮 Yamen Outgoing Fairway No Y7	21-55.57N 113-09.82E	闪红4秒			红色金属结构标柱形，顶标为红色圆柱形	左侧标
7413720.08 (4563.1)	崖门出海航道Y8灯浮 Yamen Outgoing Fairway No Y8	21-56.53N 113-09.10E	闪（2）绿6秒			绿色金属结构标柱形，顶标为绿色尖向上锥形	右侧标
7413720.09 (4563.2)	崖门出海航道Y9灯浮 Yamen Outgoing Fairway No Y9	21-56.70N 113-08.85E	闪（2）红6秒			红色金属结构标柱形，顶标为红色圆柱形	左侧标
7413720.10 (4564)	崖门出海航道Y10灯浮 Yamen Outgoing Fairway No Y10	21-57.63N 113-08.17E	闪（3）绿10秒			绿色金属结构标柱形，顶标为绿色尖向上锥形	右侧标

编 号 No.	名 称 Name	位置 Position	灯 质 Characteristic	灯高 Height	射程 Range	构 造 Structure	附 记 Remarks
7413720.11 (4564.11)	崖门出海航道Y11灯浮 Yamen Outgoing Fairway No Y11	21-57.80N 113-07.93E	闪（3）红10秒			红色金属结构标柱形，顶标为红色圆柱形	左侧标
7413720.12 (4564.12)	崖门出海航道Y12灯浮 Yamen Outgoing Fairway No Y12	21-58.78N 113-07.18E	闪绿4秒			绿色金属结构标柱形，顶标为绿色尖向上锥形	右侧标
7413720.13 (4564.13)	崖门出海航道Y13灯浮 Yamen Outgoing Fairway No Y13	21-58.93N 113-06.97E	闪红4秒			红色金属结构标柱形，顶标为红色圆柱形	左侧标
7413720.14 (4564.14)	崖门出海航道Y14灯浮 Yamen Outgoing Fairway No Y14	21-59.34N 113-06.73E	闪（2）绿6秒			绿色金属结构标柱形，顶标为绿色尖向上锥形	右侧标
7413720.15 (4564.15)	崖门出海航道Y15灯浮 Yamen Outgoing Fairway No Y15	21-59.46N 113-06.52E	闪（2）红6秒			红色金属结构标柱形，顶标为红色圆柱形	左侧标
7413720.16 (4564.16)	崖门出海航道Y16灯浮 Yamen Outgoing Fairway No Y16	22-00.72N 113-05.55E	闪绿4秒			绿色金属结构标柱形，顶标为绿色尖向上锥形	右侧标
7413720.17 (4564.17)	崖门出海航道Y17灯浮 Yamen Outgoing Fairway No Y17	22-01.17N 113-05.08E	快闪红			红色金属结构标柱形，顶标为红色圆柱形	左侧标
7413720.18 (4564.18)	崖门出海航道Y18灯浮 Yamen Outgoing Fairway No Y18	22-01.73N 113-05.13E	闪（2）绿6秒			绿色金属结构标柱形，顶标为绿色尖向上锥形	右侧标
7413720.19 (4564.19)	崖门出海航道Y19灯浮 Yamen Outgoing Fairway No Y19	22-02.00N 113-05.03E	闪（2）红6秒			红色金属结构标柱形，顶标为红色圆柱形	左侧标
7413720.20 (4564.2)	崖门出海航道Y20灯浮 Yamen Outgoing Fairway No Y20	22-03.07N 113-05.07E	闪（3）绿10秒			绿色金属结构标柱形,顶标为绿色尖向上锥形	右侧标
7413720.21 (4564.21)	崖门出海航道Y21灯浮 Yamen Outgoing Fairway No Y21	22-03.33N 113-05.03E	闪（3）红10秒			红色金属结构标柱形，顶标为红色圆柱形	左侧标

编 号 No.	名 称 Name	位置 Position	灯 质 Characteristic	灯高 Height	射程 Range	构 造 Structure	附 记 Remarks
7413720.22 (4564.22)	崖门出海航道Y22灯浮 Yamen Outgoing Fairway No Y22	22-04.67N 113-05.30E	闪绿4秒			绿色金属结构标柱形，顶标为绿色尖向上锥形	右侧标
7413720.23 (4564.23)	崖门出海航道Y23灯浮 Yamen Outgoing Fairway No Y23	22-04.95N 113-05.27E	闪红4秒			红色金属结构标柱形，顶标为红色圆柱形	左侧标
7413720.24 (4564.24)	崖门出海航道Y24灯浮 Yamen Outgoing Fairway No Y24	22-06.02N 113-05.60E	闪（2）绿6秒			绿色金属结构标柱形，顶标为绿色尖向上锥形	右侧标
7413720.25 (4564.25)	崖门出海航道Y25灯浮 Yamen Outgoing Fairway No Y25	22-06.30N 113-05.57E	闪（2）红6秒			红色金属结构标柱形，顶标为红色圆柱形	左侧标
7413720.26 (4564.26)	崖门出海航道Y26灯浮 Yamen Outgoing Fairway No Y26	22-07.33N 113-05.90E	闪（3）绿10秒			绿色金属结构标柱形，顶标为绿色尖向上锥形	右侧标
7413720.27 (4564.27)	崖门出海航道Y27灯浮 Yamen Outgoing Fairway No Y27	22-07.63N 113-05.88E	闪（3）红10秒			红色金属结构标柱形，顶标为红色圆柱形	左侧标
7413720.28 (4564.28)	崖门出海航道Y28灯浮 Yamen Outgoing Fairway No Y28	22-08.70N 113-06.22E	闪绿4秒			绿色金属结构标柱形，顶标为绿色尖向上锥形	右侧标
7413720.29 (4564.29)	崖门出海航道Y29灯浮 Yamen Outgoing Fairway No Y29	22-09.03N 113-06.17E	闪红4秒			红色金属结构标柱形，顶标为红色圆柱形	左侧标
7413720.30 (4564.3)	崖门出海航道Y30灯浮 Yamen Outgoing Fairway No Y30	22-10.35N 113-06.10E	闪（2）绿6秒			绿色金属结构标柱形，顶标为绿色尖向上锥形	右侧标
7413720.31 (4564.31)	崖门出海航道Y31灯浮 Yamen Outgoing Fairway No Y31	22-10.57N 113-05.98E	闪（2）红6秒			红色金属结构标柱形，顶标为红色圆柱形	左侧标
7413720.32 (4564.32)	崖门出海航道Y32灯浮 Yamen Outgoing Fairway No Y32	22-12.17N 113-05.77E	闪(3)红10秒			红色金属结构标柱形，顶标为红色圆柱形	左侧标

编 号 No.	名 称 Name	位置 Position	灯 质 Characteristic	灯高 Height	射程 Range	构 造 Structure	附 记 Remarks
7413720.33 (4564.33)	崖门出海航道Y33灯浮 Yamen Outgoing Fairway No Y33	22-12.87N 113-05.45E	闪绿4秒			绿色金属结构标柱形，顶标为绿色尖向上锥形	右侧标
7413721	大杧岛潮位站灯桩 Damangdao Tide Station	21-56.63N 113-08.53E	莫（C）黄			黄色柱形立标;5.0	水中构筑物专用标
7413730.04 (4561.4)	高栏港B4灯浮 Gaolan Gang No B4	21-54.61N 113-12.60E	闪红4秒			红色标柱形,顶标为红色圆柱形	左侧标
7413730.05 (4561.5)	高栏港B5灯浮 Gaolan Gang No B5	21-54.59N 113-13.00E	闪绿4秒			绿色标柱形,顶标为绿色尖向上锥形	右侧标
7413730.06 (4561.7)	高栏港B7灯浮 Gaolan Gang No B7	21-54.75N 113-12.85E	甚快(9)白10秒			黄黑黄横条纹标柱形,顶标为黑色顶点相对双锥体	西方位标
7413730.07 (4561.8)	高栏港B8灯浮 Gaolan Gang No B8	21-55.08N 113-12.70E	闪红4秒			红色标柱形,顶标为红色圆柱形	左侧标
7413730.08 (4561.9)	高栏港B9灯浮 Gaolan Gang No B9	21-55.02N 113-12.85E	甚快(6)+长闪白10秒			黄黑相间横条纹标柱形,顶标为黑色顶点朝下双锥体	南方位标
7413735 (4561.75)	新海能源码头灯桩 Xinhai Energy Pier	21-54.85N 113-12.94E	定红	9	3	柱形立标	
7413737.01	临Y1灯浮 Temporary No Y1	22-08.32N 113-05.32E	莫（P）黄12秒			黄色标柱形，顶标为黄色“X”形	禁航区专用标
7413737.02	临Y2灯浮 Temporary No Y2	22-07.58N 113-05.38E	莫（P）黄12秒			黄色标柱形，顶标为黄色“X”形	禁航区专用标
7413737.03	临Y3灯浮 Temporary No Y3	22-07.64N 113-04.72E	莫（P）黄12秒			黄色标柱形，顶标为黄色“X”形	禁航区专用标

编 号 No.	名 称 Name	位置 Position	灯 质 Characteristic	灯高 Height	射程 Range	构 造 Structure	附 记 Remarks
7413738.01	玉柴船舶动力公司码头前沿上游端灯桩 Yuchaichuanbodongli Co. Pier Qianyanshangyouduan	22-11.79N 113-06.11E	闪(2)黄6秒			黄色金属结构柱形立标;7.5	
7413738.02	玉柴船舶动力公司码头前沿下游端灯桩 Yuchaichuanbodongli Co. Pier Qianyanxiayouduan	22-11.77N 113-06.11E	闪(2)黄6秒			黄色金属结构柱形立标;7.5	
7413738.03	玉柴船舶动力公司码头上游灯浮 Yuchaichuanbodongli Co. Pier Shangyou	22-11.84N 113-06.01E	闪(2)黄6秒			黄色金属结构标柱形	
7413738.04	玉柴船舶动力公司码头下游灯浮 Yuchaichuanbodongli Co. Pier Xiayou	22-11.74N 113-06.00E	闪(2)黄6秒			黄色金属结构标柱形	
7413740.01 (4561.91)	珠海高栏港M1灯浮 Zhuhai Gaolan Gang No M1	21-55.02N 113-12.56E	快闪绿			绿色锥形	右侧标
7413740.02 (4561.92)	珠海高栏港M2灯浮 Zhuhai Gaolan Gang No M2	21-55.22N 113-12.88E	闪红4秒			红色罐形	左侧标
7413741 (4562.7)	三虎沙灯浮 Sanhu Sha	22-02.51N 113-05.23E	闪(2)绿6秒			绿色标柱形，顶标为绿色尖向上锥形	右侧标
7413742 (4562.8)	赤鼻沙灯浮 Chibi Sha	22-04.39N 113-05.03E	闪红4秒			红色标柱形，顶标为红色圆柱形	左侧标
7413743 (4563)	赤鼻山灯桩 Chibi Shan	22-05.82N 113-04.83E	闪(2)白6秒	28	3	白色混凝土结构柱形立标;10.0	
7413744.01 (4565)	崖垦1灯桩 Yaken No 1	22-08.72N 113-04.83E	定红			红色柱形立标	
7413744.02 (4566)	崖垦2灯桩 Yaken No 2	22-09.36N 113-04.80E	定红			红色柱形立标	

编 号 No.	名 称 Name	位置 Position	灯 质 Characteristic	灯高 Height	射程 Range	构 造 Structure	附 记 Remarks
7413744.03 (4567)	崖垦3灯桩 Yaken No 3	22-10.09N 113-04.77E	定红			红色柱形立标	
7413744.04 (4568)	崖垦4灯桩 Yaken No 4	22-10.74N 113-04.77E	定红			红色柱形立标	
7413744.05 (4569)	崖垦5灯桩 Yaken No 5	22-11.32N 113-04.73E	定红			红色柱形立标	
7413745 (4563.3)	水冲石岛灯桩 Shuichongshi Dao	22-09.39N 113-06.43E	闪(2)绿6秒	7.6	2	绿色金属结构柱形立标，顶标为绿色尖向上锥形；4.0	右侧标
7413746 (4570)	雷蛛沙灯桩 Leizhu Sha	22-11.57N 113-06.03E	闪(2)绿6秒	5.5	1	绿色金属结构，顶标为绿色尖向上锥形	右侧标
7413747 (4571)	红关沙嘴灯浮 Hongguan Shazui	22-11.88N 113-05.99E	闪(3)白6秒			红白相间竖条纹罐形	左右通航标
7413748.01 (4571.023)	新会抢险打捞基地J1灯浮 Xinhui Emergency Salvage Base No J1	22-11.95N 113-05.79E	闪(2+1)红9秒			红绿红横条纹标柱形，顶标为红色圆柱形	推荐航道左侧标
7413748.02 (4571.024)	新会抢险打捞基地J2灯浮 Xinhui Emergency Salvage Base No J2	22-12.11N 113-05.42E	莫(K)黄12秒			黄色标柱形，顶标为黄色“X”形	分道通航专用标
7413748.03 (4571.025)	新会抢险打捞基地J3灯浮 Xinhui Emergency Salvage Base No J3	22-12.44N 113-05.42E	莫(K)黄12秒			黄色标柱形，顶标为黄色“X”形	分道通航专用标
7413749 (4571.021)	新会抢险打捞基地码头南灯桩 Xinhui Emergency Salvage Base Pier S	22-12.28N 113-05.26E	莫(C)黄12秒	10.9	2	黄色金属结构柱形立标，顶标为黄色“X”形；7.5	水中构筑物专用标
7413750 (4571.022)	新会抢险打捞基地码头北灯桩 Xinhui Emergency Salvage Base Pier N	22-12.39N 113-05.23E	莫(C)黄12秒	10.9	2	黄色金属结构柱形立标，顶标为黄色“X”形；7.5	水中构筑物专用标

编号 No.	名称 Name	位置 Position	灯质 Characteristic	灯高 Height	射程 Range	构造 Structure	附记 Remarks
7413751.01	崖门渔港1灯浮 Yamen Fishing Habour No 1	22-12.42N 113-05.22E	闪绿4秒		6	绿色标柱形，顶标为绿色尖向上锥形	右侧标
7413751.02	崖门渔港2灯浮 Yamen Fishing Habour No 2	22-12.57N 113-05.17E	闪(2)红4秒		6	红色标柱形，顶标为红色圆柱形	左侧标
7413751.03	崖门渔港3灯浮 Yamen Fishing Habour No 3	22-12.62N 113-05.15E	闪(2)绿4秒		6	绿色标柱形，顶标为绿色尖向上锥形	右侧标
7413752	防浪堤堤头灯桩 Breakwater Head	22-12.43N 113-05.13E				绿色柱形立标	
7413753	防浪堤堤头灯桩 Breakwater Head	22-12.59N 113-05.13E				红色柱形立标	
7413754 (4572)	虎跳门引导灯桩前 Hutiao Men Ldg Lts, Front	22-12.88N 113-06.72E	快闪白2秒			柱形立标	导标两灯一线:032 °
7413755 (4573)	虎跳门引导灯桩后 Hutiao Men Ldg Lts, Rear	22-12.94N 113-06.76E	快闪白2秒			柱形立标	导标
7413756	大王角右岸过河标灯桩 Dawangjiao You'an Guohebiao	22-13.38N 113-04.91E	闪(2)红			顶标为牌形	右侧标
7413757 (4574)	崖门炮台灯桩 Yamen Paotai	22-13.61N 113-05.18E	闪(2)白7秒			柱形立标	
7413758.01	珠海LNG输气管道T1灯浮 Zhuhai LNG Pipeline No T1	22-11.50N 113-06.03E	莫(C)黄12秒			黄色标柱形，顶标为黄色“X”形	水中构筑物专用标
7413758.02	珠海LNG输气管道T2灯浮 Zhuhai LNG Pipeline No T2	22-11.43N 113-05.51E	莫(C)黄12秒			黄色标柱形，顶标为黄色“X”形	水中构筑物专用标
7413758.03	珠海LNG输气管道T3灯浮 Zhuhai LNG Pipeline No T3	22-11.67N 113-06.01E	莫(C)黄12秒			黄色标柱形，顶标为黄色“X”形	水中构筑物专用标

编 号 No.	名 称 Name	位置 Position	灯 质 Characteristic	灯高 Height	射程 Range	构 造 Structure	附 记 Remarks
7413758.04	珠海LNG输气管道T4灯浮 Zhuhai LNG Pipeline No T4	22-11.66N 113-05.50E	莫(C)黄12秒			黄色标柱形，顶标为黄色“X”形	水中构筑物专用标
7413759.01		22-13.21N 113-05.26E	闪(2)黄6秒			黄色柱形立标;2.0	
7413759.02		22-13.16N 113-05.09E	闪黄4秒			黄色柱形立标;2.0	
7413760	吊斗石灯桩 Diaodou Shi	22-22.42N 113-04.16E	闪白4秒			柱形立标	右侧标
7413761.01		22-26.71N 113-00.17E	闪黄4秒			黄色柱形立标;2.0	
7413761.02		22-26.63N 113-00.29E	闪黄4秒			黄色柱形立标;2.0	
7413770	沙路灯桩 Shalu	22-22.78N 113-03.70E	定红			柱形立标	
7413780	三排灯桩 Sanpai	22-22.91N 113-04.05E				柱形立标	左侧标
7413790	大排礁灯桩 Dapai Jiao	22-23.01N 113-04.28E	闪白4秒			柱形立标	右侧标
7413800.01	虎坑口1灯桩 Hukengkou No 1	22-24.10N 113-04.78E	闪(2)白6秒			顶标为牌形	左岸过河标左侧标
7413801.01	1-1灯浮 No 1-1	22-24.13N 113-04.76E				红色罐形	
7413810.02	广丰围2灯桩 Guangfengwei No 2	22-24.59N 113-05.13E	闪(2)红6秒			顶标为牌形	右岸过河标右侧标
7413820.01	1灯浮 No 1	22-24.80N 113-05.52E	闪绿4秒			黑色标柱形，顶标为绿色尖向上锥形	

编 号 No.	名 称 Name	位置 Position	灯 质 Characteristic	灯高 Height	射程 Range	构 造 Structure	附 记 Remarks
7413830.03	新围3灯桩 Xinwei No 3	22-24.96N 113-05.77E	闪(2)红6秒			顶标为牌形	右岸过河标右侧标
7413840	银湖灯桩 Yinhu	22-25.34N 113-04.33E	闪白4秒			柱形立标	
7413850	熊海口灯浮 Xionghai Kou	22-25.64N 113-04.13E	闪(3)白6秒			红白相间竖条纹罐形	
7413860	西盛灯桩 Xisheng	22-26.39N 113-03.36E	闪(2)绿6秒			柱形立标	左侧标
7413870.01	天马1灯桩 Tianma No 1	22-26.74N 113-02.36E	闪(2)白6秒			顶标为牌形	左岸过河标左侧标
7413880	南坦洲尾灯浮 Nantanzhou Wei	22-26.91N 113-01.07E	闪(3)白6秒			红黑相间条纹罐形	
7413890	双水口灯桩 Shuangshui Kou	22-26.95N 112-59.88E	闪(2)红6秒			顶标为牌形	右侧标
7413900.03	牧岗礁石3灯桩 Mugang Jiao No 3	22-28.04N 112-59.45E	闪红4秒			顶标为球体形	右侧标
7413910	横冈灯桩 Henggang	22-28.21N 112-59.60E	闪(2)白6秒			顶标为牌形	左侧标
7413920.03	横海口（水3）灯浮 Henghaikou (Shui No 3)	22-28.90N 112-59.05E	闪(3)白6秒			红黑相间横条纹罐形	
7413930	左岸过河标灯桩 Zuo'an Guohebiao	22-29.64N 112-59.18E	闪(2)白6秒			顶标为牌形	左侧标
7413940.04	斋鱼头（水4）灯浮 Zhaiyutou (Shui No 4)	22-30.13N 112-58.85E	闪(3)白6秒			红黑相间横条纹罐形	
7413950	5灯桩 No 5	22-30.21N 112-58.72E				柱形立标	
7413960	5灯浮 No 5	22-30.40N 112-58.90E				黑色锥形	

编 号 No.	名 称 Name	位置 Position	灯 质 Characteristic	灯高 Height	射程 Range	构 造 Structure	附 记 Remarks
7413960.001	斑马线A 虚拟航标 SLOW WPEED A	22-30.03N 113-13.02E					MMSI:994136640 发射模式:自主连续播发时间:5分钟
7413960.002	斑马线B 虚拟航标 SLOW WPEED B	22-29.84N 113-13.15E					MMSI:994136641 发射模式:自主连续播发时间:5分钟
7413960.003	斑马线C 虚拟航标 SLOW WPEED C	22-30.14N 113-13.19E					MMSI:994136642 发射模式:自主连续播发时间:5分钟
7413960.004	斑马线D 虚拟航标 SLOW WPEED D	22-29.99N 113-13.39E					MMSI:994136643 发射模式:自主连续播发时间:5分钟

编号 No.	名称 Name	位置 Position	灯质 Characteristic	灯高 Height	射程 Range	构造 Structure	附记 Remarks

江门港
JIANG MEN GANG

编号 No.	名称 Name	位置 Position	灯质 Characteristic	灯高 Height	射程 Range	构造 Structure	附记 Remarks
7510210.01 (4575.01)	台电1灯浮 Taidian No 1	21-44.82N 112-56.85E	闪绿4秒			绿色锥形	右侧标同步闪
7510210.02 (4575.02)	台电2灯浮 Taidian No 2	21-44.77N 112-56.73E	闪红4秒			红色罐形	左侧标同步闪
7510210.03 (4575.03)	台电3灯浮 Taidian No 3	21-46.18N 112-56.26E	闪绿4秒			绿色锥形	右侧标同步闪
7510210.04 (4575.04)	台电4灯浮 Taidian No 4	21-46.13N 112-56.14E	闪红4秒			红色罐形	左侧标同步闪
7510210.05 (4575.05)	台电5灯浮 Taidian No 5	21-47.53N 112-55.67E	闪绿4秒			绿色锥形	右侧标同步闪
7510210.06 (4575.06)	台电6灯浮 Taidian No 6	21-47.49N 112-55.55E	闪红4秒			红色罐形	左侧标同步闪
7510210.07 (4575.07)	DONG-AH 101 虚拟航标 DONG-AH 101	21-48.77N 112-55.13E	闪绿4秒			绿色锥形	右侧标同步闪
7510210.08 (4575.08)	台电8灯浮 Taidian No 8	21-48.98N 112-54.90E	闪红4秒			红色罐形	左侧标同步闪
7510210.09 (4575.09)	台电9灯浮 Taidian No 9	21-49.25N 112-55.04E	闪(2)绿6秒			绿色锥形	右侧标同步闪
7510220 (4575.1)	桌石咀灯浮 Zhuoshi Zui	21-50.09N 112-54.43E	长闪白10秒			红白相间竖条纹标柱形，顶标为红色球体形	安全水域浮标
7510230.10 (4575.119)	台电10灯浮 Taidian No 10	21-50.43N 112-54.90E	闪(2)红6秒			红色罐形	左侧标同步闪
7510230.11 (4575.12)	台电11灯浮 Taidian No 11	21-50.43N 112-55.02E	闪(2)绿6秒			绿色锥形	右侧标同步闪
7510230.12 (4575.121)	台电12灯浮 Taidian No 12	21-51.08N 112-54.94E	闪(2)红6秒			红色罐形	左侧标同步闪

编号 No.	名称 Name	位置 Position	灯质 Characteristic	灯高 Height	射程 Range	构造 Structure	附记 Remarks
7510230.14 (4575.13)	台电14灯浮 Taidian No 14	21-51.20N 112-55.13E	甚快(6)+长闪白 10秒			黄黑相间横条纹标柱形，顶标为黑色顶点朝下双锥体	南方位标
7510240.13 (4575.14)	台电13灯浮 Taidian No 13	21-50.69N 112-55.05E	闪(2+1)绿6秒			绿色锥形	推荐航道右侧标
7510240.16 (4575.15)	台电16灯浮 Taidian No 16	21-50.76N 112-55.20E	闪红4秒			红色罐形	左侧标
7510240.17 (4575.16)	台电17灯浮 Taidian No 17	21-51.12N 112-55.46E	闪(3)绿10秒			绿色锥形	右侧标
7510250 (4575.19)	台电码头灯桩 Taidian Pier	21-50.88N 112-55.23E	定红	15	4	红白相间横条纹玻璃钢结构柱形立标;10.0	
7510260.01 (4575.2)	台电东防波堤1灯桩 Taidian E Breakwater No 1	21-50.60N 112-55.12E	快闪(3)绿10秒	18	4	混凝土结构; 29.9	
7510260.02 (4575.3)	台电东防波堤2灯桩 Taidian E Breakwater No 2	21-50.70N 112-55.35E	闪(2)白6秒	18	4.5	红白相间横条纹玻璃钢结构柱形立标;10.0	
7510260.03 (4575.4)	台电东防波堤3灯桩 Taidian E Breakwater No 3	21-51.11N 112-55.55E	闪(3)白10秒	18	4.5	红白相间横条纹玻璃钢结构柱形立标;10.0	
7510269.01	仕泰158沉船灯浮 Shitai 158 Wreck	21-52.09N 112-52.69E	闪(2)白5秒			黑红黑横条纹标柱形，顶标为黑色双球体	孤立危险物浮标
7510270.01 (4575.5)	台电1引导灯桩前 Taidian No 1 Ldg Lts, Front	21-50.45N 112-54.34E	等明暗白4秒	32	15	白色混凝土结构柱形立标，顶标为红色尖向上三角形;29.0	导标雷达应答器：信号M(- -) 两灯一线:337°59′
7510270.02 (4575.6)	台电1引导灯桩后 Taidian No 1 Ldg Lts, Rear	21-51.36N 112-53.95E	明暗()白3秒	51	15	白色混凝土结构柱形立标，顶标为红色尖向下三角形;35.0	水产作业区专用标
7510271	鱼塘湾灯桩 Yutang Wan	21-52.29N 112-52.97E	闪白5秒	8.5	4	红白相间条纹柱形立标;6.0	

编 号 No.	名 称 Name	位置 Position	灯 质 Characteristic	灯高 Height	射程 Range	构 造 Structure	附 记 Remarks
7510275.01	1灯浮 No 1	21-51.20N 112-51.60E				锥形	右侧标
7510275.04	4灯浮 No 4	21-52.43N 112-51.52E				红色罐形	左侧标
7510276	SHI TAI 158 WRECK 虚拟航标 SHI TAI 158 WRECK	21-52.08N 112-52.70E					MMSI:994136732 发射模式:自主连续
7510280.03 (4575.7)	台电2引导灯桩前 Taidian No 2 Ldg Lts, Front	21-51.29N 112-54.96E	定红	27	4	白色金属结构柱形立标;25.0	导标两灯一线:359°35′
7510280.04 (4575.8)	台电2引导灯桩后 Taidian No 2 Ldg Lts, Rear	21-51.42N 112-54.95E	定红	34	4	白色金属结构柱形立标;12.0	导标
7510290 (4575.9)	台电西防波堤灯桩 Taidian W Breakwater	21-50.66N 112-54.86E	快闪(3)红10秒	14.7	4.5	红色柱形立标;10.0	
7510300 (4576)	铜鼓排灯桩 Tonggu Pai	21-51.65N 112-56.35E	闪白6秒	14	8	白色金属结构柱形立标;2.4	
7510310.01 (4576.1)	广海港1灯浮 Guanghai Gang No 1	21-53.55N 112-49.66E	闪红4秒			红色标柱形,顶标为红色圆柱形	左侧标雷达反射器
7510310.02 (4576.2)	广海港2灯浮 Guanghai Gang No 2	21-54.17N 112-49.68E	闪绿4秒			绿色标柱形,顶标为绿色尖向上锥形	右侧标
7510310.03 (4576.21)	广海港3灯浮 Guanghai Gang No 3	21-54.80N 112-49.62E	闪(3)红10秒			红色标柱形,顶标为红色圆柱形	左侧标
7510310.031 (4576.22)	广海港3-1灯浮 Guanghai Gang No 3-1	21-55.42N 112-49.63E	闪(2)绿6秒			绿色标柱形,顶标为绿色尖向上锥形	右侧标
7510310.04 (4576.3)	广海港4灯浮 Guanghai Gang No 4	21-56.04N 112-49.58E	闪(2)红6秒			红色标柱形,顶标为红色圆柱形	左侧标
7510310.05 (4576.31)	广海港5灯浮 Guanghai Gang No 5	21-56.53N 112-49.66E	闪绿4秒			绿色标柱形,顶标为绿色尖向上锥形	右侧标

编 号 No.	名 称 Name	位置 Position	灯 质 Characteristic	灯高 Height	射程 Range	构 造 Structure	附 记 Remarks
7510310.06 (4576.4)	广海港6灯浮 Guanghai Gang No 6	21-57.05N 112-49.73E	闪(2)绿6秒			绿色标柱形，顶标为绿色尖向上锥形	右侧标
7510310.07 (4576.5)	广海港7灯浮 Guanghai Gang No 7	21-57.40N 112-49.70E	闪绿4秒			绿色标柱形，顶标为绿色尖向上锥形	右侧标
7510310.08 (4576.6)	广海港8灯浮 Guanghai Gang No 8	21-57.60N 112-49.50E	闪红4秒			红色标柱形，顶标为红色圆柱形	左侧标
7510311	南湾港灯桩 Nanwan Gang	21-56.94N 112-47.48E	闪白3秒	16.5	4	红色柱形立标；5.5	
7510320 (4578)	下鸡罩山灯桩 Xiajizhao Shan	21-51.08N 112-41.23E	闪(2)白6秒	32.6	12	黄色混凝土结构柱形立标；9.2	
7510321	上鸡罩山灯桩 Shangjizhao Shan	21-53.41N 112-44.02E	闪白4秒	9	4	红白相间条纹柱形立标；6.0	
7510330 (4578.2)	三洲港航道灯浮概位 Sanzhou Gang Fairway	21-47.81N 112-43.20E	闪绿4秒			绿色标柱形，顶标为绿色尖向上锥形	右侧标
7510340.01 (4578.21)	独湾航道1 灯浮概位 Duwan Fairway No 1	21-46.24N 112-40.79E	闪(2+1)绿6秒			绿红绿横条纹标柱形，顶标为绿色尖向上锥形	推荐航道右侧标
7510340.02 (4578.22)	独湾航道2 灯浮概位 Duwan Fairway No 2	21-48.37N 112-40.81E	闪红4秒			红色标柱形，顶标为红色圆柱形	左侧标
7510350 (4579)	上川岛三洲港进口灯浮 Shangchuan Dao Sanzhou Gang Entrance	21-44.13N 112-45.11E				绿色锥形	右侧标
7510370 (4580)	上川岛三洲灯桩 Shangchuan Dao Sanzhou	21-43.57N 112-46.25E	定绿	20	1.2	白色混凝土结构柱形立标；19.0	
7510380 (4581)	上川岛三洲引导灯桩后 Shangchuan Dao Sanzhou Ldg Lts, Rear	21-43.52N 112-46.34E	明暗白3秒	21.9	1.2	白色混凝土结构柱形立标；20.0	导标

编 号 No.	名 称 Name	位置 Position	灯 质 Characteristic	灯高 Height	射程 Range	构 造 Structure	附 记 Remarks
7510390 (4581.5)	萍洲大排灯桩 Pingzhou Dapai	21-45.08N 112-45.28E				黑红黑横条纹	孤立危险物立标
7510395	大萍洲灯桩 Daping Zhou	21-44.82N 112-45.17E				柱形立标	
7510400 (4581.9)	莳良排灯桩 Shiliang Pai	21-46.03N 112-46.58E				立标塔	
7510410 (4582)	上川岛黄茅头灯桩 Shangchuan Dao Huangmao Tou	21-46.16N 112-46.78E	闪(3)白9秒	43.9	12	白色混凝土结构柱形立标;10.5	白光弧: 30° -259°
7510420 (4579.9)	三洲港灯桩 Sanzhou Gang	21-43.94N 112-45.24E	闪白8秒	18	10	红白相间条纹玻璃钢结构柱形立标;7.0	
7510430 (4583)	上川岛青栏头灯桩 Shangchuan Dao Qinglan Tou	21-46.39N 112-52.28E	闪(2)白6秒	64	12	白色砖石结构柱形立标;4.3	白光弧: 99° -350°
7510437.01	江门保护区1号灯浮 Jiangmen Conservation area No 1	21-50.50N 112-59.50E	莫(0)黄12秒			黄色标柱形,顶标为黄色“X”形	海上作业区专用标AIS应答器：名称：JM RESERVE 1MMSI：994121951发射模式：自主连续
7510437.02	江门保护区2号灯浮 Jiangmen Conservation area No 2	21-45.50N 112-59.50E	莫(0)黄12秒			黄色标柱形,顶标为黄色“X”形	海上作业区专用标AIS应答器：名称：JM RESERVE 2MMSI：994121952发射模式：自主连续
7510437.03	江门保护区3号灯浮 Jiangmen Conservation area No 3	21-45.50N 113-04.60E	莫(0)黄12秒			黄色标柱形,顶标为黄色“X”形	海上作业区专用标AIS应答器：名称：JM RESERVE 3MMSI：994121953发射模式：自主连续

编号 No.	名称 Name	位置 Position	灯质 Characteristic	灯高 Height	射程 Range	构造 Structure	附记 Remarks
7510437.04	江门保护区4号灯浮 Jiangmen Conservation area No 4	21-53.03N 113-02.94E	莫(0)黄12秒			黄色标柱形，顶标为黄色“X”形	海上作业区专用标AIS应答器：名称：JM RESERVE 4MMSI：994121954发射模式：自主连续
7510438	海洋环境生态监测灯浮 Haiyanghuanjingshengtaijiance	21-39.00N 112-55.50E	莫（0）黄12秒			黄色标柱形，顶标为黄色X”形	海上作业区专用标
7510439	排角灯桩 Paijiao	21-34.47N 112-45.42E	闪白4秒	16	4	白色混凝土结构柱形立标;5.0	
7510440 (4587)	围夹岛灯塔 Weijia Dao	21-34.25N 112-47.75E	闪白5秒	172.5	18	白色混凝土结构;14.8	雷达应答器：信号K(- . -)
7510450 (4588)	沙堤港灯桩 Shadi Gang	21-36.80N 112-45.20E				红色混凝土结构柱形立标;6.3	
7510460 (4588.1)	沙堤湾灯桩 Shadi Wan	21-36.15N 112-44.97E	闪白6秒	18	5	红白相间条纹柱形立标;7.0	
7510470 (4589)	墨斗洲灯桩 Modou Zhou	21-36.13N 112-44.07E	闪白4秒	37.1	6	白色混凝土结构柱形立标;2.0	
7510480 (4591)	笔架洲灯桩 Bijia Zhou	21-35.52N 112-34.32E	闪白4秒	22.1	6	白色金属结构柱形立标;3.0	
7510490 (4595)	下川岛南澳头灯桩 Xiachuan Dao Nan'ao Tou	21-35.67N 112-33.13E	闪白9秒	125.1	10	白色砖石结构柱形立标;6.5	
7510498	神头角灯桩 Shentou Jiao	21-45.98N 112-36.63E	闪白6秒	11	4	红色柱形立标;6.0	
7510499	浪鸡角灯桩 Langji Jiao	21-45.66N 112-35.54E	闪白4秒	9	4	红白相间条纹柱形立标;6.0	
7510500 (4595.5)	下川岛芙湾码头灯桩 Xiachuan Dao Fuwan Pier	21-39.70N 112-33.46E	闪(2)白6秒		2	白色柱形立标;5.0	

编 号 No.	名 称 Name	位置 Position	灯 质 Characteristic	灯高 Height	射程 Range	构 造 Structure	附 记 Remarks
7510501	深水角灯桩 Shenshui Jiao	21-46.34N 112-37.47E	闪(3)白10秒	12	4	红白相间条纹柱形立标;6.0	
7510502	英管顶角灯桩 Yingguanding Jiao	21-47.17N 112-38.47E	闪(2)白6秒	9	4	红色柱形立标;6.0	
7510503	青山咀灯桩 Qingshan Zui	21-45.57N 112-33.32E	闪白4秒	16	4	白色混凝土结构柱形立标;5.0	
7510504	北风湾灯桩 Beifeng Wan	21-43.06N 112-39.72E	闪白3秒	16	4	白色混凝土结构柱形立标;5.0	
7510505	荔枝湾灯桩 Lizhi Wan	21-42.64N 112-37.79E	闪白6秒	16.9	4	白色混凝土结构柱形立标;5.9	
7510510 (4596)	下川岛角咀（百定山）灯桩 Xiachuan Dao Jiaozui (Baiding Shan)	21-40.09N 112-33.41E	闪白3秒	24.1	12	白色混凝土结构柱形立标;12.0	
7510520 (4597)	**漭洲灯塔** Mangzhou	21-39.63N 112-26.10E	闪白12秒	129	20	白色混凝土结构;18.0	雷达应答器：信号Z(- - . .)
7510528	石基咀灯桩 Shiji Zui	21-44.53N 112-24.45E	闪白4秒	18	4	红白相间条纹柱形立标;6.0	
7510529	浪琴湾灯桩 Langqin Wan	21-43.70N 112-22.60E	闪白3秒	16.3	4	白色混凝土结构柱形立标;5.3	
7510530 (4597.5)	漭洲灯桩 Mang Zhou	21-41.20N 112-27.22E	闪(3)白10秒		4	白色柱形立标;10.0	
7510531	双石礁灯桩 Shuangshi Jiao	21-40.21N 112-28.69E	闪白5秒	16	4	白色混凝土结构柱形立标;5.0	
7510532 (4597.6)	漭洲碍航物灯浮 Manzhou Isolated Danger	21-37.43N 112-24.94E	闪(2)白5秒			黑红黑横条纹标柱形，顶标为黑色双球体	孤立危险物浮标
7510535	粤安运63虚拟航标 YUEANYUN 63WRECK	21-38.54N 112-20.72E					MMSI:994136658 发射模式：自主连续

编 号 No.	名 称 Name	位置 Position	灯 质 Characteristic	灯高 Height	射程 Range	构 造 Structure	附 记 Remarks
7510540.01 (4598)	镇海湾1灯浮 Zhenhai Wan No 1	21-42.20N 112-25.60E	闪绿4秒			绿色标柱形，顶标为绿色尖向上锥形	右侧标
7510540.02 (4599)	镇海湾2灯浮 Zhenhai Wan No 2	21-43.90N 112-25.50E	闪红4秒			绿色标柱形，顶标为红色圆柱形	右侧标
7510540.03 (4600)	镇海湾3灯浮 Zhenhai Wan No 3	21-45.00N 112-26.20E	闪(2)绿6秒			绿色标柱形，顶标为绿色尖向上锥形	右侧标
7510540.04 (4601)	镇海湾4灯浮 Zhenhai Wan No 4	21-46.20N 112-26.10E	闪(2)红6秒			绿色标柱形，顶标为红色圆柱形	右侧标
7510550 (4602)	镇海灯浮 Zhenhai	21-47.33N 112-26.15E				锥形	右侧标
7510560 (4603)	镇海灯浮 Zhenhai	21-47.97N 112-25.50E				罐形	左侧标
7510561.01	1灯浮 No 1	21-48.81N 112-25.35E				红色罐形	左侧标
7510561.02	2灯浮 No 2	21-50.03N 112-25.02E				黑色锥形	右侧标
7510561.03	3灯浮 No 3	21-51.36N 112-24.72E				红色罐形	左侧标
7510561.04	4灯浮 No 4	21-52.81N 112-24.74E				黑色锥形	右侧标
7510561.05	5灯浮 No 5	21-53.34N 112-24.51E				红色罐形	左侧标
7510561.06	6灯浮 No 6	21-54.41N 112-24.21E				红色罐形	左侧标
7510561.07	7灯浮 No 7	21-55.09N 112-24.09E				黑色锥形	右侧标

编 号 No.	名 称 Name	位置 Position	灯 质 Characteristic	灯高 Height	射程 Range	构 造 Structure	附 记 Remarks
7510561.08	8灯浮 No 8	21-56.18N 112-23.54E				红色罐形	左侧标
7510561.09	9灯浮 No 9	21-57.25N 112-23.10E				黑色锥形	右侧标
7510561.10	10灯浮 No 10	21-57.48N 112-22.98E				红色罐形	左侧标
7510561.11	11灯浮 No 11	21-58.71N 112-22.74E				黑色锥形	右侧标
7510561.12	12灯浮 No 12	21-59.45N 112-22.20E				红色罐形	左侧标
7510561.13	13灯浮 No 13	22-00.20N 112-22.17E				黑色锥形	右侧标
7510561.14	14灯浮 No 14	22-00.47N 112-22.18E				红色罐形	左侧标
7510561.15	15灯浮 No 15	22-00.67N 112-22.49E				黑色锥形	右侧标
7510565	横山冲台山航标与测绘所衡山航道站码头专用标灯桩 Henshan chongtai hangbiao yu Cehuisuo henshan hangdao Matou zhuangyong Biao	21-52.42N 112-25.68E	闪黄4秒			黄色金属结构，顶标为黄色“X”形	
7510570 (4605)	横山东风曲（渔）灯桩 Hengshan Dongfengqu	21-52.20N 112-26.20E	闪绿4秒	UNKNOWN	0.7	绿色混凝土结构柱形立标，顶标为绿色尖向上锥形 ;5.0	右侧标
7510575	（渔）灯桩 Fishing	21-52.19N 112-25.13E	闪红4秒	4	3	红色柱形立标，顶标为绿色尖向上锥形	左侧标

编 号 No.	名 称 Name	位置 Position	灯 质 Characteristic	灯高 Height	射程 Range	构 造 Structure	附 记 Remarks
7510580 (4606)	横山冲口（渔）灯桩 Hengshan Chongkou	21-52.50N 112-25.60E	闪()红4秒	3.9	1.2	红色混凝土结构柱形立标，顶标为红色圆柱形;5.0	左侧标
7510590 (4607)	鸦洲岛灯桩 Yazhou Dao	21-54.20N 112-24.51E				柱形立标	
7510600 (4610)	灯1石排灯桩 Dengyi Shipai	21-55.16N 112-24.14E				绿色柱形立标，顶标为绿色尖向上锥形	导标雷达应答器：信号Y（－．－－）两灯一线：315°01′58″
7510610 (4611)	独山石排灯桩 Dushan Shipai	21-56.74N 112-23.37E				绿色柱形立标，顶标为绿色尖向上锥形	

阳江港
YANG JIANG GANG

编 号 No.	名 称 Name	位置 Position	灯 质 Characteristic	灯高 Height	射程 Range	构 造 Structure	附 记 Remarks
7610005 (4611.05)	小湾灯桩 Xiaowan	21-42.16N 112-17.16E	闪(3)白10秒	26	2.6	白色柱形立标; 10.0	
7610010.01 (4611.1)	LB1南堤灯桩 S Breakwater No LB1	21-41.98N 112-15.08E	快闪绿	16		绿白相间横条纹柱形立标	
7610010.02 (4611.2)	LB2西堤灯桩 W Breakwater No LB2	21-42.20N 112-15.10E	快闪红	16		红白相间横条纹柱形立标	
7610010.03 (4611.3)	LB3取水口防波堤灯桩 Intake Breakwater No LB3	21-42.03N 112-15.50E	快闪绿	16		黄白相间横条纹柱形立标	
7610010.04 (4611.6)	阳江核电1灯浮 Yangjiang Nuclear Power No 1	21-41.82N 112-14.61E	闪绿4秒			绿色锥形，顶标为绿色尖向上锥形	右侧标
7610010.05 (4611.61)	阳江核电2灯浮 Yangjiang Nuclear Power No 2	21-41.90N 112-14.60E	闪红4秒			红色罐形，顶标为红色圆柱形	左侧标
7610010.06 (4611.62)	DONG-AH 101 虚拟航标 DONG-AH 101	21-42.00N 112-15.30E	闪(2)绿6秒			绿色锥形，顶标为绿色尖向上锥形	右侧标
7610010.07 (4611.63)	阳江核电4灯浮 Yangjiang Nuclear Power No 4	21-42.10N 112-15.40E	闪绿4秒			绿色锥形，顶标为绿色尖向上锥形	右侧标
7610020 (4612)	大澳咀（渔）灯桩 Da'ao Zui	21-42.45N 112-14.35E	长闪红白6秒	49.3	红4.2 白10	白色砖石结构柱形立标;8.6	红光弧: 91°-112° 白光弧: 112°-91°
7610030 (4613)	葛洲(觉洲)(渔)灯桩 Ge Zhou(Jue Zhou)	21-43.38N 112-13.37E	闪红白2秒	40.8	红2.4 白6	白色砖石结构柱形立标;4.0	熄
7610031 (4612.1)	阳东三点金灯桩 Yangdong Sandianjin	21-42.70N 112-12.89E	闪(2)白5秒	8.5	3	黑红黑横条纹混凝土结构柱形立标，顶标为黑色双球体;7.5	孤立危险物立标

编 号 No.	名 称 Name	位置 Position	灯 质 Characteristic	灯高 Height	射程 Range	构 造 Structure	附 记 Remarks
7610040 (4613.1)	东平港西防波堤堤头（渔）灯桩 Dongping Gang W Breakwater Head	21-43.70N 112-13.06E	闪(2)绿6秒	10.1	2	白色柱形立标	
7610050 (4614)	东平港防沙堤(渔)灯桩 Dongping Gang Breakwater	21-44.52N 112-12.62E	闪(2)红6秒	5.9	2.4	白色混凝土结构柱形立标;5.0	熄
7610060 (4615)	东平港石仔地(渔)灯桩 Dongping Gang Shizidi	21-44.43N 112-12.68E	闪(2)绿6秒	5.7	0.7	白色混凝土结构柱形立标;5.6	熄
7610070 (4616)	东平钓鱼台(渔)灯桩 Dongping Diaoyutai	21-44.19N 112-11.84	闪(2)白5秒	8.5	3	黑红黑横条纹柱形立标，顶标为黑色双球体	孤立危险物立标
7610080 (4616.5)	阳东大塔岭西岸灯桩 Yangdong Data Ling W Coast	21-46.87N 112-11.78E	闪(3)白10秒	15	2.6	白色柱形立标;10.0	
7610081	北环灯桩 Beihuan	21-45.80N 112-11.75E	闪白4秒	9	4	红色柱形立标;6.0	
7610082	口洋灯桩 Kouyang	21-44.93N 112-11.79E	闪(2)白6秒	11	4	红白相间条纹柱形立标;6.0	
7610083	登陆点提示标志1灯桩 landing Point Denoter No 1	21-45.24N 112-11.67E				绿色金属结构柱形立标；7.0	
7610084	登陆点提示标志2灯桩 landing Point Denoter No 2	21-45.25N 112-11.64E				绿色金属结构柱形立标；7.0	
7610090 (4617)	华洞灯桩 Huadong	21-47.40N 112-05.86E				混凝土结构;29.9	
7610091	华洞东灯桩 Huadong E	21-47.81N 112-06.61E	闪(2)白6秒	8.5	4	红白相间条纹柱形立标;6.0	
7610100 (4617.1)	寿长港樟木石灯桩 Shouchang Gang zhangmu Shi	21-48.60N 112-12.70E	闪(2)绿6秒	2	1	绿色混凝土结构柱形立标，顶标为绿色尖向上锥形 ;4.0	右侧标

编号 No.	名称 Name	位置 Position	灯质 Characteristic	灯高 Height	射程 Range	构造 Structure	附记 Remarks
7610110 (4617.5)	华洞沿海灯桩 Huadong Inshore	21-47.19N 112-05.23E	闪(3)白10秒		2.6	柱形立标	
7610110.01 (4618)	北津港1灯浮 Beijin Gang No 1	21-44.89N 112-04.14E	闪绿4秒			绿色标柱形，顶标为绿色尖向上锥形	右侧标
7610110.02 (4619)	北津港2灯浮 Beijin Gang No 2	21-45.31N 112-03.98E	闪红4秒			红色标柱形，顶标为红色圆柱形	水产作业区专用标
7610120 (4620)	北津港面包斗灯桩 Beijin Gang Mianbaodou	21-45.85N 112-04.44E				红色混凝土结构，顶标为红色圆柱形;3.5	左侧标
7610130 (4621)	北津港双计石灯桩 Beijin Gang Shuangji Shi	21-46.08N 112-04.58E				绿色混凝土结构柱形立标，顶标为绿色尖向上锥形 ;5.0	右侧标停止发光
7610150 (4622)	北津港3灯浮 Beijin Gang No 3	21-45.79N 112-03.96E	闪红4秒			红色标柱形，顶标为红色圆柱形	左侧标
7610160 (4624)	北津港栏门斗灯桩 Beijin Gang Lanmendou	21-45.99N 112-03.85E	闪(2)红6秒	6	3	红色混凝土结构柱形立标，顶标为红色圆柱形;7.3	左侧标
7610170 (4624.1)	北津港4灯浮 Beijin Gang No 4	21-46.12N 112-03.75E	闪红4秒			红色标柱形，顶标为红色圆柱形	左侧标
7610180 (4625)	北津港高斗仔灯桩 Beijin Gang Gaodouzai	21-46.25N 112-04.01E				绿色混凝土结构柱形立标，顶标为绿色尖向上锥形 ;5.0	右侧标停止发光
7610190 (4626)	北津港高斗石灯桩 Beijin Gang Gaodou Shi	21-46.16N 112-03.88E	闪(2)白5秒	5	1	黑红黑横条纹混凝土结构柱形立标，顶标为黑色双球体;5.0	孤立危险物立标
7610200 (4627)	砧板排灯桩 Zhenban Pai	21-46.28N 112-03.95E				绿色，顶标为绿色尖向上锥形	右侧标
7610210 (4628)	元山仔灯桩 Yuanshan Zai	21-47.71N 112-03.51E				白色砖石结构;4.3	

编 号 No.	名 称 Name	位置 Position	灯 质 Characteristic	灯高 Height	射程 Range	构 造 Structure	附 记 Remarks
7610220.05 (4630)	北津港5灯浮 Beijin Gang No 5	21-46.15N 112-03.80E	闪绿4秒			绿色标柱形，顶标为绿色尖向上锥形	右侧标
7610220.06 (4630.1)	北津港6灯浮 Beijin Gang No 6	21-46.61N 112-03.44E	闪红4秒			红色标柱形，顶标为红色圆柱形	左侧标
7610220.07 (4631)	北津港7灯浮 Beijin Gang No 7	21-46.68N 112-03.47E	闪绿4秒			绿色标柱形，顶标为绿色尖向上锥形	右侧标
7610220.08 (4631.02)	北津港8灯浮 Beijin Gang No 8	21-47.02N 112-02.83E	闪红4秒			红色标柱形，顶标为红色圆柱形	左侧标
7610220.09 (4631.04)	北津港9灯浮 Beijin Gang No 9	21-47.09N 112-02.84E	闪绿4秒			绿色标柱形，顶标为绿色尖向上锥形	右侧标
7610220.10 (4631.06)	北津港10灯浮 Beijin Gang No 10	21-47.14N 112-02.24E	闪红4秒			红色标柱形，顶标为红色圆柱形	左侧标
7610220.11 (4631.061)	北津港11灯浮 Beijin Gang No 11	21-47.22N 112-02.27E	闪绿4秒			绿色标柱形，顶标为绿色尖向上锥形	右侧标
7610220.12 (4631.062)	北津港12灯浮 Beijin Gang No 12	21-47.26N 112-01.62E	闪红4秒			红色标柱形，顶标为红色圆柱形	左侧标
7610220.13 (4631.063)	北津港13灯浮 Beijin Gang No 13	21-47.34N 112-01.61E	闪绿4秒			绿色标柱形，顶标为绿色尖向上锥形	右侧标
7610220.14 (4631.064)	北津港14灯浮 Beijin Gang No 14	21-47.35N 112-01.14E	闪红4秒			红色标柱形，顶标为红色圆柱形	左侧标
7610220.15 (4631.065)	北津港15灯浮 Beijin Gang No 15	21-47.49N 112-01.16E	闪绿4秒			绿色标柱形，顶标为绿色尖向上锥形	右侧标
7610221.01	渔港1号灯桩 Fishing Harbour No 1	21-47.45N 112-00.94E					
7610221.02	渔港2号灯桩 Fishing Harbour No 2	21-47.73N 112-00.83E					

编号 No.	名称 Name	位置 Position	灯质 Characteristic	灯高 Height	射程 Range	构造 Structure	附记 Remarks
7610250.01 (4632)	漠阳江1灯浮 Moyang Jiang No 1	21-47.13N 112-00.73E	闪绿4秒			白色标柱形	
7610250.02 (4634)	漠阳江2灯浮 Moyang Jiang No 2	21-46.92N 112-00.68E	闪红4秒			红色标柱形	
7610250.021 (4634.1)	漠阳江2-1灯浮 Moyang Jiang No 2-1	21-46.41N 112-00.42E	闪绿4秒			白色标柱形	
7610260 (4635)	漠阳江斗门冲口灯桩 Moyang Jiang Doumenchong Kou	21-46.42N 111-59.26E	闪(2)红6秒	6.5	1	红白相间横条纹柱形立标，顶标为红色圆柱形;6.5	
7610270.03 (4636)	漠阳江3灯浮 Moyang Jiang No 3	21-46.26N 112-00.07E	闪绿4秒			白色标柱形	
7610270.04 (4636.1)	漠阳江4灯浮 Moyang Jiang No 4	21-46.37N 111-59.50E	闪白4秒			白色标柱形	
7610280 (4637)	漠阳江鸬鹚石灯桩 Moyang Jiang Luci Shi	21-46.93N 111-58.95E	闪(2)绿6秒	4.2	1	黑白相间横条纹柱形立标，顶标为白色尖向上锥形;6.0	
7610290.05 (4638)	漠阳江5灯浮 Moyang Jiang No 5	21-46.90N 111-58.86E	闪红4秒			红色标柱形	
7610290.06 (4639)	漠阳江6灯浮 Moyang Jiang No 6	21-47.22N 111-58.70E	闪绿4秒			白色标柱形	
7610300.01 (4645.2)	溪头港1（渔）灯桩 Xitou Gang No 1	21-37.69N 111-48.03E	闪绿4秒			绿色混凝土结构，顶标为绿色尖向上锥形;7.0	右侧标
7610300.02 (4645.21)	溪头港2（渔）灯桩 Xitou Gang No 2	21-37.59N 111-46.93E	闪(2)红6秒			红色混凝土结构，顶标为红色圆柱形;7.0	左侧标
7610300.03 (4645.22)	溪头港3（渔）灯桩 Xitou Gang No 3	21-37.89N 111-46.43E	闪红4秒			红色混凝土结构，顶标为红色圆柱形;7.0	左侧标

编 号 No.	名 称 Name	位置 Position	灯 质 Characteristic	灯高 Height	射程 Range	构 造 Structure	附 记 Remarks
7610310 (4645.28)	长环咀灯桩 Changhuan Zui	21-31.94N 111-39.99E	闪(3)白10秒	70	7	白色柱形立标; 13.0	
7610320.01 (4645.291)	南鹏测风塔1灯桩 Nanpeng Wind Gauge Tower No 1	21-28.36N 112-15.92E	莫(U)白15秒	12.2	4	红白相间横条纹金属结构柱形立标;1.5	AIS应答器
7610320.02 (4645.292)	南鹏测风塔2灯桩 Nanpeng Wind Gauge Tower No 2	21-28.35N 112-15.91E	莫(U)白15秒	12.2	4	红白相间横条纹金属结构柱形立标;1.5	
7610320.03 (4645.293)	南鹏测风塔3灯桩 Nanpeng Wind Gauge Tower No 3	21-28.36N 112-15.91E	莫(U)白15秒	12.2	4	红白相间横条纹金属结构柱形立标;1.5	
7610321.01	中节能JN1灯浮 Zhongjieneng No JN1	21-28.08N 112-09.93E	莫(O)黄15秒			黄色标柱形，顶标为黄色“X”形	海上作业区专用标AIS应答器: 名称：JNWF1 MMSI: 994121693 发射模式: 自主连续
7610321.02	中节能JN2灯浮 Zhongjieneng No JN2	21-27.34N 112-10.72E	莫(O)黄15秒			黄色标柱形，顶标为黄色“X”形	海上作业区专用标
7610321.03	中节能JN3灯浮 Zhongjieneng No JN3	21-26.63N 112-11.40E	莫(O)黄15秒			黄色标柱形，顶标为黄色“X”形	海上作业区专用标AIS应答器: 名称：JNWF3 MMSI: 994121694 发射模式: 自主连续
7610321.04	中节能JN4灯浮 Zhongjieneng No JN4	21-25.44N 112-11.79E	莫(O)黄15秒			黄色标柱形，顶标为黄色“X”形	海上作业区专用标
7610321.05	中节能JN5灯浮 Zhongjieneng No JN5	21-24.24N 112-12.17E	莫(O)黄15秒			黄色标柱形，顶标为黄色“X”形	海上作业区专用标AIS应答器: 名称：JNWF5 MMSI: 994121695 发射模式: 自主连续

编 号 No.	名 称 Name	位置 Position	灯 质 Characteristic	灯高 Height	射程 Range	构 造 Structure	附 记 Remarks
7610321.06	中节能JN6灯浮 Zhongjieneng No JN6	21-23.06N 112-12.61E	莫(0)黄15秒			黄色标柱形，顶标为黄色“X”形	海上作业区专用标
7610321.07	中节能JN7灯浮 Zhongjieneng No JN7	21-23.07N 112-13.73E	莫(0)黄15秒			黄色标柱形，顶标为黄色“X”形	海上作业区专用标
7610321.08	中节能JN8灯浮 Zhongjieneng No JN8	21-23.07N 112-14.89E	莫（0）黄15秒			黄色标柱形，顶标为黄色“X”形	海上作业区专用标
7610321.09	中节能JN9灯浮 Zhongjieneng No JN9	21-22.48N 112-15.30E	莫（0）黄15秒			黄色标柱形，顶标为黄色“X”形	海上作业区专用标
7610321.10	中节能JN10灯浮 Zhongjieneng No JN10	21-22.02N 112-13.59E	莫（0）黄15秒			黄色标柱形，顶标为黄色“X”形	海上作业区专用标
7610321.11	中节能JN11灯浮 Zhongjieneng No JN11	21-21.57N 112-11.86E	莫（0）黄15秒			黄色标柱形，顶标为黄色“X”形	海上作业区专用标
7610321.12	中节能JN12灯浮 Zhongjieneng No JN12	21-21.09N 112-10.02E	莫（0）黄15秒			黄色标柱形，顶标为黄色“X”形	海上作业区专用标
7610321.13	中节能JN13灯浮 Zhongjieneng No JN13	21-22.66N 112-09.93E	莫（0）黄15秒			黄色标柱形，顶标为黄色“X”形	海上作业区专用标
7610321.14	中节能JN14灯浮 Zhongjieneng No JN14	21-24.34N 112-09.93E	莫（0）黄15秒			黄色标柱形，顶标为黄色“X”形	海上作业区专用标
7610321.15	中节能JN15灯浮 Zhongjieneng No JN15	21-26.04N 112-09.93E	莫（0）黄15秒			黄色标柱形，顶标为黄色“X”形	海上作业区专用标AIS应答器：名称：JNWF7 MMSI：994121696发射模式：自主连续
7610322.01	中节能南鹏测风塔1号灯桩 Zhongjieneng Nanpeng Wind Gauge Tower No 1	21-26.49N 112-12.01E	莫(U)白15秒	12	4	柱形立标	

编 号 No.	名 称 Name	位置 Position	灯 质 Characteristic	灯高 Height	射程 Range	构 造 Structure	附 记 Remarks
7610322.02	中节能南鹏测风塔2号灯桩 Zhongjieneng Nanpeng Wind Gauge Tower No 2	21-26.49N 112-12.02E	莫(U)白15秒	12	4	柱形立标	AIS应答器
7610322.03	中节能南鹏测风塔3号灯桩 Zhongjieneng Nanpeng Wind Gauge Tower No 3	21-26.50N 112-12.01E	莫(U)白15秒	12	4	红白相间条纹柱形立标;1.5	
7610325	远航286虚拟航标 YuanHang286 Wreck	21-14.93N 112-19.66E					MMSI:994136600 发射模式:自主连续
7610330 (4645.3)	**南鹏岛灯塔** Nanpeng Dao	21-32.94N 112-10.95E	闪白9秒	191	20	白色混凝土结构;11.5	雷达应答器: 信号G(- - .)
7610332.01	中广核1灯桩 Zhongguanghe No 1	21-30.02N 112-17.05E	莫(C)黄12秒	19.5	3	黄色金属结构;1.5	位于1#风机水中构筑物专用标AIS应答器：名称：GH01MMSI：994121788发射模式：自主连续播发间隔：3分钟
7610332.02	中广核2灯桩 Zhongguanghe No 2	21-29.11N 112-17.05E	莫(C)黄12秒	19.5	3	黄色金属结构;1.5	禁航区专用标
7610332.03	中广核3灯桩 Zhongguanghe No 3	21-27.59N 112-16.99E	莫(C)黄12秒	19.5	3	黄色金属结构;1.5	禁航区专用标
7610332.04	中广核4灯桩 Zhongguanghe No 4	21-25.65N 112-17.06E	莫(C)黄12秒	19.5	3	黄色金属结构;1.5	禁航区专用标
7610332.05	中广核5灯桩 Zhongguanghe No 5	21-24.10N 112-17.05E	莫(C)黄12秒	19.5	3	黄色金属结构;1.5	位于73#风机水中构筑物专用标AIS应答器：名称：GH05MMSI：994121789发射模式：自主连续播发间隔：3分钟
7610332.06	中广核6灯桩 Zhongguanghe No 6	21-25.17N 112-15.86E	莫(C)黄12秒	19.5	3	黄色金属结构;1.5	禁航区专用标

编 号 No.	名 称 Name	位置 Position	灯 质 Characteristic	灯高 Height	射程 Range	构 造 Structure	附 记 Remarks
7610332.07	中广核7灯桩 Zhongguanghe No 7	21-26.43N 112-14.46E	莫(C)黄12秒	19.5	3	黄色金属结构； 1.5	禁航区专用标
7610332.08	中广核8灯桩 Zhongguanghe No 8	21-27.73N 112-13.02E	莫(C)黄12秒	19.5	3	黄色金属结构； 1.5	禁航区专用标
7610332.09	中广核9灯桩 Zhongguanghe No 9	21-28.99N 112-11.62E	莫(C)黄12秒	19.5	3	黄色金属结构； 1.5	禁航区专用标
7610332.010	中广核10灯桩 Zhongguanghe No 10	21-30.05N 112-10.44E	莫(C)黄12秒	19.5	3	黄色金属结构； 1.5	位于43#风机水中构筑物专用标AIS应答器：名称：GH10MMSI：994121790发射模式：自主连续播发间隔：3分钟
7610332.011	中广核11灯桩 Zhongguanghe No 11	21-30.05N 112-12.09E	莫(C)黄12秒	19.5	3	黄色金属结构； 1.5	禁航区专用标
7610332.012	中广核12灯桩 Zhongguanghe No 12	21-29.99N 112-14.36E	莫(C)黄12秒	19.5	3	黄色金属结构； 1.5	禁航区专用标
7610332.013	中广核13灯桩 Zhongguanghe No 13	21-30.03N 112-15.95E	莫(C)黄12秒	19.5	3	黄色金属结构； 1.5	禁航区专用标
7610332.014	中广核14灯浮 Zhongguanghe No 14	21-32.18N 112-14.15E	莫（C）黄12秒			黄色标柱形，顶标为黄色“X”形	水中构筑物专用标
7610332.015	中广核15灯浮 Zhongguanghe No 15	21-34.34N 112-14.35E	莫（C）黄12秒			黄色标柱形，顶标为黄色“X”形	水中构筑物专用标
7610332.016	中广核16灯浮 Zhongguanghe No 16	21-36.49N 112-14.52E	莫（C）黄12秒			黄色标柱形，顶标为黄色“X”形	水中构筑物专用标
7610332.017	中广核17灯浮 Zhongguanghe No 17	21-39.27N 112-14.76E	莫（C）黄12秒			黄色标柱形，顶标为黄色“X”形	水中构筑物专用标
7610332.018	中广核18灯浮 Zhongguanghe No 18	21-41.19N 112-13.75E	莫（C）黄12秒			黄色标柱形，顶标为黄色“X”形	水中构筑物专用标

编号 No.	名称 Name	位置 Position	灯质 Characteristic	灯高 Height	射程 Range	构造 Structure	附记 Remarks
7610332.019	中广核19灯浮 Zhongguanghe No 19	21-43.05N 112-12.60E	莫（C）黄12秒			黄色标柱形，顶标为黄色“X”形	水中构筑物专用标
7610332.020	中广核20灯浮 Zhongguanghe No 20	21-43.92N 112-12.11E	莫（C）黄12秒			黄色标柱形，顶标为黄色“X”形	水中构筑物专用标
7610340 (4645.31)	QF303灯浮 No QF303	21-06.93N 112-37.38E	莫(0)黄12秒			黄色超大形浮标，顶标为黄色“X”形	海上作业区专用标雷达反射器
7610349	二镬岛灯桩 Erhuo Dao	21-36.27N 112-08.53E	闪白6秒	16.5	4	红色柱形立标;5.5	
7610350 (4646)	黄程山灯桩 Huangcheng Shan	21-33.39N 112-06.62E	闪白5秒	17.7	10	白色混凝土结构柱形立标;10.0	
7610360 (4646.5)	龟山灯桩 Guishan	21-37.10N 112-00.86E	闪(2)白8秒	20	2.6	白色柱形立标;10.0	
7610370 (4647)	大碰礁灯桩 Dapeng Jiao	21-36.25N 112-00.19E	闪白4秒	8	6	白色混凝土结构柱形立标;8.0	导标雷达应答器：信号Y（－.－－）两灯一线：315°01′58″
7610371	同澳仔灯桩 Tong'ao Zai	21-37.09N 112-00.12E	闪(2)白6秒	22	4	红白相间条纹柱形立标;6.0	
7610375	沙头咀灯桩 Shatou Zui	21-43.12N 111-56.43E	闪白5秒		4	柱形立标	
7610380 (4647.05)	三山灯桩 Sanshan	21-35.79N 111-56.06E	闪(3)白10秒	25	2.6	白色柱形立标;10.0	
7610381	古劳山灯桩 Gulao Shan	21-36.36N 111-56.80E	闪白4秒	12	4	红白相间条纹柱形立标;6.0	
7610382	北汀灯桩 Beiting	21-37.53N 111-51.21E	闪白4秒	8	4	红白相间条纹柱形立标;6.0	
7610383	北悦灯桩 Beiyue	21-38.21N 111-50.87E	闪(3)白10秒	8	4	红色柱形立标;6.0	

编号 No.	名称 Name	位置 Position	灯质 Characteristic	灯高 Height	射程 Range	构造 Structure	附记 Remarks
7610384	沙角灯桩 Shajiao	21-39.06N 111-50.31E	闪白4秒	7	4	红色柱形立标; 6.0	
7610385	基围头灯桩 Jiweitou	21-39.48N 111-50.83E	闪(2)白6秒	7.5	4	红白相间条纹柱形立标;6.0	
7610386	大湾灯桩 Dawan	21-39.29N 111-51.03E	闪(3)白10秒	7	4	红色柱形立标; 6.0	
7610387	白礁灯桩 Bai Jiao	21-38.57N 111-50.02E	闪白8秒	8	4	红白相间条纹柱形立标;6.0	
7610390.01 (4647.1)	丰头航道1灯浮 Fengtou Fairway No 1	21-32.24N 111-47.48E	闪(2)绿6秒			绿色标柱形，顶标为绿色尖向上锥形	右侧标
7610390.02 (4647.2)	丰头航道2灯浮 Fengtou Fairway No 2	21-32.27N 111-47.32E	闪(2)红6秒			红色标柱形，顶标为红色圆柱形	左侧标
7610390.03 (4647.3)	丰头航道3灯浮 Fengtou Fairway No 3	21-33.58N 111-47.77E	闪绿4秒			绿色标柱形，顶标为绿色尖向上锥形	右侧标
7610390.04 (4647.4)	丰头航道4灯浮 Fengtou Fairway No 4	21-33.59N 111-47.62E	闪红4秒			红色标柱形，顶标为红色圆柱形	左侧标
7610390.05 (4647.41)	丰头航道5灯浮 Fengtou Fairway No 5	21-34.16N 111-47.87E	闪(2)绿6秒			绿色标柱形，顶标为绿色尖向上锥形	右侧标
7610390.06 (4647.42)	丰头航道6灯浮 Fengtou Fairway No 6	21-34.18N 111-47.73E	闪(2)红6秒			红色标柱形，顶标为红色圆柱形	左侧标
7610392	铜鼓斗灯桩 Tonggudou	21-36.33N 111-57.46E	闪白8秒	12	4	红色柱形立标	
7610393	三丫灯桩 Sanya	21-48.26N 112-11.13E	闪白4秒	7	4	红色柱形立标	
7610394	烽火角灯桩 Fenghuojiao	21-57.17N 112-49.82E	闪白4秒	7	4	红白相间条纹柱形立标	

编 号 No.	名 称 Name	位置 Position	灯 质 Characteristic	灯高 Height	射程 Range	构 造 Structure	附 记 Remarks
7610395	背仔角灯桩 Beizaijiao	22-35.65N 114-20.15E	闪白5秒	10	4	红白相间条纹金属结构柱形立标	
7610396	黑崖角灯桩 Heiyajiao	22-28.19N 114-28.96E	闪白3秒	10	4	红白相间条纹柱形立标	
7610397	三角山北灯桩 Sanjiao Shan N	21-57.35N 113-10.11E	闪白4秒	9	4	红白相间条纹柱形立标	
7610398	黄茅岛灯桩 Huangmao Dao	21-59.59N 113-02.13E	闪（2）白6秒	8	5	红白相间条纹柱形立标	
7610399	独崖山灯桩 Duya Shan	22-04.89N 113-01.30E	闪白4秒	8	5	红白相间条纹柱形立标	
7610400 (4647.8)	大角咀东灯桩 Dajiao Zui E	21-33.79N 111-51.60E	闪(3)白10秒	40	2.6	白色柱形立标; 10.0	
7610401	三峡海陵岛测风塔1灯桩 Sanxia Hailing Dao Wind Gauge Tower No 1	21-29.79N 111-58.66E	莫(U)白15秒	11.5	4	黄色金属结构; 1.5	
7610402	三峡海陵岛测风塔2灯桩 Sanxia Hailing Dao Wind Gauge Tower No 2	21-29.79N 111-58.66E	莫(U)白15秒	11.5	4	黄色金属结构; 1.5	
7610403	三峡海陵岛测风塔3灯桩 Sanxia Hailing Dao Wind Gauge Tower No 3	21-29.79N 111-58.66E	莫(U)白15秒	11.5	4	黄色金属结构; 1.5	AIS应答器
7610404	三峡沙扒测风塔1灯桩 Sanxia Shapa Wind Gauge Tower No 1	21-15.45N 111-29.70E	莫(U)白15秒	11.5	4	黄色金属结构; 1.5	
7610405	三峡沙扒测风塔2灯桩 Sanxia Shapa Wind Gauge Tower No 2	21-15.44N 111-29.70E	莫(U)白15秒	11.5	4	黄色金属结构; 1.5	
7610406	三峡沙扒测风塔3灯桩 Sanxia Shapa Wind Gauge Tower No 3	21-15.44N 111-29.70E	莫(U)白15秒	11.5	4	黄色金属结构; 1.5	AIS应答器

编 号 No.	名 称 Name	位置 Position	灯 质 Characteristic	灯高 Height	射程 Range	构 造 Structure	附 记 Remarks
7610407.01	三峡新能源试桩1灯桩 Sanxia New Energy Test Pile No 1	21-14.97N 111-29.34E	莫(C)白12秒	4.7	5	黄色柱形立标，顶标为黄色“X”形	水中构筑物专用标
7610407.02	三峡新能源试桩2灯桩 Sanxia New Energy Test Pile No 2	21-14.97N 111-29.34E	莫(C)白12秒	4.7	5	黄色柱形立标，顶标为黄色“X”形	水中构筑物专用标
7610407.03	三峡新能源试桩3灯桩 Sanxia New Energy Test Pile No 3	21-14.97N 111-29.34E	莫(C)白12秒	4.7	5	黄色柱形立标，顶标为黄色“X”形	水中构筑物专用标
7610407.04	三峡新能源试桩4灯桩 Sanxia New Energy Test Pile No 4	21-14.97N 111-29.33E	莫(C)白12秒	4.4	5	黄色柱形立标，顶标为黄色“X”形	水中构筑物专用标
7610410 (4647.9)	北洛环灯桩 Beiluohuan	21-33.69N 111-49.39E	闪(3)白10秒	20	2.6	白色柱形立标;10.0	
7610420 (4648)	马尾大洲（渔）灯桩 Mawei Dazhou	21-33.55N 111-48.38E	闪白5秒	44.6	12	砖石结构柱形立标;13.0	
7610425.01 (4648.81)	阳江港特大桥临1灯浮 Yangjiang Gang Ultra Large Bridge Temporary No 1	21-42.83N 111-47.46E	闪红4秒			红色标柱形，顶标为红色圆柱形	左侧标
7610425.02 (4648.82)	阳江港特大桥临2灯浮 Yangjiang Gang Ultra Large Bridge Temporary No 2	21-42.88N 111-47.49E	闪绿4秒			绿色标柱形，顶标为绿色尖向上锥形	右侧标
7610430.07 (4648.1)	丰头航道7灯浮 Fengtou Fairway No 7	21-34.93N 111-48.01E	闪绿4秒			绿色标柱形,顶标为绿色尖向上锥形	右侧标
7610430.08 (4648.11)	丰头航道8灯浮 Fengtou Fairway No 8	21-34.95N 111-47.89E	闪红4秒			红色标柱形,顶标为红色圆柱形	左侧标
7610430.09 (4648.2)	丰头航道9灯浮 Fengtou Fairway No 9	21-36.28N 111-48.23E	闪(2)红6秒			红色标柱形,顶标为红色圆柱形	左侧标
7610430.10 (4648.25)	丰头航道10灯浮 Fengtou Fairway No 10	21-37.04N 111-48.30E	闪(3)红10秒			红色标柱形,顶标为红色圆柱形	左侧标

编号 No.	名称 Name	位置 Position	灯质 Characteristic	灯高 Height	射程 Range	构造 Structure	附记 Remarks
7610430.11 (4648.3)	丰头航道11灯浮 Fengtou Fairway No 11	21-37.71N 111-48.49E	闪绿4秒			绿色标柱形，顶标为绿色尖向上锥形	右侧标
7610430.12 (4648.4)	丰头航道12灯浮 Fengtou Fairway No 12	21-38.61N 111-48.71E	闪红4秒			红色标柱形，顶标为红色圆柱形	左侧标
7610430.13 (4648.5)	丰头航道13灯浮 Fengtou Fairway No 13	21-39.58N 111-49.22E	闪(2)绿6秒			绿色标柱形，顶标为绿色尖向上锥形	右侧标
7610430.14 (4648.6)	丰头航道14灯浮 Fengtou Fairway No 14	21-39.60N 111-49.07E	闪红4秒			红色标柱形，顶标为红色圆柱形	左侧标
7610430.15 (4648.7)	丰头航道15灯浮 Fengtou Fairway No 15	21-40.82N 111-49.03E	闪红4秒			红色标柱形，顶标为红色圆柱形	左侧标
7610430.16 (4648.705)	丰头航道16灯浮 Fengtou Fairway No 16	21-41.23N 111-49.10E	闪(2)绿6秒			绿色标柱形，顶标为绿色尖向上锥形	右侧标
7610430.17 (4648.71)	丰头航道17灯浮 Fengtou Fairway No 17	21-41.52N 111-48.75E	闪(2)红6秒			红色标柱形，顶标为红色圆柱形	左侧标
7610430.18 (4648.72)	丰头航道18灯浮 Fengtou Fairway No 18	21-41.65N 111-48.88E	闪(2)绿6秒			绿色标柱形，顶标为绿色尖向上锥形	右侧标
7610430.19 (4648.721)	丰头航道19灯浮 Fengtou Fairway No 19	21-41.80N 111-48.60E	闪(2)红6秒			红色标柱形，顶标为红色圆柱形	左侧标
7610430.20 (4648.722)	丰头航道20灯浮 Fengtou Fairway No 20	21-42.15N 111-48.66E	闪(2+1)绿9秒			绿红绿横条纹标柱形，顶标为绿色尖向上锥形	推荐航道右侧标
7610430.21 (4648.723)	丰头航道21灯浮 Fengtou Fairway No 21	21-42.34N 111-48.06E	闪红4秒			红色标柱形，顶标为红色圆柱形	左侧标
7610430.22 (4648.9)	丰头航道22灯浮 Fengtou Fairway No 22	21-42.58N 111-48.03E	闪绿4秒			绿色标柱形，顶标为绿色尖向上锥形	右侧标
7610430.23 (4648.901)	丰头航道23灯浮 Fengtou Fairway No 23	21-43.00N 111-47.14E	闪红4秒			红色标柱形，顶标为红色圆柱形	左侧标

编 号 No.	名 称 Name	位置 Position	灯 质 Characteristic	灯高 Height	射程 Range	构 造 Structure	附 记 Remarks
7610430.24 (4648.91)	丰头航道24灯浮 Fengtou Fairway No 24	21-43.05N 111-47.18E	闪绿4秒			绿色标柱形，顶标为绿色尖向上锥形	右侧标
7610430.25 (4648.912)	丰头航道25灯浮 Fengtou Fairway No 25	21-43.15N 111-46.78E	闪绿4秒			绿色标柱形，顶标为绿色尖向上锥形	右侧标
7610430.26 (4648.92)	丰头航道26灯浮 Fengtou Fairway No 26	21-43.12N 111-46.68E	闪红4秒			红色标柱形，顶标为红色圆柱形	左侧标
7610430.27 (4648.921)	丰头航道27灯浮 Fengtou Fairway No 27	21-43.38N 111-46.16E	闪绿4秒			绿色标柱形，顶标为绿色尖向上锥形	右侧标
7610430.28 (4648.93)	丰头航道28灯浮 Fengtou Fairway No 28	21-43.38N 111-46.03E	闪红4秒			红色标柱形，顶标为红色圆柱形	左侧标
7610430.29 (4648.931)	丰头航道29灯浮 Fengtou Fairway No 29	21-43.80N 111-45.40E	闪红4秒			红色标柱形，顶标为红色圆柱形	左侧标
7610430.30 (4648.94)	丰头航道30灯浮 Fengtou Fairway No 30	21-43.88N 111-45.33E	闪绿4秒			绿色标柱形，顶标为绿色尖向上锥形	右侧标
7610430.31 (4648.941)	丰头航道31灯浮 Fengtou Fairway No 31	21-44.10N 111-44.58E	闪红4秒			红色标柱形，顶标为红色圆柱形	左侧标
7610430.32 (4648.95)	丰头航道32灯浮 Fengtou Fairway No 32	21-44.15N 111-44.49E	闪绿4秒			绿色标柱形，顶标为绿色尖向上锥形	右侧标
7610430.33 (4648.96)	丰头航道33灯浮 Fengtou Fairway No 33	21-44.38N 111-43.68E	闪红4秒			红色标柱形，顶标为红色圆柱形	左侧标
7610430.34 (4648.961)	丰头航道34灯浮 Fengtou Fairway No 34	21-44.40N 111-43.73E	闪绿4秒			绿色标柱形，顶标为绿色尖向上锥形	右侧标
7610430.35 (4648.962)	丰头航道35灯浮 Fengtou Fairway No 35	21-44.52N 111-43.24E	闪红4秒			红色标柱形，顶标为红色圆柱形	左侧标

编号 No.	名称 Name	位置 Position	灯质 Characteristic	灯高 Height	射程 Range	构造 Structure	附记 Remarks
7610430.36 (4648.97)	丰头航道36灯浮 Fengtou Fairway No 36	21-44.59N 111-43.21E	闪绿4秒			绿色标柱形，顶标为绿色尖向上锥形	右侧标
7610430.37 (4648.98)	丰头航道37灯浮 Fengtou Fairway No 37	21-44.83N 111-42.99E	闪红4秒			红色标柱形，顶标为红色圆柱形	左侧标
7610430.38 (4648.981)	丰头航道38灯浮 Fengtou Fairway No 38	21-44.86N 111-43.04E	闪绿4秒			绿色标柱形，顶标为绿色尖向上锥形	右侧标
7610430.39 (4648.99)	丰头航道39灯浮 Fengtou Fairway No 39	21-45.24N 111-43.16E	闪红4秒			红色标柱形，顶标为红色圆柱形	左侧标
7610440 (4649)	闸波港左堤头（渔）灯桩 Zhabo Gang L Breakwater Head	21-35.29N 111-49.22E	闪红4秒		1.2	白色砖石结构柱形立标;7.4	
7610441.01	渔灯浮 Fishing	21-35.92N 111-49.61E	闪(2)红6秒			红色标柱形，顶标为红色圆柱形	左侧标
7610450 (4650)	闸波港右堤头（渔）灯桩 Zhabo Gang R Breakwater Head	21-35.04N 111-49.25E	闪绿4秒		0.7	白色砖石结构柱形立标;7.4	
7610460 (4650.1)	阳江港航道灯桩 Yangjiang Gang Fairway	21-41.80N 111-48.56E	闪(2)白5秒	7.5	3.2	黑红黑横条纹玻璃钢结构柱形立标，顶标为黑色双球体;7.0	孤立危险物立标
7610461.01	阳江富恒码头1灯桩 Yangjiang Fuheng Pier No 1	21-42.96N 111-48.55E	闪红3秒	10.5	4	红白相间条纹金属结构柱形立标	
7610461.02	阳江富恒码头2灯桩 Yangjiang Fuheng Pier No 2	21-43.06N 111-48.58E	闪红3秒	10.5	4	红白相间条纹金属结构柱形立标	
7610462 (4648.76)	阳江港明轩码头灯桩 Yangjiang Gang Mingxuan Pier	21-42.81N 111-48.51E	等明暗红4秒	8	4	红白相间横条纹金属结构柱形立标;4.5	

编 号 No.	名 称 Name	位置 Position	灯 质 Characteristic	灯高 Height	射程 Range	构 造 Structure	附 记 Remarks
7610462.01 (4648.761)	阳江港明轩码头J1灯浮 Yangjiang Gang Mingxuan Pier No J1	21-42.78N 111-48.44E	闪绿4秒			绿色锥型	右侧标
7610465.01	阳江港M1灯浮 Yangjiang Gang No M1	21-42.31N 111-48.55E	闪红4秒			红色罐形	左侧标
7610465.02	阳江港M2灯浮 Yangjiang Gang No M2	21-42.61N 111-48.52E	闪(2)红6秒			红色罐形	左侧标
7610470 (4650.8)	礁上灯桩 Jiaoshang	21-41.40N 111-48.95E	闪(2)白5秒	11.5	3	黑红黑横条纹柱形立标，顶标为黑色双球体	孤立危险物立标
7610480 (4650.85)	双山岛灯桩 Shuangshan Dao	21-32.57N 111-41.43E	闪(2)白8秒	50	2.6	白色柱形立标；10.0	
7610490 (4650.9)	阳西电厂煤码头堤头灯桩 Yangxi Power Plant Coal Pier Head	21-31.92N 111-40.57E	等明暗红4秒	17	5	柱形立标	
7610500.01 (4650.901)	阳西电厂1灯浮 Yangxi Power Plant No 1	21-31.70N 111-41.77E	闪绿4秒			绿色锥形	右侧标雷达应答器： 信号C(- . - .)
7610500.02 (4650.902)	阳西电厂2灯浮 Yangxi Power Plant No 2	21-31.62N 111-41.68E	闪红4秒			红色罐形	左侧标
7610500.03 (4650.903)	阳西电厂3灯浮 Yangxi Power Plant No 3	21-31.96N 111-41.52E	闪(2)绿6秒			绿色锥形	右侧标
7610500.04 (4650.904)	阳西电厂4灯浮 Yangxi Power Plant No 4	21-31.87N 111-41.42E	闪(2)红6秒			红色罐形	左侧标
7610500.05 (4650.905)	阳西电厂5灯浮 Yangxi Power Plant No 5	21-32.21N 111-41.26E	闪(3)绿10秒			绿色锥形	右侧标
7610500.06 (4650.906)	阳西电厂6灯浮 Yangxi Power Plant No 6	21-31.97N 111-41.28E	闪(3)红10秒			红色罐形	左侧标

编 号 No.	名 称 Name	位置 Position	灯 质 Characteristic	灯高 Height	射程 Range	构 造 Structure	附 记 Remarks
7610500.07 (4650.907)	阳西电厂7灯浮 Yangxi Power Plant No 7	21-32.03N 111-41.12E	闪(3)红10秒			红色罐形	左侧标
7610500.08 (4650.908)	阳西电厂8灯浮 Yangxi Power Plant No 8	21-32.05N 111-40.94E	闪红4秒			红色罐形	左侧标
7610500.09 (4650.909)	阳西电厂9灯浮 Yangxi Power Plant No 9	21-32.19N 111-40.81E	闪(2)绿6秒			绿色锥形	右侧标
7610500.10 (4650.91)	阳西电厂10灯浮 Yangxi Power Plant No 10	21-32.05N 111-40.82E	闪(2)红6秒			红色罐形	左侧标
7610500.11 (4650.911)	阳西电厂11灯浮 Yangxi Power Plant No 11	21-32.23N 111-40.58E	闪(2+1)绿6秒			绿红绿横条纹锥形	推荐航道右侧标
7610500.12 (4650.912)	阳西电厂12灯浮 Yangxi Power Plant No 12	21-32.10N 111-40.42E	甚快(3)白5秒			黑黄黑横条纹标柱形，顶标为黑色顶点相背双锥体	东方位标
7610500.13 (4650.913)	阳西电厂13灯浮 Yangxi Power Plant No 13	21-32.04N 111-40.36E	闪绿4秒			绿色锥形	右侧标
7610500.15 (4650.915)	阳西电厂15灯浮 Yangxi Power Plant No 15	21-32.51N 111-40.47E	闪绿4秒			绿色锥形	右侧标
7610500.16 (4650.916)	阳西电厂16灯浮 Yangxi Power Plant No 16	21-32.46N 111-40.35E	闪(2)绿6秒			绿色锥形	右侧标
7610500.17	阳西电厂17灯浮 Yangxi Power Plant No 17	21-31.83N 111-40.10E	莫(C)黄12秒			黄色标柱形，顶标为黄色“X”形	水中构筑物专用标
7610500.18	阳西电厂18灯浮 Yangxi Power Plant No 18	21-31.78N 111-40.06E	莫(C)黄12秒			黄色标柱形，顶标为黄色“X”形	水中构筑物专用标

编 号 No.	名 称 Name	位置 Position	灯 质 Characteristic	灯高 Height	射程 Range	构 造 Structure	附 记 Remarks
7610500.19	阳西电厂19灯浮 Yangxi Power Plant No 19	21-31.76N 111-39.95E	莫（C）黄12秒			黄色标柱形，顶标为黄色“X”形	水中构筑物专用标
7610510 (4650.918)	阳西河北港灯桩 Yangxihe N Gang	21-30.97N 111-38.40E	闪(2)白6秒	60	2.6	白色柱形立标;7.0	
7610520 (4651)	长石（渔）灯桩 Changshi	21-31.96N 111-38.02E	闪(2)白5秒	3.8	2.5	黑红黑横条纹砖石结构柱形立标，顶标为黑色双球体;4.3	孤立危险物立标
7610530 (4651.2)	南山海灯桩 Nanshanhai	21-32.48N 111-37.08E	闪(4)绿8秒	11	2.6	白色混凝土结构柱形立标;7.0	
7610540 (4652)	树尾岛（渔）灯桩 Shuwei Dao	21-30.48N 111-37.63E	闪白8秒	29	6	白色砖石结构柱形立标;8.0	
7610550 (4652.3)	福湖咀灯桩 Fuhu Zui	21-30.53N 111-32.67E	闪(3)白10秒	85	2.6	白色柱形立标;13.5	
7610551.01	阳江沙扒测风塔1灯桩 Yangjiang Shaba Wind Gauge Tower No 1	21-21.98N 111-36.49E	莫(U)白15秒	11	4	柱形立标	AIS应答器
7610551.02	阳江沙扒测风塔2灯桩 Yangjiang Shaba Wind Gauge Tower No 2	21-21.98N 111-36.49E	莫(U)白15秒	11	4	柱形立标	
7610551.03	阳江沙扒测风塔3灯桩 Yangjiang Shaba Wind Gauge Tower No 3	21-21.98N 111-36.49E	莫(U)白15秒	11	4	柱形立标	
7610551.04	阳江沙扒测风塔4灯桩 Yangjiang Shaba Wind Gauge Tower No 4	21-21.98N 111-36.50E	莫(U)白15秒	11	4	柱形立标	
7610560 (4652.41)	沙扒港东下窝灯桩 Shapa Gang E Xiawo	21-30.67N 111-28.12E	闪(2)绿6秒	7.5	2.6	绿色混凝土结构浮动立标，顶标为绿色尖向上锥形;6.5	右侧标
7610570 (4652.42)	沙扒港西下窝灯桩 Shapa Gang W Xiawo	21-30.72N 111-28.06E	闪(2)红6秒	7	2.6	红色混凝土结构浮动立标，顶标为红色圆柱形;6.5	左侧标

编 号 No.	名 称 Name	位置 Position	灯 质 Characteristic	灯高 Height	射程 Range	构 造 Structure	附 记 Remarks
7610580 (4652.43)	沙扒港白洲岛灯桩 Shapa Gang Baizhou Dao	21-30.35N 111-27.71E	闪(2)白5秒	13	2.6	黑红黑横条纹混凝土结构柱形立标，顶标为黑色双球体;5.0	孤立危险物立标
7610590 (4652.5)	牛鼻孔岛灯桩 Niubikong Dao	21-29.55N 111-28.19E	闪(3)白10秒	13	2.6	白色柱形立标; 8.5	
7610600 (4653)	青洲（渔）灯桩 Qingzhou	21-28.91N 111-27.96E	闪(2)白10秒	116	7	白色金属结构; 4.0	
7610610 (4654)	沙扒港1（渔）灯浮 Shapa Gang No 1	21-30.59N 111-27.25E	闪红4秒			红色标柱形，顶标为红色圆柱形	左侧标

编 号 No.	名 称 Name	位置 Position	灯 质 Characteristic	灯高 Height	射程 Range	构 造 Structure	附 记 Remarks

茂名港
MAO MING GANG

编 号 No.	名 称 Name	位置 Position	灯 质 Characteristic	灯高 Height	射程 Range	构 造 Structure	附 记 Remarks
7710008	大榜村码头灯桩 Dabang Cun Pier	21-33.05N 111-26.18E	闪红3秒	9.5	4	红色金属结构柱形立标;8.0	
7710009	坎仔码头灯桩 Kanzai Pier	21-31.95N 111-27.02E	快闪白	9	4	红白相间条纹金属结构柱形立标;8.0	
7710010 (4654.5)	鸡打港石角咀灯桩 Jida Gang Shijiao Zui	21-31.59N 111-24.93E	闪白3秒	6.1	6	白色砖石结构柱形立标;5.0	
7710012	横洲灯桩 Hengzhou	21-30.43N 111-26.38E	闪白5秒	7	4	红色金属结构柱形立标;3.0	
7710013 (4654.513)	西线尾灯桩 Xixian Wei	21-31.50N 111-25.20E	闪绿4秒	8.7	3	绿色金属结构柱形立标,顶标为绿色尖向上锥形	右侧标
7710020.01 (4654.51)	鸡打航道1灯浮 Jida Fairway No 1	21-29.80N 111-24.44E	闪红4秒			红色标柱形,顶标为红色圆柱形	左侧标
7710020.02 (4654.512)	DONG-AH 101 虚拟航标 DONG-AH 101	21-30.50N 111-24.68E	闪(2)红6秒			红色标柱形,顶标为红色圆柱形	左侧标
7710021	东华能源1灯浮 Donghua Nengyuan No 1	21-29.83N 111-24.71E	快(6)+长闪白15秒			黄黑相间横条纹标柱形,顶标为黑色顶点朝下双锥体	南方位标
7710021.01	东华能源1灯桩 Donghua Nengyuan No 1	21-29.84N 111-24.95E	等明暗(1+1)红4秒			红色玻璃钢结构柱形立标	
7710021.02	东华能源2灯桩 Donghua Nengyuan No 2	21-29.52N 111-25.00E	等明暗(1+1)红4秒			红白相间条纹玻璃钢结构柱形立标	
7710025.01	沙尾村1灯桩 Shawei Cun No 1	21-30.73N 111-23.40E	闪红3秒	10	4	柱形立标	
7710025.02	沙尾村2灯桩 Shawei Cun No 2	21-30.66N 111-23.22E	闪红5秒	10	4	柱形立标	

编号 No.	名称 Name	位置 Position	灯质 Characteristic	灯高 Height	射程 Range	构造 Structure	附记 Remarks
7710030.01 (4654.535)	沙北村1灯桩 Shabei Cun No 1	21-30.30N 111-22.50E	闪白3秒	8	4	红色金属结构柱形立标;8.0	
7710030.02 (4654.536)	沙北村2灯桩 Shabei Cun No 2	21-30.04N 111-22.11E	快闪红	8	4	红白相间条纹金属结构柱形立标;8.0	
7710031	岭脚村灯桩 Lingjiao Cun	21-29.88N 111-21.96E	快闪红	9	4	红色金属结构柱形立标;8.0	
7710033	海后村灯桩 Haihou Cun	21-28.64N 111-20.74E	闪红5秒	9.3	4	红白相间条纹金属结构柱形立标;8.0	
7710040.01 (4654.581)	吉达1灯浮 Jida No 1	21-28.37N 111-24.15E	闪(2)白5秒			黑红黑横条纹标柱形,顶标为黑色双球体	孤立危险物浮标 AIS应答器
7710040.02 (4654.582)	吉达2灯浮 Jida No 2	21-27.62N 111-22.95E	快闪白			黑黄相间横条纹标柱形,顶标为黑色顶点朝上双锥体	北方位标AIS应答器
7710041.01	茂名气象局电缆1灯浮 Maoming Weather Bureau Cabel No L1	21-27.27N 111-20.82E	莫（C）黄12秒			黄色标柱形，顶标为黄色“X”形	水中构筑物专用标 同步闪
7710041.02	茂名气象局电缆2灯浮 Maoming Weather Bureau Cabel No L2	21-26.31N 111-21.58E	莫（C）黄12秒			黄色标柱形，顶标为黄色“X”形	水中构筑物专用标 同步闪
7710041.03	茂名气象局电缆3灯浮 Maoming Weather Bureau Cabel No L3	21-25.77N 111-22.39E	莫（C）黄12秒			黄色标柱形，顶标为黄色“X”形	水中构筑物专用标 同步闪
7710042.01	茂名气象局气象平台1灯桩 Maoming Weather Bureau Flat Roof No L1	21-26.40N 111-23.44E	莫（U）白15秒	13.5	5	混凝土结构; 29.9	同步闪
7710042.02	茂名气象局气象平台2灯桩 Maoming Weather Bureau Flat Roof No L2	21-26.40N 111-23.43E	莫（U）白15秒	13.5	5	黄色柱形立标	同步闪

编 号 No.	名 称 Name	位置 Position	灯 质 Characteristic	灯高 Height	射程 Range	构 造 Structure	附 记 Remarks
7710043	茂名气象局电缆登陆点标志牌灯桩 Maoming Weather Bureau Cable landing Point Denoter	21-28.06N 111-20.03E	定红	5	3	柱形立标;2.2	
7710044.01	茂名港吉达港区东作业区1灯浮 Maoming Gang Jida Harbour East Operation Area No 1	21-26.70N 111-24.68E	闪绿4秒			绿色锥型	右侧标同步闪AIS应答器：名称：JIDA EAST 1MMSI：994121977
7710044.02	茂名港吉达港区东作业区2灯浮 Maoming Gang Jida Harbour East Operation Area No 2	21-26.69N 111-24.53E	闪红4秒			红色罐形	左侧标同步闪AIS应答器：名称：JIDA EAST 2MMSI：994121978
7710044.03	茂名港吉达港区东作业区3灯浮 Maoming Gang Jida Harbour East Operation Area No 3	21-27.62N 111-24.63E	闪绿4秒			绿色锥型	水产作业区专用标
7710044.04	茂名港吉达港区东作业区4灯浮 Maoming Gang Jida Harbour East Operation Area No 4	21-27.61N 111-24.48E	闪红4秒			红色罐形	左侧标同步闪
7710044.05	茂名港吉达港区东作业区5灯浮 Maoming Gang Jida Harbour East Operation Area No 5	21-28.35N 111-24.59E	闪绿4秒			绿色锥型	右侧标同步闪
7710044.06	茂名港吉达港区东作业区6灯浮 Maoming Gang Jida Harbour East Operation Area No 6	21-28.42N 111-24.43E	闪红4秒			红色罐形	左侧标同步闪
7710044.07	茂名港吉达港区东作业区7灯浮 Maoming Gang Jida Harbour East Operation Area No 7	21-29.17N 111-24.55E	闪绿4秒			绿色锥型	右侧标同步闪

编 号 No.	名 称 Name	位置 Position	灯 质 Characteristic	灯高 Height	射程 Range	构 造 Structure	附 记 Remarks
7710044.08	茂名港吉达港区东作业区8灯浮 Maoming Gang Jida Harbour East Operation Area No 8	21-29.46N 111-24.37E	闪红4秒			红色罐形	左侧标同步闪
7710050 (4655)	大竹洲灯塔 Dazhu Zhou	21-26.33N 111-22.36E	闪(3)白10秒	101.4	9.8	红色混凝土结构;15.0	
7710055.01	阳江青洲测风1灯浮 YangjiangQingzhou Cefeng No 1	20-50.67N 111-32.26E	莫(0)黄12秒			黄色标柱形,顶标为黄色“X”形	海上作业区专用标AIS应答器： 名称： SANXIAQINGZHOU BUOY1 MMSI： 994121878
7710055.02	阳江青洲二测风灯浮 YangjiangQingzhou Cefeng No 2	21-02.87N 111-36.57E	莫(0)黄12秒			黄色标柱形,顶标为黄色“X”形	海上作业区专用标AIS应答器： 名称： YUEDIANQINGZHO UBUOY MMSI： 994121836
7710055.03	阳江青洲二波浪灯浮 Yangjiang Qingzhou Bolang No 2	21-02.70N 111-36.39E	莫(0)黄12秒			黄色标柱形，顶标为黄色“X”形	海上作业区专用标
7710056.02	三峡沙扒风电S2灯浮 Sanxi Shapa Fengdian No S2	21-18.34N 111-26.83E	莫（0）黄12秒			黄色标柱形，顶标为黄色“X”形	海上作业区专用标
7710056.03	三峡沙扒风电S3灯浮 Sanxi Shapa Fengdian No S3	21-19.80N 111-26.81E	莫（0）黄12秒			黄色标柱形，顶标为黄色“X”形	海上作业区专用标
7710056.013	三峡沙扒风电S13灯浮 Sanxi Shapa Fengdian No S13	21-21.27N 111-26.82E	莫（0）黄12秒			黄色标柱形，顶标为黄色“X”形	海上作业区专用标
7710056.014	三峡沙扒风电S14灯浮 Sanxi Shapa Fengdian No S14	21-22.89N 111-26.82E	莫（0）黄12秒			黄色标柱形，顶标为黄色“X”形	海上作业区专用标AIS应答器： 名称：SXSPWFS14 MMSI： 994121741 发射模式：自主连续

编 号 No.	名 称 Name	位置 Position	灯 质 Characteristic	灯高 Height	射程 Range	构 造 Structure	附 记 Remarks
7710056.015	三峡沙扒风电S15灯浮 Sanxi Shapa Fengdian No S15	21-22.90N 111-28.50E	莫（0）黄12秒			黄色标柱形，顶标为黄色“X”形	海上作业区专用标
7710056.016	三峡沙扒风电S16灯浮 Sanxi Shapa Fengdian No S16	21-22.89N 111-30.05E	莫（0）黄12秒			黄色标柱形，顶标为黄色“X”形	海上作业区专用标
7710056.017	三峡沙扒风电S17灯浮 Sanxi Shapa Fengdian No S17	21-22.89N 111-31.72E	莫（0）黄12秒			黄色标柱形，顶标为黄色“X”形	海上作业区专用标AIS应答器： 名称：SXSPWFS17 MMSI： 994121742 发射模式：自主连续
7710056.018	三峡沙扒风电S18灯浮 Sanxi Shapa Fengdian No S18	21-18.75N 111-40.12E	莫（0）黄12秒			黄色标柱形，顶标为黄色“X”形	海上作业区专用标
7710056.019	三峡沙扒风电S19灯浮 Sanxi Shapa Fengdian No S19	21-17.19N 111-40.12E	莫（0）黄12秒			黄色标柱形，顶标为黄色“X”形	海上作业区专用标
7710057.01	明阳阳江沙扒海上风电场施工期MY1灯浮 Mingyang Yangjiang Shaba Haishang Wind Power Plant Shigongqi MY No 1	21-15.61N 111-40.12E	莫（0）黄12秒			黄色标柱形，顶标为黄色“X”形	海上作业区专用标 AIS应答器： 名称：MYWF1 MMSI： 994121732 发射模式：自主连续
7710057.02	明阳阳江沙扒海上风电场施工期MY2灯浮 Mingyang Yangjiang Shaba Haishang Wind Power Plant Shigongqi MY No 2	21-14.36N 111-40.14E	莫（0）黄12秒			黄色标柱形，顶标为黄色“X”形	海上作业区专用标
7710057.03	明阳阳江沙扒海上风电场施工期MY3灯浮 Mingyang Yangjiang Shaba Haishang Wind Power Plant Shigongqi MY No 3	21-12.96N 111-40.14E	莫（0）黄12秒			黄色标柱形，顶标为黄色“X”形	海上作业区专用标 AIS应答器： 名称：MYWF3 MMSI： 994121733 发射模式：自主连续

编号 No.	名称 Name	位置 Position	灯质 Characteristic	灯高 Height	射程 Range	构造 Structure	附记 Remarks
7710057.04	明阳阳江沙扒海上风电场施工期MY4灯浮 Mingyang Yangjiang Shaba Haishang Wind Power Plant Shigongqi MY No 4	21-12.96N 111-38.27E	莫（0）黄12秒			黄色标柱形，顶标为黄色“X”形	海上作业区专用标
7710057.05	明阳阳江沙扒海上风电场施工期MY5灯浮 Mingyang Yangjiang Shaba Haishang Wind Power Plant Shigongqi MY No 5	21-12.97N 111-36.51E	莫（0）黄12秒			黄色标柱形，顶标为黄色“X”形	海上作业区专用标
7710057.06	明阳阳江沙扒海上风电场施工期MY6灯浮 Mingyang Yangjiang Shaba Haishang Wind Power Plant Shigongqi MY No 6	21-12.97N 111-34.79E	莫（0）黄12秒			黄色标柱形，顶标为黄色“X”形	海上作业区专用标
7710057.07	明阳阳江沙扒海上风电场施工期MY7灯浮 Mingyang Yangjiang Shaba Haishang Wind Power Plant Shigongqi MY No 7	21-12.97N 111-32.88E	莫（0）黄12秒			黄色标柱形，顶标为黄色“X”形	海上作业区专用标
7710057.08	明阳阳江沙扒海上风电场施工期MY8灯浮 Mingyang Yangjiang Shaba Haishang Wind Power Plant Shigongqi MY No 8	21-14.38N 111-32.88E	莫（0）黄12秒			黄色标柱形，顶标为黄色“X”形	海上作业区专用标
7710057.09	明阳阳江沙扒海上风电场施工期MY9灯浮 Mingyang Yangjiang Shaba Haishang Wind Power Plant Shigongqi MY No 9	21-15.58N 111-32.22E	莫（0）黄12秒			黄色标柱形，顶标为黄色“X”形	海上作业区专用标
7710057.010	明阳阳江沙扒海上风电场施工期MY10灯浮 Mingyang Yangjiang Shaba Haishang Wind Power Plant Shigongqi MY No 10	21-15.69N 111-34.70E	莫（0）黄12秒			黄色标柱形，顶标为黄色“X”形	海上作业区专用标

编 号 No.	名 称 Name	位置 Position	灯 质 Characteristic	灯高 Height	射程 Range	构 造 Structure	附 记 Remarks
7710057.011	明阳阳江沙扒海上风电场施工期MY11灯浮 Mingyang Yangjiang Shaba Haishang Wind Power Plant Shigongqi MY No 11	21-15.69N 111-36.66E	莫（0）黄12秒			黄色标柱形，顶标为黄色“X”形	海上作业区专用标
7710057.012	明阳阳江沙扒海上风电场施工期MY12灯浮 Mingyang Yangjiang Shaba Haishang Wind Power Plant Shigongqi MY No 12	21-15.67N 111-38.44E	莫（0）黄12秒			黄色标柱形，顶标为黄色“X”形	海上作业区专用标
7710058	博贺新港区通用码头1（T1）灯浮 Bohe New Harbour Tongyong Pier No 1 (T1)	21-25.64N 111-17.24E	甚快（3）白5秒			黑黄黑横条纹标柱形，顶标为黑色顶点相背双锥体	东方位标
7710058.01	青洲三风电QZ1灯浮 Qingzhousan Wind Power QZ No 1	20-57.97N 111-36.55E	莫（0）黄12秒			黄色标柱形，顶标为黄色“X”形	海上作业区专用标
7710058.02	青洲三风电QZ2灯浮 Qingzhousan Wind Power QZ No 2	20-59.47N 111-36.55E	莫（0）黄12秒			黄色标柱形，顶标为黄色“X”形	海上作业区专用标AIS应答器：名称：QZWF2 MMSI：994121761 发射模式：自主连续
7710058.03	青洲三风电QZ3灯浮 Qingzhousan Wind Power QZ No 3	21-00.31N 111-37.16E	莫（0）黄12秒			黄色标柱形，顶标为黄色“X”形	海上作业区专用标
7710058.04	青洲三风电QZ4灯浮 Qingzhousan Wind Power QZ No 4	21-00.75N 111-38.43E	莫（0）黄12秒			黄色标柱形，顶标为黄色“X”形	海上作业区专用标
7710058.05	青洲三风电QZ5灯浮 Qingzhousan Wind Power QZ No 5	21-01.32N 111-40.32E	莫（0）黄12秒			黄色标柱形，顶标为黄色“X”形	海上作业区专用标AIS应答器：名称：QZWF5 MMSI：994121762 发射模式：自主连续

编号 No.	名称 Name	位置 Position	灯质 Characteristic	灯高 Height	射程 Range	构造 Structure	附记 Remarks
7710058.06	青洲三风电QZ6灯浮 Qingzhousan Wind Power QZ No 6	20-59.29N 111-40.32E	莫（0）黄12秒			黄色标柱形，顶标为黄色“X”形	海上作业区专用标
7710058.07	青洲三风电QZ7灯浮 Qingzhousan Wind Power QZ No 7	20-56.91N 111-38.43E	莫（0）黄12秒			黄色标柱形，顶标为黄色“X”形	海上作业区专用标
7710058.08	青洲三风电QZ8灯浮 Qingzhousan Wind Power QZ No 8	20-56.43N 111-37.16E	莫（0）黄12秒			黄色标柱形，顶标为黄色“X”形	海上作业区专用标AIS应答器： 名称：QZWF8 MMSI： 994121763 发射模式：自主连续
7710058.09	青洲三风电QZ9灯浮 Qingzhousan Wind Power QZ No 9	20-55.96N 111-35.62E	莫（0）黄12秒			黄色标柱形，顶标为黄色“X”形	海上作业区专用标
7710058.10	青洲三风电QZ10灯浮 Qingzhousan Wind Power QZ No 10	20-55.50N 111-34.23E	莫（0）黄12秒			黄色标柱形，顶标为黄色“X”形	海上作业区专用标
7710058.11	青洲三风电QZ11灯浮 Qingzhousan Wind Power QZ No 11	20-54.94N 111-32.50E	莫（0）黄12秒			黄色标柱形，顶标为黄色“X”形	海上作业区专用标AIS应答器： 名称：QZWF11 MMSI： 994121759 发射模式：自主连续
7710058.12	青洲三风电QZ12灯浮 Qingzhousan Wind Power QZ No 12	20-57.08N 111-32.50E	莫（0）黄12秒			黄色标柱形，顶标为黄色“X”形	海上作业区专用标
7710058.13	青洲三风电QZ13灯浮 Qingzhousan Wind Power QZ No 13	20-58.89N 111-32.50E	莫（0）黄12秒			黄色标柱形，顶标为黄色“X”形	海上作业区专用标AIS应答器： 名称：QZWF13 MMSI： 994121760 发射模式：自主连续
7710058.14	青洲三风电QZ14灯浮 Qingzhousan Wind Power QZ No 14	20-59.47N 111-34.23E	莫（0）黄12秒			黄色标柱形，顶标为黄色“X”形	海上作业区专用标

编 号 No.	名 称 Name	位置 Position	灯 质 Characteristic	灯高 Height	射程 Range	构 造 Structure	附 记 Remarks
7710058.15	青洲三风电QZ15灯浮 Qingzhousan Wind Power QZ No 15	20-59.93N 111-35.62E	莫（0）黄12秒			黄色标柱形，顶标为黄色“X”形	海上作业区专用标
7710059.01	粤电煤炭码头航道1灯浮 Yuedian Meitan Pier Fairway No 1	21-22.76N 111-18.64E	闪绿4秒		3	绿色标柱形	右侧标 AIS应答器
7710059.02	粤电煤炭码头航道2灯浮 Yuedian Meitan Pier Fairway No 2	21-22.72N 111-18.50E	闪红4秒		3	红色标柱形	左侧标 AIS应答器
7710059.03	粤电煤炭码头航道3灯浮 Yuedian Meitan Pier Fairway No 3	21-23.97N 111-18.21E	闪（2）绿6秒		3	绿色标柱形	右侧标
7710059.04	粤电煤炭码头航道4灯浮 Yuedian Meitan Pier Fairway No 4	21-23.94N 111-18.07E	闪（2）红6秒		3	红色标柱形	左侧标
7710059.05	粤电煤炭码头航道5灯浮 Yuedian Meitan Pier Fairway No 5	21-25.39N 111-17.71E	闪（3）绿10秒		3	绿色标柱形	右侧标
7710059.06	粤电煤炭码头航道6灯浮 Yuedian Meitan Pier Fairway No 6	21-25.16N 111-17.64E	闪（3）红10秒		3	红色标柱形	左侧标
7710059.07	粤电煤炭码头航道7灯浮 Yuedian Meitan Pier Fairway No 7	21-25.43N 111-17.54E	闪（2）红6秒		3	红色标柱形	左侧标
7710059.08	粤电煤炭码头航道8灯浮 Yuedian Meitan Pier Fairway No 8	21-26.00N 111-17.61E	甚快（6）+ 长闪白10秒		3	黄黑相间横条纹标柱形，顶标为黑色顶点朝下双锥体	南方位标
7710060	中广核阳江帆石项目海上测风灯浮 Zhongguanghe Yangjiang Fanshi Xiangmu Offshore Wind Gauge	21-05.10N 112-13.26E	莫(0)黄12秒			黄色标柱形，顶标为黄色“X”形	海上作业区专用标AIS应答器： 名称： 994121686 MMSI： 自主连续 发射模式： 三分钟

编号 No.	名称 Name	位置 Position	灯质 Characteristic	灯高 Height	射程 Range	构造 Structure	附记 Remarks
7710061.01	粤电风电S1灯浮 Yuedian Wind Power No S1	21-20.02N 111-32.24E	莫(0)黄12秒			黄色标柱形，顶标为黄色“X”形	海上作业区专用标AIS应答器
7710061.010	粤电风电S10灯浮 Yuedian Wind Power No S10	21-23.16N 111-34.53E	莫(0)黄12秒			黄色标柱形，顶标为黄色“X”形	海上作业区专用标
7710061.011	粤电风电S11灯浮 Yuedian Wind Power No S11	21-23.16N 111-32.54E	莫(0)黄12秒			黄色标柱形，顶标为黄色“X”形	海上作业区专用标AIS应答器
7710061.012	粤电风电S12灯浮 Yuedian Wind Power No S12	21-21.48N 111-32.54E	莫(0)黄12秒			黄色标柱形，顶标为黄色“X”形	海上作业区专用标
7710061.02	粤电风电S2灯浮 Yuedian Wind Power No S2	21-20.37N 111-34.23E	莫(0)黄12秒			黄色标柱形，顶标为黄色“X”形	海上作业区专用标
7710061.03	粤电风电S3灯浮 Yuedian Wind Power No S3	21-20.37N 111-36.59E	莫(0)黄12秒			黄色标柱形，顶标为黄色“X”形	海上作业区专用标
7710061.04	粤电风电S4灯浮 Yuedian Wind Power No S4	21-20.37N 111-38.71E	莫(0)黄12秒			黄色标柱形，顶标为黄色“X”形	海上作业区专用标
7710061.05	粤电风电S5灯浮 Yuedian Wind Power No S5	21-19.80N 111-40.48E	莫(0)黄12秒			黄色标柱形，顶标为黄色“X”形	海上作业区专用标AIS应答器
7710061.06	粤电风电S6灯浮 Yuedian Wind Power No S6	21-21.48N 111-40.48E	莫(0)黄12秒			黄色标柱形，顶标为黄色“X”形	海上作业区专用标
7710061.07	粤电风电S7灯浮 Yuedian Wind Power No S7	21-23.16N 111-40.48E	莫(0)黄12秒			黄色标柱形，顶标为黄色“X”形	海上作业区专用标AIS应答器
7710061.08	粤电风电S8灯浮 Yuedian Wind Power No S8	21-23.16N 111-38.49E	莫(0)黄12秒			黄色标柱形，顶标为黄色“X”形	海上作业区专用标

编号 No.	名称 Name	位置 Position	灯质 Characteristic	灯高 Height	射程 Range	构造 Structure	附记 Remarks
7710061.09	粤电风电S9灯浮 Yuedian Wind Power No S9	21-23.16N 111-36.51E	莫(0)黄12秒			黄色标柱形，顶标为黄色“X”形	海上作业区专用标
7710062	粤电煤炭码头防波堤灯桩 Yuedian Meitan Pier Breakwater	21-25.52N 111-17.83E	闪绿2秒	10	5	绿白相间条纹玻璃钢结构柱形立标	
7710063	粤电煤炭码头航道引导灯桩前 Yuedian Meitan Pier Fairway Ldg Lts, Middle Front	21-26.63N 111-17.19E	闪红3秒	35	7	红白相间条纹金属结构柱形立标;32.2	
7710064	粤电煤炭码头航道引导灯桩后 Yuedian Meitan Pier Fairway Ldg Lts, Middle Rear	21-27.53N 111-16.88E	闪红3秒	50	7	红白相间条纹金属结构柱形立标;47.2	
7710066	茂名港博贺新港区东防波堤灯桩 Maoming Gang Bohe New Harbour Breakwater E	21-24.34N 111-18.13E	等明暗绿4秒	21.2	6	绿色金属结构柱形立标;12.0	
7710066.01	青洲四风电S1灯浮 Qingzhousi Wind Power No S1	20-57.15N 111-40.01E	莫(0)黄12秒			黄色标柱形，顶标为黄色“X”形	海上作业区专用标
7710066.02	青洲四风电S2灯浮 Qingzhousi Wind Power No S2	20-55.77N 111-40.01E	莫(0)黄12秒			黄色标柱形，顶标为黄色“X”形	海上作业区专用标
7710066.03	青洲四风电S3灯浮 Qingzhousi Wind Power No S3	20-54.39N 111-40.01E	莫(0)黄12秒			黄色标柱形，顶标为黄色“X”形	海上作业区专用标AIS应答器：名称：QINGZHOU S3MMSI：9994121959发射模式：自主连续
7710066.04	青洲四风电S4灯浮 Qingzhousi Wind Power No S4	20-53.80N 111-38.45E	莫(0)黄12秒			黄色标柱形，顶标为黄色“X”形	海上作业区专用标

编 号 No.	名 称 Name	位置 Position	灯 质 Characteristic	灯高 Height	射程 Range	构 造 Structure	附 记 Remarks
7710066.05	青洲四风电S5灯浮 Qingzhousi Wind Power No S5	20-53.22N 111-36.88E	莫(0)黄12秒			黄色标柱形，顶标为黄色“X”形	海上作业区专用标AIS应答器：名称：QINGZHOU S5MMSI：994121960发射模式：自主连续
7710066.06	青洲四风电S6灯浮 Qingzhousi Wind Power No S6	20-52.64N 111-35.30E	莫(0)黄12秒			黄色标柱形，顶标为黄色“X”形	海上作业区专用标
7710066.07	青洲四风电S7灯浮 Qingzhousi Wind Power No S7	20-52.06N 111-33.73E	莫(0)黄12秒			黄色标柱形，顶标为黄色“X”形	海上作业区专用标
7710066.08	青洲四风电S8灯浮 Qingzhousi Wind Power No S8	20-51.48N 111-32.16E	莫(0)黄12秒			黄色标柱形，顶标为黄色“X”形	海上作业区专用标AIS应答器：名称：QINGZHOU S8MMSI：994121961发射模式：自主连续
7710066.09	青洲四风电S9灯浮 Qingzhousi Wind Power No S9	20-52.62N 111-32.16E	莫(0)黄12秒			黄色标柱形，顶标为黄色“X”形	海上作业区专用标
7710066.10	青洲四风电S10灯浮 Qingzhousi Wind Power No S10	20-53.90N 111-32.16E	莫(0)黄12秒			黄色标柱形，顶标为黄色“X”形	海上作业区专用标
7710066.11	青洲四风电S11灯浮 Qingzhousi Wind Power No S11	20-55.09N 111-32.16E	莫(0)黄12秒			黄色标柱形，顶标为黄色“X”形	海上作业区专用标AIS应答器：名称：QINGZHOU S11MMSI：994121962发射模式：自主连续
7710067	博贺新港区东防波堤1灯浮 Bohe New Harbour Breakwater E No 1	21-26.46N 111-18.95E	莫(C)黄12秒			黄色标柱形，顶标为黄色“X”形	水中构筑物专用标
7710068	茂名港博贺新港区西防波堤灯桩 Maoming Gang Bohe New Harbour Breakwater W	21-24.27N 111-17.78E	等明暗红4秒	21.2	6	红色金属结构柱形立标;12.0	

编号 No.	名称 Name	位置 Position	灯质 Characteristic	灯高 Height	射程 Range	构造 Structure	附记 Remarks
7710069	博贺新港区东防波堤2灯浮 Bohe New Harbour Breakwater E No 2	21-25.38N 111-18.62E	莫(C)黄12秒			黄色标柱形，顶标为黄色“X”形	水中构筑物专用标
7710069.01	粤电阳江青洲YQ1灯浮 Yuedian Yangjiang Qingzhou No YQ1	20-59.75N 111-31.99E	莫(0)黄12秒			黄色金属结构标柱形，顶标为黄色“X”形	海上作业区专用标
7710069.02	粤电阳江青洲YQ2灯浮 Yuedian Yangjiang Qingzhou No YQ2	21-01.77N 111-31.99E	莫(0)黄12秒			黄色金属结构标柱形，顶标为黄色“X”形	海上作业区专用标
7710069.03	粤电阳江青洲YQ3灯浮 Yuedian Yangjiang Qingzhou No YQ3	21-03.80N 111-31.99E	莫(0)黄12秒			黄色金属结构标柱形，顶标为黄色“X”形	海上作业区专用标
7710069.04	粤电阳江青洲YQ4灯浮 Yuedian Yangjiang Qingzhou No YQ4	21-05.71N 111-31.99E	莫(0)黄12秒			黄色金属结构标柱形，顶标为黄色“X”形	海上作业区专用标AIS应答器：名称：YUEDIAN YQ4MMSI：994121949发射模式：自主连续
7710069.05	粤电阳江青洲YQ5灯浮 Yuedian Yangjiang Qingzhou No YQ5	21-06.44N 111-34.70E	莫(0)黄12秒			黄色金属结构标柱形，顶标为黄色“X”形	海上作业区专用标
7710069.06	粤电阳江青洲YQ6灯浮 Yuedian Yangjiang Qingzhou No YQ6	21-07.17N 111-37.43E	莫(0)黄12秒			黄色金属结构标柱形，顶标为黄色“X”形	海上作业区专用标
7710069.07	粤电阳江青洲YQ7灯浮 Yuedian Yangjiang Qingzhou No YQ7	21-07.89N 111-40.17E	莫(0)黄12秒			黄色金属结构标柱形，顶标为黄色“X”形	海上作业区专用标AIS应答器：名称：YUEDIAN YQ7MMSI：994121950发射模式：自主连续
7710069.08	粤电阳江青洲YQ8灯浮 Yuedian Yangjiang Qingzhou No YQ8	21-06.05N 111-40.17E	莫(0)黄12秒			黄色金属结构标柱形，顶标为黄色“X”形	海上作业区专用标
7710069.09	粤电阳江青洲YQ9灯浮 Yuedian Yangjiang Qingzhou No YQ9	21-04.17N 111-40.17E	莫(0)黄12秒			黄色金属结构标柱形，顶标为黄色“X”形	海上作业区专用标

编 号 No.	名 称 Name	位置 Position	灯 质 Characteristic	灯高 Height	射程 Range	构 造 Structure	附 记 Remarks
7710069.10	粤电阳江青洲YQ10灯浮 Yuedian Yangjiang Qingzhou No YQ10	21-02.33N 111-40.17E	莫(0)黄12秒			黄色金属结构标柱形，顶标为黄色“X”形	海上作业区专用标
7710071	园子角灯浮 Yuanzi Jiao	21-24.78N 111-15.74E	闪(2)白5秒			黑红黑横条纹标柱形，顶标为黑色双球体	孤立危险物浮标
7710072	马嘴石灯浮 Mazui Shi	21-24.99N 111-16.63E	闪(2)白5秒			黑红黑横条纹标柱形，顶标为黑色双球体	孤立危险物浮标
7710080 (4656.21)	东塔石灯浮 Dongta Shi	21-25.06N 111-16.87E	闪(2)白5秒			黑红黑横条纹标柱形，顶标为黑色双球体	孤立危险物浮标
7710090 (4656.212)	莲头岭南1灯浮 Liantou Lingnan No 1	21-23.73N 111-17.00E	闪(2)白5秒			黑红黑横条纹标柱形，顶标为黑色双球体	孤立危险物浮标
7710100 (4656.215)	龙虾排灯浮 Longxia Pai	21-24.50N 111-16.53E	闪(2)白5秒			黑红黑横条纹标柱形，顶标为黑色双球体	孤立危险物浮标
7710110 (4656.218)	博贺新港区西防波堤1灯浮 Bohe New Harbour Breakwater W No 1	21-24.99N 111-16.26E	莫(C)黄12秒			黄色标柱形，顶标为黄色“X”形	水中构筑物专用标
7710120 (4656.219)	莲头3灯浮 Liantou No 3	21-23.75N 111-17.28E	闪(2)白5秒			黑红黑横条纹标柱形，顶标为黑色双球体	孤立危险物浮标
7710130 (4656.4)	白担石灯桩 Baidan Shi	21-24.52N 111-14.91E	闪白4秒	17	3	白色砖石结构柱形立标；7.8	
7710131	小放鸡岛灯桩 Xiaofangji Dao	21-24.41N 111-13.18E	闪白5秒	10	4	红色金属结构柱形立标；4.0	
7710140 (4656.5)	莲头灯桩 Liantou	21-25.65N 111-15.21E	快闪白	11	7	玻璃钢结构柱形立标	
7710150.01 (4658)	博贺港1灯浮 Bohe Gang No 1	21-23.71N 111-13.84E	闪绿4秒			绿色标柱形，顶标为绿色尖向上锥形	右侧标

编号 No.	名称 Name	位置 Position	灯质 Characteristic	灯高 Height	射程 Range	构造 Structure	附记 Remarks
7710150.02 (4659)	博贺港2灯浮 Bohe Gang No 2	21-24.49N 111-13.72E	闪(2)绿6秒			绿色标柱形，顶标为绿色尖向上锥形	右侧标
7710150.03 (4660)	博贺港3灯浮 Bohe Gang No 3	21-24.52N 111-13.48E	闪(2)红6秒			红色标柱形，顶标为红色圆柱形	左侧标
7710150.04 (4661)	博贺港4灯浮 Bohe Gang No 4	21-25.35N 111-13.76E	闪(3)绿10秒			绿色标柱形，顶标为绿色尖向上锥形	右侧标
7710150.05 (4662)	博贺港5灯浮 Bohe Gang No 5	21-25.37N 111-13.61E	闪(3)红10秒			红色标柱形，顶标为红色圆柱形	左侧标
7710150.06 (4663)	博贺港6灯浮 Bohe Gang No 6	21-26.19N 111-13.78E	闪绿4秒			绿色标柱形，顶标为绿色尖向上锥形	右侧标
7710150.07 (4664)	博贺港7灯浮 Bohe Gang No 7	21-26.20N 111-13.63E	闪红4秒			红色标柱形，顶标为红色圆柱形	左侧标
7710150.08 (4665)	博贺港8灯浮 Bohe Gang No 8	21-26.74N 111-13.87E	闪(2)绿6秒			绿色标柱形，顶标为绿色尖向上锥形	导标雷达应答器：信号Y（- . - -）两灯一线：315°01′58″
7710150.09 (4666)	博贺港9灯浮 Bohe Gang No 9	21-26.96N 111-13.76E	闪(2)红6秒			红色标柱形，顶标为红色圆柱形	左侧标
7710150.10 (4667)	博贺港10灯浮 Bohe Gang No 10	21-27.83N 111-14.50E	闪(3)绿10秒			绿色标柱形，顶标为绿色尖向上锥形	右侧标
7710150.11 (4668)	博贺港11灯浮 Bohe Gang No 11	21-27.78N 111-14.36E	闪(3)红10秒			红色标柱形，顶标为红色圆柱形	左侧标
7710150.12 (4669)	博贺港12灯浮 Bohe Gang No 12	21-28.71N 111-14.34E	闪绿4秒			绿色标柱形，顶标为绿色尖向上锥形	右侧标
7710150.121 (4669.01)	博贺港12-1灯浮 Bohe Gang No 12-1	21-28.59N 111-14.31E	闪红4秒			红色标柱形，顶标为红色圆柱形	左侧标

编号 No.	名称 Name	位置 Position	灯质 Characteristic	灯高 Height	射程 Range	构造 Structure	附记 Remarks
7710150.131	博贺港13-1灯浮 Bohe Gang No 13-1	21-28.86N 111-14.35E	闪(2)绿6秒			绿色标柱形，顶标为绿色尖向上锥形	右侧标
7710152	白排灯桩 Baipai	21-26.75N 111-12.42E	闪白5秒	6	4	红色玻璃钢结构柱形立标;3.0	
7710160 (4669.05)	博贺港灯桩 Bohe Gang	21-28.83N 111-14.00E	快闪白	19	4	柱形立标	
7710161.01	博贺浅滩1灯桩 Bohe Shoal No 1	21-28.68N 111-14.05E	快闪白	2.8	4	白色玻璃钢结构柱形立标;3.0	
7710161.02	博贺浅滩2灯桩 Bohe Shoal No 2	21-28.77N 111-13.99E	等明暗白4秒	2.8	4	红白相间条纹玻璃钢结构柱形立标;3.0	
7710180.01 (4669.061)	博贺港渡运1灯浮 Bohe Gang Duyun No 1	21-29.63N 111-13.98E	莫(Z)黄12秒			黄色标柱形，顶标为黄色“X”形	
7710180.02 (4669.062)	博贺港渡运2灯浮 Bohe Gang Duyun No 2	21-29.57N 111-14.00E	莫(Z)黄12秒			黄色标柱形，顶标为黄色“X”形	
7710181	新屋仔村灯桩 Xinwuzai Cun	21-28.95N 111-12.95E	闪红3秒	10.5	4	红白相间条纹金属结构柱形立标;8.0	
7710190 (4669.07)	博贺村灯桩 Bohe Cun	21-28.90N 111-12.16E	闪红3秒	8	4	红色金属结构柱形立标;8.0	
7710194	那尾村灯桩 Nawei Cun	21-28.75N 111-11.52E	快闪白	9	4	红白相间条纹金属结构柱形立标;8.0	
7710195	新沟村灯桩 Xingou Cun	21-28.52N 111-10.85E	闪红3秒	8.5	4	红色金属结构柱形立标;8.0	
7710196.01	杨梅村1灯桩 Yangmei Cun No 1	21-28.22N 111-10.02E	闪白3秒	8.7	4	红白相间条纹金属结构柱形立标;8.0	
7710196.02	杨梅村2灯桩 Yangmei Cun No 2	21-28.12N 111-09.72E	闪红3秒	9.1	4	红色金属结构柱形立标;8.0	

编号 No.	名称 Name	位置 Position	灯质 Characteristic	灯高 Height	射程 Range	构造 Structure	附记 Remarks
7710200 (4669.5)	大放鸡灯塔 Dafangji	21-23.08N 111-11.13E	闪白6秒	138.7	18	红色混凝土结构;13.1	雷达应答器:信号Z(- - . .)
7710200.01 (4669.501)	大放鸡1灯浮 Dafangji No 1	21-23.62N 111-11.12E	闪(2)绿6秒			绿色标柱形,顶标为绿色尖向上锥形	右侧标
7710200.02 (4669.502)	大放鸡2灯浮 Dafangji No 2	21-24.97N 111-12.72E	闪绿4秒			绿色标柱形,顶标为绿色尖向上锥形	右侧标
7710210 (4669.52)	大放鸡码头东坝头灯桩 Dafangji Pier E Dam Head	21-23.48N 111-11.16E	闪红4秒	6	3	柱形立标	
7710220 (4669.53)	大放鸡码头西坝头灯桩 Dafangji Pier W Dam Head	21-23.46N 111-11.11E	闪绿4秒	6	3	柱形立标	
7710220.01 (4669.531)	放鸡岛1灯浮 Fangji Dao No 1	21-22.69N 111-11.29E	莫(Y)黄12秒			黄色标柱形,顶标为黄色“X”形	娱乐区专用标
7710220.02 (4669.532)	放鸡岛2灯浮 Fangji Dao No 2	21-22.26N 111-10.75E	莫(Y)黄12秒			黄色标柱形,顶标为黄色“X”形	娱乐区专用标
7710221 (4669.535)	大放鸡岛北部灯浮 Dafangjidao N	21-23.72N 111-10.80E	莫(Y)黄12秒			黄色标柱形，顶标为黄色“X”形	娱乐区专用标
7710225.01 (4669.536)	深水网箱1灯浮 Deepwater Net Box No 1	21-22.33N 111-10.45E	莫(F)黄12秒			黄色标柱形,顶标为黄色“X”形	水产作业区专用标
7710225.02 (4669.537)	深水网箱2灯浮 Deepwater Net Box No 2	21-22.42N 111-10.05E	莫(F)黄12秒			黄色标柱形,顶标为黄色“X”形	水产作业区专用标
7710225.03 (4669.538)	深水网箱3灯浮 Deepwater Net Box No 3	21-22.79N 111-09.83E	莫(F)黄12秒			黄色标柱形,顶标为黄色“X”形	水产作业区专用标
7710225.04 (4669.539)	深水网箱4灯浮 Deepwater Net Box No 4	21-23.30N 111-09.94E	莫(F)黄12秒			黄色标柱形,顶标为黄色“X”形	水产作业区专用标

编 号 No.	名 称 Name	位置 Position	灯 质 Characteristic	灯高 Height	射程 Range	构 造 Structure	附 记 Remarks
7710230 (4669.54)	龙头山2灯桩 Longtou Shan No 2	21-28.06N 111-09.30E	快闪红	11	7	柱形立标	红色高分子圆柱形灯桩
7710240 (4669.55)	龙头山1灯桩 Longtou Shan No 1	21-28.12N 111-07.79E	快闪红	10	7	柱形立标	红色铝合金圆柱形灯桩
7710250 (4669.601)	黑石灯浮 Heishi	21-26.47N 111-08.37E	闪(2)白5秒			黑红黑横条纹标柱形,顶标为黑色双球体	孤立危险物浮标
7710251	马鞍石灯浮 Ma'an Shi	21-26.74N 111-03.21E	闪(2)白5秒			黑红黑横条纹标柱形,顶标为黑色双球体	孤立危险物浮标
7710252 (4669.6011)	黑枕石灯浮 Heizhen Shi	21-26.78N 111-08.53E	闪(2)白5秒			黑红黑横条纹标柱形,顶标为黑色双球体	孤立危险物浮标
7710253 (4669.6012)	对叉石灯浮 Duicha Shi	21-27.03N 111-08.59E	闪(2)白5秒			黑红黑横条纹标柱形,顶标为黑色双球体	孤立危险物浮标
7710260 (4669.603)	福排岩灯浮 Fupai Yan	21-25.50N 111-07.87E	闪(2)白5秒			黑红黑横条纹标柱形,顶标为黑色双球体	孤立危险物浮标
7710270 (4669.604)	港口东石灯浮 Gangkou Dongshi	21-25.83N 111-07.35E	闪(2)白5秒			黑红黑横条纹标柱形,顶标为黑色双球体	孤立危险物浮标
7710271	高楼灯浮 Gaolou	21-27.37N 111-07.83E	闪(2)白5秒			黑红黑横条纹标柱形,顶标为黑色双球体	孤立危险物浮标
7710272	南担礁北部灯浮 Nandan Jiao N	21-25.93N 111-04.12E	闪(2)白5秒			黑红黑横条纹标柱形,顶标为黑色双球体	孤立危险物浮标
7710273	里石灯浮 Lishi	21-26.26N 111-04.07E	闪(2)白5秒			黑红黑横条纹标柱形,顶标为黑色双球体	孤立危险物浮标
7710290 (4670)	水东港那逢灯桩 Shuidong Gang Nafeng	21-29.29N 111-04.20E	闪白4秒		4	白色混凝土结构柱形立标;8.3	

编 号 No.	名 称 Name	位置 Position	灯 质 Characteristic	灯高 Height	射程 Range	构 造 Structure	附 记 Remarks
7710300 (4671)	水东港引导灯桩前 Shuidong Gang Ldg Lts, Front	21-27.68N 111-06.16E	等明暗白4秒	22	7	白色砖石结构柱形立标;20.2	导标
7710301	SHUI DONG GANG LAN SHI 虚拟航标 SHUI DONG GANG LAN SHI	21-27.21N 111-06.27E					MMSI:994136709 发射模式:自主连续
7710320 (4672)	水东港引导灯桩后 Shuidong Gang Ldg Lts, Rear	21-28.22N 111-06.03E	等明暗白4秒	32	7	白色砖石结构柱形立标;25.5	导标
7710330.001 (4673.09)	水东港10灯浮 Shuidong Gang No 10	21-26.91N 111-06.28E	快闪红			红色罐形	左侧标同步闪
7710330.002 (4674.09)	水东港20灯浮 Shuidong Gang No 20	21-28.60N 111-04.74E	闪(2)红6秒			红色罐形	左侧标同步闪
7710330.01 (4673)	水东港1灯浮 Shuidong Gang No 1	21-23.11N 111-07.27E	闪绿4秒			绿色锥形	右侧标同步闪AIS应答器
7710330.02 (4673.01)	水东港2灯浮 Shuidong Gang No 2	21-23.08N 111-07.15E	闪红4秒			红色罐形	左侧标同步闪AIS应答器
7710330.03 (4673.02)	水东港3灯浮 Shuidong Gang No 3	21-24.34N 111-06.98E	闪绿4秒			绿色锥形	右侧标同步闪
7710330.04 (4673.03)	水东港4灯浮 Shuidong Gang No 4	21-24.32N 111-06.88E	闪红4秒			红色罐形	左侧标同步闪
7710330.05 (4673.04)	水东港5灯浮 Shuidong Gang No 5	21-25.50N 111-06.71E	闪绿4秒			绿色锥形	右侧标同步闪
7710330.06 (4673.05)	水东港6灯浮 Shuidong Gang No 6	21-25.48N 111-06.61E	闪红4秒			红色罐形	左侧标同步闪
7710330.07 (4673.06)	水东港7灯浮 Shuidong Gang No 7	21-26.19N 111-06.56E	闪绿4秒			绿色锥形	右侧标同步闪AIS应答器
7710330.08 (4673.07)	水东港8灯浮 Shuidong Gang No 8	21-26.17N 111-06.45E	闪红4秒			红色罐形	左侧标同步闪AIS应答器

编号 No.	名称 Name	位置 Position	灯质 Characteristic	灯高 Height	射程 Range	构造 Structure	附记 Remarks
7710330.09 (4673.08)	水东港9灯浮 Shuidong Gang No 9	21-26.92N 111-06.39E	快闪绿			绿色锥形	右侧标同步闪
7710330.11 (4674)	水东港11灯浮 Shuidong Gang No 11	21-27.56N 111-05.91E	闪(2)红6秒			红色罐形	左侧标
7710330.12 (4674.01)	水东港12灯浮 Shuidong Gang No 12	21-27.62N 111-05.85E	闪(2)白5秒			黑红黑横条纹标柱形，顶标为黑色双球体	孤立危险物浮标 AIS应答器
7710330.13 (4674.02)	水东港13灯浮 Shuidong Gang No 13	21-27.68N 111-05.92E	闪(2)绿6秒			绿色锥形	右侧标
7710330.14 (4674.03)	水东港14灯浮 Shuidong Gang No 14	21-28.08N 111-05.37E	闪(3)红10秒			红色罐形	左侧标
7710330.15 (4674.04)	水东港15灯浮 Shuidong Gang No 15	21-28.22N 111-05.33E	闪(3)绿10秒			绿色锥形	右侧标
7710330.16 (4674.05)	水东港16灯浮 Shuidong Gang No 16	21-28.31N 111-05.12E	闪红4秒			红色罐形	左侧标
7710330.17 (4674.06)	水东港17灯浮 Shuidong Gang No 17	21-28.46N 111-05.06E	闪(2)绿6秒			绿色锥形	右侧标同步闪
7710330.18 (4674.07)	水东港18灯浮 Shuidong Gang No 18	21-28.40N 111-05.01E	闪(2)红6秒			红色罐形	左侧标同步闪
7710330.19 (4674.08)	水东港19灯浮 Shuidong Gang No 19	21-28.65N 111-04.83E	闪(2)绿6秒			绿色锥形	右侧标同步闪
7710330.21 (4674.1)	水东港21灯浮 Shuidong Gang No 21	21-28.88N 111-04.56E	闪(2)绿6秒			绿色锥形	右侧标同步闪
7710330.22 (4674.2)	水东港22灯浮 Shuidong Gang No 22	21-28.79N 111-04.52E	闪(2)红6秒			红色罐形	左侧标同步闪
7710340 (4674.021)	无名沉船灯浮 Nameless Wreck	21-28.24N 111-05.28E	互明暗蓝黄3秒			蓝黄相间竖条纹标柱形，顶标为黄色竖直十字形	

编 号 No.	名 称 Name	位置 Position	灯 质 Characteristic	灯高 Height	射程 Range	构 造 Structure	附 记 Remarks
7710350.23 (4674.12)	水东港23灯浮 Shuidong Gang No 23	21-28.34N 111-04.95E	快闪(9)白15秒			黄黑黄横条纹标柱形，顶标为黑色顶点相对双锥体	西方位标AIS应答器
7710350.24 (4674.13)	水东港24灯浮 Shuidong Gang No 24	21-28.54N 111-04.73E	快闪(3)白10秒			黑黄黑横条纹标柱形，顶标为黑色顶点相背双锥体	东方位标
7710350.25 (4674.14)	水东港25灯浮 Shuidong Gang No 25	21-28.75N 111-04.50E	闪(2)白5秒			黑红黑横条纹标柱形，顶标为黑色双球体	孤立危险物浮标
7710350.26 (4674.15)	水东港26灯浮 Shuidong Gang No 26	21-29.01N 111-04.33E	闪(3)绿10秒			绿色锥形	右侧标
7710350.27 (4674.155)	水东港27灯浮 Shuidong Gang No 27	21-29.15N 111-04.12E	闪绿4秒			绿色锥形	右侧标
7710350.28 (4674.16)	水东港28灯浮 Shuidong Gang No 28	21-29.28N 111-03.89E	闪(2)白5秒			黑红黑横条纹标柱形，顶标为黑色双球体	孤立危险物浮标
7710350.29 (4674.161)	水东港29灯浮 Shuidong Gang No 29	21-29.24N 111-03.82E	甚快(6)+长闪白10秒			黄黑相间横条纹标柱形，顶标为黑色顶点朝下双锥体	南方位标
7710360 (4674.17)	水东港乙烯码头灯桩 Shuidong Gang Ethylene Pier	21-28.27N 111-04.91E	快闪(9)白15秒	8.4		黄色金属结构柱形立标	
7710365 (4674.181)	兰风石灯浮 Lanfeng Shi	21-29.47N 111-03.67E	闪(2)白5秒			黑红黑横条纹标柱形，顶标为黑色双球体	孤立危险物浮标
7710370.07 (4674.18)	原水东港7灯浮 Old Shuidong Gang No 7	21-29.61N 111-03.63E	闪绿4秒			绿色标柱形，顶标为绿色尖向上锥形	右侧标
7710370.08 (4674.19)	水东航道内港8灯浮 Shuidong Fairway Inner Harbour No 8	21-29.33N 111-02.54E	闪(3)绿10秒			绿色标柱形，顶标为绿色尖向上锥形	右侧标
7710370.081 (4674.191)	茂名港8-1灯浮 Maoming Gang No 8-1	21-29.29N 111-02.22E	闪(2)红6秒			红色标柱形，顶标为红色圆柱形	左侧标

编 号 No.	名 称 Name	位置 Position	灯 质 Characteristic	灯高 Height	射程 Range	构 造 Structure	附 记 Remarks
7710370.09 (4674.2)	原水东港9灯浮 Old Shuidong Gang No 9	21-29.25N 111-01.84E	闪红4秒			红色标柱形，顶标为红色圆柱形	左侧标
7710370.10 (4674.21)	原水东港10灯桩 Old Shuidong Gang No 10	21-29.71N 111-00.90E	闪(2)绿6秒	5.7		绿色柱形立标，顶标为绿色尖向上锥形	右侧标
7710371.07 (4674.182)	水东内港7-A灯浮 Shuidong Inner Harbour No 7-A	21-29.44N 111-02.93E	闪(2)绿6秒			绿色标柱形，顶标为绿色尖向上锥形	右侧标
7710372.01	油地码头灯桩 Youdi Pier	21-30.12N 111-00.05E	闪白3秒	5.5	4	柱形立标	
7710372.02	油地码头2号水上灯桩 Youdi Pier No 2 on the Water	21-29.99N 111-00.27E	闪绿5秒	3.5	4	绿色柱形立标，顶标为绿色尖向上锥形	右侧标
7710373	战备码头灯桩 Zhanbei Pier	21-29.20N 111-02.87E	闪白3秒	4.5	4	红白相间条纹金属结构柱形立标;4.0	
7710380.01 (4674.22)	茂港1灯浮 Maogang No 1	21-29.17N 111-01.54E	闪绿4秒			绿色标柱形，顶标为绿色尖向上锥形	右侧标
7710380.02 (4674.23)	茂港2灯浮 Maogang No 2	21-29.04N 111-01.44E	闪(2)红6秒			红色标柱形，顶标为红色圆柱形	左侧标
7710390 (4674.28)	南担内群礁灯浮 Nandan Inner Qunjiao	21-25.53N 111-04.00E	闪(2)白5秒			黑红黑横条纹标柱形，顶标为黑色双球体	孤立危险物浮标
7710400 (4674.3)	晏镜岭灯桩 Yanjing Ling	21-25.54N 110-59.50E	闪(3)红10秒	111	6	白色砖石结构柱形立标;7.0	
7710410 (4674.31)	澳内灯桩 Aonei	21-25.79N 110-59.06E	快闪白	10	4	红色金属结构柱形立标;8.0	
7710413	海岭村灯桩 Hailing Cun	21-25.14N 110-55.88E	快闪白	8.7	4	红白相间条纹金属结构柱形立标;8.0	

编 号 No.	名 称 Name	位置 Position	灯 质 Characteristic	灯高 Height	射程 Range	构 造 Structure	附 记 Remarks
7710415 (4674.32)	澳内海灯桩 Aoneihai	21-25.72N 110-58.67E	闪白4秒	11	4	柱形立标	
7710416 (4674.37)		21-25.08N 110-57.38E	闪(2)白6秒	14	5	柱形立标	
7710416.01	浪尾角石灯桩 Langweijiaoshi	21-24.91N 110-56.53E	快闪红	9	7	红色玻璃钢结构柱形立标;8.0	
7710420 (4674.35)	连对礁灯浮 Liandui Jiao	21-24.27N 110-59.13E	闪(2)白5秒			黑红黑横条纹标柱形,顶标为黑色双球体	孤立危险物浮标
7710421	双石仔东面礁石灯浮 Shangshi Zai E Jiao	21-24.53N 110-59.72E	闪(2)白5秒			黑红黑横条纹标柱形,顶标为黑色双球体	孤立危险物浮标
7710423.01 (4674.351)	澳内海航道1灯浮 Aoneihai Fairway No 1	21-22.05N 111-00.03E	闪绿4秒			绿色标柱形,顶标为绿色尖向上锥形	右侧标
7710423.02 (4674.352)	澳内海航道2灯浮 Aoneihai Fairway No 2	21-22.67N 110-59.04E	闪红4秒			红色标柱形,顶标为红色圆柱形	左侧标
7710423.03 (4674.353)	澳内海航道3灯浮 Aoneihai Fairway No 3	21-24.21N 110-59.20E	闪绿4秒			绿色标柱形,顶标为绿色尖向上锥形	右侧标
7710423.04 (4674.354)	澳内海航道4灯浮 Aoneihai Fairway No 4	21-24.59N 110-59.07E	闪绿4秒			绿色标柱形,顶标为绿色尖向上锥形	右侧标
7710430 (4674.4)	鸟屎石灯桩 Niao Shi Shi	21-24.42N 110-56.71E	闪白4秒			柱形立标	
7710431	米乐村灯桩 Mile Cun	21-24.76N 110-55.08E	闪红5秒	9	4	红色金属结构柱形立标;8.0	
7710432	留雄村灯桩 Liuxiong Cun	21-23.13N 110-52.65E	快闪红	9	4	红白相间条纹金属结构柱形立标;8.0	
7710433	梅楼村灯桩 Meilou Cun	21-23.24N 110-52.27E	闪红3秒	9	4	红色金属结构柱形立标;8.0	

编 号 No.	名 称 Name	位置 Position	灯 质 Characteristic	灯高 Height	射程 Range	构 造 Structure	附 记 Remarks
7710434	调德村灯桩 Tiaode Cun	21-23.17N 110-53.18E	闪白5秒	9	4	红白相间条纹金属结构柱形立标;8.0	
7710440 (4674.7)	吉兆灯桩 Jizhao	21-23.15N 110-51.80E	快闪白	23	5	柱形立标	
7710441	沙田村灯桩 Shatian Cun	21-23.58N 110-50.68E	闪红3秒	9	4	红色金属结构柱形立标;8.0	

湛江港
ZHAN JIANG GANG

编号 No.	名称 Name	位置 Position	灯质 Characteristic	灯高 Height	射程 Range	构造 Structure	附记 Remarks
7810010 (4675)	博茂(渔)灯桩 Bomao	21-24.49N 110-48.03E	闪白4秒		6	白色混凝土结构;8.0	
7810010.01 (4675.05)	博茂港1灯浮 Bomao Gang No 1	21-22.98N 110-47.68E	闪红4秒			红色标柱形，顶标为红色圆柱形	左侧标
7810010.02 (4675.06)	博茂港2灯浮 Bomao Gang No 2	21-23.00N 110-47.80E	闪绿4秒			绿色标柱形，顶标为绿色尖向上锥形	右侧标
7810010.03 (4675.07)	博茂港3灯浮 Bomao Gang No 3	21-23.80N 110-47.80E	闪(2)红6秒			红色标柱形，顶标为红色圆柱形	左侧标
7810011	中古口码头灯桩 Zhonggukou Pier	21-23.74N 110-49.45E	闪红5秒	9	4	红色金属结构柱形立标;8.0	
7810020 (4675.4)	博茂港防波堤灯桩 Bomao Gang Breakwater	21-23.64N 110-47.85E	闪(2)绿6秒		3	绿色金属结构柱形立标	
7810030 (4675.5)	DONG-AH 101 虚拟航标 DONG-AH 101	21-20.55N 110-42.28E	闪(2)白6秒	16	5	柱形立标	
7810040.01 (4676)	利剑门1灯浮 Lijian Men No 1	21-10.68N 110-40.49E	闪绿4秒			绿色标柱形，顶标为绿色尖向上锥形	右侧标
7810040.02 (4677)	利剑门2灯浮 Lijian Men No 2	21-11.90N 110-39.00E	闪绿4秒			绿色标柱形，顶标为绿色尖向上锥形	右侧标
7810040.03 (4678)	利剑门3灯浮 Lijian Men No 3	21-12.80N 110-39.30E	闪绿4秒			绿色标柱形，顶标为绿色尖向上锥形	右侧标
7810040.04 (4679)	利剑门4灯浮 Lijian Men No 4	21-13.50N 110-38.52E	闪(2+1)红12秒			红绿红标柱形，顶标为红色圆柱形	推荐航道左侧标
7810040.05 (4680)	利剑门5灯浮 Lijian Men No 5	21-14.70N 110-38.40E	闪绿4秒			绿色标柱形，顶标为绿色尖向上锥形	右侧标

编 号 No.	名 称 Name	位置 Position	灯 质 Characteristic	灯高 Height	射程 Range	构 造 Structure	附 记 Remarks
7810040.051 (4680.1)	利剑门5-1灯浮 Lijian Men No 5-1	21-14.90N 110-38.30E	闪红4秒			红色标柱形，顶标为红色圆柱形	左侧标
7810040.06 (4681)	利剑门6灯浮 Lijian Men No 6	21-15.40N 110-38.30E	闪红4秒			红色标柱形，顶标为红色圆柱形	左侧标
7810040.061 (4681.1)	利剑门6-1灯浮 Lijian Men No 6-1	21-15.30N 110-38.40E	闪绿4秒			绿色标柱形，顶标为绿色尖向上锥形	右侧标
7810040.07 (4684)	利剑门7灯浮 Lijian Men No 7	21-15.50N 110-38.40E	闪(2)绿6秒			绿色标柱形，顶标为绿色尖向上锥形	右侧标
7810040.071 (4684.1)	利剑门7-1灯浮 Lijian Men No 7-1	21-15.60N 110-38.40E	闪(2)红6秒			红色标柱形，顶标为红色圆柱形	左侧标
7810041.01	管线标(上游左岸)灯桩 Pipeline Aids (Upstream L)	21-12.69N 110-37.39E	定红		3		
7810041.02	管线标(上游右岸)灯桩 Pipeline Aids (Upstream R)	21-13.44N 110-37.41E	定红		3	混凝土结构； 29.9	
7810041.03	管线标(下游左岸)灯桩 Pipeline Aids (Downstream L)	21-12.67N 110-37.23E	定红		3		
7810041.04	管线标(下游右岸)灯桩 Pipeline Aids (Downstream R)	21-13.33N 110-37.14E	定红		3		
7810042.01	专用1灯浮 Special No 1	21-13.22N 110-37.44E	莫(C)黄12秒			黄色标柱形，顶标为黄色“X”形	水中构筑物专用标
7810042.02	专用2灯浮 Special No 2	21-13.12N 110-37.18E	莫(C)黄12秒			黄色标柱形，顶标为黄色“X”形	水中构筑物专用标
7810042.03	专用3灯浮 Special No 3	21-13.04N 110-37.41E	莫(C)黄12秒			黄色标柱形，顶标为黄色“X”形	水产作业区专用标

编 号 No.	名 称 Name	位置 Position	灯 质 Characteristic	灯高 Height	射程 Range	构 造 Structure	附 记 Remarks
7810042.04	专用4灯浮 Special No 4	21-12.94N 110-37.16E	莫(C)黄12秒			黄色标柱形，顶标为黄色“X”形	水中构筑物专用标
7810050 (4684.15)	鉴江船闸1灯浮 Jianjiang Lock No 1	21-15.70N 110-38.50E	闪(3)红10秒			红色标柱形，顶标为红色圆柱形	左侧标
7810060 (4684.16)	鉴江船闸下游鸣笛灯桩 Jianjiang Lock Downstream Whistle	21-15.80N 110-38.70E	快闪绿			黑白相间斜条纹金属结构柱形立标;5.5	
7810070 (4684.17)	鉴江船闸2灯浮 Jianjiang Lock No 1	21-15.80N 110-38.60E	闪(3)绿10秒			绿色标柱形，顶标为绿色尖向上锥形	右侧标
7810080 (4684.18)	鉴江船闸下游节制闸灯桩 Jianjiang Lock Downstream Check Gate	21-15.80N 110-38.30E	定红			红白相间斜条纹金属结构柱形立标;5.5	
7810090 (4684.181)	鉴江船闸下游右灯桩 Jianjiang Lock Downstream R	21-16.00N 110-38.60E	闪(2)红6秒			红白相间条纹金属结构柱形立标;3.0	
7810100 (4684.182)	鉴江船闸上游右灯桩 Jianjiang Lock Upstream L	21-16.20N 110-38.60E	闪(2)红6秒			红白相间条纹金属结构柱形立标;3.0	
7810110 (4684.183)	鉴江船闸上游鸣笛灯桩 Jianjiang Lock Upstream Whistle	21-16.40N 110-38.60E	快闪绿			黑白相间斜条纹金属结构柱形立标，顶标为绿色尖向上锥形;5.5	右侧标
7810130 (4684.185)	鉴江船闸上游节制闸灯桩 Jianjiang Lock Upstream Check Gate	21-16.40N 110-38.20E	定红			红白相间斜条纹金属结构柱形立标;5.5	
7810140 (4684.186)	鉴江船闸4灯浮 Jianjiang Lock No 4	21-16.40N 110-38.50E	闪红4秒			红色标柱形，顶标为红色圆柱形	左侧标
7810150.01 (4684.19)	鉴江1灯浮 Jianjiang No 1	21-16.50N 110-38.30E	闪红4秒			红色标柱形	左侧标
7810150.02 (4684.2)	鉴江2灯浮 Jianjiang No 2	21-16.60N 110-38.20E	闪绿4秒			绿色标柱形	右侧标

编 号 No.	名 称 Name	位置 Position	灯 质 Characteristic	灯高 Height	射程 Range	构 造 Structure	附 记 Remarks
7810150.03 (4684.21)	鉴江3灯浮 Jianjiang No 3	21-16.70N 110-38.20E	闪红4秒			红色标柱形	左侧标
7810150.04 (4684.22)	鉴江4灯浮 Jianjiang No 4	21-16.80N 110-38.20E	闪绿4秒			绿色标柱形	右侧标
7810160 (4684.5)	利剑门灯桩 Lijian Men	21-13.94N 110-38.08E	闪(3)白10秒		8	白色柱形立标; 20.0	
7810170.01 (4685)	南三水道1灯浮 Nanshan Channel No 1	21-13.19N 110-37.65E	闪红4秒			红色标柱形,顶标为红色圆柱形	左侧标
7810170.011 (4685.1)	南三水道1-1灯浮 Nanshan Channel No 1-1	21-13.24N 110-37.59E	闪绿4秒			绿色标柱形,顶标为绿色尖向上锥形	右侧标
7810170.021 (4686.1)	南三水道2-1灯浮 Nanshan Channel No 2-1	21-12.80N 110-36.80E	闪红绿4秒			红色标柱形,顶标为红色圆柱形	左侧标
7810172.01 (4691.51)	南三岛大桥施工临1灯浮 Nansan Island Bridge Operating Temporary No 1	21-12.17N 110-31.98E	闪绿4秒			绿色标柱形，顶标为绿色尖向上锥形	右侧标 同步闪
7810172.02 (4691.52)	南三岛大桥施工临2灯浮 Nansan Island Bridge Operating Temporary No 2	21-12.15N 110-31.93E	闪红4秒			红色标柱形，顶标为红色圆柱形	左侧标 同步闪
7810172.03 (4691.53)	南三岛大桥施工临3灯浮 Nansan Island Bridge Operating Temporary No 3	21-12.22N 110-31.80E	闪绿4秒			绿色标柱形，顶标为绿色尖向上锥形	右侧标 同步闪
7810172.04 (4691.54)	南三岛大桥施工临4灯浮 Nansan Island Bridge Operating Temporary No 4	21-12.20N 110-31.74E	闪红4秒			红色标柱形，顶标为红色圆柱形	左侧标 同步闪
7810180.01 (4686.2)	南三水道乾塘1灯浮 Nanshan Channel Qiantang No 1	21-13.08N 110-36.46E	闪(2)红6秒			红色标柱形,顶标为红色圆柱形	左侧标

编 号 No.	名 称 Name	位置 Position	灯 质 Characteristic	灯高 Height	射程 Range	构 造 Structure	附 记 Remarks
7810180.02 (4686.3)	南三水道乾塘2灯浮 Nanshan Channel Qiantang No 2	21-13.44N 110-36.32E	闪(2)绿6秒			绿色标柱形，顶标为绿色尖向上锥形	右侧标
7810190 (4686.4)	南三水道北头寮码头灯桩 Nanshan Channel Beitouliao Pier	21-11.90N 110-36.00E	闪白4秒	5.5	3	红色金属结构柱形立标;5.5	
7810190.03 (4687)	南三水道3灯浮 Nanshan Channel No 3	21-13.00N 110-36.10E	闪红4秒			红色标柱形，顶标为红色圆柱形	左侧标
7810190.031 (4687.1)	南三水道3-1灯浮 Nanshan Channel No 3-1	21-13.03N 110-36.05E	闪绿4秒			绿色标柱形，顶标为绿色尖向上锥形	右侧标
7810190.04 (4688)	南三水道4灯浮 Nanshan Channel No 4	21-12.90N 110-34.70E	闪绿4秒			绿色标柱形，顶标为绿色尖向上锥形	右侧标
7810190.041 (4688.1)	南三水道4-1灯浮 Nanshan Channel No 4-1	21-12.80N 110-34.70E	闪红4秒			红色标柱形，顶标为红色圆柱形	左侧标
7810190.042 (4688.2)	南三水道4-2灯浮 Nanshan Channel No 4-2	21-12.70N 110-34.10E	闪绿4秒			绿色标柱形，顶标为绿色尖向上锥形	右侧标
7810190.043 (4688.3)	南三水道4-3灯浮 Nanshan Channel No 4-3	21-12.60N 110-33.90E	闪红4秒			红色标柱形，顶标为红色圆柱形	左侧标
7810190.05 (4689)	南三河5灯浮 Nansan He No 5	21-12.35N 110-33.44E	闪红4秒			红色标柱形，顶标为红色圆柱形	左侧标
7810190.051 (4689.1)	南三水道5-1灯浮 Nanshan Channel No 5-1	21-12.40N 110-33.40E	闪绿4秒			绿色标柱形，顶标为绿色尖向上锥形	右侧标
7810190.06 (4690)	南三水道6灯浮 Nanshan Channel No 6	21-12.00N 110-32.60E	闪绿红4秒			绿色标柱形，顶标为绿色尖向上锥形	右侧标
7810190.08 (4692)	南三河8灯浮 Nansan He No 8	21-12.84N 110-30.61E	闪红4秒			红色标柱形，顶标为红色圆柱形	左侧标

编号 No.	名称 Name	位置 Position	灯质 Characteristic	灯高 Height	射程 Range	构造 Structure	附记 Remarks
7810190.081 (4692.1)	南三水道8-1灯浮 Nanshan Channel No 8-1	21-12.90N 110-30.60E	闪绿4秒			绿色标柱形，顶标为绿色尖向上锥形	右侧标
7810190.09 (4693)	南三河9灯浮 Nansan He No 9	21-13.06N 110-29.61E	闪绿4秒			绿色标柱形，顶标为绿色尖向上锥形	右侧标
7810190.091 (4693.1)	南三水道9-1灯浮 Nanshan Channel No 9-1	21-13.00N 110-29.60E	闪红4秒			红色标柱形，顶标为红色圆柱形	左侧标
7810190.092 (4693.2)	南三河9-2灯浮 Nansan He No 9-2	21-12.42N 110-28.93E	闪红4秒			红色标柱形，顶标为红色圆柱形	左侧标
7810191 (4720.501)	蒲芦塘村灯桩 Pulutang Cun	21-10.20N 110-36.15E	闪白3秒	6	4	柱形立标	
7810192 (4720.502)	南六村灯桩 Nanliu Cun	21-08.31N 110-35.30E	闪白5秒	11	7	红白相间条纹玻璃钢结构柱形立标	
7810200 (4694)	南三河上郭头灯桩 Nansan He Shangguo Tou	21-12.46N 110-29.18E	闪(2)白6秒	7.8	2	白色混凝土结构柱形立标;6.0	
7810200.10 (4695)	南三河10灯浮 Nansan He No 10	21-12.32N 110-28.52E	闪绿4秒			绿色标柱形，顶标为绿色尖向上锥形	右侧标
7810200.101 (4695.1)	南三水道10-1灯浮 Nanshan Channel No 10-1	21-12.30N 110-28.60E	闪红4秒			红色标柱形，顶标为红色圆柱形	左侧标
7810200.11 (4696)	南三水道11灯浮 Nanshan Channel No 11	21-12.30N 110-27.80E	闪红4秒			红色标柱形，顶标为红色圆柱形	左侧标
7810200.111 (4696.1)	南三河11-1灯浮 Nansan He No 11-1	21-12.36N 110-27.83E	闪绿4秒			绿色标柱形，顶标为绿色尖向上锥形	右侧标
7810200.12 (4697)	南三河12灯浮 Nansan He No 12	21-11.79N 110-27.44E	闪红4秒			红色标柱形，顶标为红色圆柱形	左侧标

编号 No.	名称 Name	位置 Position	灯质 Characteristic	灯高 Height	射程 Range	构造 Structure	附记 Remarks
7810200.121 (4697.1)	南三水道12-1灯浮 Nansan Channel No 12-1	21-11.82N 110-27.39E	闪绿4秒			绿色标柱形，顶标为绿色尖向上锥形	右侧标
7810200.122 (4697.2)	南三水道12-2灯浮 Nansan Channel No 12-2	21-11.45N 110-27.29E	闪红4秒			红色标柱形，顶标为红色圆柱形	左侧标
7810210.01 (4697.31)	南三大桥1灯浮 Nansan Bridge No 1	21-11.34N 110-27.13E	闪绿4秒			绿色标柱形，顶标为绿色尖向上锥形	右侧标
7810210.02 (4697.32)	南三大桥2灯浮 Nansan Bridge No 2	21-11.27N 110-27.12E	闪红4秒			红色标柱形，顶标为红色圆柱形	左侧标
7810210.03 (4697.33)	南三大桥3灯浮 Nansan Bridge No 3	21-11.28N 110-26.95E	闪(2)绿6秒			绿色标柱形，顶标为绿色尖向上锥形	右侧标
7810210.04 (4697.34)	南三大桥4灯浮 Nansan Bridge No 4	21-11.21N 110-26.96E	闪(2)红6秒			红色标柱形，顶标为红色圆柱形	左侧标
7810210.05 (4697.35)	南三大桥5灯浮 Nansan Bridge No 5	21-11.25N 110-26.70E	闪(3)绿10秒			绿色标柱形，顶标为绿色尖向上锥形	右侧标
7810210.06 (4697.36)	南三大桥6灯浮 Nansan Bridge No 6	21-11.20N 110-26.71E	闪(3)红10秒			红色标柱形，顶标为红色圆柱形	左侧标
7810220 (4697.5)	南三码头灯桩 Nansan Pier	21-11.16N 110-26.53E	闪白4秒		3	红色柱形立标;8.0	
7810230 (4698)	南三河13灯浮 Nansan He No 13	21-11.17N 110-26.11E	闪红4秒			红色标柱形，顶标为红色圆柱形	左侧标
7810240 (4698.01)	架空电缆塔基灯桩 Overhead Cable Foundation	21-12.95N 110-29.83E	闪(2)白5秒		2	黑红黑横条纹柱形立标，顶标为黑色双球体	孤立危险物立标
7810241.01	管线1灯桩 Pipeline No 1	21-12.83N 110-29.60E	莫(C)黄12秒		1	黄黑相间横条纹柱形立标	水中构筑物专用标
7810241.02	管线2灯桩 Pipeline No 2	21-13.27N 110-29.56E	莫(C)黄12秒		1	黄黑相间横条纹柱形立标	水中构筑物专用标

编 号 No.	名 称 Name	位置 Position	灯 质 Characteristic	灯高 Height	射程 Range	构 造 Structure	附 记 Remarks
7810250 (4698.02)	南三水道架空电缆塔基灯桩 Nansan Channel Overhead Cable Foundation	21-12.90N 110-29.80E	闪(2)白5秒		2	黑红黑横条纹柱形立标，顶标为黑色双球体;5.5	孤立危险物立标
7811460 (4698.1)	湛江港0灯浮 Zhanjiang Gang No 0	21-00.57N 110-59.71E	快闪绿			绿色锥形	右侧标AIS应答器
7811460.01	湛江港1灯浮 Zhanjiang Gang No 1	21-00.75N 110-58.13E	闪绿4秒			绿色锥型	右侧标同步闪AIS应答器: 名称:ZHAN JIANG GANG 1 MMSI:994131797
7811460.02	湛江港2灯浮 Zhanjiang Gang No 2	21-00.51N 110-58.10E	闪红4秒			红色罐形	左侧标同步闪AIS应答器: 名称: ZHAN JIANG GANG 2 MMSI:994131732
7811460.03	湛江港3灯浮 Zhanjiang Gang No 3	21-00.90N 110-56.84E	闪绿4秒			绿色锥型	右侧标同步闪
7811460.04	湛江港4灯浮 Zhanjiang Gang No 4	21-00.66N 110-56.81E	闪红4秒			红色罐形	左侧标同步闪
7811460.05	湛江港5灯浮 Zhanjiang Gang No 5	21-01.05N 110-55.52E	闪绿4秒			绿色锥型	右侧标同步闪
7811460.06	湛江港6灯浮 Zhanjiang Gang No 6	21-00.81N 110-55.49E	闪红4秒			红色罐形	左侧标同步闪
7811460.07	湛江港7灯浮 Zhanjiang Gang No 7	21-01.19N 110-54.26E	闪绿4秒			绿色锥型	右侧标同步闪AIS应答器:名称:ZHAN JIANG GANG 7MMSI:994131747
7811460.08	湛江港8灯浮 Zhanjiang Gang No 8	21-00.96N 110-54.23E	闪红4秒			红色罐形	左侧标同步闪AIS应答器: 名称:ZHAN JIANG GANG 8 MMSI:994131746

编 号 No.	名 称 Name	位置 Position	灯 质 Characteristic	灯高 Height	射程 Range	构 造 Structure	附 记 Remarks
7811460.09 (4698.11)	湛江港9灯浮 Zhanjiang Gang No 9	21-01.34N 110-53.00E	闪绿4秒			绿色锥型	右侧标同步闪
7811460.10 (4698.12)	湛江港10灯浮 Zhanjiang Gang No 10	21-01.10N 110-52.97E	闪红4秒			红色罐形	左侧标同步闪
7811460.11 (4698.13)	湛江港11灯浮 Zhanjiang Gang No 11	21-01.48N 110-51.74E	闪绿4秒			绿色锥型	右侧标同步闪
7811460.12 (4698.14)	湛江港12灯浮 Zhanjiang Gang No 12	21-01.25N 110-51.71E	闪红4秒			红色罐形	左侧标同步闪
7811460.13 (4698.15)	湛江港13灯浮 Zhanjiang Gang No 13	21-01.63N 110-50.48E	闪绿4秒			绿色锥型	右侧标同步闪
7811460.14 (4698.16)	湛江港14灯浮 Zhanjiang Gang No 14	21-01.39N 110-50.45E	闪红4秒			红色罐形	左侧标同步闪
7811460.15 (4698.17)	湛江港15灯浮 Zhanjiang Gang No 15	21-01.77N 110-49.22E	闪绿4秒			绿色锥型	右侧标同步闪
7811460.16 (4698.18)	湛江港16灯浮 Zhanjiang Gang No 16	21-01.53N 110-49.19E	闪红4秒			红色罐形	左侧标同步闪
7811460.17 (4698.19)	湛江港17灯浮 Zhanjiang Gang No 17	21-01.92N 110-47.92E	闪绿4秒			绿色锥型	右侧标同步闪
7811460.18 (4698.28)	湛江港18灯浮 Zhanjiang Gang No 18	21-01.68N 110-47.89E	闪红4秒			红色罐形	左侧标同步闪
7811460.19 (4698.21)	湛江港19灯浮 Zhanjiang Gang No 19	21-02.06N 110-46.72E	闪绿4秒			绿色锥型	右侧标同步闪
7811460.20 (4698.22)	湛江港20灯浮 Zhanjiang Gang No 20	21-01.82N 110-46.69E	闪红4秒			红色罐形	左侧标同步闪
7811460.21 (4698.23)	湛江港21灯浮 Zhanjiang Gang No 21	21-02.20N 110-45.49E	闪绿4秒			绿色锥型	导标雷达应答器：信号Y（－．－－）两灯一线：315°01′58″

编 号 No.	名 称 Name	位置 Position	灯 质 Characteristic	灯高 Height	射程 Range	构 造 Structure	附 记 Remarks
7811460.22 (4698.24)	湛江港22灯浮 Zhanjiang Gang No 22	21-01.96N 110-45.46E	闪红4秒			红色罐形	左侧标同步闪
7811460.23 (4698.25)	湛江港23灯浮 Zhanjiang Gang No 23	21-02.33N 110-44.31E	闪绿4秒			绿色锥型	右侧标同步闪
7811460.24 (4698.26)	湛江港24灯浮 Zhanjiang Gang No 24	21-02.09N 110-44.28E	闪红4秒			红色罐形	左侧标同步闪
7811460.25 (4698.27)	湛江港25灯浮 Zhanjiang Gang No 25	21-02.47N 110-43.10E	闪绿4秒			绿色锥型	右侧标同步闪AIS应答器: 名称: ZHAN JIANG GANG 25 MMSI:994131757
7811460.26 (4698.28)	湛江港26灯浮 Zhanjiang Gang No 26	21-02.23N 110-43.08E	闪红4秒			红色罐形	左侧标同步闪AIS应答器: 名称: ZHAN JIANG GANG 26 MMSI:994131758 发射模式:自主连续
7811460.27 (4698.29)	湛江港27灯浮 Zhanjiang Gang No 27	21-02.60N 110-41.90E	闪绿4秒			绿色锥型	右侧标同步闪
7811460.28 (4698.3)	湛江港28灯浮 Zhanjiang Gang No 28	21-02.37N 110-41.87E	闪红4秒			红色罐形	左侧标同步闪
7811460.29 (4698.31)	湛江港29灯浮 Zhanjiang Gang No 29	21-02.74N 110-40.70E	闪绿4秒			绿色锥型	右侧标同步闪
7811460.30 (4698.32)	湛江港30灯浮 Zhanjiang Gang No 30	21-02.50N 110-40.67E	闪红4秒			红色罐形	左侧标同步闪
7811460.31 (4698.33)	湛江港31灯浮 Zhanjiang Gang No 31	21-02.88N 110-39.49E	闪绿4秒			绿色锥型	右侧标同步闪
7811460.32 (4698.34)	湛江港32灯浮 Zhanjiang Gang No 32	21-02.64N 110-39.46E	闪红4秒			红色罐形	左侧标同步闪

编 号 No.	名 称 Name	位置 Position	灯 质 Characteristic	灯高 Height	射程 Range	构 造 Structure	附 记 Remarks
7811460.33 (4698.35)	湛江33灯浮 Zhanjiang Gang No 33	21-03.02N 110-38.27E	闪绿4秒			绿色锥型	右侧标同步闪
7811460.34 (4698.36)	湛江港34灯浮 Zhanjiang Gang No 34	21-02.78N 110-38.24E	闪红4秒			红色罐形	左侧标同步闪
7811460.35 (4698.37)	湛江港35灯浮 Zhanjiang Gang No 35	21-03.17N 110-37.07E	快闪绿			绿色锥型	右侧标同步闪AIS应答器: 名称: ZHAN JIANG GANG 35 MMSI:994131759
7811460.36 (4698.38)	湛江港36灯浮 Zhanjiang Gang No 36	21-02.92N 110-37.00E	快闪红			红色罐形	左侧标同步闪AIS应答器: 名称: ZHAN JIANG GANG 36 MMSI:994131760 发射模式:自主连续播发间隔:3分钟
7811460.37 (4698.39)	湛江港37灯浮 Zhanjiang Gang No 37	21-03.55N 110-36.05E	闪(2)绿6秒			绿色锥型	右侧标同步闪
7811460.38 (4698.4)	湛江港38灯浮 Zhanjiang Gang No 38	21-03.33N 110-35.95E	闪(2)红6秒			红色罐形	左侧标同步闪
7811460.39 (4698.42)	湛江港39灯浮 Zhanjiang Gang No 39	21-03.95N 110-34.12E	闪(3)红10秒			红色罐形	左侧标同步闪
7811460.40	湛江港40灯浮 Zhanjiang Gang No 40	21-04.79N 110-31.98E	闪(3)红10秒			红色罐形	左侧标同步闪
7811460.41 (4726.8)	湛江港41灯浮 Zhanjiang Gang No 41	21-05.37N 110-31.85E	快闪绿			绿色锥型	右侧标AIS应答器:名称:ZHAN JIANG GANG 41 MMSI:994131698
7811460.42 (4727)	湛江港42灯浮 Zhanjiang Gang No 42	21-05.08N 110-29.99E	闪绿4秒			绿色锥型	右侧标
7811460.43 (4729)	湛江港43灯浮 Zhanjiang Gang No 43	21-04.89N 110-29.13E	闪(2)绿6秒			绿色锥型	右侧标同步闪

编号 No.	名称 Name	位置 Position	灯质 Characteristic	灯高 Height	射程 Range	构造 Structure	附记 Remarks
7811460.44 (4728)	湛江港44灯浮 Zhanjiang Gang No 44	21-04.55N 110-28.70E	闪(2)红6秒			红色罐形	左侧标同步闪
7811460.45 (4730.02)	湛江港45灯浮 Zhanjiang Gang No 45	21-04.86N 110-28.31E	快闪绿			绿色锥型	右侧标同步闪
7811460.46 (4730)	湛江港46灯浮 Zhanjiang Gang No 46	21-04.32N 110-27.66E	快闪红			红色罐形	左侧标同步闪AIS应答器: 名称: ZHAN JIANG GANG 46 MMSI:994131761 发射模式:自主连续
7811460.47 (4733)	湛江港47灯浮 Zhanjiang Gang No 47	21-05.12N 110-27.53E	闪绿4秒			绿色锥型	右侧标同步闪
7811460.48 (4734)	湛江港48灯浮 Zhanjiang Gang No 48	21-05.00N 110-27.11E	闪红4秒			红色罐形	左侧标同步闪
7811460.49	湛江港49灯浮 Zhanjiang Gang No 49	21-05.63N 110-26.91E	闪绿4秒			绿色锥型	右侧标同步闪
7811460.50 (4735)	湛江港50灯浮 Zhanjiang Gang No 50	21-05.91N 110-26.36E				红色罐形	左侧标
7811460.51 (4736.1)	湛江港51灯浮 Zhanjiang Gang No 51	21-06.94N 110-25.51E	闪红4秒			红色罐形	左侧标同步闪
7811460.52 (4737.52)	湛江港52灯浮 Zhanjiang Gang No 52	21-07.94N 110-24.59E	闪(2+1)红6秒			红绿红横条纹罐形	推荐航道左侧标
7811460.53 (4737.53)	湛江港53灯浮 Zhanjiang Gang No 53	21-07.95N 110-25.02E	快闪绿			绿色锥型	右侧标AIS应答器:名称:ZHAN JIANG GANG 53 MMSI:994131762 发射模式:自主连续
7811460.54 (4737.54)	湛江港54灯浮 Zhanjiang Gang No 54	21-08.58N 110-24.56E	闪(2+1)红9秒			红绿红横条纹罐形	推荐航道左侧标

编号 No.	名称 Name	位置 Position	灯质 Characteristic	灯高 Height	射程 Range	构造 Structure	附记 Remarks
7811460.55 (4744)	湛江港55灯浮 Zhanjiang Gang No 55	21-08.98N 110-24.80E	闪绿4秒			绿色锥型	右侧标
7811460.56 (4748)	湛江港56灯浮 Zhanjiang Gang No 56	21-09.56N 110-24.79E	闪(2)绿6秒			绿色锥型	右侧标AIS应答器:名称:ZHAN JIANG GANG 56 MMSI:994131763 发射模式:自主连续
7811460.57 (4748.1)	湛江港57灯浮 Zhanjiang Gang No 57	21-10.06N 110-24.95E	闪(3)绿10秒			绿色锥型	右侧标
7811460.58 (4757)	湛江港58灯浮 Zhanjiang Gang No 58	21-10.91N 110-25.10E	闪(3)红10秒			红色罐形	左侧标
7811460.59 (4759)	湛江港59灯浮 Zhanjiang Gang No 59	21-11.94N 110-25.47E	闪绿4秒			绿色锥型	右侧标
7811460.60 (4762)	湛江港60灯浮 Zhanjiang Gang No 60	21-13.04N 110-26.09E	闪(2)绿6秒			绿色锥型	右侧标AIS应答器:名称:ZHAN JIANG GANG 60MMSI:994131764发射模式:自主连续
7811460.61 (4765)	湛江港61灯浮 Zhanjiang Gang No 61	21-14.00N 110-25.84E	快闪红			红色罐形	左侧标AIS应答器:名称:ZHAN JIANG GANG 61MMSI:994131765发射模式:自主连续
7811460.62 (4765.02)	湛江港62灯浮 Zhanjiang Gang No 62	21-14.84N 110-25.17E	闪(2)红6秒			红色罐形	左侧标同步闪
7811460.63 (4765.03)	湛江港63灯浮 Zhanjiang Gang No 63	21-14.94N 110-25.33E	闪(2)绿6秒			绿色锥型	右侧标同步闪
7811460.64 (4765.04)	湛江港64灯浮 Zhanjiang Gang No 64	21-15.27N 110-24.82E	闪(2)红6秒			红色罐形	左侧标同步闪

编 号 No.	名 称 Name	位置 Position	灯 质 Characteristic	灯高 Height	射程 Range	构 造 Structure	附 记 Remarks
7811460.65 (4765.05)	湛江港65灯浮 Zhanjiang Gang No 65	21-15.36N 110-24.98E	闪(2)绿6秒			绿色锥型	右侧标同步闪AIS应答器: 名称: ZHAN JIANG GANG 65 MMSI:994131766 发射模式:自主连续
7811460.66 (4765.1)	湛江港66灯浮 Zhanjiang Gang No 66	21-15.75N 110-24.55E	快闪红			红色罐形	左侧标AIS应答器: 名称: ZHAN JIANG GANG 66MMSI: 994131836
7811460.67 (4766)	湛江港67灯浮 Zhanjiang Gang No 67	21-15.77N 110-24.78E	快闪绿			绿色锥型	右侧标同步闪AIS应答器: 名称: ZHAN JIANG GANG 67 MMSI:994131653 发射模式:自主连续播发间隔:3分钟
7811460.68 (4772)	湛江港68灯浮 Zhanjiang Gang No 68	21-16.56N 110-24.88E	闪(3)红10秒			红色罐形	左侧标同步闪
7811460.69 (4765.2)	湛江港69灯浮 Zhanjiang Gang No 69	21-16.51N 110-25.05E	闪(3)绿10秒			绿色锥型	右侧标同步闪AIS应答器: 名称: ZHAN JIANG GANG 69 MMSI:994131654 发射模式:自主连续播发间隔:3分钟
7811460.70 (4773)	湛江港70灯浮 Zhanjiang Gang No 70	21-17.08N 110-25.25E	闪绿4秒			绿色锥型	右侧标AIS应答器:名称:ZHAN JIANG GANG 70 MMSI:994131655 发射模式:自主连续播发间隔:3分钟
7811460.71 (4778)	湛江港71灯浮 Zhanjiang Gang No 71	21-17.75N 110-25.25E	闪(2)绿6秒			绿色锥型	右侧标

编号 No.	名称 Name	位置 Position	灯质 Characteristic	灯高 Height	射程 Range	构造 Structure	附记 Remarks
7811460.72 (4780)	湛江港72灯浮 Zhanjiang Gang No 72	21-18.36N 110-25.12E	闪(3)绿10秒			绿色锥型	右侧标
7811460.73 (4780.1)	湛江港73灯浮 Zhanjiang Gang No 73	21-18.84N 110-24.97E	闪绿4秒			绿色锥型	右侧标
7811460.74 (4781)	湛江港74灯浮 Zhanjiang Gang No 74	21-19.68N 110-24.93E	闪(2)绿6秒			绿色锥型	右侧标
7811460.75 (4781.1)	湛江港75灯浮 Zhanjiang Gang No 75	21-20.22N 110-24.99E	闪(3)绿10秒			绿色锥型	右侧标同步闪
7811460.76 (4781.2)	湛江港76灯浮 Zhanjiang Gang No 76	21-20.23N 110-24.88E	闪(3)红10秒			红色罐形	左侧标同步闪
7811460.77 (4781.3)	湛江港77灯浮 Zhanjiang Gang No 77	21-20.95N 110-25.09E	快闪绿			绿色锥型	右侧标同步闪
7811460.78 (4781.4)	湛江港78灯浮 Zhanjiang Gang No 78	21-20.97N 110-24.97E	快闪红			红色罐形	左侧标同步闪
7811461	湛江港61A号虚拟AIS航标 虚拟航标 ZHAN JIANG GANG 61A	21-14.42N 110-25.52E					MMSI:994136812 发射模式:自主连续
7810265	沉1灯浮 Wreck No 1	20-54.34N 111-02.11E	互明暗蓝黄3秒			蓝黄相间竖条纹标柱形,顶标为黄色竖直十字形	AIS应答器
7810265.005	SHIP WRECK 虚拟航标 SHIP WRECK	20-54.39N 111-02.06E					MMSI:994136623
7810266.02	沉2灯浮 Wreck No 2	20-54.45N 111-02.01E	互明暗蓝黄3秒			蓝黄相间竖条纹标柱形,顶标为黄色竖直十字形	AIS应答器
7810267	WRECK LI AN 198 虚拟航标 WRECK LI AN 198	20-52.20N 110-51.69E					MMSI:994136680

编号 No.	名称 Name	位置 Position	灯质 Characteristic	灯高 Height	射程 Range	构造 Structure	附记 Remarks
7810268.01	阳江华电三测风塔1灯桩 Yangjiang Huadiansan Wind Gauge Tower No 1	20-57.70N 111-39.87E	莫(U)白15秒	17	5	白色金属结构柱形立标	AIS应答器: 名称:HUA DIAN 3 TOWER MMSI:994121720 发射模式:自主连续
7810268.02	阳江华电三测风塔2灯桩 Yangjiang Huadiansan Wind Gauge Tower No 2	20-57.70N 111-39.87E	莫(U)白15秒	17	5	白色金属结构柱形立标	
7810268.03	阳江华电三测风塔3灯桩 Yangjiang Huadiansan Wind Gauge Tower No 3	20-57.70N 111-39.87E	莫(U)白15秒	17	5	白色金属结构柱形立标	
7810268.04	阳江华电三测风塔4灯桩 Yangjiang Huadiansan Wind Gauge Tower No 4	20-57.70N 111-39.87E	莫(U)白15秒	17	5	白色金属结构柱形立标	
7810269.001	JINMA 333灯浮 No JINMA 333	21-02.19N 111-12.65E	互明暗蓝黄3秒			蓝黄相间竖条纹标柱形，顶标为黄色竖直十字形	MMSI:994136632 发射模式:自主连续播发时间:3分钟AIS应答器
7810270.151	锦强101沉1 虚拟航标 JINGQIANG 101 CHEN NO 1	21-02.35N 110-43.80E					
7810270.152	锦强101沉2 虚拟航标 JINGQIANG 101 CHEN NO 2	21-02.29N 110-43.85E					
7810271		21-03.78N 110-43.87E					
7810272		20-33.10N 111-12.33E					
7810280 (4698.41)	东海岛灯船 Donghai Island	21-03.67N 110-35.08E	闪(2)白10秒		10	红色	MMSI:994136898 播发时间:3分钟
7810299	粤东莞吹0131 虚拟航标 YUE GONG GUAN CHUI 0131	20-49.52N 110-42.45E					MMSI:994136739 发射模式:自主连续

编 号 No.	名 称 Name	位置 Position	灯 质 Characteristic	灯高 Height	射程 Range	构 造 Structure	附 记 Remarks
7810300 (4699)	硇洲岛东南灯浮 Naozhou Dao SE	20-48.82N 110-45.50E	闪红4秒			红色标柱形，顶标为红色圆柱形	左侧标雾哨AIS应答器
7810301.01	宏翔538沉1灯浮 Hongxiang538 Wreck No 1	20-47.95N 110-44.05E	互明暗蓝黄3秒			蓝黄相间竖条纹标柱形，顶标为黄色竖直十字形	
7810301.02	宏翔538沉2灯浮 Hongxiang538 Wreck No 2	20-47.92N 110-43.96E	互明暗蓝黄3秒			蓝黄相间竖条纹标柱形，顶标为黄色竖直十字形	
7810302	HONGXIANG 538 SHIPWRECKS 虚拟航标 HONGXIANG 538 SHIPWRECKS	20-47.93N 110-44.00E					MMSI:994136626 发射模式:自主连续
7810310 (4700)	硇洲岛灯塔 Naozhou Dao	20-54.10N 110-36.40E	闪白5秒	103	26	白色砖石结构;19.2	
7810320 (4700.02)	谭井村灯桩 Tanjing Cun	20-55.54N 110-38.07E	快闪白	9	4	柱形立标	
7810330 (4700.025)	谭井磊石灯桩 Tanjing Leishi	20-55.52N 110-38.25E	快闪红	4.3	4	红白相间条纹金属结构柱形立标;4.0	
7810340 (4700.03)	那晏村灯桩 Nayan Cun	20-53.27N 110-36.95E	快闪白	12	7	红色柱形立标	铝合金
7810341	谭等村灯桩 Tandeng Cun	20-53.08N 110-36.48E	快闪红	6.2	4	红白相间条纹金属结构柱形立标;4.0	
7810342	存亮南灯桩 Cunliang S	20-51.89N 110-36.47E	闪白5秒	4.3	4	红白相间条纹金属结构柱形立标;3.0	
7810350.01 (4700.51)	硇洲岛东部礁石区1灯浮 Naozhou Dao E Reef Area No 1	20-52.92N 110-40.45E	快闪(3)白10秒			黑黄黑横条纹标柱形，顶标为黑色顶点相背双锥体	东方位标
7810350.02 (4700.52)	硇洲岛东部礁石区2灯浮 Naozhou Dao E Reef Area No 2	20-48.75N 110-38.05E	快(6)+长闪白15秒			黄黑相间横条纹标柱形，顶标为黑色顶点朝下双锥体	南方位标

编号 No.	名称 Name	位置 Position	灯质 Characteristic	灯高 Height	射程 Range	构造 Structure	附记 Remarks
7810350.03 (4700.53)	硇洲岛东部礁石区3灯浮 Naozhou Dao E Reef Area No 3	20-50.40N 110-35.25E	快闪(9)白15秒			黄黑黄横条纹标柱形，顶标为黑色顶点相对双锥体	西方位标
7810351	波河南礁石区灯桩 Bohe S Reef Area	20-50.14N 110-37.13E	闪(2)白5秒	8	7	黑红黑横条纹金属结构柱形立标，顶标为黑色双球体;4.0	孤立危险物立标
7810360.01 (4701)	硇洲水道1灯浮 Naozhou Channel No 1	20-48.04N 110-36.21E	闪绿4秒			绿色标柱形，顶标为绿色尖向上锥形	右侧标AIS应答器
7810360.02 (4702)	硇洲水道2灯浮 Naozhou Channel No 2	20-51.88N 110-32.88E	闪(2)绿6秒			绿色锥形	右侧标
7810370 (4702.01)	硇洲南港存亮灯桩 Naozhou S Gang Cunliang	20-52.17N 110-36.08E	快闪白	12	4	柱形立标	
7810380 (4702.02)	加律村灯桩 Jialv Cun	20-51.98N 110-35.61E	快闪白	4.5	4	红色金属结构柱形立标;4.0	
7810390 (4702.03)	硇洲南港西埠灯桩 Naozhou S Gang Xibu	20-51.95N 110-35.08E	快闪白	13	7	红色柱形立标	高分子
7810391	英明村避风塘灯桩 Yingming Cun Shelter	20-52.13N 110-34.68E	快闪白	4	4	红白相间横条纹金属结构柱形立标;4.0	
7810392.01	迈逢1灯桩 Maifeng No 1	20-51.83N 110-35.25E	闪白5秒	4	4	红色金属结构柱形立标;4.0	
7810392.02	迈逢2灯桩 Maifeng No 2	20-51.83N 110-35.08E	等明暗红3秒	4	4	红白相间横条纹金属结构柱形立标;4.0	
7810400 (4702.04)	硇洲南港德斗灯桩 Naozhou S Gang Dedou	20-52.13N 110-34.41E	快闪白	8	4	柱形立标	
7810410 (4702.05)	南角尾灯桩 Nanjiao Wei	20-52.32N 110-33.69E	快闪白	16.9	4	红色柱形立标;11.1	

编号 No.	名称 Name	位置 Position	灯质 Characteristic	灯高 Height	射程 Range	构造 Structure	附记 Remarks
7810411	单碍礁石区灯浮 Dan'ai Reef Area	20-51.73N 110-34.00E	闪(2)白5秒			黑红黑横条纹标柱形，顶标为黑色双球体	孤立危险物浮标
7810412	迈逢礁石区灯浮 Maifeng Reef Area	20-50.94N 110-35.50E	快(6)+长闪白15秒			黄黑相间横条纹标柱形，顶标为黑色顶点朝下双锥体	南方位标
7810420 (4702.1)	硇洲南港堤头(渔)灯桩 Naozhou S Gang Breakwater Head	20-53.16N 110-33.28E	闪(2)绿6秒	9	4	绿色混凝土结构柱形立标	右侧标
7810430 (4702.11)	增棚村灯桩 Zengpeng Cun	20-54.49N 110-33.12E	闪(2)红6秒	2.1	4	红色金属结构柱形立标;3.0	
7810440 (4702.12)	晏庭村1灯桩 Yanting Cun No 1	20-55.39N 110-34.16E	快闪绿	4.5	4	绿色金属结构柱形立标;4.0	
7810441	三墩灯桩 Sandun	20-55.31N 110-33.83E	闪白3秒	8	4	红色金属结构柱形立标;8.0	
7810442	六竹灯桩 Liuzhu	20-55.03N 110-33.81E	闪红3秒	8.5	4	红白相间横条纹金属结构柱形立标;8.0	
7810450 (4702.13)	晏庭村2灯桩 Yanting Cun No 2	20-55.35N 110-34.37E	快闪红	4.5	4	红色金属结构柱形立标;4.0	
7810460 (4702.14)	讯地仔灯桩 Xundi Zai	20-55.98N 110-34.56E	闪白5秒	6.2	4	红色金属结构柱形立标;6.0	
7810470 (4702.15)	东硇航道0灯浮 Dongnao Fairway No 0	20-54.67N 110-32.46E	闪(3)红10秒			红色标柱形，顶标为红色圆柱形	左侧标
7810470.01 (4702.16)	东硇航道1灯浮 Dongnao Fairway No 1	20-55.12N 110-32.25E	闪(2)红6秒			红色标柱形，顶标为红色圆柱形	左侧标
7810470.02 (4702.2)	东硇航道2灯浮 Dongnao Fairway No 2	20-55.44N 110-32.18E	闪绿4秒			绿色标柱形，顶标为绿色尖向上锥形	右侧标

编号 No.	名称 Name	位置 Position	灯质 Characteristic	灯高 Height	射程 Range	构造 Structure	附记 Remarks
7810470.03 (4702.3)	东硇航道3灯浮 Dongnao Fairway No 3	20-55.38N 110-31.82E	闪红4秒			红色标柱形，顶标为红色圆柱形	左侧标
7810470.04 (4702.4)	东硇航道4灯浮 Dongnao Fairway No 4	20-55.34N 110-31.14E	闪(2)红6秒			红色标柱形，顶标为红色圆柱形	左侧标
7810480.01	硇洲水道1灯浮 Naozhou Channel No 1	20-53.32N 110-32.23E	互明暗蓝黄3秒			蓝黄相间竖条纹标柱形，顶标为黄色竖直十字形	
7810480.02	硇洲水道2灯浮 Naozhou Channel No 2	20-53.38N 110-32.32E	互明暗蓝黄3秒			蓝黄相间竖条纹标柱形，顶标为黄色竖直十字形	
7810480.03 (4703)	硇洲水道3灯浮 Naozhou Channel No 3	20-52.98N 110-31.53E	闪(3)绿10秒			绿色锥形	右侧标
7810480.04 (4704)	硇洲水道4灯浮 Naozhou Channel No 4	20-53.50N 110-32.30E	快(6)+长闪白15秒			黄黑相间横条纹标柱形，顶标为黑色顶点朝下双锥体	南方位标
7810480.05 (4704.55)	硇洲水道5灯浮 Naozhou Channel No 5	20-55.12N 110-33.26E	闪绿4秒			绿色锥形	右侧标
7810480.06 (4704.56)	硇洲水道6灯浮 Naozhou Channel No 6	20-55.83N 110-33.33E	闪(2)红6秒			红色罐形	左侧标
7810480.07 (4704.57)	硇洲水道7灯浮 Naozhou Channel No 7	20-55.84N 110-33.63E	闪(2)绿6秒			绿色锥形	右侧标
7810480.08 (4704.58)	硇洲水道8灯浮 Naozhou Channel No 8	20-56.80N 110-34.34E	闪(3)绿10秒			绿色锥形	右侧标
7810480.09	硇洲水道9灯浮 Naozhou Channel No 9	20-56.62N 110-33.75E	闪(3)红10秒			红色罐形	左侧标
7810480.10	硇洲水道10灯浮 Naozhou Channel No 10	20-57.52N 110-34.78E	快闪绿			绿色锥形	右侧标
7810480.11	硇洲水道11灯浮 Naozhou Channel No 11	20-57.82N 110-34.50E	快闪红			红色罐形	左侧标AIS应答器

编 号 No.	名 称 Name	位置 Position	灯 质 Characteristic	灯高 Height	射程 Range	构 造 Structure	附 记 Remarks
7810490.01 (4705.1)	硇洲北港1灯浮 Naozhou N Gang No 1	20-57.13N 110-34.97E	闪(2)白5秒			黑红黑横条纹标柱形，顶标为黑色双球体	孤立危险物浮标
7810490.02 (4705.2)	硇洲北港2灯浮 Naozhou N Gang No 2	20-56.79N 110-34.86E	闪(3)红10秒			红色标柱形，顶标为红色圆柱形	左侧标
7810491	后角村灯桩 Houjiao Cun	20-56.97N 110-35.12E	快闪红	9.2	4	红色金属结构柱形立标;6.0	
7810492	梁屋村避风塘引导灯桩 Liangwu Cun Shelter Leader	20-56.69N 110-35.08E	闪白3秒	4	4	红白相间横条纹金属结构柱形立标;4.0	
7810500.01 (4705.205)	硇洲北港堤头1灯桩 Naozhou N Gang Breakwater Head No 1	20-56.52N 110-35.00E	快闪红	5.2	4	柱形立标	
7810500.02 (4705.206)	硇洲北港堤头2灯桩 Naozhou N Gang Breakwater Head No 2	20-56.44N 110-34.96E	快闪绿	5.2	4	柱形立标	
7810501.01	硇洲北港堤头1灯桩 Naozhou N Gang Breakwater Head No 1	20-56.53N 110-34.99E				柱形立标	
7810510 (4705.3)	硇洲岛北部浅滩灯浮 Naozhou Dao N Shoal	20-57.58N 110-36.23E	快闪白			黑黄相间横条纹标柱形，顶标为黑色顶点朝上双锥体	北方位标
7810520 (4706)	硇洲岛北港灯桩 Naozhou Dao N Gang	20-56.44N 110-37.60E				黑白相间横条纹砖石结构;8.2	
7810529	圆墩灯桩 Yuandun	20-57.24N 110-35.90E	闪白3秒	4	4	红白相间横条纹金属结构柱形立标;4.0	
7810530 (4707)	雷公岭灯桩 Leigong Ling	20-56.95N 110-35.46E	快闪白	16.2	4	红色柱形立标;11.1	

编号 No.	名称 Name	位置 Position	灯质 Characteristic	灯高 Height	射程 Range	构造 Structure	附记 Remarks
7810531.01	庄屋村1灯桩 Zhuangwu Cun No 1	20-57.04N 110-35.64E	闪白3秒	5.8	4	红白相间条纹金属结构柱形立标;4.0	
7810531.02	庄屋村2灯桩 Zhuangwu Cun No 2	20-57.09N 110-35.71E	定红	6.4	4	红色金属结构柱形立标;4.0	
7810540 (4707.2)	大浪村灯桩 Dalang Cun	20-56.75N 110-36.10E	快闪白	7	4	柱形立标	
7810541	大浪村避风塘灯桩 Dalang Cun Shelter	20-56.80N 110-36.34E	闪红3秒	4	4	柱形立标	
7810550 (4707.3)	烟楼村灯桩 Yanlou Cun	20-56.57N 110-36.85E	快闪红	5.4	4	红白相间条纹金属结构柱形立标;5.0	
7810560 (4707.4)	斗龙村灯桩 Doulong Cun	20-56.41N 110-37.60E	闪红3秒	4.4	4	红色金属结构柱形立标;4.0	
7810570 (4708)	硇洲岛斗龙引导灯桩西后 Naozhou Dao Doulong Ldg Lts, W Rear	20-56.18N 110-37.69E	等明暗白6秒	40.7	14	白黑白横条纹砖石结构柱形立标;25.7	导标
7810580 (4709)	硇洲岛斗龙引导灯桩前 Naozhou Dao Doulong Ldg Lts, W Front	20-56.18N 110-37.81E	定白	25.7	14	白色砖石结构柱形立标;7.0	导标雾笛雷达应答器：信号Z(- - . .)与南前、南后三灯一线：166° 56′ 51″.5 ；与西北后两灯一线：359° 35′
7810590 (4709.1)	硇洲岛斗龙引导灯桩南前 Naozhou Dao Doulong Ldg Lts, S Front	20-56.33N 110-37.77E	明暗白4秒	15.3	8	白色混凝土结构柱形立标;13.5	导标三灯一线：166° 56′ 51″.5
7810591 (4710.5)	海头公礁石区灯桩 Haitougong Reef Area	20-56.05N 110-38.30E	快闪白	4	4	红白相间横条纹金属结构柱形立标;4.0	
7810600 (4710)	硇洲岛斗龙引导灯桩南后 Naozhou Dao Doulong Ldg Lts, S Rear	20-55.42N 110-37.99E	闪白	40.4	8	黑白相间竖条纹砖石结构柱形立标;17.5	导标

编 号 No.	名 称 Name	位置 Position	灯 质 Characteristic	灯高 Height	射程 Range	构 造 Structure	附 记 Remarks
7810601	叮当村灯桩 Dingdang Cun	20-55.00N 110-38.15E	快闪红	13	4	红色金属结构柱形立标;6.0	
7810602	谭北沙灯桩 Tanbei Sha	20-54.09N 110-37.35E	闪白3秒	18	4	红白相间条纹金属结构柱形立标;4.0	
7810603	那晏东灯桩 Nayandong	20-53.53N 110-37.22E	定红	20	4	红色金属结构柱形立标;6.0	
7810610 (4711)	湛江港灯船 Zhanjiang Gang	20-55.99N 110-40.38E	闪白6秒		10	红色	雷达应答器:信号M(- -)AIS应答器
7810620.02 (4712)	斗龙航道A2灯浮 Doulong Fairway No A2	20-59.46N 110-37.08E	闪绿4秒			绿色锥形	右侧标AIS应答器
7810620.03 (4713)	斗龙航道A3灯浮 Doulong Fairway No A3	20-59.49N 110-36.90E	闪红4秒			红色罐形	左侧标
7810620.04 (4714)	斗龙航道A4灯浮 Doulong Fairway No A4	21-00.46N 110-36.83E	闪(2)绿6秒			绿色锥形	右侧标
7810620.05 (4715)	斗龙航道A5灯浮 Doulong Fairway No A5	21-00.43N 110-36.66E	闪(2)红6秒			红色罐形	左侧标
7810620.06 (4715.1)	斗龙航道A6灯浮 Doulong Fairway No A6	21-01.42N 110-36.60E	闪(3)绿10秒			绿色锥形	右侧标
7810620.07 (4715.2)	斗龙航道A7灯浮 Doulong Fairway No A7	21-01.38N 110-36.43E	闪(3)红10秒			红色罐形	左侧标
7810620.08 (4716)	斗龙航道A8灯浮 Doulong Fairway No A8	21-02.34N 110-36.16E	闪红4秒			红色罐形	左侧标
7810621.01	南港0736轮沉1灯浮 Nangang0736 Wreck No 1	21-01.55N 110-36.56E	互明暗蓝黄3秒			蓝黄相间竖条纹标柱形，顶标为黄色竖直十字形	
7810621.02	南港0736轮沉2灯浮 Nangang 0736 Wreck No 2	21-01.62N 110-36.35E	互明暗蓝黄3秒			蓝黄相间竖条纹标柱形，顶标为黄色竖直十字形	

编 号 No.	名 称 Name	位置 Position	灯 质 Characteristic	灯高 Height	射程 Range	构 造 Structure	附 记 Remarks
7810630 (4717)	东海岛龙水岭引导灯桩前 Donghai Dao Longshui Ling Ldg Lts, Front	21-01.14N 110-32.23E	定白	21	14	白色砖石结构柱形立标;10.9	导标两灯一线:303° 46′
7810631	宝钢排水口1灯桩 Baogang Outtake No 1	20-59.26N 110-36.07E	莫(C)黄12秒			黄色玻璃钢结构柱形立标,顶标为黄色“X”形;15.0	水中构筑物专用标电雾笛雷达应答器:信号B(-...)AIS应答器
7810632	宝钢排水口2灯桩 Baogang Outtake No 2	20-59.27N 110-36.06E	莫(U)白15秒	5.2	5	黄色柱形立标;1.5	同步闪
7810633	宝钢排水口3灯桩 Baogang Outtake No 3	20-59.26N 110-36.06E	莫(U)白15秒	5.2	5	黄色柱形立标;1.5	同步闪
7810634	宝钢排水口4灯桩 Baogang Outtake No 4	20-59.25N 110-36.06E	莫(U)白15秒	5.2	5	黄色柱形立标;1.5	同步闪
7810640 (4718)	东海岛龙水岭引导灯桩后 Donghai Dao Longshui Ling Ldg Lts, Rear	21-01.43N 110-31.74E	闪(2)白4秒	58.5	10	白色砖石结构柱形立标;11.2	导标
7810650 (4718.3)	后湾灯桩 Houwan	20-58.65N 110-31.57E	闪白3秒	9	4	红色金属结构柱形立标;6.0	
7810660 (4718.5)	东南渡口灯桩 SE Ferry	20-55.44N 110-30.90E	快闪白	11	4	柱形立标	
7810661	南坑村避风塘灯桩 Nankeng Cun Shelter	20-56.18N 110-30.18E	快闪红	6	3	柱形立标	
7810662 (4818.8)	南屏岛灯桩 Nanpingdao	20-55.72N 110-28.30E	闪红3秒	5	3	红色金属结构柱形立标	
7810670 (4719)	东海岛龙水岭灯桩 Donghai Dao Longshui Ling	21-01.39N 110-32.42E				白色砖石结构;8.0	
7810675 (4719.2)	后海南村灯桩 Houhai S Cun	21-02.13N 110-32.72E	闪白5秒	10	4	柱形立标	

编 号 No.	名 称 Name	位置 Position	灯 质 Characteristic	灯高 Height	射程 Range	构 造 Structure	附 记 Remarks
7810676 (4719.21)	后海北村灯桩 Houhai N Cun	21-02.23N 110-32.73E	闪白	10	4	柱形立标	
7810680 (4720)	防台锚地灯浮 Typhoon Anchorage	21-04.86N 110-34.36E	莫(Q)黄12秒			黄色标柱形，顶标为黄色“X”形	锚地专用标
7810690 (4720.1)	东海岛崩塘角灯桩 Donghai Dao Bengtang Jiao	21-03.58N 110-33.11E				白色砖石结构;8.0	导标两灯一线:126°46′36″
7810700 (4720.2)	龙腾航道引导灯桩前 Longteng Fairway Ldg Lts, Front	21-03.48N 110-33.05E	等明暗绿白红4秒	41.8	绿15 白15 红15	白色柱形立标;43.9	导标绿光弧:274.66°－276.11° 白光弧:276.11°－277.56° 红光弧:277.56°－279.01° 雷达应答器：信号C(－．－．)
7810720 (4721)	南三岛引导灯桩东前 Nansan Dao Ldg Lts, E Front	21-05.78N 110-33.73E	等明暗白6秒	19.8	7	白黑白横条纹砖石结构柱形立标;16.5	导标两灯一线:325°05′44″
7810730 (4722)	南三岛引导灯桩东后 Nansan Dao Ldg Lts, E Rear	21-06.27N 110-33.36E	定白	31.7	10	白黑白横条纹砖石结构柱形立标;13.4	导标
7810740 (4723)	南三岛引导灯桩西前 Nansan Dao Ldg Lts, W Front	21-05.52N 110-32.55E	等明暗红4秒	21	7	混凝土结构柱形立标;23.4	导标两灯一线:076°47′28″
7810750 (4724)	南三岛引导灯桩西后 Nansan Dao Ldg Lts, W Rear	21-05.62N 110-33.00E	定红	30	7	混凝土结构柱形立标;32.4	导标
7810760 (4725)	检疫锚地灯浮 Quarantine Anchorage	21-05.59N 110-31.44E	莫(Q)黄12秒			黄色标柱形，顶标为黄色“X”形	锚地专用标
7810770 (4725.05)	灯塔村1 Dengta Cun No 1	21-06.13N 110-31.59E	快闪红	5.5	4	红白相间条纹金属结构柱形立标;4.0	
7810775 (4725.065)	老梁村灯桩 Laoliang Cun	21-06.87N 110-31.35E	闪白	6.5	4	柱形立标	

编 号 No.	名 称 Name	位置 Position	灯 质 Characteristic	灯高 Height	射程 Range	构 造 Structure	附 记 Remarks
7810780 (4725.06)	灯塔村2 Dengta Cun No 2	21-06.17N 110-31.76E	闪白3秒	5.5	4	红色金属结构柱形立标;4.0	
7810790 (4726)	东海岛灯桩 Donghai Dao	21-04.39N 110-30.10E				红白相间竖条纹砖石结构;7.0	
7810790.03	湛江港东海岛3灯桩 Zhanjiang Gang Donghai Dao No 3	21-04.29N 110-28.91E	等明暗白4秒	13	5	红白相间条纹玻璃钢结构柱形立标;10.0	
7810790.04	湛江港东海岛4灯桩 Zhanjiang Gang Donghai Dao No 4	21-04.36N 110-29.40E	等明暗红6秒	20	5	红白相间条纹玻璃钢结构柱形立标;1.5	
7810790.05	湛江港东海岛5灯桩 Zhanjiang Gang Donghai Dao No 5	21-04.45N 110-29.87E	闪红2秒	14	5	红白相间条纹玻璃钢结构柱形立标;10.0	导标白光弧: 282.65° -283.35° 遮蔽弧: 285° -281° 绿光弧: 281° -282.65° 红光弧: 283.35° -285°
7810791.051	湛江港东海岛Q5 虚拟航标 DONG HAI DAO Q5	21-04.62N 110-29.99E					MMSI:994136603 发射模式:自主连续
7810791.06	湛江港东海岛6灯桩 Zhanjiang Gang Donghai Dao No 6	21-04.44N 110-30.15E	等明暗绿4秒	13	5	绿白相间条纹玻璃钢结构柱形立标;10.0	
7810791.07	湛江港东海岛7灯桩 Zhanjiang Gang Donghai Dao No 7	21-04.63N 110-30.39E	等明暗红4秒	13	5	红白相间条纹玻璃钢结构柱形立标;10.0	
7810792	湛江海事监管基地堤头灯桩 Zhanjiang MSA Supervise Base Breakwater Head	21-04.71N 110-31.33E	等明暗红4秒	10.7	5	红白相间条纹玻璃钢结构柱形立标;7.2	
7810793.01	中科炼化Z1灯浮 Zhongke Lianhua No Z1	21-04.28N 110-27.88E	闪绿4秒			绿色标柱形,顶标为绿色尖向上锥形	右侧标

编号 No.	名称 Name	位置 Position	灯质 Characteristic	灯高 Height	射程 Range	构造 Structure	附记 Remarks
7810793.02	中科炼化Z2灯浮 Zhongkelianhua No Z2	21-04.16N 110-27.96E	闪红4秒			红色标柱形，顶标为红色圆柱形	左侧标
7810793.03	中科炼化Z3灯浮 Zhongke Lianhua No Z3	21-04.06N 110-27.51E	闪(2)绿6秒			绿色标柱形，顶标为绿色尖向上锥形	右侧标
7810793.04	中科炼化Z4灯浮 Zhongkelianhua No Z4	21-03.93N 110-27.81E	闪(2)红6秒			红色标柱形，顶标为红色圆柱形	左侧标
7810793.05	中科炼化Z5灯浮 Zhongkelianhua No Z5	21-03.99N 110-27.28E	闪(3)绿10秒			绿色标柱形，顶标为绿色尖向上锥形	右侧标
7810793.06	中科炼化Z6灯浮 Zhongkelianhua No Z6	21-03.95N 110-27.15E	闪绿4秒			绿色标柱形，顶标为绿色尖向上锥形	右侧标
7810793.07	中科炼化Z7灯浮 Zhongkelianhua No Z7	21-03.90N 110-26.98E	闪(2)绿6秒			绿色标柱形，顶标为绿色尖向上锥形	右侧标
7810793.08	中科炼化Z8灯浮 Zhongkelianhua No Z8	21-04.63N 110-27.27E	甚快(6)+长闪白10秒			黄黑相间横条纹标柱形，顶标为黑色顶点朝下双锥体	南方位标
7810793.09	中科炼化Z9灯浮 Zhongkelianhua No Z9	21-04.45N 110-27.12E	甚快(3)白5秒			黑黄黑横条纹标柱形，顶标为黑色顶点相背双锥体	东方位标
7810794.01	中科炼化1灯桩 Zhongkelianhua No 1	21-04.19N 110-27.46E	定红	12.9	5	红白相间横条纹玻璃钢结构柱形立标	
7810794.02	中科炼化2灯桩 Zhongkelianhua No 2	21-04.19N 110-27.21E	定红	12.9	5	红白相间横条纹玻璃钢结构柱形立标	
7810795.01	东海岛施工1灯浮 Donghaidao Shigong No 1	21-04.84N 110-26.81E	莫(0)黄12秒			黄色标柱形，顶标为黄色“X”形	海上作业区专用标

编 号 No.	名 称 Name	位置 Position	灯 质 Characteristic	灯高 Height	射程 Range	构 造 Structure	附 记 Remarks
7810795.02	东海岛施工2灯浮 Donghaidao Shigong No 2	21-05.05N 110-26.36E	莫(0)黄12秒			黄色标柱形，顶标为黄色“X”形	海上作业区专用标
7810795.03	东海岛施工3灯浮 Donghaidao Shigong No 3	21-05.21N 110-26.09E	莫(0)黄12秒			黄色标柱形，顶标为黄色“X”形	海上作业区专用标
7810795.04	东海岛施工4灯桩 Donghaidao Shigong No 4	21-05.80N 110-25.14E	莫(0)黄12秒			黄色金属结构柱形立标，顶标为黄色“X”形；5.0	海上作业区专用标
7810810.01 (4728.1)	东海岛Q1灯浮 Donghai Dao No Q1	21-04.47N 110-29.16E	闪(2+1)绿6秒			绿红绿横条纹标柱形，顶标为绿色尖向上锥形	推荐航道右侧标
7810810.02 (4728.2)	东海岛Q2灯浮 Donghai Dao No Q2	21-04.28N 110-29.35E	闪红4秒			红色标柱形，顶标为红色圆柱形	左侧标
7810810.03 (4728.3)	东海岛Q3灯浮 Donghai Dao No Q3	21-04.19N 110-29.02E	闪(2+1)绿9秒			绿红绿横条纹标柱形，顶标为绿色尖向上锥形	推荐航道右侧标
7810810.04	Q4灯浮 No Q4	21-04.50N 110-30.04E	快闪(3)白10秒			黑黄黑横条纹标柱形，顶标为黑色顶点相背双锥体	东方位标
7810820.01 (4728.7)	东海岛散货码头1灯桩 Donghai Dao Bulk Cargo Pier No 1	21-04.00N 110-29.05E	定红		5	红色金属结构柱形立标	
7810820.02 (4728.8)	东海岛散货码头2灯桩 Donghai Dao Bulk Cargo Pier No 2	21-04.00N 110-28.98E	定红	10	5	红色金属结构柱形立标	
7810860 (4734.5)	波浪观测浮标主保护灯浮 Wave Observation Buoy Main Conservation	21-05.80N 110-27.00E	莫(0)黄12秒			黄色标柱形，顶标为黄色“X”形	主保护灯浮周围由四个附属灯浮组成70米×70米方阵环绕，灯质均为“莫(0)黄12秒”海上作业区专用标
7810880 (4736)	东头山东咀灯桩 Dongtou Shan E Zui	21-06.17N 110-25.43E				白色；10.7	

编号 No.	名称 Name	位置 Position	灯质 Characteristic	灯高 Height	射程 Range	构造 Structure	附记 Remarks
7810892.01	远大668沉船1灯浮 Yuanda668 Wreck No 1	21-07.06N 110-26.16E	互明暗蓝黄3秒			蓝黄相间竖条纹标柱形，顶标为黄色竖直十字形	
7810892.02	远大668沉船2灯浮 Yuanda668 Wreck No 2	21-07.11N 110-26.29E	互明暗蓝黄3秒			蓝黄相间竖条纹标柱形，顶标为黄色竖直十字形	
7810928	霞山散货JS1警示灯桩 Xiashan Bulk Cargo Warning No JS1	21-08.61N 110-24.16E	等明暗红4秒	6	4	红色金属结构柱形立标;1.0	同步闪
7810929	霞山散货JS2警示灯桩 Xiashan Bulk Cargo Warning No JS2	21-08.56N 110-24.21E	等明暗红4秒	6	4	红色金属结构柱形立标;1.0	同步闪
7810930.01 (4736.21)	霞山散货1灯桩 Xiashan Bulk Cargo No 1	21-08.23N 110-24.32E	闪白3秒	12	5	红白相间条纹金属结构柱形立标;3.0	
7810930.02 (4736.22)	霞山散货2灯桩 Xiashan Bulk Cargo No 2	21-08.48N 110-24.32E	闪白5秒	16.5	5	红白相间条纹金属结构柱形立标;1.5	
7810931	霞山通用码头1灯桩 Xiashan Tongyong Wharf No 1	21-08.36N 110-23.87E	闪白2秒	13.6	5	红白相间条纹玻璃钢结构柱形立标	
7810950.01 (4737.11)	东石西航道B1灯浮 Dongshi W Fairway No B1	21-07.79N 110-24.47E	闪(2+1)红12秒			红绿红横条纹标柱形，顶标为红色圆柱形	推荐航道左侧标
7810950.04 (4737.2)	东石西航道B4灯浮 Dongshi W Fairway No B4	21-07.04N 110-23.15E	闪绿4秒			绿色标柱形，顶标为绿色尖向上锥形	右侧标
7810950.05 (4737.3)	东石西航道B5灯浮 Dongshi W Fairway No B5	21-06.04N 110-22.26E	莫(Q)黄12秒			黄色标柱形，顶标为黄色“X”形	锚地专用标
7810951.01 (4736.151)	宝满集装箱M1灯浮 Baoman Container No M1	21-07.65N 110-24.82E	闪红4秒			红色标柱形，顶标为红色圆柱形	左侧标

编 号 No.	名 称 Name	位置 Position	灯 质 Characteristic	灯高 Height	射程 Range	构 造 Structure	附 记 Remarks
7810951.02 (4736.154)	宝满集装箱M2灯浮 Baoman Container No M2	21-07.94N 110-24.11E	闪(2)红6秒			红色标柱形，顶标为红色圆柱形	左侧标
7810951.03 (4736.153)	宝满集装箱M3灯浮 Baoman Container No M3	21-08.39N 110-24.22E	闪(2)绿6秒			绿色标柱形，顶标为绿色尖向上锥形	右侧标
7810951.04 (4736.156)	宝满集装箱M4灯浮 Baoman Container No M4	21-07.89N 110-23.67E	闪红4秒			红色标柱形，顶标为红色圆柱形	左侧标
7810951.05 (4736.157)	宝满集装箱M5灯浮 Baoman Container No M5	21-08.50N 110-24.20E	闪(3)绿10秒			绿色标柱形，顶标为绿色尖向上锥形	右侧标
7810952.01	调文村1号灯桩 Diaowen Cun No 1	21-05.18N 110-22.55E	快闪红	5	3	红色金属结构柱形立标;4.0	
7810952.02	调文村2号灯桩 Tiaowen Cun No 2	21-04.65N 110-21.99E	快闪白	6	3	红白相间横条纹金属结构柱形立标;4.0	
7810952.03	调文村3号灯桩 Tiaowen Cun No 3	21-04.52N 110-21.11E	快闪绿	5	3	绿色金属结构柱形立标;4.0	
7810953	文参1灯桩 Wencan No 1	21-04.46N 110-20.67E	闪红3秒	4.5	4	红白相间横条纹金属结构柱形立标;4.0	
7810954	文参2灯桩 Wencan No 2	21-04.47N 110-20.14E	闪红5秒	4.5	4	红色金属结构柱形立标;4.0	
7810955	文参避风塘灯桩 Wencan Shelter	21-03.61N 110-18.50E	等明暗红4秒	4	4	红色金属结构柱形立标;4.0	
7810960 (4738)	东头山引导灯桩前 Dongtou Shan Ldg Lts, Front	21-06.75N 110-24.77E	定红	37	7	柱形立标顶标为尖向上三角形	导标两灯一线: 177° 40′
7810970 (4739)	东头山引导灯桩后 Dongtou Shan Ldg Lts, Rear	21-06.60N 110-24.78E	定红	43	7	柱形立标顶标为尖向下三角形	导标
7810980 (4739.01)	东头山岛渡口灯桩 Dongtoushan Dao Ferry	21-06.14N 110-24.40E	快闪白	10.6	4	红色金属结构柱形立标;8.4	

编号 No.	名称 Name	位置 Position	灯质 Characteristic	灯高 Height	射程 Range	构造 Structure	附记 Remarks
7810982.01	东头山电缆管线标1灯桩 Dongtou Shan Cable Pipeline No 1	21-06.13N 110-24.40E	定红	6	4	红白相间斜条纹，顶标为红色尖向上锥形；5.0	
7810982.02	东头山电缆管线标2灯桩 Dongtou Shan Cable Pipeline No 2	21-06.17N 110-24.25E	定红	6	4	红白相间斜条纹，顶标为红色尖向上锥形；5.0	
7810982.03	东头山电缆管线标3灯桩 Dongtou Shan Cable Pipeline No 3	21-05.70N 110-23.89E	定红	6	4	红白相间斜条纹，顶标为红色尖向上锥形；5.0	
7810982.04	东头山电缆管线标4灯桩 Dongtou Shan Cable Pipeline No 4	21-05.73N 110-23.82E	定红	6	4	红白相间斜条纹，顶标为红色尖向上锥形；5.0	
7810990 (4739.02)	东参渡口灯桩 Dongshen Ferry	21-05.66N 110-23.80E	快闪白	12	4	红色玻璃钢结构柱形立标；8.0	
7811000 (4739.03)	东头山岛码头灯桩 Dongtoushan Dao Pier	21-06.15N 110-24.09E	快闪白	11	4	红色玻璃钢结构柱形立标；8.0	
7811010 (4739.04)	东头山岛避风塘灯桩 Dongtoushan Dao Shelter	21-06.18N 110-23.91E	快闪白	7.8	4	柱形立标	
7811020 (4739.05)	东头山岛沙尾灯桩 Dongtoushan Dao Shawei	21-06.20N 110-23.43E	快闪白	6.5	4	柱形立标	
7811030.01 (4739.11)	东头山岛1灯浮 Dongtoushan Dao No 1	21-06.11N 110-23.29E	快(6)+长闪白15秒			黄黑相间横条纹标柱形，顶标为黑色顶点朝下双锥体	南方位标
7811030.02 (4739.12)	东头山岛2灯浮 Dongtoushan Dao No 2	21-05.99N 110-23.85E	甚快白			黑黄相间横条纹标柱形，顶标为黑色顶点朝上双锥体	北方位标
7811030.03 (4739.13)	东头山岛3灯浮 Dongtoushan Dao No 3	21-05.95N 110-24.37E	甚快(6)+长闪白10秒			黄黑相间横条纹标柱形，顶标为黑色顶点朝下双锥体	南方位标

编 号 No.	名 称 Name	位置 Position	灯 质 Characteristic	灯高 Height	射程 Range	构 造 Structure	附 记 Remarks
7811030.04 (4739.14)	东头山岛4灯浮 Dongtoushan Dao No 4	21-05.75N 110-24.79E	快(6)+长闪白15秒			黄黑相间横条纹标柱形，顶标为黑色顶点朝下双锥体	南方位标
7811030.05 (4739.15)	东头山岛5灯浮 Dongtoushan Dao No 5	21-05.35N 110-26.15E	闪(2)白5秒			黑红黑横条纹标柱形，顶标为黑色双球体	孤立危险物浮标
7811031		21-05.87N 110-23.91E	闪(2)白5秒			黑红黑横条纹标柱形，顶标为黑色双球体	孤立危险物浮标
7811032.01	湛江巴斯夫1灯桩 Zhanjiangbasifu No 1	21-05.00N 110-25.39E	定红	7.7	4	红白相间条纹玻璃钢结构柱形立标	
7811032.02	湛江巴斯夫2灯桩 Zhanjiangbasifu No 2	21-05.13N 110-25.28E	闪红2秒	6.2	4	红白相间条纹玻璃钢结构柱形立标	
7811032.03	湛江巴斯夫3灯桩 Zhanjiangbasifu No 3	21-05.20N 110-25.32E	闪红2秒	6.2	4	红白相间条纹玻璃钢结构柱形立标	
7811033.01	湛江巴斯夫1灯浮 Zhanjiangbasifu No 1	21-05.12N 110-25.81E	闪(3)红10秒			红色标柱形，顶标为红色圆柱形	左侧标
7811033.02	湛江巴斯夫2灯浮 Zhanjiangbasifu No 2	21-05.35N 110-25.44E	甚快(6)+长闪白10秒			黄黑相间横条纹标柱形，顶标为黑色顶点朝下双锥体	南方位标
7811040 (4740)	调罗灯桩 Diaoluo	21-07.87N 110-22.66E				白色;5.7	
7811050 (4741)	鹿诸灯桩 Luzhu	21-06.32N 110-21.40E				白色;5.7	
7811060 (4742)	石头角引导灯桩前 Shitou Jiao Ldg Lts, Front	21-09.45N 110-23.61E	等明暗红6秒	23	7	白色砖石结构柱形立标，顶标为黑色尖向上三角形;7.5	导标同步闪两灯一线:322°15′56″

编号 No.	名称 Name	位置 Position	灯质 Characteristic	灯高 Height	射程 Range	构造 Structure	附记 Remarks
7811070 (4743)	石头角引导灯桩后 Shitou Jiao Ldg Lts, Rear	21-09.69N 110-23.41E	等明暗红6秒	35	7	黑白相间竖条纹砖石结构柱形立标，顶标为黑色尖向下三角形；12.2	导标同步闪
7811090.01 (4744.2)	205码头航道C1灯浮 Pier No 205 Fairway No C1	21-08.72N 110-24.33E	闪红4秒			红色标柱形，顶标为红色圆柱形	左侧标
7811090.02 (4744.22)	205码头航道C2灯浮 Pier No 205 Fairway No C2	21-08.91N 110-24.15E	闪(2)红6秒			红色标柱形，顶标为红色圆柱形	左侧标
7811090.03 (4744.3)	205码头航道C3灯浮 Pier No 205 Fairway No C3	21-09.07N 110-24.17E	闪(3)红10秒			红色标柱形，顶标为红色圆柱形	左侧标
7811100 (4744.5)	湛江港209码头灯桩 Zhanjiang Gang No 209 Pier	21-09.28N 110-24.17E	快闪红	16.5	4	红白相间横条纹玻璃钢结构柱形立标；10.0	
7811110 (4745.1)	新油码头灯浮 New Oil Pier	21-09.20N 110-24.81E	快闪(9)白15秒			黄黑黄横条纹标柱形，顶标为黑色顶点相对双锥体	西方位标
7811120 (4745.11)	新油码头灯桩 New Oil Pier	21-08.87N 110-24.45E	闪绿2秒	15	5	绿色玻璃钢结构柱形立标	
7811130.01 (4745.2)	油码头1灯桩 Oil Pier No 1	21-09.14N 110-24.39E	定红	4.2	4	白色金属结构柱形立标；1.2	
7811130.02 (4745.3)	油码头2灯桩 Oil Pier No 2	21-09.26N 110-24.41E	长闪白6秒	18.2	6	白色金属结构柱形立标；1.2	
7811130.03 (4745.4)	油码头3灯桩 Oil Pier No 3	21-09.40N 110-24.41E	定红	4.2	4	白色金属结构柱形立标；1.2	
7811131.01	湛江港新油码头1号警示灯桩 Zhanjiang Gang New Oil Pier No 1 Warning	21-09.25N 110-24.35E	闪红2秒			红色金属结构柱形立标	

编 号 No.	名 称 Name	位置 Position	灯 质 Characteristic	灯高 Height	射程 Range	构 造 Structure	附 记 Remarks
7811131.02	湛江港新油码头2号警示灯桩 Zhanjiang Gang New Oil Pier No 2 Warning	21-09.30N 110-24.36E	闪红2秒			红色金属结构柱形立标	
7811131.03	湛江港新油码头3号警示灯桩 Zhanjiang Gang New Oil Pier No 3 Warning	21-09.36N 110-24.36E	闪红2秒			红色金属结构柱形立标	
7811131.04	湛江港新油码头4号警示灯桩 Zhanjiang Gang New Oil Pier No 4 Warning	21-09.42N 110-24.36E	闪红2秒			红色金属结构柱形立标	
7811131.05	湛江港新油码头5号警示灯桩 Zhanjiang Gang New Oil Pier No 5 Warning	21-09.48N 110-24.37E	闪红2秒			红色金属结构柱形立标	
7811140 (4747.1)	铁矿石码头引导灯桩前 Iron Ore Pier Ldg Lts, Front	21-10.09N 110-24.15E	定红	28	7	金属结构柱形立标,顶标为黑色尖向上三角形;25.0	导标两灯一线:290 ° 41′ 12″
7811150 (4747.11)	铁矿石码头引导灯桩后 Iron Ore Pier Ldg Lts, Rear	21-10.09N 110-24.13E	定红	32	7	金属结构柱形立标,顶标为黑色尖向下三角形;30.0	导标
7811160.01 (4747.12)	湛江港LB1灯桩 Zhanjiang Gang LB1	21-10.02N 110-24.46E	快闪红	12.3	4	红色柱形立标	
7811160.02 (4747.13)	LB2灯桩 No LB2	21-09.82N 110-24.43E	快闪绿	13	4	绿色金属结构柱形立标;7.5	
7811160.03 (4747.14)	LB3灯桩 No LB3	21-09.73N 110-24.49E	快闪红	13	4	红色金属结构柱形立标;7.5	
7811180 (4749)	特呈岛沙尾灯桩 Techeng Dao Shawei	21-09.46N 110-24.95E				白色砖石结构;7.0	
7811190 (4750)	南三北灯桩 Nansan N	21-10.93N 110-25.78E				白色;8.0	

编号 No.	名称 Name	位置 Position	灯质 Characteristic	灯高 Height	射程 Range	构造 Structure	附记 Remarks
7811200 (4751)	南三南灯桩 Nansan S	21-10.27N 110-25.82E				白色;8.0	
7811210 (4751.1)	特呈岛渡口灯桩 Techeng Dao Ferry	21-09.88N 110-25.79E	定白	9.5	7	红色金属结构柱形立标;8.0	
7811211	坡尾避风塘灯桩 Powei Shelter	21-09.87N 110-25.57E	快闪白	4.5	4	红白相间条纹玻璃钢结构柱形立标;4.0	
7811220.01 (4751.11)	特呈岛避风塘1灯桩 Techeng Dao Shelter No 1	21-09.87N 110-25.82E	闪(2)绿6秒	9.4	4	绿色金属结构柱形立标;6.8	
7811220.02 (4751.12)	特呈岛避风塘2灯桩 Techeng Dao Shelter No 2	21-09.86N 110-25.85E	闪(2)红6秒	9.5	4	红色金属结构柱形立标;6.8	
7811230.01 (4751.3)	特呈岛轮渡线1灯浮 Techeng Dao Ferry Course No 1	21-10.34N 110-25.51E	闪绿4秒			绿色标柱形，顶标为绿色尖向上锥形	右侧标同步闪
7811230.02 (4751.4)	特呈岛轮渡线2灯浮 Techeng Dao Ferry Course No 2	21-10.38N 110-25.60E	闪红4秒			红色标柱形，顶标为红色圆柱形	左侧标同步闪
7811230.03 (4751.5)	特呈岛轮渡线3灯浮 Techeng Dao Ferry Course No 3	21-10.08N 110-25.67E	闪绿4秒			绿色标柱形，顶标为绿色尖向上锥形	右侧标同步闪
7811230.04 (4751.6)	特呈岛轮渡线4灯浮 Techeng Dao Ferry Course No 4	21-10.15N 110-25.73E	闪红4秒			红色标柱形，顶标为红色圆柱形	左侧标同步闪
7811240 (4751.65)	北埇村灯桩 Beiya Cun	21-10.19N 110-26.12E	闪白3秒	7	4	红色金属结构柱形立标;4.0	
7811241	特呈岛东村避风塘灯桩 Techeng Dao Dongcun Shelter	21-09.87N 110-26.33E	闪红5秒	7	4	红白相间条纹玻璃钢结构柱形立标;6.0	
7811242	特呈东灯桩 Techeng E	21-09.74N 110-26.51E	等明暗红4秒	7	4	红色玻璃钢结构柱形立标;6.0	

编号 No.	名称 Name	位置 Position	灯质 Characteristic	灯高 Height	射程 Range	构造 Structure	附记 Remarks
7811250.01 (4751.71)	特呈岛小船习惯航路1灯浮 Techeng Dao Boat Customary Channel No 1	21-07.45N 110-28.94E	闪(2)白5秒			黑红黑横条纹标柱形，顶标为黑色双球体	孤立危险物浮标
7811250.02 (4751.72)	特呈岛小船习惯航路2灯浮 Techeng Dao Boat Customary Channel No 2	21-07.57N 110-28.98E	快(6)+长闪白15秒			黄黑相间横条纹标柱形，顶标为黑色顶点朝下双锥体	南方位标
7811250.03 (4751.73)	特呈岛小船习惯航路3灯浮 Techeng Dao Boat Customary Channel No 3	21-08.26N 110-27.73E	快闪(9)白15秒			黄黑黄横条纹标柱形，顶标为黑色顶点相对双锥体	西方位标
7811250.04 (4751.74)	特呈岛小船习惯航路4灯浮 Techeng Dao Boat Customary Channel No 4	21-08.94N 110-27.21E	甚快(9)白10秒			黄黑黄横条纹标柱形，顶标为黑色顶点相对双锥体	西方位标
7811250.05 (4751.75)	特呈岛小船习惯航路5灯浮 Techeng Dao Boat Customary Channel No 5	21-10.02N 110-26.67E	甚快(6)+长闪白10秒			黄黑相间横条纹标柱形，顶标为黑色顶点朝下双锥体	南方位标
7811251	下地聚村灯桩 Xiadiju Cun	21-08.92N 110-28.47E	闪白3秒	7.5	4	红白相间条纹金属结构柱形立标;6.0	
7811260 (4751.901)	石化码头回旋水域专用1灯桩 Petrifaction Pier Convolution Water Area Special No 1	21-10.39N 110-24.53E	闪红3秒	57	3	柱形立标	
7811261 (4754.985)	北港池入口灯桩 N Basin Intake	21-10.46N 110-24.57E	等明暗红4秒	11	5	柱形立标	
7811270 (4751.902)	石化码头回旋水域专用2灯桩 Petrifaction Pier Convolution Water Area Special No 2	21-10.40N 110-24.51E	闪红3秒	60	3	柱形立标	

编号 No.	名称 Name	位置 Position	灯质 Characteristic	灯高 Height	射程 Range	构造 Structure	附记 Remarks
7811280.01 (4752)	湛江港港池航道D1灯浮 Zhanjiang Gang Basin Fairway No D1	21-10.60N 110-24.75E	闪(2)绿6秒			绿色标柱形，顶标为绿色尖向上锥形	右侧标
7811280.02 (4753)	湛江港港池航道D2灯浮 Zhanjiang Gang Basin Fairway No D2	21-10.82N 110-24.59E	闪绿4秒			绿色标柱形，顶标为绿色尖向上锥形	右侧标
7811285.02 (4754.986)	102号泊位端部灯桩 Berth No 102	21-10.82N 110-24.37E	等明暗红6秒	9	5	柱形立标	
7811290 (4754)	木帆船泊区灯浮 Junk Berthing Area	21-11.08N 110-24.85E				黄色标柱形，顶标为黄色“X”形	
7811350.01 (4757.8)	小油轮锚地专用1灯浮 Small Tanker Anchorage Special No 1	21-10.57N 110-25.45E	莫(Q)黄12秒			黄色标柱形，顶标为黄色“X”形	锚地专用标
7811350.02 (4758)	小油轮锚地专用2灯浮 Small Tanker Anchorage Special No 2	21-11.08N 110-25.54E				黄色标柱形，顶标为黄色“X”形	
7811370 (4759.4)	海滨码头灯桩 Seashore Pier	21-11.85N 110-24.91E	快闪白	14	4	柱形立标	
7811380 (4759.5)	麻斜渡口灯桩 Maxie Ferry	21-11.88N 110-25.59E	快闪白	10.5	4	红色柱形立标；10.5	
7811390 (4760)	麻斜引导灯桩前 Maxie Ldg Lts, Front	21-11.83N 110-25.68E	定红	17.4	4.8	白色柱形立标，顶标为白色竖放长方形；12.6	导标两灯一线：023° 09′ 38″
7811400 (4761)	麻斜引导灯桩后 Maxie Ldg Lts, Rear	21-11.92N 110-25.72E	定红	22.8	5.2	白色柱形立标，顶标为白色竖放长方形；18.0	导标
7811420 (4763)	莫烟楼引导灯桩前 Moyanlou Ldg Lts, Front	21-14.32N 110-26.80E	定绿	34	5	黑白相间横条纹砖石结构柱形立标，顶标为尖向下锥形；7.0	导标两灯一线：030° 17′

编号 No.	名称 Name	位置 Position	灯质 Characteristic	灯高 Height	射程 Range	构造 Structure	附记 Remarks
7811440 (4764)	莫烟楼引导灯桩后 Moyanlou Ldg Lts, Rear	21-14.50N 110-26.91E	定绿	41	5	黑白相间横条纹砖石结构柱形立标，顶标为尖向下锥形;10.8	导标
7811445.01	1灯桩 No 1	21-15.01N 110-26.01E					
7811445.02	2灯桩 No 2	21-15.15N 110-26.01E					导标雷达应答器：信号G（－－.）两灯一线：359° 52′
7811445.03	3灯桩 No 3	21-15.15N 110-26.02E					
7811445.04	4灯桩 No 4	21-15.15N 110-26.04E					
7811460.49 (4765)	湛江港49灯浮 Zhanjiang Gang No 49	21-14.00N 110-25.84E	闪红4秒			红色罐形	左侧标AIS应答器
7811460.50 (4765.02)	湛江港50灯浮 Zhanjiang Gang No 50	21-14.84N 110-25.17E	闪(2)红6秒			红色罐形	左侧标同步闪
7811460.51 (4765.03)	湛江港51灯浮 Zhanjiang Gang No 51	21-14.94N 110-25.33E	闪(2)绿6秒			绿色锥形	右侧标同步闪
7811465 (4765.011)	备战码头灯桩南 Beizhan Pier South	21-14.41N 110-25.21E	闪红3秒	8.8	4	柱形立标	
7811466 (4765.012)	备战码头灯桩北 Beizhan Pier North	21-14.49N 110-25.15E	闪红3秒	8.8	4	柱形立标	
7811470.01 (4765.031)	湛江港海湾大桥1桥涵灯桩 Zhanjiang Gang Haiwan Bridge No 1	21-15.07N 110-25.04E	闪(2)红6秒		4	红色柱形立标	同步闪
7811470.02 (4765.032)	湛江港海湾大桥2桥涵灯桩 Zhanjiang Gang Haiwan Bridge No 2	21-15.13N 110-25.14E	闪(2)绿6秒		4	绿色柱形立标	同步闪

编号 No.	名称 Name	位置 Position	灯质 Characteristic	灯高 Height	射程 Range	构造 Structure	附记 Remarks
7811470.03 (4765.033)	湛江港海湾大桥3桥涵灯桩 Zhanjiang Gang Haiwan Bridge No 3	21-15.10N 110-25.09E	等明暗白4秒		3.8	红白相间竖条纹柱形立标	
7811470.04 (4765.034)	湛江港海湾大桥4桥涵灯桩 Zhanjiang Gang Haiwan Bridge No 4	21-15.08N 110-25.03E	闪(3)红10秒		4	红色柱形立标	同步闪
7811470.05 (4765.035)	湛江港海湾大桥5桥涵灯桩 Zhanjiang Gang Haiwan Bridge No 5	21-15.14N 110-25.13E	闪(3)绿10秒		3.8	绿色柱形立标	同步闪
7811470.06 (4765.036)	湛江港海湾大桥6桥涵灯桩 Zhanjiang Gang Haiwan Bridge No 6	21-15.11N 110-25.08E	莫(A)白6秒		4	红白相间竖条纹柱形立标	雷达应答器：信号T(-)
7811485.001	湛江港66号灯浮标附近沉船虚拟航标 WRECK	21-15.88N 110-24.63E					MMSI：994136676发射模式：自主连续
7811500.01 (4766.51)	霞海港E1灯浮 Xiahai Gang No E1	21-15.65N 110-24.34E	闪红4秒			红色标柱形，顶标为红色圆柱形	左侧标
7811500.02 (4766.52)	霞海港E2灯浮 Xiahai Gang No E2	21-15.69N 110-24.10E	闪(2)红6秒			红色标柱形，顶标为红色圆柱形	左侧标
7811501	救助码头灯浮 Salvation Quay	21-15.78N 110-23.97E	甚快(6)+长闪白10秒			黄黑相间横条纹标柱形，顶标为黑色顶点朝下双锥体	南方位标
7811501.01	救助码头1灯桩 Salvation Quay No 1	21-15.70N 110-23.91E	闪白4秒	8.8	4	红白相间横条纹玻璃钢结构柱形立标;6.0	
7811501.02	救助码头2灯桩 Salvation Quay No 2	21-15.64N 110-24.01E	闪白4秒	8.8	4	红白相间横条纹玻璃钢结构柱形立标;6.0	
7811510 (4767)	霞海引导灯桩前 Xiahai Ldg Lts, Front	21-15.30N 110-24.49E	等明暗红4秒	32.5	7	白色柱形立标;27.0	导标

编 号 No.	名 称 Name	位置 Position	灯 质 Characteristic	灯高 Height	射程 Range	构 造 Structure	附 记 Remarks
7811520 (4768)	霞海引导灯桩后 Xiahai Ldg Lts, Rear	21-15.23N 110-24.46E	等明暗红4秒	38.2	7	白色柱形立标; 32.8	导标
7811530 (4769)	调顺岛引导桩灯前灯桩 Tiaoshun Dao Ldg Lts, Front	21-16.77N 110-23.71E	等明暗红4秒	15	6	黑白相间横条纹砖石结构柱形立标;8.1	导标同步闪两灯一线: 322° 31′ 06″
7811540 (4770)	调顺岛引导灯桩后 Tiaoshun Dao Ldg Lts, Rear	21-16.89N 110-23.61E	等明暗红4秒	24	6	黑白相间横条纹砖石结构柱形立标;14.2	导标同步闪
7811550 (4771)	调顺岛南灯桩 Tiaoshun Dao S	21-16.88N 110-23.95E				白色砖石结构; 5.8	
7811570 (4774)	斋棠垉灯桩 Zhaitangbao	21-16.82N 110-25.96E				黑白相间条纹砖石结构;5.8	
7811580 (4776.1)	调顺码头港池引导灯桩前(渔) Tiaoshun Pier Basin Ldg Lts, Front	21-16.72N 110-24.10E	定绿	14	3	白色砖石结构柱形立标	导标
7811590 (4776.11)	调顺码头港池引导灯桩后(渔) Tiaoshun Pier Basin Ldg Lts, Rear	21-16.94N 110-24.00E	定绿	19	3	白色砖石结构柱形立标	导标
7811600 (4777)	龙王湾沙咀灯桩 Longwang Wan Shazui	21-17.87N 110-25.54E				白色砖石结构; 4.8	
7811620 (4778.5)	B300灯浮 No B300	21-18.08N 110-25.37E	快闪(9)白15秒			黄黑黄横条纹标柱形,顶标为黑色顶点相对双锥体	西方位标
7811630 (4779)	龙王湾沙咀北灯桩 Longwang Wan Shazui N	21-18.39N 110-25.41E				白色砖石结构; 4.8	
7811639.01	调顺大桥TS1灯浮 Tiaoshun Bridge No TS1	21-19.34N 110-24.92E	闪绿4秒			绿色锥形	右侧标
7811639.02	调顺大桥TS2灯浮 Tiaoshun Bridge No TS2	21-19.34N 110-24.87E	闪绿4秒			绿色锥形	左侧标

编号 No.	名称 Name	位置 Position	灯质 Characteristic	灯高 Height	射程 Range	构造 Structure	附记 Remarks
7811639.03	调顺大桥TS3灯浮 Tiaoshun Bridge No TS3	21-19.53N 110-24.92E	闪红4秒			红色罐形	右侧标
7811639.04	调顺大桥TS4灯浮 Tiaoshun Bridge No TS4	21-19.53N 110-24.87E	闪绿4秒			绿色锥形	左侧标
7811640.601 (4780.01)	湛江港60A灯浮 Zhanjiang Gang No 60A	21-18.51N 110-25.05E	闪(2)绿6秒			绿色锥形	右侧标
7811640.602 (4780.02)	湛江港60B灯浮 Zhanjiang Gang No 60B	21-18.69N 110-25.08E	快闪(9)白15秒			黄黑黄横条纹标柱形，顶标为黑色顶点相对双锥体	西方位标
7811640.66 (4781.4)	湛江港66灯浮 Zhanjiang Gang No 66	21-20.97N 110-24.97E	快闪红			红色罐形	左侧标同步闪
7811650 (4782)	加隆南灯桩 Jialong S	21-19.72N 110-24.42E	闪(2)白6秒	9.3	6	白色砖石结构柱形立标;11.5	
7811660 (4783)	加隆北灯桩 Jialong N	21-20.33N 110-24.46E	闪红3秒	7.9	3.2	白色砖石结构柱形立标;10.1	
7811661		21-20.85N 110-24.30E	闪白4秒	11	4	柱形立标	
7811670.01 (4783.1)	石门航道1灯浮 Shimen Fairway No 1	21-21.39N 110-24.90E	闪红4秒			红色标柱形，顶标为红色圆柱形	左侧标
7811670.02 (4783.2)	石门航道2灯浮 Shimen Fairway No 2	21-21.83N 110-24.62E	闪(2)绿6秒			绿色标柱形，顶标为绿色尖向上锥形	右侧标
7811670.03 (4783.3)	石门航道3灯浮 Shimen Fairway No 3	21-22.00N 110-24.50E	闪绿4秒			绿色标柱形，顶标为绿色尖向上锥形	右侧标
7811670.04 (4783.4)	石门航道4灯浮 Shimen Fairway No 4	21-22.50N 110-24.00E	闪(2)绿6秒			绿色标柱形，顶标为绿色尖向上锥形	导标两灯一线: 341° 08′ 08″

编号 No.	名称 Name	位置 Position	灯质 Characteristic	灯高 Height	射程 Range	构造 Structure	附记 Remarks
7811670.05 (4783.5)	石门航道5灯浮 Shimen Fairway No 5	21-22.60N 110-23.90E	闪(3)红10秒			红色标柱形，顶标为红色圆柱形	左侧标
7811680 (4784)	石门港石角咀灯桩 Shimen Gang Shijiao Zui	21-22.90N 110-23.90E	闪白3秒	5.7	4	黑色金属结构柱形立标;7.5	
7811690 (4785)	石门港麻利石灯桩 Shimen Gang Malishi	21-23.40N 110-23.40E	闪(2)红6秒	4.1	1	红色混凝土结构;5.1	
7811700.01 (4785.5)	石门特大桥专1灯浮 Shimen Grand Bridge Special No 1	21-23.71N 110-23.16E	闪绿4秒			绿色标柱形，顶标为绿色尖向上锥形	右侧标
7811700.02 (4785.6)	石门特大桥专2灯浮 Shimen Grand Bridge Special No 2	21-23.69N 110-23.14E	闪红4秒			红色标柱形，顶标为红色圆柱形	左侧标
7811710 (4786)	石门港大埔石灯桩 Shimen Gang Dapu Shi	21-23.80N 110-23.20E	闪绿4秒	6	1	绿色混凝土结构柱形立标，顶标为绿色尖向上锥形;7.3	右侧标
7811720.03 (4786.03)	石门特大桥专3灯浮 Shimen Grand Bridge Special No 3	21-23.86N 110-23.16E	闪绿4秒			绿色标柱形，顶标为绿色尖向上锥形	右侧标
7811720.04 (4786.04)	石门特大桥专4灯浮 Shimen Grand Bridge Special No 4	21-23.86N 110-23.12E	闪红4秒			红色标柱形，顶标为红色圆柱形	左侧标
7811720.05 (4786.05)	石门特大桥专5灯浮 Shimen Grand Bridge Special No 5	21-24.02N 110-23.13E	闪绿4秒			绿色标柱形，顶标为绿色尖向上锥形	右侧标
7811720.06 (4786.06)	石门特大桥专6灯浮 Shimen Grand Bridge Special No 6	21-24.00N 110-23.10E	闪红4秒			红色标柱形，顶标为红色圆柱形	左侧标
7811720.07 (4786.07)	石门特大桥专7灯浮 Shimen Grand Bridge Special No 7	21-24.14N 110-23.10E	闪绿4秒			绿色标柱形，顶标为绿色尖向上锥形	右侧标
7811720.08 (4786.08)	石门特大桥专8灯浮 Shimen Grand Bridge Special No 8	21-24.11N 110-23.08E	闪红4秒			红色标柱形，顶标为红色圆柱形	左侧标

编号 No.	名称 Name	位置 Position	灯质 Characteristic	灯高 Height	射程 Range	构造 Structure	附记 Remarks
7811730 (4787)	石门港黄恙石灯桩 Shimen Gang Huangyang Shi	21-24.20N 110-23.00E	闪(2)绿6秒	5.2	2	绿色金属结构柱形立标，顶标为绿色尖向上锥形;7.5	右侧标
7811740 (4788)	石门港沙岗石灯桩 Shimen Gang Shagang Shi	21-24.90N 110-22.40E	闪(2)红6秒	4.6	1	红色金属结构柱形立标，顶标为红色圆柱形;7.5	左侧标
7811750 (4789)	石门港牛母石灯桩 Shimen Gang Niumu Shi	21-25.30N 110-22.30E	闪(2)绿6秒			绿色金属结构柱形立标，顶标为绿色尖向上锥形;7.5	右侧标
7811751	上游左岸灯桩 Upstream L	21-33.27N 110-09.45E	定红		1.5	柱形立标	
7811752	上游右岸灯桩 Upstream R	21-33.27N 110-09.25E	定红		1.5	柱形立标	
7811753	下游左岸灯桩 Downstream L	21-33.06N 110-09.44E	定红		1.5	柱形立标	
7811754	下游右岸灯桩 Downstream R	21-33.04N 110-09.27E	定红		1.5	柱形立标	
7811755	专用浮标灯浮 Special Buoy	21-33.13N 110-09.34E	闪红4秒			红色标柱形，顶标为红色圆柱形	左侧标
7811760 (4789.1)	石门港鸡笼山灯桩 Shimen Gang Jilong Shan	21-25.90N 110-22.30E	闪红3秒	6	2	红色金属结构柱形立标;7.0	
7811770 (4790)	下流角(兰石礁)(渔)灯桩 Xialiu Jiao (Lanshi Jiao)	20-51.52N 110-19.53E	闪(2)红6秒		2.4	红色砖石结构柱形立标，顶标为红色圆柱形;10.0	左侧标
7811771.01	洪流1灯桩 Hongliu No 1	20-51.16N 110-19.21E	闪(2)绿6秒	8.5	3	绿色金属结构柱形立标，顶标为绿色尖向上锥形	右侧标
7811771.02	洪流2灯桩 Hongliu No 2	20-51.03N 110-19.27E	闪(2)绿6秒	8.5	3	绿色金属结构柱形立标，顶标为绿色尖向上锥形	右侧标

编号 No.	名称 Name	位置 Position	灯质 Characteristic	灯高 Height	射程 Range	构造 Structure	附记 Remarks
7811772	麻菓灯桩 Maxi	20-51.32N 110-19.05E	闪(2)红6秒	8.5	3	红色金属结构柱形立标,顶标为红色圆柱形	左侧标
7811773.02	和北2灯桩 Hebei No 2	20-39.73N 110-22.12E	闪(2)绿6秒	7	3	绿色金属结构柱形立标,顶标为绿色尖向上锥形	右侧标
7811773.03	和北3灯桩 Hebei No 3	20-39.58N 110-22.11E	闪(2)红6秒	7	3	红色金属结构柱形立标,顶标为红色圆柱形	左侧标
7811773.04	和北4灯桩 Hebei No 4	20-39.03N 110-22.20E	闪(2)绿6秒	7	3	绿色金属结构柱形立标,顶标为绿色尖向上锥形	右侧标
7811780.01 (4791)	雷州港1灯浮 Leizhou Gang No 1	20-53.72N 110-24.54E	闪绿4秒			绿色标柱形,顶标为绿色尖向上锥形	右侧标
7811780.02 (4792)	雷州港2灯浮 Leizhou Gang No 2	20-53.26N 110-21.41E	闪红4秒			红色标柱形,顶标为红色圆柱形	左侧标
7811780.03 (4793)	雷州港3灯浮 Leizhou Gang No 3	20-53.41N 110-18.63E	闪绿4秒			绿色标柱形,顶标为绿色尖向上锥形	右侧标
7811780.04 (4794)	雷州港4灯浮 Leizhou Gang No 4	20-53.44N 110-16.14E	闪绿4秒			绿色标柱形,顶标为绿色尖向上锥形	右侧标
7811780.05 (4795)	雷州港5灯浮 Leizhou Gang No 5	20-53.46N 110-14.34E	闪绿4秒			绿色标柱形,顶标为绿色尖向上锥形	右侧标
7811780.06 (4796)	雷州港6灯浮 Leizhou Gang No 6	20-52.26N 110-13.29E	闪绿4秒			绿色标柱形,顶标为绿色尖向上锥形	右侧标
7811790 (4797)	雷州港双溪南灯桩 Leizhou Gang Shuangxi S	20-50.88N 110-12.25E	闪(2)白6秒	7.4	6	白色砖石结构柱形立标;8.0	
7811799.01	通明海大桥桥区1灯浮 Tongminghai Daqiao Qiaoqu No 1	20-56.53N 110-11.91E	闪绿4秒		3	绿色标柱形,顶标为绿色尖向上锥形	右侧标

编 号 No.	名 称 Name	位置 Position	灯 质 Characteristic	灯高 Height	射程 Range	构 造 Structure	附 记 Remarks
7811799.02	通明海大桥桥区2灯浮 Tongminghai Daqiao Qiaoqu No 2	20-56.50N 110-11.78E	闪红4秒		3	红色标柱形，顶标为红色圆柱形	左侧标
7811799.03	通明海大桥桥区3灯浮 Tongminghai Daqiao Qiaoqu No 3	20-56.95N 110-11.80E	闪绿4秒		3	绿色标柱形，顶标为绿色尖向上锥形	右侧标
7811799.04	通明海大桥桥区4灯浮 Tongminghai Daqiao Qiaoqu No 4	20-56.92N 110-11.65E	闪红4秒		3	红色标柱形，顶标为红色圆柱形	左侧标
7811800 (4798.03)	通明航道0灯浮 Tongming Fairway No 0	20-54.00N 110-15.11E	闪(3)红10秒			红色标柱形，顶标为红色圆柱形	左侧标
7811800.01 (4798.04)	通明航道1灯浮 Tongming Fairway No 1	20-55.03N 110-13.23E	闪红4秒			红色标柱形，顶标为红色圆柱形	左侧标
7811800.02 (4798.07)	通明航道2灯浮 Tongming Fairway No 2	20-58.33N 110-11.05E	闪绿4秒			绿色标柱形，顶标为绿色尖向上锥形	右侧标
7811800.03	通明航道3灯浮 Tongming Fairway No 3	20-59.39N 110-12.79E	闪(2)绿6秒			绿色标柱形，顶标为绿色尖向上锥形	右侧标
7811801 (4799)	通明渔港进港(渔)灯桩 Tongming Fishing Harbour Entrance	20-58.64N 110-10.23E	闪红4秒			红色柱形立标	左侧标
7811802.01	专用1灯浮 Special No 1	20-58.62N 110-11.52E	莫(C)黄12秒			黄色标柱形，顶标为黄色“X”形	水中构筑物专用标
7811802.02	专用2灯浮 Special No 2	20-58.81N 110-11.40E	莫(C)黄12秒			黄色标柱形，顶标为黄色“X”形	水中构筑物专用标
7811802.03	专用3灯浮 Special No 3	20-58.99N 110-11.28E	莫(C)黄12秒			黄色标柱形，顶标为黄色“X”形	水中构筑物专用标
7811802.04	专用4灯桩 Special No 4	20-59.72N 110-10.87E	莫(C)黄12秒			黄色柱形立标，顶标为黄色“X”形	水中构筑物专用标
7811803.01	岭头村1灯桩 Lingtou Cun No 1	21-01.88N 110-12.16E	闪白5秒	5	4	柱形立标	

编 号 No.	名 称 Name	位置 Position	灯 质 Characteristic	灯高 Height	射程 Range	构 造 Structure	附 记 Remarks
7811803.02	岭头村2灯桩 Lingtou Cun No 2	21-02.27N 110-12.09E	闪红5秒	8	4	柱形立标顶标为红色圆柱形	
7811803.03	岭头村3灯桩 Lingtou Cun No 3	21-02.39N 110-11.88E	等明暗白3秒	6.5	4	柱形立标	
7811805 (4798.05)	西湾村西南灯桩 Xiwan Cun SW	20-57.00N 110-12.86E	闪(2)白6秒			柱形立标	
7811806 (4798.06)	西湾村灯桩 Xiwan Cun	20-57.46N 110-13.89E	闪白4秒		3	柱形立标	
7811807 (4798.061)	民安镇避风塘灯桩 Ming'an Zhen Shelter	20-57.67N 110-14.87E	闪白3秒	9.6	4	柱形立标	
7811808 (4798.062)	温窖村灯桩 Wenjiao Cun	20-58.05N 110-17.05E	快闪白	26	4	柱形立标	
7811809 (4798.063)	迈旗村灯桩 Maiqi Cun	20-59.79N 110-21.73E	闪(2)白5秒	9.8	4	柱形立标	
7811809.01 (4798.064)	什石村灯桩 Shishi Cun	20-59.66N 110-22.87E	闪白3秒	9.5	4	柱形立标	
7811809.02	龙安避风塘灯桩 Long'an Shelter	20-59.80N 110-26.49E	闪红5秒	7	4	红色金属结构柱形立标;6.0	
7811810.01 (4799.1)	三吉航道1灯浮 Sanji Fairway No 1	20-45.55N 110-28.00E	闪绿4秒			绿色标柱形,顶标为绿色尖向上锥形	右侧标
7811810.02 (4799.11)	三吉航道2灯浮 Sanji Channel No 2	20-45.40N 110-25.93E	闪红4秒		3	红色标柱形,顶标为红色圆柱形	左侧标
7811810.03 (4799.12)	三吉航道3灯浮 Sanji Channel No 3	20-43.60N 110-25.00E	闪(2)绿6秒		3	绿色标柱形,顶标为绿色尖向上锥形	右侧标
7811811	尼山灯桩 Nishan	20-58.53N 110-18.63E	闪红5秒	7	4	红白相间横条纹金属结构柱形立标;6.0	

编 号 No.	名 称 Name	位置 Position	灯 质 Characteristic	灯高 Height	射程 Range	构 造 Structure	附 记 Remarks
7811820 (4799.2)	北莉岛航道北1灯浮 Beili Dao Fairway N No 1	20-42.12N 110-23.67E	闪绿4秒			绿色标柱形，顶标为绿色尖向上锥形	右侧标
7811821	三吉港灯桩 Sanji Gang	20-43.96N 110-20.44E	闪(2)白6秒	11	5	柱形立标	
7811821.01	大林避风塘灯桩 Dalin Shelter	20-44.71N 110-19.75E	闪白5秒	7	4	红色金属结构柱形立标;6.0	
7811821.02	坎园灯桩 Kan Yuan	20-44.14N 110-19.75E	闪红5秒	4.5	4	红白相间条纹玻璃钢结构柱形立标;4.0	
7811822	南海头灯桩 Nanhai Tou	20-42.44N 110-22.41E	闪白4秒	10	5	柱形立标	
7811822.01	过路塘灯桩 Guolu Tang	20-41.80N 110-19.80E	闪红5秒	8.5	4	红色金属结构柱形立标;8.0	
7811823.01 (4790.5)	后葛村灯桩 Houge Cun	20-49.41N 110-21.68E	闪白5秒	7	3	红色玻璃钢结构柱形立标	
7811824	尾龙灯桩 Weilong	20-41.21N 110-21.27E	等明暗红4秒	8.5	4	红色金属结构柱形立标;8.0	
7811825	北尾避风塘灯桩 Beiwei Shelter	20-40.64N 110-21.08E	闪白5秒	9	4	白色金属结构柱形立标;8.0	
7811825.01	下坑仔避风塘灯桩 Xiakengzai Shelter	20-40.34N 110-21.49E	闪红5秒	4.5	4	红色玻璃钢结构柱形立标;4.0	
7811826	后堀灯桩 Houku	20-40.72N 110-21.93E	等明暗白4秒	8.5	4	红白相间横条纹金属结构柱形立标;8.0	
7811827	公港灯桩 Gonggang	20-40.26N 110-20.63E	闪红5秒	7	4	红色金属结构柱形立标;6.0	
7811828	井仔灯桩 Jingzai	20-40.76N 110-19.51E	闪白5秒	8	4	白色金属结构柱形立标;6.0	

编号 No.	名称 Name	位置 Position	灯质 Characteristic	灯高 Height	射程 Range	构造 Structure	附记 Remarks
7811829	英楼灯桩 Yinglou	20-40. 18N 110-18. 20E	等明暗红4秒	4. 5	4	红色玻璃钢结构柱形立标;4. 0	
7811830 (4799. 3)	北莉岛航道南1灯浮 Beili Dao Fairway S No 1	20-40. 56N 110-24. 03E	闪红4秒			红色标柱形，顶标为红色圆柱形	左侧标
7811840 (4800)	北莉岛灯桩 Beili Dao	20-41. 25N 110-24. 02E	闪白4秒	13. 1	5	白色混凝土结构柱形立标	
7811850. 01 (4800. 04)	北沙航道1灯浮 Beisha Fairway No 1	20-41. 36N 110-27. 71E	闪红4秒			红色标柱形，顶标为红色圆柱形	左侧标
7811850. 02 (4800. 05)	北沙航道2灯浮 Beisha Fairway No 2	20-40. 57N 110-26. 95E	闪绿4秒			绿色标柱形，顶标为绿色尖向上锥形	右侧标
7811850. 03 (4800. 06)	北沙航道3灯浮 Beisha Fairway No 3	20-40. 35N 110-26. 17E	闪(2)绿6秒			绿色标柱形，顶标为绿色尖向上锥形	右侧标
7811860 (4800. 1)	冬松岛灯桩 Dongsong Dao	20-40. 01N 110-22. 23E	闪(2)白6秒			白色柱形立标;7. 0	
7811860. 01	水头灯桩 Shuitou	20-39. 66N 110-21. 99E	快闪白	4	4	红白相间条纹玻璃钢结构柱形立标;4. 0	
7811861	和安灯桩 Hean	20-38. 45N 110-22. 09E	闪白4秒	10	3	柱形立标	
7811862	土港村灯桩 Tugang Cun	20-40. 00N 110-23. 25E	闪红5秒	6. 5	4	红色金属结构柱形立标;5. 0	
7811862. 01	东坑灯桩 Dongkeng	20-39. 98N 110-25. 71E	闪(2)白6秒	7	4	白色金属结构柱形立标;6. 0	
7811863	后江村灯桩 Houjiang Cun	20-39. 50N 110-23. 68E	闪白3秒	6	4	红白相间横条纹金属结构柱形立标;5. 0	
7811863. 01	佳吉灯桩 Jiaji	20-38. 86N 110-23. 49E	闪红5秒	7	4	红色金属结构柱形立标;6. 0	

编 号 No.	名 称 Name	位置 Position	灯 质 Characteristic	灯高 Height	射程 Range	构 造 Structure	附 记 Remarks
7811864	西山村灯桩 Xishan Cun	20-39.50N 110-24.80E	闪红3秒	6	4	红色金属结构柱形立标;5.0	
7811864.01	东坑避风塘灯桩 Dongkeng Shelter	20-39.50N 110-25.57E	等明暗红4秒	4.5	4	红色玻璃钢结构柱形立标;4.0	
7811864.02	南湾灯桩 Nanwan	20-38.25N 110-25.42E	等明暗白4秒	6.5	4	红色玻璃钢结构柱形立标;6.0	
7811865	后村仔村灯桩 Houcunzai Cun	20-39.76N 110-26.58E	闪白3秒	5.5	4	红白相间金属结构柱形立标;5.0	
7811866	港六灯桩 Gangliu	20-37.15N 110-26.29E	闪红5秒	9	4	红色金属结构柱形立标;8.0	
7811867	后湖灯桩 Houhu	20-37.51N 110-24.22E	快闪白	6.5	4	红色玻璃钢结构柱形立标;6.0	
7811868	冬松渡口灯桩 Dongsong Ferry	20-39.92N 110-22.10E	闪白3秒	6.2	4	红色玻璃钢结构柱形立标;6.0	
7811870 (4801)	后海灯桩 Houhai	20-38.52N 110-27.95E	快闪白	30	8	白色混凝土结构柱形立标;15.8	
7811880 (4802)	下寮仔灯桩 Xialiaozai	20-37.17N 110-29.07E	快闪白	11.1	4	红色柱形立标;7.9	
7811900 (4804)	外罗港进口引导立标后 Wailuo Gang Entrance Ldg Bns, Rear	20-35.30N 110-28.64E				白色砖石结构;6.5	导标
7811905 (4803)	外罗港进口引导立标前 Wailuo Gang Entrance Ldg Bns, Front	20-35.29N 110-29.00E				白色砖石结构;3.5	导标
7811909	顺航528沉船示位AIS 虚拟航标 SHUN HANG 528 WRECK	20-38.99N 110-35.69E					MMSI:994136856 发射模式:自主连续
7811909.01	顺航528沉船示位1灯浮 Shunhang528 Wreck No 1	20-38.93N 110-35.74E	互明暗蓝黄3秒			蓝黄相间竖条纹标柱形，顶标为黄色竖直十字形	

编号 No.	名称 Name	位置 Position	灯质 Characteristic	灯高 Height	射程 Range	构造 Structure	附记 Remarks
7811909.02	顺航528沉船示位2灯浮 Shunhang528 Wreck No 2	20-39.02N 110-35.62E	互明暗蓝黄3秒			蓝黄相间竖条纹标柱形，顶标为黄色竖直十字形	
7811910.01 (4804.9)	外罗水道北进口1灯浮 Wailuo Channel N Entrance No 1	20-43.00N 110-36.26E	长闪白10秒			红白相间竖条纹标柱形，顶标为红色球体形	安全水域浮标雷达反射器AIS应答器
7811910.02 (4805)	外罗水道北进口2灯浮 Wailuo Channel N Entrance No 2	20-38.75N 110-36.03E	莫(A)白6秒			红白相间竖条纹标柱形，顶标为红色球体形	安全水域浮标雷达反射器AIS应答器
7811911	北进口沉船 虚拟航标 BEIJINKOU CHEN	20-42.13N 110-36.25E					MMSI:994136666
7811912	WRECK YONG SHENG 168 虚拟航标 WRECK YONG SHENG 168	20-38.83N 110-34.92E					MMSI:994136679 发射模式:自主连续
7811913	北进口附近灯浮 Beijinkou Fujin	20-42.22N 110-36.28E	互明暗蓝黄3秒			蓝黄相间竖条纹标柱形，顶标为黄色竖直十字形	
7811920.01 (4805.8)	外罗水道1灯浮 Wailuo Channel No 1	20-37.78N 110-33.67E	闪绿4秒			绿色锥形	右侧标雷达反射器AIS应答器
7811920.02 (4805.9)	外罗水道2灯浮 Wailuo Channel No 2	20-37.56N 110-33.83E	闪红4秒			红色罐形	左侧标
7811920.03 (4806)	外罗水道3灯浮 Wailuo Channel No 3	20-36.70N 110-31.80E	闪(2)绿6秒			绿色锥形	右侧标
7811940.04 (4806.1)	外罗水道4灯浮 Wailuo Channel No 4	20-36.62N 110-32.11E	闪(2)红6秒			红色罐形	左侧标
7811940.041 (4806.11)	外罗水道4A灯浮 Wailuo Channel No 4A	20-34.62N 110-31.73E	闪红4秒			红色罐形	左侧标
7811950 (4806.4)	六极岛灯桩 Liuji Dao	20-35.52N 110-25.05E	闪白4秒		3	白色砖石结构柱形立标;7.0	
7811951	北门港避风塘灯桩 Beimen Gang Shelter	20-35.14N 110-24.77E	闪红5秒	8	4	红色金属结构柱形立标;6.0	

编号 No.	名称 Name	位置 Position	灯质 Characteristic	灯高 Height	射程 Range	构造 Structure	附记 Remarks
7811960 (4806.6)	锦和灯桩 Jinhe	20-34.97N 110-25.38E	闪(2)白6秒		3	白色砖石结构柱形立标;7.0	
7811961	金钱窝上灯桩 Jinqianwo Upper	20-34.63N 110-25.80E	等明暗白4秒	7	4	红色金属结构柱形立标;6.0	
7811962	金钱窝下灯桩 Jinqianwo Lower	20-34.46N 110-25.96E	闪红3秒	7	4	红白相间横条纹金属结构柱形立标;6.0	
7811963	金沟灯桩 Jingou	20-34.27N 110-26.24E	闪(2)白6秒	7	4	白色金属结构柱形立标;6.0	
7811964	下洋港灯桩 Xiayanggang	20-33.87N 110-26.90E	闪绿5秒	7	4	绿色金属结构柱形立标;6.0	
7811970.01 (4806.911)	外罗港1灯浮 Wailuo Gang No 1	20-32.59N 110-31.84E	闪(2+1)绿6秒			绿红绿横条纹标柱形，顶标为绿色尖向上锥形	推荐航道右侧标
7811970.02 (4806.912)	外罗港2灯浮 Wailuo Gang No 2	20-33.65N 110-30.06E	闪红4秒			红色标柱形，顶标为红色圆柱形	左侧标
7811970.03 (4806.913)	外罗港3灯浮 Wailuo Gang No 3	20-34.32N 110-29.44E	闪(2)绿6秒			绿色标柱形，顶标为绿色尖向上锥形	右侧标
7811980 (4807)	角头石(渔)灯桩 Jiaotou Shi	20-34.73N 110-28.47E	闪(2)白5秒	9.5	6	黑红黑横条纹混凝土结构柱形立标，顶标为黑色双球体;8.0	孤立危险物立标
7811990 (4807.1)	新寮岛灯桩 Xinliao Dao	20-34.84N 110-27.64E	闪(2)白6秒	12	3	柱形立标	
7811991	外罗灯桩 Wailuo	20-34.67N 110-27.77E	闪白4秒	11	3	柱形立标	
7811992	港尾灯桩 Gangwei	20-34.13N 110-27.46E	闪白5秒	7	4	白色金属结构柱形立标;6.0	
7812000.04 (4807.2)	外罗港4灯浮 Wailuo Gang No 4	20-34.07N 110-26.86E	闪(2)红6秒			红色标柱形，顶标为红色圆柱形	左侧标

编 号 No.	名 称 Name	位置 Position	灯 质 Characteristic	灯高 Height	射程 Range	构 造 Structure	附 记 Remarks
7812000.05 (4807.21)	外罗港5灯浮 Wailuo Gang No 5	20-34.40N 110-26.38E	闪(3)绿10秒			绿色标柱形，顶标为绿色尖向上锥形	右侧标
7812000.06 (4807.22)	外罗港6灯浮 Wailuo Gang No 6	20-34.66N 110-25.86E	闪(3)红10秒			红色标柱形，顶标为红色圆柱形	左侧标
7812010 (4808)	白茅塘灯桩 Baimao Tang	20-33.70N 110-29.24E	快闪白	17.1	8	白色混凝土结构柱形立标；12.4	
7812011	陈宅灯桩 Chenzhai	20-31.84N 110-30.25E	闪白5秒	7	4	白色金属结构柱形立标；6.0	
7812012.01	登陆点管线标1号灯桩 Dengludian Pipeline No 1	20-32.84N 110-29.78E	定红	5	3	顶标为尖向上锥形	
7812012.02	登陆点管线标2号灯桩 Dengludian Pipeline No 2	20-32.83N 110-29.79E	定红	5	3	顶标为尖向上锥形	
7812020.05 (4809)	外罗水道5灯浮 Wailuo Channel No 5	20-33.71N 110-31.46E	闪(3)绿10秒			绿色锥形	右侧标
7812020.06 (4809.1)	外罗水道6灯浮 Wailuo Channel No 6	20-33.73N 110-31.80E	闪(3)红10秒			红色罐形	左侧标
7812020.07 (4809.2)	外罗水道7灯浮 Wailuo Channel No 7	20-32.07N 110-32.70E	闪绿4秒			绿色锥形	右侧标AIS应答器
7812020.08 (4810)	外罗水道8灯浮 Wailuo Channel No 8	20-31.42N 110-33.10E	闪(2)红6秒			红色罐形	左侧标
7812020.09 (4810.1)	外罗水道9灯浮 Wailuo Channel No 9	20-31.33N 110-32.98E	闪(2)绿6秒			绿色锥形	右侧标
7812030 (4811)	下港灯桩 Xiagang	20-30.38N 110-31.04E	快闪白	14.6	4	红色柱形立标；11.1	
7812040 (4812)	大排（高排）灯桩 Da Pai (Gao Pai)	20-29.55N 110-32.55E	闪白6秒	16.2	8	白色砖石结构柱形立标；16.5	

编号 No.	名称 Name	位置 Position	灯质 Characteristic	灯高 Height	射程 Range	构造 Structure	附记 Remarks
7812050.10 (4813)	外罗水道10灯浮 Wailuo Channel No 10	20-30.05N 110-33.67E	闪(3)红10秒			红色罐形	左侧标
7812050.11 (4813.01)	外罗水道11灯浮 Wailuo Channel No 11	20-30.05N 110-33.24E	闪(3)绿10秒			绿色锥形	右侧标
7812050.12 (4813.02)	外罗水道12灯浮 Wailuo Channel No 12	20-26.33N 110-34.17E	闪红4秒			红色罐形	左侧标
7812050.13 (4813.03)	外罗水道13灯浮 Wailuo Channel No 13	20-26.26N 110-33.76E	闪绿4秒			绿色锥形	右侧标
7812050.14 (4813.04)	外罗水道14灯浮 Wailuo Channel No 14	20-23.90N 110-32.40E	闪(2)绿6秒			绿色锥形	右侧标
7812060 (4814)	车路门灯桩 Chelu Men	20-29.10N 110-31.68E	快闪白	14.7	4	白色混凝土结构柱形立标;11.0	
7812070 (4816)	邓宅灯桩 Dengzhai	20-26.98N 110-31.33E	快闪白	11	4	白色混凝土结构柱形立标;7.5	
7812080 (4817)	山狗吼灯桩 Shangouhou	20-25.63N 110-31.10E				白色砖石结构;5.5	
7812090 (4818)	山狗吼灯塔 Shangouhou	20-25.64N 110-31.00E	闪(2)白6秒	20.7	15	白色砖石结构;6.0	
7812091	山海村灯桩 Shanghai Cun	20-25.62N 110-30.81E	闪红3秒	7.5	4	红色金属结构柱形立标;6.0	
7812095	南安湾灯桩 Nan'an Wan	20-24.05N 110-28.93E	闪白3秒	6	4	柱形立标	
7812100 (4818.1)	罗斗沙灯塔 Luodou Sha	20-21.89N 110-34.78E	闪白4秒	42.6	18	白色混凝土结构;41.9	雷达应答器：信号K(- . -)
7812101.01	海装漂浮风电1灯桩 Haizhuang Piaofu Wind Power No 1	20-18.87N 110-34.83E	莫(U)白15秒	10.6	5	黄色柱形立标;1.2	

编 号 No.	名 称 Name	位置 Position	灯 质 Characteristic	灯高 Height	射程 Range	构 造 Structure	附 记 Remarks
7812101.02	海装漂浮风电2灯桩 Haizhuang Piaofu Wind Power No 2	20-18.81N 110-34.82E	莫(U)白15秒	10.6	5	黄色柱形立标;1.2	AIS应答器：名称：HZ FENG DIAN 2#MMSI：994121883
7812101.03	海装漂浮风电1灯浮 Haizhuang Piaofu Wind Power No 1	20-19.05N 110-35.00E	莫(C)黄12秒			黄色标柱形,顶标为黄色“X”形	水中构筑物专用标
7812101.04	海装漂浮风电2灯浮 Haizhuang Piaofu Wind Power No 2	20-18.58N 110-34.91E	莫(C)黄12秒			黄色标柱形,顶标为黄色“X”形	水中构筑物专用标
7812101.05	海装漂浮风电3灯浮 Haizhuang Piaofu Wind Power No 3	20-18.89N 110-34.53E	莫(C)黄12秒			黄色标柱形,顶标为黄色“X”形	水中构筑物专用标
7812105	盐井角灯桩 Yanjing Jiao	20-21.84N 110-28.09E	闪白3秒	5	4	柱形立标	
7812106	下塘村东礁石区灯桩 Xiatang Cun E Reef Area	20-19.71N 110-26.22E	闪白5秒	5	4	红白相间横条纹金属结构柱形立标;4.0	
7812107	下塘村灯桩 Xiatang Cun	20-19.35N 110-25.68E	闪红5秒	6	4	红色金属结构柱形立标;5.0	
7812110.15 (4819)	外罗水道15灯浮 Wailuo Channel No 15	20-21.37N 110-30.61E	闪(3)绿10秒			绿色锥形	右侧标
7812110.16 (4819.1)	外罗水道16灯浮 Wailuo Channel No 16	20-20.88N 110-31.15E	闪(3)红10秒			红色罐形	左侧标
7812117.01	粤电1号专用灯浮 Yuedian No 1 Zhuanyong	20-34.26N 110-34.77E	莫(C)黄12秒			黄色标柱形，顶标为黄色“X”形	水中构筑物专用标AIS应答器：名称：YUE DIAN DENG FU 1 MMSI：994121708
7812117.02	粤电2号专用灯浮 Yuedian No 2 Zhuanyong	20-34.05N 110-34.83E	莫(C)黄12秒			黄色标柱形，顶标为黄色“X”形	水中构筑物专用标

编 号 No.	名 称 Name	位置 Position	灯 质 Characteristic	灯高 Height	射程 Range	构 造 Structure	附 记 Remarks
7812117.03	粤电3号专用灯浮 Yuedian No 3 Zhuanyong	20-33.90N 110-33.44E	莫(C)黄12秒			黄色标柱形，顶标为黄色“X”形	水中构筑物专用标
7812117.04	粤电4号专用灯浮 Yuedian No 4 Zhuanyong	20-33.70N 110-33.47E	莫(C)黄12秒			黄色标柱形，顶标为黄色“X”形	水中构筑物专用标
7812117.05	粤电5号专用灯浮 Yuedian No 5 Zhuanyong	20-33.54N 110-32.09E	莫(C)黄12秒			黄色标柱形，顶标为黄色“X”形	水中构筑物专用标
7812117.06	粤电6号专用灯浮 Yuedian No 6 Zhuanyong	20-33.36N 110-32.18E	莫(C)黄12秒			黄色标柱形，顶标为黄色“X”形	水中构筑物专用标AIS应答器： 名称：YUE DIAN DENG FU 6 MMSI： 994121709
7812118.01	粤电1号专用灯桩 Yuedian No 1 Zhuanyong	20-35.57N 110-35.07E	莫(U)白15秒	12.5	3	黄色杆形	AIS应答器： 名称：YUE DIAN 1 MMSI： 994121704
7812118.02	粤电2号专用灯桩 Yuedian No 2 Zhuanyong	20-35.88N 110-35.23E	莫(U)白15秒	12.5	3	黄色杆形	
7812118.03	粤电3号专用灯桩 Yuedian No 3 Zhuanyong	20-36.44N 110-36.46E	莫(U)白15秒	12.5	3	黄色杆形	
7812118.04	粤电4号专用灯桩 Yuedian No 4 Zhuanyong	20-37.01N 110-37.69E	莫(U)黄15秒	12.5	3	黄色杆形	AIS应答器： 名称：YUE DIAN 4 MMSI： 994121705
7812118.05	粤电5号专用灯桩 Yuedian No 5 Zhuanyong	20-35.44N 110-37.83E	莫(U)白15秒	12.5	3	黄色杆形	
7812118.06	粤电6号专用灯桩 Yuedian No 6 Zhuanyong	20-33.57N 110-37.80E	莫(U)白15秒	12.5	3	黄色杆形	

编 号 No.	名 称 Name	位置 Position	灯 质 Characteristic	灯高 Height	射程 Range	构 造 Structure	附 记 Remarks
7812118.07	粤电7号专用灯桩 Yuedian No 7 Zhuanyong	20-31.82N 110-37.78E	莫(U)黄15秒	12.5	3	黄色杆形	AIS应答器: 名称：YUE DIAN 7 MMSI： 994121706
7812118.08	粤电8号专用灯桩 Yuedian No 8 Zhuanyong	20-31.75N 110-36.86E	莫(U)黄15秒	12.5	3	黄色杆形	AIS应答器: 名称：YUE DIAN 8 MMSI： 994121707
7812118.09	粤电9号专用灯桩 Yuedian No 9 Zhuanyong	20-32.70N 110-36.42E	莫(U)白15秒	12.5	3	黄色杆形	
7812118.10	粤电10号专用灯桩 Yuedian No 10 Zhuanyong	20-33.66N 110-36.99E	莫(U)白15秒	12.5	3	黄色杆形	
7812118.11	粤电11号专用灯桩 Yuedian No 11 Zhuanyong	20-34.59N 110-36.45E	莫(U)白15秒	12.5	3	黄色杆形	
7812118.12	粤电12号专用灯桩 Yuedian No 12 Zhuanyong	20-34.62N 110-35.52E	莫(U)白15秒	12.5	3	黄色杆形	
7812119.01	徐闻采砂CS1灯浮 Xuwen Caisha CS1	20-41.84N 110-42.93E	莫(0)黄12秒			黄色标柱形，顶标为黄色“X”形	海上作业区专用标
7812119.02	徐闻采砂CS2灯浮 Xuwen Caisha CS2	20-41.84N 110-44.23E	莫(0)黄12秒			黄色标柱形，顶标为黄色“X”形	海上作业区专用标
7812119.03	徐闻采砂CS3灯浮 Xuwen Caisha CS3	20-41.84N 110-45.34E	莫(0)黄12秒			黄色标柱形，顶标为黄色“X”形	海上作业区专用标
7812119.04	徐闻采砂CS4灯浮 Xuwen Caisha CS4	20-40.92N 110-45.34E	莫(0)黄12秒			黄色标柱形，顶标为黄色“X”形	海上作业区专用标
7812119.05	徐闻采砂CS5虚拟航标 XWCS 5	20-40.92N 110-42.93E					MMSI:994136779 发射模式:自主连续

编号 No.	名称 Name	位置 Position	灯质 Characteristic	灯高 Height	射程 Range	构造 Structure	附记 Remarks
7812119.06	徐闻采砂CS6灯浮 Xuwen Caisha CS6	20-40.92N 110-44.62E	莫(0)黄15秒			黄色标柱形，顶标为黄色“X”形	海上作业区专用标
7812119.07	徐闻采砂CS7灯浮 Xuwen Caisha CS7	20-40.92N 110-46.10E	莫(0)黄15秒			黄色标柱形，顶标为黄色“X”形	海上作业区专用标
7812119.08	徐闻采砂CS8灯浮 Xuwen Caisha CS8	20-40.02N 110-46.10E	莫(0)黄15秒			黄色标柱形，顶标为黄色“X”形	海上作业区专用标
7812119.09	徐闻采砂CS9灯浮 Xuwen Caisha CS9	20-40.02N 110-44.62E	莫(0)黄15秒			黄色标柱形，顶标为黄色“X”形	海上作业区专用标
7812119.10	徐闻采砂CS10灯浮 Xuwen Caisha CS10	20-40.92N 110-42.57E	莫(0)黄15秒			黄色标柱形,顶标为黄色“X”形	海上作业区专用标
7812119.11	徐闻采砂CS11灯浮 Xuwen Caisha CS11	20-40.02N 110-42.57E	莫(0)黄15秒			黄色标柱形,顶标为黄色“X”形	海上作业区专用标
7812120 (4820)	拖刀排灯浮 Tuodao Pai	20-18.75N 110-28.82E	闪绿4秒			绿色锥形	右侧标雷达反射器AIS应答器
7812123.01	粤电7号专用电缆灯浮 Yuedian No 7 Zhuanyong Dianlan	20-35.30N 110-31.97E	莫(C)黄12秒			黄色标柱形，顶标为黄色“X”形	水中构筑物专用标
7812123.02	粤电8号专用电缆灯浮 Yuedian No 8 Zhuanyong Dianlan	20-36.09N 110-32.74E	莫(C)黄12秒			黄色标柱形，顶标为黄色“X”形	水中构筑物专用标
7812123.03	粤电9号专用电缆灯浮 Yuedian No 9 Zhuanyong Dianlan	20-36.89N 110-33.52E	莫(C)黄12秒			黄色标柱形，顶标为黄色“X”形	水中构筑物专用标
7812123.04	粤电10号专用电缆灯浮 Yuedian No 10 Zhuanyong Dianlan	20-36.86N 110-35.96E	莫(C)黄12秒			黄色标柱形，顶标为黄色“X”形	水中构筑物专用标

编 号 No.	名 称 Name	位置 Position	灯 质 Characteristic	灯高 Height	射程 Range	构 造 Structure	附 记 Remarks
7812124.01	粤电13号警示灯桩 Yuedian No 13 jingshi	20-37.55N 110-38.62E	莫(C)黄12秒	12.5	5	黄色金属结构柱形立标，顶标为黄色“X”形	水中构筑物专用标AIS应答器： 名称：YUE DIAN 13 MMSI： 994121855
7812124.02	粤电14号警示灯桩 Yuedian No 14 jingshi	20-37.98N 110-39.34E	莫(C)黄12秒	12.5	5	黄色金属结构柱形立标，顶标为黄色“X”形	水中构筑物专用标AIS应答器： 名称：YUE DIAN 14 MMSI： 994121856
7812124.03	粤电15号警示灯桩 Yuedian No 15 jingshi	20-36.33N 110-40.10E	莫(C)黄12秒	12	5	黄色金属结构柱形立标，顶标为黄色“X” 形	水中构筑物专用标AIS应答器： 名称：YUE DIAN 15 MMSI： 994121857
7812124.04	粤电16号警示灯桩 Yuedian No 16 jingshi	20-34.73N 110-39.64E	莫(U)白12秒	12.5	5	黄色金属结构柱形立标	
7812124.05	粤电17号警示灯桩 Yuedian No 17 jingshi	20-33.14N 110-39.09E	莫(U)白12秒	12.5	5	黄色金属结构柱形立标	
7812124.06	粤电18号警示灯桩 Yuedian No 18 jingshi	20-31.92N 110-38.65E	莫(C)黄12秒	12	5	黄色金属结构柱形立标，顶标为黄色“X”形	水中构筑物专用标AIS应答器： 名称：YUE DIAN 18 MMSI： 994121858
7812125.01	粤电湛江新寮风电1号灯桩 Yuedian Zhanjiang Xinliao Wind Power No 1	20-44.28N 110-34.67E	莫(C)黄12秒	13	5	黄色金属结构柱形立标，顶标为黄色“X”形	水中构筑物专用标AIS应答器： 名称：XIN LIAO 1 MMSI： 994121851
7812125.02	粤电湛江新寮风电2号灯桩 Yuedian Zhanjiang Xinliao Wind Power No 2	20-42.64N 110-34.92E	莫(U)白15秒	13	5	黄色金属结构柱形立标	AIS应答器： 名称：XIN LIAO 2 MMSI： 994121852

编号 No.	名称 Name	位置 Position	灯质 Characteristic	灯高 Height	射程 Range	构造 Structure	附记 Remarks
7812125.03	粤电湛江新寮风电3号灯桩 Yuedian Zhanjiang Xinliao Wind Power No 3	20-40.59N 110-34.42E	莫(C)黄12秒	13	5	黄色金属结构柱形立标，顶标为黄色“X”形	水中构筑物专用标AIS应答器： 名称：XIN LIAO 3 MMSI：994121853
7812125.04	粤电湛江新寮风电4号灯桩 Yuedian Zhanjiang Xinliao Wind Power No 4	20-40.95N 110-33.57E	莫(U)白15秒	13	5	黄色金属结构柱形立标	
7812125.05	粤电湛江新寮风电5号灯桩 Yuedian Zhanjiang Xinliao Wind Power No 5	20-41.75N 110-32.87E	莫(C)黄12秒	13	5	黄色金属结构柱形立标，顶标为黄色“X”形	水中构筑物专用标
7812125.06	粤电湛江新寮风电6号灯桩 Yuedian Zhanjiang Xinliao Wind Power No 6	20-42.93N 110-32.04E	莫(U)白15秒	13	5	黄色金属结构柱形立标	
7812125.07	粤电湛江新寮风电7号灯桩 Yuedian Zhanjiang Xinliao Wind Power No 7	20-44.03N 110-31.39E	莫(C)黄12秒	13	5	黄色金属结构柱形立标，顶标为黄色“X”形	水中构筑物专用标
7812125.08	粤电湛江新寮风电8号灯桩 Yuedian Zhanjiang Xinliao Wind Power No 8	20-44.81N 110-31.95E	莫(C)黄12秒	13	5	黄色金属结构柱形立标，顶标为黄色“X”形	水中构筑物专用标AIS应答器： 名称：XIN LIAO 8 MMSI：994121854
7812125.09	粤电湛江新寮风电9号灯桩 Yuedian Zhanjiang Xinliao Wind Power No 9	20-44.81N 110-33.46E	莫(U)白15秒	13	5	黄色金属结构柱形立标	
7812125.10	粤电湛江新寮风电场海底电缆灯浮 Yuedian Zhanjiang Xinliao Wind Power Haididianlan	20-38.89N 110-33.98E	莫(C)黄12秒			黄色金属结构标柱形，顶标为黄色“X”形	水中构筑物专用标

编号 No.	名称 Name	位置 Position	灯质 Characteristic	灯高 Height	射程 Range	构造 Structure	附记 Remarks
7812126.001	湛江徐闻风电N1灯桩 Zhanjiang Xuwen Wind Power No N1	20-39.52N 110-47.50E	莫(C)黄12秒	16.5	5	黄色金属结构柱形立标，顶标为黄色“X”形	水中构筑物专用标AIS应答器：名称：XUWEN FENDIAN N1MMSI：994121870
7812126.002	湛江徐闻风电N2灯桩 Zhanjiang Xuwen Wind Power No N2	20-37.77N 110-47.50E	莫(U)白15秒	16.5	5	黄色金属结构柱形立标	
7812126.003	湛江徐闻风电N3灯桩 Zhanjiang Xuwen Wind Power No N3	20-36.03N 110-47.50E	莫(C)黄12秒	16.5	5	黄色金属结构柱形立标，顶标为黄色“X”形	水中构筑物专用标AIS应答器：名称：XUWEN FENDIAN N3MMSI：994121871
7812126.004	湛江徐闻风电N4灯桩 Zhanjiang Xuwen Wind Power No N4	20-36.03N 110-45.04E	莫(C)黄12秒	16.5	5	黄色金属结构柱形立标，顶标为黄色“X”形	水中构筑物专用标AIS应答器：名称：XUWEN FENDIAN N4MMSI：994121872
7812126.005	湛江徐闻风电N5灯桩 Zhanjiang Xuwen Wind Power No N5	20-37.77N 110-45.04E	莫(U)白15秒	16.5	5	黄色金属结构柱形立标	
7812126.006	湛江徐闻风电N6灯桩 Zhanjiang Xuwen Wind Power No N6	20-39.52N 110-45.04E	莫(C)黄12秒	16.5	5	黄色金属结构柱形立标，顶标为黄色“X”形	水中构筑物专用标AIS应答器：名称：XUWEN FENDIAN N6MMSI：994121873
7812126.007	湛江徐闻风电N7灯桩 Zhanjiang Xuwen Wind Power No N7	20-39.52N 110-46.27E	莫(U)白15秒	16.5	5	黄色金属结构柱形立标	
7812127.001	湛江徐闻风电S1灯桩 Zhanjiang Xuwen Wind Power No S1	20-35.00N 110-47.50E	莫(C)黄12秒	16.5	5	黄色金属结构柱形立标，顶标为黄色“X”形	水中构筑物专用标AIS应答器：名称：XUWEN FENDIAN S1MMSI：994121874
7812127.002	湛江徐闻风电S2灯桩 Zhanjiang Xuwen Wind Power No S2	20-33.50N 110-47.50E	莫(U)白15秒	16.5	5	黄色金属结构柱形立标	

编号 No.	名称 Name	位置 Position	灯质 Characteristic	灯高 Height	射程 Range	构造 Structure	附记 Remarks
7812127.003	湛江徐闻风电S3灯桩 Zhanjiang Xuwen Wind Power No S3	20-31.75N 110-47.50E	莫(C)黄12秒	16.5	5	黄色金属结构柱形立标，顶标为黄色“X”形	水中构筑物专用标AIS应答器：名称：XUWEN FENDIAN S3MMSI：994121875
7812127.004	湛江徐闻风电S4灯桩 Zhanjiang Xuwen Wind Power No S4	20-31.75N 110-44.94E	莫(U)白15秒	16.5	5	黄色金属结构柱形立标	
7812127.005	湛江徐闻风电S5灯桩 Zhanjiang Xuwen Wind Power No S5	20-31.75N 110-42.51E	莫(C)黄12秒	16.5	5	黄色金属结构柱形立标，顶标为黄色“X”形	水中构筑物专用标AIS应答器：名称：XUWEN FENDIAN S5MMSI：994121876
7812127.006	湛江徐闻风电S6灯桩 Zhanjiang Xuwen Wind Power No S6	20-33.48N 110-43.00E	莫(U)白15秒	16.5	5	黄色金属结构柱形立标	
7812127.007	湛江徐闻风电S7灯桩 Zhanjiang Xuwen Wind Power No S7	20-35.00N 110-43.50E	莫(C)黄12秒	16.5	5	黄色金属结构柱形立标，顶标为黄色“X”形	水中构筑物专用标AIS应答器：名称：XUWEN FENDIAN S7MMSI：994121877
7812127.008	湛江徐闻风电S8灯桩 Zhanjiang Xuwen Wind Power No S8	20-35.00N 110-45.72E	莫(U)白15秒	16.5	5	黄色金属结构柱形立标	水中构筑物专用标
7812128.001	湛江徐闻海上风电海缆1灯浮 Zhanjiang Xuwen Offshore Wind Power Submarine Cable No 1	20-38.63N 110-38.55E	莫(C)黄12秒			黄色标柱形，顶标为黄色“X”形	水中构筑物专用标
7812128.002	湛江徐闻海上风电海缆2灯浮 Zhanjiang Xuwen Offshore Wind Power Submarine Cable No 2	20-38.35N 110-42.70E	莫(C)黄12秒			黄色标柱形，顶标为黄色“X”形	水中构筑物专用标
7812129.001	徐围增容施工期LS1灯浮 Xuwei Zengrongshigongqi No LS1	20-36.45N 110-43.59E	莫(O)黄12秒			黄色标柱形，顶标为黄色“X”形	海上作业区专用标

编 号 No.	名 称 Name	位置 Position	灯 质 Characteristic	灯高 Height	射程 Range	构 造 Structure	附 记 Remarks
7812129.002	徐围增容施工期LS2灯浮 Xuwei Zengrongshigongqi No LS2	20-39.82N 110-42.00E	莫(0)黄12秒			黄色标柱形,顶标为黄色“X”形	海上作业区专用标AIS应答器: 名称: XWZRSGQLS2 MMSI: 994131749
7812129.003	徐围增容施工期LS3灯浮 Xuwei Zengrongshigongqi No LS3	20-39.82N 110-43.70E	莫(0)黄12秒			黄色标柱形,顶标为黄色“X”形	海上作业区专用标
7812130 (4821)	赤坎灯塔 Chikan	20-18.51N 110-23.87E	闪白8秒	67	21	白色砖石结构;15.0	
7812131	赤渔东礁石区灯桩 Chiyu E Reef Area	20-18.30N 110-24.00E	闪白3秒	7	4	红白相间条纹金属结构柱形立标;9.0	
7812132	赤渔西礁石区灯桩 Chiyu W Reef Area	20-18.38N 110-23.41E	闪白5秒	7	4	红白相间条纹金属结构柱形立标;9.0	
7812134	博赊港右灯桩 Boshegang Right	20-17.97N 110-21.78E	闪绿3秒	8	4	绿色玻璃钢结构浮动立标，顶标为绿色尖向上锥形；6.0	右侧标
7812140 (4821.11)	白水塘灯桩 Baishui Tang	20-15.93N 110-19.38E	闪红4秒	5	4	红色玻璃钢结构柱形立标;4.0	
7812142	海仔村避风塘灯桩 Haizai Cun Shelter	20-16.96N 110-20.56E	闪白5秒	5	4	柱形立标	
7812143	WRECK YUE YANG JIANG 0105 虚拟航标 WRECK YUE YANG JIANG 0105	20-15.70N 110-25.10E					MMSI:994136728 发射模式:自主连续
7812150.01 (4821.5)	朋寮港码头1灯桩 Pengliao Gang Pier No 1	20-15.89N 110-17.65E	快闪红	9.5	7	红色玻璃钢结构柱形立标;3.0	
7812150.02 (4821.51)	朋寮港码头2灯桩 Pengliao Gang Pier No 2	20-15.62N 110-17.96E	快闪绿	9.5	7	绿色玻璃钢结构柱形立标;3.0	

编 号 No.	名 称 Name	位置 Position	灯 质 Characteristic	灯高 Height	射程 Range	构 造 Structure	附 记 Remarks
7812160 (4822)	排尾角灯桩 Paiwei Jiao	20-14.74N 110-16.92E	闪白3秒	23.6	12	砖石结构柱形立标;8.0	
7812161	牛母礁石区灯浮 Niumu Reef Area	20-14.32N 110-16.92E	闪(2)白5秒			黑红黑横条纹标柱形，顶标为黑色双球体	孤立危险物浮标 AIS应答器
7812162	排尾角避风塘灯桩 Paiweijiao Shelter	20-14.62N 110-16.95E	闪红5秒	5	4	红色金属结构柱形立标;4.0	
7812170.01	海安航道1灯浮 Hai'an Fairway No 1	20-13.02N 110-16.68E	莫(F)黄12秒			黄色标柱形，顶标为黄色“X”形	水产作业区专用标同步闪雷达反射器
7812170.02	海安航道2灯浮 Hai'an Fairway No 2	20-12.39N 110-12.46E	莫(F)黄12秒			黄色标柱形，顶标为黄色“X”形	水产作业区专用标同步闪雷达反射器
7812170.03	海安航道3灯浮 Hai'an Fairway No 3	20-13.68N 110-16.05E	莫(F)黄12秒			黄色标柱形，顶标为黄色“X”形	水产作业区专用标同步闪雷达反射器
7812170.04	海安航道4灯浮 Hai'an Fairway No 4	20-13.14N 110-12.67E	莫(F)黄12秒			黄色标柱形，顶标为黄色“X”形	水产作业区专用标同步闪雷达反射器
7812170.05	海安航道5灯浮 Hai'an Fairway No 5	20-14.31N 110-15.45E	莫(F)黄12秒			黄色标柱形，顶标为黄色“X”形	水产作业区专用标同步闪雷达反射器
7812170.06	海安航道6灯浮 Hai'an Fairway No 6	20-13.87N 110-12.86E	莫(F)黄12秒			黄色标柱形，顶标为黄色“X”形	水产作业区专用标同步闪雷达反射器
7812180	白沙灯桩 Baisha	20-15.90N 110-16.39E	闪红5秒	7	4	红白相间横条纹金属结构柱形立标;6.0	
7812180.01 (4822.1)	白沙湾海水浴场1灯浮 Baisha Wan Bathing Beach No 1	20-15.76N 110-15.40E	莫(Y)黄12秒		4	黄色标柱形，顶标为黄色“X”形	娱乐区专用标
7812180.02 (4822.11)	白沙湾海水浴场2灯浮 Baisha Wan Bathing Beach No 2	20-15.64N 110-15.89E	莫(Y)黄12秒		4	黄色标柱形，顶标为黄色“X”形	娱乐区专用标

编 号 No.	名 称 Name	位置 Position	灯 质 Characteristic	灯高 Height	射程 Range	构 造 Structure	附 记 Remarks
7812210 (4826)	海安港引导灯桩前 Hai'an Gang Ldg Lts, Front	20-16.52N 110-14.01E	等明暗红4秒	25.8	5	白色砖石结构柱形立标;6.4	导标同步闪两灯一线:336° 18′
7812220 (4827)	海安港引导灯桩后 Hai'an Gang Ldg Lts, Rear	20-16.67N 110-13.95E	等明暗红4秒	35	6	白色砖石结构柱形立标;10.0	导标同步闪
7812230 (4828.1)	海安港新防波堤灯桩 Hai'an Gang New Breakwater	20-16.16N 110-13.94E	快闪红	10.1		红色混凝土结构柱形立标	
7812247 (4827.5)	海安客运港南方位灯浮 Hai'an Passenger Port S Cardinal	20-16.37N 110-13.91E	甚快(6)+长闪白10秒			黄黑相间横条纹标柱形,顶标为黑色顶点相对双锥体	南方位标
7812248.01 (4827.1)	海安客运港航道1灯浮 Hai'an Passenger Port No 1	20-14.80N 110-14.87E	闪绿4秒			绿色标柱形,顶标为绿色尖向上锥形	右侧标
7812248.02 (4827.2)	海安客运港航道2灯浮 Hai'an Passenger Port No 2	20-15.38N 110-14.50E	闪(2)红6秒			红色标柱形,顶标为红色圆柱形	左侧标
7812248.03 (4827.3)	海安客运港航道3灯浮 Hai'an Passenger Port No 3	20-16.03N 110-14.29E	快闪绿			绿色标柱形,顶标为绿色尖向上锥形	右侧标
7812248.04 (4827.4)	海安客运港航道4灯浮 Hai'an Passenger Port No 4	20-16.26N 110-14.04E	闪(3)绿10秒			绿色标柱形,顶标为绿色尖向上锥形	右侧标
7812249.01 (4830.405)	海安港新港航道1A灯浮 Hai'an Xin'gang Fairway No 1A	20-14.96N 110-13.02E	闪(2)绿6秒			绿色标柱形，顶标为绿色尖向上锥形	右侧标
7812249.02 (4830.415)	海安港新港航道2A灯浮 Hai'an Xin'gang Fairway No 2A	20-14.92N 110-12.89E	闪(2)红6秒			红色标柱形，顶标为红色圆柱形	左侧标
7812250.01	海安新港航道1灯浮 Hai'an Xin'gang Fairway No 1	20-14.66N 110-13.15E	闪绿4秒			绿色锥形	右侧标同步闪雷达反射器

编号 No.	名称 Name	位置 Position	灯质 Characteristic	灯高 Height	射程 Range	构造 Structure	附记 Remarks
7812250.02	海安新港航道2灯浮 Hai'an Xin'gang Fairway No 2	20-14.61N 110-13.02E	闪红4秒			红色罐形	左侧标同步闪雷达反射器
7812250.03 (4830.42)	海安新港航道3灯浮 Hai'an Xin'gang Fairway No 3	20-15.27N 110-12.88E	闪(3)绿10秒			绿色锥形	右侧标同步闪雷达反射器
7812250.04 (4830.43)	海安新港航道4灯浮 Hai'an Xin'gang Fairway No 4	20-15.22N 110-12.75E	闪(3)红10秒			红色罐形	左侧标同步闪雷达反射器
7812250.05 (4830.44)	海安新港航道5灯浮 Hai'an Xin'gang Fairway No 5	20-15.58N 110-12.74E	闪绿4秒			绿色锥形	右侧标同步闪雷达反射器
7812250.06 (4830.45)	海安新港航道6灯浮 Hai'an Xin'gang Fairway No 6	20-15.53N 110-12.62E	闪红4秒			红色罐形	左侧标同步闪雷达反射器
7812250.07 (4830.46)	海安新港航道7灯浮 Hai'an Xin'gang Fairway No 7	20-15.82N 110-12.49E	闪(2)红6秒			红色罐形	左侧标雷达反射器
7812250.08 (4830.47)	海安新港航道8灯浮 Hai'an Xin'gang Fairway No 8	20-16.01N 110-12.47E	闪(3)红10秒			红色标柱形，顶标为红色圆柱形	左侧标
7812251.01	专用1灯浮 Special No 1	20-16.02N 110-12.40E	莫(K)黄12秒			黄色标柱形，顶标为黄色“X”形	分道通航专用标
7812251.02	专用2灯浮 Special No 2	20-16.12N 110-12.24E	莫(K)黄12秒			黄色标柱形，顶标为黄色“X”形	分道通航专用标
7812260 (4830.48)	海安新港西防波堤灯桩 Hai'an Xin'gang W Breakwater	20-15.88N 110-12.63E	闪(2)绿6秒		4.7	白色混凝土结构柱形立标;7.0	
7812270 (4830.59)	三塘防波堤灯桩 Santang Breakwater	20-14.75N 110-11.22E	快闪白	10	4	柱形立标	
7812271	东山村灯桩 Dongshan Cun	20-15.11N 110-11.69E	快闪红	5	4	柱形立标	

编号 No.	名称 Name	位置 Position	灯质 Characteristic	灯高 Height	射程 Range	构造 Structure	附记 Remarks
7812272	汇丰村灯桩 Huifeng Cun	20-15.85N 110-11.85E	快闪白	5	4	柱形立标	
7812280 (4830.6)	三塘灯桩 Santang	20-14.36N 110-10.73E	闪(2)白6秒	23	5	白色柱形立标;20.0	
7812289	关三园灯桩 Guansanyuan	20-14.43N 110-09.75E	闪红3秒	7	4	红白相间横条纹金属结构柱形立标;6.0	
7812290 (4830.7)	三塘避风塘灯桩 Santang Shelter	20-14.29N 110-10.50E	闪白3秒	5	4	红色玻璃钢结构柱形立标;4.0	
7812291.01	三塘1灯浮 Santang No.1	20-13.98N 110-10.54E	闪绿4秒			绿色标柱形，顶标为绿色尖向上锥形	右侧标
7812291.02	三塘2灯浮 Santang No.2	20-13.97N 110-10.43E	闪红4秒			红色标柱形，顶标为红色圆柱形	左侧标
7812292	灯桩	20-14.37N 110-10.52E	闪(2)白6秒	11	3	柱形立标	
7812295 (4830.75)	气象灯浮 Weather	20-13.30N 110-09.88E	莫(0)黄12秒			黄色标柱形,顶标为黄色“X”形	海上作业区专用标
7812300 (4830.8)	四塘排三角礁石区灯桩 Sitangpai Triangular Reaf Area	20-14.01N 110-08.88E	快闪白	6	4	红色玻璃钢结构柱形立标;4.0	
7812310 (4830.81)	四塘避风塘堤头灯桩 Sitang Shelter Breakwater Head	20-14.35N 110-08.76E	快闪白	6	4	绿色玻璃钢结构柱形立标;3.0	
7812311	屡时岛灯桩 Lvshi Dao	20-14.41N 110-06.76E	快闪白	4	4	红白相间横条纹金属结构柱形立标;4.0	
7812320 (4831)	三墩尾灯桩 Sandun Wei	20-14.19N 110-06.38E	闪白4秒	10.7	5	白色砖石结构柱形立标;7.9	

编 号 No.	名 称 Name	位置 Position	灯 质 Characteristic	灯高 Height	射程 Range	构 造 Structure	附 记 Remarks
7812330.01 (4831.1)	铁路轮渡北港航道1灯浮 Rail Ferry Beigang Channel No 1	20-12.66N 110-06.83E	闪红4秒			红色标柱形	左侧标AIS应答器
7812330.02 (4831.2)	铁路轮渡北港航道2灯浮 Rail Ferry N Gang Fairway No 2	20-12.95N 110-07.10E	闪绿4秒			绿色锥形	右侧标
7812330.03 (4831.3)	铁路轮渡北港航道3灯浮 Rail Ferry N Gang Fairway No 3	20-13.40N 110-07.25E	闪(2)红6秒			红色罐形	左侧标AIS应答器
7812330.04 (4631.4)	铁路轮渡北港航道4灯浮 Rail Ferry N Gang Fairway No 4	20-13.59N 110-07.22E	闪(3)红10秒			红色罐形	左侧标
7812330.05 (4831.5)	铁路轮渡北港航道5灯浮 Rail Ferry N Gang Fairway No 5	20-13.44N 110-07.47E	闪(3)绿10秒			绿色锥形	右侧标
7812335.01 (4830.911)	徐闻港区南山作业区航道1灯浮 Xuwen Harbour Nanshan Operating Area Channel No 1	20-13.20N 110-07.88E	闪绿4秒			绿色锥形	右侧标 同步闪
7812335.02 (4830.912)	徐闻港区南山作业区航道2灯浮 Xuwen Harbour Nanshan Operating Area Channel No 2	20-13.23N 110-07.73E	闪红4秒			红色罐形	左侧标 同步闪
7812335.03 (4830.913)	徐闻港区南山作业区航道3灯浮 Xuwen Harbour Nanshan Operating Area Channel No 3	20-13.42N 110-07.92E	闪绿4秒			绿色锥形	右侧标 同步闪
7812335.04 (4830.914)	徐闻港区南山作业区航道4灯浮 Xuwen Harbour Nanshan Operating Area Channel No 4	20-13.44N 110-07.77E	闪红4秒			红色罐形	左侧标 同步闪
7812335.05 (4830.915)	徐闻港区南山作业区航道5灯浮 Xuwen Harbour Nanshan Operating Area Channel No 5	20-13.59N 110-07.95E	闪绿4秒			绿色锥形	右侧标 同步闪

编号 No.	名称 Name	位置 Position	灯质 Characteristic	灯高 Height	射程 Range	构造 Structure	附记 Remarks
7812335.06 (4830.916)	徐闻港区南山作业区航道6灯浮 Xuwen Harbour Nanshan Operating Area Channel No 6	20-13.66N 110-07.81E	闪红4秒			红色罐形	左侧标 同步闪
7812335.07 (4830.917)	徐闻港区南山作业区航道7灯浮 Xuwen Harbour Nanshan Operating Area Channel No 7	20-13.69N 110-08.18E	闪(2)绿6秒			绿色锥形	右侧标
7812335.08 (4830.918)	徐闻港区南山作业区航道8灯浮 Xuwen Harbour Nanshan Operating Area Channel No 8	20-13.83N 110-07.82E	闪(2)红6秒			红色罐形	左侧标
7812336 (4830.92)	徐闻港区南山作业区防波堤坝头灯桩 Xuwen Harbour Nanshan Operating Area Breakwater Head	20-13.63N 110-07.98E	闪(3)绿10秒	15.9	3	绿色玻璃钢结构柱形立标	右侧标
7812336.01 (4830.921)	徐闻港区南山作业区滚装码头1灯桩 Xuwen Harbour Nanshan Operating Area Roro Pier No 1	20-13.92N 110-08.39E	闪(2)白6秒	12.6	3	红色金属结构柱形立标;7.0	
7812336.02 (4830.922)	徐闻港区南山作业区滚装码头2灯桩 Xuwen Harbour Nanshan Operating Area Roro Pier No 2	20-13.92N 110-08.33E	闪(2)白6秒	12.6	3	红色金属结构柱形立标;7.0	
7812336.03 (4830.923)	徐闻港区南山作业区滚装码头3灯桩 Xuwen Harbour Nanshan Operating Area Roro Pier No 3	20-13.92N 110-08.27E	闪(2)白6秒	12.6	3	红色金属结构柱形立标;7.0	
7812336.04 (4830.924)	徐闻港区南山作业区滚装码头4灯桩 Xuwen Harbour Nanshan Operating Area Roro Pier No 4	20-13.91N 110-08.21E	闪(2)白6秒	12.6	3	红色金属结构柱形立标;7.0	

编 号 No.	名 称 Name	位置 Position	灯 质 Characteristic	灯高 Height	射程 Range	构 造 Structure	附 记 Remarks
7812336.05 (4830.925)	徐闻港区南山作业区滚装码头5灯桩 Xuwen Harbour Nanshan Operating Area Roro Pier No 5	20-13.91N 110-08.16E	闪(2)白6秒	12.6	3	红色金属7结构柱形立标;7.0	
7812336.06 (4830.926)	徐闻港区南山作业区滚装码头6灯桩 Xuwen Harbour Nanshan Operating Area Roro Pier No 6	20-13.91N 110-08.10E	闪(2)白6秒	12.6	3	红色金属结构柱形立标;7.0	
7812336.07 (4830.927)	徐闻港区南山作业区滚装码头7灯桩 Xuwen Harbour Nanshan Operating Area Roro Pier No 7	20-13.91N 110-08.04E	闪(2)白6秒	12.6	3	红色金属结构柱形立标;7.0	
7812336.08 (4830.928)	徐闻港区南山作业区滚装码头8灯桩 Xuwen Harbour Nanshan Operating Area Roro Pier No 8	20-13.91N 110-07.98E	闪(2)白6秒	12.6	3	红色金属结构柱形立标;7.0	
7812340 (4831.6)	铁路轮渡北岸东防波堤灯桩 Rail Ferry N Coast E Breakwater	20-13.28N 110-07.31E	闪绿3秒	13.4	7	绿色玻璃钢结构柱形立标;10.0	
7812350 (4831.7)	铁路轮渡北岸西防波堤灯桩 Rail Ferry N Coast W Breakwater	20-13.32N 110-07.20E	闪红3秒	12.9	7	红色玻璃钢结构柱形立标;10.0	
7812360 (4831.8)	铁路轮渡北岸航线轴线导航灯桩 Rail Ferry N Coast Route Centerline Leading	20-13.86N 110-06.73E	闪红5秒	39	15	白色混凝土结构柱形立标;35.0	导标
7812361 (4832.5)	仕尾港灯桩 Shiweigang	20-14.69N 110-06.94E	闪白5秒	11	4	红白相间条纹金属结构柱形立标;10.0	
7812370 (4832)	三墩浅礁灯浮 Sandun Qianjiao	20-12.10N 110-05.38E	闪绿4秒			绿色标柱形，顶标为绿色尖向上锥形	右侧标

编 号 No.	名 称 Name	位置 Position	灯 质 Characteristic	灯高 Height	射程 Range	构 造 Structure	附 记 Remarks
7812390 (4834)	灯楼角东北(角尾角)灯浮 Denglou Jiao NE (Jiaowei Jiao)	20-13.95N 109-57.19E	闪绿4秒			绿色标柱形,顶标为绿色尖向上锥形	右侧标
7812400 (4834.07)	南岭村避风塘码头灯桩 Nanling Cun Shelter Pier	20-15.39N 109-57.04E	快闪白	6	4	绿色玻璃钢结构柱形立标;3.0	
7812410 (4834.08)	南岭村避风塘堤头左侧灯桩 Nanling Cun Shelter Breakwater Head L	20-15.40N 109-57.10E	快闪红	3	4	金属结构柱形立标;3.0	
7812411	东河港右侧灯桩 Donghe Gang R	20-16.38N 109-58.03E	快闪绿	5	4	绿色金属结构柱形立标;4.0	
7812412	东河港左侧灯桩 Donghe Gang L	20-16.34N 109-58.03E	快闪红	7	4	红色金属结构柱形立标;4.0	
7812417	北海港灯桩 Beihai Gang	20-17.42N 109-59.31E	闪红3秒	5	4	柱形立标	
7812413	新地村1灯桩 Xindi Cun No 1	20-16.77N 110-01.26E	闪白5秒	4.5	4	柱形立标	
7812414	华丰港灯桩 Huafeng Gang	20-17.18N 110-03.78E	快闪红	5	4	柱形立标	
7812415	海港村灯桩 Haigang Cun	20-16.35N 110-04.21E	闪白3秒	9	4	柱形立标	
7812416	新地嘴灯桩 Xindi Zui	20-16.13N 110-00.83E	闪白4秒	15.5	5	白色混凝土结构柱形立标;15.0	
7812420 (4834.09)	琼海电北岸登陆点缆向灯桩 Qionghaidian N Coast Landing Point	20-15.32N 109-56.90E	莫(C)白红绿12秒	13	8	柱形立标	水中构筑物专用标
7812420.01	上寮村1灯桩 Shangliao Cun No 1	20-15.20N 109-56.93E	闪白3秒	5	4	红白相间条纹金属结构柱形立标;4.0	

编 号 No.	名 称 Name	位置 Position	灯 质 Characteristic	灯高 Height	射程 Range	构 造 Structure	附 记 Remarks
7812421	上寮村2灯桩 Shangliao Cun No 2	20-15.17N 109-56.92E	闪红4秒	5	4	红色金属结构柱形立标;4.0	
7812430.05 (4834.5)	琼海电5灯浮 Qionghaidian No 5	20-03.40N 109-57.35E	莫(C)黄12秒			黄色标柱形,顶标为黄色"X"形	水中构筑物专用标
7812430.06 (4834.6)	琼海电6灯浮 Qionghaidian No 6	20-02.22N 109-57.21E	莫(C)黄12秒			黄色标柱形,顶标为黄色"X"形	水中构筑物专用标
7812430.07 (4834.7)	琼海电7灯浮 Qionghaidian No 7	20-01.04N 109-57.07E	莫(C)黄12秒			黄色标柱形,顶标为黄色"X"形	水中构筑物专用标
7812430.08 (4834.8)	琼海电8灯浮 Qionghaidian No 8	19-59.86N 109-56.94E	莫(C)黄12秒			黄色标柱形,顶标为黄色"X"形	水中构筑物专用标
7812430.19	琼海电19灯浮 Qionghaidian No 19	20-11.61N 109-57.50E	莫(C)黄12秒			黄色标柱形,顶标为黄色"X"形	水中构筑物专用标
7812430.20	琼海电20灯浮 Qionghaidian No 20	20-12.32N 109-57.52E	莫(C)黄12秒			黄色标柱形,顶标为黄色"X"形	水中构筑物专用标
7812430.21	琼海电21灯浮 Qionghaidian No 21	20-13.02N 109-57.54E	莫(C)黄12秒			黄色标柱形,顶标为黄色"X"形	水中构筑物专用标
7812430.22	琼海电22灯浮 Qionghaidian No 22	20-13.68N 109-57.39E	莫(C)黄12秒			黄色标柱形,顶标为黄色"X"形	水中构筑物专用标
7812437	北胜灯桩 Beisheng	20-18.39N 109-56.04E	闪白5秒	9	4	红白相间横条纹金属结构柱形立标;8.0	
7812438	小备灯桩 Xiaobei	20-17.97N 109-56.08E	等明暗红3秒	9	4	红色金属结构柱形立标;8.0	
7812439	放坡港口门灯桩 Fangpo Gang Koumen	20-16.40N 109-55.68E	闪白5秒	8.5	4	柱形立标	
7812440 (4835)	**灯楼角(角尾角)灯塔** Denglou Jiao (Jiaowei Jiao)	20-13.44N 109-55.19E	闪白6秒	33.8	18	混凝土结构;32.4	雷达应答器:信号B(- . . . .)

编 号 No.	名 称 Name	位置 Position	灯 质 Characteristic	灯高 Height	射程 Range	构 造 Structure	附 记 Remarks
7812440.01	放坡村灯桩 Fangpo Cun	20-15.36N 109-55.14E	闪红5秒	7	4	红色金属结构柱形立标;5.0	
7812440.02	孟宁村灯桩 Mengning Cun	20-17.54N 109-56.14E	闪红5秒	6.5	4	红白相间横条纹金属结构柱形立标;5.0	
7812440.03	龙斗村灯桩 Longdou Cun	20-38.37N 109-46.19E	快闪红	9	4	红色金属结构柱形立标;8.0	
7812441	东场港灯桩 Dongchang Gang	20-20.14N 109-55.52E	闪红3秒	6	4	红色玻璃钢结构柱形立标;6.0	
7812441.01	雷州半岛西部习惯航路1号虚拟AIS航标 虚拟航标 LEI ZHOU XI BU 1	20-13.84N 109-48.70E	闪白2秒	8.7	7	红白相间条纹玻璃钢结构柱形立标;10.0	MMSI: 994136846
7812441.02	雷州半岛西部习惯航路2号虚拟AIS航标 虚拟航标 LEI ZHOU XI BU 2	20-15.31N 109-47.32E					MMSI: 994136847
7812441.03	雷州半岛西部习惯航路3号虚拟AIS航标 虚拟航标 LEI ZHOU XI BU 3	20-14.73N 109-36.09E					MMSI: 994136849
7812441.04	雷州半岛西部习惯航路4号虚拟AIS航标 虚拟航标 LEI ZHOU XI BU 4	20-17.04N 109-43.42E					MMSI: 994136873
7812442	承梧村灯桩 Chengwu Cun	20-21.18N 109-54.65E	闪白5秒	6	4	红白相间条纹玻璃钢结构柱形立标;6.0	
7812442.01 (4835.25)	北立港灯桩 Beiligang	20-21.47N 109-53.50E	快闪红	9	4	红色玻璃钢结构柱形立标; 8.0	
7812443	许家村灯桩 Xujia Cun	20-22.65N 109-52.63E	闪白3秒	6	4	红白相间条纹金属结构柱形立标;6.0	

编号 No.	名称 Name	位置 Position	灯质 Characteristic	灯高 Height	射程 Range	构造 Structure	附记 Remarks
7812450 (4835.51)	水尾村右侧堤头灯桩 Shuiwei Cun R Breakwater Head	20-23.62N 109-52.00E	快闪绿	7.2	4	绿色混凝土结构柱形立标;7.5	
7812451 (4835.5)	水尾村堤头灯桩 Shuiwei Cun Breakwater Head	20-23.66N 109-51.98E	快闪红	6.8	4	红色混凝土结构柱形立标;7.6	
7812470 (4836)	水尾角灯桩 Shuiwei Jiao	20-24.02N 109-50.82E	闪白4秒	18.2	8	白色砖石结构柱形立标;18.1	
7812480 (4837)	石马角渡口灯桩 Shimajiao Perry	20-25.99N 109-54.72E	快闪白	6	4	红色玻璃钢结构柱形立标;3.0	
7812490 (4837.1)	流沙角渡口灯桩 Liushajiao Ferry	20-26.23N 109-55.05E	快闪白	7	4	红色玻璃钢结构柱形立标;3.0	
7812510.01 (4838)	流沙港1灯浮 Liusha Gang No 1	20-26.55N 109-54.58E	闪红4秒			红色标柱形，顶标为红色圆柱形	左侧标
7812510.02 (4839)	流沙港2灯浮 Liusha Gang No 2	20-26.00N 109-55.08E	闪(2)绿6秒			绿色标柱形，顶标为绿色尖向上锥形	右侧标
7812510.03 (4840)	流沙港3灯浮 Liusha Gang No 3	20-25.76N 109-55.51E	闪(2+1)红6秒			红绿红横条纹标柱形，顶标为红色圆柱形	推荐航道左侧标
7812520 (4841)	流沙港内引导灯桩前 Liusha Gang Inner Ldg Lts, Front	20-25.21N 109-55.90E	等明暗红4秒	11	7	白色砖石结构柱形立标;13.7	导标同步闪
7812530 (4842)	流沙港内引导灯桩后 Liusha Gang Inner Ldg Lts, Rear	20-25.12N 109-55.99E	等明暗红4秒	15.1	7	白色砖石结构柱形立标;18.5	导标同步闪
7812531	大井村灯桩 Dajing Cun	20-24.62N 109-56.38E	快闪白	6	4	红白相间条纹金属结构柱形立标;6.0	
7812540.04 (4843)	流沙港4灯浮 Liusha Gang No 4	20-25.12N 109-57.44E	闪(3)绿10秒			绿色标柱形，顶标为绿色尖向上锥形	右侧标

编号 No.	名称 Name	位置 Position	灯质 Characteristic	灯高 Height	射程 Range	构造 Structure	附记 Remarks
7812540.05 (4844)	流沙港5灯浮 Liusha Gang No 5	20-25.16N 109-58.33E	闪绿4秒			绿色标柱形，顶标为绿色尖向上锥形	右侧标
7812540.06 (4845)	流沙港6灯浮 Liusha Gang No 6	20-24.92N 109-58.55E	闪(2)绿6秒			绿色标柱形，顶标为绿色尖向上锥形	右侧标
7812540.07 (4846)	流沙港7灯浮 Liusha Gang No 7	20-24.47N 109-58.72E	闪(2)红6秒			红色标柱形，顶标为红色圆柱形	左侧标
7812550 (4847)	流沙渔港码头(渔)灯桩 Liusha Gang Fishing Harbour Pier	20-26.57N 109-55.71E	闪(2)红6秒		2.4	红色金属结构柱形立标;9.0	
7812550.01	海尾村灯桩 Haiwei Cun	20-26.47N 109-57.14E	快闪红	5	4	红色金属结构柱形立标;4.0	
7812550.02	东湾村灯桩 Dongwan Cun	20-26.69N 109-57.32E	闪白5秒	5	4	红白相间条纹金属结构柱形立标;4.0	
7812550.03	英良村灯桩 Yingliang Cun	20-26.58N 109-59.06E	闪白4秒	9	3	白色金属结构柱形立标	
7812560 (4847.5)	下海渡口灯桩 Xiahai Ferry	20-27.29N 109-56.52E	快闪红	5	4	红白相间条纹金属结构柱形立标;4.0	
7812561	梁宅灯桩 Liangzhai	20-26.83N 109-56.57E	闪白5秒	4.5	4	红色玻璃钢结构柱形立标;4.0	
7812562	海尾西灯桩 Haiweixi	20-26.22N 109-56.66E	快闪白	4.5	4	红白相间条纹玻璃钢结构柱形立标;4.0	
7812563	迈炭灯桩 Maitan	20-28.21N 109-56.29E	闪白3秒			红白相间条纹玻璃钢结构柱形立标	
7812570 (4847.51)	后丰渡口灯桩 Houfeng Ferry	20-27.34N 109-56.07E	快闪红	6	4	红色金属结构柱形立标;4.0	

编 号 No.	名 称 Name	位置 Position	灯 质 Characteristic	灯高 Height	射程 Range	构 造 Structure	附 记 Remarks
7812580 (4848)	流沙港口转向灯浮 Liusha Gang Turning	20-27.35N 109-53.39E	闪绿4秒			绿色标柱形，顶标为绿色尖向上锥形	右侧标
7812590 (4849)	流沙港口引导立标前(渔) Liusha Gang Ldg Bns, Front	20-27.46N 109-55.14E				白色砖石结构；12.2	导标
7812600 (4850)	流沙港口引导立标后(渔) Liusha Gang Ldg Bns, Rear	20-27.45N 109-55.37E				白色砖石结构；19.7	导标
7812601	英楠村灯桩 Yingnan Cun	20-28.43N 109-54.74E	快闪绿	7	4	绿色金属结构柱形立标;5.0	
7812602	海边村灯桩 Haibian Cun	20-29.67N 109-53.59E	快闪红	6.5	4	红色金属结构柱形立标;5.0	
7812603	英岭村灯桩 Yingling Cun	20-29.40N 109-52.66E	等明暗红3秒	6.5	4	红色金属结构柱形立标;6.0	
7812604	头和灯桩 Touhe	20-27.96N 109-54.96E	闪红5秒	9	4	红色金属结构柱形立标;8.0	
7812605	红星灯桩 Hongxing	20-27.82N 109-55.07E	等明暗白3秒	9	4	红白相间横条纹金属结构柱形立标;8.0	
7812606.01	流沙港外1灯浮 Liusha Gang Outer No 1	20-27.12N 109-50.70E	闪绿4秒			绿色锥形	右侧标
7812606.02	流沙港外2灯浮 Liusha Gang Outer No 2	20-27.55N 109-50.22E	闪红4秒			红色罐形	左侧标
7812606.03	流沙港外3灯浮 Liusha Gang Outer No 3	20-27.17N 109-51.66E	闪绿4秒			绿色锥形	右侧标
7812606.04	流沙港外4灯浮 Liusha Gang Outer No 4	20-27.59N 109-51.23E	闪红4秒			红色罐形	左侧标

编号 No.	名称 Name	位置 Position	灯质 Characteristic	灯高 Height	射程 Range	构造 Structure	附记 Remarks
7812606.05	流沙港外5灯浮 Liusha Gang Outer No 5	20-27.28N 109-52.67E	闪绿4秒			绿色锥形	右侧标
7812606.06	流沙港外6灯浮 Liusha Gang Outer No 6	20-27.57N 109-52.23E	闪红4秒			红色罐形	左侧标
7812610	流沙湾那澳灯桩 Liusha Wan Na'ao	20-29.61N 109-51.23E	闪(2)红6秒	15	3	红色柱形立标，顶标为红色圆柱形	左侧标
7812618.01	大唐雷州1灯桩 Datang Leizhou No 1	20-30.09N 109-48.53E	闪(2)白6秒	15.9	5	红白相间条纹金属结构柱形立标;9.0	
7812618.02	大唐雷州2灯桩 Datang Leizhou No 2	20-30.05N 109-48.87E	闪(3)白10秒	11.4	5	红白相间条纹金属结构柱形立标;5.0	
7812619.01	大唐雷州1灯浮 Datang Leizhou No 1	20-29.49N 109-44.87E	闪绿4秒			绿色锥形	右侧标同步闪
7812619.02	大唐雷州2灯浮 Datang Leizhou No 2	20-29.62N 109-44.82E	闪红4秒			红色罐形	左侧标同步闪
7812619.03	大唐雷州3灯浮 Datang Leizhou No 3	20-29.78N 109-45.89E	闪绿4秒			绿色锥形	右侧标同步闪
7812619.04	大唐雷州4灯浮 Datang Leizhou No 4	20-29.91N 109-45.84E	闪红4秒			红色罐形	左侧标同步闪
7812619.05	大唐雷州5灯浮 Datang Leizhou No 5	20-30.07N 109-46.91E	闪(2)绿6秒			绿色锥形	右侧标
7812619.06	大唐雷州6灯浮 Datang Leizhou No 6	20-30.20N 109-46.86E	闪(2)红6秒			红色罐形	左侧标
7812619.07	大唐雷州7灯浮 Datang Leizhou No 7	20-30.30N 109-47.73E	快闪绿			绿色锥形	右侧标
7812619.08	大唐雷州8灯浮 Datang Leizhou No 8	20-30.49N 109-47.89E	快闪红			红色罐形	左侧标

编号 No.	名称 Name	位置 Position	灯质 Characteristic	灯高 Height	射程 Range	构造 Structure	附记 Remarks
7812619.09	大唐雷州9灯浮 Datang Leizhou No 9	20-30.31N 109-48.06E	快闪绿			绿色锥形	右侧标
7812619.10 (4851.5)	大唐雷州10灯浮 Datang Leizhou No 10	20-30.35N 109-48.76E	闪(2)红6秒			红色罐形	左侧标
7812619.11	大唐雷州11灯浮 Datang Leizhou No 11	20-30.23N 109-48.37E	闪(2)绿6秒			绿色锥形	右侧标
7812619.12 (4851.7)	大唐雷州12灯浮 Datang Leizhou No 12	20-30.23N 109-48.78E	甚快(9)白10秒			黄黑黄横条纹标柱形，顶标为黑色顶点相对双锥体	西方位标
7812620	四尾角灯桩 Siwei Jiao	20-30.15N 109-49.86E	闪(2)白6秒	15	3	白色柱形立标	
7812630.01 (4852.01)	乌石港1灯浮 Wushi Gang No 1	20-33.19N 109-48.30E	闪(2)绿6秒			绿色标柱形，顶标为绿色尖向上锥形	右侧标
7812630.02 (4852.02)	乌石港2灯浮 Wushi Gang No 2	20-32.97N 109-48.95E	闪(3)绿10秒			绿色标柱形，顶标为绿色尖向上锥形	右侧标
7812630.03 (4852.03)	乌石港3灯浮 Wushi Gang No 3	20-32.99N 109-49.33E	闪(3)红10秒			红色标柱形，顶标为红色圆柱形	左侧标
7812640 (4852.1)	乌石港(I)(渔)灯桩 Wushi Gang (A)	20-32.83N 109-49.61E	闪(2)白6秒		3	白色砖石结构柱形立标;6.0	
7812650 (4852.11)	乌石港(II)(渔)灯桩 Wushi Gang (B)	20-32.72N 109-49.97E	闪白3秒		3	白色砖石结构柱形立标;15.0	
7812651	乌石港前导标灯桩 Wushi Gang Ldg Bns, Front	20-32.81N 109-49.69E				白色混凝土结构;14.0	
7812652	乌石港后导标灯桩 Wushi Gang Ldg Bns, Rear	20-32.72N 109-49.97E				白色混凝土结构;14.0	

编号 No.	名称 Name	位置 Position	灯质 Characteristic	灯高 Height	射程 Range	构造 Structure	附记 Remarks
7812660 (4853)	东土角(渔)灯桩 Dongtu Jiao	20-32.65N 109-48.88E	闪白4秒	14.3	8	白色金属结构柱形立标;10.0	
7812661.01	盐庭村北港避风塘左侧灯桩 Yanting Cun N Gang Shelter L	20-38.04N 109-45.96E	闪红3秒	5	4	红色金属结构柱形立标;4.0	
7812661.02	盐庭村北港避风塘右侧灯桩 Yanting Cun N Gang Shelter R	20-38.02N 109-46.03E	闪绿3秒	6	4	绿色金属结构柱形立标;4.0	
7812670 (4854)	流沙湾盐庭角灯桩 Liusha Wan Yanting Jiao	20-37.94N 109-44.68E	闪(2)白6秒	16.5	5	白色混凝土结构柱形立标;15.0	
7812671	盐庭村南港避风塘灯桩 Yantingcun S Port Shelter	20-37.78N 109-45.48E	快闪红	5	4	红色金属结构柱形立标; 4.0	
7812680 (4855)	徐黄角(黑村角)(渔)灯桩 Xuhuang Jiao (Heicun Jiao)	20-39.89N 109-44.29E	闪白2.5秒	16	10	白色金属结构柱形立标;13.0	
7812681 (4854.1)	南边黄村灯桩 Nanbianhuangcun	20-38.52N 109-44.58E	闪红5秒	10	4	红色玻璃钢结构柱形立标; 8.0	
7812682	何王村灯桩 Hewang Cun	20-39.23N 109-44.73E	闪白2秒	5.5	4	红白相间横条纹金属结构柱形立标;5.0	
7812683.01	刘张村右侧灯桩 Liuzhang Cun R	20-39.48N 109-44.55E	闪绿3秒	6	4	绿色金属结构柱形立标;4.0	
7812683.02	刘张村左侧灯桩 Liuzhang Cun L	20-39.48N 109-44.53E	闪红3秒	6	4	红色金属结构柱形立标;4.0	
7812689	徐黄村港南防波堤灯桩 Xuhuang Cun Gang S Breakwater	20-40.46N 109-44.65E	闪(2)绿6秒		3	金属结构柱形立标;7.5	
7812690 (4855.1)	徐黄村港北防波堤灯桩 Xuhuang Cun Gang N Breakwater	20-40.49N 109-44.66E	闪(2)红6秒	7	3	柱形立标	

编号 No.	名称 Name	位置 Position	灯质 Characteristic	灯高 Height	射程 Range	构造 Structure	附记 Remarks
7812691	沙土坡村灯桩 Shatupo Cun	20-40.89N 109-45.71E	快闪红	5.5	4	红色金属结构柱形立标;4.0	
7812692 (4855.13)	海康港灯桩 Haikang Gang	20-41.52N 109-45.96E	闪白6秒	31.8	10	红白相间条纹混凝土结构柱形立标;16.5	
7812695	海康灯桩 Haikang	20-41.50N 109-47.14E	闪白4秒		4	柱形立标	
7812696	康村渡口灯桩 Kangcun Ferry	20-41.06N 109-47.52E	闪(2)白6秒	9.7	3	柱形立标	
7812697	英楼渡口灯桩 Yinglou Ferry	20-41.19N 109-47.64E	闪(3)白10秒	9.7	3	柱形立标	
7812700.01 (4856)	海康港1灯浮 Haikang Gang No 1	20-42.27N 109-44.71E	闪绿4秒			绿色标柱形，顶标为绿色尖向上锥形	右侧标
7812700.001	1A灯浮 No 1A	20-42.27N 109-45.18E	闪红4秒		3	红色标柱形，顶标为红色圆柱形	左侧标
7812700.02 (4856.11)	海康港2灯桩 Haikang Gang No 2	20-42.32N 109-45.73E	闪(2)红6秒	5.4	3	红色柱形立标，顶标为红色圆柱形	左侧标
7812700.03 (4856.12)	海康港3灯桩 Haikang Gang No 3	20-42.20N 109-46.23E	闪(2)绿6秒	5.4	3	绿色柱形立标，顶标为绿色尖向上锥形	右侧标
7812710 (4857)	企水港(I)(渔)灯桩 Qishui Gang (A)	20-44.57N 109-44.85E	闪白4秒	8.8	6	白色砖石结构柱形立标;7.0	
7812720 (4858)	企水港(II)(渔)灯桩 Qishui Gang (B)	20-44.62N 109-44.95E	闪(3)白10秒	15.2	6	白色砖石结构柱形立标;14.0	
7812730.01 (4858.1)	企水航道1灯浮 Qishui Fairway No 1	20-44.00N 109-43.77E	闪红4秒			红色标柱形，顶标为红色圆柱形	左侧标
7812730.02 (4858.2)	企水航道2灯浮 Qishui Fairway No 2	20-44.41N 109-44.59E	闪绿4秒			绿色标柱形，顶标为绿色尖向上锥形	右侧标

编 号 No.	名 称 Name	位置 Position	灯 质 Characteristic	灯高 Height	射程 Range	构 造 Structure	附 记 Remarks
7812730.03 (4858.3)	企水航道3灯浮 Qishui Fairway No 3	20-44.91N 109-44.84E	闪(2)绿6秒			绿色标柱形，顶标为绿色尖向上锥形	右侧标
7812731	企水港渔业码头灯桩 Qishui Gang Fishery Pier	20-45.68N 109-45.33E	闪白4秒	10	3	柱形立标	
7812733	北边王灯桩 Beibianwang	20-59.07N 109-40.88E	闪白5秒	7	4	红色金属结构柱形立标;6.0	
7812735 (4858.5)	蛋场港灯桩 Danchang Gang	20-57.47N 109-40.16E	闪白3秒	19.2	7	红白相间条纹混凝土结构柱形立标;13.4	
7812736	官长村灯桩 Guanzhang Cun	20-56.65N 109-40.04E	快闪红	6.5	4	红色金属结构柱形立标;6.0	
7812737	良坡村灯桩 Liangpo Cun	20-55.38N 109-39.96E	闪白3秒	10	4	红白相间横条纹金属结构柱形立标;6.0	
7812737.01	新村仔灯桩 Xincun Zai	20-54.90N 109-39.94E	闪红5秒	7	4	红色金属结构柱形立标;6.0	
7812738 (4858.45)	豪朗村灯桩 Haolangcun	20-53.77N 109-40.08E	闪红3秒	10	4	红色金属结构柱形立标; 8.0	
7812738.01	海田仔灯桩 Haitian Zai	20-51.69N 109-40.72E	闪白5秒	7	4	红白相间横条纹金属结构柱形立标;6.0	
7812738.02	乌岸灯桩 Wu'an	20-50.95N 109-41.26E	闪红5秒	7	4	红色金属结构柱形立标;6.0	
7812738.03	沙口灯桩 Shakou	20-50.01N 109-42.00E	等明暗红3秒	5	4	红白相间横条纹金属结构柱形立标;4.0	
7812739	西坡村灯桩 Xipo Cun	20-49.46N 109-42.42E	闪白5秒	6.8	4	红白相间横条纹金属结构柱形立标;6.0	

编号 No.	名称 Name	位置 Position	灯质 Characteristic	灯高 Height	射程 Range	构造 Structure	附记 Remarks
7812740 (4859)	江洪(渔)灯桩 Jianghong	21-01.85N 109-42.42E	闪白6秒	34.4	8	白色金属结构柱形立标;6.3	
7812741	迈特灯桩 Maite	20-52.81N 109-40.32E	闪白3秒	10	7	红白相间条纹金属结构柱形立标	
7812750 (4860)	铗船礁(渔)灯桩 Jiachuan Jiao	21-01.05N 109-40.79E	闪(2)白5秒	5.3	6	黑红黑横条纹砖石结构柱形立标，顶标为黑色双球体;8.5	孤立危险物立标
7812760.01 (4860.4)	江洪防波堤1灯桩 Jianghong Breakwater No 1	21-02.03N 109-41.97E	闪红4秒		3	金属结构柱形立标;5.0	
7812760.02 (4860.5)	江洪航道2灯桩 Jianghong Fairway No 2	21-02.00N 109-41.86E	闪(2)绿6秒	7	3	绿色金属结构柱形立标，顶标为绿色尖向上锥形;7.5	右侧标
7812766		21-02.25N 109-41.61E	互明暗蓝黄3秒			蓝黄相间竖条纹标柱形，顶标为黄色竖直十字形	
7812770 (4861)	江洪港1灯浮 Jianghong Gang No 1	21-02.50N 109-40.38E	闪绿4秒			绿色标柱形，顶标为绿色尖向上锥形	右侧标
7812780 (4861.2)	江洪盐灶灯桩 Jianghong Yanzao	21-07.56N 109-40.65E	快闪白	16	5	柱形立标	
7812790 (4861.5)	乐民港灯桩 Yuemin Gang	21-11.65N 109-44.61E	闪白4秒		4	柱形立标	
7812800 (4861.6)	港门(石角)灯桩 Gangmen (Shijiao)	21-12.50N 109-45.34E	闪(2)白5秒	6.5	3	黑红黑横条纹柱形立标，顶标为黑色双球体	孤立危险物立标
7812810 (4862)	三石(渔)灯桩 Sanshi	21-12.90N 109-45.33E	闪(2)白5秒	6.4	6	黑红黑横条纹砖石结构柱形立标，顶标为黑色双球体;8.5	孤立危险物立标
7812811.02 (4862.5)	草潭港灯桩 Caotan Gang	21-16.27N 109-46.03E	闪白2秒	8.8	5	红白相间条纹金属结构柱形立标;7.0	

编 号 No.	名 称 Name	位置 Position	灯 质 Characteristic	灯高 Height	射程 Range	构 造 Structure	附 记 Remarks
7812820.01 (4862.25)	港门航道1灯浮 Gangmen Fairway No 1	21-12.54N 109-40.72E	闪绿4秒			绿色标柱形,顶标为绿色尖向上锥形	右侧标
7812820.02 (4862.26)	港门航道2灯浮 Gangmen Fairway No 2	21-13.29N 109-42.42E	闪(2)绿6秒			绿色标柱形,顶标为绿色尖向上锥形	右侧标
7812830.01 (4862.3)	草潭航道1灯浮 Caotan Fairway No 1	21-15.13N 109-40.23E	闪红4秒			红色标柱形,顶标为红色圆柱形	左侧标
7812830.02 (4862.4)	草潭航道2灯浮 Caotan Fairway No 2	21-15.97N 109-43.07E	闪(2)红6秒			红色标柱形,顶标为红色圆柱形	左侧标
7812840 (4863)	草潭岭(渔)灯桩 Caotan Ling	21-16.53N 109-46.44E	闪白4秒	26	8	白色砖石结构柱形立标;8.6	
7812848	路塘避风塘灯桩 Lutang Shelter	21-20.30N 109-47.02E	等明暗红4秒	4.5	4	红白相间条纹玻璃钢结构柱形立标;4.0	
7812849 (4863.5005)	路塘灯桩 Lutang	21-21.25N 109-46.39E	闪红5秒	7	4	红色玻璃钢结构柱形立标;6.0	
7812850 (4863.5)	草潭角头沙灯桩 Caotan Jiao Tousha	21-20.63N 109-45.58E	快闪白	21	5	柱形立标	
7812851 (4863.501)	旧庙村避风塘灯桩 Jiumiao Cun Shelter	21-20.93N 109-47.86E	闪红5秒	11.3	5	红白相间条纹玻璃钢结构柱形立标;7.2	
7812852 (4863.502)	南洪村灯桩 Nanhong Cun	21-21.10N 109-48.74E	闪白5秒	10.8	5	红白相间条纹柱形立标;8.1	
7812860 (4863.51)	甘来灯桩 Ganlai	21-21.14N 109-50.26E	闪(2)白6秒	22	5	红白相间条纹混凝土结构柱形立标;20.0	
7812870.01 (4864)	安铺港1灯浮 Anpu Gang No 1	21-17.11N 109-38.19E	闪绿4秒			绿色标柱形,顶标为绿色尖向上锥形	右侧标
7812870.02 (4865)	安铺港2灯浮 Anpu Gang No 2	21-19.80N 109-38.42E	闪(2)绿6秒			绿色标柱形,顶标为绿色尖向上锥形	右侧标

编 号 No.	名 称 Name	位置 Position	灯 质 Characteristic	灯高 Height	射程 Range	构 造 Structure	附 记 Remarks
7812870.03 (4866)	安铺港3灯浮 Anpu Gang No 3	21-21.70N 109-40.30E	闪(3)绿10秒			绿色标柱形，顶标为绿色尖向上锥形	右侧标
7812870.04 (4866.03)	安铺港4灯浮 Anpu Gang No 4	21-22.90N 109-42.93E	闪绿4秒			绿色标柱形，顶标为绿色尖向上锥形	右侧标
7812870.05 (4866.06)	安铺港5灯浮 Anpu Gang No 5	21-22.85N 109-46.10E	闪(2)绿6秒			绿色标柱形，顶标为绿色尖向上锥形	右侧标
7812870.06 (4866.08)	安铺港6灯浮 Anpu Gang No 6	21-23.95N 109-48.88E	闪(3)绿10秒			绿色标柱形，顶标为绿色尖向上锥形	右侧标
7812880.01 (4866.0981)	龙头沙1灯浮 Longtou Sha No 1	21-24.05N 109-44.68E	闪红4秒			红色标柱形，顶标为红色圆柱形	左侧标
7812880.02 (4866.0982)	龙头沙2灯浮 Longtou Sha No 2	21-25.16N 109-46.30E	闪(3)绿10秒			绿色标柱形，顶标为绿色尖向上锥形	右侧标
7812880.03 (4866.0983)	龙头沙3灯浮 Longtou Sha No 3	21-26.42N 109-47.18E	闪(2)红6秒			红色标柱形，顶标为红色圆柱形	左侧标
7812880.04 (4866.0984)	龙头沙4灯浮 Longtou Sha No 4	21-27.11N 109-47.29E	闪绿4秒			绿色标柱形，顶标为绿色尖向上锥形	右侧标
7812884.01	0甲灯浮 No 0Jia	21-27.40N 109-53.90E	闪红4秒			红色标柱形	右侧标
7812884.02	0乙灯浮 No 0Yi	21-27.53N 109-54.01E	闪红4秒			红色标柱形	右侧标
7812885.01 (4866.09)	营仔1灯浮 Yingzai No 1	21-26.05N 109-50.98E	闪红4秒			红色标柱形，顶标为红色圆柱形	左侧标
7812885.02 (4866.091)	营仔2灯浮 Yingzai No 2	21-26.92N 109-52.33E	闪绿4秒			绿色标柱形，顶标为绿色尖向上锥形	右侧标

编号 No.	名称 Name	位置 Position	灯质 Characteristic	灯高 Height	射程 Range	构造 Structure	附记 Remarks

北海港
BEI HAI GANG

编号 No.	名称 Name	位置 Position	灯质 Characteristic	灯高 Height	射程 Range	构造 Structure	附记 Remarks
8110010.01 (4866.1)	儒艮保护区1灯浮 Rugen Conservation Area No 1	21-24.35N 109-46.18E	莫(0)黄15秒		3	黄色标柱形,顶标为黄色“X”形	海上作业区专用标
8110010.02 (4866.2)	儒艮保护区2灯浮 Rugen Conservation Area No 2	21-21.53N 109-44.48E	莫(0)黄15秒		3	黄色标柱形,顶标为黄色“X”形	海上作业区专用标
8110010.03 (4866.3)	儒艮保护区3灯浮 Rugen Conservation Area No 3	21-17.99N 109-44.03E	莫(0)黄15秒		3	黄色标柱形,顶标为黄色“X”形	海上作业区专用标
8110010.04 (4866.4)	儒艮保护区4灯浮 Rugen Conservation Area No 4	21-18.00N 109-39.35E	莫(0)黄15秒		3	黄色标柱形,顶标为黄色“X”形	海上作业区专用标
8110010.05 (4866.41)	儒艮保护区5灯浮 Rugen Conservation Area No 5	21-17.99N 109-34.53E	莫(0)黄15秒		3	黄色标柱形,顶标为黄色“X”形	海上作业区专用标
8110010.06 (4866.42)	儒艮保护区6灯浮 Rugen Conservation Area No 6	21-23.00N 109-36.00E	莫(0)黄15秒		3	黄色标柱形,顶标为黄色“X”形	海上作业区专用标
8110010.07 (4866.43)	DONG-AH 101 虚拟航标 DONG-AH 101	21-25.28N 109-36.72E	莫(0)黄15秒		3	黄色标柱形,顶标为黄色“X”形	海上作业区专用标
8110010.08 (4866.44)	儒艮保护区8灯浮 Rugen Conservation Area No 8	21-26.53N 109-37.18E	莫(0)黄15秒		3	黄色标柱形,顶标为黄色“X”形	海上作业区专用标
8110010.09 (4866.441)	儒艮保护区9灯桩 Rugen Conservation Area No 9	21-29.99N 109-38.20E	莫(0)黄15秒	6	4	黄色混凝土结构柱形立标,顶标为黄色“X”形;9.5	海上作业区专用标
8110010.10 (4866.442)	儒艮保护区10灯桩 Rugen Conservation Area No 10	21-30.00N 109-40.00E	莫(0)黄15秒	7	4	黄色柱形立标,顶标为黄色“X”形	海上作业区专用标
8110010.11 (4866.443)	儒艮保护区11灯桩 Rugen Conservation Area No 11	21-29.20N 109-41.07E	莫(0)黄12秒	8	4	黄色柱形立标,顶标为黄色“X”形	海上作业区专用标

编 号 No.	名 称 Name	位置 Position	灯 质 Characteristic	灯高 Height	射程 Range	构 造 Structure	附 记 Remarks
8110010.12 (4866.45)	儒艮保护区12灯浮 Rugen Conservation Area No 12	21-26.40N 109-43.17E	莫(0)黄12秒		3	黄色标柱形，顶标为黄色“X”形	海上作业区专用标
8110010.13 (4866.46)	儒艮保护区13灯浮 Rugen Conservation Area No 13	21-20.00N 109-41.90E	莫(0)黄12秒		3	黄色标柱形，顶标为黄色“X”形	海上作业区专用标
8110010.14 (4866.47)	儒艮保护区14灯浮 Rugen Conservation Area No 14	21-20.00N 109-37.00E	莫(0)黄12秒		3	黄色标柱形，顶标为黄色“X”形	海上作业区专用标
8110010.15 (4866.48)	儒艮保护区15灯浮 Rugen Conservation Area No 15	21-28.30N 109-40.00E	莫(0)黄12秒		3	黄色标柱形，顶标为黄色“X”形	海上作业区专用标
8110010.16 (4866.481)	儒艮保护区16灯桩 Rugen Conservation Area No 16	21-27.17N 109-44.44E	莫(0)黄15秒	9.5	4	黄色柱形立标，顶标为黄色“X”形	海上作业区专用标
8110010.17 (4866.49)	儒艮保护区17灯浮 Rugen Conservation Area No 17	21-28.90N 109-47.03E	莫(0)黄15秒		3	黄色标柱形，顶标为黄色“X”形	海上作业区专用标
8110020.07 (4867)	安铺航道7灯桩 Anpu Fairway No 7	21-23.75N 109-52.12E	闪红4秒	9	3	红色金属结构柱形立标，顶标为红色圆柱形;7.5	左侧标
8110020.08 (4867.1)	安铺航道8灯桩 Anpu Fairway No 8	21-23.58N 109-52.07E	闪绿4秒		3	绿色柱形立标，顶标为绿色尖向上锥形;7.0	右侧标
8110020.09 (4868.2)	安铺航道9灯桩 Anpu Fairway No 9	21-23.88N 109-52.79E	闪(2)红6秒	9	3	红色金属结构柱形立标，顶标为红色圆柱形;7.5	左侧标
8110020.10 (4868.3)	安铺航道10灯桩 Anpu Fairway No 10	21-23.70N 109-52.85E	闪(2)绿6秒	9	3	绿色金属结构柱形立标，顶标为绿色尖向上锥形;7.5	右侧标
8110020.11 (4868.4)	安铺航道11灯桩 Anpu Fairway No 11	21-24.10N 109-53.38E	闪(3)红10秒	9	3	红色金属结构柱形立标，顶标为红色圆柱形;7.5	左侧标

编号 No.	名称 Name	位置 Position	灯质 Characteristic	灯高 Height	射程 Range	构造 Structure	附记 Remarks
8110020.12 (4868.5)	安铺航道12灯桩 Anpu Fairway No 12	21-24.00N 109-53.45E	闪(3)绿10秒		3	绿色柱形立标,顶标为绿色尖向上锥形 ;7.0	右侧标
8110020.13 (4869.2)	安铺航道13灯桩 Anpu Fairway No 13	21-24.58N 109-53.82E	闪红4秒		3	红色柱形立标,顶标为红色圆柱形;7.0	水产作业区专用标
8110020.14 (4869.3)	安铺航道14灯桩 Anpu Fairway No 14	21-24.51N 109-53.95E	闪绿4秒	9	3	绿色金属结构柱形立标,顶标为绿色尖向上锥形;7.5	右侧标
8110020.15 (4869.4)	安铺航道15灯桩 Anpu Fairway No 15	21-24.80N 109-53.98E	闪(2)红6秒		3	红色柱形立标,顶标为红色圆柱形;7.0	左侧标
8110030 (4870)	安铺港北潭灯桩 Anpu Gang Beitan	21-24.30N 109-54.10E	闪(3)白10秒	5	3	白色金属结构柱形立标;5.0	
8110040 (4871)	安铺港簿屋(渔)灯桩 Anpu Gang Bowu	21-24.08N 109-54.50E	闪(2)白6秒	15.8	4	白色混凝土结构柱形立标;14.5	
8110050 (4874)	安铺港汀沟口灯桩 Anpu Gang Dinggou Kou	21-25.69N 109-54.19E				红色混凝土结构柱形立标,顶标为红色圆柱形;7.0	
8110060 (4875)	安铺港马板石灯桩 Anpu Gang Maban Shi	21-27.05N 109-49.40E	闪(2)白5秒	4.4	2	黑红黑横条纹砖石结构柱形立标,顶标为黑色双球体;7.4	孤立危险物立标
8110070 (4876)	安铺港龙头沙(渔)灯桩 Anpu Gang Longtou Sha	21-27.82N 109-48.62E	闪白4秒	58.2	8	白色金属结构柱形立标;24.0	
8110080 (4877)	安铺港红石灯桩 Anpu Gang Hongshi	21-27.96N 109-47.71E	闪(2)白5秒	5	2	黑红黑横条纹柱形立标,顶标为黑色双球体;6.0	孤立危险物立标
8110081 (4876.5)	独石礁灯桩 Dushi Jiao	21-27.49N 109-48.45E	闪(2)白5秒	8.7	3	黑红黑横条纹金属结构柱形立标,顶标为黑色双球体	孤立危险物立标

编 号 No.	名 称 Name	位置 Position	灯 质 Characteristic	灯高 Height	射程 Range	构 造 Structure	附 记 Remarks
8110090 (4878)	**涠洲岛灯塔** Weizhou Dao	21-00.77N 109-05.86E	闪白10秒	96	18	白色砖石结构; 15.0	雷达应答器: 信号K(- . -)
8110100 (4878.05)	海洋环境监测12灯浮 Ocean Environment Monitor No 12	21-01.19N 109-06.15E	莫(0)黄12秒			黄色标柱形,顶标为黄色“X”形	海上作业区专用标
8110101	湾仔角灯桩 Wanzai Jiao	21-01.13N 109-07.39E	闪白4秒	30.5	8	白色混凝土结构柱形立标;10.2	AIS应答器
8110102	婆印石灯桩 Poyin Shi	21-00.49N 109-05.90E	闪(2)白7秒	9	4	红白相间条纹玻璃钢结构柱形立标;6.0	AIS应答器
8110103.01	涠洲珊瑚公园G1灯浮 Weizhou Coral Garden No G1	21-00.06N 109-06.11E	莫(P)黄12秒			黄色标柱形,顶标为黄色“X”形	禁航区专用标
8110103.02	涠洲珊瑚公园G2灯浮 Weizhou Coral Garden No G2	20-59.49N 109-05.71E	莫(P)黄12秒			黄色标柱形,顶标为黄色“X”形	禁航区专用标
8110103.03	涠洲珊瑚公园G3灯浮 Weizhou Coral Garden No G3	21-00.32N 109-05.62E	莫(P)黄12秒			黄色标柱形,顶标为黄色“X”形	禁航区专用标
8110103.04	涠洲珊瑚公园G4灯浮 Weizhou Coral Garden No G4	20-59.92N 109-04.95E	莫(P)黄12秒			黄色标柱形,顶标为黄色“X”形	禁航区专用标
8110103.05	涠洲珊瑚公园G5灯浮 Weizhou Coral Garden No G5	21-00.33N 109-04.19E	莫(P)黄12秒			黄色标柱形,顶标为黄色“X”形	禁航区专用标
8110103.06	涠洲珊瑚公园G6灯浮 Weizhou Coral Garden No G6	21-00.75N 109-04.96E	莫(P)黄12秒			黄色标柱形,顶标为黄色“X”形	禁航区专用标
8110103.07	涠洲珊瑚公园G7灯浮 Weizhou Coral Garden No G7	21-00.98N 109-04.03E	莫(P)黄12秒			黄色标柱形,顶标为黄色“X”形	禁航区专用标
8110103.08	涠洲珊瑚公园G8灯浮 Weizhou Coral Garden No G8	21-01.50N 109-04.00E	莫(P)黄12秒			黄色标柱形,顶标为黄色“X”形	禁航区专用标

编 号 No.	名 称 Name	位置 Position	灯 质 Characteristic	灯高 Height	射程 Range	构 造 Structure	附 记 Remarks
8110103.09	涠洲珊瑚公园G9灯浮 Weizhou Coral Garden No G9	21-01.88N 109-04.96E	莫(P)黄12秒			黄色标柱形，顶标为黄色“X”形	禁航区专用标
8110103.10	涠洲珊瑚公园G10灯浮 Weizhou Coral Garden No G10	21-04.58N 109-07.10E	莫(P)黄12秒			黄色标柱形，顶标为黄色“X”形	禁航区专用标
8110103.11	涠洲珊瑚公园G11灯浮 Weizhou Coral Garden No G11	21-05.34N 109-07.10E	莫(P)黄12秒			黄色标柱形，顶标为黄色“X”形	禁航区专用标
8110103.12	涠洲珊瑚公园G12灯浮 Weizhou Coral Garden No G12	21-05.32N 109-08.12E	莫(P)黄12秒			黄色标柱形，顶标为黄色“X”形	禁航区专用标
8110103.13	涠洲珊瑚公园G13灯浮 Weizhou Coral Garden No G13	21-04.33N 109-08.26E	莫(P)黄12秒			黄色标柱形，顶标为黄色“X”形	禁航区专用标
8110103.14	涠洲珊瑚公园G14灯浮 Weizhou Coral Garden No G14	21-02.60N 109-08.68E	莫(P)黄12秒			黄色标柱形，顶标为黄色“X”形	禁航区专用标
8110103.15	涠洲珊瑚公园G15灯浮 Weizhou Coral Garden No G15	21-01.62N 109-08.33E	莫(P)黄12秒			黄色标柱形，顶标为黄色“X”形	禁航区专用标
8110103.16	涠洲珊瑚公园G16灯浮 Weizhou Coral Garden No G16	21-01.22N 109-08.05E	莫(P)黄12秒			黄色标柱形，顶标为黄色“X”形	禁航区专用标
8110110.01 (4878.1)	涠洲岛1灯浮 Weizhou Dao No 1	21-03.57N 109-04.89E	闪(2)红6秒			红色标柱形，顶标为红色圆柱形	左侧标
8110110.02 (4878.2)	涠洲岛2灯浮 Weizhou Dao No 2	21-03.54N 109-05.12E	闪(2)红6秒			红色标柱形，顶标为红色圆柱形	左侧标
8110110.03	涠洲岛3 虚拟航标 WEIZHOU DAO 3	21-03.36N 109-05.12E					
8110110.04	涠洲岛4灯浮 Weizhou Dao No 4	21-03.34N 109-05.16E	快闪白			黑黄相间横条纹标柱形，顶标为黑色顶点朝上双锥体	北方位标

编 号 No.	名 称 Name	位置 Position	灯 质 Characteristic	灯高 Height	射程 Range	构 造 Structure	附 记 Remarks
8110110.05 (4878.5)	涠洲岛5灯浮 Weizhou Dao No 5	21-03.28N 109-05.12E	闪(2)红6秒			红色标柱形，顶标为红色圆柱形	左侧标
8110111	涠洲岛滚装码头灯桩 Weizhou Dao Gunzhuang Pier	21-03.41N 109-05.23E	等明暗红4秒	7.3	3	红白相间条纹金属结构柱形立标	
8110120.01 (4878.8)	涠洲油气管线1灯桩 Weizhou Oil&Gas Pipeline No 1	21-02.83N 109-05.08E	莫(C)绿白红12秒	40	绿8 白8 红8	浮动立标顶标为尖向上三角形	水中构筑物专用标绿光弧： 34.1°-36.1° 白光弧： 36.1°-39.1° 红光弧： 39.1°-41.1°
8110120.02 (4878.9)	涠洲油气管线2灯桩 Weizhou Oil&Gas Pipeline No 2	21-02.96N 109-05.15E	莫(C)红白绿12秒	40	红8 白8 绿8	浮动立标顶标为尖向上三角形	水中构筑物专用标红光弧： 39.3°-41.3° 白光弧： 36.3°-39.3° 绿光弧： 34.3°-36.3°
8110121.01	铁山港锚地1 虚拟航标 TIESHAN GANG ANCHORAGE NO 1	21-07.14N 108-59.54E					
8110121.02	铁山港锚地2 虚拟航标 TIESHAN GANG ANCHORAGE NO 2	21-06.62N 108-59.70E					
8110121.03	铁山港锚地3 虚拟航标 TIESHAN GANG ANCHORAGE NO 3	21-05.73N 108-56.37E					
8110121.04	铁山港锚地4 虚拟航标 TIESHAN GANG ANCHORAGE NO 4	21-06.25N 108-56.21E					
8110122.01	涠洲岛石油管线1 虚拟航标 WEIZHOU DAO OIL LINES NO 1	21-00.33N 109-02.95E					

编号 No.	名称 Name	位置 Position	灯质 Characteristic	灯高 Height	射程 Range	构造 Structure	附记 Remarks
8110122.02	涠洲岛石油管线2 虚拟航标 WEIZHOU DAO OIL LINES NO 2	20-52.81N 108-56.93E					
8110130 (4879)	斜阳岛灯桩 Xieyang Dao	20-54.27N 109-12.42E	闪白4秒		5	白色木质结构柱形立标;5.0	
8110131	燕归岭灯桩 Yangui Ling	20-54.54N 109-13.00E	闪白4秒	30.2	8	白色混凝土结构柱形立标;8.2	雷达应答器： 信号Y(- . - -)
8110132	斜阳岛南灯桩 Xieyang Dao S	20-54.31N 109-12.79E	闪(2)白7秒	38.9	4	红白相间条纹玻璃钢结构柱形立标;6.0	AIS应答器
8110135.01	临(1)灯浮 Temporary No 1	20-46.17N 109-14.46E	互明暗蓝黄3秒			蓝黄相间竖条纹标柱形，顶标为黄色竖直十字形	
8110136	广西海洋气象1灯浮 Guangxi Ocean Weather No 1	20-30.00N 109-10.00E	莫(0)黄12秒			黄色标柱形，顶标为黄色“X”形	海上作业区专用标AIS应答器
8110137	华能北部湾1灯浮 Huaneng Beibu Gulf No 1	20-22.00N 109-14.00E	莫(0)黄12秒			黄色标柱形，顶标为黄色“X”形	海上作业区专用标AIS应答器： 名称：HUANENG BEIBU GULF 1 MMSI： 994131817
8110140 (4879.1)	涠洲12-8W油田灯浮 Weizhou Oil Field No 12-8W	20-44.09N 108-57.50E	快闪(3)白10秒		3	黑黄黑横条纹标柱形，顶标为黑色顶点相背双锥体	东方位标
8110141	华润8号测风灯浮 Huarun No 8 Wind Buoy	20-36.78N 108-33.88E	莫(0)黄12秒			黄色金属结构标柱形，顶标为黄色“X”形	海上作业区专用标 雷达应答器： 信号B(- . . .) AIS应答器： 名称：HUARUN WIND BUOY 8 MMSI： 994121988

编号 No.	名称 Name	位置 Position	灯质 Characteristic	灯高 Height	射程 Range	构造 Structure	附记 Remarks
8110142	桂冠9号测风灯浮 Guiguan No 9 Wind Buoy	20-28.57N 108-37.20E	莫(O)黄12秒			黄色标柱形	海上作业区专用标雷达应答器：信号C(- . - .) AIS应答器： 名称：GUIGUAN WIND BUOY 9MMSI：994121989
8110150 (4879.2)	涠洲6-12油田灯浮 Weizhou Oil Field No 6-12	20-50.57N 108-59.73E	快闪白		3	黑黄相间横条纹标柱形，顶标为黑色顶点朝上双锥体	北方位标
8110160 (4879.4)	海洋环境监测17灯浮 Ocean Environment Monitor No 17	21-25.05N 109-41.12E	莫(O)黄12秒			黄色标柱形，顶标为黄色“X”形	海上作业区专用标
8110170.01 (4879.51)	铁山港锚地1灯浮 Tieshan Gang Anchorage No 1	21-15.21N 109-27.94E	莫(Q)黄12秒			黄色标柱形，顶标为黄色“X”形	锚地专用标
8110170.02	铁山港锚地2灯浮 Tieshan Gang Anchorage No 2	21-17.01N 109-29.98E	莫(Q)黄12秒			黄色标柱形，顶标为黄色“X”形	锚地专用标
8110170.05	铁山港锚地5 虚拟航标 TIESHAN GANG ANCHORAGE NO 5	21-15.76N 109-27.38E					
8110170.06	铁山港锚地6 虚拟航标 TIESHAN GANG ANCHORAGE NO 6	21-15.86N 109-28.68E					
8110170.07	铁山港锚地7 虚拟航标 TIESHAN GANG ANCHORAGE NO 7	21-17.56N 109-29.42E					
8110171	雷州半岛西部习惯航路5号虚拟AIS航标 虚拟航标 LEI ZHOU XI BU 5	21-07.25N 109-32.65E					MMSI：994136874
8110172	雷州半岛西部习惯航路6号虚拟AIS航标 虚拟航标 LEI ZHOU XI BU 6	21-06.93N 109-26.64E					MMSI：994136875

编 号 No.	名 称 Name	位置 Position	灯 质 Characteristic	灯高 Height	射程 Range	构 造 Structure	附 记 Remarks
8110180 (4879.52)	铁山港0灯浮 Tieshan Gang No 0	21-20.10N 109-34.41E	等明暗白4秒			红白相间竖条纹金属结构标柱形，顶标为红色球体形	安全水域浮标
8110180.01 (4880)	铁山港1灯浮 Tieshan Gang No 1	21-21.41N 109-34.02E	闪绿4秒			绿色锥形	右侧标同步闪雷达应答器：信号M(- -)
8110180.02 (4880.1)	铁山港2灯浮 Tieshan Gang No 2	21-21.36N 109-33.78E	闪红4秒			红色罐形	左侧标同步闪
8110180.03 (4880.2)	铁山港3灯浮 Tieshan Gang No 3	21-22.50N 109-33.78E	闪绿4秒			绿色锥形	右侧标同步闪
8110180.04 (4880.3)	铁山港4灯浮 Tieshan Gang No 4	21-22.46N 109-33.57E	闪红4秒			红色罐形	左侧标同步闪
8110190.01 (4881)	铁山港E1灯浮 Tieshan Gang No E1	21-24.24N 109-33.83E	快闪绿			绿色锥形	右侧标
8110190.02 (4882)	铁山港E2灯浮 Tieshan Gang No E2	21-25.89N 109-35.09E	闪绿4秒			绿色锥形	右侧标
8110190.03 (4883)	铁山港E3灯浮 Tieshan Gang No E3	21-27.87N 109-35.51E	闪(2)红6秒			红色罐形	左侧标
8110190.04 (4883.1)	铁山港E4灯浮 Tieshan Gang No E4	21-29.16N 109-36.24E	闪(2)绿6秒			绿色锥形	右侧标
8110200.05 (4883.3)	铁山港5灯浮 Tieshan Gang No 5	21-23.58N 109-33.56E	闪绿4秒			绿色锥形	右侧标同步闪
8110200.06 (4883.4)	铁山港6灯浮 Tieshan Gang No 6	21-23.55N 109-33.35E	闪红4秒			红色罐形	左侧标同步闪
8110200.07 (4883.5)	铁山港7灯浮 Tieshan Gang No 7	21-24.67N 109-33.34E	闪(2+1)绿12秒			绿红绿横条纹锥形	推荐航道右侧标
8110200.08 (4883.6)	铁山港8灯浮 Tieshan Gang No 8	21-24.63N 109-33.13E	闪红4秒			红色罐形	左侧标同步闪

编 号 No.	名 称 Name	位置 Position	灯 质 Characteristic	灯高 Height	射程 Range	构 造 Structure	附 记 Remarks
8110200.09 (4883.7)	铁山港9灯浮 Tieshan Gang No 9	21-25.76N 109-33.11E	闪绿4秒			绿色锥形	右侧标同步闪
8110200.14 (4884.3)	铁山港14灯浮 Tieshan Gang No 14	21-28.13N 109-33.27E	闪绿4秒			绿色锥形	右侧标
8110201.01	铁山港信义码头X1灯浮 Tieshan Gang Xinyimatou No X1	21-34.08N 109-35.74E	闪(2)红6秒			红色罐形	左侧标
8110201.02	铁山港信义码头X2灯浮 Tieshan Gang Xinyimatou No X2	21-34.24N 109-35.45E	闪(2)红6秒			红色罐形	左侧标
8110201.03	铁山港信义码头X3灯浮 Tieshan Gang Xinyimatou No X3	21-34.33N 109-35.41E	闪(2)绿6秒			绿色锥形	右侧标
8110201.04	铁山港信义码头X4灯浮 Tieshan Gang Xinyimatou No X4	21-34.26N 109-35.21E	闪(2)绿6秒			绿色锥形	右侧标
8110201.05	铁山港信义码头1灯桩 Tieshan Gang Xinyimatou No 1	21-34.24N 109-35.39E	等明暗红4秒	8.2	4	红白相间横条纹玻璃钢结构柱形立标	
8110201.06	铁山港信义码头2灯桩 Tieshan Gang Xinyimatou No 2	21-34.19N 109-35.23E	等明暗红4秒	8.2	4	红白相间横条纹玻璃钢结构柱形立标	
8110210 (4884)	铁山港大牛石灯桩 Tieshan Gang Daniu Shi	21-28.28N 109-32.91E	闪白4秒	13	12	白色金属结构柱形立标	雷达应答器：信号N(- .)
8110220.10 (4884.1)	铁山港10灯浮 Tieshan Gang No 10	21-26.00N 109-32.84E	闪红4秒			红色罐形	左侧标同步闪
8110220.11 (4884.15)	铁山港11灯浮 Tieshan Gang No 11	21-26.85N 109-32.89E	闪(2)绿6秒			绿色锥形	右侧标
8110221.01	铁山港L1灯浮 Tieshan Gang No L1	21-26.47N 109-32.39E	闪(2)红6秒			红色罐形	左侧标

编号 No.	名称 Name	位置 Position	灯质 Characteristic	灯高 Height	射程 Range	构造 Structure	附记 Remarks
8110221.02	铁山港L2灯浮 Tieshan Gang No L2	21-27.05N 109-32.51E	快(6)+长闪白 15秒			黄黑相间横条纹标柱形,顶标为黑色顶点朝下双锥体	南方位标
8110221.03	铁山港L3灯浮 Tieshan Gang No L3	21-27.12N 109-32.25E	闪绿4秒			绿色锥形	右侧标
8110222.01	铁山港LNG码头1灯桩 Tieshan Gang LNG Pier No 1	21-26.86N 109-32.10E	等明暗红4秒	10	3	柱形立标	红白相间横带圆柱形玻璃钢桩身;6.0
8110222.02	铁山港LNG码头2灯桩 Tieshan Gang LNG Pier No 2	21-27.12N 109-32.01E	闪白3秒	10	3	柱形立标	红白相间横带圆柱形玻璃钢桩身;6.0
8110230 (4884.19)	海洋环境监测15灯浮 Ocean Environment Monitor No 15	21-26.83N 109-33.25E	莫(0)黄12秒			黄色标柱形,顶标为黄色“X”形	海上作业区专用标
8110240.12 (4884.2)	铁山港12灯浮 Tieshan Gang No 12	21-27.11N 109-32.62E	闪(3)红10秒			红色罐形	左侧标雷达应答器: 信号Z(- - . .)
8110240.13 (4884.25)	铁山港13灯浮 Tieshan Gang No 13	21-27.44N 109-32.94E	闪(3)绿10秒			绿色锥形	右侧标
8110240.15 (4884.35)	铁山港15灯浮 Tieshan Gang No 15	21-28.27N 109-33.16E	闪(2+1)红6秒			红绿红横条纹罐形	推荐航道左侧标
8110250 (4884.36)	铁山港务码头堤头灯桩 Tieshan Gangwu Pier Head	21-29.59N 109-33.43E	闪白4秒	7	3	红白相间横条纹柱形立标;6.0	
8110257.01	铁山港执法码头1灯桩 Tieshan Gang Zhifa Pier No 1	21-29.33N 109-31.41E	等明暗白4秒	8	3	红白相间条纹玻璃钢结构柱形立标;4.0	
8110257.02	铁山港执法码头2灯桩 Tieshan Gang Zhifa Pier No 2	21-29.21N 109-31.41E	等明暗白4秒	8	3	红白相间条纹玻璃钢结构柱形立标;4.0	
8110258.01	铁山港执法码头F1灯浮 Tieshan Gang Zhifa Pier No F1	21-28.88N 109-31.79E	闪绿4秒			绿色锥形	右侧标

编 号 No.	名 称 Name	位置 Position	灯 质 Characteristic	灯高 Height	射程 Range	构 造 Structure	附 记 Remarks
8110258.02	铁山港执法码头F2灯浮 Tieshan Gang Zhifa Pier No F2	21-29.11N 109-31.58E	甚快(6)+长闪白 10秒			黄黑相间横条纹标柱形，顶标为黑色顶点朝下双锥体	南方位标
8110258.03	铁山港执法码头F3灯浮 Tieshan Gang Zhifa Pier No F3	21-29.12N 109-31.42E	快闪白			黑黄相间横条纹标柱形，顶标为黑色顶点朝上双锥体	北方位标
8110258.04	铁山港执法码头F4灯浮 Tieshan Gang Zhifa Pier No F4	21-29.21N 109-31.50E	甚快(6)+长闪白 10秒			黄黑相间横条纹标柱形，顶标为黑色顶点朝下双锥体	南方位标
8110258.05	铁山港执法码头F5灯浮 Tieshan Gang Zhifa Pier No F5	21-29.22N 109-31.29E	甚快(3)白5秒			黑黄黑横条纹标柱形，顶标为黑色顶点相背双锥体	东方位标
8110259.01	铁山港BM1灯浮 Tieshan Gang No BM1	21-29.84N 109-33.92E	甚快(6)+长闪白 10秒			黄黑相间横条纹标柱形，顶标为黑色顶点朝下双锥体	南方位标
8110260.16 (4884.4)	铁山港16灯浮 Tieshan Gang No 16	21-29.18N 109-33.75E	闪(2+1)红6秒			红绿红横条纹罐形	推荐航道左侧标
8110260.17 (4884.45)	铁山港17灯浮 Tieshan Gang No 17	21-29.09N 109-33.85E	闪绿4秒			绿色锥形	右侧标AIS应答器
8110260.18 (4884.5)	铁山港18灯浮 Tieshan Gang No 18	21-29.38N 109-34.02E	闪红4秒			红色罐形	左侧标
8110260.19 (4884.55)	铁山港19灯浮 Tieshan Gang No 19	21-29.91N 109-34.98E	闪(2)绿6秒			绿色锥形	右侧标
8110260.20 (4884.6)	铁山港20灯浮 Tieshan Gang No 20	21-29.99N 109-34.87E	闪(2)红6秒			红色罐形	左侧标
8110260.21 (4884.65)	铁山港21灯浮 Tieshan Gang No 21	21-30.66N 109-35.78E	闪(3)红10秒			红色罐形	左侧标
8110260.22 (4884.7)	铁山港22灯浮 Tieshan Gang No 22	21-30.86N 109-36.29E	闪(3)绿10秒			绿色锥形	右侧标AIS应答器

编 号 No.	名 称 Name	位置 Position	灯 质 Characteristic	灯高 Height	射程 Range	构 造 Structure	附 记 Remarks
8110260.221	铁山港22A灯浮 Tieshan Gang No 22A	21-31.37N 109-36.17E	快闪红			红色罐形	左侧标
8110260.23 (4884.71)	铁山港23灯浮 Tieshan Gang No 23	21-32.06N 109-36.30E	闪红4秒			红色罐形	左侧标
8110260.24 (4884.72)	铁山港24灯浮 Tieshan Gang No 24	21-32.45N 109-36.57E	闪绿4秒			绿色锥形	右侧标AIS应答器
8110260.25 (4884.73)	铁山港25灯浮 Tieshan Gang No 25	21-32.65N 109-36.32E	闪红4秒			红色罐形	左侧标 同步闪
8110260.26 (4884.74)	铁山港26灯浮 Tieshan Gang No 26	21-33.39N 109-36.03E	闪红4秒			红色罐形	左侧标 同步闪
8110260.27 (4884.75)	铁山港27灯浮 Tieshan Gang No 27	21-33.44N 109-36.16E	闪绿4秒			绿色锥形	右侧标 同步闪
8110260.28 (4884.753)	铁山港28灯浮 Tieshan Gang No 28	21-34.25N 109-35.68E	闪(2+1)红6秒			红绿红罐形	左侧标 同步闪
8110260.29 (4884.756)	铁山港29灯浮 Tieshan Gang No 29	21-34.29N 109-35.82E	闪绿4秒			绿色锥形	右侧标 同步闪
8110260.30 (4884.76)	铁山港30灯浮 Tieshan Gang No 30	21-34.78N 109-35.32E	闪红4秒			红色罐形	左侧标 同步闪
8110260.31 (4884.77)	铁山港31灯浮 Tieshan Gang No 31	21-35.01N 109-35.51E	闪绿4秒			绿色锥形	右侧标 同步闪
8110260.32 (4884.78)	铁山港32灯浮 Tieshan Gang No 32	21-35.29N 109-35.19E	闪(2)红6秒			红色罐形	左侧标
8110260.33 (4884.781)	铁山港33灯浮 Tieshan Gang No 33	21-35.93N 109-35.07E	闪(3)绿10秒			绿色锥形	右侧标
8110260.34 (4884.782)	铁山港34灯浮 Tieshan Gang No 34	21-35.90N 109-34.96E	闪(3)红10秒			红色罐形	左侧标
8110260.35 (4884.783)	铁山港35灯浮 Tieshan Gang No 35	21-36.54N 109-34.82E	闪绿4秒			绿色锥形	右侧标

编 号 No.	名 称 Name	位置 Position	灯 质 Characteristic	灯高 Height	射程 Range	构 造 Structure	附 记 Remarks
8110260.36 (4884.784)	铁山港36灯浮 Tieshan Gang No 36	21-36.50N 109-34.72E	闪红4秒			红色罐形	左侧标
8110260.37 (4884.785)	铁山港37灯浮 Tieshan Gang No 37	21-37.05N 109-34.61E	闪(2)绿6秒			绿色锥形	右侧标
8110261.001	铁山港H10灯浮 Tieshan Gang No H10	21-28.87N 109-31.44E	闪(2)红6秒			红色罐形	左侧标同步闪
8110261.01	铁山港H1灯浮 Tieshan Gang No H1	21-27.90N 109-32.99E	快闪红			红色罐形	左侧标
8110261.02	铁山港H2灯浮 Tieshan Gang No H2	21-28.18N 109-33.00E	闪(2)红6秒			红色罐形	左侧标同步闪
8110261.03	铁山港H3灯浮 Tieshan Gang No H3	21-28.44N 109-32.85E	闪(2)绿6秒			绿色锥形	右侧标同步闪
8110261.04	铁山港H4灯浮 Tieshan Gang No H4	21-28.39N 109-32.79E	闪(2)红6秒			红色罐形	左侧标同步闪
8110261.05	铁山港H5灯浮 Tieshan Gang No H5	21-28.69N 109-32.24E	闪(2)绿6秒			绿色锥形	右侧标同步闪
8110261.06	铁山港H6灯浮 Tieshan Gang No H6	21-28.63N 109-32.21E	闪(2)红6秒			红色罐形	左侧标同步闪
8110261.07	铁山港H7灯浮 Tieshan Gang No H7	21-28.93N 109-31.67E	闪(2+1)绿6秒			绿红绿锥形	推荐航道右侧标
8110261.08	铁山港H8灯浮 Tieshan Gang No H8	21-28.87N 109-31.64E	闪(2)红6秒			红色罐形	左侧标同步闪
8110261.09	铁山港H9灯浮 Tieshan Gang No H9	21-29.07N 109-31.54E	闪(2)绿6秒			绿色锥形	右侧标同步闪
8110262.01	铁山港污水W1灯浮 Tieshan Gang Sewage No W1	21-30.88N 109-35.87E	莫(C)黄12秒			黄色标柱形，顶标为黄色“X”形	水中构筑物专用标

编号 No.	名称 Name	位置 Position	灯质 Characteristic	灯高 Height	射程 Range	构造 Structure	附记 Remarks
8110262.02	铁山港污水W2灯浮 Tieshan Gang Sewage No W2	21-30.96N 109-35.75E	莫(C)黄12秒			黄色标柱形，顶标为黄色“X”形	水中构筑物专用标
8110262.03	铁山港污水W3灯浮 Tieshan Gang Sewage No W3	21-30.91N 109-35.59E	莫(C)黄12秒			黄色标柱形，顶标为黄色“X”形	水中构筑物专用标
8110263	铁山港排海管2号人工岛灯桩 Tieshan Gang Drain Pipeline No 2 Man-made Dao	21-31.09N 109-35.04E	莫(U)白15秒	5.3	3	白色金属结构柱形立标;2.0	
8110264.01	铁山港S1灯浮 Tieshan Gang No S1	21-31.64N 109-35.92E	闪红4秒			红色罐形	左侧标
8110264.02	铁山港S2灯浮 Tieshan Gang No S2	21-32.05N 109-36.15E	快(6)+长闪白15秒			黄黑相间横条纹标柱形，顶标为黑色顶点朝下双锥体	南方位标
8110265.01	铁山港神华码头1灯桩 Tieshan Gang Shenhua Pier No 1	21-31.73N 109-35.87E	等明暗红4秒	10.9	3	红白相间横条纹玻璃钢结构柱形立标;6.0	
8110265.02	铁山港神华码头2灯桩 Tieshan Gang Shenhua Pier No 2	21-32.06N 109-35.97E	等明暗红4秒	10.9	3	红白相间横条纹玻璃钢结构柱形立标;6.0	
8110270 (4884.79)	海洋环境监测15灯浮 Ocean Environment Monitor No 15	21-37.77N 109-34.57E	莫(0)黄12秒			黄色标柱形，顶标为黄色“X”形	海上作业区专用标
8110281.01	铁山港跨海特大桥1灯浮 Tieshan Gang Cross-sea Bridge No 1	21-40.12N 109-32.56E	闪绿4秒			绿色锥形	右侧标
8110281.02	铁山港跨海特大桥2灯浮 Tieshan Gang Cross-sea Bridge No 2	21-40.23N 109-32.44E	闪(2)红6秒			红色罐形	左侧标
8110281.03	铁山港跨海特大桥3灯浮 Tieshan Gang Cross-sea Bridge No 3	21-40.68N 109-32.61E	闪绿4秒			绿色锥形	右侧标

编号 No.	名称 Name	位置 Position	灯质 Characteristic	灯高 Height	射程 Range	构造 Structure	附记 Remarks
8110281.04	铁山港跨海特大桥4灯浮 Tieshan Gang Cross-sea Bridge No 4	21-40.68N 109-32.50E	闪红4秒			红色罐形	左侧标
8110290 (4885.2)	铁山港老鸦石灯桩 Tieshan Gang Laoya Shi	21-43.40N 109-33.70E	闪绿4秒	6.7	4	绿色混凝土结构柱形立标，顶标为绿色尖向上锥形 ;13.0	右侧标
8110291	上洲墩灯桩 Shangzhou Dun	21-41.96N 109-32.85E	闪白4秒	8.1	3	红白相间横条纹玻璃钢结构柱形立标;4.4	
8110292	铁山港老鸦洲灯桩 Tieshan Gang Laoya Zhou	21-41.34N 109-32.88E	闪白3秒	17	3	柱形立标	
8110300 (4885.3)	铁山港紧流水灯桩 Tieshan Gang Jinliushui	21-43.70N 109-34.30E	闪红4秒	4.7	4	红色砖石结构柱形立标，顶标为红色圆柱形;4.2	左侧标
8110310 (4885.4)	铁山港卖油公灯桩 Tieshan Gang Maiyougong	21-44.10N 109-35.40E	闪红4秒	4.1	4	红色砖石结构柱形立标，顶标为红色圆柱形;3.5	左侧标
8110320 (4885.5)	铁山港小茅山灯桩 Tieshan Gang Xiaomao Shan	21-44.80N 109-35.70E	闪绿4秒	3.9	4	绿色砖石结构柱形立标，顶标为绿色尖向上锥形;3.3	右侧标
8110330.01 (4885.51)	铁山港乌龟岩1灯桩 Tieshan Gang Wugui Yan No 1	21-45.40N 109-35.70E	闪绿4秒	2	4	绿色砖石结构，顶标为绿色尖向上锥形;3.5	右侧标
8110330.02 (4885.52)	铁山港乌龟岩2灯桩 Tieshan Gang Wugui Yan No 2	21-45.50N 109-35.80E	闪红4秒	2	4	红色砖石结构，顶标为红色圆柱形;3.5	左侧标
8110340 (4885.53)	铁山港海山角灯桩 Tieshan Gang Haishan jiao	21-45.59N 109-35.81E	闪绿4秒	3	4	绿色砖石结构，顶标为绿色尖向上锥形;3.5	右侧标
8110350 (4885.54)	铁山港草坪灯桩 Tieshan Gang Caoping	21-45.71N 109-35.83E	闪绿4秒	2	4	绿色砖石结构，顶标为绿色尖向上锥形;3.5	右侧标

编 号 No.	名 称 Name	位置 Position	灯 质 Characteristic	灯高 Height	射程 Range	构 造 Structure	附 记 Remarks
8110360 (4885.55)	铁山港马骝角灯桩 Tieshan Gang Maliu jiao	21-45.94N 109-36.07E	闪红4秒	5	4	红色砖石结构，顶标为红色圆柱形;3.5	左侧标
8110370 (4886)	红尾沙灯浮 Hongwei Sha	21-27.60N 109-39.19E	闪白3秒			黑色罐形	
8110380 (4887)	屙屎灯浮 E'shi	21-28.57N 109-38.93E	闪红2.7秒			红色罐形	左侧标
8110390 (4888)	新更灯桩 Xingeng	21-29.55N 109-38.65E	闪白2.5秒			柱形立标	
8110400 (4888.1)	沙田港(渔)灯桩 Shatian Gang	21-30.50N 109-39.90E	闪绿4秒	6	3	绿色砖石结构柱形立标，顶标为绿色尖向上锥形	右侧标
8110410 (4888.2)	沙田港岸(渔)灯桩 Shatian Gang Shore	21-30.74N 109-39.90E	闪绿3秒	28	7	金属结构柱形立标	
8110420 (4889)	沙田(对达头)灯桩 Shatian (Duida Tou)	21-31.12N 109-39.28E	闪白4秒	36.6	6	白色金属结构柱形立标;34.0	暂熄临时灯停止发光
8110430 (4889.8)	海洋环境监测02灯浮 Ocean Environment Monitor No 02	21-32.43N 108-13.00E	莫(0)黄12秒			黄色标柱形，顶标为黄色“X”形	海上作业区专用标
8110440 (4890)	营盘(渔)灯桩 Yingpan	21-27.63N 109-26.54E	闪(2)白6秒	24	6	白色金属结构柱形立标;24.0	
8110450 (4891)	营盘航道(渔)灯桩 Yingpan Fairway	21-26.95N 109-26.45E	闪红4秒	3.8	6	红色混凝土结构柱形立标，顶标为红色圆柱形;5.8	左侧标
8110460 (4892)	白虎头(渔)灯桩 Baihu Tou	21-24.24N 109-09.41E	闪白4秒	14.4	6	白色金属结构柱形立标;3.4	
8110461	西村港灯桩 Xicun Gang	21-26.11N 109-13.95E	闪白4秒	8	3	红白相间条纹玻璃钢结构柱形立标;7.2	

编 号 No.	名 称 Name	位置 Position	灯 质 Characteristic	灯高 Height	射程 Range	构 造 Structure	附 记 Remarks
8110462	螃蟹塘灯桩 Pangxie Tang	21-27.20N 109-21.01E	闪(2)白6秒	6.5	3	红白相间条纹玻璃钢结构柱形立标;5.6	
8110463	火禄港灯桩 Huolu Gang	21-27.67N 109-23.45E	闪白4秒	8	3	红白相间条纹玻璃钢结构柱形立标;7.2	
8110470 (4892.02)	海洋环境监测11灯浮 Ocean Environment Monitor No 11	21-23.50N 109-08.50E	莫(0)黄12秒			黄色标柱形，顶标为黄色“X”形	海上作业区专用标
8110481	渔业灯浮 Fishery	21-17.10N 109-08.02E	莫(0)黄12秒			黄色标柱形，顶标为黄色“X”形	海上作业区专用标
8110482	渔业灯浮 Fishery	21-16.94N 109-08.22E	莫(0)黄12秒			黄色标柱形，顶标为黄色“X”形	海上作业区专用标
8110490 (4892.04)	北海电建渔港灯浮 Beihai Dianjian Fishing Harbour	21-23.66N 109-07.21E	闪(2)白5秒			黑红黑横条纹标柱形，顶标为黑色双球体	孤立危险物浮标
8110500.01 (4892.03)	北海华侨港国际客运码头1灯浮 Beihai Huaqiao Gang International Pessenger Pier No 1	21-22.76N 109-06.93E	闪绿4秒			绿色锥形	右侧标AIS应答器： 名称：KE YUN 1MMSI：994131682
8110500.02 (4892.06)	北海华侨港国际客运码头2灯浮 Beihai Huaqiao Gang International Pessenger Pier No 2	21-22.78N 109-06.85E	闪红4秒			红色罐形	左侧标
8110500.03 (4892.07)	北海华侨港国际客运码头3灯浮 Beihai Huaqiao Gang International Pessenger Pier No 3	21-23.25N 109-07.05E	闪绿4秒			绿色锥形	右侧标
8110500.04	北海华侨港国际客运码头4灯浮 Beihai Huaqiao Gang International Pessenger Pier No 4	21-23.27N 109-06.98E	闪红4秒			红色罐形	左侧标

编 号 No.	名 称 Name	位置 Position	灯 质 Characteristic	灯高 Height	射程 Range	构 造 Structure	附 记 Remarks
8110500.05	北海华侨港国际客运码头5灯浮 Beihai Huaqiao Gang International Pessenger Pier No 5	21-23.74N 109-07.17E	闪绿4秒			绿色锥形	右侧标
8110500.06	北海华侨港国际客运码头6灯浮 Beihai Huaqiao Gang International Pessenger Pier No 6	21-23.76N 109-07.10E	闪红4秒			红色罐形	左侧标
8110500.07 (4892.06)	北海华侨港国际客运码头7灯浮 Beihai Huaqiao Gang International Pessenger Pier No 7	21-24.23N 109-07.30E	闪绿4秒			绿色锥形	右侧标
8110500.08	北海华侨港国际客运码头8灯浮 Beihai Huaqiao Gang International Pessenger Pier No 8	21-24.46N 109-07.28E	莫(K)黄12秒			黄色标柱形,顶标为黄色“X”形	分道通航专用标
8110500.09 (4892.09)	北海华侨港国际客运码头9灯浮 Beihai Huaqiao Gang International Pessenger Pier No 9	21-24.48N 109-07.20E	闪红4秒			红色罐形	左侧标
8110501.01	国际客运码头西堤1(渔)灯桩 International Pessenger Pier W Breakwater No 1	21-24.73N 109-07.30E	闪红4秒	12	5	砖石结构柱形立标	
8110501.02	国际客运码头西堤2(渔)灯桩 International Pessenger Pier W Breakwater No 2	21-24.96N 109-07.33E	闪红4秒	10	3	柱形立标	停止发光
8110502.01	北海华侨港国际客运码头1灯桩 Beihai Huaqiao Gang International Pessenger Pier No 1	21-24.70N 109-07.44E	闪白5秒	13.8	4	红白相间条纹金属结构柱形立标	

编号 No.	名称 Name	位置 Position	灯质 Characteristic	灯高 Height	射程 Range	构造 Structure	附记 Remarks
8110502.02	北海华侨港国际客运码头2灯桩 Beihai Huaqiao Gang International Pessenger Pier No 2	21-24.73N 109-07.35E	闪白5秒	10.8	3	红白相间条纹玻璃钢结构柱形立标	
8110502.03	北海华侨港国际客运码头3灯桩 Beihai Huaqiao Gang International Pessenger Pier No 3	21-24.84N 109-07.45E	闪白5秒	7.6	3	红白相间条纹玻璃钢结构柱形立标	
8110502.04	北海华侨港国际客运码头4灯桩 Beihai Huaqiao Gang International Pessenger Pier No 4	21-24.97N 109-07.48E	闪白5秒	7.6	3	红白相间条纹玻璃钢结构柱形立标	
8110502.05	北海华侨港国际客运码头5灯桩 Beihai Huaqiao Gang International Pessenger Pier No 5	21-24.98N 109-07.41E	闪白5秒	7.6	3	红白相间条纹玻璃钢结构柱形立标	
8110502.06	北海华侨港国际客运码头6灯桩 Beihai Huaqiao Gang International Pessenger Pier No 6	21-25.12N 109-07.39E	闪白5秒	7.6	3	红白相间条纹玻璃钢结构柱形立标	
8110503	北海华侨港国际客运码头引导灯桩前 Beihai Huaqiao Gang International Passenger Transport Pier Ldg Lts, Front	21-25.30N 109-07.47E	定红	18	2	金属结构柱形立标	导标
8110504	北海华侨港国际客运码头引导灯桩后 Beihai Huaqiao Gang International Passenger Transport Pier Ldg Lts, Rear	21-25.44N 109-07.51E	定红	24	2	金属结构柱形立标	导标
8110505	南万港左堤头(渔)灯桩 Nanwan Gang L Breakwater Head	21-26.17N 109-03.14E	闪红4秒	12	6	混凝土结构	停止发光

编 号 No.	名 称 Name	位置 Position	灯 质 Characteristic	灯高 Height	射程 Range	构 造 Structure	附 记 Remarks
8110506	南万港右堤头(渔)灯桩 Nanwan Gang R Breakwater Head	21-26.18N 109-03.26E	闪绿4秒	12	6	混凝土结构	停止发光
8110507	渔灯桩 Fishing	21-26.69N 109-03.56E				柱形立标	熄
8110508	北海邮轮码头灯桩 Beihai Cruise Pier	21-28.18N 109-02.59E	等明暗红4秒	10.6	3	红白相间条纹玻璃钢结构柱形立标	AIS应答器： 名称： BEI HAI CRUISE PIER MMSI： 994131818 发射模式：自主连续
8110508.01	北海邮轮码头Y1灯浮 Beihai Cruise Pier No Y1	21-28.20N 109-02.18E	甚快白			黑黄相间横条纹标柱形，顶标为黑色顶点朝上双锥体	北方位标
8110508.02	北海邮轮码头Y2灯浮 Beihai Cruise Pier No Y2	21-28.56N 109-02.33E	闪(2+1)绿6秒			绿红绿锥形	推荐航道右侧标
8110508.03	北海邮轮码头Y3灯浮 Beihai Cruise Pier No Y3	21-28.06N 109-02.39E	快闪白			黑黄相间横条纹标柱形，顶标为黑色顶点朝上双锥体	北方位标
8110508.04	北海邮轮码头Y4灯浮 Beihai Cruise Pier No Y4	21-28.48N 109-02.66E	快(6)+长闪白15秒			黄黑相间横条纹标柱形，顶标为黑色顶点朝下双锥体	南方位标
8110508.05	北海邮轮码头Y5灯浮 Beihai Cruise Pier No Y5	21-27.98N 109-02.62E	快闪(9)白15秒			黄黑黄横条纹标柱形，顶标为黑色顶点相对双锥体	西方位标

编 号 No.	名 称 Name	位置 Position	灯 质 Characteristic	灯高 Height	射程 Range	构 造 Structure	附 记 Remarks
8110509.01	北海国电测风塔1灯桩 Beihaiguodian Wind Tower No 1	21-09.60N 109-03.02E	莫(U)白15秒	7.8	10	黄色柱形立标，顶标为黄色“X”形;21.6	雷达应答器：信号D(- . .) AIS应答器： 名称：BHGD WIND TOWER MMSI：994131816 发射模式：三分钟播发间隔：自主连续
8110509.02	北海国电测风塔2灯桩 Beihaiguodian Wind Tower No 2	21-09.60N 109-03.02E	莫(U)红15秒	6.8	3	黄色标柱形，顶标为黄色“X”形	同步闪
8110509.03	北海国电测风塔3灯桩 Beihaiguodian Wind Tower No 3	21-09.60N 109-03.02E	莫(U)红15秒	6.8	3	黄色标柱形，顶标为黄色“X”形	同步闪
8110509.04	北海国电测风塔4灯桩 Beihaiguodian Wind Tower No 4	21-09.60N 109-03.02E	莫(U)红15秒	6.8	3	黄色标柱形，顶标为黄色“X”形	同步闪
8110510 (4892.2)	北海港0检疫灯浮 Beihai Gang Quarantine No 0	21-17.10N 108-59.29E	莫(Q)黄12秒			黄色标柱形，顶标为黄色“X”形	锚地专用标AIS应答器
8110510.01 (4892.21)	北海港1灯浮 Beihai Gang No 1	21-21.31N 109-00.18E	闪绿4秒			绿色锥形	右侧标同步闪雷达应答器：信号G(- - .)
8110510.02 (4892.22)	北海港2灯浮 Beihai Gang No 2	21-21.34N 109-00.06E	闪红4秒			红色罐形	左侧标同步闪AIS应答器
8110510.03 (4892.23)	北海港3灯浮 Beihai Gang No 3	21-22.40N 109-00.39E	闪绿4秒			绿色锥形	右侧标同步闪
8110510.04 (4892.24)	北海港4灯浮 Beihai Gang No 4	21-22.42N 109-00.27E	闪红4秒			红色罐形	左侧标同步闪
8110510.05 (4892.25)	北海港5灯浮 Beihai Gang No 5	21-23.47N 109-00.60E	闪绿4秒			绿色锥形	右侧标同步闪
8110510.06 (4892.26)	北海港6灯浮 Beihai Gang No 6	21-23.49N 109-00.48E	闪红4秒			红色罐形	左侧标同步闪

编号 No.	名称 Name	位置 Position	灯质 Characteristic	灯高 Height	射程 Range	构造 Structure	附记 Remarks
8110510.07 (4892.27)	北海港7灯浮 Beihai Gang No 7	21-24.55N 109-00.81E	闪绿4秒			绿色锥形	右侧标同步闪
8110510.08 (4892.28)	北海港8灯浮 Beihai Gang No 8	21-24.57N 109-00.69E	闪红4秒			红色罐形	左侧标同步闪
8110510.09 (4892.29)	北海港9灯浮 Beihai Gang No 9	21-25.63N 109-01.02E	闪绿4秒			绿色锥形	右侧标同步闪
8110510.10 (4892.3)	北海港10灯浮 Beihai Gang No 10	21-25.65N 109-00.90E	闪红4秒			红色罐形	左侧标同步闪
8110510.101	北海港10A灯浮 Beihai Gang No 10A	21-26.71N 109-01.23E	闪绿4秒			绿色锥形	右侧标同步闪
8110510.102	北海港10B灯浮 Beihai Gang No 10B	21-26.73N 109-01.11E	闪红4秒			红色罐形	左侧标同步闪AIS应答器
8110510.11 (4892.31)	北海港11灯浮 Beihai Gang No 11	21-27.79N 109-01.44E	闪(3)绿10秒			绿色锥形	右侧标
8110510.12 (4892.32)	北海港12灯浮 Beihai Gang No 12	21-28.15N 109-01.39E	快闪红			红色罐形	左侧标雷达应答器：信号N(- .)
8110510.13 (4892.33)	北海港13灯浮 Beihai Gang No 13	21-28.20N 109-01.74E	闪(2)绿6秒			绿色锥形	右侧标
8110510.14 (4892.34)	北海港14灯浮 Beihai Gang No 14	21-28.61N 109-02.19E	闪红4秒			红色罐形	左侧标
8110510.15 (4892.35)	北海港15灯浮 Beihai Gang No 15	21-28.83N 109-02.81E	闪(3)绿10秒			绿色锥形	右侧标
8110510.16 (4892.36)	北海港16灯浮 Beihai Gang No 16	21-29.10N 109-03.10E	快闪红			红色罐形	左侧标AIS应答器
8110510.17 (4892.37)	北海港17灯浮 Beihai Gang No 17	21-29.64N 109-04.63E	闪(3)红10秒			红色罐形	左侧标AIS应答器
8110510.18 (4892.38)	北海港18灯浮 Beihai Gang No 18	21-29.31N 109-05.08E	闪绿4秒			绿色锥形	右侧标

编 号 No.	名 称 Name	位置 Position	灯 质 Characteristic	灯高 Height	射程 Range	构 造 Structure	附 记 Remarks
8110510.19 (4892.39)	北海港19灯浮 Beihai Gang No 19	21-29.91N 109-05.61E	闪红4秒			红色罐形	左侧标
8110511.01	北海港锚地1 虚拟航标 BEIHAI GANG ANCHORAGE NO 1	21-21.14N 109-00.74E					
8110511.02	北海港锚地2 虚拟航标 BEIHAI GANG ANCHORAGE NO 2	21-21.38N 108-59.46E					
8110512.18	海润18灯浮 Hairun No 18	21-28.73N 108-59.62E	互明暗蓝黄3秒			蓝黄相间竖条纹标柱形,顶标为黄色竖直十字形	
8110513	顺联128灯浮 Shunlian No 128	21-22.20N 108-50.23E	互明暗蓝黄3秒			蓝黄相间竖条纹标柱形,顶标为黄色竖直十字形	
8110514.01	广西中船5号测风塔1灯桩 Guangxi Zhongchuan 5 Hao Wind Tower No 1	21-20.25N 108-47.05E	莫(U)白15秒	8.2	10	黄色金属结构柱形立标，顶标为黄色“X”形;1.5	雷达应答器:信号D(- . .) AIS应答器:名称:CSSC WIND TOWER 5 MMSI:994131819 发射模式：自主连续
8110514.02	广西中船5号测风塔2灯桩 Guangxi Zhongchuan 5 Hao Wind Tower No 2	21-20.25N 108-47.05E	莫(U)红15秒	8.2	10	黄色金属结构柱形立标;1.5	同步闪
8110514.03	广西中船5号测风塔3灯桩 Guangxi Zhongchuan 5 Hao Wind Tower No 3	21-20.25N 108-47.05E	莫(U)红15秒	8.2	10	黄色金属结构柱形立标;1.5	同步闪
8110520 (4893)	北海港沉船坞灯浮 Beihai Gang Wreck Dock	21-29.55N 109-05.13E	闪(2)白5秒			黑红黑横条纹标柱形，顶标为黑色双球体	孤立危险物浮标
8110530 (4894.1)	北海新港引导灯桩前 Beihai Xin'gang Ldg Lts, Front	21-28.36N 109-03.95E	定红	22.5	2.7	金属结构柱形立标，顶标为尖向上三角形;23.5	导标两灯一线:130 °

编号 No.	名称 Name	位置 Position	灯质 Characteristic	灯高 Height	射程 Range	构造 Structure	附记 Remarks
8110540 (4894.11)	北海新港引导灯桩后 Beihai Xin'gang Ldg Lts, Rear	21-28.21N 109-04.13E	定红	28	2.7	金属结构柱形立标,顶标为尖向下三角形;30.0	导标
8110550 (4895)	冠头岭灯塔 Guantou Ling	21-27.23N 109-03.06E	闪白3秒	129	18	白色砖石结构;7.0	
8110551	前灯灯桩 Front	21-27.53N 109-02.90E	定	20	6	柱形立标	导标
8110552	后灯灯桩 Rear	21-27.55N 109-02.96E	定	14	6	柱形立标	导标
8110553	冠岭灯桩 Guan Ling	21-26.94N 109-02.57E	闪白4秒	7.7	3	柱形立标	
8110554	三婆灯桩 Sanpo	21-26.38N 109-02.88E	闪白4秒	7.8	3	柱形立标	
8110559.01	内港进港1灯桩 Inner Harbour Entranec No 1	21-29.05N 109-04.94E	闪(2)白6秒	7.2	3	红白相间横条纹玻璃钢结构柱形立标;6.0	
8110559.02	内港进港2灯桩 Inner Harbour Entranec No 2	21-29.13N 109-05.09E	闪(2)白6秒	7.5	3	红白相间横条纹玻璃钢结构柱形立标;6.0	AIS应答器
8110560 (4902)	北海内港引导灯桩前 Beihai Inner Harbour Ldg Lts, Front	21-28.83N 109-05.13E	定红	15	3	黑色金属结构柱形立标,顶标为尖向上三角形	导标两灯一线:152°26′
8110570 (4903)	北海内港引导灯桩后 Beihai Inner Harbour Ldg Lts, Rear	21-28.77N 109-05.17E	定红	23	3	黑色金属结构柱形立标,顶标为尖向下三角形	导标
8110575.01 (4904.061)	红坎污水管道1灯浮 Hongkan Sewage Pipeline No 1	21-29.16N 109-04.34E	快闪(9)白15秒			黄黑黄横条纹标柱形,顶标为黑色顶点相对双锥体	西方位标
8110575.02 (4904.062)	红坎污水管道2灯浮 Hongkan Sewage Pipeline No 2	21-29.19N 109-04.39E	快闪白			黑黄相间横条纹标柱形,顶标为黑色顶点朝上双锥体	北方位标

编号 No.	名称 Name	位置 Position	灯质 Characteristic	灯高 Height	射程 Range	构造 Structure	附记 Remarks
8110580.01 (4904.01)	北海救助站1灯浮 Beihai Rescue Station No 1	21-29.12N 109-04.15E	闪红4秒			红色罐形	左侧标
8110580.02 (4904.02)	北海救助站2灯浮 Beihai Rescue Station No 2	21-29.10N 109-04.12E	闪绿4秒			绿色锥形	右侧标
8110580.03 (4904.03)	北海救助站3灯浮 Beihai Rescue Station No 3	21-28.99N 109-04.23E	闪红4秒			红色罐形	左侧标
8110580.04 (4904.04)	北海救助站4灯浮 Beihai Rescue Station No 4	21-28.95N 109-04.20E	闪绿4秒			绿色锥形	右侧标
8110581	北海海事码头灯浮 Beihai MSA Pier	21-28.74N 109-04.19E	闪绿4秒			绿色标柱形，顶标为绿色尖向上锥形	右侧标
8110590 (4904.1)	北海港20灯浮 Beihai Gang No 20	21-29.59N 109-05.76E	闪(2)绿6秒			绿色锥形	右侧标
8110600	北海港B0灯浮 Beihai Gang No B0	21-29.05N 109-03.15E	闪(2+1)红6秒			红绿红横条纹罐形	推荐航道左侧标
8110600.01 (4904.2)	北海港B1灯浮 Beihai Gang No B1	21-28.81N 109-03.35E	闪(3)绿10秒			绿色锥形	右侧标AIS应答器
8110600.02 (4904.3)	北海港B2灯浮 Beihai Gang No B2	21-28.91N 109-03.44E	闪(3)红10秒			红色罐形	左侧标
8110600.03 (4904.4)	北海港B3灯浮 Beihai Gang No B3	21-28.70N 109-03.44E	闪(2)绿6秒			绿色锥形	右侧标
8110600.04 (4904.46)	北海港B4灯浮 Beihai Gang No B4	21-28.72N 109-03.69E	闪(2)红6秒			红色罐形	左侧标
8110600.05 (4904.47)	北海港B5灯浮 Beihai Gang No B5	21-28.67N 109-03.84E	闪红4秒			红色罐形	左侧标
8110600.06	北海港B6灯浮 Beihai Gang No B6	21-28.63N 109-03.90E	闪(3)红10秒			红色罐形	左侧标

编 号 No.	名 称 Name	位置 Position	灯 质 Characteristic	灯高 Height	射程 Range	构 造 Structure	附 记 Remarks
8110609	文堂仔灯桩 Wentang Zai	20-36.50N 109-48.61E	闪红5秒	9	4	红色金属结构柱形立标;8.0	
8110610.01 (4904.5)	水儿港1灯桩 Shui'er Gang No 1	21-33.94N 109-08.15E	闪红4秒	5.9	4	红色砖石结构柱形立标，顶标为红色圆柱形;5.3	左侧标
8110610.02 (4904.6)	水儿港2灯桩 Shui'er Gang No 2	21-33.78N 109-08.53E	闪绿4秒	6.8	4	绿色砖石结构柱形立标，顶标为绿色尖向上锥形;6.2	右侧标
8110610.03 (4904.7)	水儿港3灯桩 Shui'er Gang No 3	21-34.29N 109-08.76E	闪红4秒	4.8	4	红色砖石结构柱形立标，顶标为红色圆柱形;4.2	左侧标
8110610.04 (4904.8)	水儿港4灯桩 Shui'er Gang No 4	21-34.77N 109-08.82E	闪红4秒	4.7	4	红色砖石结构柱形立标，顶标为红色圆柱形;4.2	左侧标
8110610.05 (4904.9)	水儿港5灯桩 Shui'er Gang No 5	21-35.01N 109-08.70E	闪绿4秒	5.2	4	绿色砖石结构柱形立标，顶标为绿色尖向上锥形;4.7	右侧标
8110611	情人岛1灯桩 Qingren Dao No 1	21-33.07N 109-06.99E	快闪白	8.6	3	红白相间条纹柱形立标	
8110611.1	情人岛2灯桩 Qingren Dao No 2	21-33.37N 109-07.70E	闪白5秒	8.6	3	红白相间横条纹玻璃钢结构柱形立标;4.4	导标两灯一线:126° 46′ 36″
8110612	棍草塘灯桩 Guncao Tang	20-35.76N 109-49.14E	闪白5秒	7	4	红白相间横条纹金属结构柱形立标;6.0	
8110613	伴侣上灯桩 Banlv Upper	20-34.77N 109-49.63E	闪红3秒	7	4	红色金属结构柱形立标;6.0	
8110614	下郁灯桩 Xiayu	20-34.29N 109-49.80E	闪白3秒	7	4	红白相间横条纹金属结构柱形立标;6.0	
8110615	木案灯桩 Mu'an	21-36.03N 109-04.31E	闪白4秒	8	3	红白相间条纹玻璃钢结构柱形立标;7.2	

编号 No.	名称 Name	位置 Position	灯质 Characteristic	灯高 Height	射程 Range	构造 Structure	附记 Remarks
8110616	沙埇灯桩 Shayong	21-34.30N 109-06.14E	闪(2)白6秒	11.8	4	红白相间条纹玻璃钢结构柱形立标;8.8	
8110617.01	七星渡口1灯桩 Qixing Ferry No 1	21-37.63N 109-03.07E	闪白4秒	7.5	4	红色玻璃钢结构柱形立标;5.6	
8110617.02	七星渡口2灯桩 Qixing Ferry No 2	21-37.50N 109-03.20E	闪白4秒	7.5	4	红白相间条纹玻璃钢结构柱形立标;4.0	
8110618	沙田港1灯桩 Shatian Gang No 1	21-31.01N 109-38.87E	闪白5秒	11	4	红白相间条纹玻璃钢结构柱形立标;7.2	
8110619	沙田港北灯桩 Shatian Gang N	21-31.85N 109-39.50E	闪(2)白6秒	10.5	4	红色玻璃钢结构柱形立标;7.2	
8110620.01 (4904.91)	沙埇1灯浮 Shayong No 1	21-30.64N 109-05.09E	闪红4秒			红色标柱形，顶标为红色圆柱形	左侧标
8110620.02 (4904.92)	沙埇2灯浮 Shayong No 2	21-30.64N 109-05.17E	闪绿4秒			绿色标柱形，顶标为绿色尖向上锥形	右侧标
8110620.03 (4904.93)	沙埇3灯浮 Shayong No 3	21-32.09N 109-05.17E	闪红4秒			红色标柱形，顶标为红色圆柱形	左侧标
8110620.04 (4904.94)	沙埇4灯浮 Shayong No 4	21-32.83N 109-05.27E	闪绿4秒			绿色标柱形，顶标为绿色尖向上锥形	导标白光弧: 282.65° -283.35° 遮蔽弧: 285°-281° 绿光弧: 281°-282.65° 红光弧: 283.35°-285°
8110620.05 (4904.95)	沙埇5灯浮 Shayong No 5	21-32.85N 109-05.20E	闪红4秒			红色标柱形，顶标为红色圆柱形	左侧标
8110620.06 (4904.96)	沙埇6灯浮 Shayong No 6	21-33.77N 109-05.61E	闪绿4秒			绿色标柱形，顶标为绿色尖向上锥形	右侧标

编 号 No.	名 称 Name	位置 Position	灯 质 Characteristic	灯高 Height	射程 Range	构 造 Structure	附 记 Remarks
8110620.07 (4904.97)	沙埇7灯浮 Shayong No 7	21-33.81N 109-05.54E	闪红4秒			红色标柱形，顶标为红色圆柱形	左侧标
8110620.08 (4904.98)	沙埇8灯浮 Shayong No 8	21-34.26N 109-06.05E	闪红4秒			红色标柱形，顶标为红色圆柱形	左侧标
8110621	沙田救生墩灯桩 Shatian Life-saving Dun	21-31.48N 109-38.76E	闪(3)白10秒	10.4	4	黑白相间横条纹玻璃钢结构柱形立标;5.6	
8110622	企沙山新渡口灯桩 Qisha Shan New Ferry	21-34.95N 108-28.57E	闪白5秒	6	4	红白相间条纹玻璃钢结构柱形立标;5.6	
8110623	防城港航标码头灯桩 Fangcheng Gang Hangbiao Pier	21-37.31N 108-19.00E	闪白5秒	8.7	4	红白相间条纹玻璃钢结构柱形立标;7.2	
8110630 (4904.983)	海洋环境监测10灯浮 Ocean Environment Monitor No 10	21-28.90N 109-02.33E	莫(0)黄12秒			黄色标柱形，顶标为黄色“X”形	海上作业区专用标
8110640 (4904.984)	海洋环境监测11灯浮 Ocean Environment Monitor No 11	21-30.33N 109-02.08E	莫(0)黄12秒			黄色标柱形，顶标为黄色“X”形	海上作业区专用标
8110650 (4904.985)	海洋环境监测04灯浮 Ocean Environment Monitor No 04	21-37.91N 108-24.06E	莫(0)黄12秒			黄色标柱形，顶标为黄色“X”形	海上作业区专用标
8110651	海洋环境监测10灯浮 Ocean Environment Monitor No 10	21-33.13N 108-54.27E	莫(0)黄12秒			黄色标柱形，顶标为黄色“X”形	海上作业区专用标
8110655	长岭嘴灯桩 Changling Zui	21-44.71N 108-52.46E	闪白4秒	6.5	3	红白相间横条纹玻璃钢结构柱形立标;4.4	
8110656	大坡渡口灯桩 Dapo Ferry	21-44.70N 108-52.01E	闪白4秒	6.1	3	红白相间条纹玻璃钢结构柱形立标;7.6	
8110657	光头墩灯桩 Guangtou Dun	21-43.33N 108-51.04E	闪(2)白5秒	6.5	3	黑红黑横条纹玻璃钢结构柱形立标，顶标为黑色双球体;8.6	孤立危险物立标

编 号 No.	名 称 Name	位置 Position	灯 质 Characteristic	灯高 Height	射程 Range	构 造 Structure	附 记 Remarks
8110658	大风江香炉墩灯桩 Dafengjiang Xianglu Dun	21-43.10N 108-50.86E	闪白4秒	8	3	红白相间条纹玻璃钢结构柱形立标;8.5	
8110659	盘鸡岭灯桩 Panji Ling	21-43.01N 108-51.03E	闪白5秒	8	3	红白相间条纹玻璃钢结构柱形立标;9.2	
811066	沙角灯桩 Shajiao	21-38.41N 108-52.00E	闪白4秒	8.1	3	柱形立标	
8110660.001	大风江10灯浮 Dafeng Jiang No 10	21-41.02N 108-50.67E	闪绿4秒			绿色锥形	右侧标
8110660.01 (4905)	大风江1灯浮 Dafeng Jiang No 1	21-33.44N 108-49.29E				绿色锥形	右侧标
8110660.02	大风江2灯浮 Dafeng Jiang No 2	21-33.61N 108-49.15E	闪红4秒			红色罐形	左侧标
8110660.03	大风江3灯浮 Dafeng Jiang No 3	21-34.17N 108-50.50E	闪(2)红6秒			红色罐形	左侧标
8110660.04 (4907)	大风江4灯浮 Dafeng Jiang No 4	21-35.00N 108-51.82E	闪绿4秒			绿色锥形	右侧标
8110660.05	大风江5灯浮 Dafeng Jiang No 5	21-35.86N 108-52.24E	闪(2)绿6秒			绿色锥形	右侧标
8110660.06	大风江6灯浮 Dafeng Jiang No 6	21-36.88N 108-52.36E	闪(3)红10秒			红色罐形	左侧标
8110660.07 (4908)	大风江7灯浮 Dafeng Jiang No 7	21-37.81N 108-52.69E				绿色锥形	右侧标
8110660.08	大风江8灯浮 Dafeng Jiang No 8	21-39.06N 108-52.13E	闪(2)绿6秒			绿色锥形	右侧标
8110660.09	大风江9灯浮 Dafeng Jiang No 9	21-40.02N 108-51.32E	闪(3)红10秒			红色罐形	左侧标

编 号 No.	名 称 Name	位置 Position	灯 质 Characteristic	灯高 Height	射程 Range	构 造 Structure	附 记 Remarks
8110662	抄墩灯桩 Chaodun	21-41.76N 108-50.49E	闪白4秒	8	3	红白相间玻璃钢 结构柱形立标	
812200 (4825)	海安港山顶灯塔 Hai'an Gang Peak	20-16.14N 110-13.73E	闪白6秒	42	15	白色	雷达应答器: 信号K(- . -)

编 号 No.	名 称 Name	位置 Position	灯 质 Characteristic	灯高 Height	射程 Range	构 造 Structure	附 记 Remarks

钦州港
QIN ZHOU GANG

编 号 No.	名 称 Name	位置 Position	灯 质 Characteristic	灯高 Height	射程 Range	构 造 Structure	附 记 Remarks
8310010 (4911)	大庙墩灯塔 Damiao Dun	21-35.49N 108-44.49E	闪白4秒	39	18	白色砖石结构; 18.4	雷达应答器: 信号Q(- - . -)
83100101	乌雷灯桩 Wulei	21-35.93N 108-44.46E	闪白4秒	9.6	3	红白相间条纹玻璃钢结构柱形立标;6.0	
8310011	乌雷2灯桩 Wulei No 2	21-36.78N 108-44.14E	闪(2)白6秒	10	3	红白相间条纹玻璃钢结构柱形立标;7.2	
8310012	三娘湾旅游码头灯桩 Sanniang Wan Tour Pier	21-35.95N 108-44.65E	闪(2)白6秒	6	3	红白相间条纹玻璃钢结构柱形立标;4.0	
8310013	三娘湾东石角灯桩 Sanniang Wan E Shijiao	21-37.10N 108-46.35E	闪白4秒	8	4	红白相间条纹玻璃钢结构柱形立标;7.2	
8310020 (4911.5)	海洋环境监测07灯浮 Ocean Environment Monitor No 7	21-35.05N 108-45.58E	莫(0)黄12秒			黄色标柱形，顶标为黄色“X”形	海上作业区专用标
8310030 (4912)	DONG-AH 101 虚拟航标 DONG-AH 101	21-37.78N 108-42.56E	闪红4秒	8	6	红色砖石结构柱形立标，顶标为红色圆柱形;8.0	左侧标
8310031	钦州港三墩灯桩 Qinzhou Gang Sandun	21-36.68N 108-41.29E	闪白4秒	11	3	柱形立标	
8310040 (4913)	急水独石灯桩 Jishuidu Shi	21-38.31N 108-42.32E	闪白4秒	9.5	6	柱形立标	
8310045.027 (4913.0027)	钦州港27灯浮 Qinzhou Gang No 27	21-27.12N 108-38.19E	闪(2)绿6秒			绿色锥形	右侧标同步闪
8310045.029 (4913.003)	钦州港29灯浮 Qinzhou Gang No 29	21-27.73N 108-38.08E	闪(2)红6秒			红色罐形	左侧标同步闪

编号 No.	名称 Name	位置 Position	灯质 Characteristic	灯高 Height	射程 Range	构造 Structure	附记 Remarks
8310045.030 (4913.0029)	钦州港30灯浮 Qinzhou Gang No 30	21-28.12N 108-38.38E	闪(2)绿6秒			绿色锥形	右侧标同步闪
8310045.031 (4913.0031)	钦州港31灯浮 Qinzhou Gang No 31	21-28.57N 108-38.33E	闪(2+1)绿6秒			绿红绿横条纹锥形	推荐航道右侧标 雷达应答器： 信号O(---)AIS 应答器： 名称：DON GHAN GDA031 MMSI： 994131901
8310045.032 (4913.1)	钦州港32灯浮 Qinzhou Gang No 32	21-29.41N 108-38.09E	闪红4秒			红色罐形	左侧标同步闪
8310045.033 (4913.101)	钦州港33灯浮 Qinzhou Gang No 33	21-29.41N 108-38.33E	闪绿4秒			绿色锥形	右侧标同步闪AIS 应答器：名称： DON GHAN GDA033 MMSI： 994131902
8310045.034 (4913.102)	钦州港34灯浮 Qinzhou Gang No 34	21-30.21N 108-38.09E	闪红4秒			红色罐形	左侧标同步闪
8310045.035 (4913.103)	钦州港35灯浮 Qinzhou Gang No 35	21-30.21N 108-38.34E	闪绿4秒			绿色锥形	右侧标同步闪AIS 应答器：名称： DON GHAN GDA035 MMSI： 994131903
8310045.036 (4913.104)	钦州港36灯浮 Qinzhou Gang No 36	21-31.06N 108-38.10E	闪红4秒			红色罐形	左侧标同步闪
8310045.037 (4913.105)	钦州港37灯浮 Qinzhou Gang No 37	21-31.06N 108-38.34E	闪绿4秒			混凝土结构; 29.9	右侧标同步闪AIS 应答器：名称： DON GHAN GDA037 MMSI： 994131904
8310045.038	钦州港38灯浮 Qinzhou Gang No 38	21-31.83N 108-38.10E	闪红4秒			红色罐形	左侧标同步闪

编号 No.	名称 Name	位置 Position	灯质 Characteristic	灯高 Height	射程 Range	构造 Structure	附记 Remarks
8310045.039	钦州港39灯浮 Qinzhou Gang No 39	21-31.83N 108-38.34E	闪绿4秒			绿色锥形	右侧标同步闪AIS应答器：名称：DON GHAN GDA039 MMSI：994131905
8310045.040 (4913.106)	钦州港40灯浮 Qinzhou Gang No 40	21-32.67N 108-38.10E	闪红4秒			红色罐形	左侧标同步闪
8310045.041 (4913.107)	钦州港41灯浮 Qinzhou Gang No 41	21-32.67N 108-38.35E	闪绿4秒			绿色锥形	右侧标同步闪AIS应答器：名称：DON GHAN GDA041 MMSI：994131906
8310045.042 (4913.108)	钦州港42灯浮 Qinzhou Gang No 42	21-33.51N 108-38.11E	闪红4秒			红色罐形	水产作业区专用标
8310045.043 (4913.109)	钦州港43灯浮 Qinzhou Gang No 43	21-33.52N 108-38.35E	闪绿4秒			绿色锥形	右侧标AIS应答器：名称：DON GHAN GDA043 MMSI：994131664发射模式：自主模式
8310045.044 (4913.11)	钦州港44灯浮 Qinzhou Gang No 44	21-34.04N 108-38.11E	快闪红			红色罐形	左侧标雷达应答器：信号C(-.-.)
8310045.045	钦州港45灯浮 Qinzhou Gang No 45	21-33.93N 108-38.47E	快闪绿			绿色锥形	右侧标AIS应答器：名称：QIN ZHOUGAN G45 MMSI：994131907
8310045.046 (4913.112)	钦州港46灯浮 Qinzhou Gang No 46	21-34.43N 108-38.35E	闪(3)红10秒			红色罐形	左侧标
8310045.047 (4913.111)	钦州港47灯浮 Qinzhou Gang No 47	21-34.32N 108-38.58E	闪(3)绿10秒			绿色锥形	右侧标AIS应答器：名称：QIN ZHOUGAN G47 MMSI：994131908

编 号 No.	名 称 Name	位置 Position	灯 质 Characteristic	灯高 Height	射程 Range	构 造 Structure	附 记 Remarks
8310045.048	钦州港48灯浮 Qinzhou Gang No 48	21-35.02N 108-38.71E	闪(3)红10秒			红色罐形	左侧标同步闪
8310045.049	钦州港49灯浮 Qinzhou Gang No 49	21-34.89N 108-38.93E	闪(3)绿10秒			绿色锥形	右侧标同步闪AIS应答器： 名称：QIN ZHOUGAN G49 MMSI：994131909
8310045.050 (4913.114)	钦州港50灯浮 Qinzhou Gang No 50	21-35.58N 108-39.05E	闪(3)红10秒			红色罐形	左侧标
8310045.051 (4913.113)	钦州港51灯浮 Qinzhou Gang No 51	21-35.46N 108-39.28E	闪(3)绿10秒			绿色锥形	右侧标AIS应答器： 名称：QIN ZHOUGAN G51 MMSI：994131910
8310045.052 (4913.115)	钦州港52灯浮 Qinzhou Gang No 52	21-36.05N 108-39.33E	闪(3)红10秒			红色罐形	左侧标
8310045.053 (4913.116)	钦州港53灯浮 Qinzhou Gang No 53	21-36.01N 108-39.62E	闪(3)绿10秒			绿色锥形	右侧标AIS应答器： 名称：QIN ZHOUGAN G53 MMSI：994131911
8310045.054 (4913.117)	钦州港54灯浮 Qinzhou Gang No 54	21-36.56N 108-39.57E	闪(3)红10秒			红色金属结构罐形	左侧标
8310045.055 (4913.118)	钦州港55灯浮 Qinzhou Gang No 55	21-36.74N 108-40.06E	快闪绿			绿色金属结构锥形	右侧标AIS应答器： 名称：QIN ZHOUGAN G55 MMSI：994131912
8310045.056 (4913.119)	钦州港56灯浮 Qinzhou Gang No 56	21-37.04N 108-39.63E	闪红4秒			红色金属结构罐形	左侧标同步闪

编 号 No.	名 称 Name	位置 Position	灯 质 Characteristic	灯高 Height	射程 Range	构 造 Structure	附 记 Remarks
8310045.057 (4913.12)	钦州港57灯浮 Qinzhou Gang No 57	21-37.00N 108-39.98E	闪(2+1)绿6秒			绿红绿横条纹金属结构锥形	推荐航道右侧标雷达应答器：信号G(--.)AIS应答器： 名称：QIN ZHOUGAN G57 MMSI：994131913
8310045.058	钦州港58灯浮 Qinzhou Gang No 58	21-37.18N 108-39.92E	快闪绿			绿色锥形	右侧标
8310045.059 (4913.122)	钦州港59灯浮 Qinzhou Gang No 59	21-37.58N 108-39.78E	闪绿4秒			绿色金属结构锥形	右侧标同步闪AIS应答器： 名称：QINZHOUGANG59 MMSI：994131914
8310045.060 (4913.121)	钦州港60灯浮 Qinzhou Gang No 60	21-37.52N 108-39.55E	闪红4秒			红色金属结构罐形	左侧标同步闪
8310045.061 (4913.124)	钦州港61灯浮 Qinzhou Gang No 61	21-38.26N 108-39.55E	闪绿4秒			绿色金属结构锥形	右侧标同步闪AIS应答器：名称：QINZHOUGANG 61 MMSI：994131915
8310045.062 (4913.123)	钦州港62灯浮 Qinzhou Gang No 62	21-38.15N 108-39.34E	闪红4秒			红色金属结构罐形	左侧标同步闪
8310045.064 (4913.126)	钦州港64灯浮 Qinzhou Gang No 64	21-38.96N 108-39.05E	闪红4秒			红色金属结构罐形	左侧标同步闪
8310045.065 (4913.127)	钦州港65灯浮 Qinzhou Gang No 65	21-39.07N 108-39.29E	快闪绿			绿色金属结构锥形	右侧标AIS应答器：名称：QINZHOUGANG65 MMSI：994131916
8310045.066 (4913.128)	钦州港66灯浮 Qinzhou Gang No 66	21-39.63N 108-38.58E	闪红4秒			红色金属结构罐形	左侧标同步闪

编 号 No.	名 称 Name	位置 Position	灯 质 Characteristic	灯高 Height	射程 Range	构 造 Structure	附 记 Remarks
8310045.661	钦州港66A AIS 虚拟航标 虚拟航标 QIN ZHOU GANG 66A	21-39.82N 108-38.87E					MMSI:994136811
8310045.1662	钦州港66B AIS 虚拟航标 虚拟航标 QIN ZHOU GANG 66B	21-39.99N 108-38.89E					MMSI:994136815
8310045.067 (4913.129)	钦州港67灯浮 Qinzhou Gang No 67	21-39.96N 108-38.33E	闪红4秒			红色罐形	左侧标同步闪
8310045.068 (4913.13)	钦州港68灯浮 Qinzhou Gang No 68	21-40.41N 108-37.98E	闪红4秒			红色金属结构罐形	左侧标同步闪
8310045.069 (4913.14)	钦州港69灯浮 Qinzhou Gang No 69	21-41.09N 108-37.78E	闪(2+1)绿12秒			绿红绿横条纹锥形	推荐航道右侧标
8310045.069	钦州港69A虚拟航标 Qinzhou Gang No 69A	21-41.11N 108-37.76E					MMSI：994136716发射模式：自主连续播发时间：3分钟
8310045.070 (4913.141)	钦州港70灯浮 Qinzhou Gang No 70	21-40.98N 108-37.56E	闪红4秒			红色金属结构罐形	左侧标同步闪AIS应答器：名称：QINZHOUGANG70 MMSI：994131665发射模式：自主模式
8310045.071 (4913.142)	钦州港71灯浮 Qinzhou Gang No 71	21-41.51N 108-36.88E	闪红4秒			红色罐形	左侧标AIS应答器：名称：QINZHOUGANG71 MMSI：994131814发射模式：自主连续
8310045.072	钦州港72灯浮 Qinzhou Gang No 72	21-41.77N 108-36.43E	闪(3)红10秒			红色罐形	左侧标AIS应答器：名称：QINZHOUGANG72 MMSI：994131815发射模式：自主连续

编 号 No.	名 称 Name	位置 Position	灯 质 Characteristic	灯高 Height	射程 Range	构 造 Structure	附 记 Remarks
8310045.0721 (4913.144)	钦州港72A灯浮 Qinzhou Gang No 72A	21-41.79N 108-36.28E	快闪白			黑黄相间横条纹标柱形，顶标为黑色顶点朝上双锥体	北方位标
8310045.073 (4913.145)	钦州港73灯浮 Qinzhou Gang No 73	21-41.84N 108-36.51E	闪(3)绿10秒			绿色锥形	右侧标
8310045.0731	钦州港73A虚拟航标 Qinzhou Gang No 73A	21-42.01N 108-36.22E					MMSI：994136842发射模式：自主连续播发时间：3分钟
8310045.0732	钦州港73B虚拟航标 Qinzhou Gang No 73B	21-41.92N 108-36.16E					MMSI：994136843发射模式：自主连续播发时间：3分钟
8310045.0733 (4913.1453)	钦州港73C灯浮 Qinzhou Gang No 73C	21-41.94N 108-36.01E	快闪白			黑黄相间横条纹标柱形，顶标为黑色顶点朝上双锥体	北方位标
8310045.074 (4913.146)	钦州港74灯浮 Qinzhou Gang No 74	21-42.08N 108-35.91E	闪(3)红10秒			红色罐形	左侧标AIS应答器：名称：QINZHOUGANG 74 MMSI：994131813发射模式：自主连续
8310045.075	钦州港75灯浮 Qinzhou Gang No 75	21-42.25N 108-35.81E	闪(2)绿6秒			绿色锥形	右侧标
8310045.076 (4913.148)	钦州港76灯浮 Qinzhou Gang No 76	21-42.43N 108-35.31E	闪(2)红6秒			红色罐形	左侧标AIS应答器：名称：QINZHOUGANG 76 MMSI：994131822

编 号 No.	名 称 Name	位置 Position	灯 质 Characteristic	灯高 Height	射程 Range	构 造 Structure	附 记 Remarks
8310045.0761 (4913.149)	钦州港76A灯浮 Qinzhou Gang No 76A	21-42.81N 108-35.35E	甚快(6)+长闪白 10秒			黄黑相间横条纹标柱形，顶标为黑色顶点朝下双锥体	南方位标
8310045.077 (4913.15)	钦州港77灯浮 Qinzhou Gang No 77	21-42.74N 108-35.22E	闪绿4秒			绿色锥形	右侧标
8310045.078 (4913.151)	钦州港78灯浮 Qinzhou Gang No 78	21-42.84N 108-35.13E	闪(2+1)绿6秒			绿红绿横条纹锥形	推荐航道右侧标
8310045.079 (4913.153)	钦州港79灯浮 Qinzhou Gang No 79	21-42.96N 108-34.89E	闪(2)红6秒			红色罐形	左侧标
8310045.0791	钦州港79A灯浮 Qinzhou Gang No 79A	21-43.29N 108-34.65E	甚快(3)白5秒			黑黄黑横条纹标柱形，顶标为黑色顶点相背双锥体	东方位标
8310045.080 (4913.154)	钦州港80灯浮 Qinzhou Gang No 80	21-43.36N 108-34.66E	闪(2)红6秒			红色罐形	左侧标
8310045.081 (4914.155)	钦州港81灯浮 Qinzhou Gang No 81	21-43.44N 108-34.68E	闪(2+1)绿9秒			绿红绿横条纹锥形	推荐航道右侧标
8310045.082 (4913.156)	钦州港82灯浮 Qinzhou Gang No 82	21-43.71N 108-34.45E	闪(2)绿6秒			绿色锥形	右侧标
8310045.083 (4913.157)	钦州港83灯浮 Qinzhou Gang No 83	21-44.70N 108-33.47E	闪(3)红10秒			红色罐形	左侧标
8310046.01	钦州港20吨航道1号AIS虚拟航标 200000TONSLEFT1	21-28.23N 108-38.15E					MMSI: 994136691
8310046.02	钦州港20吨航道2号AIS虚拟航标 200000TONSLEFT2	21-30.99N 108-38.16E					MMSI: 994136692

编 号 No.	名 称 Name	位置 Position	灯 质 Characteristic	灯高 Height	射程 Range	构 造 Structure	附 记 Remarks
8310046.03	钦州港20吨航道3号AIS虚拟航标 200000TONSLEFT3	21-34.00N 108-38.17E					MMSI： 994136693
8310046.04	钦州港20吨航道4号AIS虚拟航标 200000TONSLEFT4	21-35.85N 108-39.29E					MMSI： 994136694
8310046.05	钦州港20吨航道5号AIS虚拟航标 200000TONSLEFT5	21-36.55N 108-39.60E					MMSI： 994136695
8310046.06	钦州港20吨航道6号AIS虚拟航标 200000TONSLEFT6	21-37.04N 108-39.66E					MMSI： 994136696
8310046.07	钦州港20吨航道7号AIS虚拟航标 200000TONSLEFT7	21-37.87N 108-39.51E					MMSI： 994136697
8310046.08	钦州港20吨航道8号AIS虚拟航标 200000TONSLEFT8	21-38.74N 108-39.23E					MMSI： 994136698
8310049.01 (4913.0191)	钦州港D1灯浮 Qinzhou Gang No D1	21-37.08N 108-40.26E	闪绿4秒			绿色金属结构标锥形，顶标为绿色尖向上锥形	右侧标
8310049.02 (4913.019)	钦州港D2灯浮 Qinzhou Gang No D2	21-37.20N 108-40.05E	甚快(3)白5秒			黑黄黑横条纹金属结构标柱形，顶标为黑色顶点相背双锥体	东方位标
8310049.03 (4913.02)	钦州港D3灯浮 Qinzhou Gang No D3	21-37.45N 108-40.45E	快闪绿			绿色金属结构标锥形，顶标为绿色尖向上锥形	右侧标 AIS应答器: 名称:QIN ZHOU GANG D3 MMSI:994131796 发射模式:自主连续
8310049.04 (4913.021)	钦州港D4灯浮 Qinzhou Gang No D4	21-37.68N 108-40.03E	甚快(3)白5秒			黑黄黑横条纹金属结构标柱形，顶标为黑色顶点相背双锥体	东方位标

编号 No.	名称 Name	位置 Position	灯质 Characteristic	灯高 Height	射程 Range	构造 Structure	附记 Remarks
8310049.05 (4913.0211)	钦州港D5灯浮 Qinzhou Gang No D5	21-37.77N 108-40.26E	闪(2)绿6秒			绿色金属结构标锥形，顶标为绿色尖向上锥形	右侧标
8310049.06 (4913.022)	钦州港D6灯浮 Qinzhou Gang No D6	21-38.12N 108-39.84E	甚快(3)白5秒			黑黄黑横条纹金属结构标柱形，顶标为黑色顶点相背双锥体	东方位标
8310049.07 (4913.0221)	钦州港D7灯浮 Qinzhou Gang No D7	21-38.18N 108-39.93E	闪(3)绿10秒			绿色金属结构标锥形，顶标为绿色尖向上锥形	右侧标 AIS应答器: 名称:QIN ZHOU GANG D7 MMSI:994131675
8310049.08 (4913.024)	钦州港D8灯浮 Qinzhou Gang No D8	21-38.48N 108-39.74E	闪绿4秒			绿色金属结构标锥形，顶标为绿色尖向上锥形	右侧标
8310049.081	钦州港D8A灯浮 Qinzhou Gang No D8A	21-38.39N 108-39.63E	快闪白			黑黄相间横条纹金属结构标柱形,顶标为黑色顶点朝上双锥体	北方位标
8310049.081	大榄坪南10号泊位灯桩 Dalanpin S Berth No 10	21-39.65N 108-39.16E	闪白4秒	10.6	5	红色金属结构柱形立标	
8310049.081	钦州港大榄坪南12号泊位灯桩 Qinzhou Gang Dalanpin S Berth No 12	21-39.08N 108-39.61E	等明暗红4秒	8	3	红白相间横条纹玻璃钢结构柱形立标	
8310049.081	钦州港大榄坪南13号泊位灯桩 Qinzhou Gang Dalanpin S Berth No 13	21-38.80N 108-39.81E	等明暗红4秒	8.4	3	红白相间横条纹玻璃钢结构柱形立标	
8310049.09 (4913.0241)	钦州港D9灯浮 Qinzhou Gang No D9	21-38.97N 108-39.35E	甚快(6)+长闪白10秒			黄黑相间横条纹标柱形，顶标为黑色顶点朝下双锥体	南方位标
8310050.171	钦州港东航道17A灯浮 Qinzhou Gang E Fairway No 17A	21-36.62N 108-39.99E	闪(3)绿10秒			绿色锥形	右侧标

编 号 No.	名 称 Name	位置 Position	灯 质 Characteristic	灯高 Height	射程 Range	构 造 Structure	附 记 Remarks
8310051.01	钦州港东航道C1灯浮 Qinzhou Gang E Fairway No C1	21-36.27N 108-39.90E	甚快白			黑黄相间横条纹标柱形，顶标为黑色顶点朝上双锥体	北方位标
8310051.02	钦州港东航道C2灯浮 Qinzhou Gang E Fairway No C2	21-36.87N 108-40.26E	甚快(9)白10秒			黄黑黄横条纹标柱形，顶标为黑色顶点相对双锥体	西方位标
8310051.03	钦州港东航道C3灯浮 Qinzhou Gang E Fairway No C3	21-36.34N 108-40.18E	快闪白			黑黄相间横条纹标柱形，顶标为黑色顶点朝上双锥体	北方位标
8310051.04	钦州港东航道C4灯浮 Qinzhou Gang E Fairway No C4	21-36.61N 108-40.35E	甚快(6)+长闪白10秒			黄黑相间横条纹标柱形，顶标为黑色顶点朝下双锥体	南方位标
8310051.05	钦州中船C5灯浮 Qinzhou Zhongchuan No C5	21-36.25N 108-40.37E	甚快(3)白5秒			黑黄黑横条纹标柱形，顶标为黑色顶点相背双锥体	东方位标
8310051.06	钦州中船C6灯浮 Qinzhou Zhongchuan No C6	21-36.28N 108-40.66E	快闪(9)白15秒			黄黑黄横条纹标柱形，顶标为黑色顶点相对双锥体	西方位标
8310052	钦州中船灯桩 Qinzhou Zhongchuan	21-36.08N 108-40.65E	闪白6秒	7.6	3	红白相间条纹玻璃钢结构柱形立标;5.6	
8310055.01	钦州港1灯浮 Qinzhou Gang No 1	21-09.78N 108-35.19E	闪(2)绿6秒			绿色锥形	右侧标同步闪雷达应答器：信号M(- -)
8310055.02	钦州港2灯浮 Qinzhou Gang No 2	21-09.81N 108-34.98E	闪(2)红6秒			红色罐形	左侧标同步闪
8310055.03	钦州港3灯浮 Qinzhou Gang No 3	21-10.77N 108-35.36E	闪(2)绿6秒			绿色锥形	右侧标同步闪
8310055.04	钦州港4灯浮 Qinzhou Gang No 4	21-10.80N 108-35.16E	闪(2)红6秒			红色罐形	左侧标同步闪

编 号 No.	名 称 Name	位置 Position	灯 质 Characteristic	灯高 Height	射程 Range	构 造 Structure	附 记 Remarks
8310055.05	钦州港5灯浮 Qinzhou Gang No 5	21-11.76N 108-35.53E	闪(2)绿6秒			绿色锥形	右侧标同步闪
8310055.06	钦州港6灯浮 Qinzhou Gang No 6	21-11.79N 108-35.33E	闪(2)红6秒			红色罐形	左侧标同步闪
8310055.07	钦州港7灯浮 Qinzhou Gang No 7	21-12.75N 108-35.70E	闪(2)绿6秒			绿色锥形	右侧标同步闪
8310055.08	钦州港8灯浮 Qinzhou Gang No 8	21-12.78N 108-35.50E	闪(2)红6秒			红色罐形	左侧标同步闪
8310055.09	钦州港9灯浮 Qinzhou Gang No 9	21-13.74N 108-35.88E	闪(2)绿6秒			绿色锥形	右侧标同步闪
8310055.10	钦州港10灯浮 Qinzhou Gang No 10	21-13.77N 108-35.67E	闪(2)红6秒			红色罐形	导标雷达应答器：信号Y(- . --)两灯一线：315° 01′ 58″
8310055.11	钦州港11灯浮 Qinzhou Gang No 11	21-15.22N 108-36.13E	闪(2)绿6秒			绿色锥形	右侧标同步闪
8310055.12	钦州港12灯浮 Qinzhou Gang No 12	21-15.25N 108-35.93E	闪(2)红6秒			红色罐形	左侧标同步闪
8310055.13	钦州港13灯浮 Qinzhou Gang No 13	21-16.71N 108-36.39E	闪(2)绿6秒			绿色锥形	右侧标同步闪
8310055.14	钦州港14灯浮 Qinzhou Gang No 14	21-16.74N 108-36.18E	闪(2)红6秒			红色罐形	左侧标同步闪
8310055.15	钦州港15灯浮 Qinzhou Gang No 15	21-18.20N 108-36.65E	闪(2)绿6秒			绿色锥形	右侧标同步闪
8310055.16	钦州港16灯浮 Qinzhou Gang No 16	21-18.23N 108-36.44E	闪(2)红6秒			红色罐形	左侧标同步闪
8310055.17	钦州港17灯浮 Qinzhou Gang No 17	21-19.68N 108-36.90E	闪(2)绿6秒			绿色锥形	右侧标同步闪

编号 No.	名称 Name	位置 Position	灯质 Characteristic	灯高 Height	射程 Range	构造 Structure	附记 Remarks
8310055.18	钦州港18灯浮 Qinzhou Gang No 18	21-19.71N 108-36.70E	闪(2)红6秒			红色罐形	左侧标同步闪
8310055.19	钦州港19灯浮 Qinzhou Gang No 19	21-21.17N 108-37.16E	闪(2)绿6秒			绿色锥形	右侧标同步闪
8310055.20	钦州港20灯浮 Qinzhou Gang No 20	21-21.20N 108-36.96E	闪(2)红6秒			红色罐形	左侧标同步闪
8310055.21	钦州港21灯浮 Qinzhou Gang No 21	21-22.66N 108-37.42E	闪(2)绿6秒			绿色锥形	右侧标同步闪
8310055.22	钦州港22灯浮 Qinzhou Gang No 22	21-22.69N 108-37.21E	闪(2)红6秒			红色罐形	左侧标同步闪
8310055.23	钦州港23灯浮 Qinzhou Gang No 23	21-24.14N 108-37.68E	闪(2)绿6秒			绿色锥形	右侧标同步闪
8310055.24	钦州港24灯浮 Qinzhou Gang No 24	21-24.18N 108-37.47E	闪(2)红6秒			红色罐形	左侧标同步闪
8310055.25	钦州港25灯浮 Qinzhou Gang No 25	21-25.63N 108-37.94E	闪(2)绿6秒			绿色锥形	右侧标同步闪
8310055.26	钦州港26灯浮 Qinzhou Gang No 26	21-25.66N 108-37.73E	闪(2)红6秒			红色罐形	左侧标同步闪
8310055.28	钦州港28灯浮 Qinzhou Gang No 28	21-27.15N 108-37.99E	闪(2)红6秒			红色罐形	左侧标同步闪
8310056.01	钦州港A1灯浮 Qinzhou Gang No A1	21-28.98N 108-38.76E	闪(2)绿6秒			绿色锥形	右侧标同步闪
8310056.02	钦州港A2灯浮 Qinzhou Gang No A2	21-29.92N 108-38.91E	闪(2)红6秒			红色罐形	左侧标同步闪
8310056.03	钦州港A3灯浮 Qinzhou Gang No A3	21-29.84N 108-39.11E	闪(2)绿6秒			绿色锥形	右侧标同步闪
8310056.04	钦州港A4灯浮 Qinzhou Gang No A4	21-30.77N 108-39.27E	闪(2)红6秒			红色罐形	左侧标同步闪

编号 No.	名称 Name	位置 Position	灯质 Characteristic	灯高 Height	射程 Range	构造 Structure	附记 Remarks
8310056.05	钦州港A5灯浮 Qinzhou Gang No A5	21-30.70N 108-39.47E	闪(2)绿6秒			绿色锥形	右侧标同步闪
8310056.06	钦州港A6灯浮 Qinzhou Gang No A6	21-31.63N 108-39.63E	闪(2)红6秒			红色罐形	左侧标同步闪
8310056.07	钦州港A7灯浮 Qinzhou Gang No A7	21-31.55N 108-39.84E	闪(2)绿6秒			绿色锥形	右侧标同步闪
8310056.08	钦州港A8灯浮 Qinzhou Gang No A8	21-32.46N 108-39.99E	闪(2)红6秒			红色罐形	左侧标同步闪
8310056.09	钦州港A9灯浮 Qinzhou Gang No A9	21-32.38N 108-40.19E	闪(2)绿6秒			绿色锥形	右侧标同步闪
8310056.10	钦州港A10灯浮 Qinzhou Gang No A10	21-32.63N 108-40.45E	快闪绿			绿色锥形	右侧标
8310056.11	钦州港A11灯浮 Qinzhou Gang No A11	21-32.79N 108-40.65E	甚快(9)白10秒			黄黑黄横条纹标柱形，顶标为黑色顶点相对双锥体	西方位标
8310056.12	钦州港A12灯浮 Qinzhou Gang No A12	21-32.98N 108-40.64E	快闪(9)白15秒			黄黑黄横条纹标柱形，顶标为黑色顶点相对双锥体	西方位标
8310056.13	钦州港A13灯浮 Qinzhou Gang No A13	21-33.10N 108-40.49E	快(6)+长闪白15秒			黑黄相间条纹标柱形，顶标为黑色顶点朝下双锥体	南方位标AIS应答器： 名称：QIN ZHOU GANG A13 MMSI：994131812 发射模式：自主连续
8310057.01	钦州港广明码头1灯桩 Qinzhou Gang Guangming Pier No 1	21-41.96N 108-36.49E	等明暗红4秒	10.8	3	红白相间条纹玻璃钢结构柱形立标;4.4	
8310057.02	钦州港广明码头2灯桩 Qinzhou Gang Guangming Pier No 2	21-42.05N 108-36.35E	等明暗红4秒	10.8	3	红白相间条纹玻璃钢结构柱形立标;4.4	

编号 No.	名称 Name	位置 Position	灯质 Characteristic	灯高 Height	射程 Range	构造 Structure	附记 Remarks
8310058.01	钦州港广源1灯桩 Qinzhou Gang Guangyuan No 1	21-42.13N 108-36.20E	等明暗红4秒	11	3	红白相间条纹柱形立标;5.0	
8310058.02	钦州港广源2灯桩 Qinzhou Gang Guangyuan No 2	21-42.21N 108-36.06E	等明暗红4秒	11	3	红白相间条纹柱形立标;5.0	
8310059.01	钦州港30万吨码头1灯桩 Qinzhougang 300,000t Pier No 1	21-32.86N 108-40.13E	等明暗红4秒			红白相间条纹玻璃钢结构柱形立标;6.0	雷达应答器:信号N(- .)
8310059.02	钦州港30万吨码头2灯桩 Qinzhougang 300,000t Pier No 2	21-33.09N 108-40.22E	等明暗红4秒			红白相间条纹玻璃钢结构柱形立标;6.0	
8310060.01 (4913.0311)	钦州港东油码头1灯桩 Qinzhou Gang Dongyou Pier No 1	21-41.81N 108-36.81E	闪白4秒	3.5	3	白色金属结构柱形立标;3.0	
8310060.02 (4913.0312)	钦州港东油码头2灯桩 Qinzhou Gang Dongyou Pier No 2	21-41.87N 108-36.66E	闪白4秒	3.5	3	白色金属结构柱形立标;3.0	
8310070.01 (4913.0313)	钦州港东油S1灯浮 Qinzhou Gang Dongyou No S1	21-41.59N 108-36.62E	快闪白			黑黄相间横条纹标柱形，顶标为黑色顶点朝上双锥体	北方位标
8310070.02 (4913.0314)	钦州港东油S2灯浮 Qinzhou Gang Dongyou No S2	21-41.72N 108-36.52E	闪(2)红6秒			红色罐形	左侧标
8310070.03 (4913.0315)	钦州港东油S3灯浮 Qinzhou Gang Dongyou No S3	21-41.84N 108-36.60E	快闪(3)白10秒			黑黄黑横条纹标柱形，顶标为黑色顶点相背双锥体	东方位标
8310080.322	钦州港71A 虚拟航标 QIN ZHOU GANG 71A	21-42.82N 108-35.26E					MMSI:994136844
8310090 (4914.11)	钦州港W0灯浮 Qinzhou Gang No W0	21-29.46N 108-30.88E	莫(Q)黄12秒			黄色标柱形，顶标为黄色“X”形	锚地专用标

编 号 No.	名 称 Name	位置 Position	灯 质 Characteristic	灯高 Height	射程 Range	构 造 Structure	附 记 Remarks
8310100 (4914.181)	钦州航标码头灯桩 Qinzhou Navigation Mark Pier	21-43.99N 108-38.38E	闪白5秒	7.6	3	柱形立标	
8310101	钦州海洋码头灯桩 Qinzhou Ocean Pier	21-44.07N 108-38.39E	闪白5秒	7.6	4	柱形立标	
8310102.02	钦州煤炭码头T2灯浮 Qinzhou Coal Pier No T2	21-41.95N 108-37.84E	快闪(3)白10秒			黑黄黑横条纹标柱形，顶标为黑色顶点相背双锥体	东方位标
8310103	钦州煤炭码头北灯桩 Qinzhou Coal Pier N	21-41.88N 108-37.75E	等明暗红4秒	8.6	5	红白相间横条纹金属结构柱形立标;6.0	
8310104	钦州煤炭码头南灯桩 Qinzhou Coal Pier S	21-41.73N 108-37.73E	等明暗红4秒	8.6	5	红白相间横条纹金属结构柱形立标;6.0	
8310105.01	钦州港金鼓江J3A灯浮 Qinzhou Gang Jingu Jiang No J3A	21-42.08N 108-38.02E	闪(3)绿10秒			绿色锥型	右侧标
8310105.02	钦州港金鼓江J3B灯浮 Qinzhou Gang Jingu Jiang No J3B	21-42.04N 108-37.80E	快闪白			黑黄相间横条纹标柱形，顶标为黑色顶点朝上双锥体	北方位标
8310105.03	钦州港金鼓江J3C灯浮 Qinzhou Gang Jingu Jiang No J3C	21-42.30N 108-37.88E	快(6)+长闪白15秒			黄黑相间横条纹标柱形，顶标为黑色顶点朝下双锥体	南方位标
8310105.04	钦州港金鼓江J3D灯浮 Qinzhou Gang Jingu Jiang No J3D	21-42.27N 108-38.04E	闪(3)绿10秒			绿色锥型	右侧标AIS应答器：名称：JIN GU JIANG J3DMMSI：994121618
8310105.05 (4914.17235)	钦州港金鼓江J3E灯浮 Qinzhou Gang Jingu Jiang No J3E	21-42.43N 108-37.95E	闪(2)红6秒			红色罐形	左侧标
8310106.01	钦州港金鼓江J1灯浮 Qinzhou Gang Jingu Jiang No J1	21-41.53N 108-37.79E	闪(2)红6秒			红色罐形	左侧标

编号 No.	名称 Name	位置 Position	灯质 Characteristic	灯高 Height	射程 Range	构造 Structure	附记 Remarks
8310106.02	钦州港金鼓江J2灯浮 Qinzhou Gang Jingu Jiang No J2	21-41.58N 108-37.83E	闪(3)红10秒			红色罐形	左侧标
8310106.04	金鼓江J4灯浮 Jingu Jiang No J4	21-42.65N 108-38.08E	闪(2)绿6秒			绿色锥形	右侧标
8310106.05	金鼓江J5灯浮 Jingu Jiang No J5	21-43.57N 108-38.09E	闪红4秒			红色罐形	左侧标
8310106.06	金鼓江J6灯浮 Jingu Jiang No J6	21-43.56N 108-38.19E	闪绿4秒			绿色锥形	右侧标
8310106.07	金鼓江J7灯浮 Jingu Jiang No J7	21-44.10N 108-38.23E	闪(2)绿6秒			绿色锥形	右侧标
8310106.041	钦州港金鼓江J4A灯浮 Qinzhou Gang Jingu Jiang No J4A	21-42.87N 108-38.00E	闪(2)红6秒			红色罐形	左侧标 同步闪
8310107.01	钦州航标基地1灯浮 Qinzhou Beacon Base No 1	21-43.95N 108-38.21E	闪(2+1)绿6秒			绿红绿横条纹锥形	推荐航道右侧标
8310107.02	钦州航标基地2灯浮 Qinzhou Beacon Base No 2	21-44.00N 108-38.28E	闪红4秒			红色罐形	左侧标
8310107.03	钦州航标基地3灯浮 Qinzhou Beacon Base No 3	21-44.04N 108-38.28E	莫(Q)黄12秒			黄色标柱形，顶标为黄色“X”形	锚地专用标
8310108.01	钦州港金鼓江17号泊位南灯桩 Qinzhou Gang Jingu Jiang No 17 Berth S	21-42.58N 108-37.83E	快闪红	10.5	3	红白相间条纹玻璃钢结构柱形立标;6.0	
8310108.02	钦州港金鼓江16号泊位北灯桩 Qinzhou Gang Jingu Jiang No 16 Berth N	21-42.84N 108-37.86E	快闪红	7.5	3	红白相间条纹玻璃钢结构柱形立标;6.0	

编号 No.	名称 Name	位置 Position	灯质 Characteristic	灯高 Height	射程 Range	构造 Structure	附记 Remarks
8310109.01	华临码头南灯桩 Hualin Pier S	21-42.12N 108-37.77E	等明暗红4秒	9.9	5	红白相间条纹玻璃钢结构柱形立标	
8310109.02	华临码头北灯桩 Hualin Pier N	21-42.28N 108-37.79E	等明暗红4秒	9.9	5	红白相间条纹玻璃钢结构柱形立标	
8310109.03	大榄坪3号泊位灯桩 Dalanping No3 Berth	21-41.97N 108-38.14E	等明暗红4秒	9.5	3	红白相间条纹玻璃钢结构柱形立标	
8310110.01 (4914.2)	钦州电厂1堤头灯桩 Qinzhou Power Plant Breakwater Head No 1	21-41.45N 108-37.64E	定红			红白相间横条纹金属结构柱形立标	10
8310110.02 (4914.21)	钦州电厂2堤头灯桩 Qinzhou Power Plant Breakwater Head No 2	21-41.52N 108-37.47E	定红			红白相间横条纹金属结构柱形立标;10.0	
8310111.03	大榄坪1号泊位灯桩 Dalanping No1 Berth	21-41.57N 108-38.10E	等明暗红4秒	9.5	3	红白相间条纹玻璃钢结构柱形立标	
8310120.01 (4914.22)	钦州电厂1灯浮 Qinzhou Power Plant No 1	21-41.31N 108-37.70E	甚快(9)白10秒			黄黑黄横条纹标柱形，顶标为黑色顶点相对双锥体	西方位标
8310120.02 (4914.23)	钦州电厂2灯浮 Qinzhou Power Plant No 2	21-41.37N 108-37.37E	闪绿4秒			绿色锥形	右侧标
8310120.03 (4914.24)	钦州电厂3灯浮 Qinzhou Power Plant No 3	21-41.56N 108-37.47E	莫(C)黄12秒			黄色标柱形，顶标为黄色“X”形	水中构筑物专用标
8310130 (4914.27)	钦州港中石油码头灯桩 Qinzhou Gang Zhongshiyou Pier	21-41.56N 108-37.31E	长闪红6秒	15	5	红白相间条纹玻璃钢结构柱形立标;10.0	
8310130.01 (4914.271)	钦州港中石油Y1灯浮 Qinzhou Gang Zhongshiyou No Y1	21-41.59N 108-37.41E	闪绿4秒			绿色锥形	右侧标

编 号 No.	名 称 Name	位置 Position	灯 质 Characteristic	灯高 Height	射程 Range	构 造 Structure	附 记 Remarks
8310130.02 (4914.272)	钦州港中石油Y2灯浮 Qinzhou Gang Zhongshiyou No Y2	21-41.72N 108-37.35E	闪(3)绿10秒			绿色标柱形，顶标为绿色尖向上锥形	右侧标
8310130.03 (4914.273)	钦州港中石油Y3灯浮 Qinzhou Gang Zhongshiyou No Y3	21-41.76N 108-37.22E	闪(2)绿6秒			绿色标柱形，顶标为绿色尖向上锥形	右侧标
8310130.04 (4914.274)	钦州港中石油Y4灯浮 Qinzhou Gang Zhongshiyou No Y4	21-41.77N 108-37.07E	快闪(3)白10秒			黑黄黑横条纹标柱形，顶标为黑色顶点相背双锥体	东方位标
8310130.05 (4914.275)	钦州港中石油Y5灯浮 Qinzhou Gang Zhongshiyou No Y5	21-41.19N 108-37.36E	闪(2)红6秒			红色罐形	左侧标
8310130.06 (4914.276)	钦州港中石油Y6灯浮 Qinzhou Gang Zhongshiyou No Y6	21-41.36N 108-36.99E	快闪白			黑黄相间横条纹标柱形，顶标为黑色顶点朝上双锥体	北方位标
8310140.01 (4914.3)	钦州港W1灯浮 Qinzhou Gang No W1	21-31.38N 108-33.47E	闪(2)绿6秒			绿色锥形	右侧标同步闪AIS应答器
8310140.02 (4914.31)	钦州港W2灯浮 Qinzhou Gang No W2	21-31.42N 108-33.40E	闪(2)红6秒			红色罐形	左侧标同步闪
8310140.03 (4914.32)	钦州港W3灯浮 Qinzhou Gang No W3	21-32.10N 108-33.98E	闪(2)绿6秒			绿色锥形	右侧标同步闪
8310140.04 (4914.33)	钦州港W4灯浮 Qinzhou Gang No W4	21-32.14N 108-33.91E	闪(2)红6秒			红色罐形	左侧标同步闪
8310140.05 (4914.34)	钦州港W5灯浮 Qinzhou Gang No W5	21-32.84N 108-34.49E	闪绿4秒			绿色锥形	右侧标
8310140.06 (4914.35)	钦州港W6灯浮 Qinzhou Gang No W6	21-32.89N 108-34.42E	闪红4秒			红色罐形	左侧标
8310140.07 (4914.36)	钦州港W7灯浮 Qinzhou Gang No W7	21-33.63N 108-34.94E	闪(2)红6秒			红色罐形	左侧标
8310140.08 (4914.37)	钦州港W8灯浮 Qinzhou Gang No W8	21-33.77N 108-35.14E	闪(2)绿6秒			绿色锥形	右侧标雷达应答器：信号X(- . . -)

编 号 No.	名 称 Name	位置 Position	灯 质 Characteristic	灯高 Height	射程 Range	构 造 Structure	附 记 Remarks
8310140.09 (4914.38)	钦州港W9灯浮 Qinzhou Gang No W9	21-34.35N 108-35.05E	闪(3)红10秒			红色罐形	左侧标
8310140.10 (4914.39)	钦州港W10灯浮 Qinzhou Gang No W10	21-35.13N 108-35.06E	闪红4秒			红色罐形	左侧标
8310140.11 (4914.4)	钦州港W11灯浮 Qinzhou Gang No W11	21-35.13N 108-35.14E	闪绿4秒			绿色锥形	右侧标
8310140.111	钦州港W11A灯浮 Qinzhou Gang No W11A	21-35.91N 108-35.04E	闪红4秒			红色罐形	左侧标
8310140.12 (4914.41)	钦州港W12灯浮 Qinzhou Gang No W12	21-36.70N 108-35.04E	闪(2)红6秒			红色罐形	左侧标
8310140.13 (4914.42)	钦州港W13灯浮 Qinzhou Gang No W13	21-36.70N 108-35.14E	闪(2)绿6秒			绿色锥形	右侧标
8310140.14 (4914.43)	钦州港W14灯浮 Qinzhou Gang No W14	21-37.67N 108-35.16E	闪(3)绿10秒			绿色锥形	右侧标
8310140.15 (4914.44)	钦州港W15灯浮 Qinzhou Gang No W15	21-38.06N 108-35.03E	闪(3)红10秒			红色罐形	左侧标
8310140.16 (4914.45)	钦州港W16灯浮 Qinzhou Gang No W16	21-38.38N 108-35.04E	快闪绿			绿色锥形	右侧标
8310140.17 (4914.46)	钦州港W17灯浮 Qinzhou Gang No W17	21-39.11N 108-34.81E	快闪红			红色罐形	左侧标AIS应答器
8310140.18 (4914.47)	钦州港W18灯浮 Qinzhou Gang No W18	21-39.32N 108-35.00E	闪(2)绿6秒			绿色锥形	右侧标同步闪
8310140.181	钦州港W18A灯浮 Qinzhou Gang No W18A	21-39.33N 108-34.92E	闪(2)红6秒			红色罐形	左侧标同步闪
8310140.19 (4914.48)	钦州港W19灯浮 Qinzhou Gang No W19	21-40.21N 108-35.25E	闪(2)绿6秒			绿色锥形	右侧标同步闪
8310140.191	钦州港W19A灯浮 Qinzhou Gang No W19A	21-40.22N 108-35.18E	闪(2)红6秒			红色罐形	左侧标同步闪

编号 No.	名称 Name	位置 Position	灯质 Characteristic	灯高 Height	射程 Range	构造 Structure	附记 Remarks
8310140. 20 (4914. 49)	钦州港W20灯浮 Qinzhou Gang No W20	21-40. 38N 108-35. 23E	闪(2)红6秒			红色罐形	左侧标
8310140. 21 (4914. 5)	钦州港W21灯浮 Qinzhou Gang No W21	21-41. 43N 108-35. 54E	闪红4秒			红色罐形	左侧标
8310140. 22 (4914. 51)	钦州港W22灯浮 Qinzhou Gang No W22	21-41. 84N 108-35. 54E	闪(3)红10秒			红色罐形	左侧标
8310142. 01	防城港海域辐射监测F1灯浮 Fangcheng Gang Sea Area Radiation Monitoring F1	21-36. 29N 108-34. 68E	莫(0)黄12秒			黄色标柱形，顶标为黄色“X”形	海上作业区专用标
8310142. 02	防城港海域辐射监测F2灯浮 Fangcheng Gang Sea Area Radiation Monitoring F2	21-36. 40N 108-34. 67E	莫(0)黄12秒			黄色标柱形，顶标为黄色“X”形	海上作业区专用标
8310143	防城核电厂3灯桩 Fangcheng Nuclear Power Plant No 3	21-36. 60N 108-34. 70E	闪白6秒	8. 8	4	红白相间横条纹玻璃钢结构柱形立标;4. 4	
8310144	防城核电厂4灯桩 Fangcheng Nuclear Power Plant No 4	21-36. 56N 108-34. 53E	闪白6秒	8. 8	4	红白相间横条纹玻璃钢结构柱形立标;4. 4	
8310150. 01 (4914. 531)	防城港核电厂1灯浮 Fangcheng Gang Nuclear Power Plant No 1	21-40. 50N 108-34. 98E	闪(2)绿6秒			绿色锥形	右侧标
8310150. 02 (4914. 532)	防城港核电厂2灯浮 Fangcheng Gang Nuclear Power Plant No 2	21-40. 36N 108-34. 88E	闪红4秒			红色罐形	左侧标
8310150. 03 (4914. 533)	防城港核电厂3灯浮 Fangcheng Gang Nuclear Power Plant No 3	21-40. 33N 108-34. 77E	闪绿4秒			绿色锥形	右侧标
8310150. 04 (4914. 534)	防城港核电厂4灯浮 Fangcheng Gang Nuclear Power Plant No 4	21-39. 96N 108-34. 22E	闪(2)红6秒			红色罐形	左侧标

编 号 No.	名 称 Name	位置 Position	灯 质 Characteristic	灯高 Height	射程 Range	构 造 Structure	附 记 Remarks
8310150.05 (4914.535)	防城港核电厂5灯浮 Fangcheng Gang Nuclear Power Plant No 5	21-40.02N 108-34.28E	闪(2)绿6秒			绿色锥形	右侧标
8310150.06 (4914.536)	防城港核电厂6灯浮 Fangcheng Gang Nuclear Power Plant No 6	21-39.99N 108-34.14E	快闪白			黑黄相间横条纹标柱形，顶标为黑色顶点朝上双锥体	北方位标
8310150.07 (4914.537)	防城港核电厂7灯浮 Fangcheng Gang Nuclear Power Plant No 7	21-40.03N 108-34.17E	甚快(6)+长闪白10秒			黄黑相间横条纹标柱形，顶标为黑色顶点朝下双锥体	南方位标
8310151.01	1灯桩 No 1	21-40.43N 108-34.80E	闪白6秒	12	4	柱形立标	
8310151.02	2灯桩 No 2	21-40.32N 108-34.88E	闪白6秒	12	4	柱形立标	
8310160 (4914.55)	青菜头岛灯浮 Qingcaitou Dao	21-41.97N 108-35.82E	快闪白			黑黄相间横条纹标柱形，顶标为黑色顶点朝上双锥体	北方位标
8310170.01	钦州港G1灯浮 Qinzhou Gang No G1	21-42.95N 108-35.30E	闪(2)绿6秒			绿色锥形	右侧标
8310170.02 (4914.62)	钦州港G2灯浮 Qinzhou Gang No G2	21-43.03N 108-35.40E	闪绿4秒			绿色锥形	右侧标
8310170.03 (4914.63)	钦州港G3灯浮 Qinzhou Gang No G3	21-43.24N 108-35.46E	闪红4秒			红色罐形	左侧标
8310170.04 (4914.64)	钦州港G4灯浮 Qinzhou Gang No G4	21-43.52N 108-35.65E	闪(3)红10秒			红色罐形	左侧标
8310170.05	钦州港G5灯浮 Qinzhou Gang No G5	21-43.63N 108-35.68E	闪(2)红6秒			红色罐形	左侧标
8310175	果子山前罗经标灯桩 Guozi Shan Compass Beacons Front	21-43.13N 108-35.55E				;6.4	测距标志

编号 No.	名称 Name	位置 Position	灯质 Characteristic	灯高 Height	射程 Range	构造 Structure	附记 Remarks
8310176	果子山后罗经标灯桩 Guozi Shan Compass Beacons Rear	21-43.19N 108-35.65E				;8.0	测距标志
8310177	勒沟天盛码头灯桩 Legou Tiansheng Quay	21-43.06N 108-35.17E	甚快白	8.6	3	红白相间横条纹玻璃钢结构柱形立标;6.0	
8310178	钦州港永鑫码头灯桩 Qinzhou Gang Yongxin Quay	21-42.81N 108-35.46E	等明暗白4秒	5.6	3	红白相间横条纹玻璃钢结构柱形立标;3.0	
8310180.02 (4914.72)	钦州港M2灯浮 Qinzhou Gang No M2	21-43.72N 108-34.65E	闪红4秒			红色罐形	左侧标
8310180.03 (4914.73)	钦州港M3灯浮 Qinzhou Gang No M3	21-43.79N 108-34.56E	闪(2)红6秒			红色罐形	左侧标
8310180.04	钦州港M4灯浮 Qinzhou Gang No M4	21-44.22N 108-34.48E	甚快(6)+长闪白10秒			黄黑相间横条纹标柱形，顶标为黑色顶点朝下双锥体	南方位标
8310182	勒沟13号泊位灯桩 Legou Berth No 13	21-43.41N 108-34.91E	等明暗白4秒	8.3	3	柱形立标	
8310190 (4914.75)	海洋环境监测05灯浮 Ocean Environment Monitor No 5	21-43.79N 108-34.11E	莫(0)黄12秒			黄色标柱形，顶标为黄色“X”形	海上作业区专用标
8310200.01 (4914.81)	钦州港L1灯浮 Qinzhou Gang No L1	21-43.27N 108-33.77E	闪红4秒			红色罐形	左侧标
8310200.02 (4914.82)	钦州港L2灯浮 Qinzhou Gang No L2	21-43.50N 108-33.23E	闪(2)红6秒			红色罐形	左侧标
8310200.03 (4914.83)	钦州港L3灯浮 Qinzhou Gang No L3	21-43.74N 108-32.67E	闪红4秒			红色罐形	左侧标
8310200.04 (4914.84)	钦州港L4灯浮 Qinzhou Gang No L4	21-44.80N 108-33.32E	闪(2)红6秒			红色罐形	左侧标
8310200.05 (4914.85)	钦州港L5灯浮 Qinzhou Gang No L5	21-45.06N 108-33.14E	闪红4秒			红色罐形	左侧标

编 号 No.	名 称 Name	位置 Position	灯 质 Characteristic	灯高 Height	射程 Range	构 造 Structure	附 记 Remarks
8310210 (4920)	娥眉月石 (沟口石)(渔)灯桩 E'meiyue Shi (Goukou Shi)	21-39.55N 108-34.18E	闪(2)白6秒	6.4	4	白色砖石结构柱形立标;9.0	
8310220 (4921)	西海江礁灯桩 Xihai Jiang Jiao	21-40.83N 108-35.54E	闪绿4秒	5.6	5	绿色柱形立标,顶标为绿色尖向上锥形;6.0	右侧标
8310225.06	海洋环境监测06灯浮 Ocean Environment Monitor No 6	21-39.77N 108-36.95E	莫(0)黄12秒			黄色标柱形,顶标为黄色“X”形	海上作业区专用标
8310230 (4921.1)	老人沙灯桩 Laoren Sha	21-41.20N 108-36.91E	闪(2)绿6秒	3.9	3	绿色混凝土结构柱形立标,顶标为绿色尖向上锥形	
8310240 (4923)	青菜头岛灯桩 Qingcaitou Dao	21-41.75N 108-36.03E	闪白4秒	25	8	白色混凝土结构柱形立标;13.7	
8310260 (4925)	小鸦石灯桩 Xiaoya Shi	21-42.51N 108-34.90E	闪红4秒	5.8	3	红色混凝土结构柱形立标,顶标为红色圆柱形;8.3	左侧标
8310261.01	钦州港内锚地1虚拟航标 QINGZHOU GANG INNER ANCHORAGE NO 1	21-41.94N 108-35.36E					MMSI:994136605 发射模式:自主连续
8310261.02	钦州港内锚地2 虚拟航标 QINGZHOU GANG INNER ANCHORAGE NO 2	21-42.52N 108-35.12E					
8310270 (4929)	挡门石灯桩 Dangmen Shi	21-43.93N 108-32.41E	闪红4秒	8	3	红色砖石结构柱形立标,顶标为红色圆柱形;6.0	左侧标
8310280 (4930)	小明墩灯桩 Xiaoming Dun	21-44.04N 108-32.39E	闪绿4秒	2.2	3	绿色砖石结构柱形立标,顶标为绿色尖向上锥形;4.4	右侧标
8310290 (4931)	大明墩灯桩 Daming Dun	21-44.03N 108-32.34E	闪红4秒	2.7	2	红色砖石结构柱形立标,顶标为红色圆柱形;3.5	左侧标

编 号 No.	名 称 Name	位置 Position	灯 质 Characteristic	灯高 Height	射程 Range	构 造 Structure	附 记 Remarks
8310310 (4931.0245)	钦州港D10灯浮 Qinzhou Gang No D10	21-39.05N 108-39.40E	甚快(6)+长闪白 10秒			黄黑相间横条纹标柱形，顶标为黑色顶点朝下双锥体	南方位标
8310320 (4932)	鸡心石灯桩 Jixin Shi	21-44.59N 108-32.78E	闪红4秒	5.2	2	红色砖石结构柱形立标，顶标为红色圆柱形;6.0	左侧标
8310321.01	龙门港龟墩灯桩 Longmen Gang Guidun	21-44.52N 108-32.60E	闪白4秒	9.3	3	红白相间条纹玻璃钢结构柱形立标;6.0	
8310321.02	龙门航标码头灯桩 Longmen Navigation Mark Pier	21-44.88N 108-32.90E	等明暗白4秒	7.5	3	红白相间条纹玻璃钢结构柱形立标;4.4	
8310321.03	龙门炮台角灯桩 Longmen Paotai Jiao	21-44.86N 108-33.17E	闪(3)白10秒	8.1	3	红白相间条纹玻璃钢结构柱形立标;6.0	
8310321.04	龙门观音塘灯桩 Longmen Guanyintang	21-44.79N 108-33.16E	闪白4秒	7.5	3	红白相间条纹玻璃钢结构柱形立标;6.0	
8310330 (4933)	白角石灯桩 Baijiao Shi	21-44.69N 108-32.90E	闪红4秒	8	3	红色砖石结构柱形立标，顶标为红色圆柱形;6.0	左侧标
8310340 (4934)	东瓜石灯桩 Donggua Shi	21-44.98N 108-33.27E	闪红3秒	5.4	1.4	白色砖石结构柱形立标;6.0	
8310350 (4935)	响水石灯桩 Xiangshui Shi	21-45.09N 108-33.32E	闪绿4秒	8.6	3	绿色砖石结构柱形立标，顶标为绿色尖向上锥形;9.0	右侧标AIS应答器
8310352.01	松飞大岭1灯桩 Songfei Daling No 1	21-45.12N 108-34.74E	闪白5秒	5.3	2	红白相间条纹玻璃钢结构柱形立标;3.6	
8310352.02	松飞大岭2灯桩 Songfei Daling No 2	21-45.07N 108-34.84E	闪白5秒	5.5	2	红白相间条纹玻璃钢结构柱形立标;3.6	

编号 No.	名称 Name	位置 Position	灯质 Characteristic	灯高 Height	射程 Range	构造 Structure	附记 Remarks
8310352.03	松飞大岭3灯桩 Songfei Daling No 3	21-45.27N 108-34.95E	闪白5秒	4.8	2	红白相间条纹玻璃钢结构柱形立标;3.6	
8310353.01	鳖墩灯桩 Biedun	21-45.24N 108-35.23E	闪白5秒	5.3	2	红白相间条纹玻璃钢结构柱形立标;3.6	
8310353.02	白榄头小墩灯桩 Bailantou Xiaodun	21-45.13N 108-35.41E	闪白5秒	4.1	2	红白相间条纹玻璃钢结构柱形立标;3.6	
8310353.03	生泥坪独墩灯桩 Shengniping Dudun	21-45.05N 108-35.34E	闪白10秒	5	2	红白相间条纹玻璃钢结构柱形立标;3.6	
8310353.04	背风墩灯桩 Beifeng Dun	21-44.85N 108-35.44E	闪白5秒	5.1	2	红白相间条纹玻璃钢结构柱形立标;3.6	
8310353.05	七棚灯桩 Qipeng	21-44.76N 108-35.40E	闪白5秒	4.8	2	红白相间条纹玻璃钢结构柱形立标;3.6	
8310354.02	钦州港中山2灯桩 Qinzhou Gang Zhongshan No 2	21-44.65N 108-35.42E	闪白5秒	4.5	2	红白相间条纹玻璃钢结构柱形立标;3.6	
8310354.03	钦州港中山3灯桩 Qinzhou Gang Zhongshan No 3	21-44.59N 108-35.37E	闪白5秒	4	2	红白相间条纹玻璃钢结构柱形立标;3.6	
8310355	红头岭前罗经标灯桩 Hongtouling Compass Beacons Front	21-44.46N 108-34.43E				15	测距标志
8310356	红头岭后罗经标灯桩 Hongtouling Compass Beacons Rear	21-44.55N 108-34.56E				19	测距标志
8310357.01 (1QLJ)	1前罗经标灯桩 No 1 Compass Beacons Front	21-44.68N 108-34.34E				18	

编 号 No.	名 称 Name	位置 Position	灯 质 Characteristic	灯高 Height	射程 Range	构 造 Structure	附 记 Remarks
8310357.02 (2QLJ)	2前罗经标灯桩 No 2 Compass Beacons Front	21-44.83N 108-34.34E				20	
8310357.03 (3HLJ)	3后罗经标灯桩 No 3 Compass Beacons Rear	21-44.82N 108-34.36E				26	
8310357.04 (4HLJ)	4后罗经标灯桩 No 4 Compass Beacons Rear	21-44.98N 108-34.28E				25	
8310358.01	虎墩灯桩 Hudun	21-44.61N 108-34.74E	闪白4秒	7.6	3	柱形立标	
8310358.02	龙墩灯桩 Longdun	21-45.04N 108-34.73E	闪(3)白10秒	7.7	3	柱形立标	
8310359.01	大红沙东灯桩 Dahong Sha E	21-44.53N 108-34.58E	闪(3)白10秒	8.1	3	柱形立标	
8310359.02	大红沙西灯桩 Dahong Sha W	21-44.46N 108-34.41E	闪白4秒	7.9	3	柱形立标	
8310359.03	钦州港中山灯桩 Qinzhou Gang Zhongshan	21-44.54N 108-35.55E	闪白4秒	7.9	3	红白相间条纹玻璃钢结构柱形立标;6.0	
8310360 (4938)	海印礁灯桩 Haiyin Jiao	21-46.21N 108-32.96E	闪红4秒	6.7	4	红色柱形立标，顶标为红色圆柱形;13.1	左侧标
8310361.01	七十二泾Q1灯浮 Qishi'er Jing No Q1	21-45.01N 108-34.90E	闪绿4秒			绿色标柱形，顶标为绿色尖向上锥形	导标两灯一线:126° 46′ 36″
8310361.02	七十二泾Q2灯浮 Qishi'er Jing No Q2	21-44.42N 108-35.60E	闪绿4秒			绿色标柱形，顶标为绿色尖向上锥形	右侧标
8310361.03	七十二泾Q3灯浮 Qishi'er Jing No Q3	21-44.29N 108-35.69E	闪绿4秒			绿色标柱形，顶标为绿色尖向上锥形	右侧标

编 号 No.	名 称 Name	位置 Position	灯 质 Characteristic	灯高 Height	射程 Range	构 造 Structure	附 记 Remarks
8310370 (4938.1)	企石灯桩 Qi Shi	21-45.83N 108-32.16E	闪绿4秒	3.4	4	绿色砖石结构柱形立标，顶标为绿色尖向上锥形;6.5	右侧标
8310380 (4938.11)	下煲盖灯桩 Xiabaogai	21-46.26N 108-31.75E	闪红4秒	7	4	红色柱形立标，顶标为红色圆柱形	左侧标
8310390 (4938.12)	上煲盖灯桩 Shangbaogai	21-46.35N 108-31.68E	闪红4秒	3.7	4	红色砖石结构柱形立标，顶标为红色圆柱形;6.5	左侧标
8310400 (4938.13)	紧水墩栏灯桩 Jinshuidunlan	21-46.56N 108-31.39E	闪红4秒	6.7	4	红色混凝土结构柱形立标，顶标为红色圆柱形;10.5	左侧标
8310410 (4938.135)	步漂石灯桩 Bupiao Shi	21-45.65N 108-32.29E	闪红4秒	3.2	4	红色砖石结构柱形立标，顶标为红色圆柱形;7.0	左侧标
8310420 (4938.14)	矮脚石灯桩 Aijiao Shi	21-46.82N 108-31.02E	闪红4秒	4	4	红色砖石结构柱形立标，顶标为红色圆柱形;6.5	左侧标
8310430 (4938.15)	跷石尾灯桩 Qiaoshi Wei	21-46.88N 108-31.01E	闪红4秒	6.7	4	红色混凝土结构柱形立标，顶标为红色圆柱形;11.0	左侧标
8310440 (4938.16)	乌山灯桩 Wushan	21-47.87N 108-30.54E	闪红4秒	2.8	4	红色砖石结构柱形立标，顶标为红色圆柱形;6.5	左侧标
8310450 (4938.165)	阿髻岭灯桩 Aji Ling	21-48.75N 108-30.31E	闪红4秒	8.4	4	红色柱形立标，顶标为红色圆柱形	左侧标
8310460.1	南定坪灯浮 Nandingping	21-49.30N 108-30.11E	闪绿4秒			绿色标柱形，顶标为绿色尖向上锥形	右侧标

编号 No.	名称 Name	位置 Position	灯质 Characteristic	灯高 Height	射程 Range	构造 Structure	附记 Remarks
8310470 (4938.18)	茅墩角灯桩 Maodun Jiao	21-49.41N 108-29.79E	闪红4秒	2.9	4	红色砖石结构柱形立标，顶标为红色圆柱形;6.5	导标白光弧: 282.65°－283.35° 遮蔽弧: 285°-281° 绿光弧: 281°-282.65° 红光弧: 283.35°-285°
8310480 (4938.19)	鸡笠石灯桩 Jili Shi	21-49.56N 108-29.61E	闪绿4秒	12.6	4	绿色混凝土结构柱形立标，顶标为绿色尖向上锥形 ;10.9	右侧标
8310490 (4938.2)	牛边石灯桩 Niubian Shi	21-49.59N 108-29.53E	闪红4秒	2.7	4	红色砖石结构柱形立标，顶标为红色圆柱形;6.5	左侧标
8310510 (4938.22)	细教杯灯桩 Xijiaobei	21-50.08N 108-28.97E	闪红4秒	2.8	4	红色砖石结构柱形立标，顶标为红色圆柱形;6.5	左侧标
8310511		21-50.01N 108-29.14E	闪绿4秒			绿色锥形	右侧标
8310530 (4938.23)	水磨角灯桩 Shuimo Jiao	21-50.84N 108-28.16E	闪红4秒	2.5	4	红色砖石结构柱形立标，顶标为红色圆柱形;6.5	左侧标
8310531	粗沙墩灯浮 Cusha Dun	21-50.28N 108-28.71E	闪绿4秒			绿色标柱形，顶标为绿色尖向上锥形	右侧标
8310540 (4938.3)	大铜锣石灯桩 Datongluo Shi	21-50.16N 108-35.40E	闪绿4秒	5.8	4	绿色砖石结构柱形立标，顶标为绿色尖向上锥形;6.5	右侧标AIS应答器
8310550 (4938.31)	小铜锣灯桩 Xiaotongluo	21-50.48N 108-35.44E	闪绿4秒	4.7	4	绿色砖石结构柱形立标，顶标为绿色尖向上锥形;6.5	右侧标
8310560 (4938.32)	亚公沟灯桩 Yagonggou	21-50.79N 108-35.41E	闪红4秒	8	3	红色砖石结构柱形立标，顶标为红色圆柱形;9.5	左侧标

编号 No.	名称 Name	位置 Position	灯质 Characteristic	灯高 Height	射程 Range	构造 Structure	附记 Remarks
8310570 (4938.33)	沙井灯桩 Shajing	21-51.38N 108-35.88E	闪绿4秒	3.1	4	金属结构柱形立标;6.5	
8310580 (4938.34)	排榜灯桩 Paibang	21-51.94N 108-36.17E	闪绿4秒	4.5	4	绿色砖石结构柱形立标,顶标为绿色尖向上锥形;8.5	右侧标
8310581.01 (4938.331)	沙井钦江1号桥涵灯桩 Shajing Qinjiang Bridge Opening No 1	21-51.89N 108-36.02E	快闪黄		3	黄红相间横条纹	桥墩警示标
8310581.02 (4938.332)	沙井钦江2号桥涵灯桩 Shajing Qinjiang Bridge Opening No 2	21-51.91N 108-36.03E	快闪黄		3	黄红相间横条纹	桥墩警示标
8310581.03 (4938.333)	沙井钦江3号桥涵灯桩 Shajing Qinjiang Bridge Opening No 3	21-51.89N 108-36.02E	快闪红		3	红色柱形立标	桥孔左侧标左侧标
8310581.04 (4938.334)	沙井钦江4号桥涵灯桩 Shajing Qinjiang Bridge Opening No 4	21-51.90N 108-36.04E	快闪红		3	红色柱形立标	桥孔左侧标左侧标
8310581.05 (4938.335)	沙井钦江5号桥涵灯桩 Shajing Qinjiang Bridge Opening No 5	21-51.87N 108-36.05E	等明暗白4秒		3	红白相间竖条纹柱形立标	通航桥孔最佳通过点标志
8310581.06 (4938.336)	沙井钦江6号桥涵灯桩 Shajing Qinjiang Bridge Opening No 6	21-51.88N 108-36.06E	等明暗白4秒		3	红白相间竖条纹柱形立标	通航桥孔最佳通过点标志
8310581.07 (4938.337)	沙井钦江7号桥涵灯桩 Shajing Qinjiang Bridge Opening No 7	21-51.85N 108-36.07E	快闪绿		3	绿色柱形立标	桥孔右侧标右侧标
8310581.08 (4938.338)	沙井钦江8号桥涵灯桩 Shajing Qinjiang Bridge Opening No 8	21-51.86N 108-36.09E	快闪绿		3	绿色柱形立标	桥孔右侧标右侧标
8310581.09 (4938.339)	沙井钦江9号桥涵灯桩 Shajing Qinjiang Bridge Opening No 9	21-51.84N 108-36.08E	快闪黄		3	黄红相间横条纹	桥墩警示标

编 号 No.	名 称 Name	位置 Position	灯 质 Characteristic	灯高 Height	射程 Range	构 造 Structure	附 记 Remarks
8310581.10 (4938.3391)	沙井钦江10号桥涵灯桩 Shajing Qinjiang Bridge Opening No 10	21-51.86N 108-36.09E	快闪黄		3	黄红相间横条纹	桥墩警示标
8310590 (4938.35)	穿心围灯桩 Chuanxin Wei	21-52.15N 108-36.61E	闪红4秒	4.2	4	红色柱形立标，顶标为红色圆柱形;6.5	左侧标
8310600 (4938.36)	炮台灯桩 Paotai	21-53.39N 108-37.38E	闪红4秒	6.6	4	红色砖石结构柱形立标，顶标为红色圆柱形;7.5	左侧标
8310610 (4938.37)	草鞋墩灯桩 Caoxie Dun	21-54.31N 108-36.22E	闪绿4秒	4.3	4	绿色砖石结构柱形立标，顶标为绿色尖向上锥形;6.5	右侧标
8310611	大榄江白鸡灯桩 Dalan Jiang Baiji	21-53.79N 108-32.15E	闪白4秒	8	4	红白相间条纹玻璃钢结构柱形立标;7.2	
8310612	大榄江老刘围灯桩 Dalan Jiang Laoliuwei	21-55.19N 108-33.13E	闪(2)白6秒	6.5	3	红白相间条纹玻璃钢结构柱形立标;5.6	
8310613	大榄江山角灯桩 Dalan Jiang Shanjiao	21-55.73N 108-33.84E	闪红5秒	6.5	3	红白相间条纹玻璃钢结构柱形立标;5.6	
8310620(4939)	大海公礁灯桩 Dahaigong Jiao	21-47.18N 108-32.80E	闪红4秒	3	4	红色柱形立标，顶标为红色圆柱形;6.5	左侧标
8310630 (4939.1)	海洋环境监测04灯浮 Ocean Environment Monitor No 4	21-47.95N 108-32.88E	莫(0)黄12秒			黄色标柱形，顶标为黄色“X”形	海上作业区专用标
8310640(4940)	江边石(渔)灯桩 Jiangbian Shi	21-34.29N 108-28.73E	闪红4秒	8.6	4	白色砖石结构柱形立标;9.8	
8310641	一石灯桩 Yishi	21-34.56N 108-29.75E	闪白4秒	7.8	3	柱形立标	
8310642	企沙港水产码头灯桩 Qisha Gang Aquatic Product Pier	21-35.25N 108-28.48E	闪白4秒	7	3	柱形立标	

编 号 No.	名 称 Name	位置 Position	灯 质 Characteristic	灯高 Height	射程 Range	构 造 Structure	附 记 Remarks
8310650(4941)	平墩石(渔)灯桩 Pingdun Shi	21-34.09N 108-29.02E	闪白4秒	9	6	白色砖石结构柱形立标	
8310660(4942)	跳舵石(渔)灯桩 Tiaoduo Shi	21-33.78N 108-29.13E	闪(2)白6秒	6.4	6	白色砖石结构柱形立标;9.8	
8310670(4943)	天堂角(渔)灯桩 Tiantang Jiao	21-33.83N 108-28.41E	闪白3秒	35	8	混凝土结构柱形立标	
8310672 (4943.05)	蝴蝶岭灯桩 Hudie Ling	21-32.82N 108-26.75E	闪白4秒	28.1	4	红白相间横条纹柱形立标;6.0	

编号 No.	名称 Name	位置 Position	灯质 Characteristic	灯高 Height	射程 Range	构造 Structure	附记 Remarks

防城港
FANG CHENG GANG

编号 No.	名称 Name	位置 Position	灯质 Characteristic	灯高 Height	射程 Range	构造 Structure	附记 Remarks
8510010 (4943.1)	防城港（炮台）灯塔 Fangcheng Gang (Paotai)	21-33.76N 108-23.69E	闪白6秒	57.8	20	红白相间横条纹金属结构;30.0	停止发光
8510020 (4944)	防城港0灯浮 Fangcheng Gang No 0	21-27.00N 108-23.40E	莫(Q)黄12秒			黄色标柱形，顶标为黄色“X”形	锚地专用标
8510030 (4944.5)	海洋环境监测03灯浮 Ocean Environment Monitor No 3	21-31.40N 108-23.88E	莫(0)黄12秒			黄色标柱形，顶标为黄色“X”形	海上作业区专用标
8510040.01 (4945.51)	防城港钢铁基地1灯桩 Fangcheng Gang Steel Base No 1	21-31.98N 108-21.73E	闪白4秒	11.1	3	红白相间条纹柱形立标;6.0	
8510040.012	防城港钢铁基地2灯桩 Fangcheng Gang Steel Base No 2	21-32.59N 108-21.73E	闪白4秒	11.1	3	红白相间条纹玻璃钢结构柱形立标；6.0	
8510040.02 (4945.53)	防城港钢铁基地3灯桩 Fangcheng Gang Steel Base No 3	21-33.29N 108-22.31E	闪白4秒	8.3	3	红白相间条纹柱形立标;6.0	
8510040.04	DONG-AH 101 虚拟航标 DONG-AH 101	21-34.32N 108-22.73E	闪白4秒	8.3	3	红白相间条纹柱形立标；6.0	
8510050 (4946)	钓鱼台灯桩 Diaoyutai	21-32.60N 108-22.21E	闪白4秒	16.2	6	红白相间横条纹砖石结构柱形立标;9.2	
8510050.03 (4946.93)	防城港3灯浮 Fangcheng Gang No 3	21-23.81N 108-21.32E	闪绿4秒			绿色锥形	右侧标同步闪AIS应答器
8510050.04 (4946.94)	防城港4灯浮 Fangcheng Gang No 4	21-23.81N 108-21.20E	闪红4秒			红色罐形	左侧标同步闪雷达应答器：信号C(- . - .)
8510050.05 (4946.95)	防城港5灯浮 Fangcheng Gang No 5	21-24.88N 108-21.32E	闪绿4秒			绿色锥形	右侧标同步闪

编号 No.	名称 Name	位置 Position	灯质 Characteristic	灯高 Height	射程 Range	构造 Structure	附记 Remarks
8510050.06 (4946.96)	防城港6灯浮 Fangcheng Gang No 6	21-24.88N 108-21.21E	闪红4秒			红色罐形	左侧标同步闪
8510050.07 (4947)	防城港7灯浮 Fangcheng Gang No 7	21-25.98N 108-21.32E	闪绿4秒			绿色锥形	右侧标同步闪
8510050.08 (4948)	防城港8灯浮 Fangcheng Gang No 8	21-26.00N 108-21.21E	闪红4秒			红色罐形	左侧标同步闪
8510050.09 (4948.1)	防城港9灯浮 Fangcheng Gang No 9	21-27.04N 108-21.32E	闪绿4秒			绿色锥形	右侧标同步闪
8510050.10 (4948.2)	防城港10灯浮 Fangcheng Gang No 10	21-27.06N 108-21.21E	闪红4秒			红色罐形	左侧标同步闪
8510052.01	桂冠3-1号测风1灯浮 Guiguan 3-1 Cefeng No 1	20-51.53N 108-42.75E	莫(O)黄12秒			黄色标柱形，顶标为黄色“X”形	海上作业区专用标雷达应答器AIS应答器：名称：GUIGUAN WIN DBUOY3-1 MMSI：994121991发射模式：自主连续播发间隔：3分钟
8510052.02	桂冠3-1号测风2灯浮 Guiguan 3-1 Cefeng No 2	20-51.53N 108-42.75E	莫(O)黄12秒			黄色标柱形，顶标为黄色“X”形	海上作业区专用标
8510060 (4948.5)	防城港锚地灯浮 Fangcheng Gang Anchorage	21-26.99N 108-23.43E	莫(Q)黄12秒			混凝土结构；29.9	锚地专用标
8510070 (4949)	防城港11灯浮 Fangcheng Gang No 11	21-28.09N 108-21.33E	闪绿4秒			绿色锥形	右侧标同步闪AIS应答器
8510080 (4949.5)	海洋环境监测03灯浮 Ocean Environment Monitor No 03	21-35.15N 108-19.58E	莫(O)黄12秒			黄色标柱形，顶标为黄色“X”形	海上作业区专用标
8510090.12 (4950)	防城港12灯浮 Fangcheng Gang No 12	21-28.11N 108-21.21E	闪红4秒			红色罐形	左侧标同步闪
8510090.13 (4951)	防城港13灯浮 Fangcheng Gang No 13	21-29.15N 108-21.33E	闪(2)绿6秒			绿色锥形	右侧标同步闪AIS应答器

编 号 No.	名 称 Name	位置 Position	灯 质 Characteristic	灯高 Height	射程 Range	构 造 Structure	附 记 Remarks
8510090.14 (4951.1)	防城港14灯浮 Fangcheng Gang No 14	21-29.16N 108-21.21E	闪(2)红6秒			红色罐形	水产作业区专用标
8510090.15 (4952)	防城港15灯浮 Fangcheng Gang No 15	21-30.21N 108-21.33E	闪(2)绿6秒			绿色锥形	右侧标同步闪
8510090.16 (4953)	防城港16灯浮 Fangcheng Gang No 16	21-30.22N 108-21.22E	闪(2)红6秒			红色罐形	左侧标同步闪
8510090.17 (4954)	防城港17灯浮 Fangcheng Gang No 17	21-31.26N 108-21.33E	闪(2)绿6秒			绿色锥形	右侧标同步闪
8510090.18 (4955)	防城港18灯浮 Fangcheng Gang No 18	21-31.28N 108-21.22E	闪(2)红6秒			红色罐形	左侧标同步闪
8510090.181	防城港18A灯浮 Fangcheng Gang No 18A	21-31.65N 108-21.34E	闪绿4秒			绿色锥形	右侧标
8510090.19 (4955.11)	防城港19灯浮 Fangcheng Gang No 19	21-32.32N 108-21.22E	闪(2)红6秒			红色罐形	左侧标AIS应答器
8510090.20 (4955.2)	防城港20灯浮 Fangcheng Gang No 20	21-32.81N 108-21.34E	闪(2+1)绿12秒			绿红绿横条纹锥型	推荐航道右侧标 雷达应答器: 信号M(- -)
8510090.202 (4955.22)	防城港20A灯浮 Fangcheng Gang No 20A	21-33.04N 108-21.46E	快闪(9)白15秒			黄黑黄横条纹标柱形，顶标为黑色顶点相对双锥体	西方位标
8510091.01 (4955.101)	防城港G1灯浮 Fangcheng Gang No G1	21-32.68N 108-21.46E	闪(2+1)绿12秒			绿红绿横条纹锥型	推荐航道右侧标
8510091.02	防城港G2灯浮 Fangcheng Gang No G2	21-32.92N 108-21.73E	闪(3)绿10秒			绿色锥形	右侧标
8510091.03 (4955.103)	防城港G3灯浮 Fangcheng Gang No G3	21-33.21N 108-21.96E	闪(3)红10秒			红色罐形	左侧标
8510091.04 (4955.104)	防城港G4灯浮 Fangcheng Gang No G4	21-33.72N 108-22.18E	闪(3)红10秒			红色罐形	左侧标

编 号 No.	名 称 Name	位置 Position	灯 质 Characteristic	灯高 Height	射程 Range	构 造 Structure	附 记 Remarks
8510091.05	防城港G5灯浮 Fangcheng Gang No G5	21-33.88N 108-22.33E	闪(3)红10秒			红色罐形	左侧标
8510091.06	防城港G6灯浮 Fangcheng Gang No G6	21-34.20N 108-22.46E	闪(3)红10秒			红色罐形	左侧标
8510091.07 (4955.105)	防城港G7灯浮 Fangcheng Gang No G7	21-34.42N 108-22.46E	闪(3)红10秒			红色罐形	左侧标
8510100 (4955.3)	防城港码头灯桩 Fangcheng Gang Pier	21-32.99N 108-21.08E	闪(2)白6秒	15.9	5	白色柱形立标; 8.7	AIS应答器
8510100.21 (4955.31)	防城港21灯浮 Fangcheng Gang No 21	21-32.75N 108-20.97E	莫(P)黄12秒			黄色标柱形，顶标为黄色“X”形	禁航区专用标
8510100.22 (4955.32)	防城港22灯浮 Fangcheng Gang No 22	21-32.97N 108-20.89E	闪(3)红10秒			红色罐形	左侧标同步闪
8510100.23 (4955.33)	防城港23灯浮 Fangcheng Gang No 23	21-33.01N 108-20.95E	闪(3)绿10秒			绿色锥形	右侧标同步闪AIS应答器
8510110 (4955.335)	防城港港池灯浮 Fangcheng Gang Basin	21-36.30N 108-19.60E	闪(2+1)绿6秒			绿红绿横条纹标柱形，顶标为绿色尖向上锥形	推荐航道右侧标
8510110.01	马鞍岭旅游码头L1灯浮 Ma'an Ling Lvyou Pier L1	21-36.24N 108-19.36E	闪(2+1)红6秒			红绿红横条纹罐形	推荐航道左侧标
8510110.02	马鞍岭旅游码头L2灯浮 Ma'an Ling Lvyou Pier L2	21-36.18N 108-19.28E	闪红4秒			红色罐形	左侧标
8510110.03	马鞍岭旅游码头L3灯浮 Ma'an Ling Lvyou Pier L3	21-36.48N 108-19.17E	闪绿4秒			绿色锥型	右侧标
8510110.04	马鞍岭旅游码头L4灯浮 Ma'an Ling Lvyou Pier L4	21-36.42N 108-19.09E	闪红4秒			红色罐形	左侧标

编 号 No.	名 称 Name	位置 Position	灯 质 Characteristic	灯高 Height	射程 Range	构 造 Structure	附 记 Remarks
8510110.05	马鞍岭旅游码头L5灯浮 Ma'an Ling Lvyoumatou L5	21-36.67N 108-19.19E	甚快闪(9)白10秒			黄黑黄横条纹标柱形,顶标为黑色顶点相对双锥体	西方位标
8510110.06	马鞍岭旅游码头南灯桩 Ma'an Ling Lvyou Pier South	21-36.60N 108-18.87E	闪红2秒	9	5	红白相间条纹玻璃钢结构柱形立标;7.2	
8510110.07	马鞍岭旅游码头北灯桩 Ma'an Ling Lvyou Pier North	21-36.85N 108-18.94E	闪红2秒	8.5	5	红色金属结构柱形立标;8.0	
8510110.24 (4955.35)	防城港24灯浮 Fangcheng Gang No 24	21-33.34N 108-20.53E	闪(3)红10秒			红色罐形	左侧标同步闪
8510110.25 (4955.355)	防城港25灯浮 Fangcheng Gang No 25	21-33.39N 108-20.58E	闪(3)绿10秒			绿色锥形	右侧标同步闪
8510110.26 (4955.36)	防城港26灯浮 Fangcheng Gang No 26	21-33.79N 108-20.08E	闪(2)红6秒			红色罐形	左侧标
8510110.27 (4955.37)	防城港27灯浮 Fangcheng Gang No 27	21-33.86N 108-20.13E	闪绿4秒			绿色锥形	右侧标AIS应答器
8510110.28 (4955.38)	防城港28灯浮 Fangcheng Gang No 28	21-34.00N 108-19.96E	闪红4秒			红色罐形	左侧标
8510110.281 (4955.381)	防城港28-1灯浮 Fangcheng Gang No 28-1	21-34.23N 108-19.82E	甚快(3)白5秒			黑黄黑横条纹标柱形,顶标为黑色顶点相背双锥体	东方位标
8510110.29 (4955.39)	防城港29灯浮 Fangcheng Gang No 29	21-34.46N 108-19.87E	闪(2)红6秒			红色罐形	左侧标
8510110.30 (4955.4)	防城港30灯浮 Fangcheng Gang No 30	21-34.84N 108-19.81E	闪(3)红10秒			红色罐形	左侧标
8510110.301 (4955.401)	防城港30-1灯浮 Fangcheng Gang No 30-1	21-34.93N 108-19.75E	快闪(3)白10秒			黑黄黑横条纹标柱形,顶标为黑色顶点相背双锥体	东方位标

编 号 No.	名 称 Name	位置 Position	灯 质 Characteristic	灯高 Height	射程 Range	构 造 Structure	附 记 Remarks
8510110.31 (4955.41)	防城港31灯浮 Fangcheng Gang No 31	21-35.10N 108-19.75E	闪(2)红6秒			红色罐形	左侧标
8510110.32 (4955.42)	防城港32灯浮 Fangcheng Gang No 32	21-35.34N 108-19.71E	闪(3)红10秒			红色罐形	左侧标
8510110.33 (4955.43)	防城港33灯浮 Fangcheng Gang No 33	21-35.43N 108-19.62E	闪红4秒			红色罐形	左侧标
8510110.34 (4955.44)	防城港34灯浮 Fangcheng Gang No 34	21-35.73N 108-19.52E	闪(2)红6秒			红色罐形	左侧标
8510110.35 (4955.45)	防城港35灯浮 Fangcheng Gang No 35	21-36.14N 108-19.51E	闪(3)绿10秒			绿色锥形	右侧标AIS应答器
8510110.351 (4955.451)	防城港35A灯浮 Fangcheng Gang No 35A	21-36.36N 108-19.39E	闪(2)红6秒			红色罐形	左侧标
8510110.352 (4955.452)	防城港35B灯浮 Fangcheng Gang No 35B	21-36.55N 108-19.37E	快闪(3)白10秒			黑黄黑横条纹标柱形，顶标为黑色顶点相背双锥体	东方位标
8510110.353 (4955.453)	防城港35C灯浮 Fangcheng Gang No 35C	21-36.68N 108-19.44E	快闪(3)白10秒			黑黄黑横条纹标柱形，顶标为黑色顶点相背双锥体	东方位标
8510110.36 (4955.46)	防城港36灯浮 Fangcheng Gang No 36	21-37.09N 108-19.62E	闪红4秒			红色罐形	左侧标
8510110.37 (4955.48)	防城港37灯浮 Fangcheng Gang No 37	21-37.39N 108-19.83E	闪红4秒			红色罐形	左侧标
8510110.38 (4955.5)	防城港38灯浮 Fangcheng Gang No 38	21-37.29N 108-20.13E	闪红4秒			红色罐形	左侧标
8510120.01 (4955.51)	东湾航道1灯浮 Dongwan Fairway No 1	21-33.46N 108-21.53E	闪绿4秒			绿色锥形	右侧标

编号 No.	名称 Name	位置 Position	灯质 Characteristic	灯高 Height	射程 Range	构造 Structure	附记 Remarks
8510120.011	东湾航道2灯浮 Dongwan Fairway No 2	21-33.60N 108-21.61E	甚快(9)白10秒				西方位标
8510120.03 (4955.512)	东湾航道3灯浮 Dongwan Fairway No 3	21-33.85N 108-21.55E	闪(2)绿6秒			绿色锥形	右侧标
8510120.031 (4955.512)	东湾航道3-1灯浮 Dongwan Fairway No 3-1	21-34.00N 108-21.61E	闪(3)绿10秒			绿色锥形	右侧标
8510120.032	东湾航道3-2灯浮 Dongwan Fairway No 3-2	21-34.16N 108-21.75E	快闪(9)白15秒			黄黑黄横条纹标柱形，顶标为黑色顶点相对双锥体	西方位标
8510120.033 (4955.512)	东湾航道3-3灯浮 Dongwan Fairway No 3-3	21-34.34N 108-21.73E	闪绿4秒			绿色锥形	右侧标
8510120.05 (4955.514)	东湾航道5灯浮 Dongwan Fairway No 5	21-34.49N 108-21.82E	闪(2)绿6秒			绿色锥形	右侧标
8510120.06 (4955.515)	东湾航道6灯浮 Dongwan Fairway No 6	21-34.53N 108-21.69E	闪(2)红6秒			红色罐形	左侧标
8510130 (4955.52)	东湾航道A灯浮 Dongwan Fairway No A	21-34.76N 108-21.78E	闪(2+1)红9秒			红绿红横条纹罐形	推荐航道左侧标 AIS应答器
8510132.01	防城港潭油航道1灯浮 Fangcheng Port Tanyou Fairway No 1	21-36.34N 108-23.18E	闪(2+1)绿9秒			绿红绿横条纹锥型	推荐航道右侧标
8510132.02	防城港潭油航道2灯浮 Fangcheng Port Tanyou Fairway No 2	21-36.85N 108-23.38E	闪(2)红6秒			红色罐形	左侧标
8510132.03	防城港潭油航道3灯浮 Fangcheng Port Tanyou Fairway No 3	21-36.82N 108-23.43E	闪(2)绿6秒			绿色锥型	右侧标
8510132.04	防城港潭油航道4灯浮 Fangcheng Port Tanyou Fairway No 4	21-37.59N 108-23.92E	闪(2)红6秒			红色罐形	左侧标

编 号 No.	名 称 Name	位置 Position	灯 质 Characteristic	灯高 Height	射程 Range	构 造 Structure	附 记 Remarks
8510132.05	防城港潭油航道5灯浮 Fangcheng Port Tanyou Fairway No 5	21-37.56N 108-23.97E	闪(2)绿6秒			绿色锥型	右侧标
8510132.06	防城港潭油航道6灯浮 Fangcheng Port Tanyou Fairway No 6	21-38.30N 108-24.43E	闪(2)红6秒			红色罐形	左侧标
8510132.07	防城港潭油航道7灯浮 Fangcheng Port Tanyou Fairway No 7	21-38.34N 108-24.53E	闪(2)绿6秒			绿色锥型	右侧标
8510132.08	防城港潭油航道8灯浮 Fangcheng Port Tanyou Fairway No 8	21-38.44N 108-24.48E	闪(2)红6秒			红色罐形	左侧标
8510132.09	防城港潭油航道9灯浮 Fangcheng Port Tanyou Fairway No 9	21-39.20N 108-24.57E	闪(2)红6秒			红色罐形	左侧标
8510132.10	防城港潭油航道10灯浮 Fangcheng Port Tanyou Fairway No 10	21-39.28N 108-24.64E	闪(2)绿6秒			绿色锥型	右侧标
8510132.11	防城港潭油航道11灯浮 Fangcheng Port Tanyou Fairway No 11	21-39.34N 108-24.56E	闪(2)红6秒			红色罐形	左侧标
8510132.12	防城港潭油航道12灯浮 Fangcheng Port Tanyou Fairway No 12	21-39.61N 108-24.46E	闪(2)红6秒			红色罐形	左侧标
8510132.13	防城港潭油航道13灯浮 Fangcheng Port Tanyou Fairway No 13	21-39.63N 108-24.52E	闪(2)绿6秒			绿色锥型	右侧标
8510132.14	防城港潭油航道14灯浮 Fangcheng Port Tanyou Fairway No 14	21-39.75N 108-24.25E	快闪(3)白10秒			黑黄黑横条纹标柱形，顶标为黑色顶点相背双锥体	东方位标
8510132.15	防城港潭油航道15灯浮 Fangcheng Port Tanyou Fairway No 15	21-39.79N 108-24.54E	闪(2)绿6秒			绿色锥型	右侧标

编号 No.	名称 Name	位置 Position	灯质 Characteristic	灯高 Height	射程 Range	构造 Structure	附记 Remarks
8510132.16	防城港潭油航道16灯浮 Fangcheng Port Tanyou Fairway No 16	21-39.89N 108-24.69E	闪(2)红6秒			红色罐形	左侧标
8510132.17	防城港潭油航道17灯浮 Fangcheng Port Tanyou Fairway No 17	21-39.97N 108-24.73E	甚快(9)白10秒			黄黑黄横条纹标柱形,顶标为黑色顶点相对双锥体	西方位标
8510132.18	榕木江西盛隆码头东灯桩 Rongmu Jiang Xishenglong Pier East	21-40.04N 108-24.65E	等明暗红4秒	6.5	3	红白相间条纹玻璃钢结构柱形立标	
8510132.19	榕木江西盛隆码头西灯桩 Rongmu Jiang Xishenglong Pier West	21-39.84N 108-24.24E	等明暗红4秒	6.5	3	红白相间条纹玻璃钢结构柱形立标	
9130070.21	QING LAN AIS 1 虚拟航标 QING LAN AIS No 1	19-32.47N 110-50.50E					MMSI:994136908 发射模式:自主连续播发时间:5分钟
8510133	东湾航道M3灯浮 Dongwan Fairway No M3	21-35.36N 108-21.94E	闪(2+1)红9秒			红绿红横条纹罐形	推荐航道左侧标
8510134	东湾航道M4灯浮 Dongwan Fairway No M4	21-36.07N 108-22.16E	闪绿4秒			绿色锥形	右侧标
8510135	东湾航道M5灯浮 Dongwan Fairway No M5	21-36.22N 108-22.05E	闪红4秒			红色罐形	左侧标
8510140 (4955.521)	东湾航道M2灯浮 Dongwan Fairway No M2	21-35.07N 108-22.01E	快闪(9)白15秒			黄黑黄横条纹标柱形,顶标为黑色顶点相对双锥体	西方位标
8510141	东湾航道M3A灯浮 Dongwan Fairway No M3A	21-35.50N 108-21.92E	快(6)+长闪白15秒			黄黑相间条纹标柱形,顶标为黑色顶点朝下双锥体	南方位标

编 号 No.	名 称 Name	位置 Position	灯 质 Characteristic	灯高 Height	射程 Range	构 造 Structure	附 记 Remarks
8510142	东湾航道M3B灯浮 Dongwan Fairway No M3B	21-35.53N 108-21.79E	甚快(6)+长闪白10秒			黄黑相间条纹标柱形，顶标为黑色顶点朝下双锥体	南方位标
8510143	东湾航道E灯桩 Dongwan Fairway No E	21-35.29N 108-21.56E	等明暗红4秒	11	3	红白相间条纹玻璃钢结构柱形立标;6.0	
8510144	东湾航道F灯桩 Dongwan Fairway No F	21-35.42N 108-21.59E	等明暗红4秒	11	3	红白相间条纹玻璃钢结构柱形立标;6.0	
8510145	东湾航道M2A灯浮 Dongwan Fairway No M2A	21-35.18N 108-21.78E	快闪(3)白10秒			黑黄黑横条纹标柱形，顶标为黑色顶点相背双锥体	东方位标
8510146	东湾航道M6灯浮 Dongwan Fairway No M6	21-36.27N 108-22.23E	闪绿4秒			绿色锥形	右侧标
8510147	东湾航道M7灯浮 Dongwan Fairway No M7	21-36.63N 108-22.32E	闪红4秒			红色罐形	左侧标
8510148	东湾航道M8灯浮 Dongwan Fairway No M8	21-36.57N 108-22.42E	闪绿4秒			绿色锥形	右侧标
8510149	东湾航道M9灯浮 Dongwan Fairway No M9	21-37.25N 108-22.71E	闪绿4秒			绿色锥形	右侧标
8510149.1	东湾航道M10灯浮 Dongwan Fairway No M10	21-37.40N 108-22.68E	甚快(6)+长闪白10秒			黄黑相间横条纹标柱形，顶标为黑色顶点朝下双锥体	南方位标
8510150 (4955.522)	东湾航道C灯桩 Dongwan Fairway No C	21-35.14N 108-21.73E	闪白6秒	15.7	5	白色柱形立标;8.5	
8510160 (4955.523)	东湾航道D灯桩 Dongwan Fairway No D	21-34.98N 108-21.70E	闪白6秒	15.7	5	白色柱形立标;8.5	

编号 No.	名称 Name	位置 Position	灯质 Characteristic	灯高 Height	射程 Range	构造 Structure	附记 Remarks
8510170 (4955.524)	东湾航道M1灯浮 Dongwan Fairway No M1	21-34.90N 108-21.72E	快闪(3)白10秒			黑黄黑横条纹标柱形，顶标为黑色顶点相背双锥体	东方位标
8510180.01 (4955.525)	东湾航道A1灯浮 Dongwan Fairway No A1	21-34.70N 108-21.70E	闪红4秒			红色罐形	左侧标
8510180.02 (4955.526)	东湾航道A2灯浮 Dongwan Fairway No A2	21-34.86N 108-21.64E	闪(2)红6秒			红色罐形	左侧标
8510180.03 (4955.527)	东湾航道A3灯浮 Dongwan Fairway No A3	21-34.96N 108-21.56E	闪(3)红10秒			红色罐形	左侧标
8510190.07	东湾航道7灯浮 Dongwan Fairway No 7	21-34.87N 108-22.13E	闪绿4秒			绿色锥形	右侧标
8510190.08 (4955.53)	东湾航道8灯浮 Dongwan Fairway No 8	21-34.92N 108-22.04E	闪(2+1)红6秒			红绿红横条纹罐形	推荐航道左侧标 AIS应答器
8510190.09 (4955.54)	东湾航道9灯浮 Dongwan Fairway No 9	21-35.23N 108-22.42E	闪(2)绿6秒			绿色锥形	右侧标
8510190.10 (4955.55)	东湾航道10灯浮 Dongwan Fairway No 10	21-35.30N 108-22.31E	闪(2)红6秒			红色罐形	左侧标
8510190.11 (4955.56)	东湾航道11灯浮 Dongwan Fairway No 11	21-35.59N 108-22.69E	闪(3)绿10秒			绿色锥形	右侧标
8510190.12 (4955.57)	东湾航道12灯浮 Dongwan Fairway No 12	21-35.66N 108-22.59E	闪(3)红10秒			红色罐形	左侧标
8510190.13	东湾航道13灯浮 Dongwan Fairway No 13	21-35.84N 108-22.71E	甚快(3)白5秒			黑黄黑横条纹标柱形，顶标为黑色顶点相背双锥体	东方位标
8510190.14 (4955.58)	东湾航道14灯浮 Dongwan Fairway No 14	21-35.96N 108-22.83E	闪红4秒			红色罐形	左侧标

编 号 No.	名 称 Name	位置 Position	灯 质 Characteristic	灯高 Height	射程 Range	构 造 Structure	附 记 Remarks
8510190.16 (4955.591)	东湾航道16灯浮 Dongwan Fairway No 16	21-36.28N 108-23.08E	闪(2)红6秒			红色罐形	左侧标
8510190.17	东湾航道17灯浮 Dongwan Fairway No 17	21-36.14N 108-23.31E	甚快(9)白10秒			黄黑黄横条纹标柱形，顶标为黑色顶点相对双锥体	西方位标
8510191	云约江长科码头西灯桩 Yunyuejiang Changke Pier West lightbeacon	21-36.08N 108-23.51E	等明暗红4秒	7.5	3	红白相间条纹玻璃钢结构柱形立标	
8510192	云约江长科码头东灯桩 Yunyuejiang Changke Pier East lightbeacon	21-36.08N 108-23.60E	等明暗红4秒	7.5	3	红白相间条纹玻璃钢结构柱形立标	
8510193	云约江长科码头K1号灯浮标 Yunyuejiang Changke Pier No K1	21-36.25N 108-23.29E	闪(2+1)绿12秒			绿红绿横条纹锥形	推荐航道右侧标
8510194	云约江长科码头K2号灯浮标 Yunyuejiang Changke Pier No K2	21-36.17N 108-23.40E	快闪白			黑黄相间横条纹标柱形，顶标为黑色顶点朝上双锥体	北方位标
8510195	云约江长科码头K3号灯浮标 Yunyuejiang Changke Pier No K3	21-36.18N 108-23.64E	快闪(9)白15秒			黄黑黄横条纹标柱形，顶标为黑色顶点相对双锥体	西方位标
8510195.01	防城港云约江航道Y1号灯浮 Fangcheng Port Yunyuejiang Channel No Y1	21-36.18N 108-23.23E	闪绿4秒			绿色锥形	右侧标
8510195.02	防城港云约江航道Y2号灯浮 Fangcheng Port Yunyuejiang Channel No Y2	21-36.28N 108-23.36E	闪绿4秒			绿色锥形	右侧标

编 号 No.	名 称 Name	位置 Position	灯 质 Characteristic	灯高 Height	射程 Range	构 造 Structure	附 记 Remarks
8510195.03	防城港云约江航道Y3号灯浮 Fangcheng Port Yunyuejiang Channel No Y3	21-36.34N 108-23.58E	闪红4秒			红色罐形	左侧标
8510195.04	防城港云约江航道Y4号灯浮 Fangcheng Port Yunyuejiang Channel No Y4	21-36.34N 108-24.51E	闪红4秒			红色罐形	左侧标
8510195.05	防城港云约江航道Y5号灯浮 Fangcheng Port Yunyuejiang Channel No Y5	21-36.28N 108-24.51E	闪绿4秒			绿色锥形	右侧标
8510195.06	防城港云约江航道Y6号灯浮 Fangcheng Port Yunyuejiang Channel No Y6	21-36.34N 108-25.66E	闪红4秒			红色罐形	左侧标
8510195.07	防城港云约江航道Y7号灯浮 Fangcheng Port Yunyuejiang Channel No Y7	21-36.28N 108-25.66E	闪绿4秒			绿色锥形	右侧标
8510200.01 (4955.592)	东湾航道LB1灯桩 Dongwan Fairway No LB1	21-35.65N 108-23.02E	长闪绿3秒	7	5	白色金属结构柱形立标;1.5	
8510200.02 (4955.593)	东湾航道LB2灯桩 Dongwan Fairway No LB2	21-35.81N 108-23.11E	长闪绿3秒	19	5	白色金属结构柱形立标;1.5	导标雷达应答器：信号Y（－.－－）两灯一线：315°01′58″
8510210.18 (4955.595)	东湾航道18灯浮 Dongwan Fairway No 18	21-37.44N 108-24.21E	闪(3)红10秒			红色罐形	左侧标
8510210.19 (4955.596)	东湾航道19灯浮 Dongwan Fairway No 19	21-37.56N 108-24.44E	闪绿4秒			绿色锥形	右侧标

编 号 No.	名 称 Name	位置 Position	灯 质 Characteristic	灯高 Height	射程 Range	构 造 Structure	附 记 Remarks
8510210.20 (4955.597)	东湾航道20灯浮 Dongwan Fairway No 20	21-37.81N 108-24.72E	闪(2)红6秒			红色罐形	左侧标
8510210.21 (4955.598)	东湾航道21灯浮 Dongwan Fairway No 21	21-38.17N 108-25.00E	闪红4秒			红色罐形	左侧标
8510220 (4955.6)	防城港平石引导灯桩前 Fangcheng Gang Pingshi Ldg Lts, Front	21-34.70N 108-19.20E	闪白3秒			白色砖石结构柱形立标	导标两灯一线:326°40′
8510230 (4955.61)	防城港平石引导灯桩后 Fangcheng Gang Pingshi Ldg Lts, Rear	21-34.90N 108-19.10E	定白			白色砖石结构柱形立标	导标
8510240 (4956)	三牙引导灯桩前 Sanya Ldg Lts, Front	21-32.77N 108-20.21E	闪(3)白6秒	7.5	6	白色砖石结构柱形立标	导标两灯一线:170°06′
8510250 (4957)	三牙引导灯桩后 Sanya Ldg Lts, Rear	21-32.50N 108-20.26E	定白	12.9	6	白色砖石结构柱形立标	导标
8510260 (4958)	新西贤引导灯桩前 Xinxixian Ldg Lts, Front	21-34.70N 108-19.24E	闪(3)白6秒	10.3	6	白色砖石结构柱形立标	导标两灯一线:317°24′
8510270 (4959)	新西贤引导灯桩后 Xinxixian Ldg Lts, Rear	21-34.89N 108-19.05E	定白	17.9	6	白色砖石结构柱形立标	导标
8510271	西贤灯桩 Xixian	21-34.19N 108-18.59E	闪白4秒	9.8	3	白色混凝土结构柱形立标;8.8	
8510272	万欧独石灯桩 Wanoudu Shi	21-32.01N 108-16.34E	闪白4秒	8.8	3	红白相间条纹玻璃钢结构柱形立标;7.8	
8510273	白沙湾灯桩 Baisha Wan	21-31.23N 108-15.31E	闪白4秒	8.8	3	红白相间条纹玻璃钢结构柱形立标;7.8	
8510274	白龙怪石滩灯桩 Bailongguai Shitan	21-29.86N 108-12.67E	闪白4秒	8.8	3	红白相间条纹玻璃钢结构柱形立标;7.8	

编 号 No.	名 称 Name	位置 Position	灯 质 Characteristic	灯高 Height	射程 Range	构 造 Structure	附 记 Remarks
8510275	老鼠墩灯桩 Laoshu Dun	21-38.75N 108-20.54E	闪白4秒	6.8	3	红白相间条纹玻璃钢结构柱形立标;5.8	
8510276	金滩灯桩 Jintan	21-31.10N 108-06.93E	闪白4秒	8.8	3	白色玻璃钢结构柱形立标;7.8	
8510277	大洲墩灯桩 Dazhou Dun	21-39.86N 108-20.82E	闪白4秒	6.5	3	红白相间条纹玻璃钢结构柱形立标;5.6	
8510278	珍珠港东沙头灯桩 Zhenzhu Gang E Shatou	21-31.97N 108-11.30E	闪白4秒	8	3	红白相间条纹玻璃钢结构柱形立标;7.2	
8510280 (4960)	马鞍头引导灯桩前 Ma'an Tou Ldg Lts, Front	21-36.81N 108-19.15E	闪(3)白6秒	10.3		白色砖石结构柱形立标	导标两灯一线: 339 ° 16′ 20″
8510290 (4961)	马鞍头引导灯桩后 Ma'an Tou Ldg Lts, Rear	21-36.99N 108-19.08E	定白	16.5		白色砖石结构柱形立标	导标
8510300 (4961.1)	龙孔墩引导灯桩前 Longkong Dun Ldg Lts, Front	21-37.74N 108-19.93E	闪(3)白6秒		4	白色砖石结构柱形立标;13.0	导标两灯一线: 016 ° 09′ 38″
8510310 (4961.11)	龙孔墩引导灯桩后 Longkong Dun Ldg Lts, Rear	21-37.94N 108-19.99E	定白		4	白色砖石结构柱形立标;17.8	导标
8510320 (4962)	将军山引导灯桩前 Jiangjun Shan Ldg Lts, Front	21-37.36N 108-19.36E	闪(3)白6秒	20.2		白色砖石结构柱形立标	导标两灯一线: 350 ° 06′
8510321	将军山灯桩 Jiangjun shan	21-37.26N 108-19.31E	闪白4秒	7.8	3	柱形立标	
8510322	马鞍山灯桩 Ma'an shan	21-37.12N 108-19.23E	闪白4秒	7.8	3	柱形立标	
8510330 (4963)	将军山引导灯桩后 Jiangjun Shan Ldg Lts, Rear	21-38.02N 108-19.24E	定白	30.7		白色砖石结构柱形立标	导标

编号 No.	名称 Name	位置 Position	灯质 Characteristic	灯高 Height	射程 Range	构造 Structure	附记 Remarks
8510340 (4963.001)	防城港海警码头堤头灯桩 Fangcheng Gang Coast Guard Pier Head	21-37.57N 108-19.02E	闪白4秒	7.5	3	红白相间条纹柱形立标;6.0	
8510340.01 (4963.011)	防城港H1灯浮 Fangcheng Gang No H1	21-36.77N 108-19.49E	闪红4秒			红色罐形	左侧标
8510340.02 (4963.012)	防城港H2灯浮 Fangcheng Gang No H2	21-36.92N 108-19.54E	闪(2+1)红12秒			红绿红横条纹罐形	推荐航道左侧标
8510340.03 (4963.013)	防城港H3灯浮 Fangcheng Gang No H3	21-36.95N 108-19.45E	闪(2)红6秒			红色罐形	左侧标
8510340.04 (4963.014)	防城港H4灯浮 Fangcheng Gang No H4	21-37.26N 108-19.19E	闪(3)绿10秒			绿色锥形	右侧标
8510340.05 (4963.015)	防城港H5灯浮 Fangcheng Gang No H5	21-37.36N 108-19.13E	闪(2)绿6秒			绿色锥形	右侧标
8510340.07 (4963.017)	防城港H7灯浮 Fangcheng Gang No H7	21-37.50N 108-19.14E	闪绿4秒			绿色锥形	右侧标
8510340.08 (4963.018)	防城港H8灯浮 Fangcheng Gang No H8	21-37.60N 108-19.23E	甚快(9)白10秒			黄黑黄横条纹标柱形,顶标为黑色顶点相对双锥体	西方位标
8510350 (4963.1)	猪仔石灯桩 Zhuzai Shi	21-41.20N 108-20.30E	闪红4秒	2.1	5	红色砖石结构柱形立标,顶标为红色圆柱形;6.9	左侧标
8510351	小洲墩灯桩 Xiaozhou Dun	21-40.41N 108-21.04E	闪(2)白6秒	6.8	3	红白相间横条纹玻璃钢结构柱形立标;4.4	
8510360 (4963.2)	大基围灯桩 Dajiwei	21-42.80N 108-20.10E	闪红4秒	2.5	5	红色砖石结构柱形立标,顶标为红色圆柱形;6.2	左侧标
8510370 (4963.3)	江平江口灯桩 Jiangping Jiang Kou	21-36.04N 108-11.74E	闪绿4秒	2.2	5	绿色砖石结构柱形立标,顶标为绿色尖向上锥形;6.6	右侧标

编号 No.	名称 Name	位置 Position	灯质 Characteristic	灯高 Height	射程 Range	构造 Structure	附记 Remarks
8510371	万茶灯桩 Wancha	21-33.17N 108-14.67E	闪白4秒	8.8	3	红白相间横条纹玻璃钢结构柱形立标;6.0	
8510380 (4963.4)	龟蓬石灯桩 Guipeng Shi	21-36.15N 108-09.84E	闪红4秒	2.2	5	红色砖石结构柱形立标，顶标为红色圆柱形;6.5	左侧标
8510390 (4963.5)	响水龙沟口灯桩 Xiangshuilonggou Kou	21-36.18N 108-09.63E	闪绿4秒	2.2	5	绿色砖石结构柱形立标，顶标为绿色尖向上锥形;6.5	右侧标
8510400 (4964)	三牙石灯桩 Sanya Shi	21-30.76N 108-20.19E	闪(2)白5秒	11	8	黑红黑横条纹柱形立标，顶标为黑色双球体	孤立危险物立标 AIS应答器
8510420 (4964.1)	(万)欧港口灯桩 Wan'ou Gang kou	21-31.91N 108-16.03E	闪白4秒		6	金属结构柱形立标	
8510430 (4965)	(万)欧灯桩 Wan'ou	21-31.98N 108-15.92E	闪白3秒	32	6	白色砖石结构柱形立标;10.0	停止发光
8510440 (4966)	小双石灯桩 Xiaoshuang Shi	21-31.97N 108-13.34E	闪(2)白5秒	9.7	6	黑红黑横条纹柱形立标，顶标为黑色双球体;12.0	孤立危险物立标
8510450.01 (4967)	珍珠港1灯浮 Zhenzhu Gang No 1	21-30.05N 108-12.11E	闪绿4秒			绿色锥形	右侧标
8510450.02 (4968)	珍珠港2灯浮 Zhenzhu Gang No 2	21-31.01N 108-12.79E	闪(2)绿6秒			绿色锥形	右侧标
8510450.03 (4969)	珍珠港3灯浮 Zhenzhu Gang No 3	21-31.17N 108-12.61E	闪红4秒			红色罐形	左侧标
8510460 (4970)	白须公礁灯塔 Baixugong Jiao	21-23.30N 108-12.44E	闪白4秒	22.3	18	白色混凝土结构;19.0	雷达应答器：信号B(- . . .)
8510461	华电4灯浮 Huadian 4	21-20.21N 108-12.02E	莫(0) 黄12秒			黄色标柱形，顶标为黄色“X”形	海上作业区专用标

编号 No.	名称 Name	位置 Position	灯质 Characteristic	灯高 Height	射程 Range	构造 Structure	附记 Remarks
8510461.01	华电4号测1灯桩 Huadian No 4 Ce No 1	21-20.21N 108-12.02E	莫(U)白15秒	8.3	10	黄色金属结构，顶标为黄色“X”形	雷达应答器：信号D(- . .)
8510461.02	华电4号测2灯桩 Huadian No 4 Ce No 2	21-20.21N 108-12.02E	莫(U)红15秒	8.3	3	黄色金属结构柱形立标	
8510461.03	华电4号测3灯桩 Huadian No 4 Ce No 3	21-20.21N 108-12.02E	莫(U)红15秒	8.3	3	黄色金属结构柱形立标	
8510461.04	华电4号测4灯桩 Huadian No 4 Ce No 4	21-20.21N 108-12.02E	莫(U)红15秒	8.3	3	黄色金属结构柱形立标	
8510470 (4970.1)	白须公礁东灯浮 Baixugong Jiao E	21-23.52N 108-13.54E	闪(2)白5秒			黑红黑横条纹标柱形，顶标为黑色双球体	孤立危险物浮标
8510480 (4971)	白龙尾灯塔 Bailongwei	21-30.07N 108-13.12E	闪白4秒	90	18		
8510490 (4971.5)	海洋环境监测01灯浮 Ocean Environment Monitor No 1	21-28.90N 108-06.02E	莫(0)黄12秒			黄色标柱形，顶标为黄色“X”形	海上作业区专用标
8510500 (4972)	东兴港竹山沙口灯浮 Dongxing Gang Zhushansha Kou	21-27.40N 108-06.40E				绿色标柱形	右侧标
8510510 (4973)	东兴港二口沙灯浮 Dongxing Gang Erkou Sha	21-28.10N 108-05.90E				红色标柱形	左侧标
8510520 (4973.1)	东兴港榕树头坜口灯浮 Dongxing Gang Rongshutouli Kou	21-29.60N 108-05.30E				绿色标柱形	右侧标
8510530 (4973.2)	东兴港红沙头边灯浮 Dongxing Gang Hongshatoubian	21-30.40N 108-04.80E				绿色标柱形	右侧标

编 号 No.	名 称 Name	位置 Position	灯 质 Characteristic	灯高 Height	射程 Range	构 造 Structure	附 记 Remarks
8510540 (4974)	东兴港黄蠔墩灯桩 Dongxing Gang Huanghao Dun	21-31.05N 108-03.85E	闪绿4秒	4.5	3	绿色砖石结构柱形立标，顶标为绿色尖向上锥形;6.7	右侧标AIS应答器
8510550 (4974.01)	北仑河口竹山门口大沙头灯桩 Beilunhe Kou Zhushanmen Kou Dasha Tou	21-32.60N 108-02.90E				绿色柱形立标	右侧标
8510560	北仑河虾捞墩灯桩 Beilunhe Xialao Dun	21-32.69N 108-02.50E	闪绿4秒	4.5	3	柱形立标	
8510570	北仑河扭鸡石灯桩 Beilunhe Niuji Shi	21-32.86N 108-02.08E	闪绿4秒	4.5	3	柱形立标	
8510580	北仑河长潭口灯桩 Beilunhe Changtan Kou	21-32.91N 108-01.68E	闪绿4秒	4.5	3	柱形立标	
8510590 (4974.05)	北仑河滑滩灯桩 Beilunhe Huatan	21-32.70N 107-59.40E				红色柱形立标	左侧标
8510600 (4974.06)	北仑河口灰窑沟口灯桩 Beilunhe Kou Huiyaogou Kou	21-32.60N 107-59.10E				红色柱形立标	左侧标
8510610 (4974.07)	北仑河摸捻滩底灯桩 Beilunhe Monian Tandi	21-32.60N 107-59.00E				红色柱形立标	左侧标
8540440.01	马鞍岭旅游码头L1灯浮 Ma'anling Lvyou Pier L1	21-36.24N 108-19.36E	闪(2-1)红6秒			红绿红横条纹罐形	推荐航道左侧标

编号 No.	名称 Name	位置 Position	灯质 Characteristic	灯高 Height	射程 Range	构造 Structure	附记 Remarks

海口港
HAI KOU GANG

编号 No.	名称 Name	位置 Position	灯质 Characteristic	灯高 Height	射程 Range	构造 Structure	附记 Remarks
9100463.01	海口帆船基地1灯桩 Haikou Sailing Base No 1	20-01.68N 110-16.17E	莫(0)黄12秒			绿白相间条纹金属结构柱形立标	
9100463.02	海口帆船基地2灯桩 Haikou Sailing Base No 2	20-01.75N 110-15.84E	莫(0)黄12秒			白色金属结构柱形立标	
9110010 (4974.2)	海洋监测SF201灯浮 Ocean Monitor No SF201	21-41.00N 118-10.99E	莫(0)黄12秒			黄色标柱形，顶标为黄色“X”形	海上作业区专用标
9110020 (4974.3)	SF202灯浮 No SF202	20-41.00N 117-50.00E	莫(0)黄12秒			黄色标柱形，顶标为黄色“X”形	海上作业区专用标雷达不显见
9110030 (4974.4)	A2灯浮 No A2	20-41.43N 115-36.90E	莫(0)黄12秒			黄色标柱形，顶标为黄色“X”形	海上作业区专用标
9110040 (4974.5)	实验A1灯浮 Experimental No A1	20-41.50N 115-36.50E	莫(0)黄12秒			黄色标柱形，顶标为黄色“X”形	海上作业区专用标
9110050.01	DONG-AH 101 虚拟航标 DONG-AH 101	19-56.16N 115-37.15E	莫(0)黄12秒			黄色标柱形，顶标为黄色“X”形	海上作业区专用标
9110050.02 (4974.7)	南海2灯浮 South China Sea No 2	19-48.54N 115-32.64E	莫(0)黄12秒			黄色标柱形，顶标为黄色“X”形	海上作业区专用标
9110060 (4974.8)	海洋资料观测灯浮 Ocean Data Collecting Observation	21-28.99N 113-59.03E	莫(0)黄12秒			黄色标柱形，顶标为黄色“X”形	海上作业区专用标
9110070 (4974.9)	海洋资料20灯浮 Ocean Data Collecting No 20	20-59.99N 114-00.03E	莫(0)黄12秒			黄色标柱形，顶标为黄色“X”形	海上作业区专用标

编 号 No.	名 称 Name	位置 Position	灯 质 Characteristic	灯高 Height	射程 Range	构 造 Structure	附 记 Remarks
9110080.01 (4975)	琼州海峡中水道1灯浮 Qiongzhou Strait M Channel No 1	20-15.39N 111-04.36E	莫(A)白6秒			红白相间竖条纹标柱形，顶标为红色球体形	安全水域浮标AIS应答器
9110080.02 (4975.1)	琼州海峡中水道2灯浮 Qiongzhou Strait M Channel No 2	20-14.79N 110-59.90E	闪红4秒			红色标柱形，顶标为红色圆柱形	左侧标
9110080.03 (4975.2)	琼州海峡中水道3灯浮 Qiongzhou Strait M Channel No 3	20-15.79N 110-59.90E	闪绿4秒			绿色标柱形，顶标为绿色尖向上锥形	右侧标
9110080.04 (4975.3)	琼州海峡中水道4灯浮 Qiongzhou Strait M Channel No 4	20-14.82N 110-55.03E	闪(2)红6秒			红色标柱形，顶标为红色圆柱形	左侧标
9110080.05 (4975.4)	琼州海峡中水道5灯浮 Qiongzhou Strait M Channel No 5	20-15.82N 110-55.03E	闪(2)绿6秒			绿色标柱形，顶标为绿色尖向上锥形	右侧标
9110080.06 (4975.5)	琼州海峡中水道6灯浮 Qiongzhou Strait Middle Passage No 6	20-14.29N 110-52.43E	闪(3)红10秒			红色标柱形，顶标为红色圆柱形	左侧标
9110080.07 (4975.6)	琼州海峡中水道7灯浮 Qiongzhou Strait Middle Passage No 7	20-15.24N 110-52.33E	闪(3)绿10秒			绿色标柱形，顶标为绿色尖向上锥形	右侧标
9110080.08 (4975.7)	琼州海峡中水道8灯浮 Qiongzhou Strait M Channel No 8	20-13.59N 110-49.23E	闪红4秒			红色标柱形，顶标为红色圆柱形	左侧标
9110080.09 (4975.8)	琼州海峡中水道9灯浮 Qiongzhou Strait M Channel No 9	20-14.59N 110-49.23E	闪绿4秒			混凝土结构；29.9	右侧标
9110080.10 (4975.9)	琼州海峡中水道10灯浮 Qiongzhou Strait M Channel No 10	20-13.69N 110-46.03E	闪(2)红6秒			红色标柱形，顶标为红色圆柱形	左侧标
9110080.11 (4976)	琼州海峡中水道11灯浮 Qiongzhou Strait M Channel No 11	20-14.69N 110-46.03E	闪(2)绿6秒			绿色标柱形，顶标为绿色尖向上锥形	右侧标AIS应答器

编号 No.	名称 Name	位置 Position	灯质 Characteristic	灯高 Height	射程 Range	构造 Structure	附记 Remarks
9110080.12 (4976.1)	琼州海峡中水道12灯浮 Qiongzhou Strait M Channel No 12	20-13.69N 110-43.43E	闪(3)红10秒			红色标柱形，顶标为红色圆柱形	左侧标
9110080.13 (4976.2)	琼州海峡中水道13灯浮 Qiongzhou Strait M Channel No 13	20-14.79N 110-43.43E	闪(3)绿10秒			绿色标柱形，顶标为绿色尖向上锥形	右侧标AIS应答器
9110080.14 (4976.3)	琼州海峡中水道14灯浮 Qiongzhou Strait M Channel No 14	20-13.69N 110-39.03E	闪红4秒			红色标柱形，顶标为红色圆柱形	水产作业区专用标
9110080.15 (4976.4)	琼州海峡中水道15灯浮 Qiongzhou Strait M Channel No 15	20-14.79N 110-39.03E	闪绿4秒			绿色标柱形，顶标为绿色尖向上锥形	右侧标
9110080.16 (4976.5)	琼州海峡中水道16灯浮 Qiongzhou Strait M Channel No 16	20-13.79N 110-34.53E	闪(2)红6秒			红色标柱形，顶标为红色圆柱形	左侧标
9110080.17 (4976.6)	琼州海峡中水道17灯浮 Qiongzhou Strait M Channel No 17	20-14.79N 110-34.53E	闪(2)绿6秒			绿色标柱形，顶标为绿色尖向上锥形	右侧标
9110080.18 (4976.7)	琼州海峡中水道18灯浮 Qiongzhou Strait M Channel No 18	20-13.79N 110-30.03E	闪(3)红10秒			红色标柱形，顶标为红色圆柱形	左侧标
9110080.19 (4976.8)	琼州海峡中水道19灯浮 Qiongzhou Strait M Channel No 19	20-14.89N 110-30.03E	闪(3)绿10秒			绿色标柱形，顶标为绿色尖向上锥形	右侧标
9110080.20 (4976.81)	琼州海峡中水道20灯浮 Qiongzhou Strait M Channel No 20	20-12.81N 110-28.02E	闪红4秒			红色标柱形，顶标为红色圆柱形	左侧标
9110080.21 (4976.82)	琼州海峡中水道21灯浮 Qiongzhou Strait M Channel No 21	20-14.40N 110-27.83E	闪绿4秒			绿色标柱形，顶标为绿色尖向上锥形	右侧标
9110080.22 (4976.83)	琼州海峡中水道22灯浮 Qiongzhou Strait M Channel No 22	20-11.84N 110-26.02E	闪(2)红6秒			红色标柱形，顶标为红色圆柱形	左侧标

编号 No.	名称 Name	位置 Position	灯质 Characteristic	灯高 Height	射程 Range	构造 Structure	附记 Remarks
9110080.23 (4976.84)	琼州海峡中水道23灯浮 Qiongzhou Strait M Channel No 23	20-13.92N 110-25.64E	闪(2)绿6秒			绿色标柱形，顶标为绿色尖向上锥形	右侧标AIS应答器
9110090.01 (4981.1)	琼州海峡北水道1灯浮 Qiongzhou Strait N Channel No 1	20-30.99N 110-56.63E	莫(K)黄12秒			黄色标柱形，顶标为黄色“X”形	分道通航专用标 雷达应答器：信号Q(- - . -) AIS应答器
9110090.02 (4981.11)	琼州海峡北水道2灯浮 Qiongzhou Strait N Channel No 2	20-27.71N 110-54.23E	莫(K)黄12秒			黄色标柱形，顶标为黄色“X”形	分道通航专用标 AIS应答器
9110090.03 (4981.12)	琼州海峡北水道3灯浮 Qiongzhou Strait N Channel No 3	20-25.71N 110-52.43E	莫(K)黄12秒			黄色标柱形，顶标为黄色“X”形	分道通航专用标 AIS应答器
9110090.04 (4981.13)	琼州海峡北水道4灯浮 Qiongzhou Strait N Channel No 4	20-24.19N 110-52.28E	莫(K)黄12秒			黄色标柱形，顶标为黄色“X”形	分道通航专用标 AIS应答器
9110090.05 (4981.14)	琼州海峡北水道5灯浮 Qiongzhou Strait N Channel No 5	20-23.39N 110-50.53E	莫(K)黄12秒			黄色标柱形，顶标为黄色“X”形	分道通航专用标 AIS应答器
9110090.06 (4981.15)	琼州海峡北水道6灯浮 Qiongzhou Strait N Channel No 6	20-20.91N 110-49.33E	莫(K)黄12秒			黄色标柱形，顶标为黄色“X”形	分道通航专用标 AIS应答器
9110090.061 (4981.151)	琼州海峡北水道6A灯浮 Qiongzhou Strait N Channel No 6A	20-21.08N 110-48.56E	快闪(3)白10秒		4	黑黄黑横条纹标柱形，顶标为黑色顶点相背双锥体	东方位标AIS应答器
9110090.07 (4981.16)	琼州海峡北水道7灯浮 Qiongzhou Strait N Channel No 7	20-17.59N 110-46.93E	莫(K)黄12秒			黄色标柱形，顶标为黄色“X”形	分道通航专用标 AIS应答器
9110091	近海渔场水文气象浮标灯浮 Offshore Fisheries Hydrometeorological Buoy	20-34.38N 111-16.52E	莫(0)黄12秒			黄色标柱形，顶标为黄色“X”形	海上作业区专用标
9110099	湖心港灯桩 Huxin Gang	20-00.62N 110-54.97E	等明暗红2秒	5	3	红色柱形立标;4.0	

编号 No.	名称 Name	位置 Position	灯质 Characteristic	灯高 Height	射程 Range	构造 Structure	附记 Remarks
9110100 (4982)	**抱虎角灯塔（有）** Baohu Jiao (Watched)	20-00.13N 110-56.00E	闪白6秒	53.7	18	白色混凝土结构;26.0	雷达应答器: 信号C(- . - .) AIS基站
9110110 (4982.1)	**北峙（北峙岛）灯塔** Beizhi (Beizhi Dao)	19-58.92N 111-16.18E	等明暗白2秒	180.6	15	白色混凝土结构;6.5	雷达应答器：信号X(- . . -)
9110115 (4982.104)	平士岛灯柱灯桩 Pingshi Dao	19-57.63N 111-14.97E	闪(3)白8秒	29	8	白色金属结构柱形立标;9.3	
9110116	灯士岛灯桩 Dengshi Dao	19-58.16N 111-15.90E	闪(3)红8秒	9	5	红白相间横条纹金属结构柱形立标;6.0	
9110117	赤士岛灯桩 Chishi Dao	19-55.68N 111-11.89E	闪红3秒	8	5	红色金属结构柱形立标;6.0	停止发光
9110118	双帆岛灯桩 Shuangfan Dao	19-53.11N 111-12.68E	闪白4秒	13	5	白色金属结构柱形立标;6.0	
9110120 (4982.11)	南士岛灯桩 Nanshi Dao	19-54.39N 111-11.96E	闪(2)白4秒	55	10	白色金属结构柱形立标;9.5	
9110120.001	双帆石 虚拟航标 SHUANGFANSHI	19-53.21N 111-12.60E					
9110129.01	海探灯浮 Haitan	19-20.88N 111-49.81E	闪(3)黄12秒			黄色超大形浮标	
9110129.02	海探灯浮 Haitan	19-00.20N 110-59.73E	闪(3)黄12秒			黄色超大形浮标	
9110129.03	海探灯浮 Haitan	19-12.11N 111-11.98E	闪(3)黄12秒			黄色超大形浮标	
9110129.04	海探灯浮 Haitan	18-30.54N 110-59.81E	闪(3)黄12秒			黄色超大形浮标	
9110129.05	海探灯浮 Haitan	19-38.08N 111-31.81E	闪(3)黄12秒			黄色超大形浮标	

编 号 No.	名 称 Name	位置 Position	灯 质 Characteristic	灯高 Height	射程 Range	构 造 Structure	附 记 Remarks
9110130 (4982.2)	实验W1灯浮 Experimental No W1	19-40.54N 112-19.66E	莫(0)黄12秒			黄色标柱形，顶标为黄色“X”形	海上作业区专用标
9110140 (4983)	抱虎港灯桩 Baohu Gang	19-59.42N 110-51.39E	闪白4秒	15	6	白色砖石结构柱形立标;9.2	
9110141.01	文昌测风塔1警戒灯桩 Wenchang Wind Gauge Tower Warning No 1	19-57.61N 111-02.54E	莫(C)黄12秒			黄色柱形立标，顶标为黄色“X”形	水中构筑物专用标同步闪
9110141.02	文昌测风塔2警戒灯桩 Wenchang Wind Gauge Tower Warning No 2	19-57.60N 111-02.54E	莫(C)黄12秒			黄色柱形立标，顶标为黄色“X”形	水中构筑物专用标同步闪
9110141.03	文昌测风塔3警戒灯桩 Wenchang Wind Gauge Tower Warning No 3	19-57.60N 111-02.54E	莫(C)黄12秒			黄色柱形立标，顶标为黄色“X”形	水中构筑物专用标同步闪
9110142.01	灵产港1灯桩 Lingchan Gang No 1	19-57.86N 110-57.24E	闪绿3秒	5.5	3	绿色金属结构柱形立标;4.0	
9110142.02	灵产港2灯桩 Lingchan Gang No 2	19-57.81N 110-57.21E	闪红3秒	5.5	3	红色金属结构柱形立标;4.0	
9110150 (4984)	潮滩角（三豆角）灯桩 Chaotan Jiao (Sandou Jiao)	20-02.65N 110-45.70E	闪白4秒	16.5	6	白色砖石结构柱形立标;10.0	
9110160 (4985)	南水道3灯浮 S Channel No 3	20-09.79N 110-42.73E				绿色标柱形，顶标为绿色尖向上锥形	右侧标
9110170 (4986)	南水道2灯浮 S Channel No 2	20-08.45N 110-42.84E				红色标柱形，顶标为红色圆柱形	左侧标
9110180 (4987)	南水道1灯浮 S Channel No 1	20-07.21N 110-44.76E				红色标柱形，顶标为红色圆柱形	左侧标
9110190 (4988)	木栏头灯桩 Mulan Tou	20-10.05N 110-41.30E				混凝土结构，顶标为黑色圆柱形	
9110191	海南角灯桩 Hainan Jiao	20-10.02N 110-41.30E	闪白3秒	5	4	红白相间横条纹金属结构柱形立标;3.0	

编 号 No.	名 称 Name	位置 Position	灯 质 Characteristic	灯高 Height	射程 Range	构 造 Structure	附 记 Remarks
9110200 (4989)	木栏头（海南角）灯塔 Mulan Tou (Hainan Jiao)	20-09.61N 110-41.08E	闪(2)白15秒	88.4	25	白色混凝土结构;72.1	备用灯:闪(2)白15秒20海里;AIS基站
9110201	星峙灯桩 Xingzhi	20-09.09N 110-40.09E	闪(2)白4秒	9.5	4	白色金属结构柱形立标;6.0	
9110202	木栏港灯桩 Mulan Gang	20-08.49N 110-40.58E	等明暗红4秒	8.5	4	红白相间横条纹金属结构柱形立标;6.0	
9110210 (4991)	林梧港灯桩 Linwu Gang	20-06.38N 110-38.76E	闪白4秒	18.8	6	白色柱形立标;9.8	
9110211	林梧西岬角灯桩 Linwu Xijia Jiao	20-06.63N 110-35.69E	等明暗白4秒	7.5	4	白色金属结构柱形立标;6.0	
9110212	新埠角灯桩 Xinbu Jiao	20-05.64N 110-34.06E	闪(2)白6秒	12	8	白色混凝土结构柱形立标;10.6	
9110215.01	海口东牧场1灯浮 Haikou Dongmuchang No 1	20-06.42N 110-29.42E	莫（F）黄12秒			黄色标柱形，顶标为黄色“X”形	水产作业区专用标AIS应答器：名称：HKD MU CHANG 1 MMSI：994121828
9110215.02	海口东牧场2灯浮 Haikou Dongmuchang No 2	20-06.42N 110-29.93E	莫（F）黄12秒			黄色标柱形，顶标为黄色“X”形	水产作业区专用标AIS应答器：名称：HKD MU CHANG 2 MMSI：994121829
9110215.03	海口东牧场3灯浮 Haikou Dongmuchang No 3	20-06.80N 110-29.88E	莫（F）黄12秒			黄色标柱形，顶标为黄色“X”形	水产作业区专用标AIS应答器：名称：HKD MU CHANG 3 MMSI：994121830
9110215.04	海口东牧场4灯浮 Haikou Dongmuchang No 4	20-06.80N 110-29.42E	莫（F）黄12秒			黄色标柱形，顶标为黄色“X”形	水产作业区专用标AIS应答器：名称：HKD MU CHANG 4 MMSI：994121831

编 号 No.	名 称 Name	位置 Position	灯 质 Characteristic	灯高 Height	射程 Range	构 造 Structure	附 记 Remarks
9110220.01 (4992)	铺前港进口1灯浮 Puqian Gang Entrance No 1	20-03.44N 110-32.70E	闪绿4秒			绿色标柱形，顶标为绿色尖向上锥形	右侧标
9110220.02 (4993)	铺前港进口2灯浮 Puqian Gang Entrance No 2	20-02.69N 110-33.31E	闪红4秒			红色标柱形，顶标为红色圆柱形	左侧标
9110230 (4994)	铺前港石角灯桩 Puqian Gang Shijiao	20-02.29N 110-33.95E	闪白4秒	7.6	6	白色砖石结构柱形立标;8.0	
9110250.03 (4995)	铺前港3灯浮 Puqian Gang No 3	20-02.00N 110-33.86E	闪(2)绿6秒			绿色标柱形，顶标为绿色尖向上锥形	右侧标
9110250.04	铺前港4灯浮 Puqian Gang No 4	20-01.49N 110-34.28E	闪(3)绿10秒			绿色标柱形，顶标为绿色尖向上锥形	右侧标
9110270.01 (4997)	铺前港避风锚地1灯桩 Puqian Gang Shelter No 1	20-00.83N 110-35.04E				绿色，顶标为绿色尖向上锥形;5.0	右侧标
9110270.02 (4998)	铺前港避风锚地2灯桩 Puqian Gang Shelter No 2	20-00.92N 110-35.77E				绿色，顶标为绿色尖向上锥形;5.0	右侧标
9110280 (4999)	东营港灯桩 Dongying Gang	20-03.43N 110-25.19E				砖石结构柱形立标;13.0	停止发光
9110290 (5000)	沙上港灯桩 Shashang Gang	20-04.42N 110-22.81E				白色砖石结构柱形立标;12.7	停止发光
9110291.01	新东大桥1灯桩 Xindong Bridge No 1	20-04.16N 110-22.42E	快闪黄			柱形立标	桥墩警示标
9110291.02	新东大桥2灯桩 Xindong Bridge No 2	20-04.15N 110-22.41E	快闪黄			柱形立标	桥墩警示标
9110291.03	新东大桥3灯桩 Xindong Bridge No 3	20-04.17N 110-22.39E	定红			柱形立标	桥孔禁航标
9110291.04	新东大桥4灯桩 Xindong Bridge No 4	20-04.15N 110-22.40E	闪红4秒			柱形立标	桥孔左侧标

编 号 No.	名 称 Name	位置 Position	灯 质 Characteristic	灯高 Height	射程 Range	构 造 Structure	附 记 Remarks
9110291.05	新东大桥5灯桩 Xindong Bridge No 5	20-04.17N 110-22.37E	快闪黄			柱形立标	桥墩警示标
9110291.06	新东大桥6灯桩 Xindong Bridge No 6	20-04.15N 110-22.39E	定绿			柱形立标	单向通航桥孔标
9110291.07	新东大桥7灯桩 Xindong Bridge No 7	20-04.18N 110-22.36E	闪红4秒			柱形立标	桥孔左侧标
9110291.08	新东大桥8灯桩 Xindong Bridge No 8	20-04.16N 110-22.37E	闪绿4秒			柱形立标	桥孔右侧标
9110291.09	新东大桥9灯桩 Xindong Bridge No 9	20-04.18N 110-22.34E	定绿			柱形立标	单向通航桥孔标
9110291.10	新东大桥10灯桩 Xindong Bridge No 10	20-04.16N 110-22.36E	快闪黄			柱形立标	桥墩警示标
9110291.11	新东大桥11灯桩 Xindong Bridge No 11	20-04.19N 110-22.33E	闪绿4秒			柱形立标	桥孔右侧标
9110291.12	新东大桥12灯桩 Xindong Bridge No 12	20-04.17N 110-22.34E	定红			柱形立标	桥孔禁航标
9110291.13	新东大桥13灯桩 Xindong Bridge No 13	20-04.19N 110-22.32E	快闪黄			柱形立标	桥墩警示标
9110291.14	新东大桥14灯桩 Xindong Bridge No 14	20-04.17N 110-22.31E	快闪黄			柱形立标	桥墩警示标
9110300 (5000.005)	白沙门排污灯桩 Baishamen Waste Discharging	20-04.64N 110-19.58E	莫(C)黄12秒	10.5	4	红白相间横条纹金属结构柱形立标，顶标为白色尖向上三角形;6.0	水中构筑物专用标
9110310.01 (5000.01)	污水1灯浮 Sewage No 1	20-05.39N 110-19.39E	莫(C)黄12秒			黄色标柱形，顶标为黄色“X”形	水中构筑物专用标
9110310.02 (5000.02)	污水2灯浮 Sewage No 2	20-05.36N 110-19.22E	莫(C)黄12秒			黄色标柱形，顶标为黄色“X”形	水中构筑物专用标

编号 No.	名称 Name	位置 Position	灯质 Characteristic	灯高 Height	射程 Range	构造 Structure	附记 Remarks
9110310.03 (5000.03)	污水3灯浮 Sewage No 3	20-05.03N 110-19.39E	莫(C)黄12秒			黄色标柱形，顶标为黄色“X”形	水中构筑物专用标
9110310.04 (5000.04)	白沙门污水4灯浮 Baishamen Sewage No 4	20-05.16N 110-19.52E	莫(C)黄12秒			黄色标柱形，顶标为黄色“X”形	导标雷达应答器：信号Y（－．－－）两灯一线：315°01′58″
9110310.05 (5000.05)	白沙门污水5灯浮 Baishamen Sewage No 5	20-05.28N 110-19.49E	莫(C)黄12秒			黄色标柱形，顶标为黄色“X”形	水中构筑物专用标
9110320.01 (5000.1)	海口新港航道1灯浮 Haikou Xin'gang Fairway No 1	20-03.64N 110-17.16E	闪(2)绿6秒			绿色标柱形，顶标为绿色尖向上锥形	右侧标
9110320.02 (5000.2)	海口新港航道2灯浮 Haikou Xin'gang Fairway No 2	20-03.60N 110-17.34E	闪红4秒			红色标柱形，顶标为红色圆柱形	左侧标
9110320.03 (5004)	海口新港航道3灯浮 Haikou Xin'gang Fairway No 3	20-03.45N 110-17.48E	闪绿4秒			绿色标柱形，顶标为绿色尖向上锥形	右侧标
9110320.04 (5004.01)	海口新港航道4灯浮 Haikou Xin'gang Fairway No 4	20-03.51N 110-17.51E	闪(2)红6秒			红色标柱形，顶标为红色圆柱形	左侧标
9110320.05 (5004.2)	海口新港航道5灯浮 Haikou Xin'gang Fairway No 5	20-03.41N 110-17.87E	闪(2)绿6秒			绿色标柱形，顶标为绿色尖向上锥形	右侧标
9110320.06 (5004.21)	海口新港航道6灯浮 Haikou Xin'gang Fairway No 6	20-03.46N 110-17.91E	闪红4秒			红色标柱形，顶标为红色圆柱形	左侧标
9110320.07 (5005.1)	海口新港航道7灯浮 Haikou Xin'gang Fairway No 7	20-03.37N 110-18.31E	闪绿4秒			绿色标柱形，顶标为绿色尖向上锥形	右侧标
9110320.08 (5005.11)	海口新港航道8灯浮 Haikou Xin'gang Fairway No 8	20-03.42N 110-18.39E	闪(2)红6秒			红色标柱形，顶标为红色圆柱形	左侧标
9110320.09 (5006)	海口新港航道9灯浮 Haikou Xin'gang Fairway No 9	20-03.20N 110-18.76E	闪(2)绿6秒			绿色标柱形，顶标为绿色尖向上锥形	右侧标

编 号 No.	名 称 Name	位置 Position	灯 质 Characteristic	灯高 Height	射程 Range	构 造 Structure	附 记 Remarks
9110320.10 (5006.01)	海口新港航道10灯浮 Haikou Xin'gang Fairway No 10	20-03.33N 110-18.57E	闪红4秒			红色标柱形，顶标为红色圆柱形	左侧标
9110320.11 (5006.1)	海口新港航道11灯浮 Haikou Xin'gang Fairway No 11	20-03.15N 110-19.03E	闪绿4秒			绿色标柱形，顶标为绿色尖向上锥形	右侧标
9110320.12 (5006.3)	海口新港航道12灯浮 Haikou Xin'gang Fairway No 12	20-03.21N 110-18.98E	闪(2)红6秒			红色标柱形，顶标为红色圆柱形	左侧标
9110330 (5008)	海口新港航道引导灯桩前 Haikou Xin'gang Fairway Ldg Lts, Front	20-03.36N 110-18.59E	闪白1.5秒	9.1		白色混凝土结构柱形立标;9.4	导标两灯一线:096°
9110331.01	海口丹娜码头B1灯浮 Haikou Danna Pier No B1	20-03.36N 110-18.51E	快闪绿			绿色标柱形，顶标为绿色尖向上锥形	右侧标
9110331.02	海口丹娜码头B2灯浮 Haikou Danna Pier No B2	20-03.37N 110-18.48E	快闪红			红色标柱形，顶标为红色圆柱形	左侧标
9110332	海口丹娜码头东防波堤灯桩 Haikou Danna Pier E Breakwater	20-03.41N 110-18.51E	闪(2)绿5秒	7.6	5	绿白相间横条纹玻璃钢结构柱形立标;6.0	
9110333	海口丹娜码头西防波堤灯桩 Haikou Danna Pier W Breakwater	20-03.42N 110-18.49E	闪(2)红5秒	4.6	5	红色玻璃钢结构柱形立标;3.0	
9110340 (5009)	海口新港航道引导灯桩后 Haikou Xin'gang Fairway Ldg Lts, Rear	20-03.32N 110-18.98E	闪白3秒	14.2	6	白色混凝土结构柱形立标;11.9	导标
9110350 (5009.1)	白沙岛（白沙角）灯桩 Baisha Dao (Baisha Jiao)	20-03.98N 110-18.28E	闪白6秒	15.6	8	混凝土结构柱形立标;14.1	
9110360 (5009.11)	白沙门灯塔 Baisha Men	20-04.28N 110-18.84E	闪白6秒	78	18	白色混凝土结构;72.0	雷达应答器：信号K(- . -)

编 号 No.	名 称 Name	位置 Position	灯 质 Characteristic	灯高 Height	射程 Range	构 造 Structure	附 记 Remarks
9110370.01 (5009.31)	北1灯浮 N No 1	20-13.15N 110-22.18E	闪绿4秒			绿色标柱形，顶标为绿色尖向上锥形	右侧标同步闪
9110370.03 (5009.32)	北3灯浮 N No 3	20-12.79N 110-19.75E	闪绿4秒			绿色标柱形，顶标为绿色尖向上锥形	右侧标同步闪
9110370.05 (5009.33)	琼州海峡船舶定线制北5灯浮 Qiongzhou Strait Ship Dingxianzhi N No 5	20-12.35N 110-16.64E	闪绿4秒			绿色标柱形，顶标为绿色尖向上锥形	右侧标
9110370.07 (5009.34)	琼州海峡船舶定线制北7灯浮 Qiongzhou Strait Ship Dingxianzhi N No 7	20-11.82N 110-13.00E	闪绿4秒			绿色标柱形，顶标为绿色尖向上锥形	右侧标
9110370.09 (5009.35)	北9灯浮 N No 9	20-11.32N 110-09.85E	闪绿4秒			绿色标柱形，顶标为绿色尖向上锥形	右侧标同步闪
9110370.11 (5009.36)	琼州海峡船舶定线制北11灯浮 Qiongzhou Strait Ship Dingxianzhi N No 11	20-10.57N 110-04.98E	闪绿4秒			绿色标柱形，顶标为绿色尖向上锥形	右侧标
9110370.13 (5009.37)	琼州海峡船舶定线制北13灯浮 Qiongzhou Strait Ship Dingxianzhi N No 13	20-10.40N 110-03.71E	闪绿4秒			绿色标柱形，顶标为绿色尖向上锥形	右侧标
9110370.15 (5009.38)	琼州海峡西部北15灯浮 Qiongzhou Strait West,N No 15	20-10.09N 110-00.09E	闪(2)绿6秒			绿色标柱形，顶标为绿色尖向上锥形	右侧标
9110370.17 (5009.39)	琼州海峡西部北17灯浮 Qiongzhou Strait West, N No 17	20-10.03N 109-58.26E	闪(3)绿10秒			绿色标柱形，顶标为绿色尖向上锥形	右侧标
9110370.19 (5009.4)	琼州海峡西部北19灯浮 Qiongzhou Strait West, N No 19	20-09.78N 109-55.07E	闪绿4秒			绿色标柱形，顶标为绿色尖向上锥形	右侧标
9110370.21 (5009.401)	琼州海峡西部北21灯浮 Qiongzhou Strait West, N No 21	20-09.54N 109-51.88E	闪(2)绿6秒			绿色标柱形，顶标为绿色尖向上锥形	右侧标

编 号 No.	名 称 Name	位置 Position	灯 质 Characteristic	灯高 Height	射程 Range	构 造 Structure	附 记 Remarks
9110370.23 (5009.402)	琼州海峡西部23灯浮 Qiongzhou Strait West No 23	20-06.58N 109-48.50E	等明暗白4秒			红白相间竖条纹标柱形，顶标为红色球体形	安全水域浮标AIS应答器
9110371	嘉禾128沉船AIS虚拟航标 JIAHE 128 WRECK	20-10.36N 109-52.19E					MMSI:994126808
9110380.02 (5009.41)	南2灯浮 S No 2	20-10.19N 110-22.63E	闪红4秒			红色标柱形，顶标为红色圆柱形	左侧标同步闪
9110380.04 (5009.42)	南4灯浮 S No 4	20-09.83N 110-20.26E	闪红4秒			红色标柱形，顶标为红色圆柱形	左侧标同步闪
9110380.06 (5009.43)	琼州海峡船舶定线制南6灯浮 Qiongzhou Strait Ship Dingxianzhi S No 6	20-09.35N 110-17.20E	闪红4秒			红色标柱形，顶标为红色圆柱形	左侧标
9110380.08 (5009.44)	琼州海峡船舶定线制南8灯浮 Qiongzhou Strait Ship Dingxianzhi S No 8	20-08.79N 110-13.57E	闪红4秒			红色标柱形，顶标为红色圆柱形	左侧标
9110380.10 (5009.45)	南10灯浮 S No 10	20-08.34N 110-10.34E	闪红4秒			红色标柱形，顶标为红色圆柱形	左侧标同步闪
9110380.12 (5009.46)	琼州海峡船舶定线制南12灯浮 Qiongzhou Strait Ship Dingxianzhi S No 12	20-07.55N 110-05.45E	闪红4秒			红色标柱形，顶标为红色圆柱形	左侧标
9110380.14 (5009.47)	琼州海峡船舶定线制南14灯浮 Qiongzhou Strait Ship Dingxianzhi S No 14	20-07.36N 110-04.16E	闪红4秒			红色标柱形，顶标为红色圆柱形	左侧标
9110380.16 (5009.48)	琼州海峡西部南16灯浮 Qiongzhou Strait West S No 16	20-06.62N 110-00.60E	闪(2)红6秒			红色标柱形，顶标为红色圆柱形	左侧标
9110380.18 (5009.49)	琼州海峡西部南18灯浮 Qiongzhou Strait West, S No 18	20-06.05N 109-58.89E	闪(3)红10秒			红色标柱形，顶标为红色圆柱形	左侧标

编 号 No.	名 称 Name	位置 Position	灯 质 Characteristic	灯高 Height	射程 Range	构 造 Structure	附 记 Remarks
9110380.20 (5009.5)	琼州海峡西部南20灯浮 Qiongzhou Strait West, S No 20	20-05.32N 109-55.79E	闪红4秒			红色标柱形，顶标为红色圆柱形	左侧标
9110380.22 (5009.501)	琼州海峡西部南22灯浮 Qiongzhou Strait West, S No 22	20-04.58N 109-52.69E	闪(2)红6秒			红色标柱形，顶标为红色圆柱形	左侧标
9110390 (5009.51)	警1灯浮 Warning No 1	20-11.87N 110-23.83E	长闪白10秒			红白相间竖条纹标柱形，顶标为红色球体形	安全水域浮标AIS应答器
9110400.01 (5009.52)	琼州海峡船舶定线制中1灯浮 Qiongzhou Strait Ship Dingxianzhi Middle No 1	20-11.67N 110-22.38E	莫(K)黄12秒			黄色标柱形，顶标为黄色“X”形	分道通航专用标同步闪
9110400.02 (5009.53)	中2灯浮 Middle No 2	20-11.27N 110-19.68E	莫(K)黄12秒			黄色标柱形，顶标为黄色“X”形	分道通航专用标同步闪
9110400.03 (5009.54)	琼州海峡船舶定线制中3灯浮 Qiongzhou Strait Ship Dingxianzhi Middle No 3	20-10.87N 110-16.92E	莫(K)黄12秒			黄色标柱形，顶标为黄色“X”形	分道通航专用标同步闪
9110400.07	琼州海峡船舶定线制中7灯浮 Qiongzhou Strait Ship Dingxianzhi Middle No 7	20-08.87N 110-03.93E	莫(K)黄12秒			黄色标柱形，顶标为黄色“X”形	分道通航专用标
9110410 (5009.55)	警2灯浮 Warning No 2	20-10.56N 110-15.09E	长闪白10秒			红白相间竖条纹标柱形，顶标为红色球体形	安全水域浮标AIS应答器
9110420.04 (5009.56)	琼州海峡船舶定线制中4灯浮 Qiongzhou Strait Ship Dingxianzhi Middle No 4	20-10.30N 110-13.29E	莫(K)黄12秒			黄色标柱形，顶标为黄色“X”形	分道通航专用标
9110420.05 (5009.57)	琼州海峡船舶定线制中5灯浮 Qiongzhou Strait Ship Dingxianzhi Middle No 5	20-09.82N 110-10.12E	莫(K)黄12秒			黄色标柱形，顶标为黄色“X”形	分道通航专用标

编号 No.	名称 Name	位置 Position	灯质 Characteristic	灯高 Height	射程 Range	构造 Structure	附记 Remarks
9110420.06 (5009.58)	琼州海峡船舶定线制中6灯浮 Qiongzhou Strait Ship Dingxianzhi Middle No 6	20-09.07N 110-05.22E	莫(K)黄12秒			黄色标柱形,顶标为黄色“X”形	分道通航专用标
9110430 (5009.59)	琼州海峡船舶定线制警3灯浮 Qiongzhou Strait Ship Dingxianzhi Warning No 3	20-09.55N 110-08.32E	长闪白10秒			红白相间竖条纹标柱形,顶标为红色球体形	安全水域浮标AIS应答器：名称：QZ DING XIAN ZHI JING 3 MMSI：994131786
9110430.01	琼州海峡船舶定线制警3A灯浮 Qiongzhou Strait Ship Dingxianzhi Warning No 3A	20-09.37N 110-07.12E	等明暗白4秒			红白相间竖条纹标柱形,顶标为红色球体形	安全水域浮标AIS应答器：名称：QZ DING XIAN ZHI JING 3A MMSI：994131798
9110431	琼州海峡船舶定线制警4灯浮 Qiongzhou Strait Ship Dingxianzhi Warning No 4	20-08.69N 110-02.45E	长闪白10秒			红白相间竖条纹标柱形,顶标为红色球体形	安全水域浮标
9110440.08 (5009.61)	中8灯浮 Middle No 8	20-08.39N 110-15.49E	莫(K)黄12秒			黄色标柱形,顶标为黄色“X”形	分道通航专用标同步闪AIS应答器
9110440.09 (5009.6)	琼州海峡船舶定线制中9灯浮 Qiongzhou Strait Ship Dingxianzhi Middle No 9	20-12.74N 110-14.70E	莫(K)黄12秒			黄色标柱形，顶标为黄色“X”形	分道通航专用标AIS应答器：名称：QZ DING XIAN ZHI ZHONG 9 MMSI：994131787
9110450.01 (5009.8)	秀英港1灯浮 Xiuying Gang No 1	20-04.88N 110-15.27E	闪绿4秒			绿色锥形	右侧标同步闪AIS应答器
9110450.02 (5009.9)	秀英港2灯浮 Xiuying Gang No 2	20-04.46N 110-15.52E	闪红4秒			红色罐形	左侧标同步闪
9110450.03 (5010)	秀英港3灯浮 Xiuying Gang No 3	20-04.43N 110-15.41E	闪绿4秒			绿色锥形	右侧标同步闪
9110450.04 (5011)	秀英港4灯浮 Xiuying Gang No 4	20-04.01N 110-15.66E	闪红4秒			红色罐形	左侧标同步闪

编号 No.	名称 Name	位置 Position	灯质 Characteristic	灯高 Height	射程 Range	构造 Structure	附记 Remarks
9110450.05 (5012)	秀英港5灯浮 Xiuying Gang No 5	20-03.98N 110-15.56E	闪绿4秒			绿色锥形	右侧标同步闪
9110450.06 (5013)	秀英港6灯浮 Xiuying Gang No 6	20-03.56N 110-15.81E	闪红4秒			红色罐形	左侧标同步闪
9110450.07 (5014)	秀英港7灯浮 Xiuying Gang No 7	20-03.53N 110-15.70E	闪绿4秒			绿色锥形	右侧标同步闪
9110450.08 (5015)	秀英港8灯浮 Xiuying Gang No 8	20-03.11N 110-15.95E	闪红4秒			红色罐形	左侧标同步闪
9110450.09 (5016)	秀英港9灯浮 Xiuying Gang No 9	20-03.08N 110-15.84E	闪绿4秒			绿色锥形	右侧标同步闪
9110450.10 (5016.01)	秀英港10灯浮 Xiuying Gang No 10	20-02.66N 110-16.09E	闪红4秒			红色罐形	左侧标同步闪
9110450.11 (5016.02)	秀英港11灯浮 Xiuying Gang No 11	20-02.63N 110-15.99E	闪绿4秒			绿色锥形	右侧标同步闪
9110450.12 (5016.1)	秀英港12灯浮 Xiuying Gang No 12	20-02.48N 110-16.20E	闪(2)红6秒			红色罐形	左侧标同步闪
9110450.13 (5016.15)	秀英港13灯浮 Xiuying Gang No 13	20-02.33N 110-16.10E	闪绿4秒			绿色锥形	右侧标同步闪
9110450.14 (5016.3)	秀英港14灯浮 Xiuying Gang No 14	20-02.17N 110-16.25E	闪(2+1)绿6秒			绿红绿横条纹锥形	推荐航道右侧标
9110450.15 (5016.31)	秀英港15灯浮 Xiuying Gang No 15	20-01.89N 110-16.24E	闪绿4秒			绿色锥形	右侧标同步闪
9110450.16 (5016.32)	秀英港16灯浮 Xiuying Gang No 16	20-01.82N 110-16.38E	闪红4秒			红色罐形	左侧标同步闪
9110465 (5016.65)	秀英港邮轮码头灯桩 Xiuying Gang Passenger Liner Pier	20-01.86N 110-16.77E	闪白5秒	12.8	5	柱形立标	
9110470 (5016.5)	秀英港20灯浮 Xiuying Gang No 20	20-02.00N 110-16.68E	闪(2)红6秒			红色罐形	左侧标同步闪

编号 No.	名称 Name	位置 Position	灯质 Characteristic	灯高 Height	射程 Range	构造 Structure	附记 Remarks
9110480 (5017)	秀英港口西堤灯桩 Xiuying Gang W Breakwater	20-01.67N 110-16.47E	闪红2秒	11.2	9	红白相间横条纹玻璃钢结构柱形立标;10.1	
9110490 (5017.01)	秀英港北堤灯桩 Xiuying Gang N Breakwater	20-02.32N 110-16.39E	等明暗红4秒	14.6	10	红色金属结构柱形立标;11.5	
9110500 (5017.1)	秀英港18灯浮 Xiuying Gang No 18	20-01.66N 110-16.44E	闪红4秒			红色罐形	左侧标同步闪
9110510.17 (5017.2)	秀英港17灯浮 Xiuying Gang No 17	20-01.55N 110-16.30E	闪绿4秒			绿色锥形	右侧标同步闪
9110510.19 (5017.3)	秀英港19灯浮 Xiuying Gang No 19	20-01.94N 110-16.45E	闪(2)绿6秒			绿色锥形	右侧标同步闪
9110511.01	海口湾西海岸帆船训练基地1灯浮 Haikou Wan Xihai'an Fanchuan Xunlian Base No 1	20-01.98N 110-15.72E				黄色标柱形,顶标为黄色“X”形	
9110511.02	海口湾西海岸帆船训练基地2灯浮 Haikou Wan Xihai'an Fanchuan Xunlian Base No 2	20-02.09N 110-15.46E				黄色标柱形,顶标为黄色“X”形	
9110512	东组前灯桩 Group E, Front	20-01.80N 110-15.00E				白色混凝土结构;15.0	
9110513	东组后右灯桩 Group E, Rear R	20-01.69N 110-14.98E				白色混凝土结构;15.0	
9110514	东组后中灯桩 Group E, Rear M	20-01.69N 110-15.00E				白色混凝土结构;15.0	
9110515	东组后左灯桩 Group E, Rear L	20-01.69N 110-15.02E				白色混凝土结构;15.0	
9110520 (5018)	秀英港引导灯桩前 Xiuying Gang Ldg Lts, Front	20-01.38N 110-16.45E	定红	38.5	10	黄色混凝土结构柱形立标,顶标为尖向上三角形;30.7	导标两灯一线:163°07′51″.1

编 号 No.	名 称 Name	位置 Position	灯 质 Characteristic	灯高 Height	射程 Range	构 造 Structure	附 记 Remarks
9110525	西组前灯桩 Group W, Front	20-02.52N 110-13.73E					
9110526	西组后右灯桩 Group W, Rear R	20-02.48N 110-13.59E					
9110527	西组后中灯桩 Group W, Rear M	20-02.45N 110-13.59E					
9110528	西组后左灯桩 Group W, Rear L	20-02.42N 110-13.60E					
9110530 (5019)	秀英港引导灯桩后 Xiuying Gang Ldg Lts, Rear	20-01.03N 110-16.56E	定红	48	10	黄色混凝土结构柱形立标，顶标为尖向下三角形；29.0	导标
9110540 (5020)	秀英灯塔（有） Xiuying (Watched)	20-01.21N 110-16.09E	闪(2)白10秒	40	15	白色金属结构；24.2	
9110550 (5021)	双滩灯浮 Shuang Tan	20-05.27N 110-13.45E	闪绿4秒			绿色标柱形，顶标为绿色尖向上锥形	右侧标雷达显见
9110560 (5022)	后海灯桩 Houhai	20-03.47N 110-12.49E	闪白1.5秒	21.8	12	白色混凝土结构柱形立标；20.0	停止发光
9110570 (5022.1)	南港导航灯桩 Nangang Ldg	20-00.31N 110-07.81E	闪红5秒	39	15	白色混凝土结构柱形立标	导标
9110580 (5022.2)	南港南防波堤灯桩 Nangang S Breakwater	20-02.58N 110-08.52E	闪绿3秒	15	4.5	绿色玻璃钢结构柱形立标	
9110590 (5022.3)	南港北防波堤灯桩 Nangang N Breakwater	20-02.66N 110-08.40E	闪红3秒	13.8	4.5	红色玻璃钢结构柱形立标	
9110597	新海滚装码头堤头灯桩 Xinhai Ro-Ro Pier Breakwater Head	20-03.19N 110-08.42E	闪白2秒			红白相间横条纹玻璃钢结构柱形立标	

编 号 No.	名 称 Name	位置 Position	灯 质 Characteristic	灯高 Height	射程 Range	构 造 Structure	附 记 Remarks
9110598	新海滚装码头防波堤灯桩 Xinhai Ro-Ro Pier Breakwater	20-03.59N 110-08.83E	闪(2)白6秒	18	5	红白相间横条纹玻璃钢结构柱形立标;10.0	
9110599.01 (5022.355)	新海滚装码头1灯浮 Xinhai Ro-Ro Pier No 1	20-02.98N 110-08.52E	闪(2)绿6秒			绿色标柱形，顶标为绿色尖向上锥形	右侧标
9110599.02	新海滚装码头2灯浮 Xinhai Ro-Ro Pier No 2	20-03.16N 110-08.43E	闪(2)红6秒			红色标柱形，顶标为红色圆柱形	左侧标
9110599.03	新海滚装码头3灯浮 Xinhai Ro-Ro Pier No 3	20-03.14N 110-08.79E	闪（3）绿10秒			绿色标柱形，顶标为绿色尖向上锥形	右侧标
9110599.04 (5022.356)	新海滚装码头4灯浮 Xinhai Ro-Ro Pier No 4	20-03.30N 110-08.59E	闪(3)红10秒			红色标柱形，顶标为红色圆柱形	左侧标
9110600.01 (5022.4)	南港1灯浮 Nangang No 1	20-07.49N 110-06.83E	闪绿4秒			绿色标柱形，顶标为绿色尖向上锥形	右侧标
9110600.02 (5022.41)	南港2灯浮 Nangang No 2	20-07.49N 110-07.63E	闪红4秒			红色标柱形，顶标为红色圆柱形	左侧标
9110600.03 (5022.42)	南港3灯浮 Nangang No 3	20-05.49N 110-07.01E	闪(2)绿6秒			绿色标柱形，顶标为绿色尖向上锥形	右侧标
9110600.04 (5022.43)	南港4灯浮 Nangang No 4	20-05.49N 110-07.83E	闪(2)红6秒			红色标柱形，顶标为红色圆柱形	左侧标
9110600.05 (5022.44)	南港5灯浮 Nangang No 5	20-03.49N 110-07.13E	闪(3)绿10秒			绿色标柱形，顶标为绿色尖向上锥形	右侧标
9110600.06 (5022.45)	南港6灯浮 Nangang No 6	20-03.49N 110-07.98E	闪(3)红10秒			红色标柱形，顶标为红色圆柱形	左侧标
9110600.07 (5022.46)	南港7灯浮 Nangang No 7	20-01.99N 110-07.23E	闪绿4秒			绿色标柱形，顶标为绿色尖向上锥形	右侧标

编 号 No.	名 称 Name	位置 Position	灯 质 Characteristic	灯高 Height	射程 Range	构 造 Structure	附 记 Remarks
9110600.08 (5022.47)	南港8灯浮 Nangang No 8	20-02.55N 110-08.03E	闪红4秒			红色标柱形，顶标为红色圆柱形	左侧标
9110600.09 (5022.48)	南港9灯浮 Nangang No 9	20-02.32N 110-08.03E	闪(2)绿6秒			绿色标柱形，顶标为绿色尖向上锥形	右侧标
9110600.10 (5022.49)	南港10灯浮 Nangang No 10	20-02.82N 110-08.74E	闪(2)红6秒			红色标柱形，顶标为红色圆柱形	左侧标
9110600.11 (5022.5)	南港11灯浮 Nangang No 11	20-02.55N 110-08.73E	闪绿4秒			绿色标柱形，顶标为绿色尖向上锥形	右侧标
9110601		20-03.10N 110-08.40E	互明暗蓝黄3秒			蓝黄相间竖条纹标柱形，顶标为黄色竖直十字形	
9110602.01	粤海南港分隔带1 虚拟航标 Yuehai Virtual 1	20-07.46N 110-07.27E					MMSI:994136914 发射模式:自主连续
9110602.02	粤海南港分隔带2 虚拟航标 Yuehai Virtual 2	20-07.52N 110-07.38E					MMSI:994136915 发射模式:自主连续
9110602.03	粤海南港分隔带3 虚拟航标 Yuehai Virtual 3	20-06.00N 110-07.39E					MMSI:994136916 发射模式:自主连续
9110602.04	粤海南港分隔带4 虚拟航标 Yuehai Virtual 4	20-06.01N 110-07.50E					MMSI:994136917 发射模式:自主连续
9110602.05	粤海南港分隔带5 虚拟航标 Yuehai Virtual 5	20-04.53N 110-07.50E					MMSI:994136918 发射模式:自主连续
9110602.06	粤海南港分隔带6 虚拟航标 Yuehai Virtual 6	20-04.54N 110-07.62E					MMSI:994136919 发射模式:自主连续
9110602.07	粤海南港分隔带7 虚拟航标 Yuehai Virtual 7	20-03.07N 110-07.62E					MMSI:994136920 发射模式:自主连续

编 号 No.	名 称 Name	位置 Position	灯 质 Characteristic	灯高 Height	射程 Range	构 造 Structure	附 记 Remarks
9110602.08	粤海南港分隔带8 虚拟航标 Yuehai Virtual 8	20-02.98N 110-07.74E					MMSI:994136921 发射模式:自主连续
9110603.01	粤海航道分隔带1灯浮 Yuehai Fairway Separation Zone No.1	20-07.34N 110-07.35E	长闪白10秒			红白相间竖条纹标柱形，顶标为红色球体形	安全水域浮标
9110603.02	粤海航道分隔带2灯浮 Yuehai Fairway Separation Zone No.2	20-05.51N 110-07.49E	长闪白10秒			红白相间竖条纹标柱形，顶标为红色球体形	安全水域浮标
9110603.03	粤海航道分隔带3灯浮 Yuehai Fairway Separation Zone No.3	20-03.03N 110-07.67E	长闪白10秒			红白相间竖条纹标柱形，顶标为红色球体形	安全水域浮标
9110620 (5022.7)	长流排海管向灯桩 Changliu Drain Pipeline	20-03.77N 110-09.88E	莫(C)黄12秒	11	4	柱形立标顶标为白色尖向上三角形	水中构筑物专用标
9110620.01 (5022.71)	长流排海1灯浮 Changliu Drain No 1	20-04.31N 110-09.28E	莫(C)黄12秒			黄色标柱形，顶标为黄色"X"形	水中构筑物专用标
9110620.02 (5022.72)	长流排海2灯浮 Changliu Drain No 2	20-04.38N 110-09.12E	莫(C)黄12秒			黄色标柱形，顶标为黄色"X"形	水中构筑物专用标
9110620.03 (5022.73)	长流排海3灯浮 Changliu Drain No 3	20-04.24N 110-09.20E	莫(C)黄12秒			黄色标柱形，顶标为黄色"X"形	水中构筑物专用标
9110630 (5023)	新海（天尾）灯桩 Xinhai (Tianwei)	20-03.43N 110-09.68E	闪白4秒	17.6	6	白色砖石结构柱形立标;15.5	
9110640 (5023.001)	琼州海峡1气象专用灯浮 Qiongzhou Strait Weather Special No 1	20-05.18N 110-05.04E	莫(0)黄12秒			黄色标柱形，顶标为黄色"X"形	海上作业区专用标
9110650.01 (5023.01)	马村港1灯浮 Macun Gang No 1	20-06.10N 110-02.83E	闪(3)绿10秒			绿色标柱形，顶标为绿色尖向上锥形	右侧标AIS应答器
9110650.02 (5023.02)	马村港2灯浮 Macun Gang No 2	20-04.99N 110-03.43E	闪(2)红6秒			红色标柱形，顶标为红色圆柱形	左侧标

编 号 No.	名 称 Name	位置 Position	灯 质 Characteristic	灯高 Height	射程 Range	构 造 Structure	附 记 Remarks
9110650.03 (5023.03)	马村港3灯浮 Macun Gang No 3	20-04.99N 110-02.83E	闪(2)绿6秒			绿色标柱形，顶标为绿色尖向上锥形	右侧标
9110650.04 (5023.04)	马村港4灯浮 Macun Gang No 4	20-03.79N 110-03.43E	闪红4秒			红色标柱形，顶标为红色圆柱形	左侧标
9110650.05 (5023.05)	马村港5灯浮 Macun Gang No 5	20-03.79N 110-02.83E	闪绿4秒			绿色标柱形，顶标为绿色尖向上锥形	右侧标
9110650.06 (5023.06)	马村港6灯浮 Macun Gang No 6	20-02.29N 110-03.43E	闪(3)红10秒			红色标柱形，顶标为红色圆柱形	左侧标
9110650.07 (5023.07)	马村港7灯浮 Macun Gang No 7	20-02.29N 110-02.83E	闪(3)绿10秒			绿色标柱形，顶标为绿色尖向上锥形	右侧标
9110650.08 (5023.08)	马村港8灯浮 Macun Gang No 8	20-00.74N 110-03.43E	闪(2)红6秒			红色标柱形，顶标为红色圆柱形	左侧标
9110650.09 (5023.09)	马村港9灯浮 Macun Gang No 9	20-00.74N 110-02.83E	闪(2)绿6秒			绿色标柱形，顶标为绿色尖向上锥形	右侧标
9110650.10 (5023.1)	马村港10灯浮 Macun Gang No 10	19-59.16N 110-03.33E	闪红4秒			红色标柱形，顶标为红色圆柱形	左侧标
9110659	东水港2灯桩 Dongshui Gang No 2	19-59.04N 110-04.03E	闪红3秒	5	3	红色金属结构柱形立标;6.0	
9110660.01 (5023.105)	海南中油深南LNG1灯桩 Hainan Zhongyou Shennan No 1	19-58.83N 110-03.29E	定红	14	5	白色金属结构柱形立标;6.0	
9110660.02 (5023.106)	海南中油深南LNG2灯桩 Hainan Zhongyou Shennan No 2	19-58.92N 110-03.39E	定红	14	5	白色金属结构柱形立标;6.0	
9110670.101	马村港10A灯浮 Macun Gang No 10A	19-59.41N 110-03.12E	闪(2+1)绿9秒			绿红绿标柱形，顶标为绿色尖向上锥形	推荐航道右侧标

编 号 No.	名 称 Name	位置 Position	灯 质 Characteristic	灯高 Height	射程 Range	构 造 Structure	附 记 Remarks
9110670.11 (5023.11)	马村港11灯浮 Macun Gang No 11	19-59.29N 110-02.91E	闪绿4秒			绿色标柱形，顶标为绿色尖向上锥形	右侧标
9110670.111	马村港11A灯浮 Macun Gang No 11A	19-59.09N 110-02.91E	闪(2+1)绿9秒			绿红绿标柱形，顶标为绿色尖向上锥形	推荐航道右侧标
9110670.12 (5023.12)	马村港12灯浮 Macun Gang No 12	19-58.74N 110-03.16E	闪(3)红10秒			红色标柱形，顶标为红色圆柱形	左侧标
9110670.121	马村港12A灯浮 Macun Gang No 12A	19-58.75N 110-02.53E	闪(3)红10秒			红色标柱形，顶标为红色圆柱形	左侧标
9110670.13 (5023.13)	马村港13灯浮 Macun Gang No 13	19-58.84N 110-02.47E	闪(3)绿10秒			绿色标柱形，顶标为绿色尖向上锥形	右侧标
9110670.14 (5023.14)	马村港14灯浮 Macun Gang No 14	19-58.50N 110-02.03E	闪(2+1)红6秒			红绿红横条纹标柱形，顶标为红色圆柱形	推荐航道左侧标
9110670.15 (5023.15)	马村港15灯浮 Macun Gang No 15	19-58.56N 110-02.03E	闪(3)绿10秒			绿色标柱形，顶标为绿色尖向上锥形	右侧标同步闪
9110670.16 (5023.16)	马村港16灯浮 Macun Gang No 16	19-58.34N 110-01.57E	闪(3)红10秒			红色标柱形，顶标为红色圆柱形	左侧标同步闪
9110670.17 (5023.161)	马村港17灯浮 Macun Gang No 17	19-58.42N 110-01.55E	闪(3)绿10秒			绿色标柱形，顶标为绿色尖向上锥形	右侧标同步闪
9110670.18 (5023.162)	马村港18灯浮 Macun Gang No 18	19-58.20N 110-01.15E	闪(2+1)红9秒			红绿红横条纹标柱形，顶标为红色圆柱形	推荐航道左侧标
9110670.19 (5023.163)	马村港19灯浮 Macun Gang No 19	19-58.28N 110-01.15E	闪(3)绿10秒			绿色标柱形，顶标为绿色尖向上锥形	右侧标同步闪
9110670.20 (5023.164)	马村港20灯浮 Macun Gang No 20	19-58.05N 110-00.73E	闪(3)红10秒			红色标柱形，顶标为红色圆柱形	左侧标同步闪

编 号 No.	名 称 Name	位置 Position	灯 质 Characteristic	灯高 Height	射程 Range	构 造 Structure	附 记 Remarks
9110670.21 (5023.165)	马村港21灯浮 Macun Gang No 21	19-58.13N 110-00.70E	闪(3)绿10秒			绿色标柱形，顶标为绿色尖向上锥形	右侧标同步闪
9110670.211	马村港21A号灯浮 Macun Gang No 21A	19-58.05N 110-00.46E	闪绿4秒			绿色标柱形，顶标为绿色尖向上锥形	右侧标同步闪
9110670.22	马村港22灯浮 Macun Gang No 22	19-57.93N 110-00.52E	闪红4秒			红色标柱形，顶标为红色圆柱形	左侧标
9110670.23	马村港23灯浮 Macun Gang No 23	19-57.96N 110-00.22E	闪绿4秒			绿色标柱形，顶标为绿色尖向上锥形	右侧标
9110670.231	马村港23A灯浮 Macun Gang No 23A	19-57.62N 110-00.22E	闪绿4秒			绿色标柱形，顶标为绿色尖向上锥形	右侧标
9110670.24	马村港24灯浮 Macun Gang No 24	19-57.62N 110-00.34E	闪红4秒			红色标柱形，顶标为红色圆柱形	左侧标同步闪
9110670.25	马村港25灯浮 Macun Gang No 25	19-57.39N 110-00.22E	闪绿4秒			绿色标柱形，顶标为绿色尖向上锥形	右侧标同步闪
9110670.26	马村港26灯浮 Macun Gang No 26	19-57.05N 110-00.79E	闪红4秒			红色标柱形，顶标为红色圆柱形	左侧标同步闪
9110670.27	马村港27灯浮 Macun Gang No 27	19-56.98N 110-00.65E	闪绿4秒			绿色标柱形，顶标为绿色尖向上锥形	右侧标同步闪
9110675 (5023.162)	马村中海油HY0灯浮 Macun Zhonghaiyou No HY0	19-58.16N 110-01.33E	闪(2)红6秒			红色标柱形，顶标为红色圆柱形	左侧标同步闪
9110675.01 (5023.165)	马村中海油HY1灯浮 Macun Zhonghaiyou No HY1	19-57.88N 110-01.15E	闪(2)绿6秒			绿色标柱形，顶标为绿色尖向上锥形	右侧标同步闪
9110675.02 (5023.164)	马村中海油HY2灯浮 Macun Zhonghaiyou No HY2	19-57.88N 110-01.23E	闪(2)红6秒			红色标柱形，顶标为红色圆柱形	左侧标同步闪

编 号 No.	名 称 Name	位置 Position	灯 质 Characteristic	灯高 Height	射程 Range	构 造 Structure	附 记 Remarks
9110680.01 (5023.17)	兴1灯浮 Xing No 1	19-58.30N 110-02.12E	闪(2)绿6秒			绿色标柱形，顶标为绿色尖向上锥形	右侧标同步闪
9110680.02 (5023.18)	兴2灯浮 Xing No 2	19-58.30N 110-02.25E	闪(2)红6秒			红色标柱形，顶标为红色圆柱形	左侧标同步闪
9110680.03 (5023.19)	兴3灯浮 Xing No 3	19-58.08N 110-02.12E	闪(2)绿6秒			绿色标柱形，顶标为绿色尖向上锥形	右侧标同步闪
9110680.04 (5023.2)	兴4灯浮 Xing No 4	19-58.07N 110-02.24E	闪(2)红6秒			红色标柱形，顶标为红色圆柱形	导标两灯一线：126°46′36″
9110680.06 (5023.22)	兴6灯浮 Xing No 6	19-58.00N 110-02.35E	闪(2)红6秒			红色标柱形，顶标为红色圆柱形	左侧标同步闪
9110690.01 (5023.41)	海口电厂3.5万吨级码头1灯浮 Haikou Power Plant Pier for 35, 000t Ships No 1	19-58.50N 110-02.16E	闪(2+1)红9秒			红绿红横条纹罐形	推荐航道左侧标
9110690.03 (5023.43)	海口电厂3.5万吨级码头3灯浮 Haikou Power Plant Pier for 35, 000t Ships No 3	19-58.16N 110-01.90E	闪绿4秒			绿色锥形	右侧标同步闪
9110700 (5023.42)	海口电厂3.5万吨级码头2灯浮 Haikou Power Plant Pier for 35, 000t Ships No 2	19-58.21N 110-02.08E	闪红4秒			红色罐形	左侧标同步闪
9110720 (5023.45)	海口电厂3.5万吨级码头4灯浮 Haikou Power Plant Pier for 35, 000t Ships No 4	19-57.86N 110-01.74E	闪绿4秒			绿色锥形	右侧标同步闪
9110729	马村港散货码头灯桩 Macun Gang Bulk Cargo Pier	19-57.84N 110-02.19E	定红	11.6	5	红白相间横条纹玻璃钢结构柱形立标；7.0	
9110730 (5023.5)	海口电厂3.5万吨级码头取水口灯桩 Haikou Power Plant Pier for 35, 000t Ships Intake	19-57.78N 110-01.99E	莫(C)黄12秒	8	4	黄色金属结构柱形立标，顶标为黄色“X”形；9.0	水源标志水中构筑物专用标

编号 No.	名称 Name	位置 Position	灯质 Characteristic	灯高 Height	射程 Range	构造 Structure	附记 Remarks
9110740 (5023.8)	马村港防浪堤灯桩 Macun Gang Breakwater	19-57.68N 110-01.28E	闪红3秒	9.7	2.4	白色砖石结构柱形立标;7.0	
9110745	马村港航码头堤头灯桩 Macun Ganghang Pier Head	19-57.59N 110-00.38E	闪(2)红6秒	14	8	柱形立标	
9110750 (5023.85)	马村港区西堤头灯桩 Macun Harbour W Breakwater Head	19-57.70N 110-01.10E	闪绿3秒	12.8	5	红白相间横条纹金属结构柱形立标;10.0	
9110755	马村中海油码头堤头灯桩 Macun Zhonghai Oil Pier Head	19-57.66N 110-01.11E	闪绿3秒	12	5	柱形立标	
9110757.01	花场湾内湾航道1灯浮 Huachang Wan Neiwan Fairway No 1	19-57.33N 110-00.18E	闪(2)绿6秒			绿色标柱形，顶标为绿色尖向上锥形	右侧标
9110757.02	花场湾内湾航道2灯浮 Huachang Wan Neiwan Fairway No 2	19-56.97N 110-00.38E	闪(2)红6秒			红色标柱形，顶标为红色圆柱形	导标白光弧: 282.65°-283.35° 遮蔽弧: 285°-281° 绿光弧: 281°-282.65° 红光弧: 283.35°-285°
9110757.03	花场湾内湾航道3灯浮 Huachang Wan Neiwan Fairway No 3	19-56.95N 110-00.35E	闪(2)绿6秒			绿色标柱形，顶标为绿色尖向上锥形	右侧标
9110757.04	花场湾内湾航道4灯浮 Huachang Wan Neiwan Fairway No 4	19-56.77N 110-00.47E	闪(2)红6秒			红色标柱形，顶标为红色圆柱形	左侧标
9110757.05 (5023.166)	花场湾内湾航道5灯浮 Huachang Wan Neiwan Fairway No 5	19-56.58N 110-00.52E	闪(2)绿6秒			绿色标柱形，顶标为绿色尖向上锥形	右侧标
9110757.06	花场湾内湾航道6灯浮 Huachang Wan Neiwan Fairway No 6	19-56.68N 110-00.55E	闪(2)红6秒			红色标柱形，顶标为红色圆柱形	左侧标

编号 No.	名称 Name	位置 Position	灯质 Characteristic	灯高 Height	射程 Range	构造 Structure	附记 Remarks
9110757.07 (5023.1662)	花场湾内湾航道7灯浮 Huachang Wan Neiwan Fairway No 7	19-56.58N 110-01.23E	闪(2)绿6秒			绿色标柱形，顶标为绿色尖向上锥形	右侧标
9110757.08 (5023.1661)	花场湾内湾航道8灯浮 Huachang Wan Neiwan Fairway No 8	19-56.69N 110-01.37E	闪(2)红6秒			红色标柱形，顶标为红色圆柱形	左侧标
9110757.09 (5023.1663)	花场湾内湾航道9灯浮 Huachang Wan Neiwan Fairway No 9	19-56.56N 110-01.37E	闪(2)红6秒			红色标柱形，顶标为红色圆柱形	左侧标
9110760 (5023.93)	琼海电南岸登陆点缆向灯桩 Qionghaidian S Coast Landing Point	19-59.26N 109-56.78E	莫(C)白红绿12秒	34	8	柱形立标	水中构筑物专用标
9110761	才芳港灯桩 Caifang Gang	19-58.26N 109-57.32E	闪(2)红8秒	7.5	3	红色金属结构柱形立标	
9110762	林诗港灯桩 Linshi Gang	19-59.48N 109-56.69E	闪绿3秒	5	3	绿色金属结构柱形立标	
9110770 (5023.95)	玉包角灯塔 Yubao Jiao	19-59.50N 109-56.49E	闪(3)白15秒	74	18	红白相间竖条纹混凝土结构; 54.0	雷达应答器: 信号C(- . - .) AIS基站
9110780 (5024)	红牌港灯桩 Hongpai Gang	19-57.55N 109-47.93E	闪(2)白6秒	12.1	6	白色砖石结构柱形立标;9.5	
9110790 (5024.1)	红石岛灯桩 Hongshi Dao	19-59.27N 109-48.71E	闪白5秒	12	10	柱形立标	
9110800 (5024.2)	金牌港东港区灯浮 Jinpai Gang E Harbour	19-58.91N 109-48.58E	快闪白			黑黄相间横条纹标柱形，顶标为黑色顶点朝上双锥体	北方位标
9110820 (5024.21)	金牌港东港区1灯桩 Jinpai Gang E Harbour No 1	19-58.82N 109-48.74E	闪(2)白5秒	15	5	黑红黑横条纹柱形立标，顶标为黑色双球体	孤立危险物立标
9110830 (5024.22)	金牌港东港区2灯桩 Jinpai Gang E Harbour No 2	19-59.09N 109-48.76E	闪(2)白5秒	11	5	黑红黑横条纹柱形立标，顶标为黑色双球体	孤立危险物立标

编号 No.	名称 Name	位置 Position	灯质 Characteristic	灯高 Height	射程 Range	构造 Structure	附记 Remarks
9110850 (5025)	雷公岛（渔）灯桩 Leigong Dao	19-59.35N 109-52.74E				砖石结构柱形立标;7.1	停止发光
9110859	龙豪灯桩 Longhao	20-00.69N 109-41.84E	闪白3秒	3	3	绿色金属结构柱形立标;6.0	
9110860 (5026)	临高角灯塔 Lingao Jiao	20-00.61N 109-42.68E	闪(3+1)白27秒	20.8	15	红白相间横条纹金属结构;20.6	雷达应答器：信号K(- . -)
9110861	文澜河口灯桩 Wenlanhe Kou	19-59.75N 109-43.86E	闪白5秒	7	5	白色金属结构柱形立标;6.0	
9110870 (5027)	美夏（渔）灯桩 Meixia	20-00.19N 109-39.03E	闪红4秒		2.4	红色混凝土结构柱形立标，顶标为红色圆柱形;7.5	左侧标
9110879	博纵灯桩 Bozong	19-59.79N 109-35.61E	闪绿3秒	3	3	绿色金属结构柱形立标;6.0	
9110880 (5028)	博从角灯桩 Bocong Jiao	19-59.79N 109-35.13E	快闪白	10.8	7	黑黄相间横条纹柱形立标，顶标为黑色顶点朝上双锥体;11.0	北方位标
9110890 (5028.5)	临高测风塔警示灯桩 Lingao Wind Gauge Tower Warning	20-08.90N 109-29.30E	莫(C)黄12秒	17.2	8	黄色金属结构柱形立标，顶标为黄色“X”形	银色水中构筑物专用标
9110891	QIONG LIN GAO 05001 SHIP WRECK 虚拟航标 QIONG LIN GAO 05001 SHIP WRECK	20-13.46N 109-12.78E					MMSI:994136668 发射模式:自主连续
9110892	海南儋州测风灯浮 Hainandanzhoucefeng	20-08.42N 109-03.75E	莫(0)黄12秒			黄色标柱形，顶标为黄色“X”形	海上作业区专用标AIS应答器：名称：DZCF BUOYMMSI：994121661发射模式：自主连续播发间隔：3分钟

编 号 No.	名 称 Name	位置 Position	灯 质 Characteristic	灯高 Height	射程 Range	构 造 Structure	附 记 Remarks
9110893	广核11号测风灯浮 Guanghe Cefeng No 11	20-12.18N 108-56.43E	莫(0)黄12秒			黄色标柱形，顶标为黄色“X”形	海上作业区专用标雷达应答器：信号0(- - -)AIS应答器：名称：GH11 WIND BUOYMMSI：994121667
9110895.001	XIN BAO HANG 168 虚拟航标 XIN BAO HANG 168	20-30.57N 109-35.17E					MMSI:994136647 发射模式:自主连续
9110900 (5029)	抱吴（抱才）（渔）灯桩 Baowu (Baocai)	19-57.27N 109-32.63E	闪(3)红10秒	9	2.4	红色混凝土结构柱形立标，顶标为红色圆柱形;10.6	左侧标
9110910 (5029.1)	抱吴港堤头（抱才港）（渔）灯桩 Baowu Gang Breakwater Head (Baocai Gang)	19-57.29N 109-33.13E	闪红3秒		1.2	白色混凝土结构柱形立标;9.4	左侧标
9110930 (5030)	调楼（渔）灯桩 Diaolou	19-56.81N 109-31.99E	闪(2)红6秒	19	2.4	红色砖石结构柱形立标，顶标为红色圆柱形;12.0	左侧标
9110940 (5031)	黄龙港（渔）灯桩 Huanglong Gang	19-55.22N 109-31.72E	闪(2)红6秒	9.7	5	白色混凝土结构柱形立标	
9110950 (5032)	调楼港口堤头（渔）灯桩 Diaolou Gang Breakwater Head	19-56.27N 109-31.94E	闪红4秒	5.3	4	白色混凝土结构柱形立标	
9110960 (5033)	后水湾灯浮 Houshui Wan	19-56.05N 109-29.94E	长闪白10秒			红白相间竖条纹标柱形，顶标为红色球体形	安全水域浮标AIS应答器
9110970 (5034)	道辽角北灯桩 Daoliao Jiao N	19-54.45N 109-30.86E	闪白4秒	8	6	白色砖石结构柱形立标;7.6	
9110980 (5035)	新盈港引导灯桩前 Xinying Gang Ldg Lts, Front	19-53.14N 109-31.45E	闪白1.5秒	9.4	2.5	白色混凝土结构柱形立标;7.3	导标两灯一线：133° 27′ 05″.2

编号 No.	名称 Name	位置 Position	灯质 Characteristic	灯高 Height	射程 Range	构造 Structure	附记 Remarks
9110988	新盈渔港堤头灯桩 Xinying Fishing Harbour Head	19-53.37N 109-31.17E				红色混凝土结构柱形立标	
9110989	龙昆渔港湾灯桩 Longkun Fishing Harbour Wan	19-53.33N 109-31.21E				绿色混凝土结构柱形立标	
9110990 (5036)	新盈港引导灯桩后 Xinying Gang Ldg Lts, Rear	19-53.10N 109-31.49E	闪白3秒	17	2.5	白色混凝土结构柱形立标;9.5	导标
9111000 (5037)	头咀港（渔）灯桩 Touzui Gang	19-52.45N 109-31.14E	闪白4秒	6.9	4	砖石结构柱形立标;8.1	
9111010 (5039)	后水湾头咀港门灯桩 Houshui Wan Touzui Gangmen	19-51.77N 109-31.06E	闪(2)红6秒	8.3	1.2	红色砖石结构柱形立标，顶标为红色圆柱形;8.3	左侧标
9111011	新隆港灯桩 Xinlong Gang	19-50.65N 109-30.76E	闪白4秒	6.5	3	红白相间横条纹金属结构柱形立标;6.0	
9111012	新隆港口门灯桩 Xinlong Gang Koumen	19-51.21N 109-30.72E	闪绿4秒	5	3	绿色金属结构柱形立标;6.0	
9111012.01	巨雄港1灯桩 Juxiong Gang No 1	19-51.47N 109-28.30E	闪绿3秒	3	3	绿色金属结构柱形立标;6.0	
9111012.02	巨雄港2灯桩 Juxiong Gang No 2	19-51.05N 109-28.32E	闪(2)绿5秒	5	3	绿白相间横条纹金属结构柱形立标;6.0	
9111012.03	巨雄港3灯桩 Juxiong Gang No 3	19-50.85N 109-28.37E	闪(3)绿8秒	6	3	绿色金属结构柱形立标;6.0	
9111020 (5040)	头咀排（渔）灯桩 Touzui Pai	19-52.41N 109-29.55E	闪白6秒	3.6	4	白色混凝土结构;5.6	
9111030 (5041)	头排（渔）灯桩 Toupai	19-55.16N 109-28.96E	闪(2)绿6秒	8.8	1.8	绿色混凝土结构柱形立标，顶标为绿色尖向上锥形 ;10.5	右侧标

编号 No.	名称 Name	位置 Position	灯质 Characteristic	灯高 Height	射程 Range	构造 Structure	附记 Remarks
9111040 (5042)	将印礁（将军印）灯桩 Jiangyin Jiao (Jiangjunyin)	19-53.85N 109-27.76E	闪(3)白10秒	12	10	白色混凝土结构;5.6	
9111060 (5043)	邻昌礁（渔）灯桩 Linchang Jiao	19-55.03N 109-24.85E	闪(2)红6秒	8.6	2.4	红色砖石结构柱形立标,顶标为红色圆柱形;10.0	左侧标
9111061.01	后水湾锚地1灯浮 Houshui Wan Anchorage No 1	19-54.69N 109-24.76E	莫(Q)黄12秒			黄色标柱形,顶标为黄色“X”形	锚地专用标
9111061.02	后水湾锚地2灯浮 Houshui Wan Anchorage No 2	19-53.37N 109-23.98E	莫(Q)黄12秒			黄色标柱形,顶标为黄色“X”形	锚地专用标
9111061.03	后水湾锚地3灯浮 Houshui Wan Anchorage No 3	19-54.32N 109-26.14E	莫(Q)黄12秒			黄色标柱形,顶标为黄色“X”形	锚地专用标
9111061.04	后水湾锚地4灯浮 Houshui Wan Anchorage No 4	19-52.19N 109-25.20E	莫(Q)黄12秒			黄色标柱形,顶标为黄色“X”形	锚地专用标
9111061.05	后水湾锚地5灯浮 Houshui Wan Anchorage No 5	19-53.45N 109-27.23E	莫(Q)黄12秒			黄色标柱形,顶标为黄色“X”形	锚地专用标
9111062	水下村灯桩 Shuixia Cun	19-52.41N 109-24.01E	闪白5秒	5.2	3	红色金属结构柱形立标	
9111064 (5039.5)	沙井灯桩 Shajing	19-52.22N 109-25.90E	闪(3)白8秒	5.2	3	红色金属结构柱形立标	
9111065	回龙港灯桩 Huilong Gang	19-54.89N 109-20.34E	等明暗白4秒	3	3	白色金属结构柱形立标;6.0	
9111070 (5044)	**兵马角灯塔** Bingma Jiao	19-53.56N 109-15.69E	闪白6秒	61.5	22	红白相间竖条纹混凝土结构; 41.4	备用灯:闪白6秒15海里;雷达应答器: 信号O(- - -)
9111071	盐丁港灯桩 Yanding Gang	19-51.34N 109-13.36E	闪(2)白6秒	6.5	3	红白相间横条纹金属结构柱形立标;6.0	

编 号 No.	名 称 Name	位置 Position	灯 质 Characteristic	灯高 Height	射程 Range	构 造 Structure	附 记 Remarks
9111072	细沙港灯桩 Xisha Gang	19-50.75N 109-12.70E	闪白3秒	3	3	白色金属结构柱形立标;6.0	
9111072.01	中石化神北二港池1灯桩 Zhong Petrochemical Shenbei Ergangchi No 1	19-50.37N 109-10.89E	等明暗白3秒	15.5	5	红白相间横条纹金属结构柱形立标	
9111072.02	中石化神北二港池2灯桩 Zhong Petrochemical Shenbei Ergangchi No 2	19-50.64N 109-11.21E	等明暗(1+1)白2秒	15.5	5	红白相间横条纹金属结构柱形立标	
9111072.03	中石化神北二港池3灯桩 Zhong Petrochemical Shenbei Ergangchi No 3	19-50.41N 109-11.05E	闪红3秒	10.7	5	红白相间横条纹金属结构柱形立标	
9111073	应急沉船示位标 虚拟航标 UNKNOWN WRECK	19-59.24N 109-06.65E					MMSI:994126806

编 号 No.	名 称 Name	位置 Position	灯 质 Characteristic	灯高 Height	射程 Range	构 造 Structure	附 记 Remarks

清澜港
QING LAN GANG

编 号 No.	名 称 Name	位置 Position	灯 质 Characteristic	灯高 Height	射程 Range	构 造 Structure	附 记 Remarks
9130010 (5045)	铜鼓咀（有）灯塔 Tonggu Zui (Watched)	19-38.35N 111-02.15E	闪白8秒	186.2	22	白色混凝土结构;10.0	雷达应答器: 信号K(- . -)
9130011.01	铜鼓岭保护区1灯浮 No TB1	19-41.42N 111-01.29E	莫(0)黄12秒			黄色标柱形,顶标为黄色“X”形	海上作业区专用标
9130011.02	铜鼓岭保护区2灯浮 No TB2	19-41.42N 111-02.42E	莫(0)黄12秒			黄色标柱形,顶标为黄色“X”形	海上作业区专用标
9130011.03	铜鼓岭保护区3灯浮 No TB3	19-40.17N 111-02.87E	莫(0)黄12秒			黄色标柱形,顶标为黄色“X”形	海上作业区专用标
9130011.04	铜鼓岭保护区4灯浮 No TB4	19-38.93N 111-03.30E	莫(0)黄12秒			黄色标柱形,顶标为黄色“X”形	海上作业区专用标
9130011.05	铜鼓岭保护区5灯浮 No TB5	19-37.18N 111-02.61E	莫(0)黄12秒			黄色标柱形,顶标为黄色“X”形	海上作业区专用标
9130011.06	DONG-AH 101 虚拟航标 DONG-AH 101	19-37.09N 111-01.59E	莫(0)黄12秒			黄色标柱形,顶标为黄色“X”形	海上作业区专用标
9130011.07	铜鼓岭保护区7灯浮 No TB7	19-36.79N 111-00.44E	莫(0)黄12秒			黄色标柱形,顶标为黄色“X”形	海上作业区专用标
9130011.08	铜鼓岭保护区8灯浮 No TB8	19-36.39N 110-59.04E	莫(0)黄12秒			黄色标柱形,顶标为黄色“X”形	海上作业区专用标
9130011.09	铜鼓岭保护区9灯浮 No TB9	19-37.09N 110-58.95E	莫(0)黄12秒			黄色标柱形,顶标为黄色“X”形	海上作业区专用标
9130012	宝陵港河口灯桩 Baolingganghe Kou	19-41.21N 111-00.72E	闪白4秒	9	4	白色金属结构柱形立标;6.0	
9130020 (5046)	清澜港口灯塔（有） Qinglan Gang (Watched)	19-31.90N 110-50.74E	闪(2)白10秒	47	18	白色砖石结构;18.6	雷达应答器:信号O(- - -)AIS基站

编号 No.	名称 Name	位置 Position	灯质 Characteristic	灯高 Height	射程 Range	构造 Structure	附记 Remarks
9130030 (5047)	文教河口灯桩 Wenjiaohe Kou	19-36.90N 110-51.57E				红色砖石结构柱形立标，顶标为红色圆柱形;6.2	左侧标
9130040 (5048)	清澜毒石灯桩 Qinglandu Shi	19-37.09N 110-49.98E	闪(2)红6秒	7.7	1.2	红色砖石结构柱形立标，顶标为红色圆柱形;8.3	左侧标
9130050 (5049)	文昌八门灯桩 Wenchangba Men	19-36.18N 110-48.44E	闪(2)红6秒	8.2	2.4	红色混凝土结构柱形立标，顶标为红色圆柱形;8.0	左侧标
9130060 (5049.1)	文昌河口灯浮 Wenchanghe Kou	19-36.17N 110-48.73E				绿色标柱形，顶标为绿色尖向上锥形	右侧标
9130061.01	八门湾1灯浮 Bamen Wan No 1	19-35.43N 110-49.00E	闪绿4秒			绿色标柱形，顶标为绿色尖向上锥形	右侧标
9130061.02	八门湾2灯浮 Bamen Wan No 2	19-35.49N 110-48.81E	闪红4秒			红色标柱形，顶标为红色圆柱形	左侧标
9130062.01	八门湾1灯桩 Bamen Wan No 1	19-35.00N 110-49.40E	闪(2)白5秒	3	3	混凝土结构;29.9	孤立危险物立标
9130062.02	八门湾2灯桩 Bamen Wan No 2	19-35.61N 110-48.92E	闪(2)绿6秒	3	3	绿色金属结构柱形立标，顶标为绿色尖向上锥形;4.5	右侧标
9130062.03	八门湾3灯桩 Bamen Wan No 3	19-36.16N 110-48.97E	闪(3)红10秒	3	3	红色金属结构柱形立标，顶标为红色圆柱形;5.0	左侧标
9130066	清澜海事码头北侧灯桩 Qinglan MSA Pier N	19-34.72N 110-49.15E	闪白6秒	8.5	3	红白相间横条纹玻璃钢结构柱形立标;8.0	
9130067	清澜海事码头南侧灯桩 Qinglan MSA Pier S	19-34.65N 110-49.15E	闪(2)白10秒	8.5	3	红白相间横条纹玻璃钢结构柱形立标;8.0	

编 号 No.	名 称 Name	位置 Position	灯 质 Characteristic	灯高 Height	射程 Range	构 造 Structure	附 记 Remarks
9130068.01	清澜海事码头1（H1）灯浮 Qinglan MSA Pier No 1 (H1)	19-34.50N 110-49.32E	闪(2)红6秒			红色标柱形，顶标为红色圆柱形	水产作业区专用标
9130068.02	清澜海事码头2（H2）灯浮 Qinglan MSA Pier No 2 (H2)	19-34.64N 110-49.25E	闪(3)红10秒			红色标柱形，顶标为红色圆柱形	左侧标
9130068.03	清澜海事码头3（H3）灯浮 Qinglan MSA Pier No 3 (H3)	19-34.74N 110-49.28E	闪(3)绿10秒			绿色标柱形，顶标为绿色尖向上锥形	右侧标
9130069	清澜港Q3灯桩 Qinglan Gang No Q3	19-30.38N 110-49.81E	闪(2)白5秒	5	3	黑红黑横条纹金属结构柱形立标，顶标为黑色双球体;6.0	孤立危险物立标
9130070.001	螺泥岩 虚拟航标 LUONIYAN	19-28.01N 111-01.91E					
9130070.01 (5050)	清澜港1灯浮 Qinglan Gang No 1	19-30.00N 110-51.02E	闪绿4秒			绿色标柱形，顶标为绿色尖向上锥形	右侧标同步闪AIS应答器
9130070.02 (5051)	清澜港2灯浮 Qinglan Gang No 2	19-31.06N 110-50.63E	闪红4秒			红色标柱形，顶标为红色圆柱形	左侧标同步闪
9130070.03 (5052)	清澜港3灯浮 Qinglan Gang No 3	19-31.08N 110-50.70E	闪绿4秒			绿色标柱形，顶标为绿色尖向上锥形	右侧标同步闪
9130070.04 (5053)	清澜港4灯浮 Qinglan Gang No 4	19-31.52N 110-50.51E	闪红4秒			红色标柱形，顶标为红色圆柱形	左侧标同步闪
9130070.05 (5054)	清澜港5灯浮 Qinglan Gang No 5	19-31.53N 110-50.56E	闪绿4秒			绿色标柱形，顶标为绿色尖向上锥形	右侧标同步闪
9130070.06 (5055)	清澜港6灯浮 Qinglan Gang No 6	19-31.77N 110-50.49E	闪红4秒			红色标柱形，顶标为红色圆柱形	左侧标同步闪
9130070.07 （5056）	清澜港7灯浮 Qinglan Gang No.7	19-31.77N 110-50.55E	闪绿4秒			红色标柱形，顶标为红色圆柱形	左侧标同步闪

编号 No.	名称 Name	位置 Position	灯质 Characteristic	灯高 Height	射程 Range	构造 Structure	附记 Remarks
9130070.08 (5056.1)	清澜港8灯浮 Qinglan Gang No 8	19-32.19N 110-50.52E	闪(3)红10秒			红色标柱形，顶标为红色圆柱形	左侧标
9130070.09 (5056.2)	清澜港9灯浮 Qinglan Gang No 9	19-32.29N 110-50.58E	闪(3)绿10秒			绿色标柱形，顶标为绿色尖向上锥形	右侧标
9130070.10 (5056.3)	清澜港10灯浮 Qinglan Gang No 10	19-32.37N 110-50.49E	闪(2)红6秒			红色标柱形，顶标为红色圆柱形	左侧标
9130070.11 (5057)	清澜港11灯浮 Qinglan Gang No 11	19-32.67N 110-50.40E	闪绿4秒			绿色标柱形，顶标为绿色尖向上锥形	右侧标
9130070.12 (5057.002)	清澜港12灯浮 Qinglan Gang No 12	19-32.60N 110-50.38E	闪红4秒			红色标柱形，顶标为红色圆柱形	左侧标
9130070.13 (5057.003)	清澜港13灯浮 Qinglan Gang No 13	19-32.68N 110-50.32E	闪(3)红10秒			红色标柱形，顶标为红色圆柱形	左侧标
9130070.14 (5057.004)	清澜港14灯浮 Qinglan Gang No 14	19-32.81N 110-50.19E	闪(2)红6秒			红色标柱形，顶标为红色圆柱形	左侧标
9130070.15 (5057.005)	清澜港15灯浮 Qinglan Gang No 15	19-32.92N 110-50.15E	闪(2)绿6秒			绿色标柱形，顶标为绿色尖向上锥形	右侧标
9130070.16	清澜港16灯浮 Qinglan Gang No 16	19-33.15N 110-49.98E	快闪(9)白15秒			黄黑黄横条纹标柱形，顶标为黑色顶点相对双锥体	西方位标
9130070.17	清澜港17灯浮 Qinglan Gang No 17	19-33.27N 110-49.84E	闪绿4秒			绿色标柱形，顶标为绿色尖向上锥形	右侧标
9130070.18	清澜港18灯浮 Qinglan Gang No 18	19-33.48N 110-49.73E	闪(3)绿10秒			绿色标柱形，顶标为绿色尖向上锥形	右侧标
9130070.19	清澜港19灯浮 Qinglan Gang No 19	19-33.81N 110-49.53E	闪(2)绿6秒			绿色标柱形，顶标为绿色尖向上锥形	右侧标

编号 No.	名称 Name	位置 Position	灯质 Characteristic	灯高 Height	射程 Range	构造 Structure	附记 Remarks
9130070.20	清澜港20灯浮 Qinglan Gang No 20	19-34.12N 110-49.43E	闪绿4秒			绿色标柱形，顶标为绿色尖向上锥形	右侧标
9130071	文昌清澜港三沙补给及交通码头1灯桩 WenchangqinglanGang Sanshabujijiaotong Pier No 1	19-32.68N 110-50.11E	等明暗（2+2）红4秒	6.5	5	红色金属结构柱形立标	
9130072.01	导流1号灯桩 Daoliu No 1	19-31.23N 110-50.34E	莫(C)黄12秒	7.7	3	黄色玻璃钢结构柱形立标;5.5	水中构筑物专用标同步闪
9130072.02	导流2号灯桩 Daoliu No 2	19-31.41N 110-50.29E	莫(C)黄12秒	7.7	3	黄色玻璃钢结构柱形立标;5.5	水中构筑物专用标同步闪
9130072.03	导流3号灯桩 Daoliu No 3	19-31.59N 110-50.24E	莫(C)黄12秒	7.7	3	黄色玻璃钢结构柱形立标;5.5	水中构筑物专用标同步闪
9130072.04	导流4号灯桩 Daoliu No 4	19-31.77N 110-50.19E	莫(C)黄12秒	7.7	3	黄色玻璃钢结构柱形立标;5.5	水中构筑物专用标同步闪
9130073.01	清澜港Q1灯桩 Qinglan Gang No Q1	19-31.40N 110-52.18E	闪(3)白8秒	6	3	白色金属结构柱形立标	
9130073.02	清澜港Q2灯桩 Qinglan Gang No Q2	19-31.11N 110-51.26E	甚快(6)+长闪白10秒	6	3	黄黑相间横条纹柱形立标，顶标为黑色顶点朝下双锥体	南方位标
9130080 (5055.1)	清澜港引导标前灯桩 Qinglan Gang Ldg Bns, Front	19-32.18N 110-50.35E				白色木质结构;6.0	导标两灯一线:345° 08′ 02″.2
9130090 (5055.11)	清澜港引导标后灯桩 Qinglan Gang Ldg Bns, Rear	19-32.38N 110-50.30E				白色木质结构;8.0	导标
9130129	曲客灯桩 Quke	19-34.20N 110-54.38E	闪(3)白8秒	9	4	红白相间横条纹金属结构柱形立标;8.0	
9130130 (5057.08)	冯家湾灯桩 Fengjia Wan	19-24.35N 110-44.06E	闪白3秒	11	10	柱形立标	
9130131	口牙港灯桩 Kouya Gang	19-32.49N 110-52.94E	闪白3秒	5	4	白色金属结构柱形立标;4.0	

编号 No.	名称 Name	位置 Position	灯质 Characteristic	灯高 Height	射程 Range	构造 Structure	附记 Remarks

三亚港
SAN YA GANG

编号 No.	名称 Name	位置 Position	灯质 Characteristic	灯高 Height	射程 Range	构造 Structure	附记 Remarks
9310010 (5057.1)	排岭灯桩 Pailing	19-19.07N 110-39.68E	闪白6秒		4	砖石结构柱形立标;7.6	
9310020 (5058)	青葛港（渔）灯桩 Qingge Gang	19-18.71N 110-40.12E	闪(2)绿6秒		1.8	混凝土结构柱形立标;4.2	
9310030 (5059)	青葛港右堤头（渔）灯桩 Qingge Gang R Breakwater Head	19-18.69N 110-40.28E	闪(2)绿6秒	UNKNOWN	1.8	白色砖石结构;4.5	
9310031 (5061.1)	龙湾坡灯桩 Longwan Po	19-18.43N 110-39.55E	闪(2)白6秒	18	10	柱形立标	
9310040.01 (5059.1)	龙湾港1灯浮 Longwan Gang No 1	19-17.56N 110-38.95E	闪(2)绿6秒			绿色锥形	右侧标
9310040.02 (5059.2)	龙湾港2灯浮 Longwan Gang No 2	19-17.51N 110-38.96E	闪(2)红6秒			红色罐形	左侧标
9310040.03 (5059.3)	DONG-AH 101 虚拟航标 DONG-AH 101	19-17.49N 110-38.61E	闪绿4秒			绿色锥形	右侧标
9310040.04 (5059.4)	龙湾港4灯浮 Longwan Gang No 4	19-17.47N 110-38.75E	闪红4秒			红色罐形	左侧标
9310040.05 (5059.5)	龙湾港5灯浮 Longwan Gang No 5	19-17.36N 110-38.59E	闪(3)绿10秒			绿色锥形	右侧标
9310050 (5059.8)	龙湾港灯桩 Longwan Gang	19-17.36N 110-38.69E	定红	11	6	柱形立标	
9310060 (5060)	潭门港左堤头（渔）灯桩 Tanmen Gang L Breakwater Head	19-13.74N 110-37.78E	闪(2)红6秒		2.4	白色混凝土结构柱形立标;9.6	
9310061.01	潭门港1灯浮 Tanmen Gang No 1	19-13.70N 110-38.32E	闪绿4秒			绿色标柱形，顶标为绿色尖向上锥形	右侧标

编号 No.	名称 Name	位置 Position	灯质 Characteristic	灯高 Height	射程 Range	构造 Structure	附记 Remarks
9310061.02	潭门港2灯浮 Tanmen Gang No 2	19-13.64N 110-38.32E	闪红4秒			红色标柱形，顶标为红色圆柱形	左侧标
9310061.03	潭门港3灯浮 Tanmen Gang No 3	19-13.67N 110-38.07E	闪(2)绿6秒			绿色标柱形，顶标为绿色尖向上锥形	右侧标
9310061.04	潭门港4灯浮 Tanmen Gang No 4	19-13.64N 110-38.04E	闪(2)红6秒			红色标柱形，顶标为红色圆柱形	左侧标
9310061.05	潭门港5灯浮 Tanmen Gang No 5	19-13.75N 110-37.92E	闪(3)绿10秒			绿色标柱形，顶标为绿色尖向上锥形	右侧标
9310061.06	潭门港6灯浮 Tanmen Gang No 6	19-13.75N 110-37.83E	闪(3)红10秒			红色标柱形，顶标为红色圆柱形	左侧标
9310062	潭门港灯桩 Tanmen Gang	19-13.87N 110-37.41E	等明暗白2秒	16	10	白色混凝土结构柱形立标;14.6	
9310070 (5061)	遥测波浪灯浮 Breakers Telemetry	19-11.08N 110-37.34E	莫(0)黄12秒			混凝土结构; 29.9	海上作业区专用标
9310080 (5061.5)	博鳌灯塔 Bo'ao	19-10.07N 110-35.22E	闪(3)白24秒	81	22		雷达应答器: 信号Y(- . - -) AIS基站
9310100 (5062)	博鳌港灯桩 Bo'ao Gang	19-09.36N 110-34.80E	闪白4秒	9.2	6	白色砖石结构柱形立标;8.5	
9310100.01	博鳌港1灯桩 Bo'ao Gang No 1	19-09.06N 110-35.38E	等明暗绿4秒	5	4	绿色金属结构柱形立标;4.0	
9310100.02	博鳌港2灯桩 Bo'ao Gang No 2	19-08.91N 110-35.11E	等明暗红4秒	5	4	红色金属结构柱形立标;4.0	
9310100.03	博鳌港3灯桩 Bo'ao Gang No 3	19-09.44N 110-35.37E	闪(2)白5秒	5	4	黑红黑横条纹金属结构柱形立标，顶标为黑色双球体;4.0	水产作业区专用标

编 号 No.	名 称 Name	位置 Position	灯 质 Characteristic	灯高 Height	射程 Range	构 造 Structure	附 记 Remarks
9310100.04	博鳌港4灯桩 Bo'ao Gang No 4	19-09.48N 110-34.77E	闪(2)白5秒	5	4	黑红黑横条纹金属结构柱形立标，顶标为黑色双球体;4.0	孤立危险物立标
9310110 (5063)	港北港风向标（渔）灯桩 Gangbei Gang	18-53.00N 110-31.11E	闪白4秒	30	4	砖石结构柱形立标;5.8	
9310111	外峙灯桩 Waizhi	18-52.93N 110-31.27E	闪绿5秒	6.5	5	绿白相间横条纹金属结构柱形立标;6.0	
9310120 (5064)	白鞍岛（棺材岭）灯塔 Bai'an Dao (Guancai Ling)	18-48.65N 110-34.15E	闪(2)白15秒	81.3	18	白色混凝土结构;12.0	雷达应答器：信号K(- . -)
9310121	北洲礁灯桩 Beizhou Jiao	18-49.52N 110-33.79E	闪红5秒	9	5	红白相间横条纹金属结构柱形立标;6.0	
9310129	乌场港大担石灯桩 Wuchang Gang Dadan Shi	18-46.02N 110-28.87E	等明暗白4秒	9	4	红白相间横条纹柱形立标;4.0	
9310130 (5064.5)	甘蔗岛灯桩 Ganzhe Dao	18-45.62N 110-30.12E	闪(3)白10秒	18	10	黑白黑横条纹金属结构柱形立标;9.3	
9310140 (5065)	大洲岛灯塔 Dazhou Dao	18-39.57N 110-29.12E	闪白5秒	174.6	18	混凝土结构;12.2	雷达应答器：信号X(- . . -)
9310141.01	大洲保护边界核1灯浮 Dazhou Baohu Bianjie He No 1	18-38.28N 110-28.33E	莫(P)黄12秒			黄色标柱形，顶标为黄色“X”形	禁航区专用标
9310141.02	大洲保护边界核2灯浮 Dazhou Baohu Bianjie He No 2	18-39.93N 110-27.98E	莫(P)黄12秒			黄色标柱形，顶标为黄色“X”形	禁航区专用标
9310141.03	大洲保护边界核3灯浮 Dazhou Baohu Bianjie He No 3	18-40.63N 110-30.27E	莫(P)黄12秒			黄色标柱形，顶标为黄色“X”形	禁航区专用标

编 号 No.	名 称 Name	位置 Position	灯 质 Characteristic	灯高 Height	射程 Range	构 造 Structure	附 记 Remarks
9310141.04	大洲保护边界核4灯浮 Dazhou Baohu Bianjie He No 4	18-38.97N 110-30.85E	莫(P)黄12秒			黄色标柱形，顶标为黄色"X"形	禁航区专用标
9310150 (5065.001)	洲仔岛灯桩 Zhouzai Dao	18-38.41N 110-21.54E	闪(2)白6秒	60	10	黑白黑横条纹金属结构柱形立标;9.3	
9310151.01	大洲保护边界实1号AIS虚拟航标 DA ZHOU BIAN JIE Virtual AIS S1	18-37.10N 110-28.00E					MMSI:994126623
9310151.02	大洲保护边界实2号AIS虚拟航标 DA ZHOU BIAN JIE Virtual AIS S2	18-42.70N 110-26.83E					MMSI:994126624
9310151.03	大洲保护边界实3号AIS虚拟航标 DA ZHOU BIAN JIE Virtual AIS S3	18-43.90N 110-30.10E					MMSI:994126625
9310151.04	大洲保护边界实4号AIS虚拟航标 DA ZHOU BIAN JIE Virtual AIS S4	18-38.20N 110-32.10E					MMSI:994126626
9310152.01	大洲保护边界缓1号AIS虚拟航标 DA ZHOU BIAN JIE Virtual AIS H1	18-37.70N 110-28.17E					MMSI:994126627
9310152.02	大洲保护边界缓2号AIS虚拟航标 DA ZHOU BIAN JIE Virtual AIS H2	18-39.97N 110-27.68E					MMSI:994126628
9310152.03	大洲保护边界缓3号AIS虚拟航标 DA ZHOU BIAN JIE Virtual AIS H3	18-40.87N 110-30.68E					MMSI:994126629
9310152.04	大洲保护边界缓4号AIS虚拟航标 DA ZHOU BIAN JIE Virtual AIS H4	18-38.50N 110-31.50E					MMSI:994126630

编 号 No.	名 称 Name	位置 Position	灯 质 Characteristic	灯高 Height	射程 Range	构 造 Structure	附 记 Remarks
9310153	加井岛灯桩 Jiajing Dao	18-38.85N 110-17.18E	闪(3)白3秒	28	8	红白相间横条纹柱形立标;8.0	
9310153.01	崖城管道走向标志1号AIS虚拟航标 YA CHENG GUAN DAO 1	17-30.49N 109-01.23E					MMSI:994126601
9310153.02	崖城管道走向标志2号AIS虚拟航标 YA CHENG GUAN DAO 2	18-14.96N 109-06.36E					MMSI:994126602
9310153.03	崖城管道走向标志3号AIS虚拟航标 YA CHENG GUAN DAO 3	18-18.14N 109-08.57E					MMSI:994126603
9310155.01	华润游艇码头1灯桩 Huarun Yacht Pier No 1	18-38.94N 110-14.86E	闪绿4秒	16	5	绿白相间横条纹玻璃钢结构柱形立标	
9310155.02	华润游艇码头2灯桩 Huarun Yacht Pier No 2	18-39.02N 110-14.87E	闪红4秒	16	5	红白相间横条纹玻璃钢结构柱形立标	
9310156.01	海南华润石梅湾游艇会码头1灯浮 Hainan Huarun Shimei Wan Yacht Club Pier No 1	18-38.78N 110-14.80E	闪(2)红6秒			红色标柱形,顶标为红色圆柱形	左侧标
9310156.02	海南华润石梅湾游艇会码头2灯浮 Hainan Huarun Shimei Wan Yacht Club Pier No 2	18-38.94N 110-14.79E	快闪红			红色标柱形,顶标为红色圆柱形	左侧标
9310157.01	神州游艇码头1灯浮 Shenzhou Yacht Pier No 1	18-39.85N 110-19.52E	闪红4秒			红色标柱形，顶标为红色圆柱形	左侧标
9310157.02	神州游艇码头2灯浮 Shenzhou Yacht Pier No 2	18-39.97N 110-19.59E	闪(2)红6秒			红色标柱形，顶标为红色圆柱形	左侧标
9310157.03	神州游艇码头3灯浮 Shenzhou Yacht Pier No 3	18-39.96N 110-19.62E	闪(3)绿10秒			绿色标柱形，顶标为绿色尖向上锥形	右侧标

编 号 No.	名 称 Name	位置 Position	灯 质 Characteristic	灯高 Height	射程 Range	构 造 Structure	附 记 Remarks
9310157.04	神州游艇码头4灯浮 Shenzhou Yacht Pier No 4	18-40.25N 110-19.56E	快闪红			红色标柱形，顶标为红色圆柱形	左侧标
9310157.05	神州游艇码头5灯浮 Shenzhou Yacht Pier No 5	18-40.29N 110-19.60E	闪红4秒			红色标柱形，顶标为红色圆柱形	左侧标
9310157.06	神州游艇码头6灯浮 Shenzhou Yacht Pier No 6	18-40.30N 110-19.72E	闪(2)红6秒			红色标柱形，顶标为红色圆柱形	左侧标
9310157.07	神州游艇码头7灯浮 Shenzhou Yacht Pier No 7	18-40.44N 110-19.94E	闪(3)红10秒			红色标柱形，顶标为红色圆柱形	左侧标
9310157.08	神州游艇码头8灯浮 Shenzhou Yacht Pier No 8	18-40.58N 110-20.05E	闪红4秒			红色标柱形，顶标为红色圆柱形	左侧标
9310158	神州半岛灯桩 Shenzhou Peninsula	18-39.85N 110-19.61E	等明暗白2秒	18.8	5	红白相间横条纹混凝土结构柱形立标	
9310160 (5065.01)	牛岭旅游码头灯桩 Niuling Tourist Pier	18-35.28N 110-10.74E	等明暗红2秒	10.3	10	红色金属结构柱形立标;9.5	
9310170 (5065.08)	分界洲岛灯桩 Fenjiezhou Dao	18-34.90N 110-11.67E	闪白3秒	16	10	白色混凝土结构柱形立标;15.0	
9310171.01	富力湾游艇码头1警示标牌灯桩 Fuli Wan Yacht Pier No 1 Warning Sign	18-31.89N 110-06.13E	定红			柱形立标	弯道，减速慢行
9310171.02	富力湾游艇码头2警示标牌灯桩 Fuli Wan Yacht Pier No 2 Warning Sign	18-31.80N 110-06.07E	定红			柱形立标	弯道，减速慢行
9310171.03	富力湾游艇码头3警示标牌灯桩 Fuli Wan Yacht Pier No 3 Warning Sign	18-31.83N 110-05.93E	定红			柱形立标	弯道，减速慢行

编 号 No.	名 称 Name	位置 Position	灯 质 Characteristic	灯高 Height	射程 Range	构 造 Structure	附 记 Remarks
9310172.01	富力湾游艇码头1灯桩 Fuli Wan Yacht Pier No 1	18-31.71N 110-06.31E	闪(2)红5秒	15	10	绿白相间横条纹玻璃钢结构柱形立标;10.0	
9310172.02	富力湾游艇码头2灯桩 Fuli Wan Yacht Pier No 2	18-31.73N 110-06.27E	闪(2)红5秒	8	5	红色金属结构柱形立标;3.0	
9310173.01	富力湾游艇码头1灯浮 Fuli Wan Yacht Pier No 1	18-31.62N 110-06.28E	快闪红			红色标柱形,顶标为红色圆柱形	左侧标
9310180 (5065.1)	黎安港（渔）灯桩 Li'an Gang	18-24.35N 110-03.99E	闪白6秒		8	柱形立标	
9310180.001	陵水双帆石 虚拟航标 LINGSHUI SHUANGFAN SHI	18-26.19N 110-08.49E					
9310180.05	新村海洋综合观测灯浮标-5 Xincun Oceanic Integrated Observation No 5	18-25.07N 110-05.05E	莫(0)黄12秒			黄色标柱形,顶标为黄色“X”形	海上作业区专用标
9310181.01	新村港1灯桩 Xincun Gang No 1	18-24.48N 109-57.30E	闪绿3秒	4	4	绿色金属结构柱形立标;4.0	
9310181.02	新村港2灯桩 Xincun Gang No 2	18-24.53N 109-57.80E	闪(2)白6秒	4	4	白色金属结构柱形立标;4.0	
9310181.03	新村海洋综合观测灯浮标-3 Xincun Oceanic Integrated Observation No 3	18-22.69N 109-56.11E	莫(0)黄12秒			黄色标柱形,顶标为黄色“X”形	海上作业区专用标
9310181.031	新村海洋综合观测灯浮标-31 Xincun Oceanic Integrated Observation No 31	18-22.35N 109-56.45E	莫(0)黄12秒			黄色标柱形,顶标为黄色“X”形	海上作业区专用标
9310181.051	新村海洋综合观测灯浮标-51 Xincun Oceanic Integrated Observation No 51	18-25.50N 110-05.08E	莫(0)黄12秒			黄色标柱形,顶标为黄色“X”形	海上作业区专用标

编 号 No.	名 称 Name	位置 Position	灯 质 Characteristic	灯高 Height	射程 Range	构 造 Structure	附 记 Remarks
9310182	双帆石灯桩 Shuangfan Shi	18-26.21N 110-08.54E	闪(2)白6秒	11.2	8	白色混凝土结构柱形立标;9.0	
9310190 (5066)	陵水角灯塔 Lingshui Jiao	18-23.29N 110-02.91E	闪(3)白20秒	149.8	18	混凝土结构;10.0	备用灯:闪(3)白20秒12海里; 雷达应答器: 信号K(- . -)
9310191.01	清水湾1号桥桥梁1号桥涵灯桩 No 1 Buoy of Qingshui Wan No 1 Bridge	18-24.61N 109-52.80E	快闪黄			柱形立标	桥墩警示标
9310191.02	清水湾1号桥桥梁2号桥涵灯桩 No 2 Buoy of Qingshui Wan No 1 Bridge	18-24.62N 109-52.81E	快闪黄			柱形立标	桥墩警示标
9310191.03	清水湾1号桥桥梁3号桥涵灯桩 No 3 Buoy of Qingshui Wan No 1 Bridge	18-24.60N 109-52.81E	定绿			柱形立标	双向通航桥孔标
9310191.04	清水湾1号桥桥梁4号桥涵灯桩 No 4 Buoy of Qingshui Wan No 1 Bridge	18-24.61N 109-52.82E	定绿			柱形立标	双向通航桥孔标
9310191.05	清水湾1号桥桥梁5号桥涵灯桩 No 5 Buoy of Qingshui Wan No 1 Bridge	18-24.59N 109-52.82E	快闪黄			柱形立标	桥墩警示标
9310191.06	清水湾1号桥桥梁6号桥涵灯桩 No 6 Buoy of Qingshui Wan No 1 Bridge	18-24.60N 109-52.83E	快闪黄			柱形立标	桥墩警示标
9310192.01	清水湾2号桥桥梁1号桥涵灯桩 No 1 Buoy of Qingshui Wan No 2 Bridge	18-24.82N 109-53.06E	快闪黄			柱形立标	桥墩警示标
9310192.02	清水湾2号桥桥梁2号桥涵灯桩 No 2 Buoy of Qingshui Wan No 2 Bridge	18-24.83N 109-53.06E	快闪黄			柱形立标	桥墩警示标

编号 No.	名称 Name	位置 Position	灯质 Characteristic	灯高 Height	射程 Range	构造 Structure	附记 Remarks
9310192.03	清水湾2号桥桥梁3号桥涵灯桩 No 3 Buoy of Qingshui Wan No 2 Bridge	18-24.82N 109-53.07E	定绿			柱形立标	双向通航桥孔标
9310192.04	清水湾2号桥桥梁4号桥涵灯桩 No 4 Buoy of Qingshui Wan No 2 Bridge	18-24.83N 109-53.07E	定绿			柱形立标	双向通航桥孔标
9310192.05	清水湾2号桥桥梁5号桥涵灯桩 No 5 Buoy of Qingshui Wan No 2 Bridge	18-24.82N 109-53.08E	快闪黄			柱形立标	桥墩警示标
9310192.06	清水湾2号桥桥梁6号桥涵灯桩 No 6 Buoy of Qingshui Wan No 2 Bridge	18-24.82N 109-53.08E	快闪黄			柱形立标	桥墩警示标
9310193	清水湾游艇码头灯桩 Qingshui Wan Yacht Pier	18-23.88N 109-52.44E	等明暗白2秒	23	10	柱形立标	
9310193.01	清水湾游艇码头1灯浮 Qingshui Wan Yacht Pier No 1	18-23.91N 109-52.43E	闪绿4秒			绿色标柱形，顶标为绿色尖向上锥形	右侧标
9310193.02	清水湾游艇码头2灯浮 Qingshui Wan Yacht Pier No 2	18-23.88N 109-52.42E	闪红4秒			红色标柱形，顶标为红色圆柱形	左侧标
9310195 (5066.049)	赤岭灯桩 Chiling	18-23.03N 109-48.85E	闪红5秒	8	5	白色金属结构柱形立标;6.0	
9310200 (5066.1)	实验J1灯浮 Experimental No J1	18-05.05N 110-17.33E	莫(O)黄12秒			黄色标柱形，顶标为黄色“X”形	海上作业区专用标
9310210 (5067)	后海角灯塔 Houhai Jiao	18-16.40N 109-44.06E	闪白3秒	95	18	混凝土结构; 12.0	
9310218	亚特兰蒂斯取排水灯桩 Atlantis Intake-outlet	18-21.29N 109-44.58E	定红			红白相间斜条纹柱形立标	警示标牌

编号 No.	名称 Name	位置 Position	灯质 Characteristic	灯高 Height	射程 Range	构造 Structure	附记 Remarks
9310218.01	亚特兰蒂斯取排水1灯浮 Atlantis Intake-outlet No 1	18-21.08N 109-45.09E	莫(C)黄12秒			黄色标柱形,顶标为黄色“X”形	水中构筑物专用标
9310218.02	亚特兰蒂斯取排水2灯浮 Atlantis Intake-outlet No 2	18-21.04N 109-44.73E	莫(C)黄12秒			黄色标柱形,顶标为黄色“X”形	水中构筑物专用标
9310219.01	晋合酒店取排水1灯浮 Jinhe Hotel Water Intake And Outlet No 1	18-21.92N 109-45.15E	莫(C)黄12秒			黄色标柱形,顶标为黄色“X”形	水中构筑物专用标
9310219.02	晋合酒店取排水2灯浮 Jinhe Hotel Water Intake And Outlet No 2	18-21.77N 109-45.09E	莫(C)黄12秒			黄色标柱形,顶标为黄色“X”形	水中构筑物专用标
9310220 (5067.01)	后海防波堤灯桩 Houhai Breakwater	18-16.74N 109-43.53E	等明暗红2秒	12	10	柱形立标	
9310230 (5072)	**东洲灯塔** Dongzhou	18-11.09N 109-41.80E	闪白5秒	122.9	18	白色混凝土结构;13.1	
9310240 (5072.1)	牙笼湾海洋波浪观测灯浮 Yalong Wan Sea Wave Observationg	18-10.63N 109-41.33E	闪(5)黄20秒		3	黄色球形	
9310260 (5073)	野薯岛(野猪岛)灯桩 Yeshu Dao (Yezhu Dao)	18-12.93N 109-39.72E	闪(2)白6秒	97.2	12	红白相间横条纹柱形立标;4.0	
9310270.01 (5073.41)	三亚瑞吉酒店游艇码头1灯桩 Sanyaruiji Hotel Yacht Pier No 1	18-12.80N 109-36.85E	闪红4秒	18	8	柱形立标	
9310270.02 (5073.42)	三亚瑞吉酒店游艇码头2灯桩 Sanyaruiji Hotel Yacht Pier No 2	18-12.83N 109-36.78E	闪绿4秒	7.5	4	柱形立标	
9310280 (5074)	**锦母角灯塔** Jinmu Jiao	18-09.63N 109-34.41E	闪白10秒	72.1	22	白色混凝土结构;18.0	备用灯:闪白10秒15海里;雷达应答器:信号O(- - -)

编 号 No.	名 称 Name	位置 Position	灯 质 Characteristic	灯高 Height	射程 Range	构 造 Structure	附 记 Remarks
9310330.01 (5087.51)	三亚半山半岛帆船港1灯桩 Sanya Banshan Peninsula Fanchuan Gang No 1	18-12.96N 109-28.71E	快闪白	21	5	红白相间横条纹混凝土结构柱形立标;18.3	导标雷达应答器：信号Y（- . - -）两灯一线：315°01′58″
9310330.02 (5087.52)	三亚半山半岛帆船港2灯桩 Sanya Banshan Peninsula Fanchuan Gang No 2	18-12.92N 109-28.77E	等明暗红2秒	5.5	1	红白相间横条纹金属结构柱形立标;1.5	
9310330.03 (5087.53)	三亚半山半岛帆船港3灯桩 Sanya Banshan Peninsula Fanchuan Gang No 3	18-12.92N 109-28.69E	等明暗红4秒	4	0.5	红色金属结构柱形立标;1.5	
9310340 (5088)	白排灯桩 Baipai	18-14.25N 109-28.90E	闪白3秒	15.7	10	白色混凝土结构柱形立标;10.8	
9310341.01	鱼礁1灯浮 Yujiao No 1	18-14.29N 109-28.70E	莫（F）黄12秒			黄色标柱形，顶标为黄色”X”形	水产作业区专用标
9310341.02	鱼礁2灯浮 Yujiao No 2	18-14.41N 109-28.63E	莫（F）黄12秒			黄色标柱形，顶标为黄色”X”形	水产作业区专用标
9310341.03	鱼礁3灯浮 Yujiao No 3	18-14.47N 109-28.74E	莫（F）黄12秒			黄色标柱形，顶标为黄色”X”形	水产作业区专用标
9310341.04	鱼礁4灯浮 Yujiao No 4	18-14.49N 109-28.94E	莫（F）黄12秒			黄色标柱形，顶标为黄色”X”形	水产作业区专用标
9310341.05	鱼礁5灯浮 Yujiao No 5	18-14.50N 109-29.05E	莫（F）黄12秒			黄色标柱形，顶标为黄色”X”形	水产作业区专用标
9310350.01 (5088.4)	三亚国际客运码头LB1灯桩 Sanya International Passenger Pier No LB1	18-14.30N 109-29.20E	等明暗红2秒	12	5	白色金属结构柱形立标;11.0	

编号 No.	名称 Name	位置 Position	灯质 Characteristic	灯高 Height	射程 Range	构造 Structure	附记 Remarks
9310350.02 (5088.7)	三亚国际客运码头LB2灯桩 Sanya International Passenger Pier No LB2	18-14.40N 109-29.40E	闪红2秒	12	5	白色金属结构柱形立标;11.0	
9310360 (5089)	三亚港引导灯桩前 Sanya Gang Ldg Lts, Front	18-14.30N 109-29.91E	定红	26.4	6	白色混凝土结构柱形立标,顶标为红色尖向上三角形;18.0	导标两灯一线:071° 30′
9310361	三亚龙王庙码头灯浮 Sanyalongwangmiao Pier	18-14.07N 109-29.72E	莫(P)黄12秒			黄色标柱形,顶标为黄色“X”形	禁航区专用标
9310380.001 (5094.02)	三亚港10灯浮 Sanya Gang No 10	18-14.24N 109-29.67E	闪红4秒			红色罐形	左侧标同步闪
9310380.01 (5090.8)	三亚港1灯浮 Sanya Gang No 1	18-13.64N 109-28.40E	闪绿4秒			绿色锥形	右侧标同步闪
9310380.02 (5090.9)	三亚港2灯浮 Sanya Gang No 2	18-13.76N 109-28.36E	闪红4秒			红色标柱形,顶标为红色圆柱形	左侧标
9310380.03 (5091)	三亚港3灯浮 Sanya Gang No 3	18-13.80N 109-28.68E	闪绿4秒			绿色锥形	右侧标同步闪
9310380.04 (5092)	三亚港4灯浮 Sanya Gang No 4	18-13.90N 109-28.61E	闪红4秒			红色标柱形,顶标为红色圆柱形	左侧标
9310380.05	三亚港5灯浮 Sanya Gang No 5	18-13.94N 109-28.92E	闪绿4秒			绿色锥形	右侧标同步闪
9310380.06	三亚港6灯浮 Sanya Gang No 6	18-14.04N 109-28.86E	闪红4秒			红色标柱形,顶标为红色圆柱形	左侧标
9310380.07 (5093)	三亚港7灯浮 Sanya Gang No 7	18-14.13N 109-29.49E	闪绿4秒			绿色锥形	右侧标同步闪
9310380.08 (5094)	三亚港8灯浮 Sanya Gang No 8	18-14.18N 109-29.48E	闪红4秒			红色罐形	左侧标同步闪
9310380.09 (5094.01)	三亚港9灯浮 Sanya Gang No 9	18-14.18N 109-29.63E	闪绿4秒			绿色锥形	右侧标同步闪

编 号 No.	名 称 Name	位置 Position	灯 质 Characteristic	灯高 Height	射程 Range	构 造 Structure	附 记 Remarks
9310381.01 (5094.5)	三亚国际客运码头1号-YL1灯浮 Sanya International Passenger Pier No 1-YL1	18-13.92N 109-29.23E	快闪白			黑黄相间横条纹标柱形，顶标为黑色顶点朝上双锥体	北方位标
9310390 (5094.3)	三亚海警引导灯桩前 Sanya Hai Warning Ldg Lts, Front	18-13.96N 109-29.46E	等明暗红2秒	6.2		红白相间条纹金属结构柱形立标，顶标为尖向上三角形	导标两灯一线：104°
9310400 (5094.4)	三亚海警引导灯桩后 Sanya Hai Warning Ldg Lts, Rear	18-13.94N 109-29.53E	定红	7.6		红白相间条纹金属结构柱形立标，顶标为尖向下三角形	导标
9310410 (5099)	三亚内港灯桩 Sanya Inner Harbour	18-13.84N 109-30.30E	闪(2)绿6秒	9.2	1.8	绿色混凝土结构柱形立标，顶标为绿色尖向上锥形 ;8.3	右侧标
9310411.01	蜈支洲基地码头1灯浮 Wuzhi Zhou Base Pier No 1	18-16.69N 109-43.42E	快闪绿			绿色标柱形，顶标为绿色尖向上锥形	右侧标
9310411.02	蜈支洲基地码头2灯浮 Wuzhi Zhou Base Pier No 2	18-16.66N 109-43.50E	快闪红			红色标柱形，顶标为红色圆柱形	左侧标
9310411.03	蜈支洲基地码头3灯桩 Wuzhi Zhou Base Pier No 3	18-16.63N 109-43.40E	闪(2)绿6秒	3.2	3	绿色金属结构柱形立标，顶标为绿色尖向上锥形;5.0	右侧标
9310411.04	蜈支洲基地码头4灯桩 Wuzhi Zhou Base Pier No 4	18-16.61N 109-43.48E	闪(2)红6秒	3.2	3	红色金属结构柱形立标，顶标为红色圆柱形;5.0	左侧标
9310420 (5100)	**西瑁洲灯塔** **Ximao Zhou**	18-13.80N 109-22.12E	闪白3秒	72.1	18	白色混凝土结构;14.0	AIS基站
9310421	双扉石灯桩 Shuangfei Shi	18-12.53N 109-23.43E	闪白4秒	11	5	白色金属结构柱形立标;6.0	
9310430 (5100.01)	西瑁洲码头灯桩 Ximao Zhou Pier	18-14.47N 109-22.41E	闪(2)绿5秒	12.3	10	红白相间横条纹金属结构柱形立标;11.5	

编号 No.	名称 Name	位置 Position	灯质 Characteristic	灯高 Height	射程 Range	构造 Structure	附记 Remarks
9310431	肖旗港灯桩 Xiaoqi Gang	18-17.37N 109-21.86E	闪红3秒	9	4	红色柱形立标;4.0	
9310432 (5100.05)	鸡母石灯桩 Jimu Shi	18-17.04N 109-19.75E	闪红5秒	8	5	红色金属结构柱形立标;6.0	
9310440 (5100.03)	半路石灯浮 Banlu Shi	18-12.91N 109-21.02E	闪(2)白5秒			黑红黑横条纹标柱形,顶标为黑色双球体	孤立危险物浮标
9310440.005	三亚双扉石AIS 虚拟航标 SANYA SHUANGFEISHI AIS	18-12.30N 109-23.39E					
9310480.01 (5100.3)	红塘港1灯浮 Hongtang Gang No 1	18-17.28N 109-15.36E	闪(2)绿6秒			绿色标柱形,顶标为绿色尖向上锥形	右侧标
9310480.02	红塘港2灯浮 Hongtang Gang No 2	18-17.35N 109-15.29E	闪(2)红6秒			红色标柱形,顶标为红色圆柱形	左侧标
9310480.03 (5100.4)	红塘港3灯浮 Hongtang Gang No 3	18-17.88N 109-15.70E	闪红4秒			红色标柱形,顶标为红色圆柱形	左侧标
9310490 (5100.8)	深石礁灯浮 Shenshi Jiao	18-14.58N 109-07.61E	闪(2)白5秒			黑红黑横条纹标柱形,顶标为黑色双球体	孤立危险物浮标
9310500 (5100.9)	美女石灯塔 Meinv Shi	18-18.11N 109-08.86E	闪(2)白6秒	35	15	白色混凝土结构;34.0	
9310501	崖州湾丝路灯塔 Yazhou Wan Silu	18-21.15N 109-07.22E	闪白8秒	105	22	白色混凝土结构;95.0	
9310510 (5101)	三亚南山基地堤头灯桩 Sanya Nanshan Base Breakwater Head	18-18.40N 109-08.50E	等明暗绿2秒			红白相间横条纹玻璃钢结构柱形立标	
9310510.01 (5101.1)	三亚南山基地1灯浮 Sanya Nanshan Base No 1	18-18.51N 109-08.47E	闪红4秒			红色标柱形,顶标为红色圆柱形	左侧标

编 号 No.	名 称 Name	位置 Position	灯 质 Characteristic	灯高 Height	射程 Range	构 造 Structure	附 记 Remarks
9310510.02 (5101.2)	三亚南山基地2灯浮 Sanya Nanshan Base No 2	18-18.50N 109-08.58E	快闪红			红色标柱形，顶标为红色圆柱形	左侧标
9310510.03 (5101.3)	三亚南山基地3灯浮 Sanya Nanshan Base No 3	18-18.50N 109-08.54E	闪(2)红6秒			红色标柱形，顶标为红色圆柱形	左侧标
9310510.04 (5101.4)	三亚南山基地4灯浮 Sanya Nanshan Base No 4	18-18.44N 109-08.67E	闪(3)红10秒			红色标柱形，顶标为红色圆柱形	左侧标
9310511	南山港区码头灯桩 Nanshan Harbour Pier	18-19.28N 109-08.19E	闪白3秒	15	5	柱形立标	
9310511.01	南山港区N1灯浮 Nanshan Harbour No N1	18-18.74N 109-07.36E	闪(3)绿10秒			绿色标柱形，顶标为绿色尖向上锥形	右侧标
9310511.02	南山港区N2灯浮 Nanshan Harbour No N2	18-18.80N 109-07.30E	闪(3)红10秒			红色标柱形，顶标为红色圆柱形	左侧标
9310511.03	南山港区N3灯浮 Nanshan Harbour No N3	18-19.19N 109-07.86E	闪(2)绿6秒			绿色标柱形，顶标为绿色尖向上锥形	右侧标
9310511.04	南山港区N4灯浮 Nanshan Harbour No N4	18-19.28N 109-07.80E	闪(2)红6秒			红色标柱形，顶标为红色圆柱形	左侧标
9310511.05	南山港区N5灯浮 Nanshan Harbour No N5	18-19.32N 109-08.16E	闪绿4秒			绿色标柱形，顶标为绿色尖向上锥形	右侧标
9310511.06	南山港区N6灯浮 Nanshan Harbour No N6	18-19.38N 109-08.10E	闪红4秒			红色标柱形，顶标为红色圆柱形	左侧标
9310511.07	南山港区N7灯浮 Nanshan Harbour No N7	18-19.45N 109-08.31E	闪(3)红10秒			红色标柱形，顶标为红色圆柱形	左侧标
9310511.08	南山港区N8灯浮 Nanshan Harbour No N8	18-19.34N 109-08.39E	闪(2)绿6秒			绿色标柱形，顶标为绿色尖向上锥形	右侧标
9310511.09	南山港区N9灯浮 Nanshan Harbour No N9	18-19.29N 109-08.54E	闪(3)红10秒			红色标柱形，顶标为红色圆柱形	左侧标

编号 No.	名称 Name	位置 Position	灯质 Characteristic	灯高 Height	射程 Range	构造 Structure	附记 Remarks
9310511.10	南山港区N10灯浮 Nanshan Harbour No N10	18-19.24N 109-08.70E	闪红4秒			红色标柱形，顶标为红色圆柱形	左侧标
9310511.11	南山港区N11灯浮 Nanshan Harbour No N11	18-19.14N 109-08.61E	闪绿4秒			绿色标柱形，顶标为绿色尖向上锥形	右侧标
9310520 (5102)	**西鼓岛灯塔** Xigu Dao	18-19.34N 108-57.17E	闪白6秒	89.3	18	白色混凝土结构;15.4	备用灯：闪白6秒12海里；雷达应答器： 信号K(- . -)
9310530.01 (5102.1)	渔场1（渔）灯浮 Fishing Area No 1	18-18.99N 109-00.03E				黄色标柱形	海水养殖区标志
9310530.02 (5102.11)	渔场2（渔）灯浮 Fishing Area No 2	18-18.59N 108-57.33E				黄色标柱形	海水养殖区标志
9310530.03 (5102.12)	渔场3（渔）灯浮 Fishing Area No 3	18-18.29N 108-54.03E				黄色标柱形	海水养殖区标志
9310530.04 (5102.13)	渔场4（渔）灯浮 Fishing Area No 4	18-17.49N 108-50.03E				黄色标柱形	海水养殖区标志
9310530.05 (5102.14)	渔场5（渔）灯浮 Fishing Area No 5	18-16.99N 108-44.03E				黄色标柱形	海水养殖区标志
9310535.01	乐东22-1气田1灯浮 Ledong22-1GasField No 1	18-21.37N 108-44.31E	莫(C)黄12秒			黄色标柱形，顶标为黄色“X”形	水中构筑物专用标
9310535.02	乐东22-1气田2灯浮 Ledong22-1GasField No 2	18-22.99N 108-44.59E	莫(C)黄12秒			黄色标柱形，顶标为黄色“X”形	水中构筑物专用标
9310535.03	乐东22-1气田3灯浮 Ledong22-1GasField No 3	18-24.86N 108-44.96E	莫(C)黄12秒			黄色标柱形，顶标为黄色“X”形	水中构筑物专用标

编 号 No.	名 称 Name	位置 Position	灯 质 Characteristic	灯高 Height	射程 Range	构 造 Structure	附 记 Remarks
9310535.04	乐东22-1气田4灯浮 Ledong22-1GasField No 4	18-26.71N 108-45.30E	莫(C)黄12秒			黄色标柱形，顶标为黄色“X”形	水中构筑物专用标
9310540 (5103)	望楼角（渔）灯桩 Wanglou Jiao	18-25.98N 108-51.68E	闪白4秒		5	砖石结构柱形立标;10.0	
9310550 (5103.5)	乐东管道走向标志灯桩前 Yuedong Pipeline Trend Mark, Front	18-29.38N 108-45.85E	莫(C)黄12秒	16.1	8	红白相间横条纹金属结构柱形立标;9.8	水中构筑物专用标两灯一线：189° 15′
9310560 (5103.51)	乐东管道走向标志灯桩后 Yuedong Pipeline Trend Mark, Rear	18-29.58N 108-45.89E	莫(C)黄12秒	33.1	8	红白相间横条纹金属结构柱形立标;31.8	水中构筑物专用标两灯一线：189° 15′
9310561	尖界港灯桩 Jianjie Gang	18-29.29N 108-46.19E	闪(3)白8秒	9.7	5	红白相间横条纹玻璃钢结构柱形立标	超高分子材料
9310562	多二港灯桩 Duo’er Gang	18-28.54N 108-48.51E	闪白5秒	9.7	5	白色玻璃钢结构柱形立标	超高分子材料
9310570 (5104)	莺歌咀灯塔 Yingge Zui	18-30.40N 108-41.33E	闪白10秒	40	22	白色混凝土结构;27.0	雷达应答器：信号O(- - -)AIS基站
9310579	求雨港灯桩 Qiuyu Gang	18-34.76N 108-41.07E	闪(2)白6秒	10.5	5	红白相间横条纹柱形立标	超高分子材料
9310580 (5105)	公下石灯桩 Gongxia Shi	18-31.01N 108-40.70E	闪白4秒	9	6	白色混凝土结构柱形立标;10.0	
9310581.01	乐东国电码头1号灯浮 Ledong Guodian Pier No 1	18-31.34N 108-39.27E	闪绿4秒			绿色标柱形，顶标为绿色尖向上锥形	右侧标同步闪
9310581.02	乐东国电码头2号灯浮 Ledong Guodian Pier No 2	18-31.60N 108-39.62E	闪红4秒			红色标柱形，顶标为红色圆柱形	左侧标同步闪
9310581.03	乐东国电码头3号灯浮 Ledong Guodian Pier No 3	18-31.51N 108-39.69E	闪绿4秒			绿色标柱形，顶标为绿色尖向上锥形	右侧标同步闪

编号 No.	名称 Name	位置 Position	灯质 Characteristic	灯高 Height	射程 Range	构造 Structure	附记 Remarks
9310581.04	乐东国电码头4号灯浮 Ledong Guodian Pier No 4	18-31.86N 108-40.26E	闪红4秒			红色标柱形，顶标为红色圆柱形	左侧标同步闪
9310582.01	乐东国电码头南防波堤灯桩 Ledong Guodian Pier S Breakwater	18-31.52N 108-39.96E	闪(2)绿5秒	11.5	4	绿白相间横条纹玻璃钢结构柱形立标;10.0	
9310582.02	乐东国电码头北防波堤灯桩 Ledong Guodian Pier N Breakwater	18-31.76N 108-39.85E	闪(2)红5秒	11.5	4	红白相间横条纹玻璃钢结构柱形立标;10.0	
9310583.01	国能乐东电厂码头引导灯桩前 Guoneng Ledong Power Plant Pier Ldg Lts Front	18-32.04N 108-40.87E	定绿	23.5	3	金属结构柱形立标	导标
9310583.02	国能乐东电厂码头引导灯桩后 Guoneng Ledong Power Plant Pier Ldg Lts Rear	18-32.07N 108-40.95E	定绿	26.8	3	金属结构柱形立标	导标

编号 No.	名称 Name	位置 Position	灯质 Characteristic	灯高 Height	射程 Range	构造 Structure	附记 Remarks

洋浦港、八所港
YANG PU GANG & BA SUO GANG

编号 No.	名称 Name	位置 Position	灯质 Characteristic	灯高 Height	射程 Range	构造 Structure	附记 Remarks
9510009	下园港灯桩 Xiayuan Gang	18-45.09N 108-41.21E	闪(2)白8秒	10	8	白色金属结构柱形立标;7.0	
9510010 (5106)	岭头角（渔）灯桩 Lingtou Jiao	18-40.91N 108-41.56E	等明暗白4秒			砖石结构柱形立标;11.6	
9510020 (5107)	感恩角灯塔 Gan'en Jiao	18-50.58N 108-38.21E	闪白6秒	47.1	18	红白相间横条纹混凝土结构;41.7	雷达应答器:信号Y(-．- -)
9510030 (5107.1)	国电东方1海上测风塔警示灯桩 Guodian No 1 Offshore Wind Gauge Tower Warning	18-47.03N 108-30.53E	莫(C)黄12秒	16	8	柱形立标顶标为黄色“X”形	水中构筑物专用标
9510040 (5107.8)	八所港浅滩灯浮 Basuo Gang Shoal	19-05.40N 108-36.10E	快闪(9)白15秒			黄黑黄横条纹标柱形,顶标为黑色顶点相对双锥体	西方位标
9510050 (5108)	鱼鳞角灯塔 Yulin Jiao	19-05.98N 108-36.83E	闪(2)白6秒	62.9	18	蓝色混凝土结构;18.6	雷达应答器：信号C(-．-．)
9510060 (5109)	DONG-AH 101 虚拟航标 DONG-AH 101	19-06.39N 108-37.92E	定红	21	6	白色混凝土结构柱形立标,顶标为尖向上三角形;17.1	导标两灯一线:089°03′
9510070 (5110)	八所港引导灯桩后 Basuo Gang Ldg Lts, Rear	19-06.39N 108-38.07E	定红	26.6	6	白色混凝土结构柱形立标,顶标为尖向下三角形;21.6	导标
9510071.01	八所港南引导灯桩前 Basuo Gang Ldg Lts,S Front	19-06.36N 108-37.90E	定绿	16.6	2	白色金属结构柱形立标,顶标为黑色尖向上三角形	导标两灯一线:087°59′
9510071.02	八所港南引导灯桩后 Basuo Gang Ldg Lts,S Rear	19-06.36N 108-38.05E	定绿	17.5	2	白色金属结构柱形立标,顶标为黑色尖向下三角形	导标两灯一线:087°59′

编号 No.	名称 Name	位置 Position	灯质 Characteristic	灯高 Height	射程 Range	构造 Structure	附记 Remarks
9510072.01	八所港北引导灯桩前 Basuo Gang Ldg Lts, N Front	19-06.43N 108-37.98E				白色金属结构柱形立标，顶标为黑色尖向上三角形	导标两灯一线：090°
9510072.02	八所港北引导灯桩后 Basuo Gang Ldg Lts, N Rear	19-06.43N 108-38.01E				白色金属结构柱形立标，顶标为黑色尖向下三角形	导标两灯一线：090°
9510080.01 (5110.51)	八所港1灯浮 Basuo Gang No 1	19-06.33N 108-36.10E	闪绿4秒			绿色标柱形	右侧标
9510080.02 (5110.52)	八所港2灯浮 Basuo Gang No 2	19-06.40N 108-36.60E	闪(2)红6秒			红色罐形	左侧标
9510080.03 (5110.53)	八所港3灯浮 Basuo Gang No 3	19-06.34N 108-36.65E	闪(2)绿6秒			绿色标柱形	右侧标
9510090 (5111)	八所港外航道进口灯浮 Basuo Gang Outer Fairway Entrance	19-06.30N 108-36.30E	闪绿4秒			绿色标柱形，顶标为绿色尖向上锥形	右侧标
9510100 (5112)	八所港西防浪堤灯桩 Basuo Gang W Breakwater	19-06.31N 108-37.21E	闪绿3秒	9.4	8	绿色混凝土结构柱形立标;9.4	
9510110 (5113)	八所港北防浪堤灯桩 Basuo Gang N Breakwater	19-06.43N 108-37.16E	闪红3秒	9	8	红色混凝土结构柱形立标;9.2	
9510120 (5113.1)	八所渔港暗礁（渔）灯桩 Basuo Fishing Harbour Anjiao	19-06.91N 108-38.18E	闪红4秒		2.4	混凝土结构; 29.9	左侧标
9510130 (5113.11)	八所渔港右侧暗礁（渔）灯桩 Basuo Fishing Harbour R Anjiao	19-06.84N 108-38.09E	闪(2)绿6秒	8	9	绿色混凝土结构柱形立标，顶标为绿色尖向上锥形	右侧标
9510140 (5113.2)	八所渔港右堤头（渔）灯桩 Basuo Fishing Harbour R Bredkwater Head	19-06.89N 108-38.33E	闪绿4秒		0.7	柱形立标	

编 号 No.	名 称 Name	位置 Position	灯 质 Characteristic	灯高 Height	射程 Range	构 造 Structure	附 记 Remarks
9510140.01 (5113.21)	八所新港1灯浮 Basuo Xin'gang No 1	19-03.68N 108-34.46E	快闪绿			绿色锥形	右侧标
9510140.02 (5113.22)	八所新港2灯浮 Basuo Xin'gang No 2	19-03.81N 108-34.47E	快闪红			红色罐形	左侧标
9510140.03 (5113.23)	八所新港3灯浮 Basuo Xin'gang No 3	19-03.60N 108-35.28E	闪(3)绿10秒			绿色锥形	水产作业区专用标
9510140.04 (5113.24)	八所新港4灯浮 Basuo Xin'gang No 4	19-03.72N 108-35.29E	闪(3)红10秒			红色罐形	左侧标同步闪
9510140.05 (5113.25)	八所新港5灯浮 Basuo Xin'gang No 5	19-03.51N 108-36.10E	闪(3)绿10秒			绿色锥形	右侧标同步闪
9510140.06 (5113.26)	八所新港6灯浮 Basuo Xin'gang No 6	19-03.64N 108-36.11E	闪(3)红10秒			红色罐形	左侧标同步闪两灯一线:096°
9510140.07 (5113.27)	八所新港7灯浮 Basuo Xin'gang No 7	19-03.42N 108-36.94E	闪(3)绿10秒			绿色锥形	右侧标同步闪
9510140.08 (5113.28)	八所新港8灯浮 Basuo Xin'gang No 8	19-03.56N 108-36.96E	闪(3)红10秒			红色罐形	左侧标同步闪
9510140.09	八所新港9灯浮 Basuo Xin'gang No 9	19-03.33N 108-37.38E	闪(2)绿6秒			绿色锥形	右侧标
9510140.10	八所新港10灯浮 Basuo Xin'gang No 10	19-03.51N 108-37.58E	闪绿4秒			绿色锥形	右侧标
9510140.11	八所新港11灯浮 Basuo Xin'gang No 11	19-03.48N 108-36.30E	闪(2)白5秒			黑红黑横条纹标柱形，顶标为黑色双球体	孤立危险物浮标
9510150 (5113.29)	八所新港南堤灯桩 Basuo Xin'gang S Breakwater	19-03.38N 108-37.08E	等明暗绿4秒	13	5	绿色玻璃钢结构柱形立标	
9510160 (5113.3)	八所新港北堤灯桩 Basuo Xin'gang N Breakwater	19-03.57N 108-37.16E	等明暗红4秒	13	5	红色玻璃钢结构柱形立标	

编号 No.	名称 Name	位置 Position	灯质 Characteristic	灯高 Height	射程 Range	构造 Structure	附记 Remarks
9510170 (5113.309)	0灯浮 No 0	19-03.06N 108-33.50E	闪绿4秒			绿色标柱形，顶标为绿色尖向上锥形	右侧标同步闪
9510180.01 (5113.31)	华能东方电厂1灯浮 Huaneng Dongfang Power Plant No 1	19-03.07N 108-34.34E	闪绿4秒			绿色标柱形，顶标为绿色尖向上锥形	右侧标同步闪
9510180.02 (5113.32)	华能东方电厂2灯浮 Huaneng Dongfang Power Plant No 2	19-03.20N 108-34.34E	闪红4秒			红色标柱形，顶标为红色圆柱形	左侧标同步闪
9510180.03 (5113.33)	华能东方电厂3灯浮 Huaneng Dongfang Power Plant No 3	19-03.07N 108-35.11E	闪绿4秒			绿色标柱形，顶标为绿色尖向上锥形	右侧标同步闪
9510180.04 (5113.34)	华能东方电厂4灯浮 Huaneng Dongfang Power Plant No 4	19-03.20N 108-35.11E	闪红4秒			红色标柱形，顶标为红色圆柱形	左侧标同步闪
9510180.05 (5113.35)	华能东方电厂5灯浮 Huaneng Dongfang Power Plant No 5	19-03.08N 108-35.88E	闪绿4秒			绿色标柱形，顶标为绿色尖向上锥形	右侧标同步闪
9510180.06 (5113.36)	华能东方电厂6灯浮 Huaneng Dongfang Power Plant No 6	19-03.21N 108-35.88E	闪红4秒			红色标柱形，顶标为红色圆柱形	左侧标同步闪
9510180.07 (5113.37)	华能东方电厂7灯浮 Huaneng Dongfang Power Plant No 7	19-03.08N 108-36.67E	闪绿4秒			绿色标柱形，顶标为绿色尖向上锥形	右侧标同步闪
9510180.08 (5113.38)	华能东方电厂8灯浮 Huaneng Dongfang Power Plant No 8	19-03.21N 108-36.65E	闪红4秒			红色标柱形，顶标为红色圆柱形	左侧标同步闪
9510180.09 (5113.39)	华能东方电厂9灯浮 Huaneng Dongfang Power Plant No 9	19-03.07N 108-36.90E	闪(2)绿6秒			绿色标柱形，顶标为绿色尖向上锥形	右侧标
9510180.10 (5113.4)	华能东方电厂10灯浮 Huaneng Dongfang Power Plant No 10	19-03.26N 108-37.11E	闪(2)红6秒			红色标柱形，顶标为红色圆柱形	左侧标

编号 No.	名称 Name	位置 Position	灯质 Characteristic	灯高 Height	射程 Range	构造 Structure	附记 Remarks
9510180.11 (5113.41)	华能东方电厂11灯浮 Huaneng Dongfang Power Plant No 11	19-02.99N 108-37.07E	闪绿4秒			绿色标柱形，顶标为绿色尖向上锥形	右侧标
9510180.12 (5113.42)	华能东方电厂12灯浮 Huaneng Dongfang Power Plant No 12	19-03.21N 108-37.35E	快闪(9)白15秒			黄黑黄横条纹标柱形，顶标为黑色顶点相对双锥体	西方位标
9510190 (5113.5)	华能东方电厂堤头灯桩 Huaneng Dongfang Power Plant Breakwater Head	19-03.04N 108-36.86E	闪(2)白6秒	12.3	6	白色金属结构柱形立标;10.0	
9510200 (5113.51)	华能东方电厂配套煤码头北防波堤灯桩 Huaneng Dongfang Power Plant Peitao Coal Pier N Breakwater	19-03.26N 108-36.86E	闪白4秒	9.7	6	柱形立标	
9510210 (5113.6)	华能东方电厂泊位灯桩 Huaneng Dongfang Power Plant Berth	19-03.03N 108-38.24E	闪白4秒	9.8	6	白色金属结构柱形立标;8.0	
9510220 (5113.7)	华能东方电厂引导前灯桩 Huaneng Dongfang Power Plant Ldg Lts, Front	19-03.15N 108-37.88E	定红	32.3	8	灰色金属结构柱形立标，顶标为尖向上三角形;30.0	导标两灯一线: 090° 00′
9510221	通天港灯桩 Tongtian Gang	18-57.94N 108-38.82E	闪(3)白8秒	8	4	白色金属结构柱形立标;6.0	
9510222	海边村灯桩 Haibian Cun	18-57.37N 108-39.00E	闪白5秒	10	4	红色金属结构柱形立标;7.0	
9510225.01	东方1-1气田1灯浮 Dongfang1-1GasField No 1	18-58.54N 108-30.67E	莫(C)黄12秒			黄色标柱形，顶标为黄色“X”形	水中构筑物专用标
9510225.02	东方1-1气田2灯浮 Dongfang1-1GasField No 2	19-00.68N 108-32.82E	莫(C)黄12秒			黄色标柱形，顶标为黄色“X”形	水中构筑物专用标
9510225.03	东方1-1气田3灯浮 Dongfang1-1GasField No 3	19-01.32N 108-34.09E	莫(C)黄12秒			黄色标柱形，顶标为黄色“X”形	水中构筑物专用标

编号 No.	名称 Name	位置 Position	灯质 Characteristic	灯高 Height	射程 Range	构造 Structure	附记 Remarks
9510225.04	东方1-1气田4灯浮 Dongfang1-1GasField No 4	19-01.98N 108-35.36E	莫(C)黄12秒			黄色标柱形，顶标为黄色"X"形	水中构筑物专用标
9510230 (5113.8)	华能东方电厂引导后灯桩 Huaneng Dongfang Power Plant Ldg Lts, Rear	19-03.16N 108-38.30E	定红	46.7	8	灰色金属结构柱形立标，顶标为尖向下三角形；48.0	导标
9510235	八所新港区化工危险品码头引导灯桩后 Basuo New Harbour Chemical Industry Dangerous Cargo Pier Ldg Lts, Rear	19-03.37N 108-38.12E	定绿	41	7	柱形立标顶标为尖向下三角形	导标
9510236	八所新港区化工危险品码头引导灯桩前 Basuo New Harbour Chemical Industry Dangerous Cargo Pier Ldg Lts, Front	19-03.40N 108-37.81E	定绿	30	7	柱形立标顶标为尖向上三角形	导标
9510237	八所新港码头灯桩 Basuo Xin'gang Pier	19-03.67N 108-37.61E	闪红2秒	9	6	柱形立标	
9510239	墩头礁灯桩 Duntou Jiao	19-10.45N 108-40.24E	闪(2)白5秒	5	4	黑红黑横条纹金属结构柱形立标，顶标为黑色双球体；6.0	孤立危险物立标
9510240 (5114)	上案石（渔）灯桩 Shang'an Shi	19-09.92N 108-39.55E	闪(2)白5秒	6.7	5	黑红黑横条纹混凝土结构柱形立标，顶标为黑色双球体；9.5	孤立危险物立标
9510250 (5114.1)	东方测风塔警示灯桩 E Wind Gauge Tower Warning	19-11.13N 108-32.28E	莫(C)黄12秒	16.5	8	黄色金属结构柱形立标，顶标为黄色"X"形	银色水中构筑物专用标
9510260 (5115)	四更沙灯塔 Sigeng Sha	19-11.74N 108-36.34E	闪(2)白6秒	31	15	混凝土结构；34.0	
9510270 (5116)	四更沙灯桩 Sigeng Sha	19-12.56N 108-37.67E	闪白4秒	21.5	9	白色混凝土结构柱形立标；18.8	

编 号 No.	名 称 Name	位置 Position	灯 质 Characteristic	灯高 Height	射程 Range	构 造 Structure	附 记 Remarks
9510280 (5118)	昌化港（渔）灯桩 Changhua Gang	19-19.80N 108-40.33E	闪白3秒	11.8	6	白色砖石结构柱形立标;12.0	
9510282	昌化港防波堤灯桩 Changhua Gang Breakwater	19-19.80N 108-40.38E	等明暗白3秒	4.5	4	红白相间条纹柱形立标;4.0	
9510283.01	昌化港1号浅滩灯桩 Changhua Gang No 1 Shoal	19-19.62N 108-39.94E	闪(2)白5秒	4	4	黑红黑横条纹柱形立标，顶标为黑色双球体;5.5	
9510283.02	昌化港2号浅滩灯桩 Changhua Gang No 2 Shoal	19-19.40N 108-39.83E	闪白3秒	4	4	红白相间横条纹柱形立标;5.5	
9510284.01	昌化江河口整治XT1灯浮 Changhuajianghe Kou Zhengzhi No XT1	19-19.37N 108-38.88E	闪（3）绿10秒			绿色标柱形，顶标为绿色尖向上锥形	右侧标
9510284.02	昌化江河口整治XT2灯浮 Changhuajianghe Kou Zhengzhi No XT2	19-19.41N 108-38.94E	闪（3）红10秒			红色标柱形，顶标为红色圆柱形	左侧标
9510284.03	昌化江河口整治XT3灯浮 Changhuajianghe Kou Zhengzhi No XT3	19-18.80N 108-39.42E	闪（2）绿6秒			绿色标柱形，顶标为绿色尖向上锥形	右侧标
9510284.04	昌化江河口整治XT4灯浮 Changhuajianghe Kou Zhengzhi No XT4	19-18.84N 108-39.48E	闪（2）红6秒			红色标柱形，顶标为红色圆柱形	左侧标
9510284.05	昌化江河口整治XT5灯浮 Changhuajianghe Kou Zhengzhi No XT5	19-18.74N 108-39.68E	闪红4秒			红色标柱形，顶标为红色圆柱形	左侧标
9510284.06	昌化江河口整治XT6灯浮 Changhuajianghe Kou Zhengzhi No XT6	19-18.64N 108-39.57E	闪（3）红10秒			红色标柱形，顶标为红色圆柱形	左侧标
9510288.01	棋子湾海洋综合体S1灯浮 Qiziwan Haiyangzongheti S1	19-21.46N 108-40.03E	莫(Y)黄12秒			黄色标柱形，顶标为黄色“X”形	娱乐区专用标

编 号 No.	名 称 Name	位置 Position	灯 质 Characteristic	灯高 Height	射程 Range	构 造 Structure	附 记 Remarks
9510288.02	棋子湾海洋综合体S2灯浮 Qiziwan Haiyangzongheti S2	19-21.88N 108-40.41E	莫(Y)黄12秒			黄色标柱形,顶标为黄色“X”形	娱乐区专用标
9510288.03	棋子湾海洋综合体S3灯浮 Qiziwan Haiyangzongheti S3	19-21.66N 108-40.68E	莫(Y)黄12秒			黄色标柱形,顶标为黄色“X”形	娱乐区专用标
9510288.04	棋子湾海洋综合体S4灯浮 Qiziwan Haiyangzongheti S4	19-21.29N 108-40.25E	莫(Y)黄12秒			黄色标柱形,顶标为黄色“X”形	娱乐区专用标
9510289	昌化小角灯桩 Changhua Xiaojiao	19-20.85N 108-39.78E	闪(3)白8秒	4.5	4	白色金属结构柱形立标;3.0	
9510290 (5118.5)	大排礁灯浮 Dapai Jiao	19-21.09N 108-38.60E	快闪（9）白15秒			黄黑黄横条纹标柱形，顶标为黑色顶点相对双锥体	西方位标
9510291	大排礁 虚拟航标 DA PAI JIAO	19-21.09N 108-38.62E					发射模式:自主连续播发时间:3分钟
9510300 (5119)	峻壁角(有)灯塔 Junbi Jiao (Watched)	19-21.91N 108-41.07E	闪白8秒	96.5	20	白色混凝土结构;8.2	备用灯:闪白8秒12海里;雷达应答器: 信号K(- . -)
9510310 (5119.1)	沙渔塘港陆地（渔）灯桩 Shayutang Gang Onland	19-22.24N 108-45.48E	闪白3秒	12.5	8	黑色柱形立标;12.0	
9510320 (5120)	沙渔塘（渔）灯桩 Shayutang Gang	19-23.28N 108-45.22E	闪红4秒	6	2.4	红色砖石结构柱形立标,顶标为红色圆柱形;11.0	左侧标
9510330 (5121)	海尾港门（渔）灯桩 Haiwei Gangmen	19-26.09N 108-48.49E	闪红4秒	10	2.4	红色柱形立标,顶标为红色圆柱形	左侧标

编 号 No.	名 称 Name	位置 Position	灯 质 Characteristic	灯高 Height	射程 Range	构 造 Structure	附 记 Remarks
9510340.01	海南昌江核电堤1灯桩 Hainan Changjiang Nuclear Power Breakwater No 1	19-28.64N 108-53.04E	闪白2秒	11	6	红白相间条纹柱形立标;10.0	
9510340.02 (5121.041)	海南昌江核电堤2灯桩 Hainan Changjiang Nuclear Power Breakwater No 2	19-28.72N 108-53.29E	闪（2）白4秒	11	6	黑白相间条纹柱形立标;10.0	
9510340.03 (5121.042)	海南昌江核电堤3灯桩 Hainan Changjiang Nuclear Power Breakwater No 3	19-28.63N 108-53.20E	闪（3）白6秒	11	6	蓝白相间条纹柱形立标;10.0	
9510350.01 (5121.051)	海南昌江核电1灯浮 Hainan Changjiang Nuclear Power No 1	19-28.59N 108-52.93E	闪绿4秒			绿色标柱形，顶标为绿色尖向上锥形	右侧标
9510350.02 (5121.052)	海南昌江核电2灯浮 Hainan Changjiang Nuclear Power No 2	19-28.59N 108-53.05E	闪红4秒			红色标柱形，顶标为红色圆柱形	左侧标
9510350.03 (5121.053)	海南昌江核电3灯浮 Hainan Changjiang Nuclear Power No 3	19-28.49N 108-53.13E	闪(2)绿6秒			绿色标柱形，顶标为绿色尖向上锥形	右侧标
9510350.04 (5121.054)	海南昌江核电4灯浮 Hainan Changjiang Nuclear Power No 4	19-28.49N 108-53.22E	闪(3)绿10秒			绿色标柱形，顶标为绿色尖向上锥形	右侧标
9510360 (5121.1)	海头新港（渔）灯桩 Haitou Xin'gang	19-30.49N 108-55.93E	闪白3秒			柱形立标;8.0	
9510370 (5122)	海头港（渔）灯桩 Haitou Gang	19-31.50N 108-55.98E	闪红4秒	4.4	2.4	红色混凝土结构柱形立标，顶标为红色圆柱形;11.0	左侧标
9510380 (5122.1)	海头灯桩 Haitou	19-31.29N 108-56.53E	闪(2)白6秒	8.8	4	白色混凝土结构柱形立标;11.5	
9510390 (5123)	观音角灯塔（有） Guanyin Jiao (Watched)	19-34.67N 109-00.52E	闪(3)白9秒	60	18	红白相间竖条纹混凝土结构;25.5	雷达应答器：信号X(- . . -)

编 号 No.	名 称 Name	位置 Position	灯 质 Characteristic	灯高 Height	射程 Range	构 造 Structure	附 记 Remarks
9510391	桥口港灯桩 Qiaokou Gang	19-33.55N 108-58.67E	闪绿3秒	3	3	绿白相间横条纹金属结构柱形立标;6.0	
9510395.01 (5124.511)	海花岛海洋生态环境监测1灯浮 Haihua Island Marine EnvironmentMonitoring No 1	19-39.97N 109-11.42E	莫（O）黄12秒			黄色标柱形，顶标为黄色“X”形	海上作业区专用标
9510395.02 (5124.512)	海花岛海洋生态环境监测2灯浮 Haihua Island Marine EnvironmentMonitoring No 2	19-40.70N 109-09.75E	莫（O）黄12秒			黄色标柱形，顶标为黄色“X”形	海上作业区专用标
9510395.03 (5124.513)	海花岛海洋生态环境监测3灯浮 Haihua Island Marine EnvironmentMonitoring No 3	19-39.71N 109-09.03E	莫（O）黄12秒			黄色标柱形，顶标为黄色“X”形	海上作业区专用标
9510395.04 (5124.514)	海花岛海洋生态环境监测4灯浮 Haihua Island Marine EnvironmentMonitoring No 4	19-38.73N 109-07.78E	莫（O）黄12秒			黄色标柱形，顶标为黄色“X”形	海上作业区专用标
9510395.05 (5124.515)	海花岛海洋海底视频监测5灯浮 Haihua Island Marine EnvironmentMonitoring No 5	19-38.79N 109-07.87E	莫（O）黄12秒			黄色标柱形，顶标为黄色“X”形	海上作业区专用标
9510396.01 (5124.551)	海花岛取水口1灯浮 Haihua Island Water Intake No 1	19-40.10N 109-09.57E	莫(C)黄12秒			黄色标柱形，顶标为黄色“X”形	水中构筑物专用标AIS应答器：名称：HHDQSK1发射模式：自主连续播发间隔：3分钟
9510396.02 (5124.552)	海花岛取水口2灯浮 Haihua Island Water Intake No 2	19-40.12N 109-09.72E	莫(C)黄12秒			黄色标柱形，顶标为黄色“X”形	水中构筑物专用标
9510396.03 (5124.553)	海花岛取水口3灯浮 Haihua Island Water Intake No 3	19-39.99N 109-09.66E	莫(C)黄12秒			黄色标柱形，顶标为黄色“X”形	水中构筑物专用标

编 号 No.	名 称 Name	位置 Position	灯 质 Characteristic	灯高 Height	射程 Range	构 造 Structure	附 记 Remarks
9510396.04 (5124.554)	海花岛取水口4灯桩 Haihua Island Water Intake No 4	19-39.96N 109-09.90E				红白相间斜条纹柱形立标;4.0	
9510396.05 (5124.555)	海花岛取水口5灯桩 Haihua Is land Water Intake No 5	19-39.91N 109-10.21E				红白相间斜条纹柱形立标;4.0	
9510400 (5124)	排浦灯桩 Paipu	19-38.52N 109-08.90E	闪(2)白6秒	9.3	6	白色砖石结构柱形立标;8.0	
9510401	南华市灯桩 Nanhuashi	19-37.40N 109-05.90E	闪白3秒	3	3	白色金属结构柱形立标;6.0	导标雷达应答器：信号Y（- . - -）两灯一线:315° 01′ 58″
9510410 (5125)	大铲礁尾（渔）灯桩 Dachanjiao Wei	19-40.03N 109-04.95E	闪白6.5秒	4.5	7	白色金属结构柱形立标;6.0	
9510411	大铲礁尾灯桩 Dachanjiao Wei	19-40.01N 109-04.91E	闪(2)白6秒	10.5	8	白色金属结构柱形立标;8.0	
9510418	小铲礁灯浮 Xiaochan Jiao	19-42.29N 109-08.73E	快闪(9)白15秒			黄黑黄横条纹标柱形，顶标为黑色顶点相对双锥体	西方位标
9510419.01	大铲礁1灯浮 Dachan Jiao No 1	19-41.64N 109-07.23E	快闪(3)白10秒			黑黄黑横条纹标柱形，顶标为黑色顶点相背双锥体	东方位标
9510419.02	大铲礁2灯浮 Dachan Jiao No 2	19-41.00N 109-07.51E	快闪(3)白10秒			黑黄黑横条纹标柱形，顶标为黑色顶点相背双锥体	东方位标
9510420 (5125.1)	大铲头灯桩 Dachan Tou	19-41.12N 109-06.12E	等明暗白2秒	14	8	绿色混凝土结构柱形立标;8.8	雷达应答器：信号C(- . - .)
9510438.01	洋浦港LB1灯桩 Yangpu Gang No LB1	19-43.33N 109-09.07E	闪白4秒	11	5	红白相间横条纹金属结构柱形立标;10.0	

编 号 No.	名 称 Name	位置 Position	灯 质 Characteristic	灯高 Height	射程 Range	构 造 Structure	附 记 Remarks
9510438.02	洋浦港LB2灯桩 Yangpu Gang No LB2	19-42.46N 109-09.07E	闪(2)白5秒	11	5	红白相间横条纹金属结构柱形立标;10.0	
9510438.03	洋浦港LB3灯桩 Yangpu Gang No LB3	19-42.46N 109-09.65E	闪白3秒	11	5	红白相间横条纹金属结构柱形立标;10.0	
9510439	洋浦小铲滩作业区1灯桩 Yangpu Xiaochantan Operation Area No 1	19-42.84N 109-10.27E	闪白5秒	7	4	白红相间横条纹金属结构柱形立标;4.0	
9510440 (5127)	洋浦角（渔）灯桩 Yangpu Jiao	19-42.81N 109-10.17E	闪(4)白12秒	13.8	12	柱形立标	
9510450 (5128)	洋浦暗礁（渔）灯桩 Yangpu Anjiao	19-43.38N 109-11.01E	闪红4秒	1.7	1.2	红色柱形立标，顶标为红色圆柱形	左侧标
9510470.01 (5130)	洋浦港1灯浮 Yangpu Gang No 1	19-41.87N 109-06.76E	闪绿4秒			绿色标柱形，顶标为绿色尖向上锥形	右侧标同步闪
9510470.02 (5130.1)	洋浦港2灯浮 Yangpu Gang No 2	19-41.98N 109-06.77E	闪红4秒			红色标柱形，顶标为红色圆柱形	左侧标同步闪
9510470.03 (5130.11)	洋浦港3灯浮 Yangpu Gang No 3	19-41.79N 109-07.94E	闪绿4秒			绿色标柱形，顶标为绿色尖向上锥形	右侧标同步闪
9510470.04 (5130.12)	洋浦港4灯浮 Yangpu Gang No 4	19-41.90N 109-07.95E	闪红4秒			红色标柱形，顶标为红色圆柱形	左侧标同步闪
9510470.05 (5130.13)	洋浦港5灯浮 Yangpu Gang No 5	19-41.73N 109-08.74E	闪绿4秒			绿色标柱形，顶标为绿色尖向上锥形	右侧标同步闪
9510470.06 (5130.14)	洋浦港6灯浮 Yangpu Gang No 6	19-41.82N 109-09.01E	闪红4秒			红色标柱形，顶标为红色圆柱形	左侧标同步闪
9510480 (5130.145)	洋浦港海事基地2灯浮 Yangpu Gang Maritime Base No 2	19-43.14N 109-10.79E	闪(3)红10秒			红色标柱形，顶标为红色圆柱形	左侧标

编 号 No.	名 称 Name	位置 Position	灯 质 Characteristic	灯高 Height	射程 Range	构 造 Structure	附 记 Remarks
9510490 (5130.146)	洋浦港海事基地1灯浮 Yangpu Gang Maritime Base No 1	19-43.20N 109-10.88E	闪(3)绿10秒			绿色标柱形，顶标为绿色尖向上锥形	右侧标
9510500.07 (5130.15)	洋浦港7灯浮 Yangpu Gang No 7	19-41.68N 109-09.50E	闪绿4秒			绿色标柱形，顶标为绿色尖向上锥形	右侧标同步闪
9510500.08 (5130.16)	洋浦港8灯浮 Yangpu Gang No 8	19-41.88N 109-09.42E	闪红4秒			红色标柱形，顶标为红色圆柱形	左侧标同步闪
9510500.09 (5130.17)	洋浦港9灯浮 Yangpu Gang No 9	19-42.00N 109-09.84E	闪(2)绿6秒			绿色标柱形，顶标为绿色尖向上锥形	右侧标同步闪
9510500.10 (5130.18)	洋浦港10灯浮 Yangpu Gang No 10	19-42.09N 109-09.77E	闪(2)红6秒			红色标柱形，顶标为红色圆柱形	左侧标同步闪
9510500.11 (5131)	洋浦港11灯浮 Yangpu Gang No 11	19-42.32N 109-10.02E	闪(2)红6秒			红色标柱形，顶标为红色圆柱形	左侧标同步闪
9510500.12 (5131.01)	洋浦港12灯浮 Yangpu Gang No 12	19-42.47N 109-10.34E	闪(2)绿6秒			绿色标柱形，顶标为绿色尖向上锥形	右侧标同步闪
9510500.13 (5131.02)	洋浦港13灯浮 Yangpu Gang No 13	19-42.92N 109-10.82E	闪(2)绿6秒			绿色标柱形，顶标为绿色尖向上锥形	右侧标同步闪
9510500.14 (5131.03)	洋浦港14灯浮 Yangpu Gang No 14	19-43.02N 109-10.75E	闪(2)红6秒			红色标柱形，顶标为红色圆柱形	左侧标同步闪
9510500.15 (5131.04)	洋浦港15灯浮 Yangpu Gang No 15	19-43.14N 109-11.07E	闪(2)绿6秒			绿色标柱形，顶标为绿色尖向上锥形	右侧标同步闪
9510500.16	洋浦港16灯浮 Yangpu Gang No 16	19-43.20N 109-10.96E	闪(2)红6秒			红色标柱形，顶标为红色圆柱形	左侧标同步闪
9510500.17 (5130.166)	洋浦港17灯浮 Yangpu Gang No 17	19-43.40N 109-11.18E	闪绿4秒			绿色标柱形，顶标为绿色尖向上锥形	右侧标同步闪

编 号 No.	名 称 Name	位置 Position	灯 质 Characteristic	灯高 Height	射程 Range	构 造 Structure	附 记 Remarks
9510500.18	洋浦港18灯浮 Yangpu Gang No 18	19-43.39N 109-11.06E	闪红4秒			红色标柱形，顶标为红色圆柱形	左侧标同步闪
9510500.19 (5130.17)	洋浦港19灯浮 Yangpu Gang No 19	19-43.59N 109-11.26E	闪绿4秒			绿色标柱形，顶标为绿色尖向上锥形	右侧标同步闪
9510500.20	洋浦港20灯浮 Yangpu Gang No 20	19-43.73N 109-11.20E	闪红4秒			红色标柱形，顶标为红色圆柱形	左侧标同步闪
9510500.21	洋浦港21灯浮 Yangpu Gang No 21	19-43.71N 109-11.54E	闪绿4秒			绿色标柱形，顶标为绿色尖向上锥形	右侧标同步闪
9510500.22	洋浦港22灯浮 Yangpu Gang No 22	19-43.82N 109-11.46E	闪红4秒			红色标柱形，顶标为红色圆柱形	左侧标同步闪
9510500.23	洋浦港23灯浮 Yangpu Gang No 23	19-43.61N 109-11.78E	闪绿4秒			绿色标柱形，顶标为绿色尖向上锥形	右侧标同步闪
9510500.24	洋浦港24灯浮 Yangpu Gang No 24	19-43.42N 109-11.87E	闪绿4秒			绿色标柱形，顶标为绿色尖向上锥形	右侧标同步闪
9510500.25	洋浦港25灯浮 Yangpu Gang No 25	19-43.33N 109-12.34E	闪绿4秒			绿色标柱形，顶标为绿色尖向上锥形	右侧标同步闪
9510500.26	洋浦港26灯浮 Yangpu Gang No 26	19-43.34N 109-12.54E	闪绿4秒			绿色标柱形，顶标为绿色尖向上锥形	右侧标同步闪
9510501.01	洋浦港X1灯浮 Yangpu Gang No X1	19-42.60N 109-10.58E	甚快(9)白10秒			黄黑黄横条纹标柱形，顶标为黑色顶点相对双锥体	西方位标
9510502.01	洋浦港S1灯桩 Yangpu Gang No S1	19-43.34N 109-11.38E	莫(U)白15秒	11	5	白色金属结构柱形立标;10.0	
9510502.02	洋浦港S2灯桩 Yangpu Gang No S2	19-43.52N 109-11.30E	莫(U)白15秒	11	5	白色金属结构柱形立标;10.0	

编 号 No.	名 称 Name	位置 Position	灯 质 Characteristic	灯高 Height	射程 Range	构 造 Structure	附 记 Remarks
9510510 (5131.1)	洋浦港港门灯桩 Yangpu Gang Gangmen	19-43.94N 109-11.41E	闪(2)红6秒	7.5	1.2	红色柱形立标，顶标为圆柱形	
9510511	洋浦港1引导灯桩前 Yangpu Gang No 1 Ldg Lts, Front	19-41.66N 109-10.50E	定红	41	7	混凝土结构柱形立标;36.0	导标
9510512	洋浦港1引导灯桩后 Yangpu Gang No 1 Ldg Lts, Rear	19-41.63N 109-11.00E	定红	55	7	混凝土结构柱形立标;50.0	导标
9510520 (5132)	洋浦港2引导灯桩前 Yangpu Gang No 2 Ldg Lts, Front	19-43.86N 109-11.74E	定红	48	7	柱形立标	导标
9510530 (5133)	洋浦港2引导灯桩后 Yangpu Gang No 2 Ldg Lts, Rear	19-44.10N 109-12.00E	定红	62	7	柱形立标	导标
9510540 (5134)	洋浦西浦灯桩 Yang pu xi pu	19-43.58N 109-12.22E	闪绿6秒	4.4	0.7	柱形立标	
9510541	洋浦港1号 虚拟航标 YANG PU GANG VIRTUAL AIS1	19-43.49N 109-12.10E					MMSI:994136922 发射模式: 自主连续 播发时间:3分钟
9510550 (5135)	北炮台灯桩 Bei pao tai	19-43.60N 109-12.82E	闪(2)白6秒	15	8	柱形立标	
9510560 (5136)	白马井港池航道引导灯桩前（渔） Baimajing Basin Fairway Ldg Lts, Front	19-43.63N 109-12.62E	闪白2秒	12	1.5	柱形立标	导标两灯一线: 316° 19′ 08″.6
9510570 (5137)	白马井港池航道引导灯桩后（渔） Baimajing Basin Fairway Ldg Lts, Rear	19-43.69N 109-12.55E	闪白1.5秒	16.6	1.5	柱形立标	导标
9510580 (5138)	白马井港池1（渔）灯浮 Baimajing Basin No 1	19-43.35N 109-12.89E	闪红4秒			红色标柱形，顶标为圆柱形	左侧标

编 号 No.	名 称 Name	位置 Position	灯 质 Characteristic	灯高 Height	射程 Range	构 造 Structure	附 记 Remarks
9510590.01 (5138.1)	白马井进港航道1灯浮 Baimajing Approach Fairway No 1	19-43.34N 109-12.98E				红色标柱形，顶标为红色圆柱形	左侧标
9510590.02 (5138.2)	白马井进港航道2灯浮 Baimajing Approach Fairway No 2	19-43.26N 109-12.98E				绿色标柱形，顶标为绿色尖向上锥形	右侧标
9510590.03 (5138.3)	白马井进港航道3灯浮 Baimajing Approach Fairway No 3	19-43.17N 109-13.13E				红色标柱形，顶标为红色圆柱形	左侧标
9510600 (5139)	白马井码头（渔）灯桩 Baimajing Pier	19-43.08N 109-13.01E	闪(4)白12秒	14.6	6	柱形立标	
9510610.01 (5140)	浅滩1（渔）灯浮 Shoal No 1	19-43.75N 109-13.07E	闪(2+1)红6秒			红绿红横条纹标柱形，顶标为红色圆柱形	推荐航道左侧标
9510610.02 (5141)	浅滩2（渔）灯浮 Shoal No 2	19-44.02N 109-13.14E	闪绿4秒			绿色标柱形，顶标为绿色尖向上锥形	右侧标
9510610.03 (5142)	浅滩3（渔）灯浮 Shoal No 3	19-44.25N 109-13.36E	闪(2)绿6秒			绿色标柱形，顶标为绿色尖向上锥形	右侧标
9510610.04 (5143)	浅滩4（渔）灯浮 Shoal No 4	19-43.99N 109-13.52E	闪红4秒			红色标柱形，顶标为红色圆柱形	左侧标
9510620 (5144)	三家村（渔）灯桩 Sanjia Cun	19-44.16N 109-12.97E	闪白4秒	11	4	柱形立标	
9510630 (5145)	神石（渔）灯桩 Shenshi	19-44.59N 109-13.52E	闪白6秒	8.3	4	柱形立标	
9510640.01 (5146)	新英港1灯桩 Xinying Gang No 1	19-44.26N 109-14.61E	闪(2)绿6秒	7.3	1.8	绿色混凝土结构柱形立标，顶标为绿色尖向上锥形;8.3	右侧标
9510640.02 (5147)	新英港2灯桩 Xinying Gang No 2	19-44.22N 109-15.10E	闪(2)红6秒	8.4	2.4	红色混凝土结构柱形立标，顶标为红色圆柱形;8.3	左侧标

编号 No.	名称 Name	位置 Position	灯质 Characteristic	灯高 Height	射程 Range	构造 Structure	附记 Remarks
9510640.03 (5148)	新英港3灯桩 Xinying Gang No 3	19-44.20N 109-15.70E	闪(2)绿6秒	8.7	1.8	绿色混凝土结构柱形立标，顶标为绿色尖向上锥形 ;8.3	右侧标
9510650 (5149)	干冲港（渔）灯桩 Ganchong Gang	19-44.17N 109-10.40E				红色混凝土结构柱形立标，顶标为红色圆柱形;7.5	左侧标
9510660 (5149.45)	C3灯桩 No C3	19-45.50N 109-09.75E	快闪绿	10	5	绿白相间条纹玻璃钢结构柱形立标;7.0	
9510670.01 (5149.52)	成品油码头防波堤-F1灯桩 Oil Pier Breakwater - F1	19-45.44N 109-09.50E	快闪红2秒	18	5	红白相间条纹玻璃钢结构柱形立标	
9510670.02 (5149.53)	成品油码头防波堤-F2灯桩 Oil Pier Breakwater - F2	19-45.78N 109-09.50E	等明暗白4秒	18	5	白色玻璃钢结构柱形立标	
9510675.01 (5149.614)	海南炼化成品油码头1灯浮 Hainan Refining Chemical Oil Pier No 1	19-45.17N 109-09.64E	闪(3)绿10秒			绿色标柱形，顶标为绿色尖向上锥形	右侧标
9510675.02 (5149.615)	海南炼化成品油码头2灯浮 Hainan Refining Chemical Oil Pier No 2	19-45.17N 109-09.57E	闪(3)红10秒			红色标柱形，顶标为红色圆柱形	左侧标
9510675.03 (5149.616)	海南炼化成品油码头3灯浮 Hainan Refining Chemical Oil Pier No 3	19-45.40N 109-09.65E	闪(2)绿6秒			绿色标柱形，顶标为绿色尖向上锥形	右侧标
9510675.04 (5149.617)	海南炼化成品油码头4灯浮 Hainan Refining Chemical Oil Pier No 4	19-45.41N 109-09.57E	闪(2)红6秒			红色标柱形，顶标为红色圆柱形	左侧标

编号 No.	名称 Name	位置 Position	灯质 Characteristic	灯高 Height	射程 Range	构造 Structure	附记 Remarks
9510675.05 (5149.618)	海南炼化成品油码头5灯浮 Hainan Refining Chemical Oil Pier No 5	19-45.45N 109-09.73E	闪绿4秒			绿色标柱形，顶标为绿色尖向上锥形	右侧标
9510676.01 (5149.558)	共用航道1-SC01灯浮 Share Fairway No 1 (No SC01)	19-44.62N 109-07.88E	闪绿4秒			绿色标柱形，顶标为绿色尖向上锥形	右侧标
9510676.02 (5149.559)	共用航道2-SC02灯浮 Share Fairway No 2 (No SC02)	19-44.77N 109-07.76E	闪红4秒			红色标柱形，顶标为红色圆柱形	左侧标
9510676.03 (5149.56)	共用航道3-SC03灯浮 Share Fairway No 3 (No SC03)	19-45.06N 109-08.49E	闪绿4秒			绿色标柱形，顶标为绿色尖向上锥形	右侧标
9510676.04 (5149.57)	共用航道4-SC04灯浮 Share Fairway No 4 (No SC04)	19-45.21N 109-08.37E	闪红4秒			红色标柱形，顶标为红色圆柱形	左侧标
9510676.05 (5149.58)	共用航道5-SC05灯浮 Share Fairway No 5 (No SC05)	19-45.39N 109-08.96E	闪绿4秒			绿色标柱形，顶标为绿色尖向上锥形	右侧标
9510676.06 (5149.59)	共用航道6-SC06灯浮 Share Fairway No 6 (No SC06)	19-45.54N 109-08.84E	闪红4秒			红色标柱形，顶标为红色圆柱形	左侧标
9510676.07 (5149.6)	共用航道7-SC07灯浮 Share Fairway No 7 (No SC07)	19-45.39N 109-09.35E	闪(3)绿10秒			绿色标柱形，顶标为绿色尖向上锥形	右侧标
9510676.08 (5149.61)	共用航道8-SC08灯浮 Share Fairway No 8 (No SC08)	19-45.77N 109-09.16E	闪(3)红10秒			红色标柱形，顶标为红色圆柱形	左侧标
9510680.01 (5149.54)	成品油码头简易-C1灯桩 Oil Pier Summary -C1	19-45.54N 109-09.43E	定红	14	5	红色金属结构柱形立标	
9510680.02 (5149.55)	成品油码头简易-C2灯桩 Oil Pier Summary -C2	19-45.72N 109-09.43E	定红	14	5	红色金属结构柱形立标	

编 号 No.	名 称 Name	位置 Position	灯 质 Characteristic	灯高 Height	射程 Range	构 造 Structure	附 记 Remarks
9510710.01 (5149.65)	洋浦专用综合码头JH1灯浮 Yangpu Special Integrated Pier No JH1	19-45.82N 109-09.47E	闪绿4秒			绿色锥形	右侧标
9510710.02 (5149.66)	洋浦专用综合码头JH2灯浮 Yangpu Special Integrated Pier No JH2	19-45.85N 109-09.72E	闪(2)绿6秒			绿色锥形	右侧标
9510730 (5149.7)	洋浦专用综合码头1灯桩 Yangpu Special Integrated Pier No 1	19-45.98N 109-09.60E	闪绿6秒	13	6	绿色柱形立标	AIS应答器
9510730.01	金海浆纸专用码头2灯桩 Jinhai Pulp Paper Special Pier No 2	19-45.97N 109-09.81E	闪白4秒	10	5	绿白相间横条纹玻璃钢结构柱形立标;8.5	
9510731	管线前标灯桩 Pipeline, Front	19-46.51N 109-09.88E	定黄	5.7	2	柱形立标	
9510732	管线后标灯桩 Pipeline, Rear	19-46.51N 109-09.93E	定黄	10	2	柱形立标	
9510733.01	码头1灯桩 Pier No 1	19-46.69N 109-09.29E	等明暗红4秒	18	5	柱形立标	
9510733.02	码头2灯桩 Pier No 2	19-46.89N 109-09.29E	等明暗红4秒	18	5	柱形立标	
9510734.01	排污管线1灯浮 Sewage Pipeline No 1	19-46.67N 109-08.86E	莫(C)黄12秒			黄色标柱形，顶标为黄色“X”形	水中构筑物专用标
9510734.02	排污管线2灯浮 Sewage Pipeline No 2	19-46.50N 109-08.88E	莫(C)黄12秒			黄色标柱形，顶标为黄色“X”形	水中构筑物专用标
9510734.03	排污管线3灯浮 Sewage Pipeline No 3	19-46.62N 109-09.20E	莫(C)黄12秒			黄色标柱形，顶标为黄色“X”形	水中构筑物专用标
9510735.01	海南LNG码头1灯浮 Hainan LNG Pier No L1	19-46.63N 109-08.00E	闪(2)绿6秒			绿色标柱形，顶标为绿色尖向上锥形	右侧标同步闪

编号 No.	名称 Name	位置 Position	灯质 Characteristic	灯高 Height	射程 Range	构造 Structure	附记 Remarks
9510735.02	海南LNG码头2灯浮 Hainan LNG Pier No L2	19-46.85N 109-07.96E	闪(2)红6秒			红色标柱形，顶标为红色圆柱形	左侧标同步闪
9510735.03	海南LNG码头3灯浮 Hainan LNG Pier No L3	19-46.74N 109-08.54E	闪(2)绿6秒			绿色标柱形，顶标为绿色尖向上锥形	右侧标同步闪
9510735.04	海南LNG码头4灯浮 Hainan LNG Pier No L4	19-46.93N 109-08.52E	闪(2)红6秒			红色标柱形，顶标为红色圆柱形	左侧标同步闪
9510735.05	海南LNG码头5灯浮 Hainan LNG Pier No L5	19-46.89N 109-09.41E	闪(2)绿6秒			绿色标柱形，顶标为绿色尖向上锥形	右侧标同步闪
9510735.06	海南LNG码头6灯浮 Hainan LNG Pier No L6	19-47.16N 109-09.03E	闪(2)红6秒			红色标柱形，顶标为红色圆柱形	左侧标同步闪
9510735.08	海南LNG码头8灯浮 Hainan LNG Pier No L8	19-47.05N 109-09.37E	闪(2)红6秒			红色标柱形，顶标为红色圆柱形	左侧标同步闪
9510740.01 (5149.78)	SY1灯浮 No SY1	19-47.46N 109-07.85E	闪绿4秒			绿色锥形	右侧标
9510740.02 (5149.79)	SY2灯浮 No SY2	19-48.15N 109-08.40E	闪红4秒			红色罐形	左侧标
9510750 (5149.8)	原油码头中心灯桩 Crude Oil Pier Center	19-47.69N 109-08.45E	闪白2秒	30	10	白色金属结构柱形立标	号角雷达应答器: 信号C(- . - .)
9510760 (5149.81)	原油码头南灯桩 Crude Oil Pier S	19-47.58N 109-08.40E	定红	14	5	灰色金属结构柱形立标	
9510770 (5149.82)	原油码头北灯桩 Crude Oil Pier N	19-47.81N 109-08.51E	定红	14	5	灰色金属结构柱形立标	
9510780.01 (5149.83)	引桥南1灯桩 Approach Bridge S No 1	19-47.62N 109-08.63E	莫(P)黄12秒	9	5	黄色金属结构柱形立标	禁航区专用标
9510780.02 (5149.84)	引桥北1灯桩 Approach Bridge N No 1	19-47.66N 109-08.63E	莫(P)黄12秒	9	5	黄色金属结构柱形立标	禁航区专用标

编号 No.	名称 Name	位置 Position	灯质 Characteristic	灯高 Height	射程 Range	构造 Structure	附记 Remarks
9510780.03 (5149.85)	引桥南2灯桩 Approach Bridge S No 2	19-47.54N 109-08.81E	莫(P)黄12秒	9	5	黄色金属结构柱形立标	禁航区专用标
9510780.04 (5149.86)	引桥北2灯桩 Approach Bridge N No 2	19-47.58N 109-08.80E	莫(P)黄12秒	9	5	黄色金属结构柱形立标	禁航区专用标
9510780.05 (5149.87)	引桥南3灯桩 Approach Bridge S No 3	19-47.46N 109-08.98E	莫(P)黄12秒	9	5	黄色金属结构柱形立标	禁航区专用标
9510780.06 (5149.88)	引桥北3灯桩 Approach Bridge N No 3	19-47.49N 109-09.01E	莫(P)黄12秒	9	5	黄色金属结构柱形立标	禁航区专用标
9510780.07 (5149.89)	引桥南4灯桩 Approach Bridge S No 4	19-47.38N 109-08.16E	莫(P)黄12秒	9	5	黄色金属结构柱形立标	禁航区专用标
9510780.08 (5149.9)	引桥北4灯桩 Approach Bridge N No 4	19-47.41N 109-09.18E	莫(P)黄12秒	9	5	黄色金属结构柱形立标	禁航区专用标
9510780.09 (5149.91)	引桥南5灯桩 Approach Bridge S No 5	19-47.30N 109-08.30E	莫(P)黄12秒	9	5	黄色金属结构柱形立标	禁航区专用标
9510780.10 (5149.92)	引桥北5灯桩 Approach Bridge N No 5	19-47.34N 109-09.34E	莫(P)黄12秒	9	5	黄色金属结构柱形立标	禁航区专用标
9510790 (5150)	神尖角灯桩 Shenjian Jiao	19-47.22N 109-09.69E	闪白4秒	29.6	6	白色混凝土结构柱形立标;15.5	
9510799 (5150.025)	神北三港池北堤头灯桩 Shenbeisangangchi North Breakwater Head	19-48.69N 109-09.27E	闪红3秒	12	5	红白相间横条纹金属结构柱形立标	
9510800 (5150.03)	洋浦逸盛石化码头灯桩 Yangpu Yisheng Petrochemical Pier	19-48.29N 109-09.86E	闪白4秒	13.8	8	绿白相间横条纹玻璃钢结构柱形立标;10.0	
9510801	神北三港池南堤头灯桩 Shenbei No 3 Basin S Breakwater Head	19-48.39N 109-09.12E	闪绿3秒	11.5	5	绿白相间横条纹金属结构柱形立标	

编 号 No.	名 称 Name	位置 Position	灯 质 Characteristic	灯高 Height	射程 Range	构 造 Structure	附 记 Remarks
9510801.01 (5150.031)	神北三港池1灯浮 Shenbei No 3 Basin No 1	19-48.90N 109-08.25E	闪(2)绿6秒			绿色标柱形，顶标为绿色尖向上锥形	右侧标 同步闪
9510801.02	神北三港池2灯浮 Shenbei No 3 Basin No 2	19-48.83N 109-08.86E	闪(2)红6秒			红色标柱形，顶标为红色圆柱形	左侧标 同步闪
9510801.03	神北三港池3灯浮 Shenbei No 3 Basin No 3	19-48.66N 109-08.76E	闪(2)绿6秒			绿色标柱形，顶标为绿色尖向上锥形	右侧标 同步闪
9510801.04 (5150.032)	神北三港池4灯浮 Shenbei No 3 Basin No 4	19-48.67N 109-09.13E	闪(2)红6秒			红色标柱形，顶标为红色圆柱形	左侧标 同步闪
9510801.05 (5150.033)	神北三港池5灯浮 Shenbei No 3 Basin No 5	19-48.49N 109-09.09E	闪(2)绿6秒			绿色标柱形，顶标为绿色尖向上锥形	右侧标 同步闪
9510801.06	神北三港池6灯浮 Shenbei No 3 Basin No 6	19-48.46N 109-09.49E	闪(2+1)红6秒			红绿红横条纹标柱形，顶标为红色圆柱形	推荐航道左侧标
9510801.07 (5150.034)	神北三港池7灯浮 Shenbei No 3 Basin No 7	19-48.44N 109-09.96E	闪(2)红6秒			红色标柱形，顶标为红色圆柱形	左侧标 同步闪
9510801.08 (5150.036)	神北三港池8灯浮 Shenbei No 3 Basin No 8	19-48.32N 109-10.04E	甚快(9)白10秒			黄黑黄横条纹标柱形，顶标为黑色顶点相对双锥体	西方位标
9510801.09	神北三港池9灯浮 Shenbei No 3 Basin No 9	19-48.24N 109-09.31E	闪(2)绿6秒			绿色标柱形，顶标为绿色尖向上锥形	右侧标 同步闪
9510801.010	神北三港池10灯浮 Shenbei No 3 Basin No 10	19-47.90N 109-09.24E	闪(2)绿6秒			绿色标柱形，顶标为绿色尖向上锥形	右侧标 同步闪
9510801.011	神北三港池11灯浮 Shenbei No 3 Basin No 11	19-47.67N 109-09.16E	闪(2)绿6秒			绿色标柱形，顶标为绿色尖向上锥形	右侧标 同步闪

编号 No.	名称 Name	位置 Position	灯质 Characteristic	灯高 Height	射程 Range	构造 Structure	附记 Remarks
9510801.012	神北三港池12灯浮 Shenbei No 3 Basin No 12	19-48.64N 109-09.28E	闪红4秒			红色标柱形，顶标为红色圆柱形	左侧标 同步闪
9510801.013	神北三港池13灯浮 Shenbei No 3 Basin No 13	19-48.66N 109-09.38E	闪红4秒			红色标柱形，顶标为红色圆柱形	左侧标 同步闪
9510801.014 (5150.0513)	神北三港池14灯浮 Shenbei No 3 Basin No 14	19-48.62N 109-09.92E	闪绿4秒			绿色标柱形，顶标为绿色尖向上锥形	右侧标 同步闪
9510801.015 (5150.0515)	神北三港池15灯浮 Shenbei No 3 Basin No 15	19-48.88N 109-10.15E	闪绿4秒			绿色标柱形，顶标为绿色尖向上锥形	右侧标 同步闪
9510802	中石化码头灯桩 Zhong Petrochemical Pier	19-47.77N 109-09.58E	闪(2)白10秒	7.6	3	白色金属结构柱形立标	
9510805	气象灯浮 Qixiang	19-52.00N 108-57.97E	莫（0）黄12秒			黄色标柱形，顶标为红色“X”形	海上作业区专用标
9510810.01 (5150.211)	中石化神北二港池Y1灯浮 Zhong Petrochemical Shenbei Ergangchi No Y1	19-50.34N 109-10.05E	闪红4秒			红色标柱形，顶标为红色圆柱形	左侧标
9510810.02 (5150.212)	中石化神北二港池Y2灯浮 Zhong Petrochemical Shenbei Ergangchi No Y2	19-50.12N 109-10.59E	闪绿4秒			绿色标柱形，顶标为绿色尖向上锥形	右侧标
9510810.03 (5150.213)	中石化神北二港池Y3灯浮 Zhong Petrochemical Shenbei Ergangchi No Y3	19-50.07N 109-11.13E	闪（2）绿6秒			绿色标柱形，顶标为绿色尖向上锥形	右侧标
9510810.04	中石化神北二港池Y4灯浮 Zhong Petrochemical Shenbei Ergangchi No Y4	19-50.08N 109-11.49E	快闪(9)白15秒			黄黑黄横条纹标柱形，顶标为黑色顶点相对双锥体	左侧标

编 号 No.	名 称 Name	位置 Position	灯 质 Characteristic	灯高 Height	射程 Range	构 造 Structure	附 记 Remarks
9510811.01	30万吨级油品码头1灯浮 Crude Oil Pier for 300,000t Ships No 1	19-49.35N 109-08.96E	闪(2)绿6秒			绿色标柱形，顶标为绿色尖向上锥形	右侧标同步闪
9510811.02	30万吨级油品码头2灯浮 Crude Oil Pier for 300,000t Ships No 2	19-49.96N 109-09.59E	闪(2)红6秒			红色标柱形，顶标为红色圆柱形	左侧标同步闪
9510812.01	洋浦油品码头1灯桩 Yangpu Oil Pier No 1	19-49.42N 109-09.40E	等明暗红6秒	14	4	柱形立标	
9510812.02	洋浦油品码头2灯桩 Yangpu Oil Pier No 2	19-49.60N 109-09.57E	等明暗红3秒	14	4	柱形立标	
9510813.01	洋浦油品码头引桥1灯桩 Yangpu Oil Pier Approach Bridge No 1	19-49.41N 109-09.64E	莫(U)白15秒	15	3	柱形立标	
9510813.02	洋浦油品码头引桥2灯桩 Yangpu Oil Pier Approach Bridge No 2	19-49.31N 109-09.78E	莫(U)白15秒	15	3	柱形立标	
9510813.03	洋浦油品码头引桥3灯桩 Yangpu Oil Pier Approach Bridge No 3	19-49.22N 109-09.91E	莫(U)白15秒	15	3	柱形立标	
9510820 (5151)	北礁灯塔 Beijiao	17-03.95N 111-28.09E	闪(2)白6秒		15		AIS应答器： 名称： BEI JIAO DENG TA MMSI： 994131801
9510821	北礁东灯桩 Beijiao E	17-05.87N 111-33.42E	甚快(3)白5秒	12.8	5	黑黄黑横条纹柱形立标，顶标为黑色顶点相背双锥体	东方位标
9510828.01 (5166.61)	晋卿岛小船航道1灯桩 Jinqing Dao Boat Fairway No 1	16-28.34N 111-44.58E	闪（3）绿10秒	2.6	3	绿色金属结构柱形立标，顶标为绿色尖向上锥形	右侧标
9510828.02 （5166.62）	晋卿岛小船航道4灯桩 Jinqingdao Boat Fairway No 4	16-28.06N 111-44.74E	闪（3）红10秒	2.6	3	红色金属结构柱形立标，顶标为红色圆柱形	左侧标

编 号 No.	名 称 Name	位置 Position	灯 质 Characteristic	灯高 Height	射程 Range	构 造 Structure	附 记 Remarks
9510828.03 (5166.63)	晋卿岛小船航道5灯桩 Jinqingdao Boat Fairway No 5	16-27.91N 111-44.68E	闪红4秒	2.6	3	红色金属结构柱形立标，顶标为红色圆柱形	左侧标
9510828.04	晋卿岛小船航道2灯浮 Jinqingdao Boat Fairway No 2	16-28.27N 111-44.66E	闪红4秒			红色锥形	左侧标
9510828.05	晋卿岛小船航道3灯浮 Jinqingdao Boat Fairway No 3	16-28.18N 111-44.71E	闪（2）红6秒			红色罐形	左侧标
9510829	筐仔沙洲灯桩 Kuangzaisha Zhou	16-26.79N 111-36.43E	闪白12秒	8.5	5	红白相间横条纹柱形立标	
9510829.01	羚羊礁小船航道1灯桩 Lingyang Jiao Boat Fairway No 1	16-27.57N 111-36.33E	闪(2)绿6秒	2.6	3	绿色柱形立标，顶标为绿色尖向上锥形	右侧标
9510829.02	羚羊礁小船航道2灯桩 Lingyang Jiao Boat Fairway No 2	16-27.54N 111-36.34E	闪(2)红6秒	2.6	3	红色柱形立标，顶标为红色圆柱形	左侧标
9510829.03	羚羊礁小船航道3灯桩 Lingyang Jiao Boat Fairway No 3	16-27.55N 111-36.23E	闪(2)绿6秒	2.6	3	绿色柱形立标，顶标为绿色尖向上锥形	右侧标
9510829.04	羚羊礁小船航道4灯桩 Lingyang Jiao Boat Fairway No 4	16-27.49N 111-36.15E	闪(2)红6秒	2.6	3	红色柱形立标，顶标为红色圆柱形	左侧标
9510829.05	羚羊礁小船航道5灯桩 Lingyang Jiao Boat Fairway No 5	16-27.18N 111-36.11E	闪(2)红6秒	2.6	3	红色柱形立标，顶标为红色圆柱形	左侧标
9510829.06	羚羊礁小船航道6灯桩 Lingyang Jiao Boat Fairway No 6	16-26.97N 111-36.27E	闪(2)红6秒	2.6	3	红色柱形立标，顶标为红色圆柱形	左侧标
9510830 (5153.5)	海洋环境观测灯浮 Oceanic Environment Observation	16-51.33N 112-18.54E	莫(0)黄12秒			黄色标柱形，顶标为黄色“X”形	海上作业区专用标
9510831	银屿灯桩 Yinyu	16-34.67N 111-42.30E	闪白6秒	9.8	9	蓝白相间条纹金属结构柱形立标	

编 号 No.	名 称 Name	位置 Position	灯 质 Characteristic	灯高 Height	射程 Range	构 造 Structure	附 记 Remarks
9510831.01	银屿小船航道1灯桩 Yinyu Boat Fairway No 1	16-34.51N 111-42.31E	闪红4秒	2.6	3	红色金属结构柱形立标，顶标为红色圆柱形	左侧标
9510831.02	银屿小船航道2灯桩 Yinyu Boat Fairway No 2	16-34.62N 111-42.35E	闪绿4秒	2.6	3	绿色金属结构柱形立标，顶标为绿色尖向上锥形	右侧标
9510831.03	银屿小船航道3灯桩 Yinyu Boat Fairway No 3	16-34.71N 111-42.35E	闪(2)绿6秒	2.6	3	绿色金属结构柱形立标，顶标为绿色尖向上锥形	右侧标
9510832	晋卿岛灯桩 Jinqing Dao	16-27.61N 111-44.37E	闪白5秒	8.5	5	黑白相间横条纹柱形立标	
9510833	高尖石灯桩 Gaojianshi	16-34.61N 112-38.54E	闪白6秒	14	10	红白相间横条纹柱形立标	
9510833.01	东岛1 AIS 虚拟航标虚拟航标 DONG DAO A1	16-40.50N 112-44.20E					MMSI:994126637
9510833.02	东岛2 AIS 虚拟航标虚拟航标 DONG DAO A2	16-40.10N 112-44.50E					MMSI:994126638
9510833.03	东岛3 AIS 虚拟航标虚拟航标 DONG DAO A3	16-39.80N 112-44.70E					MMSI:994126639
9510839.04	北岛 AIS 虚拟航标虚拟航标 BEI DAO	16-58.40N 112-18.30E					MMSI:994126650
9510839.05	中岛 AIS 虚拟航标虚拟航标 ZHONG DAO	16-57.60N 112-19.60E					MMSI:994126651
9510839.06	南岛 AIS 虚拟航标虚拟航标 NAN DAO	16-56.90N 112-20.50E					MMSI:994126652

编　号 No.	名　称 Name	位置 Position	灯　质 Characteristic	灯高 Height	射程 Range	构　造 Structure	附　记 Remarks
9510834 (5153.51)	永兴岛综合码头北堤头灯桩 Yongxing Dao Integrated Pier N Breakwater Head	16-50.30N 112-19.60E	等明暗红4秒	15.5	7	混凝土结构柱形立标;12.3	
9510835 (5153.52)	永兴岛综合码头南堤头灯桩 Yongxing Dao Integrated Pier S Breakwater Head	16-50.24N 112-19.57E	等明暗绿4秒	15.5	7	混凝土结构柱形立标;12.3	导标两灯一线:126°46′36″
9510836.01	永兴岛1灯浮 Yongxingdao No 1	16-50.14N 112-19.40E	闪(3)绿10秒			绿色标柱形，顶标为绿色尖向上锥形	右侧标
9510836.02	永兴岛2灯浮 Yongxing Dao No 2	16-50.36N 112-19.44E	闪(3)红10秒			红色标柱形，顶标为红色圆柱形	左侧标
9510837.01	永兴岛综合码头临时引导灯桩前 Yongxing Dao Integrated Pier Temporary Ldg Lts, Front	16-50.19N 112-19.80E	等明暗绿2秒	21	5	白色正方形金属结构柱形立标;20.6	导标
9510837.02	永兴岛综合码头临时引导灯桩后 Yongxing Dao Integrated Pier Temporary Ldg Lts, Rear	16-50.19N 112-19.82E	定绿	23	5	混凝土结构柱形立标;22.4	导标
9510838.01	永兴岛1 虚拟航标 YONG XING DAO A1	16-50.51N 112-18.81E					MMSI:994131811
9510838.02	永兴岛2 虚拟航标 YONG XING DAO A2	16-50.56N 112-18.83E					MMSI:994131812
9510838.03	永兴岛3 虚拟航标 YONG XING DAO A3	16-50.39N 112-19.14E					MMSI:994131810
9510838.04	永兴岛4 虚拟航标 YONG XING DAO A4	16-50.44N 112-19.17E					MMSI:994131814
9510838.05	永兴岛5 虚拟航标 YONG XING DAO A5	16-50.27N 112-19.48E					MMSI:994131815

编号 No.	名称 Name	位置 Position	灯质 Characteristic	灯高 Height	射程 Range	构造 Structure	附记 Remarks
9510838.06	永兴岛6 虚拟航标 YONG XING DAO A6	16-50.32N 112-19.50E					MMSI:994131816
9510838.07	永兴岛1 虚拟航标 YONG XING DAO 1 HAO	16-50.28N 112-19.41E					MMSI:994126807
9510839.01	北岛1灯浮 Beidao No 1	16-57.42N 112-18.83E	闪(3)绿10秒			绿色锥形	右侧标
9510839.02	北岛2灯浮 Beidao No 2	16-57.48N 112-18.71E	闪(3)红10秒			红色罐形	左侧标
9510840 (5154)	永兴岛灯桩 Yongxing Dao	16-50.10N 112-19.87E	闪(3)白9秒	20.2	13	白色柱形立标;2.5	导标白光弧: 282.65° - 283.35° 遮蔽弧: 285° -281° 绿光弧: 281° -282.65° 红光弧: 283.35° -285°
9510841.01	赵述岛1灯浮 Zhaoshu Dao No 1	16-58.30N 112-16.08E	闪绿4秒			绿色锥形	右侧标
9510841.02	赵述岛2灯浮 Zhaoshu Dao No 2	16-58.33N 112-16.04E	闪红4秒			红色罐形	左侧标
9510841.03	赵述岛3灯浮 Zhaoshu Dao No 3	16-58.39N 112-16.03E	闪红6秒			红色罐形	左侧标
9510841.04	赵述岛4灯浮 Zhaoshu Dao No 4	16-58.47N 112-16.03E	闪红10秒			红色罐形	左侧标
9510842	赵述岛东堤头灯桩 Zhaoshu Dao E Breakwater Head	16-58.56N 112-16.08E	闪(2)绿8秒	8.4	7	绿白相间横条纹金属结构柱形立标	
9510842.01	赵述岛1 AIS 虚拟航标 虚拟航标 ZHAO SHU DAO A1	16-59.90N 112-14.70E					MMSI:994126647
9510842.02	赵述岛2 AIS 虚拟航标 虚拟航标 ZHAO SHU DAO A2	16-59.70N 112-15.60E					MMSI:994126648

编 号 No.	名 称 Name	位置 Position	灯 质 Characteristic	灯高 Height	射程 Range	构 造 Structure	附 记 Remarks
9510842.03	赵述岛3 AIS 虚拟航标 虚拟航标 ZHAO SHU DAO A3	16-59.40N 112-16.60E					MMSI:994126649
9510843	南沙洲灯桩 nansha Zhou	16-55.82N 112-20.84E	闪白6秒	8.5	5	白色横条纹柱形立标	
9510844	赵述岛西堤头灯桩 Zhaoshu Dao W Breakwater Head	16-58.45N 112-16.01E	闪(2)红8秒	8.4	7	红白相间条纹金属结构柱形立标	
9510850 (5178)	**浪花礁灯塔** Langhua Jiao	16-01.59N 112-26.70E	闪白4秒	24.2	15	白色混凝土结构;22.0	AIS应答器： 名称：LANG HUA JIAO DENG TA MMSI： 994131802
9510851.01	浪花礁小船航道1灯桩 Langhuajiao Boat Fairway No 1	16-01.45N 112-26.60E	闪（3）绿10秒	2.6	3	绿色柱形立标，顶标为绿色尖向上锥形	右侧标
9510851.02	浪花礁小船航道2灯桩 Langhuajiao Boat Fairway No 2	16-01.47N 112-26.57E	闪（3）红10秒	2.6	3	红色柱形立标，顶标为红色圆柱形	左侧标
9510852.01	中建岛1 AIS 虚拟航标 虚拟航标 ZHONG JIAN DAO A1	15-46.50N 111-12.60E					MMSI:994126640
9510852.02	中建岛2 AIS 虚拟航标 虚拟航标 ZHONG JIAN DAO A2	15-46.40N 111-12.10E					MMSI:994126641
9510852.03	中建岛3 AIS 虚拟航标 虚拟航标 ZHONG JIAN DAO A3	15-46.40N 111-11.80E					MMSI:994126642
9510852.04	中建岛4 AIS 虚拟航标 虚拟航标 ZHONG JIAN DAO A4	15-46.50N 111-11.60E					MMSI:994126643
9510852.05	中建岛5 AIS 虚拟航标 虚拟航标 ZHONG JIAN DAO A5	15-46.70N 111-11.40E					MMSI:994126644

编号 No.	名称 Name	位置 Position	灯质 Characteristic	灯高 Height	射程 Range	构造 Structure	附记 Remarks
9510852.06	中建岛6 AIS 虚拟航标 虚拟航标 ZHONG JIAN DAO A6	15-46.90N 111-11.30E					MMSI:994126645
9510852.07	中建岛7 AIS 虚拟航标 虚拟航标 ZHONG JIAN DAO A7	15-47.20N 111-11.40E					MMSI:994126646
9510861	渚碧灯塔 Zhubi	10-56.00N 114-06.10E	闪白5秒	55	22		
9510862	赤瓜灯塔 Chigua	09-42.90N 114-17.20E	闪白8秒	55	22		
9510863	华阳灯塔 Huayang	08-52.10N 112-49.90E	闪白10秒	55	22		
9510864	火艾礁01灯浮 Huoaijiao No 01	10-51.37N 114-53.39E	莫(F)黄12秒			黄色标柱形,顶标为黄色"X"形	水产作业区专用标
9510865	牛轭礁01灯浮 Niu'ejiao No 01	09-59.78N 114-36.24E	联快闪(9)白15秒			黄黑黄横条纹标柱形,顶标为黑色顶点相对双锥体	西方位标
9510866	南薰礁01灯浮 Nanxunjiao No 01	10-12.55N 114-12.90E	联快闪(9)白15秒			黄黑黄横条纹标柱形,顶标为黑色顶点相对双锥体	西方位标
9510870 (5200.5)	永署礁灯塔 Yongshu Jiao	09-33.30N 112-54.15E	闪白4秒	29	20	白色混凝土结构;32.0	
9510875	永暑灯塔 Yongshu	09-32.50N 112-53.10E	闪白6秒	55	22	50	

编 号 No.	名 称 Name	位置 Position	灯 质 Characteristic	灯高 Height	射程 Range	构 造 Structure	附 记 Remarks
			香港 HONG KONG				
H110010 (0001)	石牛洲灯桩 Shek Ngau Chau	22-27.96N 114-25.67E	闪白4秒	25	12	白色混凝土结构 柱形立标	
H110020 (0002)	龙麟咀灯塔 Lung lun Tsui	22-32.46N 114-25.64E	闪(3)白10秒	15	5	白色混凝土结构	
H110030.01 (0002.1)	平洲-A灯浮 PC-A	22-33.35N 114-25.70E	闪(4)黄12秒			黄色标柱形	
H110030.02 (0002.2)	平洲-B灯浮 PC-B	22-32.57N 114-26.85E	闪黄3秒			黄色标柱形	
H110030.03 (0002.3)	平洲-C灯浮 PC-C	22-31.89N 114-26.32E	闪黄6秒			黄色标柱形	
H110030.04 (0002.4)	平洲-D灯浮 PC-D	22-32.68N 114-25.17E	闪黄9秒			黄色标柱形	
H110040 (0003)	长排头灯桩 Cheung Pai Tau	22-33.09N 114-15.37E	快闪红	3	1	白色柱形立标	
H110050.01 (0004)	沙头角1灯桩 Sha Tau Kok 1	22-32.66N 114-13.43E	闪绿3秒	7	3	白色柱形立标	
H110050.02 (0005)	沙头角2灯桩 Sha Tau Kok 2	22-32.62N 114-13.48E	闪红3秒	7	3	白色柱形立标	
H110060 (0006)	赤角头灯桩 Chek Kok Tau	22-33.31N 114-17.51E	闪白5秒	7	5	白色混凝土结构 柱形立标	
H110070.01 (0006.4)	印洲塘A灯浮 YCT-A	22-31.56N 114-17.85E	闪(4)黄20秒			黄色标柱形	
H110070.02 (0006.2)	印洲塘B灯浮 YCT-B	22-32.00N 114-16.25E	闪(3)黄15秒			黄色标柱形	
H110080 (0007)	凤凰笏灯桩 Fung Wong Wat	22-29.14N 114-18.55E	快闪白	7	5	白色混凝土结构 柱形立标	

编 号 No.	名 称 Name	位置 Position	灯 质 Characteristic	灯高 Height	射程 Range	构 造 Structure	附 记 Remarks
H110090 (0008)	刀头咀灯桩 To Tau Tsui	22-28.11N 114-16.49E	快闪白	6	3	白色混凝土结构柱形立标	
H110100 (0009)	白沙头洲灯桩 Pak Sha Tau Chau	22-26.91N 114-14.94E	闪白5秒	3	5	白色金属结构柱形立标	
H110110 (0010)	油码头灯桩 Oil Pier	22-27.00N 114-14.50E				柱形立标	
H110120.01 (0011)	船湾1灯桩 Shuen Wan 1	22-27.15N 114-12.73E	闪绿3秒	9.1	3	白色柱形立标	
H110120.02 (0012)	船湾2灯桩 Shuen Wan 2	22-27.21N 114-12.69E	闪红3秒	9.1	3	白色柱形立标	
H110130 (0013)	沙田海灯桩 Shatin Hoi	22-24.70N 114-12.98E	快闪(9)白15秒	5.3	6	混凝土结构; 29.9	西方位标
H110140 (0013.2)	沙田灯浮 Shatin	22-25.06N 114-13.12E	快闪(9)白10秒			黄黑黄横条纹标柱形,顶标为黑色顶点相对双锥体	西方位标
H110150 (0014)	灯洲灯桩 Tang Chau	22-26.81N 114-15.46E	闪(3)白9秒	5	6	白色混凝土结构柱形立标	
H110160 (0015)	扯(巾里)排灯桩 Che Lei Pai	22-27.84N 114-17.44E	闪(2)红10秒	7	7	白色柱形立标	
H110170 (0015.2)	海下A灯浮 HHW-A	22-28.84N 114-19.58E	闪(3)黄15秒			黄色标柱形	
H110180 (0016)	蚬排灯桩 Hin Pai	22-28.99N 114-19.97E	闪红3秒	5	3	白色柱形立标	水产作业区专用标
H110190 (0016.2)	海下B灯浮 HHW-B	22-28.78N 114-20.25E	闪(4)黄20秒			黄色标柱形	
H110200 (0017)	杉排灯桩 Cham Pai	22-29.38N 114-21.92E	闪(2)白10秒	6	5	白色混凝土结构柱形立标	

编号 No.	名称 Name	位置 Position	灯质 Characteristic	灯高 Height	射程 Range	构造 Structure	附记 Remarks
H110210 (0018)	黄茅洲灯桩 Wong Mau Chau	22-26.91N 114-23.68E	闪红5秒	22	5	白色混凝土结构 柱形立标	
H110220 (0019)	饭甑洲灯桩 Fan Tsang Chau	22-21.90N 114-23.40E	闪(2)白6秒	6	5	白色混凝土结构 柱形立标	白光弧: 8° -250°
H110230 (0020)	伙头坟洲灯桩 Fo Tau Fan Chau	22-20.30N 114-21.70E	闪(4)白15秒	7	3	白色混凝土结构 柱形立标	
H110240 (0021)	大浪石灯桩 Wave Rock	22-19.70N 114-21.70E	快闪红	3	2	白色柱形立标	
H110250 (0022)	孖仔排灯桩 Ma Tsai Pai	22-19.40N 114-19.80E	快闪红	4	1	白色柱形立标	
H110251	沉排灯桩 Cham Pai	22-19.41N 114-19.80E	快闪红	4	1	白色柱形立标	
H110260 (0023)	企人石灯桩 Kei Yan Shek	22-21.81N 114-19.87E	闪白5秒	8	5	白色混凝土结构 柱形立标	
H110270 (0024)	盐田仔2灯桩 Yim Tin Tsai No 2	22-22.80N 114-18.40E	闪红3秒	7	3	白色柱形立标	
H110271	西洲东北灯桩 Xi Zhou NE	22-22.82N 114-18.42E	闪红3秒	8	3	白色柱形立标; 5.0	
H110280 (0025)	盐田仔1灯桩 Yim Tin Tsai No 1	22-22.80N 114-18.32E	闪绿3秒	8	3	白色柱形立标	
H110290 (0026)	西贡2灯桩 Xi Kung No 2	22-22.73N 114-16.56E	闪红3秒	7	5	白色柱形立标	
H110300 (0027)	西贡1灯桩 Xi Kung No 1	22-22.67N 114-16.50E	闪绿3秒	7	5	白色柱形立标	
H110310 (0028)	桥咀排灯桩 Kiu Tsui Pai	22-21.71N 114-17.09E	闪(2)白10秒	8	5	白色混凝土结构 柱形立标	
H110320 (0029)	科大灯桩 U.S.T.	22-20.40N 114-16.10E	快闪黄	7	1	白色混凝土结构 柱形立标顶标为	

编 号 No.	名 称 Name	位置 Position	灯 质 Characteristic	灯高 Height	射程 Range	构 造 Structure	附 记 Remarks
H110330 (0030)	万头咀灯桩 Man Tau Tsui	22-21.36N 114-15.90E	闪(3)白6秒	8	5	白色柱形立标; 4.0	白光弧: 250° -8°
H110340 (0030.5)	白沙湾灯浮 Hebe Haven	22-21.53N 114-15.76E	快(6)+长闪白15秒			黄黑相间横条纹标柱形,顶标为黑色顶点朝下双锥体	南方位标
H110360 (0031)	北果洲灯桩 North Ninepin Island	22-16.20N 114-21.00E	闪红白10秒	44	红7 白10	白色混凝土结构柱形立标	红光弧: 212° -299.5° 遮蔽弧: 299.5° -58° 白光弧: 58° -212°
H110370 (0031.2)	一尺石灯浮 One Foot Rock	22-15.24N 114-22.13E	闪(2)白10秒			黑红黑横条纹标柱形,顶标为黑色双球体	孤立危险物浮标
H110380 (0032)	清水湾游艇会灯桩 Clear Water Bay Marina	22-16.18N 114-18.25E	闪绿3秒	12	3	白色柱形立标	
H110390 (0033)	佛堂门灯桩 Fat Tong Mun	22-15.52N 114-17.77E	闪白5秒	9	3	白色混凝土结构柱形立标	
H110400.01 (0033.1)	蓝塘1灯浮 TCS1	22-13.16N 114-20.16E	长闪白10秒			红白相间竖条纹标柱形,顶标为红色球体形	安全水域浮标
H110400.02 (0033.2)	蓝塘2灯浮 TCS2	22-13.16N 114-17.62E	等明暗白2秒			红白相间竖条纹标柱形,顶标为红色球体形	安全水域浮标
H110410 (0034)	南堂尾灯塔 Tathong Point	22-14.27N 114-17.32E	闪(3)白红10秒	56.1	白19 红10	白色;2.0	号角白光弧:264.5° -137.5° 红光弧: 237° -264.5° 遮蔽弧: 137.5° -237°
H110412	TLC灯浮 No TLC	22-14.19N 114-17.26E	闪（5）黄20秒			黄色标柱形，顶标为黄色“X”形	AIS应答器

编 号 No.	名 称 Name	位置 Position	灯 质 Characteristic	灯高 Height	射程 Range	构 造 Structure	附 记 Remarks
H110420 (0034.05)	东龙洲东南灯浮 Tung Lung Chau SE	22-14.34N 114-17.56E	闪(2)白10秒			黑红黑横条纹标柱形，顶标为黑色双球体	孤立危险物浮标
H110430 (0034.3)	蓝塘3灯浮 TCS3	22-14.03N 114-16.56E	等明暗白4秒			红白相间竖条纹标柱形，顶标为红色球体形	安全水域浮标
H110440 (0035)	牙鹰排灯桩 Nga Ying Pai	22-14.56N 114-16.84E	闪白1.5秒	12	6	白色混凝土结构柱形立标	
H110450 (0036)	大浪排灯桩 Tai Long Pai	22-14.02N 114-15.98E	闪(4)红15秒	14	5	红白相间条纹混凝土结构柱形立标	雷达反射器
H110455 (0142)	大潭湾引导立标前 Tai Tam Bay Ldg Bns, Front	22-13.89N 114-13.80E					导标
H110456	大潭湾引导立标后 Tai Tam Wan Ldg Bns, Rear	22-14.70N 114-13.78E					导标
H110460 (0037)	鹤咀灯塔 Cape D'Aguilar	22-12.49N 114-15.55E	闪白15秒	57	20	白色;8.0	
H110470 (0037.5)	鹤咀A灯浮 CD-A	22-12.30N 114-15.43E	闪(3)黄15秒			黄色标柱形	
H110475.01	赤柱1灯浮 ST No 1	22-12.99N 114-12.59E	快闪黄			黄色标柱形	
H110475.02	赤柱2灯浮 ST No 2	22-12.99N 114-12.61E	快闪黄			黄色标柱形	
H110475.03	赤柱3灯浮 ST No 3	22-13.00N 114-12.61E	快闪黄			黄色标柱形	
H110480 (0037.7)	气象7灯浮 Weather 7	22-12.80N 114-13.50E	闪(2)黄6秒			黄色标柱形	

编 号 No.	名 称 Name	位置 Position	灯 质 Characteristic	灯高 Height	射程 Range	构 造 Structure	附 记 Remarks
H110490 (0038)	**横澜岛灯塔（有）** Waglan Island (Watched)	22-10.89N 114-18.19E	闪(2)白20秒	68	24	白色金属结构; 16.0	号角白光弧: 112°-95° 雷达应答器: 信号K(- . -)
H110500 (0039)	螺洲灯桩 Beaufort Island	22-11.26N 114-14.64E	闪红白3秒	37	红8 白10	白色混凝土结构柱形立标;8.0	红光弧:0°-34° 白光弧:34°-0°
H110510	屯门入境灯浮 IMM TM	22-21.76N 113-57.50E	快闪黄			圆桶形	
H110520 (0040)	**蒲苔灯塔** Po Toi	22-09.42N 114-15.47E	闪白10秒	67	18	混凝土结构	
H110522	担杆水道灯船 Dangan Channel	22-07.61N 114-13.54E	闪白6秒			红色	长23.8米，宽8米雷达应答器：信号G(- - .)AIS应答器
H110530 (0040.2)	博寮1灯浮 LCS1	22-09.34N 114-12.73E	长闪白10秒			红白相间竖条纹标柱形，顶标为红色球体形	安全水域浮标
H110530.01	灯浮 LCS1	22-09.39N 114-12.74E	长闪白10秒			红白相间竖条纹标柱形，顶标为红色球体形	安全水域浮标雷达反射器
H110540 (0041)	**黄麻角灯塔** Bluff Head	22-11.67N 114-12.84E	闪(5)白30秒	67	20	白色混凝土结构;3.0	
H110550 (0041.5)	螺洲灯浮 Chesterman	22-11.19N 114-12.02E	快(6)+长闪白15秒			黄黑相间横条纹标柱形，顶标为黑色顶点朝下双锥体	南方位标雷达反射器
H110560 (0042)	银洲灯桩 Round Island	22-12.82N 114-11.12E	互闪(3)白红互闪(3)白红10秒	31	白11 红8	白色柱形立标; 4.0	
H110570 (0042.2)	博寮2灯浮 LCS2	22-12.61N 114-10.44E	等明暗白3秒			红白相间竖条纹标柱形，顶标为红色球体形	安全水域浮标
H110580.01 (0042.4)	海洋公园1灯浮 Ocean Park 1	22-14.57N 114-10.78E	快闪黄			黄色罐形	

编 号 No.	名 称 Name	位置 Position	灯 质 Characteristic	灯高 Height	射程 Range	构 造 Structure	附 记 Remarks
H110580.02 (0042.6)	海洋公园2灯浮 Ocean Park 2	22-14.24N 114-10.58E	快闪黄			黄色罐形	
H110590 (0043)	鸭脷排灯桩 AP LEI PAI	22-13.74N 114-09.71E	闪白15秒	8	5	白色混凝土结构柱形立标	
H110600 (0044)	香港仔2灯桩 Aberdeen No 2	22-14.18N 114-09.78E	闪红3秒	6	3	白色	
H110610 (0045)	香港仔3灯桩 Aberdeen No 3	22-14.28N 114-09.77E	闪绿3秒	6	3	白色	
H110620 (0046)	黄泥排灯桩 Wong Nei Pai	22-14.49N 114-09.69E	闪(2)白5秒	4	5	白色	
H110630 (0047)	香港仔1灯桩 Aberdeen No 1	22-14.74N 114-08.69E	闪()红3秒	6	3	白色	
H110640 (0048)	火药洲灯桩 Magazine Island	22-14.61N 114-08.28E	闪白1.5秒	11	5	白色混凝土结构柱形立标	
H110650 (0049)	龙山排灯桩 Lung Shan Pai	22-14.46N 114-08.59E	闪(3)白6秒	7	7	白色混凝土结构柱形立标	
H110660.01 (0049.2)	南丫排东北灯浮 Lamma Patch NE	22-14.85N 114-07.39E	快闪(3)白10秒			黑黄黑横条纹标柱形，顶标为黑色顶点相背双锥体	东方位标
H110660.02 (0049.4)	南丫浅滩西灯浮 Lamma Shoal W	22-14.79N 114-07.25E	快闪(9)白15秒			黄黑黄横条纹标柱形，顶标为黑色顶点相对双锥体	西方位标
H110670 (0050)	钢线湾灯桩 Kong Sin Wan	22-15.83N 114-07.54E	快闪黄	5	1	白色混凝土结构;5.0	
H110680 (0050.4)	博寮3灯浮 LCS3	22-16.27N 114-06.55E	长闪白10秒			红白相间竖条纹球形	安全水域浮标
H110690 (0051)	青洲灯桩 Green Island	22-17.02N 114-06.67E	闪白10秒	36.5	16	柱形立标;18.0	白光弧: 277° -186°

编 号 No.	名 称 Name	位置 Position	灯 质 Characteristic	灯高 Height	射程 Range	构 造 Structure	附 记 Remarks
H110700 (0051.05)	青州灯浮 Green Island	22-17.29N 114-07.43E	快闪(3)白10秒			黑黄黑横条纹标柱形，顶标为黑色顶点相背双锥体	东方位标
H110710.01 (0051.1)	奇力西灯浮 Kellett West	22-18.32N 114-05.91E	快闪(9)白15秒			黄黑黄横条纹标柱形，顶标为黑色顶点相对双锥体	西方位标
H110710.02 (0051.2)	奇力北灯浮 Kellett North	22-18.86N 114-06.20E	快闪白			黑黄相间横条纹标柱形，顶标为黑色顶点朝上双锥体	北方位标
H110710.03 (0051.3)	西检灯浮 WQ	22-19.00N 114-06.46E	闪(3)红15秒			红色罐形	左侧标
H110710.04 (0051.4)	北航4灯浮 Northern 4	22-19.19N 114-06.96E	闪(6)红12秒			红色罐形	左侧标
H110720.01 (0051.41)	渠务1灯浮 DSD 1	22-18.63N 114-06.88E	快闪黄			黄色标柱形，顶标为黄色“X”形	
H110720.02 (0051.42)	渠务2灯浮 DSD 2	22-18.54N 114-06.98E	快闪黄			黄色标柱形，顶标为黄色“X”形	
H110720.03 (0051.43)	渠务3灯浮 DSD 3	22-18.44N 114-06.88E	快闪黄			黄色标柱形，顶标为黄色“X”形	
H110720.04 (0051.44)	渠务4灯浮 DSD 4	22-18.54N 114-06.77E	快闪黄			黄色标柱形，顶标为黄色“X”形	
H110730.01 (0051.5)	北航3灯浮 Northern 3	22-18.97N 114-07.78E	闪(3)绿10秒			绿色锥形	右侧标
H110730.02 (0051.6)	北航2灯浮 Northern 2	22-18.84N 114-07.66E	闪(6)红12秒			红色罐形	左侧标
H110730.03 (0051.7)	北航1灯浮 Northern 1	22-17.78N 114-08.76E	闪(3)绿15秒			绿色锥形	右侧标
H110730.04 (0051.8)	海军基地灯浮 Naval Base	22-18.78N 114-08.03E	快闪黄			黄色标柱形	

编 号 No.	名 称 Name	位置 Position	灯 质 Characteristic	灯高 Height	射程 Range	构 造 Structure	附 记 Remarks
H110740 (0052)	南咀灯桩 Nam Tsui	22-14.33N 114-07.29E	闪()白5秒	13	6	白色混凝土结构 柱形立标	
H110750 (0053)	黄竹角灯桩 Wong Chuk Kok	22-12.50N 114-09.60E	闪(4)白20秒	27	10	白色混凝土结构 柱形立标;4.0	
H110760 (0054)	圆角灯桩 Yuen Kok	22-10.90N 114-08.96E	闪白5秒	35.3	10	白色混凝土结构 柱形立标	
H110780.01 (0054.1)	南丫电力1灯浮 P1	22-11.00N 114-06.42E	闪绿5秒			绿色锥形	右侧标
H110780.02 (0054.2)	南丫电力2灯浮 P2	22-11.58N 114-06.17E	闪(2)红5秒			红色罐形	导标雷达应答器：信号Y（-.--）两灯一线：315°01′58″
H110780.03 (0054.3)	南丫电力3灯浮 P3	22-11.60N 114-06.32E	闪(2)绿5秒			绿色锥形	右侧标
H110780.04 (0054.4)	南丫电力4灯浮 P4	22-12.21N 114-06.06E	闪(3)红10秒			红色罐形	左侧标
H110780.05 (0054.5)	南丫电力5灯浮 P5	22-12.21N 114-06.22E	闪(3)绿10秒			绿色锥形	右侧标
H110780.06 (0054.6)	南丫电力6灯浮 P6	22-12.73N 114-05.72E	快闪红			红色罐形	左侧标
H110790 (0055)	澳仔灯桩 O Tsai	22-13.68N 114-06.41E	快闪白	3.3	1	白色柱形立标	
H110800.01 (0055.1)	西博寮A灯浮 WLC-A	22-13.26N 114-04.59E	闪(5)黄20秒			黄色标柱形，顶标为黄色“X”形	
H110800.02 (0055.2)	西博寮B灯浮 WLC-B	22-13.24N 114-04.57E	闪(5)黄20秒			黄色标柱形，顶标为黄色“X”形	
H110810 (0056)	石角咀灯桩 Shek Kok Tsui	22-14.11N 114-06.26E	闪(3)白15秒	12.2	10	白色混凝土结构 柱形立标	

编 号 No.	名 称 Name	位置 Position	灯 质 Characteristic	灯高 Height	射程 Range	构 造 Structure	附 记 Remarks
H110820.01 (0056.2)	交椅洲东南灯浮 Kau Yi Chau SE	22-16.33N 114-05.27E	等明暗白3秒			红白相间竖条纹球形	安全水域浮标
H110820.02 (0056.4)	交椅洲A灯浮 KYC-A	22-15.92N 114-03.85E	闪(5)黄20秒			黄色标柱形，顶标为黄色“X”形	
H110820.03 (0056.6)	交椅洲B灯浮 KYC-B	22-15.90N 114-03.84E	闪(5)黄20秒			黄色标柱形，顶标为黄色“X”形	
H110820.04 (0057)	北交椅洲灯桩 South Kau Yi Chau	22-16.93N 114-04.63E	闪(3)白20秒	7	3	白色混凝土结构柱形立标	
H110820.05 (0057.5)	北交椅洲灯桩 North Kau Yi Chau	22-17.21N 114-04.78E	闪(2)白红6秒	9	白11 红8	白色混凝土结构柱形立标	白光弧： 128°-350° 红光弧： 92°-128° 白光弧： 81°-92°
H110820.06 (0057.8)	交椅洲北灯浮 Kau Yi Chau North	22-17.61N 114-04.95E	闪()黄5秒			黄色罐形	
H110820.07 (0057.9)	西锚灯浮 WA	22-17.94N 114-04.73E	快闪白			黑黄相间横条纹标柱形，顶标为黑色顶点朝上双锥体	北方位标
H110830 (0058)	**黑角头灯塔** Cape Collinson	22-15.67N 114-15.42E	闪(2)白红10秒	50	白15 红12	白色金属结构；6.0	白光弧： 156.5°-337° 红光弧： 337°-156.5°
H110840.01 (0059)	将军澳4灯桩 Tseung Kwan O 4	22-15.77N 114-16.44E	快闪红			白色柱形立标	
H110840.02 (0060)	将军澳3灯桩 Tseung Kwan O 3	22-16.33N 114-16.08E	闪绿3秒	5	3	白色柱形立标	
H110840.03 (0061)	将军澳2灯桩 Tseung Kwan O 2	22-16.44N 114-16.01E	闪红3秒	5	3	白色柱形立标	
H110850 (0061.4)	蓝塘4灯浮 TCS4	22-16.24N 114-15.65E	长闪()白10秒			红白相间竖条纹球形	安全水域浮标

编 号 No.	名 称 Name	位置 Position	灯 质 Characteristic	灯高 Height	射程 Range	构 造 Structure	附 记 Remarks
H110860 (0062)	佛堂洲灯桩 Fat Tong Zhau	22-16.45N 114-15.95E	闪(3)白6秒	20	9	白色混凝土结构 柱形立标	
H110870 (0063)	将军澳1灯桩 Tseung Kwan 0 1	22-16.42N 114-15.96E	快闪红	5	1	白色柱形立标	
H110880 (0064)	柴湾1灯桩 Chai Wan 1	22-16.42N 114-14.70E	闪()红3秒	5	3	白色柱形立标	
H110890 (0065)	柴湾2灯桩 Chai Wan 2	22-16.36N 114-14.66E	闪()绿3秒	5	3	白色柱形立标	
H110900 (0066)	鲤鱼门南灯桩 South Lei Yue Mun	22-17.07N 114-14.07E	闪红5秒	11	11	白色混凝土结构 柱形立标	
H110910 (0067)	三家村1灯桩 Sam Ka Tsuen 1	22-17.41N 114-14.23E	闪红3秒	8	3	白色柱形立标	
H110920 (0068)	三家村2灯桩 Sam Ka Tsuen 2	22-17.38N 114-14.26E	闪绿3秒	9	3	白色柱形立标	
H110930 (0069)	鲤鱼门北灯桩 North Lei Yue Mun	22-17.28N 114-14.19E	闪()绿3秒	9	5	白色混凝土结构 柱形立标	
H110940 (0070)	筲箕湾5灯桩 Shau Kei Wan 5	22-17.04N 114-14.01E	闪(2)白10秒	5	3	白色金属结构柱 形立标	
H110950 (0071)	筲箕湾3灯桩 Shau Kei Wan 3	22-17.14N 114-13.74E	闪()绿3秒	7	3	白色柱形立标	
H110960 (0072)	筲箕湾2灯桩 Shau Kei Wan 2	22-17.17N 114-13.67E	闪()红3秒	7	3	白色柱形立标	
H110970 (0073)	筲箕湾灯桩 Shau Kei Wan	22-17.09N 114-13.56E	快闪红			白色柱形立标	
H110980 (0074)	筲箕湾1灯桩 Shau Kei Wan 1	22-17.15N 114-13.64E	闪()绿3秒	7	3	白色柱形立标	
H110990 (0075)	筲箕湾4灯桩 Shau Kei Wan 4	22-17.10N 114-13.64E	闪()红3秒	7	3	白色柱形立标	

编 号 No.	名 称 Name	位置 Position	灯 质 Characteristic	灯高 Height	射程 Range	构 造 Structure	附 记 Remarks
H111000 (0076)	鲤鱼门灯桩 Lei Yue Mun	22-17.53N 114-13.90E	快闪红	5	1	白色	雷达反射器
H111010 (0077)	九龙湾4灯桩 Kowloon Bay 4	22-18.32N 114-13.05E	定红	7	3	白色柱形立标	
H111020 (0078)	九龙湾3灯桩 Kowloon Bay 3	22-18.35N 114-13.18E	闪()红3秒	7	3	白色柱形立标	
H111030 (0079)	九龙湾3灯桩 Kowloon Bay 3	22-18.41N 114-13.13E	闪()绿3秒	7	3	白色柱形立标	
H111040.01 (0079.06)	启德1灯浮 KT1	22-18.07N 114-13.09E	闪()黄6秒			黄色标柱形，顶标为黄色“X”形	
H111040.02 (0079.07)	启德2灯浮 KT2	22-17.90N 114-12.64E	闪(2)黄6秒			黄色标柱形，顶标为黄色“X”形	
H111040.03 (0079.08)	启德3灯浮 KT3	22-18.29N 114-12.67E	闪(3)黄6秒			黄色标柱形，顶标为黄色“X”形	
H111050.01 (0079.1)	东航1灯浮 Eastern 1	22-17.97N 114-12.45E	闪(3)绿10秒			绿色锥形	右侧标
H111050.02 (0079.2)	东航2灯浮 Eastern 2	22-17.74N 114-12.45E	闪(2)红6秒			红色罐形	左侧标
H111051.01	东航道1灯浮 E Channel No 1	22-17.96N 114-12.46E	闪(3)绿10秒			绿色锥形	右侧标
H111070.01 (0080)	土瓜湾1灯桩 To Kwa Wan 1	22-18.85N 114-11.68E	闪()绿3秒	7	3	白色柱形立标	
H111070.02 (0081)	土瓜湾2灯桩 To Kwa Wan No 2	22-18.69N 114-11.79E	闪红3秒	7	3	白色柱形立标	
H111070.03 (0082)	土瓜湾3灯桩 To Kwa Wan No 3	22-18.59N 114-11.79E	闪绿3秒	7	3	白色柱形立标	
H111070.04 (0083)	土瓜湾4灯桩 To Kwa Wan No 4	22-18.72N 114-12.07E	闪红3秒	7	3	白色柱形立标	

编 号 No.	名 称 Name	位置 Position	灯 质 Characteristic	灯高 Height	射程 Range	构 造 Structure	附 记 Remarks
H111080.01 (0086)	铜锣湾1灯桩 Causeway Bay No 1	22-17.13N 114-10.94E	闪绿3秒	6	3	白色混凝土结构 柱形立标	
H111080.02 (0085)	铜锣湾2灯桩 Causeway Bay No 2	22-17.14N 114-10.98E	闪红3秒	4	3	白色柱形立标	
H111080.03 (0084)	铜锣湾4灯桩 Causeway Bay No 4	22-17.28N 114-11.25E	闪()红3秒	4	3	白色柱形立标	
H111081	东阻浪堤灯桩 E Breakwater	22-17.26N 114-11.25E	闪红3秒	5	2	白色柱形立标; 4.0	
H111110.01 (0089)	湾仔货运站1灯桩 Wan Chai PCWA No 1	22-17.05N 114-10.86E	闪绿3秒	7	3	白色柱形立标	
H111110.02 (0088)	湾仔货运站2灯桩 Wan Chai PCWA No 2	22-17.07N 114-10.88E	闪红3秒	7	5	白色混凝土结构 柱形立标	
H111110.04 (0087)	湾仔货运站4灯桩 Wan Chai PCWA No 4	22-17.07N 114-10.89E	定红	7	3	白色柱形立标	
H111130 (0088.3)	红磡灯浮 Hung Hom	22-17.85N 114-11.53E	长闪白10秒			红白相间竖条纹 球形	安全水域浮标
H111140 (0088.5)	尖沙咀灯浮 TST	22-17.38N 114-10.25E	等明暗白2秒			红白相间竖条纹 球形	安全水域浮标
H111150 (0088.6)	中航灯浮 Central	22-17.58N 114-09.20E	等明暗白4秒			红白相间竖条纹 球形	安全水域浮标
H111160.01 (0088.62)	港澳1灯浮 MFT 1	22-17.41N 114-09.26E	快闪白			黑黄相间横条纹 标柱形，顶标为 黑色顶点朝上双 锥体	北方位标
H111160.02 (0088.64)	港澳2灯浮 MFT 2	22-17.47N 114-09.02E	快闪白			黑黄相间横条纹 标柱形，顶标为 黑色顶点朝上双 锥体	北方位标
H111170 (0088.7)	维多利亚灯浮 Victoria	22-17.69N 114-08.61E	甚快(3)白5秒			黑黄黑横条纹标 柱形，顶标为黑 色顶点相背双锥 体	东方位标

编号 No.	名称 Name	位置 Position	灯质 Characteristic	灯高 Height	射程 Range	构造 Structure	附记 Remarks
H111190 (0090)	中港4灯桩 C.F.T.4	22-17.98N 114-09.95E	闪红3秒	7	3	白色柱形立标	
H111200 (0091)	中港3灯桩 C.F.T.3	22-18.01N 114-09.95E	闪绿3秒	7	3	白色柱形立标	
H111210 (0092)	中港2灯桩 C.F.T.2	22-18.04N 114-09.95E	闪红3秒	6	3	白色柱形立标	
H111220 (0092.5)	油麻地1灯浮 YMT 1	22-18.11N 114-09.06E	闪黄5秒			黄色罐形	
H111230.01 (0093)	油麻地1灯桩 Yau Ma Tei No 1	22-18.29N 114-09.25E	闪绿3秒	7	3	白色柱形立标	
H111230.02 (0094)	油麻地2灯桩 Yau Ma Tei No 2	22-18.36N 114-09.34E	闪红3秒	7	3	白色柱形立标	
H111230.03 (0095)	油麻地3灯桩 Yau Ma Tei No 3	22-18.87N 114-09.25E	闪绿3秒	7	3	白色柱形立标	
H111230.04 (0096)	油麻地4灯桩 Yau Ma Tei No 4	22-18.95N 114-09.30E	闪红3秒	7	3	白色柱形立标	
H111240 (0096.5)	油麻地2灯浮 YMT 2	22-19.09N 114-09.06E	闪(4)黄10秒			黄色罐形	
H111250.01 (0097)	政府船坞1灯桩 G.D.1	22-19.49N 114-08.62E	闪绿3秒	6	3	白色柱形立标	
H111250.02 (0098)	政府船坞2灯桩 G.D.2	22-19.46N 114-08.68E	闪红3秒	7	3	白色柱形立标	
H111260 (0098.5)	白石灯浮 White Rock	22-18.80N 114-08.56E	快(6)+长闪白15秒			黄黑相间横条纹标柱形，顶标为黑色顶点朝下双锥体	南方位标
H111270 (0099)	海军导灯5灯桩 Naval Base Leading Light No 5	22-18.82N 114-08.05E	快闪红	6	1	白色柱形立标	

编 号 No.	名 称 Name	位置 Position	灯 质 Characteristic	灯高 Height	射程 Range	构 造 Structure	附 记 Remarks
H111280 (0100)	海军导灯4灯桩 Naval Base Leading Light No 4	22-18.86N 114-08.06E	闪红3秒	6	3	白色柱形立标	
H111290 (0101)	海军导灯3灯桩 Naval Base Leading Light No 3	22-18.87N 114-08.11E	闪绿3秒	6	3	白色柱形立标	
H111300 (0102)	海军导灯1灯桩 Naval Base Leading Light No 1	22-19.20N 114-08.00E	快闪白	24	白3	白色柱形立标	
H111320 (0104)	昂船洲大桥南绿灯桩 Stonecutters Bridge South Green	22-19.38N 114-07.31E	快闪绿	75	4	柱形立标	
H111330 (0105)	昂船洲大桥南白灯桩 Stonecutters Bridge South White	22-19.53N 114-07.11E	等明暗白4秒	82	4	柱形立标	
H111340 (0106)	昂船洲大桥南红灯桩 Stonecutters Bridge South Red	22-19.69N 114-06.91E	快闪红	76	4	柱形立标	
H111350 (0107)	昂船洲大桥北绿灯桩 Stonecutters Bridge North Green	22-19.39N 114-07.33E	快闪绿	75	4	柱形立标	
H111360 (0108)	昂船洲大桥北白灯桩 Stonecutters Bridge North White	22-19.55N 114-07.12E	等明暗白4秒	82	4	柱形立标	
H111370 (0109)	昂船洲大桥北红灯桩 Stonecutters Bridge North Red	22-19.71N 114-06.92E	快闪红	76	4	柱形立标	
H111380 (0109.5)	青衣西灯浮 Tsing Yi West	22-19.57N 114-05.38E	快闪(9)白15秒			黄黑黄横条纹标柱形，顶标为黑色顶点相对双锥体	西方位标
H111390 (0110)	青衣南2灯桩 Tsing Yi South No 2	22-19.61N 114-06.70E	闪红3秒	7	3	白色柱形立标	
H111400 (0111)	青衣南1灯桩 Tsing Yi South No 1	22-19.65N 114-06.76E	闪绿3秒	7	3	白色柱形立标	

编号 No.	名称 Name	位置 Position	灯质 Characteristic	灯高 Height	射程 Range	构造 Structure	附记 Remarks
H111420 (0113)	葵青桥南白灯桩 Kwai Tsing Bridge South White	22-20.90N 114-06.90E	等明暗白绿4秒	24	白5 绿5	柱形立标	
H111431 (0122)	青衣大桥东桥墩南灯桩 Tsing Yi Bridge E Pier S	22-20.92N 114-06.89E	定绿	7	3	柱形立标	
H111432 (0121)	青衣大桥东桥墩北灯桩 Tsing Yi Bridge E Pier N	22-20.91N 114-06.89E	定红	7	3	柱形立标	
H111433.01	葵青桥南灯桩 Kwai Tsing Bridge South	22-20.90N 114-06.85E	快闪红	24.2	5	红色柱形立标	左侧标
H111433.02	葵青桥南灯桩 Kwai Tsing Bridge South	22-20.91N 114-06.87E	等明暗白4秒	24	5	白色柱形立标	
H111433.03	葵青桥南灯桩 Kwai Tsing Bridge South	22-20.91N 114-06.89E	快闪绿	23.8	5	绿色柱形立标	右侧标
H111434 (0130)	青衣南桥西桥墩西灯桩 Tsing Yi S Bridge W Bridge Pier W	22-20.89N 114-06.84E	定红			柱形立标	
H111435 (0129)	青衣南桥东桥墩东灯桩 Tsing Yi S Bridge E Bridge Pier E	22-20.89N 114-06.74E	定红			柱形立标	
H111436	葵青桥东石灯桩 Kwai Tsing Bridge East Rock	22-20.88N 114-06.84E	定红	6.3	1.5	白色柱形立标	
H111437	葵青桥西石灯桩 Kwai Tsing Bridge West Rock	22-20.86N 114-06.77E	定红	6.3	1.5	白色柱形立标	
H111438 (0119)	青衣大桥西码头北灯桩 Tsing Yi Bridge W Pier N	22-20.87N 114-06.75E	定绿	7	3	白色柱形立标	

编号 No.	名称 Name	位置 Position	灯质 Characteristic	灯高 Height	射程 Range	构造 Structure	附记 Remarks
H111439 (0118)	青衣大桥西码头南灯桩 Tsing Yi Bridge W Pier S	22-20.89N 114-06.75E	定红	7	3	白色柱形立标	
H111440 (0115)	葵青桥西护石灯桩 Kwai Tsing Bridge West Rock	22-20.90N 114-06.80E	快闪红	24	红5 红1	柱形立标	右侧标
H111460 (0117)	青衣桥北红灯桩 Tsing Yi Bridge North Red	22-20.91N 114-06.78E	快闪红	21.7	5	红色柱形立标	左侧标
H111470 (0118)	青衣桥北白灯桩 Tsing Yi Bridge North White	22-20.91N 114-06.79E	等明暗白4秒	21.6	5	白色柱形立标	
H111480 (0119)	青衣桥北绿灯桩 Tsing Yi Bridge North Green	22-20.92N 114-06.81E	快闪绿	21.7	5	绿色柱形立标	右侧标
H111490 (0120)	长青桥北红灯桩 Cheung Tsing Bridge North Red	22-20.95N 114-06.76E	快闪红	23.5	3	红色柱形立标	左侧标
H111500 (0121)	长青桥北白灯桩 Cheung Tsing Bridge North White	22-20.96N 114-06.77E	等明暗白4秒	24.3	3	白色柱形立标	
H111510 (0122)	长青桥北绿灯桩 Cheung Tsing Bridge North Green	22-20.96N 114-06.79E	快闪绿	24.9	3	绿色柱形立标	右侧标
H111520 (0123)	长青桥南红灯桩 Cheung Tsing Bridge South Red	22-20.96N 114-06.83E	快闪红	26.4	3	红色柱形立标	左侧标
H111530 (0124)	长青桥南白灯桩 Cheung Tsing Bridge South White	22-20.97N 114-06.84E	等明暗白4秒	25.9	3	白色柱形立标	
H111540 (0125)	长青桥南绿灯桩 Cheung Tsing Bridge South Green	22-20.97N 114-06.86E	快闪绿	25.6	3	绿色柱形立标	右侧标
H111550 (0126)	蓝巴勒3灯桩 R.C.3	22-21.18N 114-06.86E	闪绿3秒	6	3	白色柱形立标	

编 号 No.	名 称 Name	位置 Position	灯 质 Characteristic	灯高 Height	射程 Range	构 造 Structure	附 记 Remarks
H111560 (0127)	蓝巴勒4灯桩 R.C.4	22-21.24N 114-06.87E	闪红3秒	6	3	白色柱形立标	
H111570 (0128)	青荔桥西南红灯桩 Tsing Lai Bridge SW Red	22-21.50N 114-06.60E	快闪红白绿	17	红3 白3 绿3	柱形立标	
H111590 (0140)	青荃桥南红灯桩 Tsing Tsuen Bridge South Red	22-21.59N 114-06.58E	快闪红	26.3	5	红色柱形立标	左侧标
H111591 (0122.1)	青衣北桥西北灯桩 Tsing Yi N Bridge NW	22-21.59N 114-06.54E	定红			柱形立标	
H111591.01	青荔桥1灯桩 Tsing Lai Bridge 1	22-21.47N 114-06.60E	快闪红			柱形立标	
H111591.02	青荔桥2灯桩 Tsing Lai Bridge 2	22-21.46N 114-06.61E	等明暗白4秒			柱形立标	
H111591.03	青荔桥3灯桩 Tsing Lai Bridge 3	22-21.45N 114-06.63E	快闪绿			柱形立标	
H111591.04	青荔桥4灯桩 Tsing Lai Bridge 4	22-21.44N 114-06.66E	快闪红			柱形立标	
H111591.05	青荔桥5灯桩 Tsing Lai Bridge 5	22-21.43N 114-06.68E	等明暗白4秒			柱形立标	
H111591.06	青荔桥6灯桩 Tsing Lai Bridge 6	22-21.42N 114-06.70E	快闪绿			柱形立标	
H111592 (0123)	青衣北桥西桥墩北灯桩 Tsing Yi N Bridge W Bridge Pier N	22-21.56N 114-06.59E	快闪红	26	5	柱形立标	
H111593 (0124)	青衣北桥西桥墩南灯桩 Tsing Yi N Bridge W Bridge Pier S	22-21.54N 114-06.59E	快闪红	26	5	柱形立标	

编 号 No.	名 称 Name	位置 Position	灯 质 Characteristic	灯高 Height	射程 Range	构 造 Structure	附 记 Remarks
H111594 (0125)	青衣北桥中桥墩北灯桩 Tsing Yi N Bridge Middle Bridge Pier N	22-21.56N 114-06.62E	等明暗白4秒	27	7	柱形立标	
H111595 (0125.1)	青衣北桥东北灯桩 Tsing Yi N Bridge N Bridge Pier NE	22-21.59N 114-06.64E	定红			柱形立标	
H111596 (0127)	青衣北桥东桥墩北灯桩 Tsing Yi N Bridge E Bridge Pier N	22-21.56N 114-06.65E	快闪红	26	7	柱形立标	
H111597 (0128)	青衣北桥东桥墩南灯桩 Tsing Yi N Bridge E Bridge Pier S	22-21.54N 114-06.65E	快闪红	26	7	柱形立标	
H111600 (0131)	青荔桥东北红灯桩 Tsing Lai Bridge NE Red	22-21.40N 114-06.70E	快闪红白绿	20	红3 白3 绿3	柱形立标	
H111630 (0134)	荃湾石灯桩 Tsuen Wan Rock	22-21.49N 114-06.69E	闪白5秒	4	6	白色混凝土结构柱形立标	
H111640 (0135)	蓝巴勒2灯桩 R.C.2	22-21.56N 114-06.73E	闪红3秒	5	3	白色柱形立标	
H111650 (0136)	蓝巴勒1灯桩 R.C.1	22-21.52N 114-06.72E	闪绿3秒	7	3	白色柱形立标	
H111660 (0137)	青荃桥西石灯桩 Tsing Tsuen Bridge West Rock	22-21.62N 114-06.56E	定红	3.7	1.5	白色柱形立标	
H111670 (0138)	青荃桥东石灯桩 Tsing Tsuen Bridge East Rock	22-21.64N 114-06.66E	定红	3.7	1.5	白色柱形立标	
H111680 (0139)	青荃桥北红灯桩 Tsing Tsuen Bridge North Red	22-21.60N 114-06.58E	快闪红	26.4	5	红色柱形立标	左侧标

编 号 No.	名 称 Name	位置 Position	灯 质 Characteristic	灯高 Height	射程 Range	构 造 Structure	附 记 Remarks
H111700 (0141)	青荃桥北白灯桩 Tsing Tsuen Bridge North White	22-21.61N 114-06.61E	等明暗白4秒	26.9	7.5	白色柱形立标	
H111720 (0142)	青荃桥南白灯桩 Tsing Tsuen Bridge South White	22-21.60N 114-06.62E	等明暗白4秒	27	7.5	白色柱形立标	
H111730 (0143)	青荃桥北绿灯桩 Tsing Tsuen Bridge North Green	22-21.61N 114-06.65E	快闪绿	26.3	5	绿色柱形立标	右侧标
H111740 (0144)	青荃桥南绿灯桩 Tsing Tsuen Bridge South Green	22-21.60N 114-06.65E	快闪绿	26.3	5	绿色柱形立标	右侧标
H111750 (0145)	汀九桥西红灯桩 Ting Kau Bridge West Red	22-21.62N 114-04.89E	快闪红	64.7	5	红色柱形立标	左侧标
H111760 (0146)	汀九桥西白灯桩 Ting Kau Bridge West White	22-21.70N 114-04.85E	等明暗白4秒	66.8	5	白色柱形立标	
H111770 (0147)	汀九桥西绿灯桩 Ting Kau Bridge West Green	22-21.77N 114-04.81E	快闪绿	68.8	5	绿色柱形立标	右侧标
H111780 (0148)	汀九桥东红灯桩 Ting Kau Bridge East Red	22-21.63N 114-04.91E	快闪红	64.7	5	红色柱形立标	左侧标
H111790 (0149)	汀九桥东白灯桩 Ting Kau Bridge East White	22-21.71N 114-04.87E	等明暗白4秒	66.8	5	白色柱形立标	
H111800 (0150)	汀九桥东绿灯桩 Ting Kau Bridge East Green	22-21.78N 114-04.84E	快闪绿	68.8	5	绿色柱形立标	右侧标
H111810 (0151)	海美湾交通灯灯桩 Hoi Mei Wan Traffic Light	22-21.97N 114-04.39E	明暗红8秒	13	2	白色柱形立标	红光弧: 255° -15°

编号 No.	名称 Name	位置 Position	灯质 Characteristic	灯高 Height	射程 Range	构造 Structure	附记 Remarks
H111820 (0152)	双角仙灯桩 Gemini Point	22-21.83N 114-04.24E	明暗白红绿8秒	28	白8红4	白色柱形立标	白光弧: 338°-342° 红光弧: 342°-345° 绿光弧: 335°-338°
H111830 (0153)	烂排灯桩 Lan Pai	22-21.35N 114-04.02E	闪(2)白10秒	8	5	白色混凝土结构柱形立标	
H111840 (0154)	牛栏咀灯桩 Nagau Lan Tsui	22-21.32N 114-03.88E	长闪红白绿黄6秒	28	红3 白5 绿3 黄4	白色金属结构柱形立标	红光弧: 158°-213° 白光弧: 286°-321° 红光弧: 258°-286° 绿光弧: 213°-258° 黄光弧: 91°-158°
H111850 (0155)	青马桥北绿灯桩 Tsing Ma Bridge North Green	22-21.14N 114-04.68E	快闪绿	65.5	5	绿色柱形立标	右侧标
H111860 (0156)	青马桥北红灯桩 Tsing Ma Bridge North Red	22-21.00N 114-04.30E	快闪红	68	红5	柱形立标	左侧标
H111870 (0157)	青马桥北白灯桩 Tsing Ma Bridge North White	22-21.09N 114-04.50E	等明暗白4秒	69	5	柱形立标	
H111880 (0158)	青马桥南灯桩 Tsing Ma Bridge South	22-21.13N 114-04.69E	快闪绿	65.4	5	绿色柱形立标	右侧标
H111900.04 (0222.13)	青马大桥4灯桩 Tsing Ma Bridge No 4	22-21.02N 114-04.33E	快闪红			柱形立标	
H111900.05 (0160)	青马大桥5灯桩 Tsing Ma Bridge No 5	22-21.09N 114-04.51E	等明暗白4秒			柱形立标	
H111900.06 (0222.15)	青马大桥6灯桩 Tsing Ma Bridge No 6	22-21.12N 114-04.70E	快闪绿			柱形立标	

编号 No.	名称 Name	位置 Position	灯质 Characteristic	灯高 Height	射程 Range	构造 Structure	附记 Remarks
H111910 (0161)	乌蝇排灯桩 Wu Ying Pai	22-18.22N 114-02.16E	闪(2)白10秒			柱形立标	
H111920 (0162)	大白湾西灯桩 Discovery Bay W	22-18.01N 114-01.82E	快闪红	5	1	白色柱形立标; 4.0	
H111930 (0163)	半山石灯桩 Pun Shan Shek	22-19.30N 114-04.09E	闪红3秒	10	5	白色混凝土结构 柱形立标	
H111940 (0164)	灯笼洲灯桩 Tang Lung Chau	22-20.38N 114-03.79E	闪白5秒	36.5	18	白色柱形立标	白光弧: 224° -99°
H111950 (0165)	汲水门桥北灯桩 Kap Shui Mun Bridge North	22-20.69N 114-03.37E	快闪绿	52.3	5	绿色柱形立标	右侧标
H111960 (0166)	汲水门桥北灯桩 Kap Shui Mun Bridge North	22-20.63N 114-03.28E	快闪红	52.3	5	红色柱形立标	左侧标
H111970 (0167)	汲水门桥北灯桩 Kap Shui Mun Bridge North	22-20.65N 114-03.32E	等明暗白4秒	52.8	5	白色柱形立标	
H111980 (0168)	汲水门桥南灯桩 Kap Shui Mun Bridge South	22-20.67N 114-03.38E	快闪绿	52.2	5	绿色柱形立标	右侧标
H111990 (0169)	汲水门桥南灯桩 Kap Shui Mun Bridge South	22-20.61N 114-03.29E	快闪红	52.3	5	红色柱形立标	左侧标
H111991.01 (0222.1)	汲水门桥1灯桩 Kap Shui Mun Bridge No 1	22-20.61N 114-03.30E	快闪红			柱形立标	
H111991.02 (0222.11)	汲水门桥2灯桩 Kap Shui Mun Bridge No 2	22-20.63N 114-03.34E	等明暗白4秒			柱形立标	
H111991.03 (0222.12)	汲水门桥3灯桩 Kap Shui Mun Bridge No 3	22-20.66N 114-03.39E	快闪绿			柱形立标	

编号 No.	名称 Name	位置 Position	灯质 Characteristic	灯高 Height	射程 Range	构造 Structure	附记 Remarks
H112000 (0170)	汲水门桥南灯桩 Kap Shui Mun Bridge South	22-20.64N 114-03.33E	等明暗白4秒	52.7	5	白色柱形立标	
H112010 (0171)	西马湾灯桩 West Ma Wan	22-20.92N 114-03.26E	闪白3秒	15.2	10	白色柱形立标	
H112020 (0172)	马湾西北交通灯灯桩 NW Ma Wan Traffic Light	22-21.31N 114-03.39E	明暗()红8秒	13	2	白色金属结构柱形立标	红光弧: 53°-91°
H112030 (0173)	下棚灯桩 Ha Pang	22-21.30N 114-01.90E	明暗白绿3秒	8	白11 绿9	白色混凝土结构柱形立标	白光弧: 305°-265° 绿光弧: 265°-305°
H112040 (0174)	下棚(交通灯)灯桩 Ha Pang (Traffic Light)	22-21.33N 114-01.79E	明暗()红8秒	12	红2	白色柱形立标	红光弧: 330°-90°
H112050 (0175)	鹿颈灯桩 Luk Keng	22-20.17N 114-01.34E	闪(2)白6秒	15	6	白色混凝土结构柱形立标	白光弧: 334°-289.5°
H112060 (0176)	小蚝湾灯桩 Siu Ho Wan	22-18.83N 113-59.62E	快闪白	2.4	3	黑黄相间横条纹混凝土结构柱形立标，顶标为黑色顶点朝上双锥体	北方位标
H112070.01 (0176.1)	青山1灯浮 CP1	22-20.77N 114-00.18E	闪(3)绿15秒			绿色锥形	导标两灯一线: 126°46′36″
H112070.02 (0176.2)	青山2灯浮 CP2	22-20.46N 114-00.15E	闪(4)红20秒			红色罐形	左侧标
H112070.03 (0176.3)	青山3灯浮 CP3	22-20.89N 113-59.02E	闪绿6秒			绿色锥形	右侧标
H112070.04 (0176.4)	小磨刀东北灯浮 Siu Mo To NE	22-20.48N 113-59.15E	闪(3)黄6秒			黄色标柱形，顶标为黄色“X”形	
H112070.05 (0176.5)	小磨刀西北灯浮 Siu Mo To NW	22-20.48N 113-58.68E	闪黄6秒			黄色标柱形，顶标为黄色“X”形	

编号 No.	名称 Name	位置 Position	灯质 Characteristic	灯高 Height	射程 Range	构造 Structure	附记 Remarks
H112070.022	EPD-2灯浮 EPD-2	22-20.37N 114-00.15E	闪(5)黄20秒			黄色标柱形，顶标为黄色“X”形	AIS应答器
H112071.01	磨刀-A灯浮 BMP-A	22-20.21N 113-60.00E	闪(4)黄20秒			黄色标柱形，顶标为黄色“X”形	
H112071.02	磨刀-B灯浮 BMP-B	22-19.45N 113-60.00E	闪黄3秒			黄色标柱形，顶标为黄色“X”形	
H112071.03	磨刀-C灯浮 BMP-C	22-18.60N 113-58.86E	闪(5)黄20秒			黄色标柱形，顶标为黄色“X”形	
H112071.04	磨刀-D灯浮 BMP-D	22-19.02N 113-57.84E	闪黄5秒			黄色标柱形，顶标为黄色“X”形	
H112071.05	磨刀-E灯浮 BMP-E	22-20.22N 113-57.84E	闪黄8秒			黄色标柱形，顶标为黄色“X”形	
H112080 (0177)	龙珠岛西南灯桩 PEARL ISLAND SW	22-21.84N 113-59.15E	快闪红	3	1	白色柱形立标;2.0	
H112090.01 (0179)	黄金海岸1灯桩 Gold Coast 1	22-21.98N 113-59.38E	闪()绿3秒	3	3	白色混凝土结构柱形立标	
H112090.02 (0178)	黄金海岸2灯桩 Gold Coast 2	22-22.05N 113-59.43E	闪()红3秒	3	3	白色混凝土结构柱形立标	
H112090.03 (0181)	黄金海岸3灯桩 Gold Coast 3	22-22.06N 113-59.51E	闪()绿3秒	3	3	白色混凝土结构柱形立标	导标白光弧: 282.65°-283.35° 遮蔽弧: 285°-281° 绿光弧: 281°-282.65° 红光弧: 283.35°-285°
H112090.04 (0180)	黄金海岸4灯桩 Gold Coast 4	22-22.02N 113-59.35E	闪()红3秒	3	3	白色混凝土结构柱形立标	

编 号 No.	名 称 Name	位置 Position	灯 质 Characteristic	灯高 Height	射程 Range	构 造 Structure	附 记 Remarks
H112091.01 (0245)	龙珠岛（1）灯桩 PEARL ISLAND No 1	22-22.06N 113-59.51E	闪绿3秒	3	3	柱形立标	
H112130 (0182)	屯门2灯桩 Tuen Mun 2	22-22.38N 113-58.64E	闪红3秒	7	3	白色柱形立标	
H112140 (0183)	屯门1灯桩 Tuen Mun 1	22-22.44N 113-58.65E	闪绿3秒	7	2	白色柱形立标	
H112150 (0184)	屯门4灯桩 Tuen Mun 4	22-22.25N 113-58.44E	闪红3秒	7	2	白色柱形立标	
H112160 (0185)	屯门3灯桩 Tuen Mun 3	22-22.33N 113-58.41E	闪绿3秒	7	3	白色柱形立标	
H112170 (0186)	蝴蝶湾灯桩 Butterfly Beach	22-22.23N 113-57.68E	快闪红	5	3	白色柱形立标	
H112180 (0186.4)	青山4灯浮 CP4	22-20.59N 113-57.51E	闪(2)红10秒			红色罐形	左侧标
H112190 (0186.5)	青山5灯浮 CP5	22-20.82N 113-57.69E	闪(2)绿10秒			绿色锥形	右侧标
H112200 (0186.7)	青山7灯浮 CP7	22-20.91N 113-57.15E	闪绿5秒			绿色锥形	右侧标
H112210 (0187)	屯门内河码头灯桩 Tuen Mun River Trade Terminal	22-21.57N 113-56.57E	闪红3秒	7	3	白色柱形立标	
H112211	灯桩	22-21.39N 113-57.19E	闪白5秒	7	5	柱形立标	
H112220 (0188)	屯门内河码头2灯桩 Tuen Mun River Trade Terminal 2	22-21.56N 113-56.25E	闪红3秒	6	3	白色柱形立标	
H112230 (0189)	屯门内河码头1灯桩 Tuen Mun River Trade Terminal 1	22-21.68N 113-56.29E	闪绿3秒	7	3	白色柱形立标	

编 号 No.	名 称 Name	位置 Position	灯 质 Characteristic	灯高 Height	射程 Range	构 造 Structure	附 记 Remarks
H112240.01 (0189.2)	龙鼓水道1灯浮 Urmston Road No 1	22-21.18N 113-56.02E	长闪白10秒			红白相间竖条纹球形	安全水域浮标
H112240.02 (0189.4)	龙鼓水道2灯浮 Urmston Road No 2	22-22.15N 113-54.35E	莫(A)白8秒			红白相间竖条纹标柱形,顶标为红色球体形	安全水域浮标
H112270.05 (0191.1)	东涌5灯浮 TC5	22-18.01N 113-56.90E	闪(3)绿10秒			绿色锥形	右侧标
H112270.06 (0191.2)	东涌6灯浮 TC6	22-17.93N 113-56.98E	闪(3)红10秒			红色罐形	左侧标
H112271	ESC灯浮 ESC	22-20.49N 113-55.92E	闪(5)黄20秒			黄色标柱形，顶标为黄色“X”形	
H112280.01 (0191.25)	气象8灯浮 Weather 8	22-18.35N 113-57.24E	闪(2)黄6秒			黄色标柱形	
H112280.02	气象8灯浮 Weather 8	22-19.18N 113-57.89E	闪(2)黄6秒			黄色标柱形	
H112290 (0191.4)	东涌4灯浮 TC4	22-18.26N 113-57.33E	闪(2)红10秒			红色罐形	左侧标
H112300 (0191.42)	气象4灯浮 Weather 4	22-19.62N 113-56.92E				黄色标柱形	
H112310.02 (0191.43)	机场2灯浮 Airport 2	22-19.83N 113-56.85E	快闪黄			黄色标柱形,顶标为黄色“X”形	
H112310.08 (0191.495)	机场8灯浮 Airport No 8	22-18.50N 113-52.67E	快闪黄		4.5	黄色标柱形,顶标为黄色“X”形	
H112310.09 (0191.48)	机场9灯浮 Airport No 9	22-18.10N 113-52.83E	闪(4)黄12秒			黄色标柱形,顶标为黄色“X”形	
H112310.010 (0191.45)	机场10灯浮 Aiport No 10	22-17.26N 113-53.01E	闪(2)黄6秒			黄色标柱形,顶标为黄色“X”形	

编 号 No.	名 称 Name	位置 Position	灯 质 Characteristic	灯高 Height	射程 Range	构 造 Structure	附 记 Remarks
H112320 (0191.46)	气象2灯浮 Weather 2	22-17.45N 113-52.94E	闪黄9秒		4	黄色标柱形	
H112330 (0191.47)	气象5灯浮 Weather 5	22-17.65N 113-52.14E	闪黄3秒			黄色标柱形	
H112350 (0191.49)	气象1灯浮 Weather 1	22-18.29N 113-52.75E	闪黄6秒			黄色标柱形	
H112351.09	9灯浮 PH 9	22-18.66N 113-53.23E	定红			橙黄色罐形	
H112360.01 (0191.5)	东涌1灯浮 TC1	22-19.10N 113-58.07E	闪绿5秒			绿色锥形	右侧标
H112360.02 (0191.6)	东涌2灯浮 TC2	22-19.03N 113-58.16E	闪红5秒			红色罐形	左侧标
H112370 (0192)	机场东1灯桩 E Airport No 1	22-19.17N 113-56.75E	闪绿3秒	5	3	柱形立标	
H112380 (0192.2)	沙龙C灯浮 SLMP-C	22-20.29N 113-53.90E	闪(5)黄20秒			黄色标柱形	
H112390.10 (0192.25)	10气象灯浮 Weather No 10	22-20.25N 113-53.81E	闪(3)黄10秒			黄色标柱形	
H112390.11 (0192.26)	11气象灯浮 Weather No 11	22-19.76N 113-52.39E	闪(4)黄10秒			黄色标柱形	
H112400 (0192.4)	沙龙D灯浮 SLMP-D	22-19.73N 113-52.30E	闪黄1.5秒			黄色标柱形	
H112405	机场5灯浮 Airport 5	22-19.86N 113-53.85E	快闪黄			黄色标柱形，顶标为黄色“X”形	雷达反射器
H112406	机场6灯浮 Airport 6	22-19.30N 113-52.10E	快闪黄			黄色标柱形，顶标为黄色“X”形	雷达反射器

编号 No.	名称 Name	位置 Position	灯质 Characteristic	灯高 Height	射程 Range	构造 Structure	附记 Remarks
H112407	机场7灯浮 Airport 7	22-18.80N 113-52.27E	快闪黄			黄色标柱形，顶标为黄色“X”形	雷达反射器
H112410 (0193)	沙洲灯桩 SHA CHAU	22-20.47N 113-53.42E	闪(4)白10秒	29	10	白色柱形立标	
H112420.01 (0080)	沙洲1灯浮 Sha Chau 1	22-21.17N 113-54.13E	快闪绿			绿色锥形	右侧标
H112420.02 (0193.2)	沙洲2灯浮 Sha Chau 2	22-21.11N 113-54.30E	快闪红			红色罐形	左侧标
H112420.03 (0193.4)	沙洲3灯浮 Sha Chau 3	22-21.32N 113-53.47E	闪(4)绿10秒			绿色锥形	右侧标
H112420.04 (0193.6)	沙洲4灯浮 Sha Chau 4	22-21.02N 113-53.57E	闪(2)红6秒			红色罐形	左侧标
H112430 (0194)	沙洲导引灯桩 Sha Chau Beacon	22-21.05N 113-53.40E	明暗白10秒	7	3	白色柱形立标	白光弧: 262° -264°
H112440 (0194.2)	沙龙B灯浮 SLMP-B	22-22.29N 113-53.38E	闪黄3秒			黄色标柱形	
H112450 (0195)	龙鼓洲灯塔 LUNG KWU CHAU	22-22.83N 113-52.68E	闪白5秒	53	15	白色;40.0	
H112460 (0195.2)	沙龙A灯浮 SLMP-A	22-23.40N 113-52.88E	闪(4)黄20秒			黄色标柱形	
H112470 (0195.4)	沙龙E灯浮 SLMP-E	22-23.40N 113-52.29E	闪黄8秒		5	黄色标柱形	
H112480 (0195.61)	龙鼓灯浮 Urmston	22-25.45N 113-52.90E	快闪(3)白10秒			黑黄黑横条纹标柱形，顶标为黑色顶点相背双锥体	东方位标
H112490 (0196)	烂角咀灯塔 Black Point	22-24.42N 113-54.33E	闪(3)白10秒	131	15	白色	

编号 No.	名称 Name	位置 Position	灯质 Characteristic	灯高 Height	射程 Range	构造 Structure	附记 Remarks
H112500 (0197)	烂角咀灯桩 Black Point	22-24.62N 113-54.17E	快闪(9)白15秒	4	2	黄黑黄横条纹柱形立标，顶标为黑色顶点相对双锥体	西方位标
H112510.01 (0198)	稔湾1灯桩 Nim Wan No 1	22-25.29N 113-54.81E	闪绿3秒	9	2	绿色	右侧标
H112510.02 (0199)	稔湾2灯桩 Nim Wan No 2	22-25.33N 113-54.79E	闪红3秒	6	2	红色	左侧标
H112510.04 (0200)	稔湾4灯桩 Nim Wan No 4	22-25.41N 113-55.08E	闪红3秒	6	2	红色	左侧标
H112510.06 (0201)	稔湾6灯桩 Nim Wan No 6	22-25.48N 113-55.37E	闪红3秒	6	2	红色	左侧标
H112520 (0202)	稔湾灯桩 Nim Wan	22-25.75N 113-55.31E	快闪红	2	2	白色混凝土结构柱形立标	
H112530.08 (0203)	稔湾8灯桩 Nim Wan No 8	22-25.48N 113-55.58E	闪红3秒	6	2	红色	左侧标
H112530.10 (0204)	稔湾10灯桩 Nim Wan No 10	22-25.56N 113-55.81E	闪红3秒	6	2	红色	左侧标
H112530.12 (0205)	稔湾12灯桩 Nim Wan No 12	22-25.55N 113-55.94E	闪红3秒	6	2	红色	左侧标
H112530.14 (0206)	稔湾14灯桩 Nim Wan No 14	22-25.61N 113-56.11E	闪红3秒	6	2	红色	左侧标
H112530.16 (0207)	稔湾16灯桩 Nim Wan No 16	22-25.70N 113-56.18E	闪红3秒	9	2	红色	左侧标
H112540 (0208)	流浮山灯桩 Lau Fau Shan	22-28.33N 113-56.86E	闪白3秒	6	5	白色柱形立标	
H112550 (0209)	深港西部通道西南红灯桩 HK-Shenzhen Western Corridor SW Red	22-28.54N 113-57.36E	快闪红		3	白色柱形立标	

编 号 No.	名 称 Name	位置 Position	灯 质 Characteristic	灯高 Height	射程 Range	构 造 Structure	附 记 Remarks
H112560 (0210)	香港深圳西通道东北灯桩 Hong Kong-Shenzhen Western Corridor NE	22-28.55N 113-57.37E	快闪红	31	3	柱形立标	
H112561.01	香港深圳西通道桥墩1灯桩 Hong Kong-Shenzhen Western Corridor Bridge Pier 1	22-28.56N 113-57.36E	定红	4.9	1.5	白色柱形立标	
H112561.02	香港深圳西通道桥墩2灯桩 Hong Kong-Shenzhen Western Corridor Bridge Pier 2	22-28.48N 113-57.45E	定红	4.9	1.5	白色柱形立标	
H112561.03	香港深圳西通道桥墩3灯桩 Hong Kong-Shenzhen Western Corridor Bridge Pier 3	22-28.55N 113-57.35E	定红	4.9	1.5	白色柱形立标	
H112561.04	香港深圳西通道桥墩4灯桩 Hong Kong-Shenzhen Western Corridor Bridge Pier 4	22-28.46N 113-57.43E	定红	4.9	1.5	白色柱形立标	
H112570 (0211)	香港深圳西通道西南灯桩 Hong Kong-Shenzhen Western Corridor SW	22-28.51N 113-57.39E	等明暗白4秒	31.9	3	白色柱形立标	
H112580 (0212)	深港西部通道东北白灯桩 HK-Shenzhen Western Corridor NE White	22-28.52N 113-57.40E	等明暗白4秒			白色柱形立标	
H112590 (0213)	深港西部通道西南绿灯桩 HK-Shenzhen Western Corridor SW Green	22-28.48N 113-57.42E	快闪绿		3	白色柱形立标	
H112600 (0214)	香港深圳西通道东北灯桩 Hong Kong-Shenzhen Western Corridor NE	22-28.49N 113-57.43E	快闪绿	32.3	3	柱形立标	

编号 No.	名称 Name	位置 Position	灯质 Characteristic	灯高 Height	射程 Range	构造 Structure	附记 Remarks
H112610 (0215)	石岗围灯桩 Shek Kong Wai	22-28.56N 113-57.74E	快闪红	2	2	白色混凝土结构柱形立标	
H112620 (0216)	南沙甫灯桩 Nam Shan Po	22-30.61N 113-59.70E	闪(2)白6秒	6	5	白色混凝土结构柱形立标	
H112630 (0217)	后海湾6灯桩 Deep Bay 6	22-30.35N 114-01.52E	快闪红	3.4	2	白色柱形立标	
H112640 (0218)	后海湾5灯桩 Deep Bay 5	22-29.98N 114-00.66E	快闪红	3.4	2	白色柱形立标	
H112650.01 (0219)	后海湾1灯桩 Deep Bay 1	22-29.09N 114-00.85E	快闪红	3.4	2	白色柱形立标	
H112650.02 (0220)	后海湾2灯桩 Deep Bay 2	22-28.85N 114-01.11E	快闪红	3.4	2	白色柱形立标	
H112650.03 (0221)	后海湾3灯桩 Deep Bay 3	22-29.03N 114-01.47E	快闪红	3.4	2	白色柱形立标	
H112650.04 (0222)	后海湾4灯桩 Deep Bay No 4	22-28.88N 114-01.69E	快闪红	3	2	白色柱形立标	
H112660 (0223)	高马石灯桩 Comber Rock	22-17.48N 114-01.69E	快闪红	5.5	1.5	白色柱形立标	
H112670.01 (0224)	愉景湾1灯桩 Discovery Bay No 1	22-17.48N 114-01.49E	闪绿3秒	6	3	白色柱形立标	
H112670.02 (0225)	愉景湾2灯桩 Discovery Bay No 2	22-17.49N 114-01.43E	闪红3秒	6	3	白色柱形立标	
H112680.01 (0225.1)	狗虱湾1灯浮 KSW1	22-16.31N 114-01.38E	闪(2)绿6秒			绿色锥形	右侧标
H112680.02 (0225.2)	狗虱湾2灯浮 KSW2	22-16.19N 114-01.57E	闪()黄5秒			黄色罐形	
H112680.03 (0225.3)	狗虱湾3灯浮 KSW3	22-16.37N 114-01.39E	闪(3)绿10秒			绿色锥形	右侧标

编号 No.	名称 Name	位置 Position	灯质 Characteristic	灯高 Height	射程 Range	构造 Structure	附记 Remarks
H112680.04 (0225.4)	狗虱湾4灯浮 KSW4	22-16.23N 114-01.48E	闪()红5秒			红色罐形	左侧标
H112680.05 (0225.5)	狗虱湾5灯浮 KSW5	22-16.49N 114-01.57E	快闪黄			黄色锥形	
H112680.06 (0225.6)	狗虱湾6灯浮 KSW6	22-16.48N 114-01.45E	闪(2)红10秒			红色罐形	左侧标
H112690 (0226)	基准石灯桩 Datum Rock	22-16.28N 114-03.83E	快闪红	7	3	白色混凝土结构 柱形立标	
H112700 (0227)	大榄角东灯桩 Brothers Point E	22-21.35N 114-01.88E	明暗白绿3秒	8	白11 绿9	白色柱形立标	白光弧: 305°-265° 绿光弧: 265°-305°
H112710 (0227)	周公岛灯桩 Sunshine Island	22-15.96N 114-03.04E	闪红5秒	5	3	白色混凝土结构	
H112720 (0228)	银矿湾石灯桩 Silver Mine Bay Rock	22-15.77N 114-01.21E	快闪白	7.6	4	白色混凝土结构 柱形立标	
H112730 (0229)	银矿湾灯桩 Silver Mine Bay	22-15.74N 114-00.33E	快闪红	6	2	白色柱形立标, 顶标为圆柱形	
H112740 (0230)	喜灵洲6灯桩 Hei Ling Chau 6	22-15.19N 114-01.64E	闪红3秒	7.7	3	白色柱形立标	
H112750 (0231)	喜灵洲5灯桩 Hei Ling Chau No 5	22-15.12N 114-01.61E	闪绿3秒	7	3	白色柱形立标	
H112760 (0232)	喜灵洲3灯桩 Hei Ling Chau 3	22-14.35N 114-01.82E	闪绿3秒	9.2	3	白色柱形立标	
H112770 (0233)	喜灵洲4灯桩 Hei Ling Chau No 4	22-14.47N 114-01.90E	闪红3秒	9	3	白色柱形立标	
H112780 (0234)	喜灵洲2灯桩 Hei Ling Chau No 2	22-14.53N 114-02.33E	闪红3秒	9	3	白色柱形立标	

编号 No.	名称 Name	位置 Position	灯质 Characteristic	灯高 Height	射程 Range	构造 Structure	附记 Remarks
H112790 (0235)	喜灵洲8灯桩 Hei Ling Chau No 8	22-14.49N 114-02.39E	闪(2)白10秒	6	5	黑红黑横条纹，顶标为黑色双球体	孤立危险物立标
H112800 (0235.5)	喜灵灯浮 Hei Ling	22-14.21N 114-02.81E	等明暗白2秒			红白相间竖条纹球形	安全水域浮标
H112810.01 (0236)	喜灵洲1灯桩 Hei Ling Chau No 1	22-14.64N 114-02.32E	闪绿3秒	9	3	白色柱形立标	
H112810.07 (0237)	喜灵洲7灯桩 Hei Ling Chau No 7	22-14.65N 114-02.20E	闪(2)白5秒	6	1	白色柱形立标	
H112820 (0238)	长洲石灯桩 Cheung Chau Rock	22-12.33N 114-02.80E	闪(2)白10秒	6.4	9	白色混凝土结构柱形立标	
H112830 (0238.1)	气象9灯浮 Weather No 9	22-11.78N 114-02.05E	快闪黄			黄色标柱形	
H112840 (0239)	长洲1灯桩 Cheung Chau No 1	22-12.70N 114-01.36E	闪绿3秒	6	4	白色柱形立标	
H112850	灯浮	22-13.42N 114-01.39E	闪(2)白10秒		11	黑红黑横条纹标塔形，顶标为黑色双球体	孤立危险物立标
H112860 (0240.2)	北长洲石西北灯浮 Adamasta Rock NW	22-13.46N 114-01.33E	快闪绿			绿色锥形	右侧标
H112870 (0240.4)	北长洲石东南灯浮 Adamasta Rock SE	22-13.39N 114-01.41E	快闪红			红色罐形	左侧标
H112880 (0241)	大屿山东南灯桩 LANTAU ISLAND SE	22-13.58N 114-01.15E	闪(4)白15秒	5	4	白色混凝土结构柱形立标	
H112890 (0242)	长洲2灯桩 Cheung Chau No 2	22-12.58N 114-01.31E	闪红3秒	6	4	白色柱形立标	
H112900 (0243)	龙珠头灯桩 PEARL TAU	22-21.98N 113-59.38E	闪绿3秒	4	3	白色柱形立标	

编 号 No.	名 称 Name	位置 Position	灯 质 Characteristic	灯高 Height	射程 Range	构 造 Structure	附 记 Remarks
H112910 (0243)	长洲3灯桩 Cheung Chau 3	22-12.57N 114-01.23E	闪绿3秒	6.8	4.5	白色柱形立标	
H112920 (0244)	龙珠头北灯桩 PEARL TAU N	22-22.03N 113-59.36E	闪红3秒	4	3	白色柱形立标	
H112930 (0244)	长洲4灯桩 Cheung Chau No 4	22-12.41N 114-01.30E	闪红3秒	6	4	白色柱形立标	
H112950 (0245)	长洲5灯桩 Cheung Chau No 5	22-12.41N 114-01.25E	闪绿3秒	6	4	白色柱形立标	
H112960 (0246)	长洲6灯桩 Cheung Chau 6	22-12.12N 114-01.10E	闪红3秒	6.8	4.5	白色柱形立标	
H112970 (0246.5)	长洲灯浮 Cheung Chau	22-11.06N 114-02.90E	快(6)+长闪白 15秒			黄黑相间横条纹标柱形,顶标为黑色顶点朝下双锥体	南方位标雷达应答器
H112980 (0246.8)	大屿山东南灯浮 Lantau SE	22-12.61N 114-00.46E	等明暗白4秒			红白相间竖条纹球形	安全水域浮标
H112990 (0247)	北石鼓洲灯桩 North Shek Kwu Chau	22-12.12N 113-59.24E	闪(3)白10秒	14	7	白色混凝土结构柱形立标	白光弧: 48.5°-274°
H113000 (0247.5)	石鼓洲东南灯浮 Shek Kwu Chau SE	22-10.06N 114-02.33E	快闪白			黄黑相间横条纹标柱形,顶标为黑色顶点朝下双锥体	北方位标雷达应答器
H113001	石鼓洲西南灯浮 Shek Kwu Chau SW	22-10.36N 113-58.14E	快闪白			黄黑相间横条纹标柱形,顶标为黑色顶点朝下双锥体	北方位标雷达应答器
H113010 (0248)	大鸦洲灯桩 Tai A Chau	22-09.40N 113-54.19E	闪(4)白15秒	30	9	白色混凝土结构柱形立标	
H113011.01	海洋国重1灯浮 SKLMP 1	22-09.18N 113-53.97E	快闪黄			黄色标柱形,顶标为黄色"X"形	AIS应答器
H113020 (0249)	北小鸦洲灯桩 North Siu A Chau	22-11.27N 113-54.38E	闪(2)白6秒	27.4	7	白色混凝土结构柱形立标	

编 号 No.	名 称 Name	位置 Position	灯 质 Characteristic	灯高 Height	射程 Range	构 造 Structure	附 记 Remarks
H113021.01	南屿(A)灯浮 SMP-A	22-10.85N 113-53.51E	闪(3)黄12秒			黄色标柱形	
H113021.02	南屿(B)灯浮 SMP-B	22-10.86N 113-55.81E	闪(2)黄12秒			黄色标柱形	
H113021.03	南屿(C)灯浮 SMP-C	22-10.52N 113-57.70E	闪(4)黄12秒			黄色标柱形	
H113021.04	南屿(D)灯浮 SMP-D	22-09.07N 113-55.82E	闪(4)黄12秒			黄色标柱形	
H113030 (0249.5)	小鸦洲北灯浮 Siu A Chau North	22-11.87N 113-54.40E	莫(A)白8秒			红白相间竖条纹球形	安全水域浮标
H113031.01	屿西南-A灯浮 SWLMP-A	22-12.23N 113-53.00E	闪（3）黄12秒			黄色标柱形	
H113031.02	屿西南-B灯浮 SWLMP-B	22-14.00N 113-49.68E	闪（2）黄12秒			黄色标柱形	
H113031.03	屿西南-C灯浮 SWLMP-C	22-14.11N 113-50.31E	闪（4）黄12秒			黄色标柱形	
H113040 (0250)	分流角灯桩 Fan Lau Kok	22-11.75N 113-50.76E	闪白5秒	20	14	白色混凝土结构柱形立标	白光弧: 261°-154°
H113050 (0250.2)	分流灯浮 Fan Lau	22-11.33N 113-51.35E	等明暗白2秒			红白相间竖条纹球形	安全水域浮标
H113060 (0251)	黄花排灯桩 Wong Fa Pai	22-14.02N 113-49.81E	闪(3)白15秒	7	5	白色柱形立标	导标雷达应答器: 信号G（－－.） 两灯一线: 359° 52′
H113061	灯浮 PWWHK	22-14.22N 113-50.02E	闪(5)黄20秒			黄色标柱形，顶标为黄色“X”形	雷达反射器AIS应答器
H113070.01 (0252)	大澳1灯桩 Tai 01	22-14.83N 113-51.42E	闪绿3秒	5.2	3	白色柱形立标	

编号 No.	名称 Name	位置 Position	灯质 Characteristic	灯高 Height	射程 Range	构造 Structure	附记 Remarks
H113070.02 (0253)	大澳2灯桩 Tai 02	22-14.86N 113-51.48E	闪红3秒	5.2	3	白色柱形立标	
H113070.03 (0254)	大澳3灯桩 Tai 03	22-15.13N 113-51.45E	闪绿3秒	5.2	3	白色柱形立标	
H113070.04 (0255)	大澳4灯桩 Tai 0 4	22-15.19N 113-51.46E	闪红3秒	5.2	3	白色柱形立标	
H113080 (0256)	大澳灯桩 Tai 0	22-15.07N 113-51.22E	快闪(9)白15秒	5.2	4	黄黑黄横条纹柱形立标,顶标为黑色顶点相对双锥体	
H113090 (0257)	沙螺湾灯桩 Sha Lo Wan	22-17.53N 113-53.84E	快闪白	5	3	黑黄相间横条纹,顶标为黑色顶点朝上双锥体;5.0	北方位标
H113100 (0257.2)	机场西2号灯桩 W Airport 2	22-18.20N 113-53.80E	闪红3秒	8	3		
H113110 (0257.4)	机场西1号灯桩 W Airport 1	22-18.37N 113-53.72E	闪绿3秒	8	3		

编 号 No.	名 称 Name	位置 Position	灯 质 Characteristic	灯高 Height	射程 Range	构 造 Structure	附 记 Remarks
			澳门 MACAO				
M110010 (0258)	东望洋灯塔 Guia	22-11.79N 113-32.98E	闪(2)白10秒	108	16	白色;14.0	
M110020 (0259)	黑沙灯塔 Heisha	22-06.84N 113-34.30E	闪(2)白8秒	56	12		
M110021.01	1灯浮 No 1	22-07.02N 113-34.39E	闪绿6秒		3	绿色标柱形，顶标为绿色尖向上锥形	右侧标
M110021.011	KH-1灯浮 No KH-1	22-07.50N 113-35.82E	闪绿2秒		3	绿色标柱形，顶标为绿色尖向上锥形	右侧标
M110021.02	九澳港航道KH-2灯浮 No KH-2	22-07.19N 113-36.80E	闪红3秒			红色标柱形，顶标为红色圆柱形	左侧标AIS应答器
M110023	龙爪角东灯桩 Long Chao Kok E	22-06.98N 113-34.56E	闪黄2秒		5	黄色柱形立标	
M110024	DONG-AH 101 虚拟航标 DONG-AH 101	22-06.94N 113-34.45E	闪黄3秒		5	黄色柱形立标	
M110025	木船灯浮 Wooden hull	22-06.15N 113-36.05E	闪(2)白6秒			黑红黑横条纹标柱形，顶标为黑色双球体	孤立危险物浮标
M110028.01	海洋资料探测1灯浮 ODAS No 1	22-06.56N 113-37.75E	莫(0)黄12秒			黄色超大形浮标，顶标为黄色“X”形	海上作业区专用标
M110028.02	海洋资料探测2灯浮 ODAS No 2	22-11.11N 113-36.70E	莫(0)黄12秒			黄色超大形浮标，顶标为黄色“X”形	海上作业区专用标
M110028.03	海洋资料探测3灯浮 ODAS No 3	22-10.67N 113-32.18E	莫(0)黄12秒			黄色超大形浮标，顶标为黄色“X”形	海上作业区专用标
M110030 (0259.1)	测波灯浮 Wave Gauge	22-07.92N 113-36.67E	闪(3)白20秒			黄色超大形浮标	

编号 No.	名称 Name	位置 Position	灯质 Characteristic	灯高 Height	射程 Range	构造 Structure	附记 Remarks
M110031	船灯浮 Wreck	22-08.00N 113-36.83E	闪(2)白6秒			黑红黑横条纹标柱形，顶标为黑色双球体	孤立危险物浮标
M110040 (0260)	九澳灯塔 Ka-Ho	22-07.74N 113-35.45E	闪白4秒	48	12	白色砖石结构；6.0	
M110060 (0262)	20A灯浮 No 20A	22-08.20N 113-35.40E	闪绿5秒			绿色标柱形	右侧标雷达反射器
M110061.04	KH-4灯浮 No KH-4	22-08.17N 113-35.47E	闪红5秒			红色标柱形，顶标为红色圆柱形	左侧标
M110061.06	KH-6灯浮 No KH-6	22-08.33N 113-35.44E	闪红4秒		3	红色标柱形，顶标为红色圆柱形	左侧标
M110090 (0264.1)	电厂码头灯桩 Power Plant Pier	22-08.40N 113-34.80E	闪白4秒	5	2	白色金属结构柱形立标	雷达反射器
M110100 (0265)	路环岛引导灯桩前 Luhuandao Ldg Lts,Front	22-08.40N 113-34.10E	闪红7秒	8	3	混凝土结构；29.9	导标雷达反射器两灯一线:270°
M110106.01 (0304.1)	AG1灯桩 No AG1	22-07.89N 113-32.97E	定红			柱形立标	
M110106.02 (0304.2)	AG2灯桩 No AG2	22-07.89N 113-32.88E	定红			柱形立标	
M110106.03 (0304.3)	AG3灯浮 No AG3	22-07.99N 113-32.96E	闪绿4秒			绿色标柱形，顶标为绿色尖向上锥形	右侧标
M110106.04 (0304.4)	AG4灯浮 No AG4	22-07.98N 113-32.90E	闪红4秒			红色标柱形，顶标为红色圆柱形	左侧标
M110106.05 (0304.5)	AG5灯桩 No AG5	22-08.06N 113-32.98E	定红			柱形立标	水产作业区专用标
M110106.06 (0304.6)	AG6灯桩 No AG6	22-08.06N 113-32.89E	定红			柱形立标	

编号 No.	名称 Name	位置 Position	灯质 Characteristic	灯高 Height	射程 Range	构造 Structure	附记 Remarks
M110110 (0267)	北护桥灯桩 North Huqiao	22-11.41N 113-33.82E	闪白2秒	8	3	黄黑相间条纹柱形立标	
M110120 (0268)	南护桥灯桩 South Huqiao	22-11.40N 113-33.78E	闪白2.5秒	8	3	黄黑相间条纹柱形立标	
M110140 (0270)	BD灯浮 No BD	22-11.55N 113-33.64E	闪(4)黄6秒		5	黄色标柱形，顶标为黄色“X”形	
M110170 (0273)	中灯灯桩 Ldg Lts, Middle	22-11.76N 113-33.31E	定白	51	5	柱形立标	导标
M110180 (0274)	后灯灯桩 Ldg Lts, Rear	22-11.86N 113-33.15E	定白	66	5	柱形立标	导标
M110190 (0275)	囱灯桩 Chimney	22-09.66N 113-34.32E	定红		3	柱形立标	
M110195.02	凼仔B灯浮 Dangzai No B	22-10.35N 113-34.68E	闪黄			黄色球形	
M110195.03	凼仔C灯浮 Dangzai No C	22-09.89N 113-34.77E	闪黄			黄色球形	
M110195.06	A6灯浮 No A6	22-09.48N 113-35.55E	闪黄3秒			黄色标柱形，顶标为黄色“X”形	
M110195.08	A8灯浮 No A8	22-08.87N 113-35.78E	闪黄2秒		5	黄色标柱形，顶标为黄色“X”形	
M110195.10	A10灯浮 No A10	22-08.25N 113-36.01E	闪黄4秒			黄色标柱形，顶标为黄色“X”形	
M110195.12	A12灯浮 No A12	22-07.63N 113-36.24E	闪黄2秒		5	黄色标柱形，顶标为黄色“X”形	
M110195.14	A14灯浮 No.A14	22-07.79N 113-35.71E	闪黄6秒		5	黄色标柱形，顶标为黄色“X”形	

编 号 No.	名 称 Name	位置 Position	灯 质 Characteristic	灯高 Height	射程 Range	构 造 Structure	附 记 Remarks
M110195.15	A15灯浮 No A15	22-08.37N 113-35.50E				黄色标柱形，顶标为黄色“X”形	
M110195.16	A16灯浮 No A16	22-08.66N 113-35.40E	闪黄3秒			黄色标柱形，顶标为黄色“X”形	
M110196.01	凼仔1灯浮 Dangzai No 1	22-09.96N 113-35.79E	快闪绿		5	绿色标柱形，顶标为绿色尖向上锥形	右侧标
M110196.02 (0266.32)	凼仔2灯浮 Dangzai No 2	22-09.82N 113-35.85E	快闪红			红色标柱形，顶标为红色圆柱形	左侧标
M110196.03	凼仔3灯浮 Dangzai No 3	22-10.21N 113-35.30E	闪绿1.5秒			绿色标柱形，顶标为绿色尖向上锥形	右侧标
M110196.04	凼仔4灯浮 Dangzai No 4	22-10.09N 113-35.37E	闪红1.5秒			红色标柱形，顶标为红色圆柱形	左侧标
M110196.05	凼仔5灯浮 Dangzai No 5	22-10.44N 113-34.84E	闪黄1.5秒			黄色标柱形，顶标为黄色“X”形	
M110196.06	凼仔6灯浮 Dangzai No 6	22-10.30N 113-34.94E	快闪红			红色标柱形，顶标为红色圆柱形	左侧标
M110196.07 (0266.37)	凼仔7灯浮 Dangzai No 7	22-10.30N 113-34.64E	快闪绿			绿色标柱形，顶标为绿色尖向上锥形	右侧标
M110196.08 (0266.38)	凼仔8灯浮 Dangzai No 8	22-10.24N 113-34.75E	闪红1.5秒			红色标柱形，顶标为红色圆柱形	左侧标
M110197.01	M1灯浮 No M1	22-10.03N 113-36.68E	闪绿3秒		5	绿色标柱形，顶标为绿色尖向上锥形	右侧标 同步闪 AIS应答器： 名称：M1 MMSI： 994531005 发射模式：自主连续播发间隔： 3分钟

编 号 No.	名 称 Name	位置 Position	灯 质 Characteristic	灯高 Height	射程 Range	构 造 Structure	附 记 Remarks
M110197.02	往内港航道M2灯浮 No M2	22-09.94N 113-36.83E	闪红3秒			红色标柱形，顶标为红色圆柱形	左侧标同步闪AIS应答器
M110197.03	M3灯浮 No M3	22-10.25N 113-35.90E	闪绿3秒			绿色标柱形，顶标为绿色尖向上锥形	右侧标同步闪
M110197.04	M4灯浮 No M4	22-10.16N 113-36.05E	闪红3秒			红色标柱形，顶标为红色圆柱形	左侧标同步闪
M110197.05	M5灯浮 No M5	22-10.47N 113-35.12E	闪绿3秒			绿色标柱形，顶标为绿色尖向上锥形	右侧标同步闪
M110197.06	M6灯浮 No M6	22-10.38N 113-35.27E	闪红3秒			红色标柱形，顶标为红色圆柱形	左侧标同步闪
M110197.07 (0292)	M7灯浮 No M7	22-10.69N 113-34.34E	闪绿3秒			绿色标柱形，顶标为绿色尖向上锥形	右侧标 同步闪 AIS应答器： 名称：M7 MMSI： 994531006 发射模式：自主 连续播发间隔： 3分钟
M110197.08	M8灯浮 No M8	22-10.60N 113-34.49E	闪红3秒			红色标柱形，顶标为红色圆柱形	左侧标 同步闪 AIS应答器： 名称：M8 MMSI： 994531007 发射模式：自主 连续播发间隔： 3分钟
M110198 (0266.3)	凼仔航道进口灯浮 Entrada na Taipa	22-09.77N 113-36.11E	明暗白1.5秒			红白相间竖条纹标柱形，顶标为红色球体形	安全水域浮标AIS应答器
M110199	Tf灯浮 No Tf	22-10.33N 113-34.75E	闪黄2秒			黄色标柱形，顶标为黄色“X”形	

编号 No.	名称 Name	位置 Position	灯质 Characteristic	灯高 Height	射程 Range	构造 Structure	附记 Remarks
M110210	外港航道进口灯浮 Entrada do Porto Exterior	22-10.48N 113-36.48E	等明暗白2秒		5	红白相间竖条纹标柱形，顶标为红色球体形	安全水域浮标AIS应答器
M110210.01 (0277)	1灯浮 No 1	22-10.54N 113-36.10E	快闪()绿			绿色标柱形，顶标为绿色尖向上锥形	右侧标
M110210.02	2灯浮 No 2	22-10.45N 113-36.15E	快闪()红			红色标柱形，顶标为红色圆柱形	左侧标
M110210.03	3灯浮 No 3	22-10.58N 113-35.78E	闪绿1.5秒			绿色标柱形，顶标为绿色尖向上锥形	右侧标
M110210.04	4灯浮 No 4	22-10.49N 113-35.82E	闪红1.5秒			红色标柱形，顶标为红色圆柱形	左侧标
M110210.05	5灯浮 No 5	22-10.61N 113-35.45E	快闪()绿			绿色标柱形，顶标为绿色尖向上锥形	右侧标
M110210.06	6灯浮 No 6	22-10.52N 113-35.49E	快闪()红			红色标柱形，顶标为红色圆柱形	左侧标
M110211.01	DE1灯桩 No DE1	22-10.22N 113-34.78E	闪黄3秒			黄色柱形立标	
M110211.02	DE2灯桩 No DE2	22-10.13N 113-34.82E	闪黄3秒			黄色柱形立标	
M110211.03	DE3灯桩 No DE3	22-10.03N 113-34.85E	闪黄3秒			黄色柱形立标	
M110212.01	DW1灯桩 No DW1	22-10.21N 113-34.54E	闪黄4秒			黄色柱形立标	
M110220.03 (0278)	3灯桩 No 3	22-10.70N 113-35.10E	闪绿2秒	8	3	白绿相间条纹混凝土结构柱形立标，顶标为绿色尖向上锥形； 8.0	右侧标雷达反射器

编号 No.	名称 Name	位置 Position	灯质 Characteristic	灯高 Height	射程 Range	构造 Structure	附记 Remarks
M110220.08	8灯桩 No 8	22-10.56N 113-34.99E	快闪红			红色混凝土结构柱形立标，顶标为红色圆柱形	左侧标
M110220.10	10灯桩 No 10	22-10.96N 113-34.35E	闪红2秒	8	3	白红相间条纹柱形立标	
M110220.11 (0282)	11灯桩 No 11	22-11.23N 113-34.20E	闪绿3秒	8	3	白绿相间条纹柱形立标，顶标为绿色尖向上锥形	右侧标
M110220.12 (0284)	12灯桩 No 12	22-11.34N 113-33.79E	闪红2秒	8	3	红色柱形立标	左侧标
M110220.13 (0269)	13灯桩 No 13	22-11.46N 113-33.81E	闪绿2秒	8	3	绿色柱形立标	右侧标
M110220.14 (0271)	14灯桩 No 14	22-11.45N 113-33.59E	闪红4秒	7	3	红色柱形立标，顶标为红色圆柱形	左侧标
M110240 (0280)	9灯桩 No 9	22-10.92N 113-34.67E	闪绿4秒	8	3	白绿相间条纹柱形立标，顶标为绿色尖向上锥形	右侧标
M110260 (0283)	BF灯浮 No BF	22-11.25N 113-34.03E	闪(5)红7秒		5	黄色标柱形，顶标为黄色“X”形	
M110280.01	DN1灯桩 No DN1	22-10.86N 113-34.81E	闪黄5秒	8	5	黄色柱形立标	
M110280.03 (0285)	DN3灯桩 No DN3	22-11.11N 113-34.45E	闪黄5秒	8	5	黄色柱形立标	
M110310.01	DS灯桩 No DS	22-10.66N 113-34.81E	闪黄2秒	8	5	黄色柱形立标	雷达应答器：信号M(- -)
M110310.02	DS2灯桩 No DS2	22-10.78N 113-34.62E	闪黄3秒	8	5	黄色柱形立标	
M110350.09 (0293)	M9灯桩 No M9	22-10.84N 113-33.82E	闪(2)绿5秒	9	3	绿白相间横条纹柱形立标	

编 号 No.	名 称 Name	位置 Position	灯 质 Characteristic	灯高 Height	射程 Range	构 造 Structure	附 记 Remarks
M110350.10 (0294)	M10灯桩 No M10	22-10.80N 113-33.82E	闪(2)红6秒	9	3	柱形立标	
M110350.11 (0293.11)	M11灯桩 No M11	22-10.85N 113-33.79E	闪(2)绿5秒	9	3	柱形立标	
M110350.12	M12灯桩 No M12	22-10.81N 113-33.79E	闪(2)红6秒	9	3	红白相间横条纹柱形立标	
M110350.13 (0293.13)	M13灯浮 No M13	22-10.92N 113-33.13E	闪绿2秒			绿色标柱形，顶标为绿色尖向上锥形	右侧标
M110350.14	M14灯浮 No M14	22-10.88N 113-33.36E	闪红2秒			红色标柱形，顶标为红色圆柱形	左侧标
M110350.18 (0293.18)	M18灯桩 No M18	22-10.77N 113-32.69E	闪红4秒	9	3	红白相间横条纹柱形立标	
M110350.19 (0293.19)	M19灯浮 No M19	22-10.75N 113-32.49E	闪绿4秒			绿色标柱形，顶标为绿色尖向上锥形	右侧标
M110350.20 (0293.2)	M20灯浮 No M20	22-10.58N 113-32.27E	闪红4秒			红色标柱形，顶标为红色圆柱形	左侧标
M110350.21 (0293.21)	M21灯桩 No M21	22-10.57N 113-32.07E	闪绿3秒		3	金属结构柱形立标	
M110350.22 (0293.22)	M22灯桩 No M22	22-10.49N 113-32.11E	闪红3秒		3	金属结构柱形立标	
M110350.23 (0293.23)	M23灯桩 No M23	22-10.56N 113-32.05E	闪绿4秒		3	金属结构柱形立标	
M110350.24 (0293.24)	M24灯桩 No M24	22-10.48N 113-32.09E	闪红4秒		3	金属结构柱形立标	
	M25灯浮 No M25	22-10.54N 113-31.84E	闪绿3秒			绿色标柱形，顶标为绿色尖向上锥形	右侧标

编号 No.	名称 Name	位置 Position	灯质 Characteristic	灯高 Height	射程 Range	构造 Structure	附记 Remarks
M110350.26 (0293.26)	M26灯浮 No M26	22-10.41N 113-31.92E	快闪白			黑黄相间横条纹标柱形，顶标为黑色顶点朝上双锥体	北方位标
M110351.01	S1灯浮 No S1	22-10.93N 113-33.64E				绿色罐形	右侧标
M110351.03	S3灯浮 No S3	22-11.06N 113-33.67E				绿色罐形	右侧标
M110351.04	S4灯浮 No S4	22-11.15N 113-33.68E				红色罐形	左侧标
M110352.05	S5灯浮 No S5	22-11.46N 113-33.54E				绿色罐形	右侧标
M110352.06	S6灯浮 No S6	22-11.40N 113-33.58E				红色罐形	左侧标
M110352.07	S7灯浮 No S7	22-11.56N 113-33.51E				绿色罐形	右侧标
M110352.08	S8灯浮 No S8	22-11.44N 113-33.52E				红色罐形	导标雷达应答器：信号Y（－．－－）两灯一线：315°01′58″
M110352.10	S10灯浮 No S10	22-11.57N 113-33.45E				红色罐形	左侧标
M110353	槟榔石灯桩 Pedra da Areca	22-10.52N 113-32.21E	闪白5秒	8	3	柱形立标	
M110354.01	SA3 No SA3	22-10.98N 113-33.51E	闪黄				
M110354.02	SA6 No SA6	22-05.66N 113-34.62E	闪黄				
M110355	MS灯浮 No MS	22-10.92N 113-33.59E	闪（2+1）绿6秒			绿红绿横条纹标柱形，顶标为绿色尖向上锥形	推荐航道右侧标

编 号 No.	名 称 Name	位置 Position	灯 质 Characteristic	灯高 Height	射程 Range	构 造 Structure	附 记 Remarks
M110380 (0293.16)	M16灯桩 No M16	22-10.78N 113-32.77E	闪红3秒	9	3	红白相间横条纹柱形立标	
M110390 (0297)	M15灯桩 No M15	22-10.83N 113-32.76E	闪绿4秒	9	3	柱形立标	
M110400 (0293.17)	M17灯桩 No M17	22-10.81N 113-32.68E	闪绿3秒	9	3	绿白相间横条纹柱形立标	
M110470 (0303)	17灯浮 No 17	22-11.00N 113-31.70E	闪绿5秒			绿色标柱形，顶标为绿色尖向上锥形	右侧标雷达反射器
M110480.01 (0303.1)	湾仔B26灯浮 Wanzi No B26	22-11.91N 113-32.02E	闪(2)绿6秒			绿色锥形	右侧标
M110480.02 (0303.2)	湾仔B25灯浮 Wanzi No B25	22-11.84N 113-31.94E	闪红4秒			红色罐形	左侧标
M110480.03 (0303.3)	湾仔B24灯浮 Wanzi No B24	22-11.64N 113-31.86E	闪绿4秒			绿色锥形	右侧标
M110480.04 (0303.4)	湾仔B23灯浮 Wanzi No B23	22-11.32N 113-31.67E	闪红4秒			红色罐形	左侧标
M110480.05 (0303.5)	湾仔B22灯浮 Wanzi No B22	22-11.37N 113-31.71E	闪绿4秒			绿色锥形	右侧标
M110481.01	F1灯浮 No F1	22-11.47N 113-31.86E				黄色锥形	
M110481.02	F2灯浮 No F2	22-11.67N 113-32.02E				黄色锥形	
M110481.03	F3灯浮 No F3	22-11.90N 113-32.08E				黄色锥形	
M110481.04	F4灯浮 No F4	22-12.19N 113-32.13E				黄色锥形	

编 号 No.	名 称 Name	位置 Position	灯 质 Characteristic	灯高 Height	射程 Range	构 造 Structure	附 记 Remarks
M110482.01	N1灯浮 No N1	22-11.75N 113-32.07E	闪黄			黄色罐形	
M110482.02	N2灯浮 No N2	22-11.76N 113-32.04E	闪黄			黄色罐形	
M110483.01	S1灯浮 No S1	22-11.70N 113-32.06E	闪黄			黄色罐形	
M110483.02	S2灯浮 No S2	22-11.71N 113-32.03E	闪黄			黄色罐形	

罗经校正标及测速标表

BEACONS FOR COMPASS ADJUSTMENT
AND BEACONS MARKING MEASURED DISTANCE

南澳岛罗经校正场、测速场
NAN’AO DAO COMPASS ADJUSTMENT AND MEASUED DISTANCE RANGE

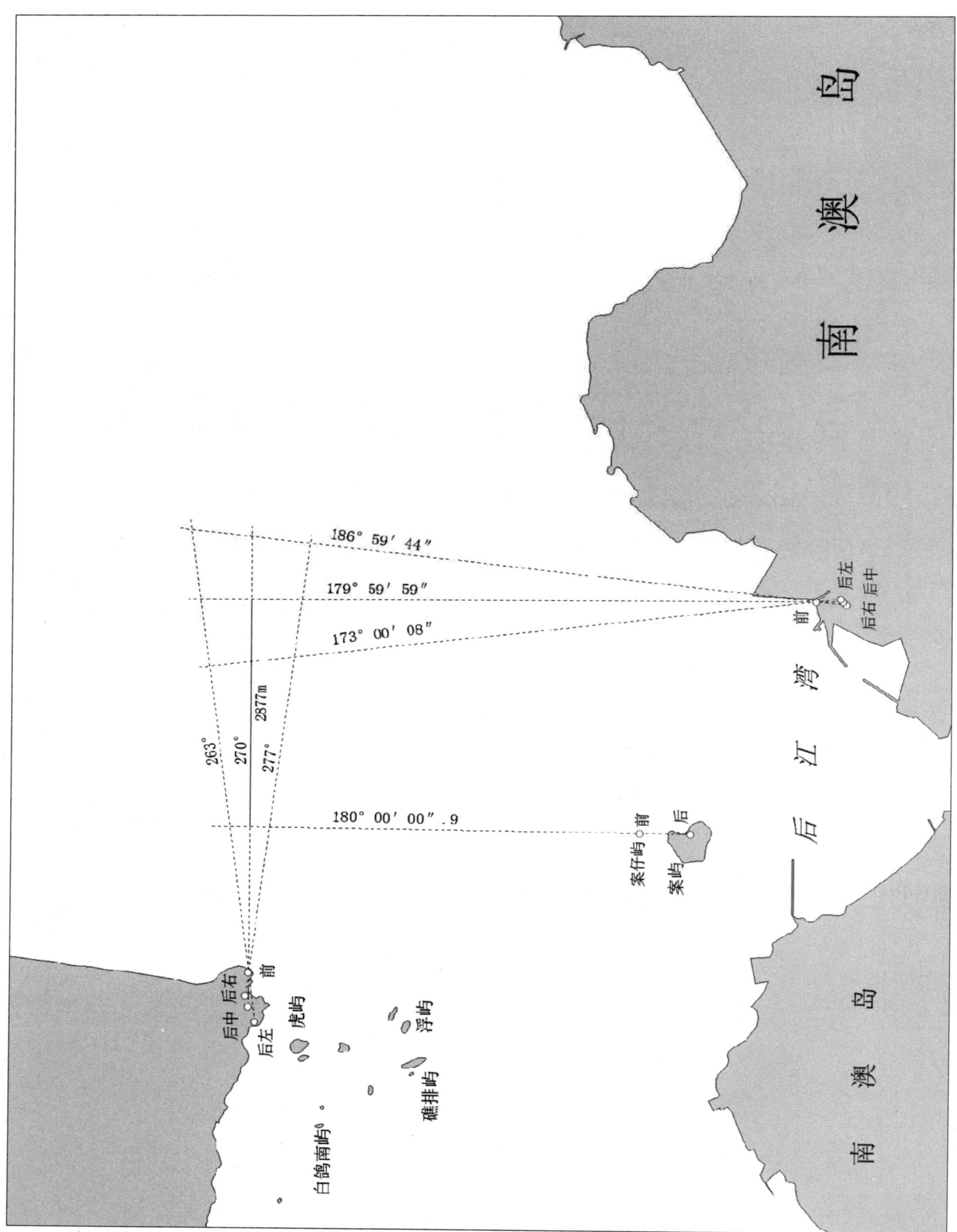

名称 Name	位置 Position	构造 Structure	附记 Remarks

南澳岛罗经校正场
L302NANAO DAO COMPASS ADJUSTMENT RANGE

名称	位置	构造	附记
南组前标	23 27.2N 117 02.3E	白色梯形石砌标身，正面漆一黑色竖条；7.0	兼作测速场南组前标
南组后左标	173° 00′ 08″ 277m	白色梯形石砌标身，正面漆一黑色竖条；7.0	
南组后中标	179° 59′ 59″ 302m	白色梯形石砌标身，正面漆一黑色竖条；9.0	兼作测速场南组后中标
南组后右标	186° 59′ 44″ 337m	白色梯形石砌标身，正面漆一黑色竖条；11.0	
西组前标	23 30.6N 116 59.6E	白色三角形石砌标身，正面漆一黑色竖条；5.5	兼作测速场西组前标
西组后左标	263° 605m	白色三角形石砌标身，正面漆一黑色竖条；8.0	
西组后中标	270° 416m	白色三角形石砌标身，正面漆一黑色竖条；6.0	兼作测速场西组后中标

南澳岛罗经校正场
L302NANAO DAO COMPASS ADJUSTMENT RANGE

名称	位置	构造	附记
南组前标	23 27.2N 117 02.3E	白色梯形石砌标身，正面漆一黑色竖条；7.0	两标一线：179° 59′ 59″ 测速距离：2877m兼作罗经校正场南组前标
南组后中标	179° 59′ 59″ 302m	白色梯形石砌标身，正面漆一黑色竖条；9.0	兼作罗经校正场南组后中标
西组前标（案仔屿）	23 28.2N 117 00.6E	白色三角形石砌标身；4.5	两标一线：180° 00′ 00″.9
西组后标（案屿）	23 28.0N 117 00.6E	白色三角形石砌标身；4.5	
西组前标	23 30.6N 116 59.6E	白色三角形石砌标身，正面漆一黑色竖条；5.5	两标一线：270° 兼作罗经校正场西组前标
西组后中标	270° 416m	白色三角形石砌标身，正面漆一黑色竖条；6.0	兼作罗经校正场西组后中标

海门测速场
HAIMEN MEASURED DISTANCE RANGE

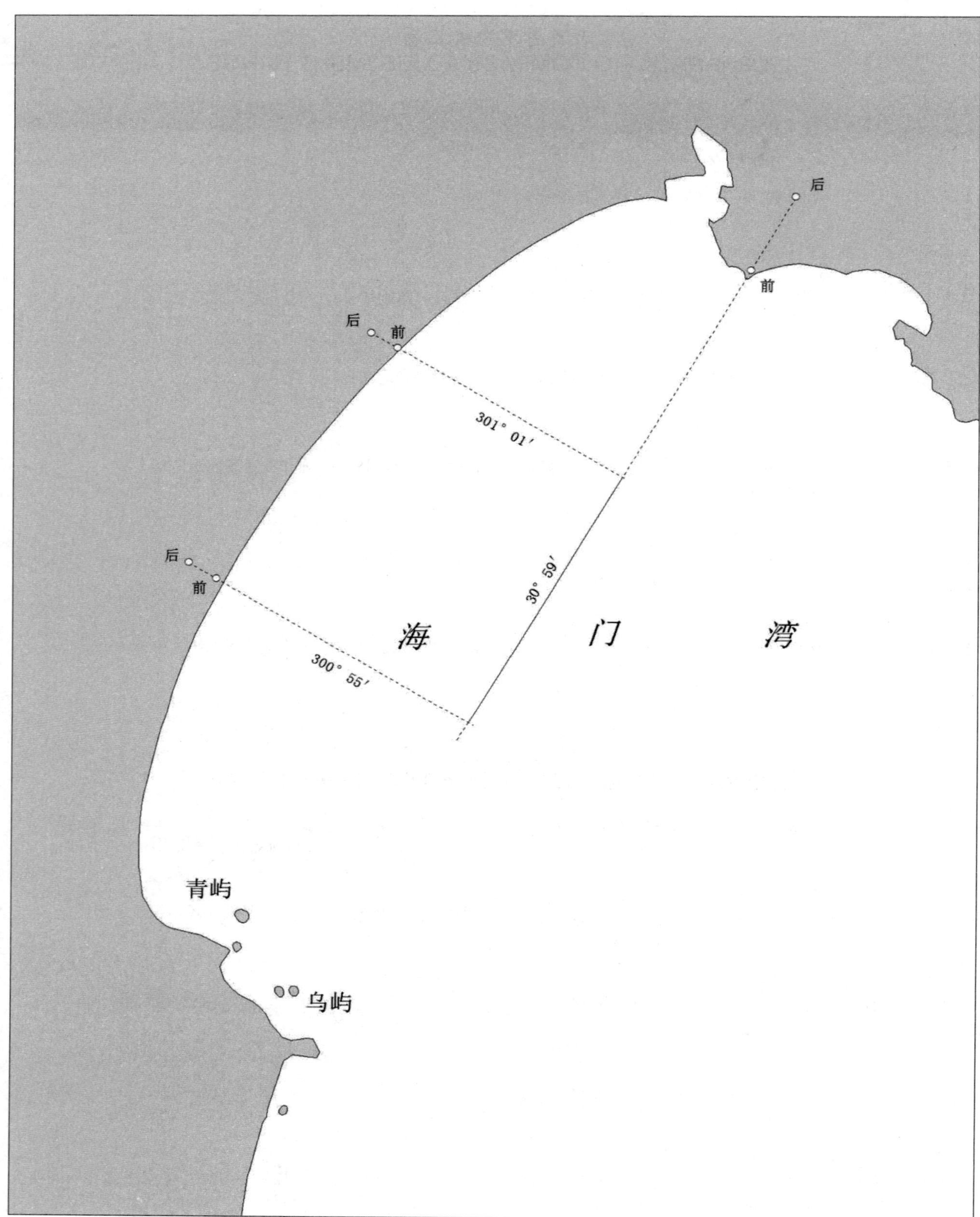

名称 Name	位置 Position	构造 Structure	附记 Remarks

海门测速场
C310HAIMEN MEASURED DISTANCE RANGE

名称	位置	构造	附记
北组前标	23 10.4N 116 34.0E	白色矩形混凝土架，正面有一黑色竖条；6.0	两标一线：301° 01′ 测速距离：3866m
北组后标	23 10.5N 116 33.8E	白色矩形混凝土架，正面有一黑色竖条；12.0	
南组前标	23 08.7N 116 33.8E	白色矩形混凝土桩身，正面有一黑色竖条；6.5	两标一线：300° 55′
南组后标	23 08.8N 116 32.4E	白色矩形混凝土桩身，正面有一黑色竖条；15.0	
测速导航标前标	210° 59′ 1136m	利用天然岩石（莲花峰），漆白色部分，高4m、宽4m	两标一线：30° 59′
测速导航标后标	23 11.5N 116 37.0E	白色矩形混凝土架；6.0	

桂山罗经校正场、测速场
GUISHAN COMPASS ADJUSTMENT AND MEASURED DISTANCE RANGE

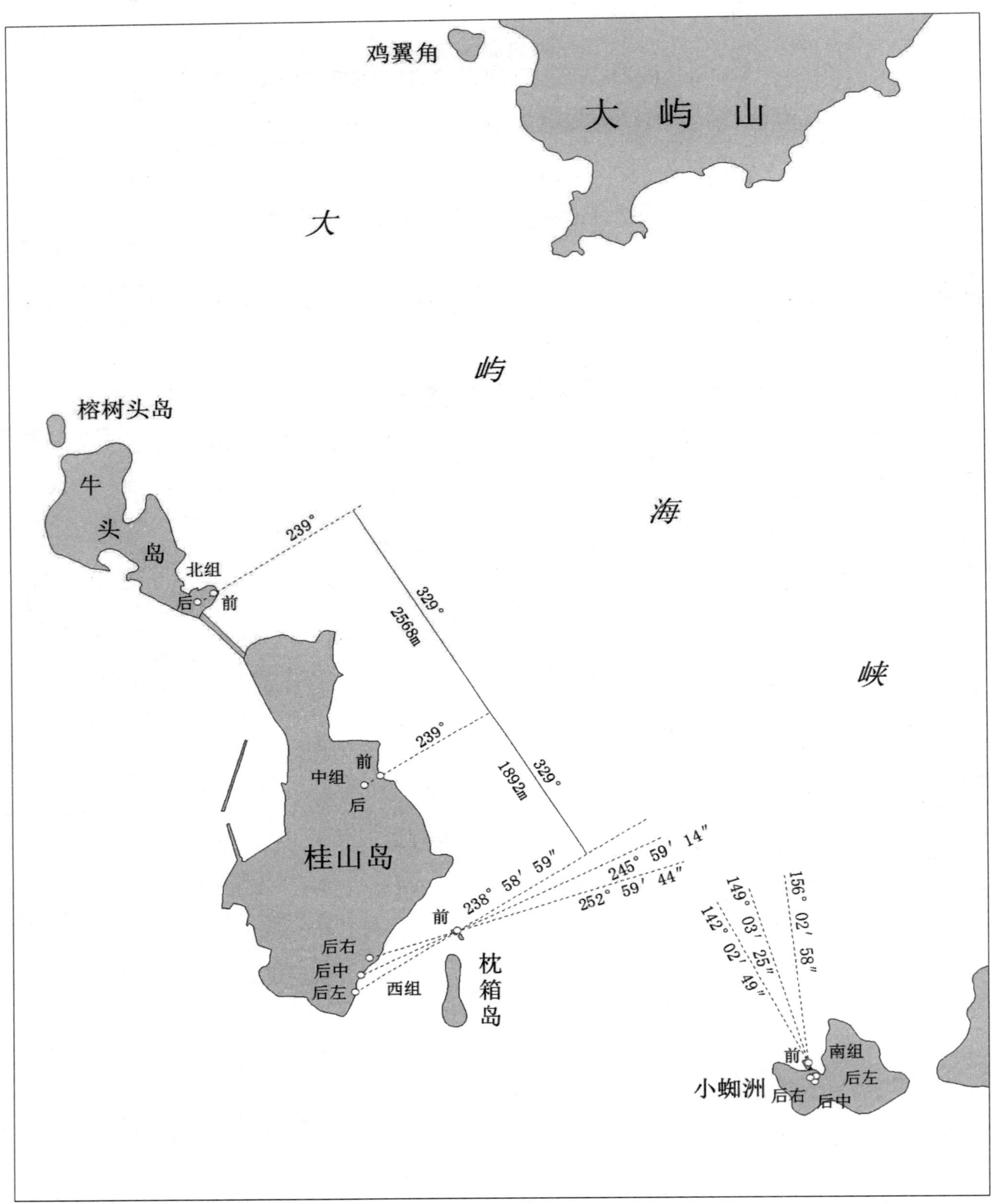

名 称 Name	位置 Position	构 造 Structure	附 记 Remarks

桂山罗经校正场
L316GUISHAN COMPASS ADJUSTMENT RANGE

名 称	位置	构 造	附 记
西组前标	22 07.7N 113 50.1E	白色钢筋混凝土标身，正面有一黑色竖条；5.0	兼作测速场西组前标与后左标238° 58′ 59″与后中标245° 59′ 14″与后右标252° 59′ 44″
西组后左标	22 07.4N 113 49.5E	白色钢筋混凝土标身（坡面），正面有一黑色竖条；11.0	兼作测速场南组后左标
西组后中标	22 07.5N 113 49.5E	白色钢筋混凝土标身，正面有一黑色竖条；14.0	
西组后右标	22 07.6N 113 49.6E	白色钢筋混凝土标身，正面有一黑色竖条；9.7	
南组前标	22 07.6N 113 52.1E	白色钢筋混凝土标身，正面有一黑色竖条；8.0	与后左标142° 02′ 49″与后中标149° 03′ 25″与后右标156° 02′ 58″
南组后左标	22 06.8N 113 52.3E	白色钢筋混凝土标身，正面有一黑色竖条；8.2	
南组后中标	22 06.8N 113 52.2E	白色钢筋混凝土标身，正面有一黑色竖条；8.0	
南组后右标	22 06.8N 113 52.2E	白色钢筋混凝土标身，正面有一黑色竖条；5.4	

桂山测速场
C318GUISHAN MEASURED DISTANCE RANGE

名 称	位置	构 造	附 记
西组前标	22 07.8N 113 50.1E	白色钢筋混凝土标身，正面有一黑色竖条；5.0	两标一线：238° 58′ 59″与中组测速标测速航向：329° 测速距离：1892m兼作罗经校正场西组前标
西组后左标	22 07.4N 113 49.5E	白色钢筋混凝土标身（坡面），正面有一黑色竖条；11.0	兼作罗经校正场西组后左标
中组前标	22 08.7N 113 49.6E	白色钢筋混凝土标身，正面有一黑色竖条	两标一线：239° 与北组测速标测速航向：329° 测速距离：2568m
中组后标	239° 118m	白色钢筋混凝土标身，正面有一黑色竖条	
北组前标	22 09.8N 113 48.7E	白色钢筋混凝土标身，正面有一黑色竖条	两标一线：239°
北组后标	239° 202.5m	白色钢筋混凝土标身，正面有一黑色竖条	

虎门罗经校正场、测速场
HUMEN COMPASS ADJUSTMENT AND MEASURED DISTANCE RANGE

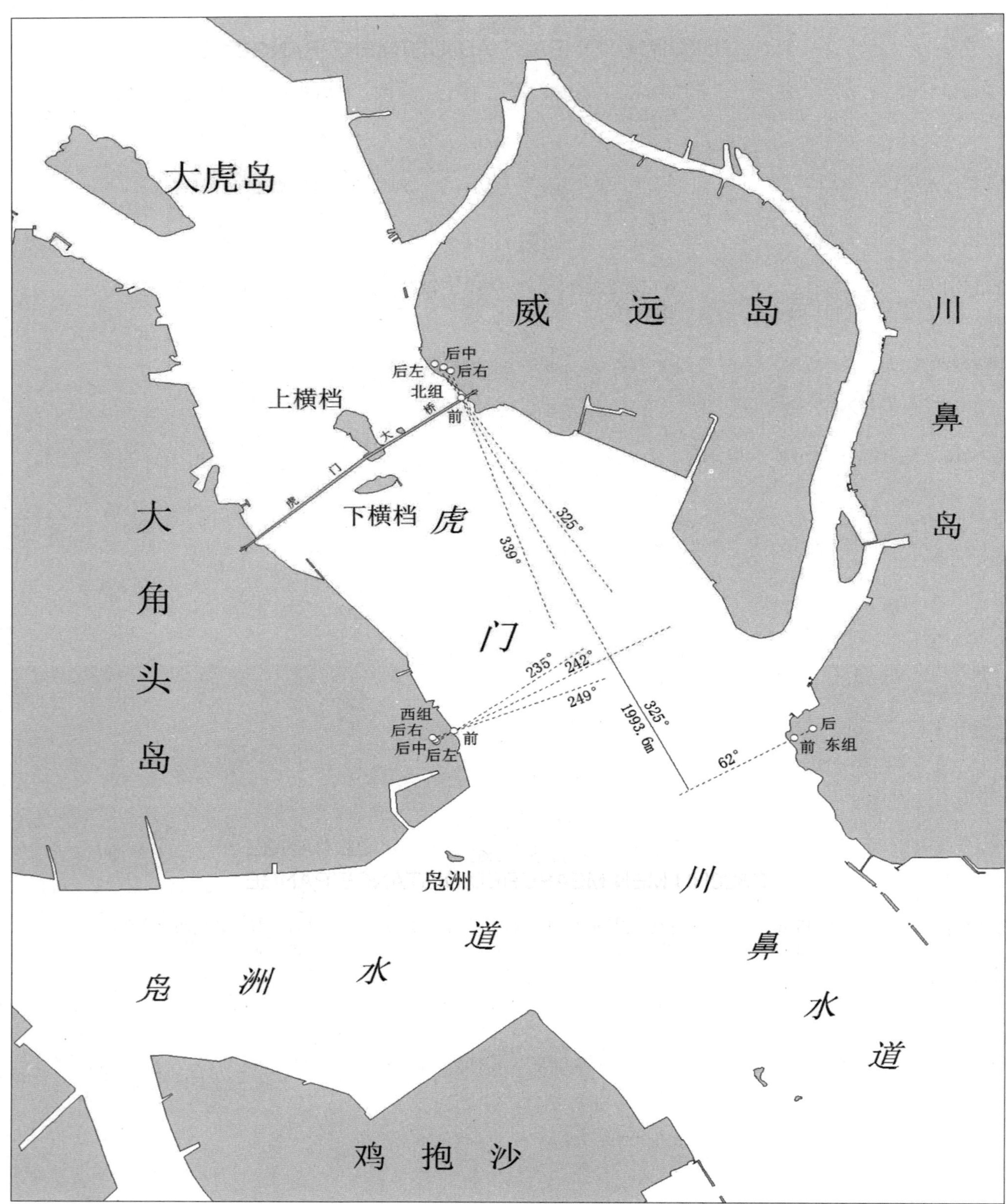

名称 Name	位置 Position	构造 Structure	附记 Remarks

虎门罗经校正场L319
HU MEN COMPASS ADJUSTMENT RANGE

名称	位置	构造	附记
北组前标	22 48.0N 113 37.1E	白色矩形混凝土标身，正面有一黑色竖条；5.5	兼作测速场北组前标
北组后左标	325° 543.8m	在山坡上砌白色石坡一条，正面有一黑色竖条；6.4	
北组后中标	332° 453.8m	在山坡上砌白色石坡一条，正面有一黑色竖条；6.4	兼作测速场北组后中标
北组后右标	339° 381.6m	在山坡上砌白色石坡一条，正面有一黑色竖条；8.5	
西组前标	22 45.6N 113 37.1E	白色矩形混凝土标身，正面有一黑色竖条；13.0	
西组后左标	235° 258.7m	在山坡上砌白色混凝土桩，正面有一黑色竖条；7.0	
西组后中标	242° 258.8m	在山坡上砌白色混凝土桩，正面有一黑色竖条；7.0	
西组后右标	249° 277.6m	在山坡上砌白色混凝土桩，正面有一黑色竖条；7.0	

虎门测速场
C320HU MEN MEASURED DISTANCE RANGE

名称	位置	构造	附记
东组前标	22 45.6N 113 39.4E	白色方柱形石砌标身，正面有一黑色竖条；2.6	两标一线：62° 测速距离：1993.6m
东组后标	62° 234.6m	利用沙角信号杆	
西组前标	22 45.6N 113 37.1E	白色矩形混凝土标身，正面有一黑色竖条；13.0	两标一线：242°
西组后标	242° 258.8m	在山坡上一白色混凝土桩身，正面有一黑色竖条；7.0	
北组前标	22 48.0N 113 37.1E	白色矩形混凝土标身，正面有一黑色竖条；5.5	两标一线：332° 兼作罗经校正场北组前标
北组后中标	332° 453.8m	在山坡上砌白色石坡一条，正面有一黑色竖条；6.4	兼作罗经校正场北组后中标

上川岛罗经校正场、测速场
SHANGCHUAN DAO COMPASS ADJUSTMENT AND MEASURED DISTANCE RANGE

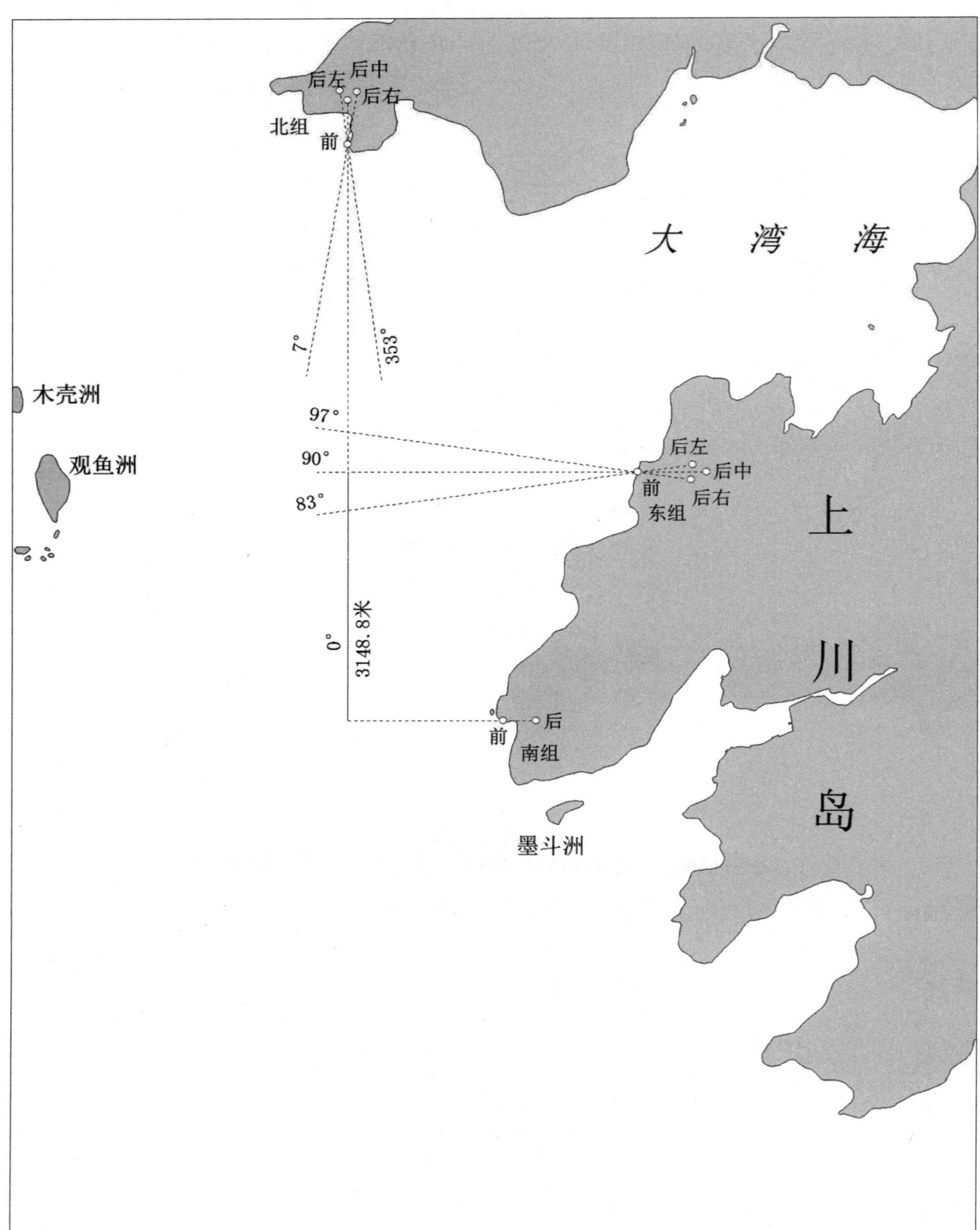

名称 Name	位置 Position	构造 Structure	附记 Remarks

上川岛罗经校正场L326
SHANGCHUAN DAO COMPASS ADJUSTMENT RANGE

名称	位置	构造	附记
北组前标	21 40.7N 112 42.6E	白色矩形石砌标身，正面漆一黑色竖条； 4.0	兼作测速场北组前标
北组后左标	353° 590.2m	由两个4m高白色矩形石砌立标连接组成， 正面漆一黑色竖条	
北组后中标	0° 555.2m	由两个4m高白色矩形石砌立标连接组成， 正面漆一黑色竖条	兼作测速场北组后中标
北组后右标	7° 570.6m	由两个4m高白色矩形石砌立标连接组成， 正面漆一黑色竖条	
东组前标	21 38.5N 112 44.7E	利用天然岩石涂白色，高3m，顶部设有白 色立标，高2m	兼作测速场东组前标
东组后左标	83° 214m	由两个3.5m高白色矩形石砌立标连接组 成，正面漆一黑色竖条	
东组后中标	90° 220m	由两个3.5m高白色矩形石砌立标连接组 成，正面漆一黑色竖条	兼作测速场东组后中标
东组后右标	97° 193m	由两个3.5m高白色矩形石砌立标连接组 成，正面漆一黑色竖条	

上川岛测速场
C328SHANGCHUAN DAO MEASURED DISTANCE RANGE

名称	位置	构造	附记
北组前标	21 40.7N 112 42.6E	白色矩形石砌标身，正面漆一黑色竖条； 4.0	两标一线：0° 兼作罗经校正场北组前 标
北组后中标	0° 555.2m	由两个4m高白色矩形石砌立标连接组成， 正面漆一黑色竖条	兼作罗经校正场北组后中标
东组前标	21 38.5N 112 44.7E	利用天然岩石涂白色，高3m，顶部设有白 色立标，高2m	测速距离：3148.8m两标一线：90° 兼 作罗经校正场东组前标
东组后中标	90° 220m	由两个3.5m高白色矩形石砌立标连接组 成，正面漆一黑色竖条	兼作罗经校正场东组后中标
南组前标	21 36.8N 112 43.7E	利用天然岩石涂白色，高3m、宽2m，正面 漆一黑色竖条	两标一线：90°
南组后标	90° 342.1m	白色矩形混凝土桩身，正面漆一黑色竖 条；3.0	

海口湾罗经校正场
HAIKOU WAN COMPASS ADJUSTMENT RANGE

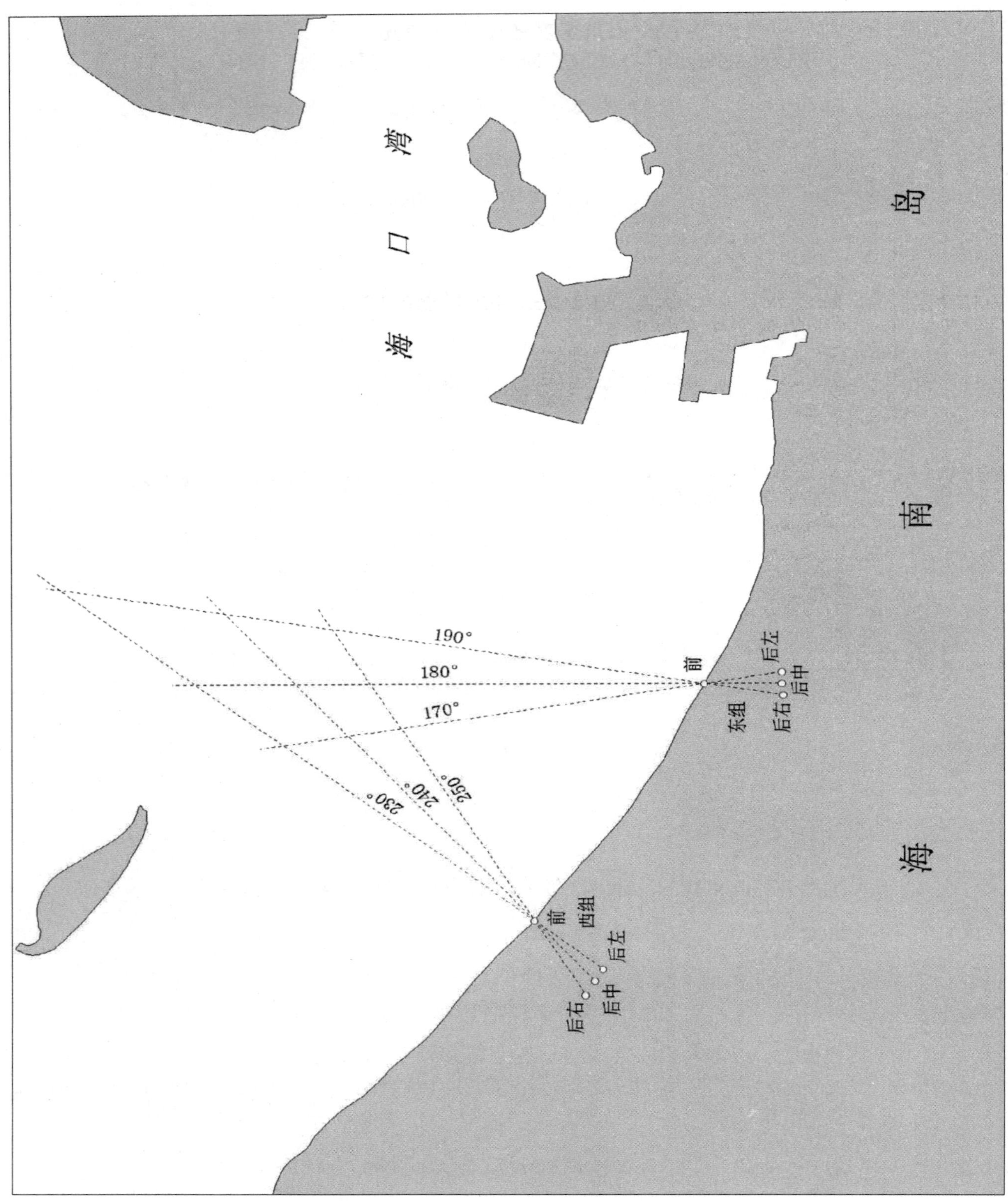

名 称 Name	位置 Position	构 造 Structure	附 记 Remarks

海口湾罗经校正场L340
HAIKOU WAN COMPASS ADJUSTMENT RANGE

名 称	位置	构 造	附 记
东组前标	20 01.8N 110 15.0E	白色三角形混凝土，中间漆一黑色竖条； 15.0	东组前标 与后左标：170° 与后中标：180° 与后右标：190°
东组后左标	20 01.7N 110 15.0E	白色三角形混凝土，中间漆一黑色竖条； 15.0	
东组后中标	20 01.7N 110 15.0E	白色三角形混凝土，中间漆一黑色竖条； 15.0	
东组后右标	20 01.7N 110 15.0E	白色三角形混凝土，中间漆一黑色竖条； 15.0	
西组前标	20.02.5N 110 13.7E		与后左标：230° 与后中标：240° 与后右标：250°
西组后左标	20.02.5N 110 13.7E		
西组后中标	20.02.5N 110 13.7E		
西组后右标	20.02.5N 110 13.6E		

无线电指向标
及差分全球定位系统

RADIOBEACONS AND DIFFERENTIAL
GLOBAL POSITIONING SYSTEM(DGPS)

南海海区无线电指向标及差分全球定位系统分布图

DISTRIBUTION DIAGRAW FOR RADIOBEACONS AND DGPS IN SOUTH CHINA SEA

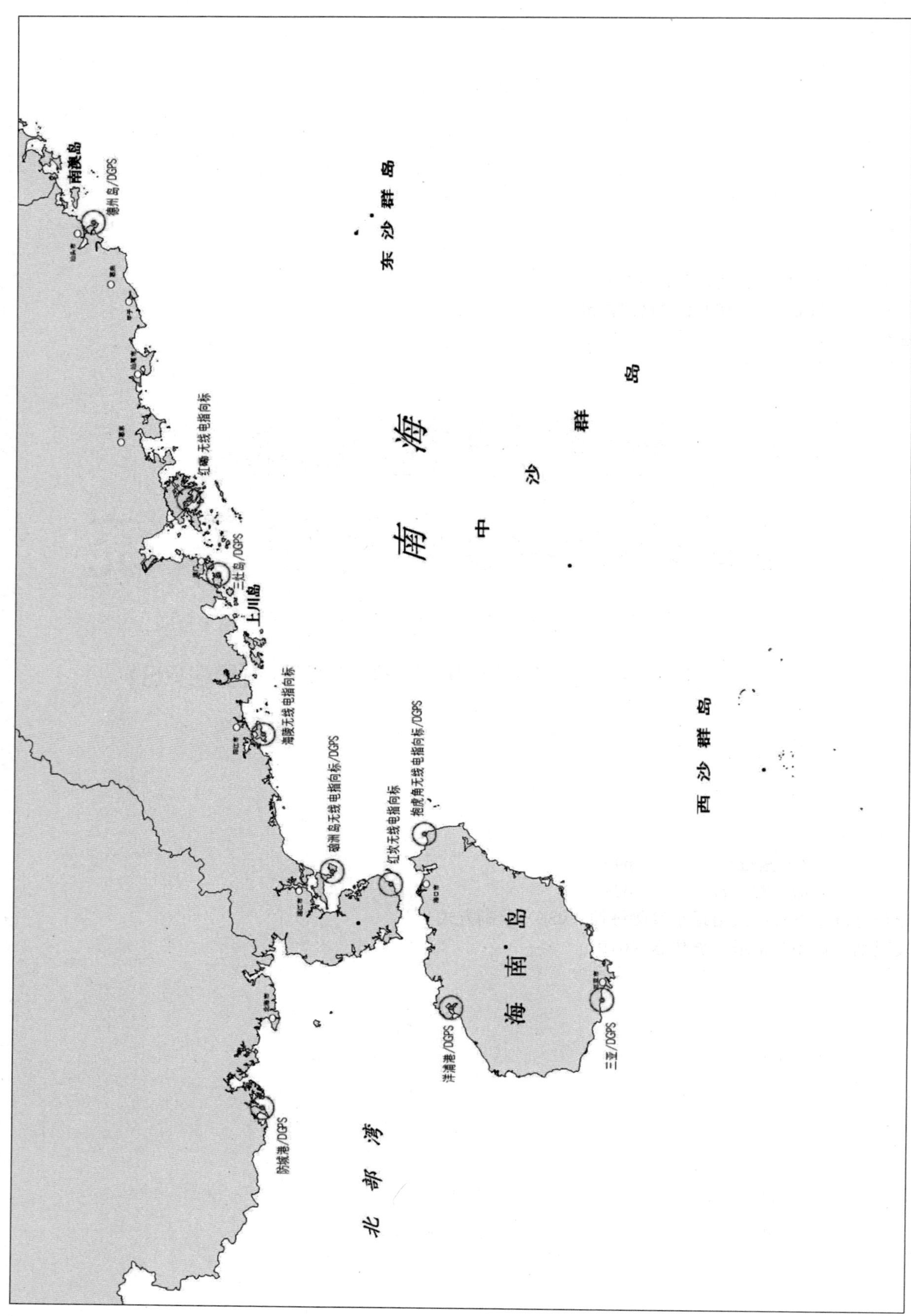

南海海区无线电指向标及差分全球定位系统分布表
RADIOBEACONS AND DGPS DISTRIBUTION SHEET IN SOUTH CHINA SEA

（一）德洲岛差分全球定位系统

DEZHOU DAO DGPS

位　　置：北纬 29° 19′.6　　东经 116° 45′.4
作用距离：300km（白天）
频　　率：317 kHz
台站识别码：1 号基准台　　640
　　　　　　2 号基准台　　641
　　　　　　播　发　台　　620
差分信息调制方式：采用最小移频键控（MSK）调制方式
播发类别：调相单信道数据传送（G1D）
信号格式：RTCM SC—104 信号格式标准
信息类型：9，16
差分数据传输率：200 波特
工作时间：昼夜工作

（二）红磡无线电指向标（属香港管理）

HONGKAN RADIOBEACON (SUPERVISED BY HONGKONG)

位　　置：北纬 22° 18′.4　　东经 114° 10′.8
作用距离：
频　　率：338 kHz
工作种类：
信号发射：HKG（• • • •　— • —　— • —）
工作时间：

（三）三灶岛差分全球定位系统

SANZAO DAO DGPS

位　　置：北纬 22° 00′.6　　东经 113° 24′.2
作用距离：300km（白天）
频　　率：291 kHz
台站识别码：1 号基准台　　642
　　　　　　2 号基准台　　643
　　　　　　播　发　台　　621
差分信息调制方式：采用最小移频键控（MSK）调制方式
播发类别：调相单信道数据传送（G1D）
信号格式：RTCM SC—104 信号格式标准
信息类型：9，16
差分数据传输率：200 波特
工作时间：昼夜工作

（四）海陵无线电指向标

HAILING RADIOBEACON

位　　置：北纬 21° 34′.6　　东经 111° 51′.5
作用距离：100nmile
频　　率：308 kHz
工作种类：A_2

信号发射：HL（• • • • • — • •）2 次 10s
长音（———————————）1 次 20s
工作时间：昼夜工作，每小时内
00—02 06—08 12—14 18—20
24—26 30—32 36—38 42—44
48—50 54—56

（五）硇洲岛无线电指向标/差分全球定位系统
NAOZHOU DAO RADIOBEACON/DGPS
位 置：北纬 20° 54'.1 东经 110° 36'.4
作用距离：300km（白天）
1. 无线电指向标 RADIOBEACON
频 率：295 kHz
工作种类：A_2
信号发射：NZ（— • — — • •）2 次 10s
长音（———————————）1 次 20s
周期 30s 连续播发
2. 差分全球定位系统 DGPS
频 率：301 kHz
台站识别码：1 号基准台 644
2 号基准台 645
播 发 台 622
差分信息调制方式：采用最小移频键控（MSK）调制方式
播发类别：调相单信道数据传送（G1D）
信号格式：RTCM SC—104 信号格式标准
信息类型：9，16
差分数据传输率：200 波特
工作时间：昼夜工作

（六）红坎无线电指向标
HONGKAN RADIOBEACON
位 置：北纬 20° 18'.5 东经 110° 24'.2
作用距离：100nmile
频 率：295 kHz
工作种类：A_2
信号发射：BW（— • • • • —）2 次 10s
长音（———————————）1 次 20s
周期 30s，每 2min 内重复 4 次
工作时间：昼夜工作，每小时内
00—02 06—08 12—14 18—20
24—26 30—32 36—38 42—44
48—50 54—56
晴天和雾天相同

（七）抱虎角无线电指向标/差分全球定位系统
BAOHU JIAO RADIOBEACON/DGPS
位 置：北纬 20° 00' 东经 110° 55'
作用距离：300km（白天）

1. 无线电指向标 RADIOBEACON

频　　率：310 kHz

工作种类：A_1

信号发射：BH（— • • •　　• • • •）2 次 10s

长音（——————————）1 次 20s

周期 30s 连续播发

2. 差分全球定位系统 DGPS

频　　率：310.5 kHz

台站识别码：1 号基准台　　652

2 号基准台　　653

播　发　台　　626

差分信息调制方式：采用最小移频键控（MSK）调制方式

播发类别：调相单信道数据传送（G1D）

信号格式：RTCM　SC—104 信号格式标准

信息类型：9—3，16

差分数据传输率：200 波特

工作时间：昼夜工作

（八）三亚差分全球定位系统

SANYA　DGPS

位　　置：北纬 18° 17' 东经 109° 21'

作用距离：300km（白天）

频　　率：295 kHz

台站识别码：1 号基准台　　654

2 号基准台　　655

播　发　台　　627

差分信息调制方式：采用最小移频键控（MSK）调制方式

播发类别：调相单信道数据传送（G1D）

信号格式：RTCM　SC—104 信号格式标准

信息类型：9—3，16

差分数据传输率：200 波特

工作时间：昼夜工作

（九）洋浦港差分全球定位系统

YANGPU　GANG　DGPS

位　　置：北纬 19° 43'　东经 109° 12'

作用距离：300km（白天）

频　　率：313 kHz

台站识别码：1 号基准台　　656

2 号基准台　　657

播　发　台　　628

差分信息调制方式：采用最小移频键控（MSK）调制方式

播发类别：调相单信道数据传送（G1D）

信号格式：RTCM　SC—104 信号格式标准

信息类型：9—3，16

差分数据传输率：200 波特

工作时间：昼夜工作

（十）防城港差分全球定位系统

FANGCHENG GANG DGPS

位　　置：北纬 21° 35′　东经 108° 19′

作用距离：300km（白天）

频　　率：287 kHz

台站识别码：1 号基准台　646

2 号基准台　647

播　发　台　623

差分信息调制方式：采用最小移频键控（MSK）调制方式

播发类别：调相单信道数据传送（G1D）

信号格式：RTCM　SC—104 信号格式标准

信息类型：9，16

差分数据传输率：200 波特

工作时间：昼夜工作